中国卫生年鉴

1991

《中国卫生年鉴》编辑委员会　编

人 民 卫 生 出 版 社

1991·北京

(京)新登字081号

责任编辑 程舜乾 姚海建 刘 水
封面设计 张慈中
版式设计 魏红波

中 国 卫 生 年 鉴
1 9 9 1
《中国卫生年鉴》编辑委员会 编

人民卫生出版社出版
(北京市崇文区天坛西里10号)
人民卫生出版社印刷厂印刷
新华书店北京发行所发行

787×1092毫米16开本 $32\frac{3}{4}$印张 15插页 757千字
1991年12月第1版 1991年12月第1版第1次印刷
印数：00 001—3 870

ISBN 7-117-01655-8/R·1656 定价：25.00元

《中国卫生年鉴》(1991)编委会

《中国卫生年鉴》(1991)特约编辑

(按姓氏笔划排列)

于修成　全国爱国卫生运动委员会办公室
王玉询　卫生部计划财务司
王贺祥　卫生部卫生防疫司
邓克中　新疆维吾尔自治区卫生厅
史解放　卫生部科技司
艾克林　天津市卫生局
叶传城　广西壮族自治区卫生厅
冯鎏祥　广东省卫生厅
朱宝铎　卫生部卫生监督司
朱玉璋　吉林省卫生厅
孙爱明　卫生部医政司
孙连明　湖北省卫生厅
刘　晋　卫生部药政管理局
刘守权　四川省卫生厅
刘丕承　青海省卫生厅
乔建东　内蒙古自治区卫生厅
乔公先　甘肃省卫生厅
陈清森　中华医学会
陈居毅　贵州省卫生厅
沙凤桐　国家中医药管理局
李万山　卫生部外事司
李振川　山西省卫生厅
李洪涛　黑龙江省卫生厅
杜绍雍　卫生部地方病防治司
张丽霞　北京市卫生局
张　钢　上海市卫生局
张忠田　山东省卫生厅
沈家贤　浙江省卫生厅
何汉文　湖南省卫生厅
宋友明　西藏自治区卫生厅
宋明昌　中华人民共和国卫生检疫总所
郑国辰　国家医药管理局
金春田　卫生部教育司
宗　音　卫生部办公厅
杨才绩　海南省卫生厅
赵学诚　河北省卫生厅
郭　进　中国人民解放军总后勤部卫生部
费勤福　安徽省卫生厅
夏雪红　卫生部妇幼卫生司
原寿基　福建省卫生厅
宾　捷　陕西省卫生厅
唐　欣　人民卫生出版社
傅　红　卫生部政策法规司
韩明惠　辽宁省卫生厅
曾繁玉　河南省卫生厅
曾晓林　宁夏回族自治区卫生厅
褚瑞明　江苏省卫生厅
管东长　江西省卫生厅
熊世琦　中国红十字会
熊汝成　云南省卫生厅
樊　娟　卫生部人事司

编辑说明

《中国卫生年鉴》是综合反映中国医药卫生、爱国卫生运动、计划生育、药品与医疗器械的生产与供应等情况、进展和成就的史料性工具书。本书自1983年以来每年1卷，已出版8卷。本卷为1991卷，收载的内容截至1990年底止。

本卷分12个部分：1. 重要会议报告；2. 政策法规；3. 工作进展；4. 军队卫生工作；5. 省、自治区、直辖市卫生工作；6. 学术团体和群众团体；7. 中国红十字会；8. 人事与干部；9. 卫生工作纪事；10. 卫生统计；11. 附录；12. 索引。其中“工作进展”部分下设14个分栏目。

上卷中的“台、港、澳卫生工作”部分，由于时间关系，资料难于收齐，故本卷将收集到的部分资料列于“附录”中。

全书引用数字均以国家主管机关颁布的1990底数字为准。“卫生统计”内容选自卫生部编发的《1990年中国卫生统计提要》。全书统计数字均不包括台湾省数字。

为便于读者检索，除卷首的目录外，对“工作进展”刊载的内容，编制了“索引”附于书末，按汉语拼音字母依次排列。

《中国卫生年鉴》编辑办公室

1991年7月

①1990年6月22日中共中央总书记江泽民视察了深圳皇岗口岸。图为江总书记与国境卫生检疫人员亲切握手

（深圳卫生检疫所 供稿）

②全国医药卫生科技成果展览会于1990年7月16日在北京展览馆举行。展览会共展出2500项科技成果。图为国务院总理李鹏 在卫生部部长陈敏章、国家医药管理局局长齐谋甲的陪同下参观展览

（赵瑞清 摄）

③国家卫生城市——山东省威海市

（全国爱卫办供稿）

④湖南省湘潭市对城区新生儿实施“谁接生，谁收费，谁接种”的办法普种乙型肝炎疫苗，接种率和全程接种率分别高达98％和95％。图为市妇幼保健院医务人员在为新生儿接种乙型肝炎疫苗

（李习贤　摄）

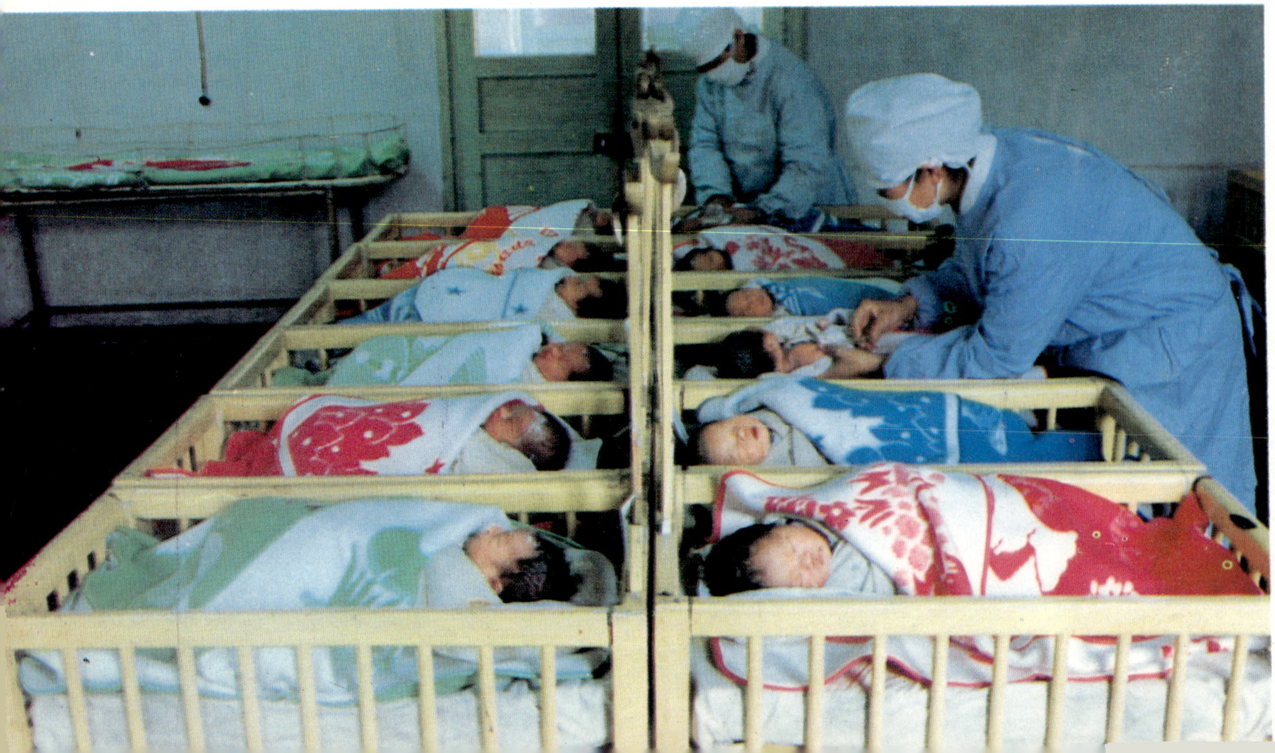

⑤云南省盈江县卫生防疫人员来到傣族地区给孩子们服用预防脊髓灰质炎疫苗
（刘春培　摄）

⑥黑龙江省宁安县积极开展“一条龙健康教育”，在群众中普及健康知识。图为该县明星村朝鲜族妇女在学习家庭保健知识

（王燕松　摄）

⑦宁夏回族自治区计划生育先进单位同心县计划生育服务站专业人员定期向育龄妇女进行优生优育咨询，开展计划生育宣传

（沈士元　摄）

⑧全国初级卫
合作中心试点县工
1990年 8 月25日在
常州市召开

（黄作友　摄

⑨被铁道部命名为“文明列车”的第265/ 266次列车的全体人员，经过艰苦努力，使列车的环境卫生、食品卫生、灭鼠灭蟑、安全服务等方面都做出了突出成绩。图为铁路防疫部门对餐车上消毒过的餐具进行抽样检查

（王燕松　摄）

⑩荣获全国食品卫生先进县的广东顺德县卫生防疫站的技术人员正在做抽样检测工作

（赖嘉河　摄）

⑪江苏省江阴市三房乡办自来水厂

（黄作友　摄）

⑫1990年6月17日全国爱国卫生运动委员会主任李铁映在威海市创建国家卫生城市现场经验交流会上向威海市领导颁发“国家卫生城市”奖牌

⑬湖北省沙市被全国爱国卫生运动委员会授予（地市级）十佳卫生城市。图为红垸小区一角

（朱西国　摄）

⑭北京医科大学学生参加军训，体验军营生活

（卫生部教育司　供稿）

⑮湖南省湘潭县中等卫生职业技术学校积极为农村培养三年制的乡村医生，同时担负对原有乡村医生、卫生员和接生员进行正规化教育的任务。图为教师在给学生讲授解剖学知识

（李习贤　摄）

⑯组织医学院校学生到血吸虫病流行的湖区五省考查。图为学生们在水边查钉螺

（卫生部教育司　供稿）

⑰江苏省高邮县在进行湖滩药浸灭螺

（黄作友　摄）

⑱海南省达到基本消灭丝虫病的标准。图为海南省热带病防治研究所蠕虫室科技人员对丝虫病病原及媒介进行研究分析

（吴元俊　摄）

⑲1990年3月25日，北京市红十字会组织首都42所高校的红十字会员，冒严寒来到亚运村工地，义务为建设者服务

（张金杰 摄）

⑳红十字青少年在开展急救训练活动

（中国红十字会 供稿）

㉑500名老中医医药专家喜得高徒。全国继承老中医医药专家学术经验拜师大会于1990年10月20日在北京人民大会堂举行。李铁映接见了参加拜师会的师徒。图为国务委员李铁映、卫生部长陈敏章和著名老中医董建华亲切交谈。

（赵瑞清　摄）

㉒中国医学科学院院长、中国协和医大校长顾方舟教授及其夫人李以莞教授应台湾医学会理事长林国信教授的邀请，于1990年11月15～26日访问了台湾，参加了该学会第83届年会，分别作了特别演讲和专题演讲

（中国医学科学院　供稿）

㉓广东省顺德县桂州镇政府投资1000万元，发动港澳同胞、企业单位，共集资1700万元新建镇医院。该院设有病床300张和门诊各科室，一般重病、急病都不用出镇。图为该院外景

（赖嘉河　摄）

㉔中国医学科学院图书馆帮助西藏自治区人民医院建立了较完善的医学图书馆。图为管理人员正在整理图书

（郭维义　摄）

㉕中国中草药彩色图谱《中国本草图录》全套10卷已由人民卫生出版社和商务印书馆（香港）有限公司合作出版。该书是目前世界上介绍中国药用植物、动物与矿物品种最多的大型工具书

（孙祖基　供稿）

㉖江苏张家港妙桥乡卫生院门诊大楼

（黄作友　摄）

㉗广西壮族自治区人民医院手术病房楼于1990年4月7日竣工并交付使用。楼高51米，共16层，建筑面积16832平方米，总投资1400多万元。大楼设11个病区，500张病床，二层手术室，共18个手术间，同时可开展30台手术。图为手术病房楼外景

（谢　平　摄）

㉘第15届亚太地区禁毒会议于1990年10月15日在北京召开。图为会议场景

（张金杰　摄）

㉙1990年11月，全国政协副主席钱正英在京会见来访的加拿大卫生和福利副部长卡尔森一行

（卫生部外事司　供稿）

㉚1990年6月3日，中国红十字会会长陈敏章会见了台湾红十字会会长徐亨先生。图为会见时场景

（中国红十字会　供稿）

㉛1990年11月3日，国务委员李铁映会见古巴卫生部长特哈一行

（卫生部外事司　供稿）

㉜华北制药厂是我国最大的抗生素生产基地，1990年晋升为国家一级企业，实现利税1.87亿元，居全国医药行业首位。图为该厂区一角

（卫生部药政局　供稿）

㉝山东新华制药厂是我国最大的解热镇痛药生产基地，是我国医药工业率先进入国家一级企业行列的大型企业。图为该厂厂景

（卫生部药政局　供稿）

所长：赵　铠

卫生部北京生物制品研究所创立于1919年。能生产各种菌苗、疫苗、诊断试剂、血液制剂100余种。1990年产值5347万元，上交国家所得税910万元。该所在中国首先研制成功的血源性乙型肝炎疫苗获国家科技进步一等奖。有50多项科研成果分别获全国科学大会奖、全国医药卫生大会奖、卫生部科研成果奖和北京市医药卫生成果奖。1990年晋升为国家二级企业

④卫生部北京生物制品研究所外景

K型离心机用于提纯病毒

㉟卫生部长春生物制品研究所科研大楼

我国第一个生物高技术产品——基因工程干扰素中试车间一角

所长：张嘉铭研究员

1990年10月荣获“国家二级企业”称号的卫生部长春生物制品研究所，始建于1946年。目前，该所生产的有关预防、诊断、治疗用制品及血液制品已达100多种，有61项科研成果在国家各级展评中获奖。1989年，我国第一个生物高技术产品基因工程干扰素中试车间在此建成。1990年，该所工业总产值达7052万元，实现利税3148万元

确实好多了!

中美史克

SK&F

中美天津史克製藥有限公司簡介

中美天津史克製藥有限公司是我國與美國合資興建的製藥企業，占地一百餘畝，一期工程投資850萬美元，二期工程投資4400萬元。一期工程已于87年竣工投產，生產腸虫清、康泰克、芬必得等引進產品。其中緩釋膠囊塡補了國內空白。92年二期工程竣工後，中美史克將成爲一家大型的綜合性製藥企業。

芬必得

採用專門工藝生產的布洛芬緩釋膠囊，藥效持續１２小時。

本品有解熱、鎭痛、抗炎作用。其鎭痛效果尤爲明顯。適用於減輕多種病症引起的疼痛和炎症。

康泰克

- 採用美國史克公司緩釋膠囊專利技術生產
- 獨具１２小時持續效應
- 可安全的解除傷風感冒帶來的不適
- 對感冒初期的症狀尤爲有效

腸虫清

人體營養的正常吸收，是人們健康生活的保證，消除多種腸道寄生蟲，則是人體營養吸收的前題。

廣譜驅蟲新藥—腸蟲清治療蟯蟲、蛔蟲感染的有效率分別可達９９％和９３％，用於治療鞭蟲、鈎蟲、繸蟲和糞類圓線蟲所引起的單獨或混合感染也頗具功效，而且在清除成蟲的同時，還可殺滅幼蟲、蟲卵。

成人和一歲以上兒童都是一次兩片。

泰胃美

全球藥品銷售名列前茅的十二指潰瘍、胃潰瘍、胃酸過多、腸胃炎治療劑發明者布萊克博士獲１９８８年諾貝爾生理醫學獎。泰胃美 800mg 每晩睡前服用一片，可迅速解除晝夜間疼痛，使潰瘍迅速愈合；泰胃美 400mg，每晩睡前服用一片，可最大限度地預防潰瘍復發。

泰胃美暢銷世界１２４個國家，目前全球服用泰胃美的患者已超過七千五百萬例。

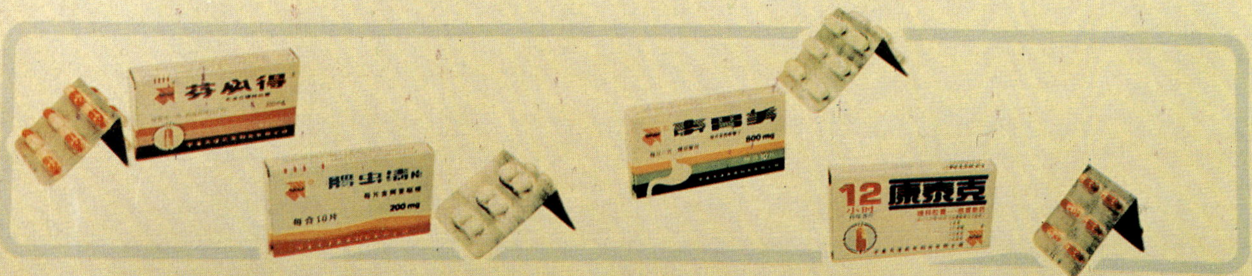

目　录

重要会议报告

政策法规

工作进展

初级卫生保健

公共卫生与疾病防治

计划生育

妇幼卫生

中医事业管理

医政管理

医学教育

高等医学教育

中等医学教育

医学成人教育

医学研究生教育与学位工作

医学科学技术

药政管理

药品与医疗器械

计划财务管理与审计监督

健康教育与卫生出版

健康教育

卫生出版

国际合作与交流

军队卫生工作

省、自治区、直辖市卫生工作

学术团体和群众团体

中国红十字会

人事与干部

各部、委、办机构设置与机构编制

卫生界人物

卫生工作纪事

卫生统计工作

卫生统计信息工作

卫 生 统 计

附 录

索 引

重要会议报告

国务院总理李鹏接见全国卫生厅(局)长会议代表时的讲话

(1990年3月14日)

我代表党中央、国务院向你们，并通过你们向全国医务工作者表示亲切的问候！多年来，全国的医务工作者为保护人民健康，为提高中华民族的素质，做了大量工作，涌现出许多可歌可泣的先进工作者，这既是社会主义物质文明建设，也是社会主义精神文明建设。党和人民心里是明白的，是感谢你们的。你们在吸收国外先进科学技术，发展我国医学科学方面取得了很大成绩，有些技术达到了世界先进水平。坦率地说，人民群众对医疗卫生工作有点意见，主要是现在还存在着看病难、住院难、手术难等问题，这与我国经济建设没有搞上去有关，同时医疗保健系统也存在一些弊端，社会保障方面还有一些浪费现象。为了人民的健康，需要进一步改革完善。现在全国都在学雷锋，医务战线既要学雷锋精神，又要学白求恩精神，要发扬革命人道主义精神，对工作极端负责，对技术精益求精，对人民极端热忱。我就用这三句话来勉励大家，希望大家把工作做得更好，百尺竿头更进一步。

国务委员李铁映在全国卫生厅(局)长会议代表座谈会上的讲话(摘要)

(1990年3月14日)

第一，十年来我国卫生事业成绩显著。 大家最关心的，就是对十年来卫生事业的发展和改革如何评价。我认为这个评价是肯定的。党的十一届三中全会以来，各级政府、各级卫生部门和广大医疗卫生工作者，坚持四项基本原则，坚持改革开放，探索了具有中国特色的社会主义卫生事业，卫生事业的发展和改革同其它事业一样，取得了显著成绩。多年来群众反映强烈的看病难、住院难、手术难等实际问题得到了缓解，提高了人民健康水平，促进了党和政府与人民群众之间的血肉关系。李鹏总理代表党中央和国务院对医疗卫生战线的广大工作者所做出的贡献，表示衷心的感谢和充分的肯定。

那么，现在有没有问题呢？应该说也有问题。总的方面属于两个问题：一是，由于我们经济的落后，科技的落后，卫生事业的发展还不能满足社会主义建设的需要和人民群众对医疗卫生保健的需要。二是，在医疗卫生战线内部，由于改革措施不配套，制度不完善，政策不健全，一些本来可以做好但没有做好的工作，带来了一些问题，人民群众和医疗卫生战线上的职工不满意。

对这些年来，我们在卫生事业方面采取的改革措施和有关政策，大家希望能肯定下来。应该说，国务院发布的国发〔1985〕62号文件和国发〔1989〕10号文件的基本精神和政策都是好的，应该稳定和坚持。在稳定和坚持的前提下，由各地和卫生部门在实践中进一步完善。10号文件中的第一条"积极推行各种承包责任制"，这涉及到对医疗卫生单位怎样管理的问题，是不是把这句话完善为"在医疗卫生单位实行综合目标责任制"，即建立医疗卫生单位的各种形式的综合目标管理责任制。承包制是从经济单位引进来的，医疗卫生单位由于其性质不同于经济单位，从经济单位引入承包责任制的核心是要在医疗卫生单位建立各种形式的综合目标管理责任制。我们要结合医疗卫生战线的实际，进一步完善承包责任制，使其成为医疗卫生单位的综合目标管理责任制，如院长的目标责任制，各科室的目标责任制，医护人员的目标责任制等。

第二，搞好治理整顿和深化改革，提高卫生服务的社会效益。谈这个问题时，可能要涉及到刚才有几位同志问的"怎样看卫生事业"，"卫生事业是什么性质的事业"等问题。我想，这个问题还是请专家们继续论证、研究。我仅仅谈谈个人的看法。世界上现在主要有三种医疗卫生体制：第一种是公益事业，谁看病谁出钱，医生是自由职业者，医院是自由开业。第二种是属于福利事业和公益事业相结合，以公益事业为主的体制，政府拿钱办医和个人健康保险相结合。第三种是作为福利事业而建立的卫生制度。那么，我国卫生事业是什么性质的事业呢？这要从中国的人口多，经济不发达，发展很不平衡这一实际出发；同时，中国是一个社会主义国家。这两条就决定了中国要建立什么样的卫生体制和制度。过去，我们主要实行的是福利事业，现在，我看应该实行有公益性的社会福利事业。我国是社会主义国家，必须坚持卫生事业的福利性质，但是不能实行完全由国家包下来、统起来的制度，个人要承担一部分医疗费用。作为公益事业，原来我们在这一方面比较弱，还应该发展，但其发展要同我国的经济发展和人民群众的收入水平相适应。至于公益和福利在卫生事业的发展中占什么比例，这要根据各医疗卫生单位和各地情况不同，随着经济发展的不同时期确定。卫生事业既属于精神文明建设，又属于物质文明建设。卫生事业需要强大的经济支持，需要物质手段，它又是保护生产力的，是提高生产力水平的，对生产力的发展，对经济的发展，有很大的促进作用，是物质文明建设的一个组成部分。

搞好治理整顿和深化改革，有两条很重要的经验：第一条，就是要照顾到医疗卫生单位自身的需要，包括医疗卫生单位的发展，调动广大医务人员的积极性这一方面；

同时也要强调为社会服务，为人民健康服务的社会效益这一方面，使这两方面都结合得很好。不要出现这样的政策，强调了社会效益，而损害了医疗卫生单位和医务人员的创造性和积极性，这样社会效益不会好；但是，如果只照顾医务人员的积极性和利益，而没有照顾到社会的承受能力和社会效益，人民群众承受不了，也不符合为人民服务的宗旨。第二条，一定要注意地方性，基本上建立地方办医、分级管理这么一种体制。各地要根据自己的实际情况，把卫生事业的发展和改革与当地的经济发展结合起来。医疗卫生战线的治理整顿和深化改革，要在党中央、国务院及卫生部的领导下进行，涉及有关中央各个部门业务交叉的问题，由国务院来协调；如果不涉及这些问题，就由各级地方政府负责协调，不能把什么事情都拿到国务院来解决，要加强地方政府的权利和责任。卫生部要积极指导各级地方政府搞好卫生系统的治理整顿和深化改革工作，但不是由卫生部全统起来，包起来。

治“乱”的问题，最主要的是社会效益如何？是人民群众的感受和反映如何？还需要各个地方和部门，特别是各地，针对实际存在的问题加以解决，让人民群众看到更多的成效。治“差”的问题，实际上现在“贵”和“差”是联系在一起的。因为以前的“差”，群众主要注意的是服务态度问题。现在就不仅仅是服务态度问题了，还涉及到医疗质量问题。现在群众感觉费用高了，应得的医疗服务质量还不够。解决“乱”和“差”的问题，要同中央提出来的向雷锋同志学习，发扬雷锋精神，纪念白求恩，发扬白求恩精神结合起来，技术上精益求精，工作上极端负责，对病人满腔热忱。在这次厅局长会后，要在全国医疗卫生战线逐步形成学习白求恩精神，学习雷锋精神，发扬救死扶伤精神的风尚，全面地加强医院精神文明建设，加强各级医疗单位党的建设。医务工作者要以白求恩、雷锋为榜样，大大改善我们的医德医风，这是关系到我们整个医疗战线形象的问题，也是关系到我们现在能否切实解决群众不满意的问题。无德不成医，德高医精，为医之要。建议卫生部抓好学习白求恩先进医院和个人的评比工作，要大力树立榜样。

改革和治理整顿是一致的，都是为了促进卫生事业的发展和提高人民群众的健康水平。在医疗卫生战线，必须坚持社会效益第一的原则，要救死扶伤，发扬革命的人道主义精神。对医疗卫生单位和医务人员的实际利益，也应该根据中央的政策逐步加以落实。

第三，坚持预防为主，大力加强农村卫生工作。要贯彻预防为主的方针，就必须抓好爱国卫生工作。近一、二年内，爱国卫生运动主要是两个方面工作：一是要把400多个大中城市的环境卫生搞好，主要是解决厕所、垃圾、“窗口”和灭鼠问题。二是农村抓改水。到2000年，能否使全国90%以上的人都喝到安全水？这能否作为爱国卫生工作的一个奋斗目标？

解决中国医疗卫生问题的难点在农村。农村人口多、经济落后，老少边穷地区缺医少药。要组织一些医学院校的学生，深入到农村基层，为广大农民服务，在实践中受到教育和锻炼。还要派医疗队下乡，送医送药，帮助发展地方医疗卫生事业，培训医护人员，解决一些疑难病症等等。

第四，着手进行卫生事业发展和改革的规划工作。建议卫生部门组织一个研讨小组，总结我国卫生事业的发展和改革的经验，分析利弊，提出今后发展与改革的规划，研究我国卫生事业建立什么样的模式，走什么样的路子。在管理体制上，我想提出几个问题：要明确中央和地方政府的关系。关键问题是如何实行分级办医，分级管理的制度。要从财政制度、投资机制、管理机制等各方面考虑，明确各级的职责分工，如何领导、支持卫生事业的发展和改革。要明确政府和医院的关系。这个问题的关键是各级政府如何管理医院，基本上是属于地方和部门如何管理医院的问题。也要明确医院的法人地位是什么。政府不能把医院捆死，但是，医院要遵守法律，卫生部门是政府的管理部门，也是执法部门。要明确医院和医院的关系。可以考虑建立网络化、等级化的医院管理制度，即上级医院和下级医院在医疗问题上相互协作、相互制约。上级医院可以在技术上培训、监督、指导下级医院。要明确医院和个人的关系。现在实行的医疗办法有四种：公费医疗，劳保医疗，合作医疗（集资医疗），自费医疗。医院和病人的关系，涉及整个医疗制度。这是社会保障系统的一个方面，也是社会福利系统的一个方面。社会最大的保障制度、福利制度，无非是这么几个：退休、医疗、住房、教育，医疗就是一个。要从中国实际出发，研究行之有效的制度。要明确医和药、中医和西医等卫生系统内部各个部门的关系。从长远看，内部关系不理顺不行。当前，希望卫生部、医药管理局、中医药管理局和计生委等部门加强合作，协调解决工作中出现的问题，而不是在日常工作中讨论具体制问题。

第五，依靠科学技术和教育，发展卫生事业。教育问题，应该作为卫生事业发展中的一个关键问题。教育面临的很大的一个问题，就是如何为农村培养医生。今后，在基本保证城市需要和不断提高医疗水平的同时，要为农村培养更多的医生。医学教育改革基本政策就是能为农村培养招得进、下得去、留得住的医生。这是医学院校招生制度、培养制度、分配制度改革都要充分考虑的一个问题。

科技问题有两个：一个是怎样提高尖端科学技术水平的问题。对一些危害人民健康最严重的疾病，要建立一些必要的重点实验室，要长期支持吸收一批专家，进行几十年的研究，如心血管、癌症、艾滋病等，这是高层次的。第二个就是如何将国内外已掌握的医疗技术普及到各级医院，特别是在农村推广在城市已普及、过关的医疗技术。应列出项目、制定计划，逐年普及，大面积地提高我国医疗技术水平。

第六，各级政府要加强对卫生工作的领导。卫生工作有一部分属于卫生部门能直接管理的内部事务，而有相当一部分需要各级政府出面进行协调、指导。卫生工作直接关系到人民群众的健康、身体素质的提高和劳动力的保护问题，关系到党和国家同人民群众血肉联系的问题，这些问题既是社会性问题，又是政治性问题，必须解决好。党和政府历来十分重视和关心卫生工作，毛泽东、周恩来等老一辈领导人，对卫生工作作过许多批示。去年，江泽民总书记、李鹏总理，对江南一带防治血吸虫病做了重要批示，要求采取必要措施，做好血防工作，这是恢复我们的好传统，全心全意为人民服务的一个重要措施。李鹏总理对医院完善承包责任制，作了整顿创收、改善服务作风，要有具体措施和规定的批示。今年一月份，我们请到京开会的省长们开了一次座谈会，各主管省长都是很重视卫生工作的，提出了一些很好的意见。各级政府进一步加强对卫生工作的领导十分重要，各省市区政府要把卫生工作作为整个政府工作的一个重要组成部分，搞好治理整顿和深化改革。要到医疗卫生单位调查研究，关心医务人员，解决实际问题，加强协调卫生部门同各部门的关系。

（傅　红　摘）

卫生部部长陈敏章在全国卫生厅（局）长会议上的报告（摘要）

（1990年3月11日）

一、认真总结卫生改革的经验，正确认识卫生改革的形势

1．十年卫生改革的简要回顾。党的十一届三中全会以后，随着全党工作重点的转移，在改革开放的大环境和发展有计划商品经济的新形势下，卫生改革逐步开展起来。1979年，全国卫生厅局长会议报告指出："实现医药现代化，必须在管理上进行改革"，还提出要"加强经济管理，讲求经济效果"，并按照中央关于扩大企事业自主权的精神，对医院实行了"全额管理，定额补助，结余留用"的管理办法。1980年，国务院批准卫生部《关于允许个体开业行医的请示报告》，制定了在发展全民卫生机构的同时，积极发展集体所有制卫生机构，允许和支持个体开业行医的政策；规定集体所有制卫生机构都要按"独立核算，自负盈亏，按劳分配，民主管理"的原则进行管理。1981年，国务院批转了卫生部《关于解决医院赔本问题的报告》。1984年，按照十二届三中全会关于经济体制改革的决定精神，在医疗卫生单位试行院（所、站）长负责制。1985年，根据国务院关于科技体制改革决定的精神，制定了允许医务人员在完成定额工作量的前提下，利用业余时间开展应聘或兼职服务的政策。国务院（1985)62号文件批转卫生部《关于卫生工作改革若干政策问题的报告》，比较全面地提出了各项改革政策和措施。1987年，党的十三大提出了社会主义初级阶段的理论，使我们对如何推进卫生改革与开放，如何加快社会主义卫生事业的建设拓宽了思路。几年来，我们开展了关于卫生事业的性质，关于卫生发展战略和区域卫生发展模式，关于社会效益和经济效益的相互关系，关于卫生资源筹集和分配，以及卫生机构补偿模式等一系列重大理论与实践问题的研究和讨论，组织了相当规模的医疗成本调查和城乡医疗卫生服务调查等。党中央、国务院和财政、物价、税务等部门根据中央有关改革开放的总政策，适当调整放宽了卫生改革的政策措施，国务院继（1985)62号文件之后，又批发了（1988)61号文件和(1989)10号文件。这些文件中对卫生改革开放和加强预防保健工作的指导思想、方针政策和主要措施都作了明确而具体的规定，是指导全国卫生改革的纲领性文件。一些省、自治区、直辖市政府和有关部门结合本地区实际情况，相继批发了卫生改革实施细则和管理办法，以促使卫生改革健康发展。

2．实事求是地分析卫生改革的成效，严肃认真对待存在的问题。十年来，卫生改革开放的成效，突出表现在以下几方面：①国家、企业和城乡居民对卫生事业的投入增加了，医疗卫生机构的维持能力有所提高。10年间，国家和地方财政对卫生的投入，平均每年以12%的幅度增长，卫生事业经费由1978年的22.4亿元增加到1988年的71.8亿元。改革拓宽了社会对卫生事业的投入渠道，工商企业劳保医疗、农村和城镇集资医疗、自费医疗、预防保健保偿以及农村改水

等都增加了投入。全社会卫生总费用约占国民生产总值的3%左右。改革使医疗卫生机构的经济状况有了部分改善。同时，医务人员的生活待遇也有了不同程度的提高。②卫生事业为社会提供医疗卫生服务的能力扩大了。截止到1989年，全国卫生机构发展到20.7万所，床位发展到286.7万张，比1978年分别增长21.3%和36.8%；卫生机构专业人员发展到478.7万人，比1978年增长54.1%。全国医疗机构的固定资产有了成倍增长，一批现代化技术设备用于临床，使诊疗水平相应提高，医疗服务项目不断扩大。1989年全国各级各类医院提供门诊治疗由1982年的11.4亿人次增加到26亿人次；提供住院治疗由1982年的2480万人次增加到5158万人次。从1984年到1988年5年间，城市医院诊疗人次数和病床使用日分别增长10.3%和43.6%，县医院分别增长2.9%和18.6%。城乡居民应住院者中，因为没有病床而不能及时住院的已从64.9%下降到4.6%。长期解决不了的看病难、住院难、手术难问题在大多数城市已得到基本缓解。③部分预防保健的战略任务逐步得到落实。许多省、自治区、直辖市政府把"2000年人人享有卫生保健"的各项指标纳入当地社会经济发展规划；少数城市试点开展综合性区域卫生规划，加强卫生资源的合理分配和有效利用，更好地贯彻"预防为主"的方针；多种形式预防保健保偿制的实施，有效地推动了儿童计划免疫和妇幼保健工作。婴儿死亡率和孕产妇死亡率都显著下降，儿童计划免疫四苗全程接种率以省为单位已达到85%的目标。④卫生技术人才培养有较快发展，医学科学技术有很大进步。全国高等医药院校在校生比1980年增长37.2%，为农村培养人才实行定向招生的比例不断扩大，专科教育和在职教育有了相当规模，三年制大专生和乡村医生中专培训也有了一定发展。平均每1000人口医师数已达到1.14人。医学科研取得显著成绩，全国医药卫生研究与开发机构已发展到795所，实际从事科研活动人员已达20多万人。从1979年到1989年，共获取卫生部部级以上科研成果奖1162项，其中获得国家级科技成果奖的有162项。我们与世界卫生组织、世界银行、国际儿童基金会和许多国家、地区发展多边和双边合作、开发项目，开阔视野，交流技术，促进了业务技术和管理决策水平的提高。

卫生改革过程中，由于各种主客观因素的影响，出现了一些值得我们十分重视的问题。这些问题概括起来主要是：第一，由于政策不配套，宏观管理不健全，缺少必要的调控措施和相应的约束机制，出现了某些"乱办医"、"乱收费"的现象。在谋求解决医疗卫生单位的合理补偿问题上，有些医疗单位，出现了一些不合理用药和不必要检查的超前消费行为；有的预防保健单位出现了"重有偿、轻无偿"的情况；还有一些单位违反国家物价管理制度，擅自提高收费标准或乱收费，增加病人不合理经济负担；个别单位甚至以百货代替药品销售，损害国家和患者的利益，引起了社会的强烈反响。第二，思想政治工作有所削弱，医德医风教育有所放松，在两个文明建设中，医疗卫生单位也存在着"一手硬一手软"的情况。第三，对广大农村卫生改革和卫生事业建设的措施不利，抓得不紧，特别是对农村经济体制和农民保健需求变化的新情况、新问题，缺少及时的有效的宏观指导。针对存在的问题，我们在过去的一年里，根据中央的精神，进行了初步的治理整顿。卫生部先后颁发了《关于清理整顿医疗机构若干问题的规定》、《关于严格执行医疗收费标准，防止乱涨价乱收费的规定》等一系列文件，强化宏观管理。各省、自治区、直辖市也相继制定了治理整顿和深化改革的有关规定和措施。经过一年多的治理整顿，整个医疗卫生秩序已经有了一定程度的好转，取得了初步成效。实践表明，卫生改革中出现的一些问题，只要我们认真对待，加强教育和管理，是可以逐步改进的。

二、坚定不移地贯彻执行治理整顿和深化改革的方针

1．进一步抓好治理整顿，巩固和扩大改革开放的成果。关于治理整顿的目标：加强医德教育和质量管理，要求服务态度明显改善，服务质量不断提高；扭转社会办医中的某些失控状态和医疗秩序中的混乱现象，逐步加强行业管理；运用行政、经济、法律、思想教育等手段，逐步建立健全宏观调控体系和综合约束机制；深化和完善各项卫生改革措施，逐步调整卫生系统内部的主要结构和比例。关于治理整顿的重点。主要有以下6个方面：①整顿服务作风，坚持廉洁行医。②抓好质量管理，提高服务质量。③整顿医疗卫生秩序，维护业务工作的正常运转。④清理整顿服务收费，努力控制卫生费用的不合理增长。⑤清理整顿社会办医机构、个体开业医和各种联合体，加强行业管理。⑥整顿药品市场，严格药品管理。关于治理整顿的方法：第一，要加深认识，抓住重点。第二，要发动群众广泛开展自查、互查和抽查活动。第三，要严格掌握政策，正确区分合法行医与“乱办医”、合理收费与“乱收费”、合理分配与乱发奖金的界限。第四，要加强科学管理和法制建设。

2．坚持和完善各项改革措施，保持政策的连续和稳定。关于卫生改革的具体政策措施，集中体现在国务院（1985)62号文件和（1989)10号文件中，大致可归纳为卫生管理体制改革和医疗卫生机构运行机制改革两大部分。为了统一认识，提出一些继续深化和完善的意见。

关于院（所、站）长负责制问题。已经实行的单位要继续总结经验，不断完善；原来实行党委领导下的院长负责制的单位也按原领导体制继续实行。不论实行哪一种负责制，都要按照中共中央（1989)9号文件精神，加强党组织在思想政治工作方面的领导作用和对行政业务工作的监督保证作用，以及加强职代会的民主监督作用。任何时候都不能淡化和削弱党的政治核心和战斗堡垒作用。

关于承包责任制问题。医疗卫生单位实行承包责任制，是在财政对卫生事业单位实行“经费包干、结余留用”政策后出现的一种责、权、利相结合的经营管理责任制形式。由于卫生事业的性质和任务有自身的特点，医院承包与企业承包，在含义、内容及目标等方面有着明显区别，因而明确搞综合承包，不能搞单一的经济承包，并规定综合承包的内容，包括工作任务、技术质量、组织管理、精神文明建设、经济核算和考核奖惩等各个方面。承包的效果不能单从经济收入多少来衡量，而要坚持把社会效益放在首位，从物质文明建设与精神文明建设相统一，国家利益与医院、职工利益相统一的角度来全面评价。从各地的实践来看，综合承包责任制取得了积极的效果，但在实施过程中，有些单位由于管理监控制度不健全，出现了一些片面追求经济收入的不合理不健康甚至非法的行为，引起社会上及医务界对医院承包的各种议论。这些问题和现象，在缺少严格监督管理的未承包的单位，也有发生。鉴于这些情况，有必要再明确一下：第一，继续推行多种形式的目标管理责任制。已经实行综合承包制的要总结经验，兴利除弊，不断完善；第二，凡是实行承包责任制的单位必须是综合承包，不能搞单项的经济承包，也不能把经济指标分解到个人。要把事业发展指标列入综合承包合同，克服短期行为，并建立严格而有效的考核监控制度；第三，在责任制名称上不宜强求一律。关键是对内容

应有比较一致的认识，认真考核综合目标的实施效果，使社会上实际感受到这些责任制形式确实有利于卫生事业的发展、卫生资源的合理利用和为人民提供更多的优质服务。

关于多渠道、多形式办医问题。一要继续发展以开发和扩散技术为中心的医疗联合体。二是继续提倡工矿企业、部队医院及其他部门的医疗机构向社会开放，三是允许经过考核、符合条件的闲散医务人员和离退休人员个体开业行医，允许民办和个体医疗机构存在和适当发展，保护其合法权益。

关于调整不合理的医疗价格问题。按成本收费是改革医疗价格体系的方向。目前全面调整医疗价格的难度较大，可以继续采取小步走、分步调、逐步到位的办法。

关于实行技术劳务政策，包括有组织有计划地开展业余服务、兼职服务以及专家门诊服务等问题。业余、兼职服务必须在保质保量完成本职工作的情况下，有组织有计划地进行，对时间和范围加以必要限制；个人从事兼职服务必须经本单位领导批准。专家挂牌门诊，既要在时限上适度控制，又要保证专家有一定时间参加普通门诊，以利完成带教任务和解决疑难病症。在收益分配上要处理好个人与集体的再分配关系，注意调整内部各类人员的分配比例，有利于调动和保护教学、科研人员的积极性。

关于预防保健有偿服务和各种形式的保偿制问题。在继续落实这项政策时，要紧密围绕预防保健中心任务，同初级卫生保健的总体目标协调统一，把社会效益放在首位。要明确各级防保机构有偿服务的范围和职责，统一服务范围，实行多种形式责权利相结合的责任制，正确处理内部各种分配关系。有偿服务的合理收入要全部留给预防保健单位，其纯收入的大部分用于发展防保事业。不能因为开展有偿服务而削减财政正常拨发的防保经费。

关于“以工助医”、“以副补主”问题。要继续提倡有条件的医疗卫生单位，组织富余人员举办直接为医疗卫生工作服务的第三产业或小型工副业，实行“以工助医”、“以副补主”。

3. 继续深化农村卫生改革，重点加强农村卫生建设。我们要认真总结农村卫生改革和发展的经验教训，坚定不移地把加强农村卫生建设，改善农村卫生状况，解决广大农村人口的医疗预防问题，作为整个卫生部门治理整顿和深化改革的重点。①进一步明确农村卫生事业发展的奋斗目标。以初级卫生保健作为农村卫生工作的主要内容，是向农民有效提供卫生保健服务，逐步缩小城乡居民卫生保健差别，在我国整体上实现“人人享有卫生保健”的战略措施。实施过程中，要把开展爱国卫生运动、防治地方病、卫生防疫、卫生监督、妇幼保健等有机结合起来，紧密配合，协调运转，把农村卫生工作纳入持续稳定协调发展的轨道。②加强基层卫生组织建设，巩固发展农村三级医疗预防保健网。各地要继续按照统筹规划、合理布局的原则，逐步健全和完善以县级医疗卫生机构为技术指导中心，以乡（镇）卫生院为枢纽，以村卫生室（站）为基础的卫生服务体系。在管理体制方面，乡（镇）卫生院由乡（镇）政府管理或县、乡分级管理是有效的改革措施。村卫生室实行以集体为主的多种形式办医，有利于村集体经济对卫生保健事业的投入，有利于农民依靠集体的力量同疾病作斗争，有利于乡村医生积极开展预防保健工作。各地应从实际出发，大力加强村卫生室建设。经过审核合格的农村个体医和民办医疗机构，是三级医疗预防保健网的必要补充，要继续发挥和保护他们的积极作用，并加强管理。③改革农村医疗保健制度，积极引导农民自觉进行健康投资。根据我国国情以及国家对集体所有制经济的基本政策，广大农民自身的健康投资应当成为农村卫生投入的主体，这是我国发展农村卫生事业的巨大潜力所在。应当积极引导农民发扬互助共济精神，因地制宜地建立和完善多种形式的集资医疗保健制度，包括合作医疗、乡镇企业劳保医疗、医疗保险和健康保偿等。要动员农村集体经济组织、国家企事业单位及社会团体多渠道集资，支持和扶助农村卫生事业。④加强农村卫生技术人才的培养。我们要总结前几年行之有效的办学经验，继续坚持多形式、多渠道为农村培养卫生技术人才。普通高等医学院校要真正把为农村培养卫生人才放在重要地位，完善定向招生、定向培养、定向分配制度，并长期稳定地坚持下去。要适当发展和加强医学大、中专教育和职业技术教育，尽快培养农村适用的高、中级卫生技术人才。并在学科结构、专业结构上作相应的改革，增强防治常见病、多发病的适应性。为了对乡村医生实行正规学历教育，卫生部成立了“中国乡村医生培训中心”，以加强这方面的规划指导工作。⑤依靠科技进步，提高农村卫生保健水平。我们应当动员和鼓励医学科技、教育和医疗卫生单位，开展“卫生支农”活动。它的主要内容和方法，一是加强农村医学科技成果的研究、应用和推广工作，把每年向广大农村推广几项适宜新技术列进十年奋斗目标；二是广泛开展农村医学科普教育和健康宣传教育活动；三是帮助和指导县级医疗卫生单位和中心卫生院掌握适宜的技术项目；四是举办各种农村专业班，传播卫生科技知识。在组织形式上可以采取分片包干、定点挂钩、对口交流等办法。同时，要提倡和鼓励城市卫生技术人员到农村基层服务，把技术、信息和管理知识传向农村。⑥采取倾斜政策，扶助“老少边穷”地区改善缺医少药状况。要稳定“老少边穷”地区的卫生技术队伍，努力改善他们的工作条件和生活条件，多为他们办实事，解决其工资待遇、住房、学历、职称，子女升学、就业以及“农转非”问题。对这些地区在政策上应适当放宽，可以搞得更活一些。对传染病、地方病高发区，在防病经费上继续给予重点支持。对边远贫困地区的重点疾病防治，有计划地采取组派精干的医疗队、手术队、卫生扶贫队等支援形式是行之有效的措施，值得提倡。

三、加强思想政治工作和医德医风建设，保证卫生改革开放的健康发展

首先，要正确认识和评价卫生技术队伍。绝大多数医务卫生人员政治思想状况和精神面貌是好的，他们热爱社会主义祖国，拥护共产党的领导，勤勤恳恳地从事本职工作，兢兢业业地为人民健康服务。应当肯定卫生技术队伍在总体上是好的这一基本评价。第二，要切实加强和改进思想政治工作。思想政治工作既要加强，也要改进，要在加强的前提下改进，在继承的基础上创新。必须大力加强医疗卫生单位和医学院校基层党组织对思想政治工作的领导。要认真研究思想政治工作中带规律性的问题，加强和充实思想政治工作队伍，改进政工管理体制，处理好思想政治工作和其他各项工作的关系。在提倡党政干部共同做好思想政治工作，坚持两个文明一起抓的同时，必须十分认真考虑专业政工队伍的思想建设和组织建设问题。在思想政治工作方法和形式上，要防止忽视革命传统和重搬“左”的做法这两种倾向。学会运用唯物辩证法，坚持两点论，避免片面性。思想政治工作的主要任务，是要紧密结合卫生部门的实际，对职工和院校师生进行系统的、切实的思想政治教育。包括：马列主义、毛泽东思想基本原理的教育；“一个中心，两个基本点”的党的基本路线教育；党的优良传统和“四有”、“三热爱”的教育；民主与法制教育；形势教育与改革开放的政策教育。当前，要突出抓好坚持四项基本原

则、反对资产阶级自由化的教育，把它作为思想政治教育的主课，努力提高广大医务卫生人员对党的基本路线的认识，增强爱国主义感情和民族自信心，坚定对党、对社会主义的信念。

要加强党的自身思想建设，在卫生系统广大党员中系统地深入地进行基本理论、基本路线和基本知识的“三个基本”教育，并贯穿党性教育，注重用马克思主义的世界观、方法论武装广大党员，发挥共产党员的先锋模范作用。第三，要突出行业特点，加强医德医风教育。我们要求广大医务卫生人员大力发扬救死扶伤的革命人道主义精神，从自己做起，从本单位做起，真正具有：①待病人如亲人的深厚感情；②舍己为人的高尚情操；③严谨细致、文明礼貌的优良作风；④团结协作的集体主义风格；⑤廉洁服务、不谋私利的奉献精神。学习白求恩、学习雷锋，学习卫生系统先进模范人物，是医德医风教育的重要内容。第四，各级卫生行政领导干部，要按照党的四中、五中全会要求，认真学习马克思列宁主义、毛泽东思想，重点学习马克思主义哲学的基本原理和邓小平同志关于党的建设的论述，提高自己的政策理论水平和科学管理水平。要发扬党的优良传统，密切联系群众，坚持走群众路线，切实改进思想作风和工作作风。在关系到广大医务人员切身利益的政策措施上，既要关心医务人员的现实情况和合理要求，同时必须重视维护国家整体利益和长远利益。

（傅红　摘）

卫生部副部长何界生在全国卫生厅（局）长会议上的总结讲话（摘要）

（1990年3月14日）

一、坚持卫生工作的改革和治理整顿相统一

首先，作为各级领导，必须在思想上牢固地树立这样一个观点，改革是社会主义制度在自身基础上的不断发展和完善。这就要求我们认真总结经验，研究40年来，特别是改革开放10年来的经验和教训，不断完善有利于卫生事业发展的政策措施和规章制度，努力探索新的发展道路，革除那些不合理的、阻碍卫生事业发展的东西。这就是我们所说的卫生改革的一些基本要求。它既不是一切照搬外国的东西；也不是墨守陈规、根本不允许触动过去那些不合理的阻碍卫生事业发展的条条框框。它是在坚持社会主义制度的前提下，不断发展和完善的过程。也就是说要建设一个有中国特色的社会主义卫生事业体系。因此，改革要贯穿到“四化”建设的全过程。所以，我们每年的卫生工作会议都要讲改革，也就是讲卫生事业的不断发展和完善。

其次，必须坚持卫生改革和治理整顿相统一的观点。改革和治理整顿是相辅相成的，没有治理整顿，改革就不可能顺利进行；而没有相应的改革措施来配套，治理整顿也很难深入下去。大家反映不希望改革政策出现大的变化，不要大起大落，以保持卫生事业的持续稳定地发展。党中央、国务院再三强调，改革开放的方针不会变，要保持改革开放政策的连续性和稳定性。李鹏同志指出：

党的十三届四中全会以前正式出台的各项改革开放措施，凡是经过党中央或国务院讨论决定的，经国务院制定了条例、法规的，经过人大制定了法律的，都要继续贯彻执行。根据这一精神，国务院（1989)10号文件是继（1985)62号文件后，经国务院讨论决定的、指导卫生改革的又一个重要文件。其中规定的有关卫生改革的各项政策措施，都要继续贯彻执行，以巩固、发展卫生改革的成果。比如：①坚持以公有制为主体，实行国家、集体、个体多种形式办医的方针；②实行和完善院（所、站）长负责制和包括综合承包目标责任制在内的责、权、利相结合的各种责任制；③允许医药卫生人员在完成定额工作量的前提下，有组织地开展业余服务、兼职服务、专家门诊等优质服务的技术劳务政策；④实行有偿服务与无偿服务相结合以及保偿服务等，开展预防保健工作的政策；⑤坚持新设备、新项目按成本收费，逐步调整不合理的医疗收费标准，完善补偿机制的政策等等。

今年是搞好治理整顿和深化改革关键性的一年。我们卫生部门自1988年下半年开始，经过一年多的治理整顿工作，正在出现一个健康的发展势头，全局的形势是稳定的。改革过程中出现的问题已经得到各级卫生行政部门的重视，正在治理之中；卫生事业发展中存在的困难也正在争取一些对策，谋求解决；改革实践证明行之有效的政策措施，各地正在继续坚持贯彻执行。今年治理整顿的任务还是很重的，今后治理整顿工作的重点，在整顿社会办医、医疗秩序、药品市场，纠正社会上“乱办医”、“乱收费”现象的同时，应当以改善服务质量，加强医德医风建设为中心，提高整体效益，注意纠正一手软一手硬的问题。各地各单位，都要围绕这一中心，在不断改进服务态度、提高医疗技术、改善设施条件、提高管理水平等方面，拿出具体的实施办法和措施来。还有，必须坚持四项基本原则和坚持改革开放相统一。要在四项基本原则的指导下制定改革开放的各项政策措施，在改革开放的各项工作中，要自觉地贯彻四项基本原则，把四项基本原则和改革开放有机地统一起来，把四项基本原则贯穿于各项工作之中并真正落到实处。特别要在以下几个方面充分体现出来：第一，坚持贯彻“预防为主”的方针。各级政府要充分认识预防保健工作同社会经济发展互相促进、互相制约的关系，切实把预防保健工作放到重要地位，纳入当地社会经济发展规划和农村脱贫致富规划之中，在卫生经费和基建投资中体现“倾斜”政策，有计划地推进预防保健体制改革，把“预防为主”的任务真正落实到基层。第二，坚持把卫生工作的重点放到农村。当前，主要是加强农村三级医疗预防保健网的建设，以开展农村初级卫生保健为重点，努力实现“2000年人人享有卫生保健”的战略目标。第三，坚持全心全意为人民服务的宗旨和社会效益第一的原则。各级医疗卫生机构都必须把社会效益放在第一位，要在保证社会效益的前提下，讲究经济效益，注意两个效益的统一。要正确处理国家、集体和个人利益关系，局部服从整体，维护国家利益和群众利益，体现社会主义制度的优越性。

二、关于今年要重点抓好的几项工作

1．关于1990年预防保健等项工作的主要目标和任务。①进一步宣传和贯彻《传染病防治法》。要切实加强对急、慢性传染病，性传播疾病的综合防治措施，特别对性病、艾滋病、脊髓灰质炎、霍乱、肝炎等传染病要做好监测工作，防止暴发流行，及时控制蔓延。要严格对食品卫生、饮水卫生、公共场所卫生的监测和管理，加强国境卫生检疫工作，确保主要疾病发病率在去年基础上继续有所下降。②巩固和发展计划免疫已取得的成果。针对薄弱地区和工作中的薄弱环节，采取坚决措施，以适应全球扩大免疫规划的发展和保护儿童健康的需要。当前，要继续做好冷链配套、运转、技术指导，以及流动人口、超生儿童等特定人群的计划免疫，积极扩大计划免疫保偿制的投保率，争取实现1990年以县为单位达到85%的奋斗目标。③妇幼工作要遵照中央领导同志关于"要抓优生"的精神，贯彻以优生优育为重点，开展计划生育技术服务、妇女保健、儿童保健三位一体的指导思想，按照国务院机构改革"三定方案"的要求，理顺关系，明确职责，组织落实把"控制人口数量，提高人口质量，优生优育"作为强国富民的一件大事抓紧抓好。要切实组织好300个县基层妇幼卫生项目的试点工作，各省要全面落实项目配套的承诺条件，做好项目县的基础情况调查，完成该项目中科研课题的招标、评标和定标任务，并组织开展人员培训工作。④认真落实全国血防工作会议精神。国务院《关于加强血吸虫病防治工作的决定》即将下发，希望南方各有关省、自治区，都要认真学习文件精神，广泛宣传和发动群众，抓紧落实，要以湖区和大山区为重点，结合农村水利建设，查螺灭窝，改造钉螺孳生环境。抓紧疫情控制和现有病人的治疗工作。争取今年有一批疫区县率先达到基本消灭血吸虫病的标准。力争3～5年的时间，抓出明显的成效。同时，要继续做好防氟改灶工作的试点、鼠疫及其他地方病的防治工作。⑤爱国卫生工作，今年要集中目标，狠抓农村改水和城市环境卫生。要求各省市区分年度订出各有多少县达到饮用不致造成疾病的卫生改水计划。特别是肠道传染病，某些地方病高发区要把改水作为重点，统一规划，筹措资金，争取完成国家"七五"计划规定的80%农村人口饮用安全卫生水的指标。城市卫生以抓好434个开放旅游城市为重点，从首先解决厕所少和厕所脏的问题入手，改变城市"窗口"脏、乱、差的落后面貌。要提出几个检查项目，年内评定一次，将结果在报上张榜公布。

2．依靠地方政府领导，大力加强农村三级医疗预防保健网的建设。搞好三级网的建设，几十年的经验证明，单靠卫生部门是很不够的，必须加强地方政府的领导，充分体现卫生工作地方化。从而调动全社会的力量，形成社会参与的强大合力，使基层卫生组织真正成为社会发展的组成部分，纳入当地社会经济发展规划和农村脱贫致富规划。在地方财政增加卫生投资的同时，把"人民卫生人民办，办好卫生为人民"作为发展农村卫生事业的基点和动力，鼓励社会部门，农村集体和群众个人集资办卫生事业，拓宽卫生投资渠道，为发展农村卫生事业开创新的局面。在卫生部门内部，要继续坚持有偿服务与无偿服务相结合和各种形式的保偿制，不断扩大服务范围，提高服务质量，组织合理收入，增强基层卫生组织的自我维持能力。各级政府和卫生行政部门要按照国务院(1989)10号文件要求，把有偿服务收入全部留给单位，并且不减少对其正常的经费补助。预防保健机构的设置要从本地区实际出发，以理顺关系、有利于开展工作为原则，因地制宜，分类指导，不搞一刀切。但不论何种形式，都应在任务、目标、职责、人员、经费、设备和设施上有基本保证。使其有利于贯彻预防为主的方针，有利于各项预防保健工作落实到基层，有利于提高社会效益和经济效益，有利于调动各级预防保健人员的积极性。要集中一部分财力、物力，重点加强县、乡级预防保健机构，为基层防保组织开展一般疾病监测，计划免疫，优生优育，妇幼系列保健服务，卫生监督监测等项工作提供必要的条件。县级预防保健机构要重点抓好业务技术水平的提高，切实发挥对基层网底的技术指导作用和人才培训基地的作用。要继续实行乡镇政府管卫生院的领导体制，乡镇卫生院要围绕初级卫生保健的规划目标开展工作，把工作重点放在预防保健和门诊工作上。村级卫生组织是预防保健网的网底，要尊重群众意愿，从实际出发，坚持集体办医为主，多种形式并存，积极引导和鼓励群众依靠集体投入举办各种卫生服务设施和卫生保健活动，并按照多劳多得的分配原则，合理解决乡村医生的报酬。

3．全面贯彻党的教育方针，加强医学教育工作。医学教育工作要坚定不移地全面贯彻党的教育方针和卫生工作方针，搞好治理整顿，深化教育改革，促进医学教育持续稳定、协调地发展。1990年的医学教育工作要把思想政治教育和为农村培养卫生人才摆到突出位置，切实提高教育质量，同时，有计划地开展职业技术教育和成人教育。当前各院校一定要全面贯彻党的教育方针，要坚持把坚定正确的政治方向放在学校工作的首位，一定要对学生进行坚持“四项基本原则”的教育，坚持马列主义理论的教育，抓好形势教育、国情教育和加强社会实践活动。各医学院校要认真总结经验，深入研究当前进行思想政治教育的内容、方法和形式，作为医学教育的重要组成部分，列入教学计划。要结合医学教育工作的特点，贯彻教育与生产劳动相结合的教育方针，要把学生培养成“四有”的社会主义建设者。要把培养又红又专的人才做为提高教学质量，教师晋升或职称评定的考核标准，为社会主义培养一代新人。高等医学教育主要是加强宏观管理，稳定教学规模，健全管理制度，搞好教学改革和教学模式的转变，全面提高教学质量。普通医学院校要真正做到把培养卫生技术人才的重点放在农村，继续采取“三定向”等措施，招收“下得去、留得住、用得上”的学生。根据我国农村实际，各医学院校在搞好本科教育的同时，还要适当发展高等专科教育。由原专科改为本科的院校，要把办专科为农村培养人才作为重点任务来完成。专科教育要转变教育模式，培养实用人才和加强技能训练。对中专教育层次重点应抓提高教学质量，注重实用型人才培养，改变过去老三段教学模式，调整课程设置。除老少边区外，中专规模也要保持稳定。

要切实抓好乡村医生培训工作，重点应放在具有中专学历水平的教育，通过八五计划争取对乡村医生实施正规函授轮训，通过乡村医生培训中心，加强教学质量管理和考核。

要改革和整顿成人医学教育，对成人教育应积极发展岗位培训，尤其对农村在职卫生技术人员和管理干部的重点是提高实际技术水平和科学管理水平，并保持管理队伍相对稳定，对成人专业证书班要贯彻国家教委治理整顿要求，从严掌握，把好教学质量关。

加强在职卫生技术人员培训工作，更新充实医学知识，是提高专业技术水平和医疗卫生服务质量的基础性工作。各级卫生行政部门、大学、医院、医学会学术团体要共同努力，分工负责，充分利用教学条件和教学医院，推广电化教育，扩大教学录相片制作范围，不断提高教学效果和教学质量。要积极抓好进修教育，开展学术活动。利用专题讲座和专家会诊及病案讨论等多种方式，进行新知识、新技术的教育和传播。有些国外新技术项目，可邀请外国专家来华合作开展和推广。对一些业务技术基础较强，有培养前途的学科骨干带头人，要根据需要和可能，送到国内外院校进行专科进修学习，重点培训和提高。并要破格提拔一批有真才实学的中青年教授、副教授，巩固充实教师队伍。

4．树立科学技术是第一生产力的观念，把科学技术放在优先发展的战略地位。各级卫生行政部门要充分认识到医药卫生科学技术的重要性，把加强科技工作真正放到议事日程上来，加强领导，搞好规划，解决科技工作存在的困难和问题，认真做好“七五”国家医药卫生科技攻关项目的总结、验收和表彰，抓好“八五”国家医药卫生科技攻关项目的立项、招标和实施的准备工作。

继续实行科研基金和政策性拨款制度，增强重点课题的投资强度。要继续推行各种形式的管理责任制和课题承包制，增强科研机构的活力。不断完善科学管理和法制管理。对科研攻关项目要面向社会公开招标，鼓励竞争，择优支持，形成“拳头”，要积极开发科技市场，对部分应用研究和开发性研究要逐步实行有偿合同制。各地要制定本地区和单位的科技成果推广和吸收新技术的计划，全国每年要争取有一百项科技成果得到推广，并认真组织实施。卫生部科技进步奖中已开设成果推广奖，今后要扩大受奖比例，奖励在这方面做出优异成绩的单位、集体和个人。对于在防病治病中有明显效果，具有较广泛推广应用价值，但不易成为商品或实行有偿转让的科技成果，各地要设立成果推广基金，专门用于支持这类科技成果的交流和推广，并给科技人员以应得的报酬或奖励。

医药卫生科技工作一定要面向农村，面向基层，面向群体。目前，解决农村防病治病的主要课题是：怎样用科学技术指导预防保健工作，治理和防治血吸虫病、地方病及其他一些常见病和多发病，防止各种传染病的传播和流行。因此，要提倡和鼓励科技人员深入基层，到医疗、预防保健工作的实践中去，狠抓适用科技的引进，示范和推广。

当前，培养青年科技人员，是医药科技队伍建设面临的迫切任务。要注意发挥老专家在培养人才，著书立说，指导研究等方面的作用，对青年科技人员进行传、帮、带。要注意创造良好条件，发现、培养青年科学家，对确有真才实学，品学兼优及有突出贡献的青年拔尖人才，要放手起用，委以重任。尤其在一些新兴、边缘学科，要选拔培养一批年轻的学科带头人。要采取设立如青年科学基金的中青年优秀论文奖等鼓励措施，激发青年科技人员的科研热情，促使人才尽快成长。要继续派遣品学兼优的青年科技人员出国进修学习，重点培养优秀人才。要关心知识分子的学习和生活，不断改善知识分子待遇。对留学回国的医药科技人员，要安排好他们的生活，保证学有所用，为其创造比较好的工作条件，充分发挥科研骨干作用。

5．抓好卫生法制建设，加强卫生法制监督管理。1990年，国务院计划年内审查论证的有优生保健法、食品卫生法修订、传染病法实施条例、血吸虫病防治条例、食盐加碘管理条例、医疗机构管理条例、计划生育技术管理条例，以及配合国家教委制订的学校卫生管理条例等8个新的法律法规。还将继续起草修改医师法、控制吸烟法、初级卫生保健法等，逐步使卫生工作由行政管理走向法制管理的轨道。国家《行政诉讼法》将于今年10月1日起施行。卫生执法监督要围绕卫生防病的目标任务开展工作，加强对五大卫生的监督监测。在机构建设上要明确划分不同层次卫生监督工作的职权范围，协调解决不同层次，不同专业间卫生监督执行的问题，逐步理顺卫生监督体系，抓好卫生监督体制改革试点工作和综合执法的试点工作。在执法队伍建设上，要建立健全监督工作规范和工作守则，加强执法教育和社会监督，坚决纠正有法不依，执法不严的现象，大力表彰廉洁执法，秉公办事的模范事例，建立良好的法制工作秩序。要组织安排好执法人员的业务培训和学习，不断提高卫生监督队伍的业务素质。

6．认真做好“八五”计划和十年规划设想的制订工作。根据国务院要求，今年要抓紧制订“八五”计划和1991～2000年计划设想。总的指导思想，一是要围绕国民经济和社会发展的总战略目标，把规划的重点，放在提高卫生服务综合效益和卫生服务质量上。二是从国情出发，从当地经济实际状况出发，立足于现有基础，分类指导，量力而行。三是坚持卫生改革开放与卫生事业发展相结合，靠改革政策、靠技术进步，发挥潜力，保证卫生事业持续、稳定、协调发展。

（傅红 摘）

全国爱国卫生运动委员会主任李铁映在创建国家卫生城市现场经验交流会上的讲话（摘要）

（1990年6月17日）

1．进一步加强爱国卫生工作的关键，是把各项工作落在实处。爱国卫生工作是具有中国特色的一种卫生工作方式，是我国创造的成功经验。国务院1989年发布了《关于加强爱国卫生工作的决定》，总结了爱国卫生工作的历史经验，提出了“政府组织，地方负责，部门协调，群众动手，科学治理，社会监督”的基本方针和方法，明确了爱国卫生工作今后一个时期的主要任务。我们要充分运用开展爱国卫生工作的方式，发动和依靠群众来解决卫生防病问题。现在的关键是要扎扎实实地开展工作，把各项工作落实。

要进一步加强领导。各级政府要把爱国卫生工作摆上议事日程，继续抓紧抓好。全国和各级爱国卫生运动委员会是国务院和各级政府的机构，负责统一领导，统筹协调全国和各地爱国卫生和防治疾病工作，它的工作任务是长期的。全国和各级爱卫会办公室，担负着委员会大量的繁重的日常工作，要配备与工作任务相适应的人员，并妥善解决其实际问题。

2．开展创建国家卫生城市活动，进一步明确了我国城市爱国卫生工作的奋斗目标。创建国家卫生城市活动，是两个文明一起抓的大事，工作做好了，就会获得两个文明双丰收。城市爱国卫生工作搞好了，还可以带动农村。创建国家卫生城市工作，要从各地实际出发，统筹规划，综合治理，突出重点，精心组织，动员群众，分步实施，使我国城市卫生面貌有一个大改观。

3．开展全国城市卫生检查评比工作，是推动城市爱国卫生工作的有力措施。检查评比是督促和激励我们做好工作的有效方法。在开展全国卫生城市检查评比工作时，要注意防止形式主义，注意勤俭节约。

4．持之以恒，深入持久地开展爱国卫生工作。鉴于社会除害防病任务的长期性、艰巨性和复杂性，应当深入持久地开展爱国卫生工作，进一步提高群众的卫生意识和健康水平。爱国卫生工作是同人民群众切身利益密切相关的。只要坚持不懈地抓出成效，切实解决群众关心的问题，就会得到广大群众的理解和支持，从而推动工作不断深入开展下去。为保证深入开展爱国卫生工作，我们要加强卫生法制观念，制订爱国卫生工作条例和法规。

（董继成 摘）

国务委员李铁映在全国治理整顿医药市场工作会议上的讲话（摘要）

（1990年6月7日）

建国40年来，特别是党的十一届三中全会以来，我国医药事业发展迅速，1988年医药工业总产值达到268亿元，提前12年实现了到本世纪末翻两番的奋斗目标。近10年来，累计上交利税300亿元，经济效益居全国工业部门前列。在我国社会主义现代化建设中，医药事业具有十分重要的地位。医药事业的发展，为人民防病治病、计划生育、抢险救灾，为保障人民群众的身体健康，保护社会生产力，做出了重大贡献。

当前，医药市场在发展中出现了一些混乱现象，百业经药，假劣药品泛滥起来，充斥市场，直接危害了人民群众的生命安全和社会的安定，人民群众反映强烈。我们必须下决心把医药市场整顿好，把党中央十三届六中全会提出的密切联系群众的决定落在实处。只有把这件事情办好了，才能使医药事业更健康地向前发展，得到人民群众的支持和拥护。

国务院不久前发出的29号文件，对医药市场治理整顿的一些主要问题，都作出了明确的规定，国务院要求各地政府、各有关部委、直属机构认真贯彻执行。为此，我再讲几点意见。

第一，加强组织领导。医药市场治理整顿任务艰巨，涉及医药、卫生、工商、公安、物价、税务等各方面的工作，不是哪一个部门可以单独完成的，不是医药管理局单独一个部门自己内部的事，需要各地人民政府给予重视，加强组织领导，协调各方面做好这项工作。医药市场治理整顿工作，要在各地人民政府直接领导下，由医药部门牵头，卫生、工商、公安、物价、税务等部门大力协同，组成强有力的领导班子。

第二，批发环节是医药市场整顿的重点。从各地情况看，乱主要是乱在批发环节上，这个环节出问题危害也最大。所以，要认真贯彻执行药品批发业务必须由国营医药商业专业批发企业统一经营，集体、私营和个体不能经营药品批发，生产企业只能销售本企业生产的药品的规定。这是从药品作为特殊商品的性质出发而定的。怎么样统一经营，你们还要作一些具体的研究和规定。总的精神，是把批发环节管住管好，充分发挥国营医药商业主渠道作用。

在强调集中统一和加强批发管理的同时，各级医药部门要注意搞好医药商业网点建设，改进经营作风，做到合理布局，方便用户，保证供应。通过这次治理整顿使医药市场更加繁荣、更加健康、更加方便群众。

第三，坚决打击制售假劣药品的不法行为和一切非法经营活动。政府各有关部门，必须把认识提高到关心人民疾苦，维护国家稳定大局的高度，象“扫黄”和“除六害”一样，坚决把制售假劣药品图财害命的气焰压下去，该停的停，该罚的罚，该判的判，一经发现，坚决处理，决不手软。制售假劣药不是“搞活”问题，而是坑害人民群众，破坏党群关系的违法行为。在打击假劣药问题上，我们的决心一定要大，措施一定要得力。要抓住几个问题严重的地区，揭露问题，大造声势，坚决抓出成效，使制售假劣药者声名狼藉，受到应有的惩罚。这样才能使人民放心，对吃药感到安全。

第四，加强法制建设，依法管药。我们已经有了药品管理法及其实施办法，有了国务院29号文件，各省市人民政府和医药职能部门，可以结合本地区、本行业的实际，制定贯彻实施的具体规定，使医药生产、经营管理逐步走上法制的轨道。在医药市场整顿和审查中，要特别注意，凡不符合药品经营条件的，不按规定程序审批的，无证无照的，一律不得经营药品。

第五，医药市场包括脏器生化药品、血液制品和放射性药品市场，都在整顿之列。有关清理整顿和审核、换发证照工作，由脏器生化药品、血液制品和放射性药品生产企业的上级部门，会同医药管理部门和有关部门共同研究审核办法，医药部门要主动负起行业管理的责任，各有关部门要积极配合。

第六，认真研究解决医药商品进出口问题。当前，医药商品进出口处于多头经营，分散管理的状态，结果是冲击了国内市场，制约了民族工业的发展。一些药品和医疗器械，国内完全能够满足需要，质量也不差，还在大量进口。如布洛芬、新明磺、红霉素等药品，还有一些医疗器械，前一段，由于进口的冲击，迫使国内一些企业不得不停产、转产，这些也加剧了医药市场的混乱。因此，医药商品的进出口工作很有必要实行统一管理。具体办法，请国家医药管理局会同国务院有关部委研究解决。

第七，切实把生产源头管起来。对生产企业和药品的审批要严格把关。对列入国家指令性计划的原料药要加强管理，制定必要的管理办法。

第八，希望在医药市场整顿工作中注意两个问题。一是，医药市场整顿工作是医药行业治理整顿和深化改革的具体措施。新的医药秩序建立，应当是有利于医药生产和销售，有利于保障人民群众安全用药，保证有效供应，做到该管的要管住，该活的要活而有序，在零售方面可以多渠道经营，以方便人民群众。

二是，涉及到经营人员和财产的处理问题时，要依法办事，注意政策，不能简单从事。要区别是批发还是零售，是违法还是不符合规定的经营。属于违法经营的，特别是制售假劣药的，要坚决打击；属于不具备经营条件的，要加强引导，或批发改零售，或转营其它商品。

第九，提出一个课题，请同志们研究，就是通过这次治理整顿和深化改革，我国今后将逐步建立起一个什么样的医药商业模式。去年12月，在研究医药市场整顿工作时，我曾提出医药是特殊商品应实行“专营”，建立一个严格的闭环式的封闭系统，把所有的批发、零售都纳入这个系统，实行集中统一管理。请你们做些调查研究，制订一个比较理想的模式，以便从根本上把医药流通秩序问题解决好。

下面，讲一下中药市场的整顿问题。为了加强对中医药的领导与管理，国务院决定成立国家中医药管理局。目前，省里没有专门管中药的机构，中药在地方上基本是由省医药管理局管的。省医药管理局要认真负责地切实把中药工作管好。有关问题要多与国家中医药管理局联系和反映，对国家中医药管理局布置的工作要认真研究与贯彻。国家中医药管理局与国家医药管理局要相互支持，密切配合，有关问题要多商量。行业管理的职能是根据“三定”方案定下来的，要维护“三定”方案的严肃性。

对中药市场的治理整顿要与医药市场的治理整顿结合起来进行。中药包括中药材、中药饮片和中成药三部分，中药材品种多而复杂，生产分散在农村，牵涉到许多方面的利益，特别是农民的利益。生产、经营的技术性、季节性与政策性比较强，与其它药品比较，有其不同的特点。对中药市场的整顿，要根据中药的特点，在贯彻国务院29号文件精神的同时，贯彻好国家中医药局等六个部委局的关于整顿中药流通秩序的通知精神，对安国、百泉等十大药市的整顿作出部署，有关地方政府要加强领导与支持，由医药主管部门牵头，卫生、公安、工商等部门配合，进行整顿，加强管理，取缔违法经营，保护和扶持合法经营，正确发挥集市贸易的作用。

药材公司有几十年管理和经营的历史，在全国已经建立起一整套经营管理体系和覆盖城乡的经营网络，既搞生产，又搞经营，集农工商于一体。要充分发挥药材公司的主渠道作用，加强对药材公司的领导与建设，特别是县一级的药材公司，担负着深入农村指导生产和收购中药材的任务，更应该注意加强。

（郑国辰　摘）

国家医药管理局局长齐谋甲在全国治理整顿医药市场工作会议上的讲话（摘要）

（1990年6月7日）

一、关于目前医药市场的状况

我们对目前全国医药市场总的形势的估计是：在治理整顿工作取得初步成效的同时，仍然存在很多、很严重的问题，必须下大力气继续治理整顿。

1．治理整顿医药市场已取得初步成效。1988年12月，在全国医药管理局长会议上提出治理整顿医药市场的任务以来，在全国范围内普遍开展了医药市场治理整顿工作。国家医药管理局于1989年下发了《关于加强医药批发市场管理的通知》；与国家工商行政管理局联合发出了《关于集体、私营企业和个体工商户零售药品的规定》；去年三四月间，派出3个调查组，分别对北京、辽宁、江西、福建等地的医药市场情况作了调查，九十月份又分别在安徽省阜阳和天津市召开了现场办公会和现场经验交流会；11月，根据国务院领导同志批示，由国家医药管理局牵头，组成了国家计委、体改委、工商行政管理局和物价局等有关部门参加的医药市场联合调查组，对河南、安徽和江苏等地的医药市场情况作了进一步调查研究，基本上掌握了全国医药市场的情况。全国有24个省、自治区、直辖市和计划单列市人民政府、办公厅下发或批转了整顿医药市场的文件，有3个省的有关部门联合发出治理整顿医药市场的通知，开展了整顿工作。陕西省（不含西安市）抽调900余人，组成137个检查组对医药经营企业进行了全面检查，依法取缔无证经营点1800多家，撤消153家，补办手续的380多家，经过整顿，药品批发业务已基本掌握在国营医药专业批发企业手中。安徽阜阳已关闭城区两条街288家集体、个体批发企业。其他各地在政府的领导下，医药、卫生、工商等有关部门加强了医药市场的监督管理，一部分地区出现的非法经营已被取缔，打击了制售假劣药的违法行为。经过一年多时间的努力，医药流通秩序正在向好的方向转变。

2．医药市场仍然存在很多问题。百业经营医药批发的问题远没有得到解决。据目前不完全统计，全国从事医药批发的企业共有33857家，较80年代初期的2253家增加14倍多。其中：集体和个体批发企业共22003

家，占65%；“两证一照”不全的7658家，占23%；无证照经营的10946家，占32%。据河南省有关部门调查，仅安阳市就有集体、个体医药批发企业147家，涉及27个行业。

百业经营药品批发造成流通秩序的混乱，目前国营医药商业主渠道受到严重冲击，医药市场责任难以确立，一旦出现紧急情况，无法保障供应，后果不堪设想。制售假劣药品屡禁不止，严重危害人民群众的生命安全。上述问题，不仅国家经济利益受到严重损失，人民健康得不到保障，而且党和政府的声誉也受到严重影响。整顿医药市场问题，不仅是一个经济问题，也是一个关系到党同人民群众保持密切联系，关系到社会稳定的政治问题。

二、关于治理整顿工作的方针、目标和步骤

这次治理整顿医药市场工作的方针是：依据《药品管理法》及其实施办法和国家的有关规定，坚决取缔非法经营活动，整顿好批发环节，理顺流通体制，优化市场机制，规范市场行为，提高服务质量，建立正常的医药流通秩序，促进医药事业的发展，保证人民用药安全。

治理整顿工作的目标是：①所有的药品经营企业，都要按照国务院29号文件的规定和审批程序，取得“两证一照”。药品批发必须由国营医药商业专业批发企业统一经营。国营医药商业网点延伸不到的边远地区，可委托具备条件的单位代理批发业务。②经营网点设置合理，经营企业有明确的经营方式和经营范围。③市场流通秩序明显好转，能有效地防止假劣药品流入市场。④经营企业有相应的服务规范和制度，服务态度好，服务质量高。⑤国营医药商业的主渠道作用得到发挥，能基本上满足市场需要，做到有利生产、方便群众。

治理整顿医药市场工作拟分两步进行。第一步：到今年年底，一是取缔非法经营活动；二是把医药批发环节掌握在国营医药商业专业批发企业手里；三是服务态度有明显改善，服务质量有显著提高。取缔非法经营活动，整顿好批发环节，是整个治理整顿工作的重点。第二步：理顺流通体制，优化市场机制，规范市场行为，逐步建立起正常的医药流通秩序。这步工作拟从明年开始，用一年或稍长一些时间，并在此基础上制定各项法规、规章制度，以逐步实现市场管理法制化，市场行为规范化。

为了实现上述目标，必须认真做好以下工作：第一，进一步宣传医药商品特殊性。医药商品具有治病救命，保护社会生产力的功能，好药治病，坏药害命，质量必须万无一失；医药品种具有不可替代性，要保证齐全，不能短缺；医药生产具有计划性和超前性，医药产品多了没用，少了不行，只能药等病，不能病等药，必须加强计划和搞好储备。第二，尽快理顺、健全医药管理体制。国务院29号文件明确了各级医药管理部门的医药行政管理职能，负责医药的行业管理。因此，治理整顿医药市场的任务，已经落在各级医药管理部门的肩上。现在的问题是我国医药管理体制还不够顺，少数省（区、市）仍然叫医药总公司，有不少县、市还没有设立医药行政管理部门，给治理整顿医药市场工作带来许多困难和不便。请各地医药管理部门根据国务院29号文件精神，积极向当地政府汇报，争取尽快理顺、健全医药管理体制。鉴于地方机构改革尚未进行的实际情况，建议当地政府给医药总公司增挂医药管理局的牌子，并赋予其相应的职责。第三，抓紧做好对本地区药品经营企业复查验收工作。按照国务院29号文件规定，医药管理部门要会同有关部门对本地区已生产、经营药品的所有企业和零售药品的个体

工商户进行复查验收。①除国营医药商业专业批发企业外，其他所有从事药品批发业务的单位和个人一律停止其药品批发业务。②凡达不到规定条件的企业要限期整顿；整顿后仍达不到要求的，令其停业；对根本不具备经营条件的，取消经营资格；对已具备经营条件，但手续不全的，要补办手续；对于无证非法经营活动，要坚决予以取缔。发现制售假劣药品图财害命的不法行为，要坚决给予打击。③加强国营医药商业的分工与协作，迅速恢复和巩固国营医药商业的主渠道地位，担负起市场责任。必须强调指出的是，治理整顿医药市场的目的，绝不是把医药市场管死，退到老路上去，而是要建立起社会主义医药商品流通新秩序。第四，对那些国营医药商业网点暂时延伸不到的地区或边远地区，必须做好医药批发业务的委托代理工作。要帮助受委托的单位培训技术力量，打通货源渠道，解决一些实际困难。第五，努力开拓农村市场，解决农村药品供应，保证广大农民医疗用药需要。

三、关于做好治理整顿工作的几点要求

①必须认真学习、深刻领会国务院29号文件精神，依法治理整顿医药市场。②要加强领导，抽调得力干部组成强有力的领导班子。国务院29号文件，提出请各地人民政府负责，由医药、卫生、工商、公安、物价、税务等有关部门组成强有力的领导班子，共同做好医药市场治理整顿工作。各地医药部门，必须抽调最得力的干部，有关领导要亲自挂帅，为整顿好医药市场做出应有贡献。③要树立全局观念。治理整顿医药市场必然触及各方面的利益关系，必须树立全局观念，做到局部利益服从全局利益，暂时利益服从长远利益，个人利益服从国家利益。医药管理部门、国营医药商业企业和工业企业要首先做到这一点。药品生产企业只准销售本企业生产的药品，不准转手倒卖或批发其他企业生产的药品。药品生产企业的销售对象主要是国营医药商业批发企业。④要有紧迫感。非法经营活动一日不取缔，“百业经营医药批发”一日不解决，假劣药品一日不根除，医药市场就无宁日，人民生命安危就无保障。必须抓紧行动，绝不可拖延和犹豫不决。⑤抓点带面，推动治理整顿工作。一年来，各地在治理整顿工作中，有很多好的经验，我们要善于发现，不断总结提高，并要认真学习天津市管理医药市场的经验，结合本地实际情况加以推广。同时，要选择医药市场严重混乱的地方，组织强有力的班子，深入下去，依靠当地政府进行调查研究，找准问题症结，集中力量，进行认真治理整顿。

（郑国辰　摘）

国家中医药管理局副局长朱杰在全国中医药科技进步工作会议上的报告(摘要)

（1990年7月5日）

一、当前中医药工作的形势

建国四十年来，党中央、国务院、人大、政协对中医药工作十分关怀、重视。解放初期，就确定了包括“团结中西医”在内的卫生工作方针，制定和实施了一系列保护和发展中医事业的政策。1978年发出56号文件，对解决中医后继乏人问题做出了明确指示。1982年，把发展我国传统医药列入宪法，使中医药事业有了法律保障。1983年和1986年，又先后两次发出关于加强中药工作的重要文件，加快了中药事业的发展步伐。1985年，中央书记处做出了关于“要把中医和西医摆在同等重要的地位”的重要指示，还确定要坚持中西医结合的方针。1986年，国务院决定成立国家中医管理局，继而又在1988年决定成立国家中医药管理局，实现了中医中药统一管理，为中医中药事业的协调配合和同步发展提供了必要的组织保障。最近，中央领导同志一再强调要弘扬民族传统文化；做了“依靠科学技术进步，提高学术水平，是发展中医药事业的关键”的题词；还特别指出“要维护‘三定’方案的严肃性”。说明党中央始终关注中医药事业的发展。与此同时，地方各级党政领导和有关部门对中医药工作给予了有力的支持。这些，使中医药事业的发展有了基本的保证。

四十年来，中医药事业有了较快发展：已有县级以上中医医院2070所，病床1806万张；卫生机构中的中医药技术人员54万多人，中药系统职工和技术人员46万多人；高等中医院校29所，高等民族医药院校3所，中等中医药学校53所，函大、夜大、岗位培训等多种形式的在职教育也有了发展；中医药科研机构170所，1979年以来，获部、局级以上奖励的中医药科技成果400余项；中药材生产基地500余个，中成药厂600余家，中药饮片厂1500余家，中药机械厂近40家，中药商业网点3万余个，形成了中药生产、经营体系；中医药已传播到世界130个国家和地区，世界卫生组织在我国已经设立7个传统医学合作中心，其中北京、南京、上海三个国际针灸培训班就为120多个国家和地区培训了3000多名针灸专业人才，在我国学习自然科学的留学生中，学习中医药的占第一位，世界针灸学会联合会和世界医学气功学会相继在我国成立，这是最早将总部设在我国并由我国担任主席的国际性学术组织，中药近年来年创汇达3亿美元。我国中医药事业已经初具规模，为今后的进一步发展奠定了良好的基础。

但是，必须指出，随着事业的发展，原来潜在的一些困难和问题开始显露出来，还产生了一些新的困难和问题。主要表现是：①中医药人才培养还不能满足事业发展的需要。中医药专家学术经验的继承工作抓得还不够；院校培养的大中专毕业生动手能力不强；高层次科技人才缺乏；农村中医药人才还没有可靠的来源。②多数科研机构基础较差，设备陈旧，模式单一，人才结构也不够合理，研究课题低水平重复的多，以致科研工作进展较缓慢，突破性成果不多。科研成果的推广未能得到足够的重视和取得应有的成效。③中医医疗机构的特色不够显著，优势未能充分发挥；急症防治水平不高，服务层次偏低；中医药预防保健方面的潜力远未挖掘出来。④中医药的对外交流与合作及中药对外贸易，还未实现统一的归口管理与协调；外事活动层次不高，实质性的合作项目较少。中医药的潜力和对世界各国人民的吸引力，怎样转化为以我国为中心的强大辐射力，还需要认真研究。⑤中药生产经营面临不少困难，如中药材生产不稳定，某些重要的药材资源遭到破坏，中成药生产工艺比较落后，产品结构不尽合理，中药的经营管理还不能完全适应当前计划经济和商品经济并存的局面等。⑥在地方上中医中药如何完善管理上的结合；如何在实际工作上实现中医中药的结合，找到结合点，使管理上结合的优越性在实际工作中体现出来。这是一个需要勇敢探索的重大课题。

二、今后工作的重点

当前牵制中医药工作全局的关键因素，是科学技术发展缓慢。从根本上说，提高中药生产水平、产品质量、中医临床疗效、中医药人才素质以及对全世界的辐射能力，都必须依靠科学技术的进步。因此，紧紧捉住这个中心环节，采取强有力的措施，把整个中医药事业的发展引导到主要依靠科学技术进步的轨道上来，才能变被动为主动，才能继续保持在国际上的领先地位，才能使事业持续、稳定、协调地发展。科学技术进步是我们今后工作的重点。

中医药事业的发展和其他事业一样，一靠政策，二靠科技，三靠投入。其中，政策和投入十分重要，不可缺少，但它们毕竟是外部条件，只有通过内在依据才能发挥作用。而科学技术进步则是我们事业赖以发展的内在依据。作为以学术为内容特征的中医药事业，要最终解决问题和困难，要真正得到发展，没有科技的先导是不可能的。把整个中医药事业的发展引导到主要依靠科学技术进步的轨道上来，是对近年来事业发展指导思想的继承和深化。

三、目标与措施

我们的总目标，是要依靠科学技术进步，使中医药事业跨上一个新的台阶。其主要标志是：一批具有中医药特色、能够充分发挥中医药优势的专业机构得以形成；老中医药专家学术经验的继承工作得以落实；农村中医药人才有可靠的来源；科研队伍能组合成强有力的攻坚力量，取得一些具有重大学术价值和应用价值的科技成果，有一大批科技成果推广到基层；中药材和中药饮片能连续利用；中成药产品结构合理，剂型先进；在国内外建立起具有广泛影响的中医药对外交流与合作网络。

我们的措施主要是：①选择一批中医药专业机构作为试点，“以点带面”，解决如何突出中医药特色、发挥中医药优势的问题，使中医药特色和优势在我国大地上变成看得见、摸得着的事实。②采取紧急抢救措施，使老中医药专家学术经验的继承工作，从政策、组织、人员、经费、制度等方面得以落实。③采取中医药函授、师带徒以及加强大、中专院校定向招生、定向培养、定向分配等办法，大力培养八亿农民所迫切需要的中医药人才；同时，通过教学改革，提高毕业生的临床动手能力，加快中医药高科技专业人才的成长。④加强科研机构的内涵建设，有重点地装备一部分研究院所和实验室，并通过全国性大协作，加速重大科研课题研究的进展。⑤引进和推广新技术、新成果、新工艺、新设备和管理上的新经验，提高临床疗效，加速中药新产品的开发和剂型改革。⑥以加强宏观管理、扩大对外宣传和培养对外交流人才为重点，使对外交流与合作在广度和深度上有所突破。⑦除继续推动中医中药在管理上的结合、信息上的沟通以外，要花更多的力气抓好两者在实际工作上的结合。要通过医、教、研、产、供、销上的中医药的结合点，相互促进与渗透，共同提高，用实际工作上结合的成效促进管理上结合的进程。

中药科技工作的重点，一是加强中药材生产和质量控制的研究，包括引种试种、野生变家种家养、良种培育、病虫害防治、资源开发和质量标准的制定等。二是加强中成药新产品开发和剂型改革的研究，逐步实现生产现代化。三是加强饮片炮制加工技术的研究，制定全国炮制规范，加速专用设备的研制。四是抓紧中药材和中成药科研基地建设，并建立中药质量控制中心和标准样品库。五是在加强基础建设的同时，把重点放在提高水平上，走内涵发展的道路，下决心建设一批生产、经营的先进企业，“八五”期间要建成一批国家二级和一些国家一级企业。

（沙凤桐　摘）

政策法规

1990年主要卫生法规规章目录

名称	发布时间	发布机关
卫生防疫类		
关于批准发布车间空气中卫生标准等七项标准的通知	1月10日	卫生部
关于设立卫生部传染病防治监督管理办公室的通知	3月19日	卫生部
关于下发"全国消灭脊髓灰质炎实施方案"的通知	4月9日	卫生部
关于加强卫生防疫防治机构有偿服务管理工作的通知	7月5日	卫生部
关于下发《传染病防治法》规定管理的传染病诊断标准（试行）的通知		
卫生监督类		
放射防护监督员管理规定	4月3日	卫生部
学校卫生工作条例	6月4日	国家教育委员会 卫生部
关于实行化妆品生产企业卫生许可证的通知	6月5日	卫生部 轻工业部
关于统一卫生监督员证件、证章的通知	7月7日	卫生部
新资源食品卫生管理办法	7月28日	卫生部
新资源食品审批工作程序	7月28日	卫生部
食糖卫生管理办法	11月20日	卫生部
糖果卫生管理办法	11月20日	卫生部
食用植物油卫生管理办法	11月20日	卫生部
冷饮食品卫生管理办法	11月20日	卫生部
酒类卫生管理办法	11月20日	卫生部
粮食卫生管理办法	11月20日	卫生部
蜂蜜卫生管理办法	11月20日	卫生部
蛋与蛋制品卫生管理办法	11月20日	卫生部
茶叶卫生管理办法	11月20日	卫生部
食用氢化油及其制品卫生管理办法	11月20日	卫生部
肉与肉制品卫生管理办法	11月20日	卫生部
豆制品、酱腌菜卫生管理办法	11月20日	卫生部
水产品卫生管理办法	11月20日	卫生部
调味品卫生管理办法	11月20日	卫生部
食品用塑料制品及原材料卫生管理办法	11月28日	卫生部
食品包装用纸卫生管理办法	11月28日	卫生部
防止黄曲霉毒素污染食品卫生管理办法	11月28日	卫生部
陶瓷食具容器卫生管理办法	11月28日	卫生部
食品用橡胶制品卫生管理办法	11月28日	卫生部

名　称	发布时间	发布机关
铝制食具容器卫生管理办法	11月28日	卫生部
搪瓷食具容器卫生管理办法	11月28日	卫生部
食品容器内壁涂料卫生管理办法	11月28日	卫生部
食品罐头内壁环氧酚醛卫生管理办法	11月28日	卫生部
国境卫生检疫类		
国境卫生检疫收费管理办法	1月15日	卫生部 国家物价局 财政部
国境卫生检疫行政处罚程序规则	11月2日	卫生部
地方病防治类		
关于加强血吸虫病防治工作的决定	3月23日	国务院
医政管理类		
关于我国农村实现“2000年人人享有卫生保健”的规划目标（试行）	3月15日	卫生部 国家计划委员会 农业部 国家环境保护局 全国爱国卫生运动委员会
初级卫生保健工作管理程序（试行）	3月15日	卫生部 国家计划委员会 农业部 国家环境保护局 全国爱国卫生运动委员会
“2000年人人享有卫生保健”评价标准（试行）	3月15日	卫生部 国家计划委员会 农业部 国家环境保护局 全国爱国卫生运动委员会
加强输血工作管理的若干规定	4月12日	卫生部 国家物价局
妇幼卫生类		
关于进一步加强儿童保健工作的通知	3月24日	卫生部
全国儿童急性呼吸道感染防治规划	9月25日	卫生部

名　称	发布时间	发布机关
关于推行妇幼保健保偿责任制的意见	9月30日	卫生部
关于省级妇幼保健院办院方向的若干意见	9月30日	卫生部
药政管理类		
关于加强中成药移植品种管理的通知	1月16日	卫生部
“培植牛黄”暂行管理办法	2月20日	卫生部
关于加强药品质量监督检验有关问题的通知	2月28日	卫生部 财政部 国家物价局
关于药品进出口检验归口管理要认真按照《药品管理法》及有关规定办理的通知	3月14日	卫生部
关于对放射性药品生产经营企（事）业单位进行审评和换发许可证的通知	4月25日	卫生部
关于加强药品审批管理工作的通知	5月29日	卫生部
中国医院制剂规范	6月20日	卫生部
关于进一步加强药品标准及名称管理的通知	8月29日	卫生部
关于印发《放射性药品使用许可证》申请表和许可证申领办法的通知	11月9日	卫生部 公安部 国家环境保护局
进口药品管理办法	11月20日	卫生部
关于颁布《中华人民共和国药典》1990年版的通知	11月27日	卫生部
科技与教育类		
转发国家教委、人事部(89)教成字011号文，加强医学成人高等教育试行（专业证书）制度管理补充意见的通知	3月21日	卫生部
关于加强医学科技情报工作的通知	4月27日	卫生部
关于改进奖学金管理办法的通知	5月14日	卫生部
计划财务类		
县医院基本建设管理和设计要点	5月18日	卫生部 建设部
关于实行会计证管理办法的通知	9月1日	卫生部
关于在治理整顿中进一步加强医疗卫生单位财务管理的规定	11月27日	卫生部 财政部 国家物价局

名　　称	发布时间	发布机关
卫生部机电设备进口审查管理暂行办法	12月13日	卫生部
外 事 类		
援外医疗队人员选派工作的暂行规定	3月30日	卫生部
援外医疗队员守则	3月30日	卫生部
药品和医疗器械类		
关于实施压片机药片冲模等12项国家标准的通知	4月12日	国家医药管理局
关于进一步治理整顿医药市场意见的通知	5月5日	国务院
医药工业环境保护管理办法	5月25日	国家医药管理局
医药商业国家二级企业标准（试行）和医药商业国家级企业评审办法（试行）	5月26日	国家医药管理局
关于实施安瓿等9项国家标准的通知	7月31日	国家医药管理局
医疗器械新产品管理暂行办法	9月13日	国家医药管理局
关于发布一次性使用静脉输液针等6项行业标准的通知	12月4日	国家医药管理局

名　　称	发布时间	发布机关
中医药管理类		
关于整顿中药流通秩序的通知	1月24日	国家中医药管理局委 国家计划员会 商业部 卫生部 国家工商行政管理局 国家物价局
中医药行业国家秘密及其密级具体范围的规定	5月17日	国家中医药管理局
关于采取紧急措施做好老中医药专家学术经验继承工作的决定	6月13日	国家中医药管理局 人事部 卫生部
关于整顿中药价格的通知	10月15日	国家中医药管理局 国家物价局
其　他		
卫生工作中国家秘密及其密级具体范围规定	3月19日	卫生部 国家保密局
医药卫生科学技术档案管理办法	3月19日	卫生部 国家保密局

（王向东　赵宁）

国务院关于加强血吸虫病防治工作的决定

国发〔1990〕18号

（1990年3月23日）

血吸虫病在我国流行已久，危害极其严重。建国以来，党和政府一贯重视血防工作，依靠广大群众，动员社会各方面的力量，开展了大规模的群众性防治工作，取得了巨大的成绩。但是，近年来，全国特别是湖区钉螺面积不断扩大，血吸虫病人病畜有增无减，急性感染和晚期病人逐年增多，疫情明显回升，瘟神有卷土重来之势，正在威胁着疫区广大人民的身体健康。对此，我们必须高度重视。动员和组织人民群众消灭血吸虫病，是各级政府义不容辞的责任。为实现控制和最终消灭血吸虫病的目标，保障人民的身体健康，加快经济建设步伐，特作如下决定：

一、切实加强对血防工作的领导

血防工作是一项长期性的艰巨任务，卫生、农业、水利等有关部门和疫区的各级领导以及广大人民群众一定要树立长期作战的思想。国务院决定：今后每年召开一次以湖区为重点、有疫区各省省长和国务院有关部门负责同志参加的全国血防工作会议，检查落实中央关于血防工作方针的贯彻情况，总结交流经验，部署第二年工作；成立由湖区五省（湘、鄂、赣、皖、苏）主管省长或血防领导小组组长参加的五省血吸虫病联防领导小组，统一指挥和协调五省血防综合治理工作。

疫区各级政府要将血防工作作为关心人民疾苦、密切政府和群众关系的一件大事，纳入议事日程，坚持不懈地抓下去。要保留和加强疫区各级血防领导小组，要有一名政府领导同志主管血防工作。要将血防工作纳入本地区社会经济发展总体规划，列入各级政府的目标管理和领导干部任期目标，作为考核政府各级主管领导政绩的重要内容。疫区各省要认真制订一九九〇年防治计划和“八五”规划，明确责任，落实任务，集中力量，打歼灭战。各级领导干部应深入疫区，调查研究，狠抓措施落实，切实解决防治工作中的实际问题。

二、有关部门分工负责，综合治理

根据《国务院有关部委防治地方病工作职责》(国办发〔1988〕49号文件)的规定，各有关部门应将本部门承担的血防任务列入年度和长远工作计划。国家计划部门负责将血防工作列入国家社会发展规划；卫生部门负责人间查病治病、疫情监测、防治技术指导和部门综合协调工作；农业部门负责结合农业生产，开展大规模群众性灭螺活动，负责家畜血吸虫病的防治工作；水利部门负责将血防灭螺纳入水利建设统一规划，制订实施水利灭螺工程方案；轻工部门负责所辖芦苇生产基地的血防灭螺工作；化工、医药、石化、物资管理部门负责灭螺治病药物及其原料的生产供应工作，做到保质保量，及时供应；铁路、交通部门负责治病和灭螺药物的运输工作，在开辟和疏通水运航道时，注意与血防灭螺工作相结合；湖管、渔政、公安等部门负责疫区水上流动人口的管理和防治；宣传、教育等部门负责开展多种形式的宣传教育活动；科研部门要把血防科研项目列入国家重点攻关规划；财政、物资部门负责解决血防工作的经费和物资；民政部门负责生活贫困的晚期血吸虫病人的生活救济；请人民解放军在完成驻地血防任务的同时，要为解除病区群众疾苦，给地方更多的支持。

三、健全血防机构，加强专业队伍建设

疫区各级政府应加强血防领导小组办公室等血防机构的建设，配备与防治工作相适应的工作人员。卫生部、农业部和人事部要在调查研究基础上负责制订“各级血吸虫病防治专业机构编制标准”。各级政府和有关部门应根据血防工作的特点，加强对血防工作人员的培训，注意解决他们的实际问题。

四、落实防治经费，提供必要的物资保证

对血吸虫病的防治，要实行“国家、集体、个人分别负担”和按照现行财政体制由地方负责的原则，地方政府在血防经费上要给予保证。同时，可根据群众的承受能力，因地制宜地开展社会集资、群众义务劳动和有偿服务，动员全社会力量办血防事业。中央视血吸虫病疫情及财力情况，给予适当的补助。卫生、农业、水利等部门要组织各种小分队深入疫区，实行无偿服务。医学、农业院校要组织学生到疫区进行生产实习，参加血防工作。血吸虫病人、病畜的医疗费用要采取收、减、免的办法。疫区各级政府每年划拨的血防经费不仅要达到历史最高水平，而且要根据防治工作实际需要有所增加。按照财政部《支援经济不发达地区发展资金管理办法》的规定，也可以从这项资金中适当安排一部分用于血防工作。有螺芦苇场站要从芦苇纯收入中提取一定比例的经费用于当地灭螺。要积极争取国际援助，有关部门要从血防工作的实际需要出发，在世界银行贷款、多边或双边合作项目上优先考虑与血防相结合的项目。血防经费一定要专款专用。对血防所需的药物、车辆、设备等物资，要给予保证。

五、加强科学研究

要把血防科研项目列入国家“八五”重点攻关计划和卫生、农业、水利等部门的科研规划。积极组织科研人员深入疫区第一线，进行多学科的研究，吸收国外先进技术，集中力量进行协作攻关。要研究更新更有效的查病治病、查螺灭螺的方法和药物，及时总结和推广基层群防群治、简便实用的经验和技术，为防治工作的新突破作贡献。

六、强化法制建设，大力开展宣传教育

抓紧制定并尽快发布《全国血吸虫病防治条例》，因地制宜地制定地方性法规，使血防工作逐步走上法制化、规范化、科学化的轨道。

疫区要普及防病知识，组织文化、教育、卫生、宣传等有关部门，运用一切行之有效的办法，开展血防形势和任务的教育，大搞宣传，形成舆论。要把血防知识纳入疫区中小学课本，要继续发扬五十年代发动群众和依靠群众的优良传统，使广大群众直接参与到血防工作的各项活动当中去，不断提高疫区广大干部群众搞好血防工作的自觉性和自我保健能力，群策群力，为逐步控制和最终消灭血吸虫病努力奋斗。

国务院批转国家医药管理局关于进一步治理整顿医药市场意见的通知

国发〔1990〕29号

各省、自治区、直辖市人民政府，国务院各部委、各直属机构：

国务院同意国家医药管理局《关于进一步治理整顿医药市场的意见》，现转发给你们，请认真贯彻执行。

1990年5月5日

附　关于进一步治理整顿医药市场的意见

国务院：

党的十一届三中全会以来，我国医药事业发展较快，对防病治病、保障人民群众的身体健康做出了贡献。但是，由于对药品的特殊性认识不足，视同一般商品对待，管理不力，近年来一些地方违反《中华人民共和国药品管理法（以下简称《药品管理法》）的现象相当严重，医药市场十分混乱，严重危害了人民群众的生命安全和社会安定。为了保障人民群众的身体健康和生命安全，维护社会的安定，必须把药品作为特殊商品加以严格管理，并依据《药品管理法》及其《实施办法》和国家有关规定对全国医药市场进行治理整顿。现对有关问题提出以下意见：

一、加强对治理整顿医药市场工作的组织领导

请各地人民政府负责，由医药、卫生、工商、公安、物价、税务等有关部门参加，组成强有力的治理整顿医药市场领导班子，共同做好医药市场的治理整顿工作。

二、加强对药品生产、经营企业的审查

（一）国家医药管理局是国务院管理医药（不含中药）的职能部门，负责医药生产、经营的行业管理，组织对开办药品生产、经营企业的审查。各省、自治区、直辖市医药管理部门是各省、自治区、直辖市人民政府管理医药的职能部门。县、市尚未设立医药管理部门的，由当地人民政府指定的部门行使医药管理职能。各级医药管理部门要认真做好药品生产、经营的行业管理工作。

（二）凡生产、经营药品的企业，都必须严格按照《药品管理法》及其《实施办法》规定的条件、程序进行审批。

开办药品生产、批发企业，必须具备《药品管理法》及其《实施办法》规定的条件，符合国家医药行业管理的有关规定，经所在省、自治区、直辖市医药管理部门审查并取得表示同意开办的《药品生产企业合格证》、《药品经营企业合格证》后，经同级卫生行政管理部门审核批准，取得《药品生产企业许可证》、《药品经营企业许可证》，再由当地工商行政管理部门发给《企业法人营业执照》或《营业执照》，方可生产、批发药品。

从事药品零售的集体、私营企业和个体工商户也必须符合上述有关条件、规定，并按程序申请，经审查、审核批准，领取有关证、照后方可经营，并由各级医药管理部门统一管理。

私营企业和个体工商户不得生产药品。

（三）凡不按规定程序审批，无证无照从事药品生产、经营活动的企业和从事药品零售的个体工商户，一律不得生产、经营药品。否则，依法查处。

在治理整顿中，对已生产、经营药品的企业和零售药品的个体工商户都要进行复查、验收，凡达不到要求的或虽符合要求但手续不全的，视情况可取消其生产、经营资格或限期整顿；对限期整顿后仍达不到要求的，按《药品管理法》规定取消其资格。这项工作要结合清理整顿公司工作和审核、换发药品生产、经营企业许可证的工作一并进行。

三、进一步整顿经营秩序

（一）药品批发业务必须由国营医药商业专业批发企业统一经营。国营医药商业暂时延伸不到的边远地区，经省、自治区、直辖市医药管理部门批准，县、市医药管理部门可以委托当地具备条件的单位代理批发业务。未经委托的任何单位不得从事药品批发业务。

（二）集体、私营企业和个体工商户不得经营药品批发业务；不得经营血液制品、生物制品、麻醉药品、精神药品、毒性药品和放射性药品。否则，由有关部门按有关规定取消其经营资格，并依法查处。

（三）严禁兽药经营单位经营人用药品。

（四）药品生产企业只准销售本企业生产的药品，不准转手倒卖或批发其他企业生产的药品。药品生产企业的销售对象主要是国营商业批发企业。医疗单位不得转手批发经营药品，自行配制的制剂不得在市场销售。否则，由有关部门按有关规定查处。

（五）医药工商企业和医疗单位都要严格遵守国家的物价政策，不得随意提价、定价。否则，由物价部门按有关规定查处。

四、整顿经营作风，严厉打击违法行为

（一）各级医药管理部门在加强医药市场管理的同时，要加强医药商业网点的建设，做到合理布局，方便群众，保证供应。药品经营单位要端正经营思想，改善经营作风，树立良好的职业道德，全心全意为人民服务。

（二）坚决制止药品购销活动中的一切不正之风，严厉打击制售假劣药品的不法行

为。根据《药品管理法》和《工业产品生产许可证试行条例》的有关规定，经营单位只准经营国务院及省、自治区、直辖市卫生行政部门批准生产并发给批准文号的药品；对已实施生产许可证的药品必须是获证企业生产的这种药品。否则，要依法查处。

以上意见如无不妥，请批转各地区、各有关部门执行。

国家医药管理局

1990年4月20日

关于贯彻国务院29号文件有关问题的通知（摘要）

国药联办字（90）第307号

一、关于《合格证》的印制与发放问题

《药品生产企业合格证》、《药品经营企业合格证》由国家医药管理局、国家中医药管理局重新统一印制，并在这次治理整顿工作中，对企业进行审查、更换新证。

新印制的《合格证》为“三联”形式，各省、自治区、直辖市医药管理部门，依法首先对药品生产、经营企业进行审查，在所发放《合格证》上加盖签发机关印章后，将第一联存根归档备查；同级卫生行政管理部门，以《合格证》为凭据，受理企业申请《许可证》事宜，依法审查核发《许可证》，并留存《合格证》第二联归档备查，再由当地工商行政管理部门发给《营业执照》。到此，企业方可生产或经营药品。

二、必须严格执行“集体、私营企业和个体工商户不得经营药品批发业务”的规定

药品批发业务必须由国营医药商业专业批发企业统一经营；严格执行“集体、私营和个体工商户不得经营药品批发业务”的规定。同时根据国务院29号文件的规定，“国营医药商业暂时延伸不到的边远地区，经省、自治区、直辖市医药管理部门批准，县、市医药管理部门可以委托当地具备条件的单位代理批发业务。”委托代理批发的单位主要是指具备条件的基层供销社，但未经委托的任何单位不得从事药品批发业务。

三、关于中药市场的治理整顿

根据中药的特点，在中药批发业务等具体问题的整顿措施上，要按国家中医药管理局等六部委局“关于整顿中药流通秩序的通知”（国中医药经〔1990〕4号）和国家中医药管理局“关于进一步加强中药市场治理整顿工作的通知”（国中医药经〔1990〕20号）的规定执行。

国家医药管理局

卫生部

国家中医药管理局

1990年7月31日

学校卫生工作条例

第一章 总 则

第一条 为加强学校卫生工作，提高学生的健康水平，制定本条例。

第二条 学校卫生工作的主要任务是：监测学生健康状况；对学生进行健康教育，培养学生良好的卫生习惯；改善学校卫生环境和教学卫生条件；加强对传染病、学生常见病的预防和治疗。

第三条 本条例所称的学校，是指普通中小学、农业中学、职业中学、中等专业学校、技工学校、普通高等学校。

第四条 教育行政部门负责学校卫生工作的行政管理。卫生行政部门负责对学校卫生工作的监督指导。

第二章 学校卫生工作要求

第五条 学校应当合理安排学生的学习时间。学生每日学习时间（包括自习），小学不超过6小时，中学不超过8小时，大学不超过10小时。

学校或者教师不得以任何理由和方式，增加授课时间和作业量，加重学生学习负担。

第六条 学校教学建筑、环境噪声、室内微小气候、采光、照明等环境质量以及黑板、课桌椅的设置应当符合国家有关标准。

新建、改建、扩建校舍，其选址、设计应当符合国家的卫生标准，并取得当地卫生行政部门的许可。竣工验收应当有当地卫生行政部门参加。

第七条 学校应当按照有关规定为学生设置厕所和洗手设施。寄宿制学校应当为学生提供相应的洗漱、洗澡等卫生设施。

学校应当为学生提供充足的符合卫生标准的饮用水。

第八条 学校应当建立卫生制度，加强对学生个人卫生、环境卫生以及教室、宿舍卫生的管理。

第九条 学校应当认真贯彻执行食品卫生法律、法规，加强饮食卫生管理，办好学生膳食，加强营养指导。

第十条 学校体育场地和器材应当符合卫生和安全要求。运动项目和运动强度应当适合学生的生理承受能力和体质健康状况，防止发生伤害事故。

第十一条 学校应当根据学生的年龄组织学生参加适当的劳动，并对参加劳动的学生，进行安全教育，提供必要的安全和卫生防护措施。

普通中小学校组织学生参加劳动，不得让学生接触有毒有害物质或者从事不安全工种的作业，不得让学生参加夜班劳动。

普通高等学校、中等专业学校、技工学校、农业中学、职业中学组织学生参加生产劳动，接触有毒有害物质的，按照国家有关规定，提供保健待遇。学校应当定期对他们进行体格检查，加强卫生防护。

第十二条 学校在安排体育课以及劳动等体力活动时，应当注意女学生的生理特点，给予必要的照顾。

第十三条 学校应当把健康教育纳入教学计划。普通中小学必须开设健康教育课，普通高等学校、中等专业学校、技工学校、农业中学、职业中学应当开设健康教育选修课或者讲座。

学校应当开展学生健康咨询活动。

第十四条 学校应当建立学生健康管理制度。根据条件定期对学生进行体格检查，建立学生体质健康卡片，纳入学生档案。

学校对体格检查中发现学生有器质性疾病的，应当配合学生家长做好转诊治疗。

学校对残疾、体弱学生，应当加强医学照顾和心理卫生工作。

第十五条 学校应当配备可以处理一般伤病事故的医疗用品。

第十六条 学校应当积极做好近视眼、弱视、沙眼、龋齿、寄生虫、营养不良、贫血、脊柱弯曲、神经衰弱等学生常见疾病的群体预防和矫治工作。

第十七条 学校应当认真贯彻执行传染病防治法律、法规，做好急、慢性传染病的预防和控制管理工作，同时做好地方病的预防和控制管理工作。

第三章 学校卫生工作管理

第十八条 各级教育行政部门应当把学校卫生工作纳入学校工作计划，作为考评学校工作的一项内容。

第十九条 普通高等学校、中等专业学校、技工学校和规模较大的农业中学、职业中学、普通中小学，可以设立卫生管理机构，管理学校的卫生工作。

第二十条 普通高等学校设校医院或者卫生科。校医院应当设保健科（室），负责师生的卫生保健工作。

城市普通中小学、农村中心小学和普通中学设卫生室，按学生人数六百比一的比例配备专职卫生技术人员。

中等专业学校、技工学校、农业中学、职业中学，可以根据需要，配备专职卫生技术人员。

学生人数不足六百人的学校，可以配备专职或者兼职保健教师，开展学校卫生工作。

第二十一条 经本地区卫生行政部门批准，可以成立区域性的中小学生卫生保健机构。

区域性的中小学生卫生保健机构的主要任务是：

（一）调查研究本地区中小学生体质健康状况；

（二）开展中小学生常见疾病的预防与矫治；

（三）开展中小学卫生技术人员的技术培训和业务指导。

第二十二条 学校卫生技术人员的专业技术职称考核、评定，按照卫生、教育行政部门制定的考核标准和办法，由教育行政部门组织实施。

学校卫生技术人员按照国家有关规定，享受卫生保健津贴。

第二十三条 教育行政部门应当将培养学校卫生技术人员的工作列入招生计划，并通过各种教育形式为学校卫生技术人员和保健教师提供进修机会。

第二十四条 各级教育行政部门和学校应当将学校卫生经费纳入核定的年度教育经费预算。

第二十五条 各级卫生行政部门应当组织医疗单位和专业防治机构对学生进行健康检查、传染病防治和常见病矫治，接受转诊治疗。

第二十六条 各级卫生防疫站，对学校卫生工作承担下列任务：

（一）实施学校卫生监测，掌握本地区学生生长发育和健康状况，掌握学生常见病、传染病、地方病动态；

（二）制定学生常见病、传染病、地方病的防治计划；

（三）对本地区学校卫生工作进行技术指导；

（四）开展学校卫生服务。

第二十七条 供学生使用的文具、娱乐器具、保健用品，必须符合国家有关卫生标准。

第四章 学校卫生工作监督

第二十八条 县以上卫生行政部门对学校卫生工作行使监督职权。其职责是：

（一）对新建、改建、扩建校舍的选址、设计实行卫生监督；

（二）对学校内影响学生健康的学习、生活、劳动、环境、食品等方面的卫生和传染病防治工作实行卫生监督；

（三）对学生使用的文具、娱乐器具、保健用品实行卫生监督。

国务院卫生行政部门可以委托国务院其他有关部门的卫生主管机构，在本系统内对前款所列第（一）、（二）项职责行使学校卫生监督职权。

第二十九条 行使学校卫生监督职权的

机构设立学校卫生监督员，由省级以上卫生行政部门聘任并发给学校卫生监督员证书。

学校卫生监督员执行卫生行政部门或者其他有关部门卫生主管机构交付的学校卫生监督任务。

第三十条 学校卫生监督员在执行任务时应出示证件。

学校卫生监督员在进行卫生监督时，有权查阅与卫生监督有关的资料，搜集与卫生监督有关的情况，被监督的单位或者个人应当给予配合。学校卫生监督员对所掌握的资料、情况负有保密责任。

第五章　奖励与处罚

第三十一条 对在学校卫生工作中成绩显著的单位或者个人，各级教育、卫生行政部门和学校应当给予表彰、奖励。

第三十二条 违反本条例第六条第二款规定，未经卫生行政部门许可新建、改建、扩建校舍的，由卫生行政部门对直接责任单位或者个人给予警告、责令停止施工或者限期改建。

第三十三条 违反本条例第六条第一款、第七条和第十条规定的，由卫生行政部门对直接责任单位或者个人给予警告并责令限期改进。情节严重的，可以同时建议教育行政部门给予行政处分。

第三十四条 违反本条例第十一条规定，致使学生健康受到损害的，由卫生行政部门对直接责任单位或者个人给予警告，责令限期改进。

第三十五条 违反本条例第二十七条规定的，由卫生行政部门对直接责任单位或者个人给予警告。情节严重的，可以会同工商行政部门没收其不符合国家有关卫生标准的物品，并处以非法所得两倍以下的罚款。

第三十六条 拒绝或者妨碍学校卫生监督员依照本条例实施卫生监督的，由卫生行政部门对直接责任单位或者个人给予警告。情节严重的，可以建议教育行政部门给予行政处分或者处以二百元以下的罚款。

第三十七条 当事人对没收、罚款的行政处罚不服的，可以在接到处罚决定书之日起十五日内，向作出处罚决定机关的上一级机关申请复议，也可以直接向人民法院起诉。对复议决定不服的，可以在接到复议决定之日起十五日内，向人民法院起诉。对罚款决定不履行又逾期不起诉的，由作出处罚决定的机关申请人民法院强制执行。

第六章　附　　则

第三十八条 学校卫生监督办法、学校卫生标准由卫生部会同国家教育委员会制定。

第三十九条 贫困县不能全部适用本条例第六条第一款和第七条规定的，可以由所在省、自治区的教育、卫生行政部门制定变通的规定。变通的规定，应当报送国家教育委员会、卫生部备案。

第四十条 本条例由国家教育委员会、卫生部负责解释。

第四十一条 本条例自发布之日起施行。原教育部、卫生部1979年12月6日颁布的《中、小学卫生工作暂行规定(草案)》和1980年8月26日颁布的《高等学校卫生工作暂行规定（草案)》同时废止。

国家教育委员会
卫　生　部
1990年6月4日

关于推行妇幼保健保偿责任制的意见(摘要)

卫妇发(90)第6号

一、妇幼保健保偿责任制的性质

妇幼保健保偿责任制，是我国卫生工作目标管理责任制的组成部分，是一种取之于民、用之于民，具有社会保障和社会福利双重性质的管理制度，它既不是摊派，也不同于保险：①以提供妇幼保健服务为手段，保护妇女儿童健康为根本宗旨；②收取保健保偿金的标准，主要是按照所提供的保健服务项目，而不是按照入保者遭受损失的风险程度确定。

二、实行妇幼保健保偿责任制的原则

各级卫生行政部门要把推行妇幼保健保偿责任制作为贯彻“预防为主”方针的一项重要措施，紧密围绕妇幼卫生工作的中心任务，同初级卫生保健的总体目标协调一致，坚持社会效益第一的原则。

三、妇幼保健保偿的内容

主要包括：青春期及婚姻保健（婚前体检），孕产妇系列保健，儿童系列保健，优生系列保健和计划生育技术服务等。各地可根据社会经济发展水平，群众承受能力和现有工作经验，因地制宜地确定妇幼保健保偿内容，集中人力、物力，解决妇女、儿童健康的主要问题，条件成熟后逐步扩大保偿范围和服务项目。

四、妇幼保健保偿金的收取与使用

1．各地按照保健保偿服务项目核定收费标准，向保健对象一次性或分阶段收取妇幼保健保偿金。

2．根据国务院国发〔1989〕10号文件批转的卫生部、财政部、人事部、国家物价局、国家税务局《关于扩大医疗卫生服务有关问题的意见》精神，妇幼保健保偿金应留给提供保健服务的单位。国家不减少对其正常的经费补助。

3．妇幼保健保偿金主要用于以下方面：①按保健保偿合同规定付给投保者的赔偿费；②乡、村级妇幼保健人员的劳务补贴；③保健服务中必要的物质材料消耗和适当的仪器设备折旧费；④对达到保健目标、提供优质保健服务的单位和个人的奖励；⑤妇幼保健人员的技术培训；⑥技术鉴定和有关人员的劳务费；⑦部分提留为本单位妇幼卫生事业发展资金。以上各部分的分配比例，由各省、市、自治区卫生行政部门自行确定。

4．妇幼保健保偿金的使用和管理，必须实行独立核算，单列单支；劳务和奖励费用应与保健目标和保健服务质量挂钩。

五、妇幼保健保偿责任制的管理

妇幼保健保偿责任制由各级妇幼保健机构负责实施。妇幼保健单位和入保者双方在保健保偿中的责任、义务和权利，应以合同方式加以确定，经双方认可、签章后生效。各级妇幼卫生行政部门对妇幼保健保偿责任制拥有管理、监督权。

卫生部

1990年9月30日

年度公派出国留学人员选派计划办法（试行）（摘要）

卫科发（90）第26号

一、制定选派计划的原则

1．根据本部门、本地区、本单位事业发展和学科队伍建设的需要制定选派计划。

2．公派出国留学人员的学科专业选择，以应用学科和应用基础学科为主，兼顾基础学科。重点考虑国家和本地区、本单位急需发展的重点学科；对国家重点科研项目中急需引进国外先进技术的专业，予以优先考虑。

3．确定选派计划人选时，要先考核思想政治素质，再落实业务、外语、身体等条件。

4．公派出国留学人员主要选派访问学者（进修人员）和高级访问学者，一般不选派在学人员和出国攻读学位人员。

5．卫生部直属单位公派出国留学人员选派计划比例以校（院、所）为单位，不得超过具有大学本科以上（含本科）学历人员和具有中级以上专业技术职务的大、中专毕业生在编总人数的6%；制定选派计划时，在国外公派出国留学人员的比例不得超过上述在编总人数的3%，超过此比例减单位年度选派计划人数；以科室为单位，公派出国留学人员（含已在国外者）不得超过具有本科以上（含本科）学历人员的1/6（此比例数由选派单位掌握）。

为保证学术梯队和高新科技、边缘学科的发展，选派计划中30岁以下（含30岁）人员可占一定比例，但不得超过单位年度选派计划总人数的1/4。

6．选派计划内人员的派往国别，继续坚持博采各国之长的方针。对选派计划中向同一个国家（地区）派遣人数过于集中的单位，卫生部将根据国家教委有关规定精神，进行调剂、平衡或适当限制。

二、公派出国留学人员的条件

（一）政治条件

1．热爱社会主义祖国，拥护中国共产党的领导，拥护社会主义制度。在反对资产阶级自由化的斗争中立场坚定，旗帜鲜明。

2．具有为社会主义祖国的繁荣富强和为卫生事业发展做贡献的责任感，并在实际工作中做出一定成绩。

3．遵守国家的法律和有关的规章制度，服从组织决定，有明确的出国学习目的，并能按期学成回国服务。

4．具有良好的道德品质。不符合上述条件，特别是缺乏正确的政治方向，工作态度消极、自私自利、组织纪律观念淡薄、品行不端者，不予选派。

（二）业务条件及工作年限

1．访问学者（进修人员），要优先考虑在医疗、教学、科研第一线上勤勤恳恳工作，并做出成绩的业务技术骨干，工作资历要求大学本科毕业后工作五年；硕士学位研究生毕业后工作两年；博士学位研究生毕业后工作年限由派出单位确定。大、中专毕业生原则上应具有中级以上专业技术职务。护、技人员，目前可选派具有初级专业技术职务人员，但必须是从事本专业工作7年以上的业务技术骨干。访问学者的上限年龄不超过50周岁，出国学习时间一般为6至12个月。

2．高级访问学者，主要选派具有副教授级及其以上专业技术职务的学术带头人或业务技术骨干，出国从事短期合作研究或学术交流。出国工作学习时间一般不超过6个月。

3．留学回国人员再次长期出国，须有回国后工作年限。上次出国时间在6个月以上（含6个月）者，回国后工作年限一般为3年。再次出国时间一般不超过1年。对在国外学习期间，刻苦努力，按期回国并做出成绩者，可适当缩短回国后工作年限；对承担国家重点科研项目，确因工作需要再次出国者，可不受回国后工作年限限制，但出国时间一般不得超过3个月。

4．公派出国留学人员的工作年限和年龄均以选派计划执行年度计算。

（三）外语条件　出国留学人员应能比较熟练地运用拟派往国家使用的语言文字阅读专业书刊和具有一定的听、说、写能力，并能进行本学科的学术交流。

（四）身体条件　公派出国留学人员必须是身体健康，近二年一直坚持正常工作，并经指定医院检查，获得健康证明者。

三、制定选派计划的范围

1．卫生部直属单位的选派计划的制定范围包括各类公派出国留学人员。

2．非卫生部直属单位仅限于制定卫生部分配数额的选派计划。

四、选派计划人员的审查

五、选派计划的报批

六、选派计划的实施

卫生部

1990年12月18日

（李洪山　摘）

医疗器械新产品管理暂行办法

（1990年9月13日国家医药管理局令第4号）

第一章　总　　则

第一条：　为了加强医疗器械新产品的监督管理，促进医疗器械技术水平的提高，保障医疗器械的安全、有效，维护人民健康，制定本办法。

第二条：　凡是从事医疗器械新产品研制、生产的单位和个人必须遵守本办法。

第三条：　本办法所指的医疗器械是用于人体疾病诊断、治疗、预防，调节人体生理功能或替代人体器官的仪器、设备、装置、器具、植入物、材料、和相关物品。

第四条：　本办法所指的医疗器械新产品，是指采用新技术原理。新设计构思或在结构、材质、工艺等几方面或其中一方面比医疗器械老产品有明显改进，并且显著提高了医疗器械产品性能或扩大了使用功能的医疗器械产品。

研制与现有产品结构原理相似、使用功能相同的医疗器械产品，移植医疗器械产品，与国外合作研制和生产的医疗器械产品，视同医疗器械新产品。

第五条：　国家对医疗器械实行行业管理。

国家医药管理局主管全国医疗器械新产品的管理和监督。省、自治区、直辖市医药管理局或省级人民政府指定的医药管理部门主管当地的医疗器械新产品的管理和监督。

各有关部门按本办法协助管理。

第二章　医疗器械新产品的分类分级管理

第六条：　根据医疗器械新产品的安全性和分类分级管理相统一的原则，医疗器械新产品分为三类：

第一类是指植入人体，用于生命支持，技术结构复杂，对人体可能具有潜在危险，安全性、有效性必须严格控制的医疗器械。

第二类是指产品机理已取得国际国内认可、技术成熟，安全性、有效性必须加以控制的医疗器械。

第三类是指通过常规管理足以保证安全性、有效性的医疗器械。

国家医药管理局公布、调整医疗器械分类目录。

第七条： 第一类医疗器械新产品由国家医药管理局管理，第二类、第三类医疗器械新产品由省、自治区、直辖市医药管理局或省级人民政府指定的医药管理部门管理。

第三章 医疗器械新产品的研制

第八条 医疗器械新产品研制工作分为确定试制目标和实施方案、设计和试制、试生产三个阶段。

医疗器械新产品研制的单位和个人应加强医疗器械新产品的计划编制、企业标准制定、样机性能测试和临床研究工作的管理，确保产品的安全性、有效性。

第九条： 医疗器械新产品研制的单位和个人每年应将年度研制计划上报所在省、自治区、直辖市医药管理局或省级人民政府指定的医药管理部门，经汇总后转报国家医药管理局。

第十条： 医疗器械新产品的企业标准，必须报送省、自治区、直辖市医药管理局或省级人民政府指定的医药管理部门备案。

医疗器械新产品标准的审查权限按国家有关法律法规执行。

各省、自治区、直辖市医药管理局或省级人民政府指定的医药管理部门，应按国家正式颁布的医疗器械安全技术标准和法规对医疗器械新产品标准进行检查。

第十一条： 国家级、行业级医疗器械检测中心按专业分工负责医疗器械新产品性能测试、例行试验和业务指导。

第一类、第二类医疗器械新产品必须按专业分工由主管的国家级、行业级医疗器械检测中心进行测试。第三类医疗器械新产品的测试由省、自治区、直辖市医药管理局或省级人民政府指定的医药管理部门指定在国家级、行业级医疗器械检测中心或省、自治区、直辖市省级医药管理部门认定的医疗器械检测机构中进行。

第十二条： 医疗器械新产品的临床研究工作包括动物或生物试验、临床试用和临床验证。

研制第一类、第二类医疗器械新产品的单位和个人应根据新产品的使用方式、功能用途和特定情况制定临床研究方案，并在省、自治区、直辖市医药管理局或省级人民政府指定医药管理部门认定的医院中，按规定组织实施（见附件一）。

第四章 医疗器械新产品的鉴定

第十三条： 医疗器械鉴定分为科研成果鉴定、样机（机品）鉴定和投产鉴定。医疗器械新产品必须分别经过样机（样品）鉴定和投产鉴定。结构简单的医疗器械新产品的样机(样品)鉴定和投产鉴定可合并进行。

完成实验样机（样品）的，可进行科研成果鉴定。

第十四条： 医疗器械新产品实施归口鉴定，第一类医疗器械新产品和列入部级以上科技计划的医疗器械新产品由国家医药管理局组织鉴定，其余的医疗器械新产品由省、自治区、直辖市医药管理局或省级人民政府指定的医药管理部门组织鉴定。

非医药系统单位研制的医疗器械新产品，可由国家或省级医药管理部门与研制单位的同级行政主管部门共同组织鉴定。

各类医疗器械的科研成果鉴定均由省、自治区、直辖市医药管理局或省级人民政府指定的医药管理部门会同列项单位组织。

第十五条： 医疗器械新产品研制的单位和个人应向所在省、自治区、直辖市医药管理局或省级人民政府指定的医药管理部门提出鉴定申请，并报送鉴定资料（见附件二、三）。

第十六条： 申请鉴定的医疗器械新产品，由省、自治区、直辖市医药管理局或省级人民政府指定的医药管理部门负责登记和鉴定资料审查，第一类医疗器械新产品和列入部级以上科技计划的医疗器械新产品的鉴定资料经地方初审后，向国家医药管理局申报。

第十七条： 国家医药管理局、各省、自治区、直辖市医药管理局或省级人民政府指定的医药管理部门可组织医疗器械新产品专家委员会进行资料审查。

国家医药管理局，各省、自治区、直辖市医药管理局或省级人民政府指定的医药管理部门应对申请鉴定的医疗器械新产品是否符合医疗器械产业政策进行审查。

第十八条： 医疗器械新产品鉴定资料的审查期不得超过45天。

审查人员对鉴定资料内容负有保密责任。

在审查期内，研制单位和个人对于审查部门提出的有关问题应作出解释，并提供资料。对于有疑问的临床和测试结论，审查部门可以要求验证。如鉴定资料内容有重大改动，审查部门可以延长审查期，或退回研制单位。

第十九条： 医疗器械新产品的鉴定可以采取专家评议、检测鉴定、验收鉴定等形式。鉴定形式由组织鉴定单位确定。

第二十条： 鉴定结论应包括鉴定产品的性能特点、适应范围、临床疗效、安全性能、技术水平、能否通过鉴定等内容。

应保密的技术，在鉴定结论中应提出密极建议。

省、自治区、直辖市医药管理局或省级人民政府指定的医药管理部门组织鉴定的医疗器械新产品鉴定资料报国家医药管理局备案。

第五章 医疗器械新产品批准

第二十一条： 经鉴定认可的医疗器械新产品由组织鉴定单位核发“科学技术成果鉴定证书”（见附件四）。

第二十二条： 取得样机（样品）鉴定和投产鉴定证书的医疗器械新产品按分类分级管理原则核发“鉴定批准号”（见附件五）。鉴定批准号分为“样机（样品）鉴定批准号”和“投产鉴定批准号”，科研成果鉴定不发鉴定批准号。

鉴定批准号必须标明在医疗器械新产品的标签、包装、说明书上。没有标明鉴定批准号的新产品一律不得销售和宣传。

没有取得鉴定批准号的医疗器械新产品视同伪劣产品，一律不得生产、销售和宣传

第二十三条： 通过样机（样品）鉴定的医疗器械新产品，投产前必须进行试产。第一类医疗器械新产品由国家医药管理局核发样机（样品）鉴定批准号，第二、三类医疗器械新产品由省、自治区、直辖市或省级人民政府指定的医药管理部门核发样机（样品）鉴定批准号。样机（样品）鉴定批准号为“X医械试字（　　）第　　号”。

样机（样品）试产期不超过二年。试产期内完成试产工作确有困难，需延长试产期的，试产的单位和个人应在试产期满前二个月提出延长试产期的申请，组织鉴定单位应作出是否同意的决定，并办理有关手续。延长的试产期限不得超过一年。试产期满，样机（样品）鉴定批准号失效。

通过样机（样品）鉴定的医疗器械新产品，不准备立即组织试生产的，可办理延缓试产批准手续。当研制单位或个人决定实施试产时，必须及时向组织鉴定单位提出书面申请，办理试产批准手续。其间的间隔时间不得超过三年。

第二十四条： 医疗器械新产品在试产

过程中，试产的单位和个人发现试产产品对人体有不良反应，应及时向组织鉴定单位报告，并采取相应的措施。试产产品对人体有严重损害的，组织鉴定单位应停止其试产、试销。

第二十五条： 在试产期内完成试产工作并需正式投产的医疗器械新产品必须进行投产鉴定。

进行投产鉴定或样机（样品）鉴定与投产鉴定合并进行的医疗器械新产品，在完成鉴定后，核发投产鉴定批准号，第一类医疗器械新产品由国家医药管理局核发投产鉴定批准号，第二、三类医疗器械新产品由省、自治区、直辖市或省级人民政府指定的医药管理部门核发投产鉴定批准号。投产鉴定批准号为“X医械准字（ ）第 号”。

第二十六条： 鉴定批准号不得转让、出借、出租。

第六章 违章处理

第二十七条： 医疗器械新产品研制、生产单位和个人弄虚作假，隐瞒真实情况，报送虚假资料，骗取鉴定证书及鉴定批准号的，一经发现，组织鉴定单位终止鉴定或缴销其鉴定证书，并由鉴定批准号核发部门注销其鉴定批准号。情节严重、构成犯罪的，由司法机关追究其刑事责任。

第二十八条： 医疗器械新产品研制，生产的单位和个人转让、出借、出租鉴定批准号的，由鉴定批准号核发部门注销其鉴定批准号。

第二十九条： 医疗器械新产品研制、生产单位和个人未按规定使用鉴定批准号的，鉴定批准号核发部门可责令其限期更正，逾期不更正的，注销其鉴定批准号。

第三十条： 医疗器械新产品研制生产的单位和个人在试产期外继续生产并销售试产产品的，由组织鉴定单位会同其主管部门责令其停止生产，拒不执行停产决定或造成不良后果的，应追究直接责任人员的责任。

第三十一条： 未取得鉴定批准号，生产、销售医疗器械新产品的，由县级以上医药管理部门会同工商行政管理部门按生产、销售伪劣产品有关法规处罚。

第三十二条： 未取得鉴定批准号，进行广告宣传或广告内容与鉴定证书不符的，由工商行政管理部门处罚。

第三十三条： 参与鉴定审查工作的人员泄漏技术秘密、营私舞弊、玩忽职守的，依照国家有关规定给予处分，情节严重构成犯罪的，由司法机关依法追究刑事责任。

第七章 附 则

第三十四条： 本办法发布后，各省、自治区、直辖市医药管理局或省级人民政府指定的医药管理部门应对在产的所有医疗器械产品组织登记，办法另订。

第三十五条： 研制的单位和个人在报批医疗器械新产品时，应交纳审查费。具体办法另行制订。

第三十六条： 本办法由国家医药管理局负责解释。

第三十七条： 本办法自1991年5月1日起施行。过去的有关规定凡与办法不一致的，一律以本办法为准。

关于整顿中药价格的通知(摘要)

一、中药材价格

中药材价格管理要继续贯彻统一领导，分级管理的原则。

1．加强中药材收购价格的管理。对国家

规定的收购指导价（包括中国药材公司管理的20种药材），各地要严格执行。对放开的中药材，各地物价和中药业务主管部门应对本地区生产的重点品种的收购价格加强指导，必要时规定最高限价或最低保护价，以维护正常的生产和经营。二级站最高不超过20%，销地县（含三级批发）最高不超过14%。计划单列市执行省统一规定的差率和管理办法。

对于保留一个经营环节的城市可在规定的两道环节差率内，由当地物价局和中药业务主管部门从严掌握确定。

2．对生产零星、分散、拣拾、价值低、用量小的中药材小品种销售价格，可以参照规定差率灵活掌握。另外，鼓励产地药材公司收购储备地产中药材，其销售价格的规定，允许在进价基础上加必要的储备费用及合理的利润作价。

3．对国家收购指导价格的品种（包括中国药材公司管理的20种药材）因供求情况变化产地需要调整价格时，应按照物价管理权限报物价部门和中药业务主管部门批准后执行。

4．进口药材不论中央外汇或地方外汇进口的品种，进口口岸批发牌价按照外贸拨交价加进销差率19%制定。口岸实行同一价格。销地一律按照国产药材作价办法订价。口岸之间（包括调给储备库和口岸联营单位）调拨按调出地批发牌价倒扣10%作价。

二、中成药价格

中成药价格管理权限要适当集中。具体管理品种和办法由各省、自治区、直辖市确定。

1．加强对中成药出厂价的管理。中成药生产企业所需原料应从国营药材公司进货。中成药出厂价要在严格审定生产成本的基础上，按照物价管理权限审批。工业利润率除放开的小品种外，仍按10%执行。

2．中成药销售价格实行产地省一价，销地省一价。产地省进销差率最高不超过22%。调拨扣率，产地站对销地站倒扣13%，二级站对三级站倒扣7%。

3．中成药工业生产单位自销产品时，对二级站调拨价，对医疗卫生和零售单位执行当地当日批发价。

三、加强中药市场价格管理

1．各级物价部门对中药生产、经营单位的价格要加强管理和监督，帮助中药生产、经营单位建立健全与价格管理工作相适应的职能机构，配备必要的专兼职价格管理人员。

2．中药商品必须坚持合理流向，制止商品倒流，迂回运输，层层加价。为了防止假劣药流入市场，医疗单位和零售企业都必须从当地药材公司进货，执行主营公司的价格；对当地供应不足允许自采的品种，要到当地主营公司办理定价手续。

3．加强对中药材集散市场价格的管理。在当地人民政府的领导下，由物价和中药业务主管部门会同工商行政管理等有关部门，共同组成物价管理机构，按国家有关规定，对药材集市价格进行管理，实行挂牌经营，对哄抬物价、抬价抢购、囤积居奇、欺行霸市、以次充好、掺杂使假、扰乱市场的各种违法行为坚决予以打击。

国家中医药管理局

1990年10月15日

（宋　奕　摘）

关于治理整顿中药流通秩序的通知（摘要）

一、加强对中药批发环节的管理

凡从事中药批发业务的企业，必须具备《药品管理法》规定的条件，由所在地省、市、自治区中药主管部门审核同意后，报经卫生行政部门审查批准，发给《药品经营企业许可证》。凭“许可证”向工商部门登记，领取营业执照。

对零售药店、医疗单位和药厂的批发业务由各级药材公司统一经营。在没有药材公司的地区，由当地人民政府指定的部门负责经营。县以下地区的批发业务，在县药材公司未设机构网点的地区，由具备《药品管理法》规定条件的供销社经营。各级药材公司要根据市场需要，积极组织货源，切实加强批发供应工作。中成药厂在完成当地药材公司的收购计划合同后，可以自销本厂产品。

医疗单位配制的中药制剂，不得在市场销售或变相销售。

二、加强对中药材重点品种的经营管理

对国家计划管理的麝香、甘草、杜仲、厚朴由各级药材公司统一收购经营，执行国家规定的价格。《野生药材资源保护管理条例》规定的76种保护物种，即42种中药材品种和实行进出口许可证管理的品种严格按照《条例》和进出口许可证制度的有关规定进行经营和管理。

对调济面大的20种中药材品种黄连、当归、川芎、生地、白术、白芍、茯苓、麦冬、黄芪、贝母、银花、菊花、牛漆、元胡、桔梗、连翘、芋肉、三七、人参、牛黄（合成）等，各级药材公司要发挥主渠道作用，加强产、供、销的统筹规划和管理，积极推行产销合同制，合同外部分，生产者可以自销。价格由中国药材公司协调。外贸所需中药材统一由产区药材公司组织供应。

三、整顿中药市场秩序

各地中药主管部门要会同有关部门，按照《药品管理法》的有关规定，对所有从事中药经营（兼营）的单位和个体工商户认真进行一次全面的检查清理，对无照经营者要坚决取缔，违法经营和超越经营范围者要严肃处理并限期调整。

各省、市、自治区、县药材公司（站）是药材主渠道单位的专用名称，其他单位和个人均不得使用。

河北安国、江西樟树、河南百泉和禹县、安徽亳州、广西玉林、西安康复路、广州清平路、成都荷花池、湖南邵东等全国主要中药材集散市场，要在当地人民政府统一领导下，组织有关部门以质量管理为中心、物价管理为重点进行整顿。

全国性的中药交流会每年由中国药材公司召开2次，安国、百泉、樟树各召开1次。其它地区和单位均不得召开全国性中药交流会。

所有从事中药购销业务的企业和个体工商户，都必须依法经营，严禁购销活动中的不正之风，各地要建立举报制度，加强群众监督。对情节严重，涉及面广的违法乱纪行为和不正之风，国家中医药管理局要会同有关部门，按照有关规定查处。

四、加强对整顿中药流通秩序工作的组织领导

中药流通领域中的问题涉及面广，必须在各级政府的领导下，由中药主管部门同有关部门密切配合，进行综合治理。国家中医药管理局设立中药流通秩序治理整顿办公室，具体负责协调工作。各地也应设立相应机构，负责本地区治理整顿中药流通秩序工作。

1990年要完成对全国大中城市中药批发环节和主要中药集散市场的整顿，为建立良好的中药流通秩序奠定基础。

各省、自治区、直辖市及计划单列市中药主管部门、药材公司，要根据本通知精神，会同有关部门，结合当地实际情况，制定具体方案和措施，组织贯彻实施。

国家中医药管理局
国家计划委员会
商业部
卫生部
国家工商业管理局
国家物价管理局
1990年1月24日
（唐亦凌　摘）

关于采取紧急措施做好老中医药专家学术经验继承工作的决定（摘要）

人职发〔1990〕3号

一、鉴于当前有独到的学术经验和技术专长的老中医药专家年事已高，必须采取紧急措施予以继承，否则，这些经验和专长将会失传，从而造成不可弥补的损失。

二、决定先在全国选500名老中医药专家为指导老师，每人配备1～2名理论与实际均有一定基础的中年助手，以师承面授方式继承。

指导老师的条件是：受聘（包括返聘）担任教授、主任医师、主任药师专业技术职务，有独到的临床经验和技术专长，从事本专业工作30年以上，疗效卓著，技术精良，医德高尚，在群众中享有盛誉，得到同行公认的老中医、老中药、老民族医专家。

继承人的条件是：优秀的中青年主治医师、主管药师、主治民族医师以上（含主治），一般应受聘3年以上，年龄在35～50岁，从事本专业工作15～20年，品学兼优，勤奋好学，有长期从事继承整理老中医药专家经验的决心，并征得指导老师本人同意者。

三、指导老师与继承人的遴选，由各省、自治区、直辖市及计划单列市人事、中医药、卫生、医药行政部门参加，由人事部门牵头进行，并负责制定工作计划和实施方案，签订协议，建立档案。

四、老中医药专家学术经验继承全过程的管理工作，由他们所在单位负责组织。各级中医药、卫生、医药行政部门要指定专人负责，定期检查，发现问题，及时解决。如师生工作变动或合作困难，不能履行协议者，要及时进行调整。

五、继承期为3年。继承期满，由老中医药专家所在单位将继承情况报各省、自治区、直辖市及计划单列市中医药行政部门，由中医药行政部门组织专家按继承计划要求，从对老中医药专家独到经验的掌握运用及总结水平等方面进行考核、考试及答辩。继承合格者可晋升高一级专业技术职务，不受原单位已有的专业技术职务指标的限制。对传授经验有特殊贡献的指导老师将给予表彰和奖励。

人事部
卫生部
国家中医药管理局
1990年6月13日

进口药品管理办法

（1990年11月2日卫生部令第6号）

第一章 总 则

第一条 为加强对进口药品的监督管理，保证进口药品的质量和安全有效，根据《中华人民共和国药品管理法》及其它有关法律、法规的规定，特制定本办法。

第二条 国务院卫生行政部门主管全国进口药品的监督管理工作。各省、自治区、直辖市卫生厅（局）负责其辖区内的进口药品的监督管理工作。

第三条 进口药品必须经口岸药品检验所法定检验。卫生部授权的口岸药品检验所（以下简称口岸药检所）代表国家对进口药品实施法定检验。

中国药品生物制品检定所负责对口岸药检所进行技术指导和有争议的检验结果的裁决。

第四条 进口药品必须是国内医疗需要的安全有效的品种。

第二章 进口药品的注册

第五条 国家对进口药品实行注册制度。凡进口的药品，必须具有卫生部核发的《进口药品注册证》。《进口药品注册证》对该证载明的品名和生产国家、厂商有效。

医疗特需或国内生产不能满足医疗需要，但又尚未取得《进口药品注册证》的品种，进口单位需报经卫生部审查批准，发给《一次性进口药品批件》。《一次性进口药品批件》只对该批件载明的品名、生产厂商、数量、期限和口岸药检所有效。

第六条 申请《进口药品注册证》的国外生产厂商或经营代理商须提出申请，并填写“进口药品注册证申请表”一式两份，连同要求的资料，报送卫生部药政局。特殊需要一次性进口的，由国内进口单位提出申请，连同要求的资料报送所在省、自治区、直辖市卫生厅（局）初审后，转报卫生部药政局批准。

第七条 申请《进口药品注册证》需报送以下资料：

1. 药品生产国卫生当局签发的批准该药品生产、销售、出口及符合药品生产质量管理规范（GMP）的证明文件，且附中文译本；

2. 专利品证明文件；

3. 药品说明书及中文译本；

4. 技术资料；

⑴ 药品处方，包括活性成份、辅料的名称（包括非专利名、商品名和化学名）和用量等；

⑵ 药品生产方法；

⑶ 药品质量标准及检验方法，并附中文译本；

⑷ 药品的药理、毒理实验摘要及文献资料；

⑸ 药品的临床资料，包括适应症、剂量、给药途径、与其它药物的配伍作用、毒副反应、禁忌症和注意事项等；

⑹ 药品的稳定性实验资料。

5. 药品实样；

6. 包装材料和包装样本。

第八条 申请《进口药品注册证》所附质量标准若为药典或生物制品规程未收载的企业标准，生产厂商应提供三批样品，送卫生部药政局指定的口岸药检所进行药品及其质量标准的复核，符合要求，方可进行审查。

第九条 首次进口的药品需在中国境内进行临床试验或验证。

第十条 《进口药品注册证》自签发之日起有效期三年。到期时，国外生产厂商或经营代理商可申请换证，但必须在注册证失效前六个月向原发证机构提出，并附生产国批准该药品生产和销售的文本、说明书和质量标准等资料，经审核同意方可换证。

进口药品质量标准、生产工艺、适应证、说明书等资料若有修改的，生产厂商应及时向卫生部药政局补报有关资料，以备审核。

第三章 进口药品的合同和质量标准

第十一条 进口药品的外贸单位，必须具有卫生行政部门核发的《药品经营企业许可证》，并按本《办法》对外签订合同。进口单位应在合同签订后十五日内，将合同副本和《进口药品注册证》复印件或《一次性进口药品批件》报送到货口岸药检所。

第十二条 进口药品合同中必须载明质量标准，进口药品的质量标准应为现行版《中华人民共和国药典》，卫生部药品标准或国际上通用的药典。上述药典或标准未收载的应采用卫生部核发《进口药品注册证》时核准的质量标准。进口单位应在到货以前及时将该标准报送到货口岸药检所。

第十三条 凡进口药品检验需要的特殊试剂、标准品或对照品，均应在合同中订明由卖方提供。

第四章 进口药品的检验

第十四条 药品到达口岸后，进口单位或代理接运单位应及时向口岸药检所报验，填写“进口药品报验单”，并附发票、装箱单、运单及生产厂家出具的品质证书等，海关凭口岸药检所在进口货物报关单上加盖的已接受报验的印章放行。入仓暂存待验。

第十五条 报验单位应在海关放行后七日内与口岸药检所约定抽样日期，共同到存货现场抽样。抽样分别按《进口药品抽样规定（见附件一）、《进口药材抽样规定》（见附件二）办理。报验单位在未收到口岸药检所检验合格的报告书前，不得调拨、销售和使用。

第十六条 未取得《进口药品注册证》或《一次性进口药品批件》及未标明药品品名、批号、生产国家厂牌的药品，口岸药检所不得检验。

第十七条 口岸药检所抽样后要及时进行检验，并在抽样后二十五日内出具检验报告书。遇有特殊情况不能按时出具时，须向报验单位说明情况，必要时由进口单位延长索赔期。

第十八条 口岸药检所出具的“进口药品检验报告书”应明确标有“符合规定，准予进口”或“不符合规定，不准进口”的检验结果和结论。遇有特殊情况可与当地卫生行政部门研究处理。

药品生产企业、药品经营企业和医疗单位采购进口药品时应向进口单位索取口岸药检所的“进口药品检验报告书”复印件。

在市场销售的进口药品必须附有中文说明书。

第十九条 进口单位对检验结果有异议时，应在口岸药检所出具检验报告书之日起九十日内提出充分理由和依据，向原口岸药检所申请复验，如对复验结果仍有异议，可向中国药品生物制品检定所申请复验裁决，有关复验裁决的检验费用，由败诉一方承担。

第二十条 医疗急救、科研用（不包括新药临床）或国外赠送的少量进口药品，由收货单位向所属卫生厅（局）申请免验，海关凭卫生厅（局）出具的免验证明放行。免验的进口药品在使用中如发生问题，由收货单位负责。个人自用少量的进口药品，按照海关的规定办理。

本条所指的进口药品均不得在市场销售。

第五章 进口药品的索赔

第二十一条 口岸药检所应将检验不符合规定、不准进口药品的检验报告书，及时报送卫生部、中国药品生物制品检定所、所在地卫生厅(局)，并抄送各口岸药检所；同时出具中、英文"进口药品检验报告书"，进口单位据此向外索赔。索赔结案前经检验不准进口的药品，由报验单位妥善保管，不得擅自动用。索赔结果应及时书面告知口岸药检所。

第六章 处 罚

第二十二条 对进口药品经检验不合格超过两次的生产厂商，由卫生部给予警告、通报、吊销《进口药品注册证》的处罚。

对伪造、假冒、掺假的进口药品，除口岸药检所留样备查外，由卫生行政部门予以没收，并由卫生部吊销该厂商所有《进口药品注册证》。

第二十三条 对无《药品经营企业许可证》而擅自经营进口药品的；未经口岸药检所检查合格而擅自销售或使用的；伪造、变造检查报告书、检验证书或报验证明的；以及其它违反本办法规定的，由当地卫生行政部门依照《药品管理法》的有关规定处罚。

伪造、变造《进口药品注册证》的，除吊销和收缴《进口药品注册证》外，依据《药品管理法》有关规定予以处罚。

第二十四条 卫生行政部门的工作人员和口岸药检所的检验人员，滥用职权、徇私舞弊、玩忽职守给国家造成不良影响或经济损失的，根据情节轻重，给予行政处分或者依法追究刑事责任。

第七章 附 则

第二十五条 依据本办法，卫生部核发《进口药品注册证》，口岸药检所实施检验和对外出证，按照有关规定收费。

第二十六条 麻醉药品、精神药品、放射性药品的进口，按国务院颁发的《麻醉药品管理办法》、《精神药品管理办法》和《放射性药品管理办法》办理。

第二十七条 进口人血清白蛋白及卫生部特许进口的血液制品，必须按有关规定报经卫生部审核批准后，方可组织进口。

第二十八条 本办法所指的国际通用药典是《美国药典》、《英国药典》、《日本药局方》和《欧洲药典》。

第二十九条 本办法由卫生部负责解释。

第三十条 本办法自1991年1月1日起执行。

工 作 进 展

【1990年并"七五"期间卫生工作】

（一）

1990年卫生工作继续贯彻中共中央《关于进一步治理整顿和深化改革的决定》，根据"一要稳定，二要完善"的指导思想，确保完成了卫生事业"七五"计划。

医疗卫生机构有所增加。1990年全国卫生机构达20.9万个，全国医院病床达262.4万多张，全国多数城市大、中型医院和部分中心卫生院条件得到改善。

卫生技术队伍不断扩大。1990年全国卫生人员达到490.6万人，平均每千人口的卫生技术人员数增长到3.43人，平均每千人口医生数增长到1.56人。乡村医生和卫生员总数达123.2万，其中乡村医生77.7万，增长13.4万人。非卫生技术人员拥入卫生部门的状况有所好转。

医学教育改革取得成效。1990年全国高等医学院校为135所，年招生能力达4.5万人，在校生达19.7万人。三年制大学专科生约占招生总数的⅓，中等卫生技术学校554所。为农村培养的定向生人数有所增长。

医学科技事业有所发展。1990年完成了150个医学科技合同的评审验收工作，其中有突破性进展的占10%，一年中获国家奖励的成果8项，其中国家科技进步一等奖1项，国家发明四等奖1项，国家自然科学二等奖1项，部级成果奖100项，其中一等奖5项，二等奖25项，三等奖70项。

卫生立法、监督执法工作增强。1990年颁发的法规和规章共有28项，药品、食品监督执法已基本形成中央、省、市、县四级药品、卫生监督监测网络。

防病治病工作取得成绩。1990年卫生防疫工作进一步完善，有偿服务和计划免疫保偿制，通过实行重点县、区卫生防疫机构全面建设计划，促进了区、县防疫站的发展。在24种报告传染病中，大多数传染病的发病率有所降低。在实现以省为单位儿童计划免疫接种率达到85%的目标基础上，可望实现以县为单位的第二个85%的目标。南方湖区五省血吸虫病综合治理得到初步落实，三峡地区改灶降氟试点取得成功。妇幼卫生保健覆盖率逐步扩大，新法接生率达95.7%。全国有17个省份成立了由政府主要领导担任主任的初级卫生保健委员会或领导协调小组，并以政府名义颁发了本省"2000年人人享有卫生保健"的规划目标和加强农村卫生保健工作的决定。农村改水受益人口为农村人口的70.3%，河南省农村双瓮式厕所的经验得到推广。1990年对全国455个城市进行了卫生评比，其中评出51个卫生城市。全国各级医院诊疗达25亿多人次，全国节育手术增加13.2%，同时在部分城市继续开展了以社区为基础的慢性、非传染性疾病初级预防工作。

对外开放促进了卫生事业的发展。1990年继续积极开展官方、民间、双边、多边的对外合作与交流，与国际组织合作，成功召开了第十五届亚太地区麻醉品执法机构负责官员会议和区间初级卫生保健质量保障会议等。1990年共得到1616万美元的无偿援助，其中世界卫生组织预算外资助达127万美元。

治理整顿见成效。1990年共整顿社会办医43 489个，其中重新换发执照的28 199个，占64.8%；依法取缔3727个，占8.6%。整顿个体行医69786个，其中核发执照43 455个，依法取缔无照行医和不符合标准者12 739个，占18.3%。对2 800余家药品生产企业，70 000余家药品经营企业，4 000余家医院制剂室进行了核发许可证工作，取缔无证经营企业3 000余家，查处了个别地区制售假药案件。卫生部颁发的《关于在治理整顿中进一步加强财务管理的规定》、《关于严格执行医疗收费标准，防止乱涨价乱收费的规定》，对医疗卫生单位收入和奖金的管理做了明确规定，全国普遍开展了医疗收费大检查，建立了较完整的监督管理制度，初步扭转了医疗秩序的混乱局面。

重视廉政建设，纠正行业不正之风。根据李鹏总理主持召开的国务院《加强廉政建设，纠正行业不正之风》电话会议精神和卫生部电话会议的部署，卫生部和许多省卫生厅（局）成立了纠正行业不正之风领导小组和办公室，专门研究部署加强廉政建设，纠正行业不正之风的工作，如建立了医政监督员制度；明确把医德医风、精神文明建设作为医院分级管理的评审条件和奖惩的重要内容，强化监督机制；部分省还制定了行业不正之风处罚规定，对违法乱纪者进行严肃处理。

（二）

“七五”计划期间卫生机构新增7 869个，以县级以上医院、卫生防疫站和妇幼保健所（站）增长为快，其中医院增加2 840个，预防保健和专科防治机构增加589个，妇幼保健院由272所增加到328所。医院病床比1985年增加了39.5万张，平均每千人口病床数由1985年的2.14张增加到2.32张。全国有医疗点的村数比1985年增加了3.6万个。计划期间，卫生人员增加59.3万人，其中卫生技术人员增加40万人，占增加人员数的82.1%。全国高等医学院校增加6所，“七五”培养乡村医生的计划指标基本完成。1986～1990年，全国共评出部级以上科研成果594项，其中获国家自然科学奖8项，国家发明奖23项，国家科技进步奖50项，部级科技进步奖513项。“七五”科技攻关计划确定的医学科技专题合同中有10%的项目达到国际先进水平，处于国内领先地位的占85%，有8个合同受到国家阶段性的奖励。有87项成果由卫生部组织在全国范围内推广。在人大常委会颁布的4部卫生法律中，有3部是在“七五”期间颁布的。五年中，各类卫生、药品监督执法队伍不断扩大，检验药品70多万批次，查处假劣药品案件3.3万多起；颁发食品卫生许可证433万个，监测食品和食品用品产品428万多件，查出不合格食品11万多吨，查处违反食品卫生法案件356万多起。全国各级医院诊疗人次比1985年增加了1亿多人次，入院人数增加了17.6%。产妇住院分娩率由1985年的43.7%增至51.5%。农村改水受益人口比1985年提高了20.5个百分点。“七五”期间我国传染病发病率继续大幅度下降，20种法定传染病报告发病率由1985年的544/10万下降至1990年同期的244/10万，降低了55.1%；急性传染病报告死亡率由1985年的2.41/10万下降到1990年同期的0.87/10万，降低了63.9%。我国人口平均期望寿命接近69岁，女性已超过70岁。

（曹荣桂　宗音）

【1990年并“七五”期间全国爱国卫生工作】

一、1990年爱国卫生工作

1. 农村改水工作。在江苏扬州、山东青岛和四川成都分别召开了43个省、自治区、计划单列市农村改水工作座谈会。会议总结了1986年全国农村改水工作会议以来的工作情况，交流了经验，找出了差距，明确了方向。联合国开发计划署资助新疆、内蒙古深层手动泵项目完成，召开了部分项目验收会。近8万人口和15万牲畜饮水条件得到改善。第2期世界银行6省（区）改水贷款项目，得到确认，为项目预评估奠定了基础。

2. 开展全国城市卫生检查评比。全国爱卫会制订、下发了城市卫生检查评比标准和国家卫生城市考核鉴定细则。在威海市召开了全国创建国家卫生城市现场经验交流会，命名威海市为“国家卫生城市”。全国爱卫会于1990年8～10月组织11个城市卫生检查团，对35个省会市、直辖市、计划单列市进行了检查。全国共评出51个卫生城市，其中含从直辖市、计划单列市、省会市评出的“十佳卫生城市”10个，地级、县级“十佳卫生城市”各10个。评出“全国城市卫生检查评比单项奖”42个。

3. 除“四害”工作。全国爱卫会先后对上海、广州、贵阳、合肥等12个城市进行了灭鼠考核鉴定，均达到灭鼠先进市标准。上海、南京、佛山、锦县、洛阳、鞍钢分别进入灭臭虫、蝇、蚊、蟑螂先进市、县行列。卫生杀虫剂供应列入国家计划，供需矛盾有所缓解。

4. 健康教育工作。全国爱卫会与卫生部联合召开了全国健康教育会议暨中国健康教育协会第二届理事扩大会议，会议总结交流了经验，确定了今后工作方针和任务。全国爱卫会召开了中国吸烟与健康对策研讨会、中国吸烟与健康协会成立大会、控制吸烟工作研讨会等。全国爱卫会与卫生部就第三个“世界无烟日”主题青少年不要吸烟召开专题座谈会，提出8条措施。开展了“世界艾滋病日”宣传活动。联合国儿童基金会健康教育项目进入实施阶段。举办合作项目培训班4期。参与并组织了中央电视台新年“文明与健康”特别节目活动和北京电视台“优秀卫生科普电视片”评比活动。

5. 围绕初级卫生保健，重点抓好农村改厕工作。在全国推广河南省双瓮漏斗式厕所。在大连金州区召开全国农村爱国卫生工作现场经验交流会，交流各地改厕经验，部署今后工作安排。确定44个农村改厕粪管试点县，编发了《中国农村厕所及粪便无害化设施图集》。上海、浙江等省市清除大量村周河旁旧粪缸，大力兴建新型卫生厕所。

6. 城市环境卫生管理。举办城市废弃物卫生处理检测技术讲习班和城市环境卫生规划与管理系统分析讲习班，强化技术指导工作。

7. 卫生法规和标准制订工作。已完成国家爱国卫生条例第三稿、吸烟危害控制法预审稿；修订了健康教育工作条例、除“四害”工作管理规定、国家卫生城市考核鉴定实施细则；配合建设部、环境保护局制订了城市生活垃圾管理暂行办法、城市公厕卫生标准、城市垃圾填埋卫生标准、村镇规划卫生标准。编制了全国爱国卫生工作十年规划和“八五”计划、农村环境卫生科研工作“八五”计划等，为爱国卫生工作规范化、制度化打下了基础。

8. 表彰先进单位和个人。全国爱卫会在全国范围评选、表彰爱国卫生先进单位300个、爱国卫生先进工作者976名。授予从事爱国卫生30年工作者荣誉称号2 705名。

9. 干部培训和宣传报道工作。全国爱卫办委托武汉同济医科大学开办了1期预防医学专业证书班（爱国卫生专业），学制一年半。首批学员56名。

二、"七五"期间爱国卫生工作

1. 城乡爱国卫生总体水平明显改善，人民健康水平提高。城乡重视整体规划建设，环卫设施和公厕数量增加，环卫队伍进一步健全，卫生保洁面不断扩大，垃圾能及时清运并进行简易处理。不少地区"脏、乱、差"初步得到治理。城乡人民居住条件、饮食营养、饮水卫生改善，居民和青少年身体素质有明显提高。很多常见病、传染病、营养不良性疾病的发病率、死亡率明显下降。人群平均期望寿命有所提高。

2. 爱国卫生管理和防病除害取得进展。爱国卫生科学管理有所进步，基本做到了治标与治本结合、群众运动与科学治理结合、卫生宣传与法制结合，重视制度建设。各地建设卫生先进单位有成效。据不完全统计，"七五"期间建成各类卫生单位近20万个，卫生村6万余个，卫生城、镇近400个。一批大、中、小城市进入"卫生城市"行列。建成8个国家卫生港。除"四害"成绩明显。据初步统计，有70%以上的县开展了灭鼠活动，有500多个县城灭鼠工作成效明显，有29个直辖市、计划单列市、省会市和部分省辖市通过了全国或省级爱卫会灭鼠达标鉴定；农田、森林灭鼠4亿多亩；有28个港口、718艘轮船、23个机场、27个火车站、127个部队师级单位达到灭鼠先进标准；5个市县、2个市、5个市单位，分别成为灭蝇、蚊、蟑螂、臭虫先进市、县、单位。

3. 农村改水与环境卫生有改善。到1990年底，累计农村改水受益人口占农村总人口75.4%，建自来水厂（站）33.2万座，饮用自来水人口占农村总人口30.7%，建手压泵3 310万台。已有21个省（市、区）和9个计划单列市完成了"七五"改水任务。世界银行第一期贷款改水项目顺利完成，近650万农民用上了自来水。农村90%以上的人口有简单便利的厕所设施。"七五"期间全国累计已有470万座沼气池或沼气厕所。河南省推广卫生效果较好的双瓮漏斗式厕所达66万座。不少省、市农村建设双瓮式、三缸组合式厕所和生活污水净化沼气池等形式，取得进展。"七五"确定的12个农村粪便处理示范区工作有成效。大连金州区农村卫生厕所普及率达25%。农村规划卫生、住宅卫生、粪便灭毒与发酵等科研成果的指导应用，进一步促进了农村环境卫生的改善。

4. 健康教育事业有较大发展。到"七五"末全国有省级健康教育所26个，市和地区级所（站）150多个，县级30多个。健康教育专业人员已有2万多人。9所医学院校设立健康教育专业或专修科，培养了一批健康教育专业人员。重点人群和多种形式的群众性健康教育活动蓬勃开展。目前部分省、市小学健康教育开课率达70%，家庭主妇健康教育活动在不少市、县广泛开展。卫生知识普及率的不断提高，使群众卫生水平和自我保健能力进一步提高。

5. 除"四害"和农村环境卫生科研结硕果。1988年全国爱卫会评出部委级成果34项，其中获部委级一等奖3项，获国家科技进步一等奖1项。

（董继成）

【1990年并"七五"期间医药工作】

一、1990年医药经济渡过了困难，生产、销售稳步增长

1990年医药工业总产值完成267.63亿元，扣除年计划未列入药用包装材料和其他工业产值因素，工业总产值为260.15亿元，按同口径比，完成年计划的108.67%，比1989年增长16.6%。其中，化学药品为237.87亿元，超额完成年计划的10%，比1989年增长17%；医疗器械为15.56亿元，为年计划的93%，比1989年增长2%；卫生材料为6.26亿元，超额完成年计划的26%，比1989年增长23%；制药机械为2.09亿元，超额完成年计划的8%，比1989年增长5%。从产量上看，1990年，化学原料药“24大类”合计完成19.27万吨，比1989年下降8.04%，其中，“计划品种”合计为8.32万吨，超额完成年计划11.32%，比1989年增长3.63%；手术器械完成2 240.68万件，完成年计划85.47%，比1989年增长6.94%；X光机完成8 315台，为年计划的67.86%，比1989年下降13.44%。

1990年国内医药四大类（化学药、医疗器械、化学试剂、玻璃仪器）纯销售额完成178.79亿元，为年计划的112.92%，比1989年增长12.5%；年末四大类商业库存额71.09亿元，比1989年上升2.5%；出口创汇约7亿美元；实现工商利税42亿元。

二、“七五”期间医药事业发展，经济实力增强

1. 主要经济技术指标全面超额完成。“七五”期间医药工业总产值平均年递增16.6%，提前两年于1988年实现了医药总产值翻两番的战略目标；销售总额平均年递增18.4%；五年实现工商利税251.8亿元，平均年递增6%；出口创汇平均年递增17.1%；劳动生产率年人均36 549元，年均增长10.2%；万元产值综合能耗由5.2吨标准煤下降到2.2吨，效益居国民经济各部门前列。固定资产原值五年净增73.57亿元，平均年递增20.3%。目前全行业拥有大、中型企业285家，占企业总数的17%，比“六五”期间增加6个百分点。

2. 医药产品质量稳定提高，基本保证了市场供应。“七五”期间，由于全行业强化基础工作和标准化工作，有400多家通过全面质量管理达标验收。华北制药厂、东北制药总厂、山东新华制药厂获国家质量管理奖。有28个企业获得国家医药管理局质量管理奖。医药行业累计有1万多个质量管理小组在活动，其中有84个小组被评为全国优秀质量管理小组，252个小组评为国家医药局优秀质量管理小组。医药产品质量稳定提高率保持在85%，国家监督抽查合格率保持在90%以上，化学原料药主要品种的质量普遍达到80年代初国外先进通用标准。有45种医药产品获国家金、银牌奖，有237个产品获国家医药管理局优质产品证书。

“七五”期间，医药商品投放市场的新品种（规格）达800余种，其中，化学药品300余种，医疗器械近500种。由于医药产品品种和数量的逐年增加，紧缺品种逐年减少，除部分小品种，如抗癌药、小儿用药、专科用药时有短缺外，基本上保证了有效供应，为建国以来市场供应的最好时期。

3. 医药经济结构调整取得进展。医药品种结构调整开始起步，化学药品向高效、毒副作用小、使用方便的方向发展。如抗生素中β-内酰胺类和新抗生素占抗生素总量的比重由1%上升到7.4%，布洛芬系列产品占解热镇痛药总量的比重由0.5%上升到4.8%，维生素类占十二大类比重由7.7%上升到10.6%。医疗器械重点发展了医疗急需的医用电子、光学、X线设备、医用高分子材料及一次性使用产品等。生产技术装备结构不断更新。如青霉素通过引进菌种和关键设备，发酵单位提高了75%，提炼总收率提高了10个百分点。葡萄糖生产引进国外先进的酶法生产技术，增加了无水糖新品种节能在40%以上。医疗器械引进50余种产品的生产技术。一批骨干药用包装材料、容器也实现了更新换代。

医药企业结构向大型化、专业化、系列化方向发展，建成了年处理15万吨玉米的牡丹江制药厂，亚洲最大的淀粉糖、VC综合生产厂——中原制药厂正在建设之中，组建了全国第一家紧密型的制药企业集团——东北制药集团公司。

4．医药科技教育取得成果。“七五”期间，全行业共获科技重大成果485项，其中药品289项，器械146项，制药机械和包装材料等50项，有152项成果获局级科技进步奖。BJ-4医用驻波电子直线加速器、NCPC菌种发酵新工艺、番红花球基复壮、增产技术等26项成果获国家级科技进步奖。青蒿琥酯、恶性肿瘤固有荧光诊断仪、WX型多部位微循环显微镜、镇痛新药——富马酸异普罗匹拉等4项重大科研成果获国家级发明奖。青霉素球状菌发酵补糖新工艺及微机在线控制、抗生素废水治理综合利用——采用厌氧发酵产沼气两项成果被国家科委批准列入国家科技成果重点推广计划。

目前，我国有56个独立医药科研院所及一大批企业研究开发机构，有专业技术人员15.8万人。开发出一批具有80年代国际先进水平的新型药物，如心脑血管ACE抑制剂与钙拮抗剂系列新品种、肝病药“马洛替酯”、抗肿瘤药“米托蒽醌”等。医疗器械研制出具有80年代初期水平的核磁共振成像装置，中频X线机、X线CT等高技术产品。计算机技术和生物技术推广应用开始起步。

医药教育形成了多形式多层次多渠道的办学体系。医药高等院校招生人数比“六五”时期增加39%，在校生增加21.7%，基本建设投资增加50.1%，改善了办学条件，职业教育发展较快。共培养大、中专毕业生5万余人。职工培训84万人次。大、中专以上文化程度占职工总数由4%上升到8.5%；中专技校以上文化程度的由5%增加到12.3%。各级各类技术干部由9.3%上升到17.2%。

5．对外经济技术合作与交流迅速发展。据不完全统计，我国医药行业引进国外先进技术装备168项，引进智力300多人次，鉴定科技合作协议30项，技术出口10余项，在国外兴办药厂13家，国内已同美国、日本、瑞典、英国、瑞士、比利时、意大利、德国、泰国、香港、台湾等国家和地区兴办合资企业（项目）有91个。总投资额超过4.4亿美元。主要生产化学原料药、制剂、医疗器械、中药、保健品、卫生材料、制药装备等产品。

通过吸引利用外资，引进国外先进的生产工艺、技术以及先进的管理经验和新型的市场营销思想，促进了我国生产技术和管理水平的提高；同时树立了GMP（优良质量管理）的样板，推动了我国实施GMP管理的步伐；在生产品种上，有些也填补了我国的空白，某些专利产品已替代进口，部分制剂产品实现向欧美等国出口返销。

6．治理整顿医药市场工作取得成绩。根据国务院关于整顿医药市场的通知精神和国家医药管理局的部署，1990年全国各地普遍开展了治理整顿医药市场工作，相继成立了由省市政府领导人担任组长，医药、卫生、工商、公安、物价、税务等部门参加的领导小组。发布有关法规和文件。重点整顿医药批发环节和打击制售假劣药的不法行为。据不完全统计，全国共有医药批发单位5万多家，经整顿已撤并了1.7万家，还有8 000家是否撤并，正在研究中。多数地区治理整顿医药市场的第一阶段任务已基本完成，医药市场混乱的局面有了改观。

“七五”期间和十年来的实践积累了基本经验：一是实施医药统一管理体制，促进了工商、科研、教育、设计、装备稳定协调发展；二是坚持了医药事业是经济事业的观点，按经济规律办事，同时又强调了医药商品是特殊商品，必须实施严格的管理；三是充分发挥中央、地方和企业三方面的积极性，增加了投入，增强了医药经济实力；四是坚持把科研、教育放在突出位置，促进了技术进步和生产发展；五是在任何时候都不放松行业（企业）思想政治工作，坚持党的领导，增强了行业的向心力和凝聚力，职工的积极性得到发挥。

医药行业存在的主要问题和困难是体制不顺，管理多头分散，政策不统一，责权相脱离；多年存在的经济结构失调，低水平重复建设等深层次问题还没有解决；资金困难、效益下降问题突出；医药市场混乱，药品和医疗器械的盲目进口，以及行业不正之风等都有待于进一步解决。

（郑国辰）

【1990 年并“七五”期间中医药工作】

一、中医工作

1. 中医医疗机构和床位增长，防治疾病的能力提高。到 1990 年底，全国中医医院发展到 2 141 所，比 1985 年增加 646 所，平均每年递增 7.4%，另有中医门诊部 364 所；全国有 20 个省（市）实现了“县县有中医医院”的目标；在全国西医医院中，95%以上设立了中医科；全国民族医药机构发展到 100 多所；中西医结合医院发展到 26 所；中国疗养院所、康复机构有了发展。全国中医床位达到 19.6 万张，比 1985 年增加 6.6 万张，平均每年递增 8.6%。

2. 中医教育得到加强，中医队伍得到扩大，人员素质有所提高。到 1990 年底，全国卫生机构中的中医药人员发展到 54.3 万人，比 1985 年增加 5.4 万人，其中中医师 23.9 万人。全国高等中医院校和民族医院校发展到 32 所。中等中医药学校发展到 57 所，比 1985 年增加 36 所。有 13 所高等医药院校设置了中医药专业，45 所卫生学校设置了中医、中药、针灸或民族医药专业。五年间，共培养中医药本、专科生 2.4 万人，研究生 1 800 人，中专生 2.4 万人。中医职业技术学校和职工中等专业学校也有所发展，函大、夜大和岗位培训等多种形式的中医药在职教育得到加强，中医带徒、自学考试和社会力量办学继续得到支持。全国中医学院附属医院的建设得到了加强，特别是 7 所重点附属医院的扩建任务基本完成，改善了临床教学条件。国家重点支持新建、扩建的西藏、新疆、内蒙古 3 所民族医学院已交付使用并开始招生，青海藏医学院正在建设中。

3. 中医科技工作取得了进展。全国中医科研机构发展到 148 所，其中独立机构 87 所。“七五”期间，获得部（局）级以上奖励的科研成果达 201 项，获得各种国际奖励 29 项。开展了防治常见病、多发病以及危急重症、疑难病症的临床研究工作，除对骨伤、肛肠病、急腹症、病毒感染性疾病等有显著疗效外，在心脑血管病、恶性肿瘤、免疫性疾病、骨髓炎、烧伤等方面的防治水平也有了提高，针刺麻醉、青蒿素治疗疟疾的研究及针灸、正骨、推拿等传统治疗方法处于世界领先地位，对艾滋病的临床研究有所进展。中医基础理论和中医文献的整理研究取得了成绩。对名老中医药专家学术思想和经验的继承工作有了进展。

4. 中医药的国际交流与合作扩大。“七五”期间，中医药的国际影响日益扩大，出现了世界性的“针灸热”、中医药热”。国外医药卫生界许多团体组织及个人同我国进行中医药方面的交流与合作。我国继续为外国培养中医药留学生与进修生，仅北京、上海、南京 3 个国际针灸培训中心，五年内为 60 多个国家和地区培训了 600 多名针灸医生。世界卫生组织在我国命名的 7 个传统医学合作中心工作卓有成效。世界针灸学会联合会和世界医学气功学会在我国成立，这是最早将总部设在我国并由我国担任主席的两个国际性学术组织。世界针联第二届会员大会选举，主席等主要职务继续由我国担任。

二、中药工作

1. 开展中药行业的治理整顿和深化改革工作。国家中医药管理局组成了整顿中药流通秩序领导小组，研究中药市场治理整顿的有关政策界线，组织调查组分赴有关省调查了解情况。起草下发了《关于进一步加强中药市场治理整顿的通知》和中药市场整顿验收标准。国家中医药管理局、卫生部、国家医药管理局联合发出通知，明确了药品生产、经营企业合格证由国家中医药管理局和国家医药管理局印刷，中药市场的治理整顿要按6个部委局的文件和国家中医药管理局有关政策规定执行。据部分省不完全统计，已撤并了5 300多家不符合条件的中药（中西药兼营）批发企业。经过一年多的治理整顿，中药流通秩序有了好转，正常的流通秩序得到恢复和建立。

2．中药生产稳步发展。中药材生产在调整中保持了基本稳定的格局，1990年完成种植面积487.8万亩，收购总量达32万吨。中成药工业总产值1990年完成51.18亿元，产量19.06万吨，与1985年相比，产值增加1.4倍，产量增加33%。"七五"期间调整中成药产品结构，发展适销对路的治疗性产品，控制滋补药品特别是王浆制品的生产，扩大名优新产品的生产，增加了有效供给。1990年重点抓了对饮片工艺设备的研制、包装改革、质量标准、管理规范、生产能力发挥等改造后深层次问题。

为了提高中药生产管理水平，举办了中药GMP（优良质量管理）学习班，修订下发了中成药生产管理规范和规范实施细则，为全面抓好中成药工业GMP管理初步打下了基础。在杭州第二中药厂等32个企业跨入国家二级企业的行列的基础上，1990年北京同仁堂和天津达仁堂制药厂进行了国家一级企业预考评。全行业有18个QC(质量管理)小组评为国家级优秀QC小组，64个QC小组评为局级优秀QC小组。中成药企业大部分的重点品种质量稳定并逐步提高，共有12个产品获国家金银质量奖，65个产品获国家级优质产品奖。

3．中药商品流通有了发展。1990年中药购进完成65亿元，销售90亿元，销售保持了稳步增长。中成药购销持续稳定增长，治疗性药品的销售显示了优势，某些名优产品供不应求，市场占有率有所上升。整个中药市场供应基本稳定，价格比较平稳，中药饮片成方率仍保持在90%以上。中药对外贸易，"七五"期间创汇13亿美元，出口125个国家和地区。通过开展对外经济技术合作，兴建了中外合资企业，引进了外资和先进的技术设备。获得进出口权的企业，对外业务能力不断扩大，有关新的对外合作项目的考察洽谈都取得了新的进展。

"七五"期间，中药商业的基础建设和企业经营管理水平都有所提高。国家和地方投资改造了一批中药商业仓储设施和零售网点。哈尔滨市药材公司等6家商业企业晋升为国家二级企业，北京市药材公司、上海市药材公司、天津市药材公司等评为局级先进企业。全国有97个企业的仓库被评为四好仓库。通过开展优质服务评比活动，使中药供应优质服务工作得到进一步深入开展。

4．中药科研教育工作取得进展。人工合成麝香通过鉴定，活熊取胆、人工培植牛黄技术已成功地应用于生产，缓解了这些名贵药材的供应紧张状况。生物技术和人工发酵技术，在部分药材优良品种的选育及菌类药材的生产上的应用都获得成功。林麝人工授精技术研究和120种药材品种整理和质量研究有的达到国际先进水平。对中药低温粉碎和干法制粒技术及设备进行了攻关，已取得进展。饮片炮制工艺和质量研究取得效果。

（沙凤桐）

【1990年卫生改革综述】

一、坚持和完善各项改革措施，保持已出台的卫生改革政策不变

卫生改革的持续、稳定、协调发展，引起各级政府和卫生主管部门的重视。山东省政府批转了省卫生厅《关于卫生工作治理整顿和深化改革的意见》；江苏省发布了《关于进一步加强卫生工作的通知》；福建省确定1990年的卫生工作重点，一手抓卫生改革，一手抓初级卫生保健。对在十年卫生改革中陆续出台的院长负责制、综合目标承包制、经营服务机制、扩大医疗卫生服务等改革措施，要保持连续性、稳定性，并在稳定的基础上，不断深化、完善、充实和提高。全国城市改革试点之一的江苏省常州市提出卫生改革六不变：一是已实行并效果较好的院、所、站长负责制不变，要理顺内部领导关系；二是实行院、科两级核算和以目标管理为主的各种形式的责任制不变，要强化服务质量指标；三是单位统一组织的医疗卫生服务、业余服务、超额劳动和有偿服务不变，要强调把社会效益放在首位；四是农村卫生院实行的“县乡分级管理，以乡为主”管理体制不变，陆续实行“条块结合，以块为主”的管理方法；五是集体办医和集资办医的方向不变，以巩固和加强农村三级医疗卫生网；六是防疫保健保偿制度不变，提高入保率，扩大受益面。

1990年，各地继续推行和完善院（所、站）长负责制和责、权、利相结合的各种责任制。各地对已实行院（所、站）长负责制的单位和实行党委领导下院（所、站）长负责制的单位，继续坚持不变。不论实行哪种体制，都加强了党的建设，对实行综合目标管理责任制的单位，各地建立了严格的考核监控制度。

各省各级政府、卫生行政主管部门，采取有效措施，积极支持卫生改革，增加卫生投入。广东省税务局发出通知，从1990年10月1日起，各级医疗机构免征营业税。规定：从事各种医治、防治、疗养、保健业务（包括接生、计划生育服务等）的医疗保健单位以及所在地、县、市一级卫生行政部门批准发给开业执照的个体医生、联合医疗机构，其取得的医疗保健收入（包括处方配药）免征营业税；乡（镇）一级以上的医疗保健单位所属的药品供销单位非处方零售药品的收入，凡纳入医疗保健单位财务核算，统收统支、用于弥补医疗经费的，可暂免征营业税；村一级农村卫生站，凡领有县一级以上卫生行政部门批准的《广东省农村卫生站证书》，配备1名以上乡村医生或卫生员，承担防病防疫、妇幼保健、计划生育等任务的，其非处方零售药品的收入，也可比照有关条款暂免营业税。新疆维吾尔自治区人民政府批准各级医院免缴国家能源交通重点建设基金和国家预算调节基金。规定：各级医院所免“两金”全部用于卫生事业发展方面，不得挪作它用。黑龙江省海林县增加卫生投入，在1989年卫生事业费的基础上，1990年人均追加200元，拿出10万元加强县妇幼保健建设。贵州省福泉县1990年用于卫生事业建设的投入达8.2%，投资15万元建了1所区卫生院，并按月由县财政发给每位乡卫生院人员52.10元、乡村医生20元生活补助。

二、依靠国家、社会、个人进行卫生投入，实行以公有制为主体，多形式、多层次，多渠道办医

1990年，各级政府和卫生行政主管部门，始终坚持依靠国家、社会、个人多向卫生投入，实行以公有制为主，多形式、多层次、多渠道办医。业余服务、兼职服务、家庭病床、个体开业、有偿服务、横向联合等政策措施，各地也都在继续执行中加以补充和发展。卫生部在9月发出通知，重申了加强有偿服务的管理。许多省市对业余服务，专家门诊制订了便民利民、加强管理、保证质量等措施。

各地个体开业、医疗联合机构，以及不同科目的家庭病床等也在整顿中有所提高与发展。广东省在整顿基础上重新审批个体开业行医9 159人，民办联合医疗机构66个。各医疗单位广设医疗网点和家庭病床，送医送药上门。全省城市医院与基层医疗单位建立联合体546个，开展专科病床治疗和新的医疗服务项目。上海已有195个医疗单位，开设家庭病床4.1万余张，收治60岁以上的老年病人占总数的95%。市卫生局成立了全市家庭病床质量管理小组，制定家庭病床质量控制指标，并组织业务考核，使家庭临床工作逐步做到制度化、规范化。新疆家庭病床累计达35 144张，总床日数达200.8万天，相当于一所1 000张床位的医院6年收治的病人数，补充了医院正规病床的不足。新疆各级卫生部门加强了对家庭病床的领导，从指导思想、组织领导、机构人员、操作规程和收费标准等方面作了具体的规定，有一套完整的管理制度，从而保证了家庭病床工作的健康发展。内蒙古、山东、厦门、西安等省、市以政府令发布了社会医疗机构管理暂行办法或个体开业医生和联合医疗机构管理办法，加强了对社会医疗机构的管理。

三、建立健全农村各种形式的医疗保健制度

各地从实际出发，推行各种医疗保健制度。我国农村现行的医疗制度主要有自费医疗、集资（包括合作医疗、医疗保险、统筹医疗）、公费及劳保医疗等。它们所占的比例分别是65.5%，30.7%，1.5%。

1990年，各省各级卫生部门重点抓了健全农村三级医疗卫生网和县及县以下中心卫生院的建设和提高工作。各级政府都把卫生工作纳入当地社会经济发展规划，并不断增加对农村卫生事业的投资。辽宁省要求各级财政要逐步增加对农村卫生事业的投入，乡镇收入也要向卫生事业投入一部分，动员群众集资办卫生事业，适当提高医疗收费标准。河北省把农村卫生工作纳入政府和卫生部门的管理目标责任制，并作为考核政绩的主要依据。山东省确定从1990年起到1992年，省、地、县、乡四级政府共同投资建设好300所农村中心卫生院，使之成为布局合理、人员、房屋、设备、管理四配套，能防能治，充分发挥区域性卫生技术指导中心和县、乡、村三级医疗预防保健网枢纽的作用。省政府1990年拨出500万元专款，用于中心卫生院的建设。甘肃省政府批转了卫生厅《关于加强农村卫生工作的意见》，并从三方面增加卫生投入，建设好农村中心卫生院。一将省政府划拨的250万元设备补助款全部投放到300所中心卫生院和部分乡卫生院，补充购置医疗器械；二是将150万元维修费重点资助5个地区乡卫生院的危房维修，采取省和地、县各拿一半的办法，专款专用；三是从世界银行设备贷款总额中调整出150万元，用于15个贷款县乡卫生院的人员培训。吉林省对农村卫生经费投入实行倾斜，省里把维修费、设备费、特殊需要补助费集中管理，对农村重点投入，1990年全省农村经费投入高于1989年水平。江西省1990年拨出100万元专款，用于15所老区中心卫生院建设。全省已多方集资1 100万元，完成了162所中心卫生院的配套建设。

多渠道集资办医。据调查，农村现行几种集资制度人均基金额都较低，占农民人均收入的比例一般不超过1%。山东省规定，每人每年2元钱的卫生集资正式作为农村7项提留之一。据统计，潍坊市近两年，全市乡镇政府和群众对乡镇卫生院建设投资已达2 460万元，是1979年以来国家投资49万元的50倍。各卫生院用这笔资金改变了面貌，其中30%的卫生院达到了省卫生厅制定的建设标准。平度市目前已形成了国家、集体、个人共同负担卫生保健费用的新格局。实行了农村卫生基金，主要来源于农民和集体经济组织，由乡镇政府在夏秋两季统一提留时，以行政村为单位，按农业人口年人均1～2元的数额统一筹集。同时还设立乡镇卫生院建设专项基金，主要来源于乡镇政府机关直属各部门及农村集体经济组织。由乡镇政府按乡镇人口人均10～20元，一次性筹齐或3年内分期筹齐，用于乡镇卫生院基本建设和设备购置。4年来共筹集农村卫生基金400余万元，乡镇卫生院专项基金560

余万元。河北省邯郸地区，全区地、县、乡、村各级党政领导和各行各业群众捐资助医，到1990年12月，全地区已集资800万元，有125个乡镇卫生院正式动工新建。福建省将乐县、建宁县制定了实行集资医疗实施办法，规定每人每年征收集资医疗经费3元以上，各村镇按实际参加集资人数每年补助0.5～1元，专立账户，专款专用，凡参加集资医疗的农户，均享有一定的优惠。

各地本着"群众自愿、形式多样、多方集资、量力而行、科学管理、民主监督"的原则，发展合作医疗。山东省招远县根据各地的不同情况和群众的意愿，有搞村办的，乡镇办的，村、乡（镇）两级联办的合作医疗。在集资办法上改集体统拿为三个一点，即乡镇政府、村集体、农民个人各拿一点，集体拿60%，不足10元；农民个人拿38%，6元左右。在报销上改全报为分级按比例报。到1990年8月底，全县725个行政村，已有622个村办合作医疗，占村总数的85.3%，占农民总数的96.9%。山东省副省长宋法棠视察后认为，现在的合作医疗制度，不是简单地恢复，而是吸收了60年代有益的东西，并加以完善提高。现在实行的是费用三头拿（个人、村集体、乡镇），报销按比例，管理有制度，形式多样化，是新形势下的初级医疗卫生合作的保健制度。1990年11月，湖北省政府要求各级政府把合作医疗当作地方经济发展和社会保障的一个重要方面，纳入政府工作目标，做到有计划、有措施、有考核。武穴市制定了《农村合作医疗管理条例》，颁发了《关于进一步巩固完善农村合作医疗制度的决定》，目前，武穴市合作医疗已占总村数的93%。青海省海晏县通过了《海晏县农牧区合作医疗管理办法》，规定，医疗费的筹集应本着"取之于民、用之于民，量出为入，以支定收"的原则，每人每年按农牧民人均收入的1～1.5%缴纳医疗费。各村根据"报销与自费相结合，大病、重病多报销一些，避免因病致穷"的原则，制定报销比例。

村级卫生机构坚持以集体为主，并进行村民健康保险的试点。浙江省余杭县农村实行风险型合作医疗制度。吉林省梨树县夏家堡村和白山乡岫岩村进行医疗保险的尝试，实行以户为单位投保，每人每年交纳医疗保险金10元，占人均收入的1.2%。投保金年终有结余时，除提留一部分作为医务人员奖金外，其余作为积累转入下年。

各地下大力抓好初级卫生保健工作。到1990年底，各省级行政区已全面确定了各自的初级卫生保健试点县。不少地方政府作出了有关决定，从政策上保证目标的实施，把初级卫生保健工作纳入当地经济、社会发展规划，并将初级卫生保健主要指标列入各级目标管理，作为考核政绩的一项具体内容。在一些初级卫生保健试点县建立了初级卫生保健基金制。山东省宁阳县建立的初级卫生保健基金制，资金以乡镇为单位集资，其资金来源列入农村提留。每个农业人口每年提取1.50元，年初制定方案，经乡镇人民代表大会通过，一次或两次筹齐，凡建立初级卫生保健基金的乡镇，不再实行计划免疫保偿。

四、进一步调整收费标准，逐步改革不合理的医疗价格体系

1990年，各地严格执行国家物价政策，继续对现行医疗以及各种卫生监督、监测、检查、检验等有偿服务的收费标准进行清理整顿。北京统一4 000余项医疗收费标准，全市形成医疗物价管理网络。山东省制定了《山东省医疗机构部分收费标准》。河南省物价局、卫生厅制定了医疗收费标准。陕西省人民政府批准了省卫生厅、物价局、财政局，关于陕西省各级各类医疗机构新的门（急）诊、住院收费标准，并对传染病、精神，烧伤等病床收费及陪人费作了相应调整，对医疗联合体、工矿企业职工医院、驻陕部队医院的调价标准也作出规定。浙江省进一步理顺医疗价格体系，新收费标准出台，取消了查房费、被服费、院内会诊费等，降低了部分高级仪器检查费，对挂号、住院、手术及材料、化验、治疗等费用合理上调并实行按医院等级收费，手术费按科分类分等级收费。黑龙江省对住院费、手术费进行了调整。新疆维吾尔自治区人民政府批准了自治区物价局、卫生厅、财政厅联合制定的医疗收费标准。湖北省卫生厅、物价局、财政厅联合发出关于整顿医疗收费和加强医疗收费的管理的通知。降低CT、体外震波碎石机、进口B型超声仪检查收费标准，提高挂号、住院、注射三大常规检查的收费标准，增设病室综合处置治疗费、手术材料费，对于利用新技术、新设备开展的新医疗收费项目，可按成本计价收费。山西省卫生厅调整一批不合理医疗收费标准，废除了换床单费、病历纸费等43项不合理收费，纠正急诊CT诊断费等17项超标准收费。

五、探索公费劳保医疗制度的改革，增强费用意识和节约观念

1990年，公费医疗改革继续在吉林省四平、辽宁省丹东、湖北省黄石、湖南省株洲等4市进行医疗保健试点，探索职工医疗保健制度途径。在上海市、吉林省实行由国家、集体和个人分担医疗费用的办法。在广东省新丰县对享受公费医疗待遇的人员实行不同档次的定额指标，公费医疗定额经费由定点医院包干管理，若有结余按2:2:6分成（享受单位得20%，公费医疗办20%，医疗单位得60%），如果超支按4:3:3分担。天津市实行以医院分级管理、医疗定点、凭证就医为内容的公费医疗管理新措施。北京医科大学取消学生看病的记账单，一律改为现金就医，门诊费由过去月均18.68元降低到3.34元，每月较过去减少支出2万多元，使享受公费医疗的人增强了费用意识和节约观念。北京市政府领导人在谈到公费医疗问题时指出，公费医疗工作一要加强管理，二要深化改革。要明确改革的指导思想，那就是保证职工的基本医疗，克服浪费，坚持国家、集体、个人合理分担的总原则。要在总结经验的基础上不断对现有的改革措施加以完善配套，兴利除弊。

六、多渠道培养农村卫生技术人才，稳定农村卫生技术队伍

全国30个省、自治区为培养农村卫生技术人才，都实行了不同比例和规模的定向招生、定向分配制度，从“二定向”发展到定向招生、定向培养、定向分配、定期服务的“四定向”，采取确定招生比例，降低录取分数线，学费分层负担，与考生订立合同等措施，保证学生毕业后能返回农村地区服务。甘肃省采取三项措施，加快农村培养实用型人才。一是在原招生计划的基础上，省、地财政增拨30万元专款，用于民族县扩大招收中专生，生源定向到藏、回、东乡、撒拉、哈萨克、裕固族等少数民族县，全部名额分配到乡，签订合同，毕业后回本乡工作；二是全省中等卫生学校基本实行面向农村的定向招生，定向培养，定向分配；三是继续坚持省级进修基地为县医院、中医院培训主治医师，地级医院为中心卫生院培训外、妇科医师的制度。广西壮族自治区，创办了成人中等卫生学校，为村一级培养乡村医生。在资金设备等方面，采取“三个一点”的办法，促进地方政府支持。黑龙江省改革医学教育招生分配制度，实行定县、定乡、定服务年限的招生新方案。浙江省各学校制定了长期与短期相结合，业余与脱产相结合，面授与函授相结合，职前与职后相结合的培训计划。湖北全省中等卫生学校实行按县下达招生计划，其中定向到乡镇的招生计划不得少于50%，并且要求高等医药院校，老校本科生招生计划30%定向到县，新校本科、专科招生计划40%定向到县或县以下。

为了稳定农村卫生技术人才，各地还制

定了相应的措施。四川省决定落实国家对乡（镇）卫生院集体所有制职工60%的工资补助，切实解决村卫生人员从事预防保健工作的报酬。江西省永修县提出五项措施，一是集体所有制乡镇卫生院工作的大、中专毕业生每人上浮一级工资，如调离农村，上浮工资随即取消，连续在卫生院工作满8年者，上浮的一级工资转为固定工资，增资部分由地方财政负担；二是每年确定5个“农转非”指标，用于解决乡镇卫生院技术骨干以及取得中级技术职称5年以上的卫生人员的家属和一名符合条件的子女“农转非”问题；三是乡镇政府创造条件，妥善解决农村卫生人员子女升学、就业问题，在招工中予以优惠；四是大、中专毕业生原则上到农村服务5年以上才能视情况调动，乡镇卫生院的进修学习人员，学习期满必须回原单位服务，3年以上才允许调动；五是乡镇卫生技术人员晋升技术职称不强调外文和论文，只要安心在农村工作，具有一定的工作能力，医德医风好，在同等条件下应予优先考虑。云南省昆明市人民政府决定，把特困、山区、半山区乡村医生补助标准由原来的每年人均400元（月均33元）提高到840元（月均70元），坝区乡村医生补助标准提高到720元（月均60元）。补助经费由市、县财政各承担40%，乡（镇）财政承担20%。江苏省睢宁县卫生局制定了《乡村医生退休保偿基金实施细则》（试行）。

七、改革医药卫生科技管理办法，推动科技成果推广应用

各地继续改革医药卫生科技体制。改革医药科技成果管理办法，由鉴定→奖励→推广模式转变为鉴定→推广→奖励模式，把成果管理的重点转移到成果推广应用上来。对于技术性成果，逐步改变单纯依靠行政手段，无偿转让的状况，使技术转化为商品，通过开发、转让、咨询、服务以及技术入股、技术经济承包等多种形式，渗透到医药卫生和经济的各个领域，直接产生社会和经济效益。许多省、自治区、直辖市拨出成果推广专款，设立技术引进和成果奖，有的单位成立了专利事务所，出现了多种形式的科研生产联合体、技术贸易机构和管理机构，促进了成果的推广应用，取得了较大的效益。卫生部把青年科学基金从原来每年50万元增加到100万元，把招标周期由3年一次改为每年一次。许多省、自治区、直辖市卫生厅（局）、卫生部直属单位也都建立了本地区本单位的青年科学基金。

依靠科技进步，发展卫生事业的意识有了进一步增强。黑龙江省卫生厅制定了《黑龙江省卫生部门治理整顿，深化改革，为“科技兴省”服务实施方案（1990～2000年）》，哈尔滨市的依靠医学科技进步，指导卫生事业发展“科技兴医”实施方案也相继出台。辽宁省卫生厅提出卫生部门科技进步规划，决定把卫生事业建设转到依靠科技进步，提高社会和经济效益的轨道上来，走科技兴医之路。（支峻波　傅红）

【专文：卫生改革的若干特征】

当前我国进行的这场伟大改革，其基本特征，是在特定历史条件下社会主义制度自我完善的变革，是为了更好地发挥社会主义制度优越性的一场革命。我国进行的卫生改革从总体来看有以下若干特征。

第一个特征是：卫生改革具有明确的目的、正确的指导思想；其方法是领导机关的指导和基层群众的创造上下结合。1985年国发62号文件中就明确提出：“卫生工作改革的目的是，调动各方面的积极性，改善服务态度，提高服务质量和管理水平，有利于防病治病，便民利民”。强调改革必须坚持社会主义方向，以为社会提供优质服务为宗旨。卫生改革是在我国改革开放的总方针下进行的，是全国总的改革开放战略部署的一个组成部分。它不是卫生部门单独和孤立的行动，因而得到党中央、国务院领导同志、有关部门和各级地方党政的支持和精心指导。党中央、国务院的领导对卫生部门的改革做过多次重要的批示和指示。除省、自治区、直辖市制订或批转卫生改革的文件外，最近两年行署和政府制订或批转的卫生改革和建设文件日渐增多，有利于卫生改革的深入发展。

第二个特征是：卫生改革的过程是卫生体制和制度的逐步变革与加快卫生事业发展的有机结合。新中国成立后卫生事业经过几十年的建设取得了很大成绩，但也逐步暴露出一些问题，随着我国经济、政治体制的改革，卫生改革也势在必行。卫生改革的必要性与迫切性来自以下三个方面的情况：一是我国社会主义初级阶段的国情。我国经济发展水平较低，国家财力有限，直接用于卫生事业的经费不可能很多；另外由于商品经济的发展有可能从其它渠道增加卫生事业的投资。二是卫生机构管理体制和制度存在一定的弊端，过去在政策上限制过严，管得过死，吃“大锅饭”的问题也很严重，没有把现有医疗卫生机构和广大卫生人员的积极性调动起来，缺乏自我维持和发展的活力。但是，我国卫生事业经过几十年的发展和建设，在机构、人员、设备、技术水平和管理方面都有了一定基础，有很大潜力。三是卫生事业本身的规律和发展的需要。这里主要包含两个方面的内容，一个是医学模式正经历着由生物医学模式向生物—心理—社会医学模式的转变，这是医学科学技术进步、认识的提高和社会发展日益复杂带来的结果。另一个是要树立大卫生观念。在当今的时代要搞好卫生，还需要各有关部门的配合和参与以及全社会的支持。我们所进行的疾病防治工作和初级卫生保健工作都证明了这个观点的正确。目前卫生改革正按照以上三个方面的要求不断深入，因而大大加快了卫生事业的发展。

第三个特征是：改革过程中激励机制与约束机制紧密结合。卫生改革的根本目的，是要使卫生工作更好地为保护人民健康服务，为社会主义四化建设服务，只有在正确方针政策指导下，调动全体人员的积极性，目标才能实现。因此，我们在卫生改革中要十分重视激励方法的应用，为的是改变长期存在的“干好干坏一个样”的思想状况，激励起卫生人员的积极性。卫生人员的积极性不能充分发挥出来，卫生改革以致整个卫生工作都是难以做好的。研究怎样激励人们的积极性是有效地进行管理工作的核心问题。激励方法应该包括物质奖励和精神鼓励两个方面。当前物质奖励的主要形式是奖金，在精神鼓励的作用未引起重视的情况下，更容易造成改革中忽视社会效益，片面强调经济收入的倾向，为此必须重视建立约束机制，特别是各医疗卫生机构的自我约束机制。激励机制和约束机制二者其功能虽不同，但目标却一致，相互既有制约、又有促进，相辅相成。各地制订的所有较好的卫生改革方案都体现了激励机制和自我约束机制的紧密结合。

（罗益勤）

【1990年的卫生立法】

1990年卫生立法的特点是医疗领域的立法被提上了议事日程。《医师法（草案）》和《医疗机构管理条例（草案）》已经卫生部办公会议原则通过，待进一步修改后报送国务院审议。制定《医师法》，旨在加强医师管理，维护医师的合法权益，保护公民健康，主要内容包括医师资格考试、医师执业注册、医师执业管理等。制定《医疗机构管理条例》主要是为了解决医疗机构设置不合理、管理体制不健全等现象，通过建立医疗机构的设置审批、登记注册、管理监督等制度，使医疗机构的管理走上规范化、科学化和法制化。

《食品卫生法（试行）》自1983年7月1日试行，至今已7年多。为使该法尽早上升为正式法律，卫生部于1987年起组织力量，并邀请了立法、司法和有关行政机关对该法进行了全面的修改，以期使其适应当前的情况，更好地发挥保障食品卫生和安全、保护人民身体健康的作用。

至1990年底，卫生部已上报国务院审议的法律、法规有：《优生保健法》、《计划生育技术管理条例》、《传染病防治法实施细则》等；即将送审的法律、法规有：《吸烟危害控制法》、《生活饮用水卫生监督条例》、《食盐加碘防治碘缺乏病管理条例》、《爱国卫生条例》等。

1990年正式发布的行政法规为《学校卫生工作条例》。正式发布的行政规章有《放射防护监督员管理规定》、《医药卫生科学技术档案管理办法》等32个，其中以卫生部部长令（第3号至第8号）发布的行政规章28个。

为配合《行政诉讼法》的实施，卫生部对现有规章进行了清理整顿。修改并重新发布了《食品新资源卫生管理办法》、《食糖卫生管理办法》等24个行政规章。

（汪建荣　赵宁）

【中国农村医疗保健制度比较研究课题完成】

由卫生部政策与管理研究专家委员会承担的中国农村医疗保健制度比较研究课题，通过3年（1988～1990年）的基础调查、试点、评价，已全部完成。这项研究对我国农村现行的自费医疗、集资医疗（合作医疗、医疗保险、统筹医疗等）、公费和劳保医疗进行了可行性和有效性评价，较为系统地总结了目前农村多种形式医疗保健制度的经验和办法。主要研究成果如下：

1. 可行性评价：农村居民对集资医疗的满意度较其它医疗制度为高。对自己医疗制度表示“满意”的比例，集资医疗为78%，公费、劳保为56%，自费医疗为48%。“不满意”的比例，公费、劳保医疗为15%，自费为11%，集资医疗为2%。就经济可行性而言，现存几种农村保健医疗制度的人均基金额都比较低，占农民人均收入的比例为0.2～1.5%。从医疗保健基金的已筹比例来看，农民对医疗基金的经济承受能力也是可以的。

2. 农村居民的医疗服务利用：农民三种医疗制度所提供的门诊服务水平基本相同，但患病而未就诊比例集资医疗组显著低于自费医疗组。不同医疗制度的住院率也有显著差别。1987年每百人住院次数，公费及劳保为5.4次，集资医疗为3.7次，而自费医疗仅为2.7次；每百人住院天数分别为52天、45天及24天；需住院而未住院的比例有显著差别，公费及劳保为3.1%，集资医疗为10.3%，自费医疗为20.5%。患病而未就诊的原因也显著不同，自费医疗组主要是医药费贵，集资医疗及公费劳保组则是病情轻。应住院而未能住院的原因，自费医疗组61%是由于医药费用贵；不同医疗制度的病人享受私人医生、村卫生室、乡卫生院、县卫生院提供的门诊服务的分布依次为：公费劳保为5.6%、35.0%、38.8%和20.1%，集资医疗为4.0%、53.5%、30.8%和11.8%，自费医疗为14.5%、49.1%、23.7%和12.7%。三组病人的就诊医疗机构分布有显著差别。

3. 农村居民医疗服务费用：不论是村卫生室、乡卫生院，还是县医院，平均每次门诊及住院医药费均是公费及劳保组最高，自费医疗组次之，集资医疗组最低；在住院医药费中药费所占比重，公费及劳保组为65%，自费医疗组为62%，集资医疗组为53%。

本研究表明：①近年来，我国各地卫生部门在总结过去办合作医疗经验的基础上，吸取国外医疗制度中的有益经验，试办了各种形式的集资医疗保健制度。其特点是根据农民的医疗服务需求、医药消费水平及经济可能，以乡为单位，从农民个人、乡村集体多方筹集医疗保健基金，为患病农民提供不同程度的医药费补偿。②集资医疗保健制度的实行，有利于在农村推广初级卫生保健，实现“2000年人人享有卫生保健”的全球卫生战略目标；有利于减轻患病农民的医药费负担，减少农民因病致贫现象；有利于调整病人流向及病人的合理分布，从而有利于农村基层卫生机构的稳定与发展。

（任明辉）

【卫生部贯彻《行政诉讼法》】

《中华人民共和国行政诉讼法》于1990年10月1日正式实施，卫生部为配合《行政诉讼法》的实施，在人员培训和机构建设上作了准备。卫生部政策法规司、卫生监督司委托中国卫生法学会（筹）举办了两期全国卫生系统行政诉讼应诉代理人培训班。全国28个省、自治区、直辖市及14个计划单列市卫生厅（局）的行政工作人员和卫生监督执法人员120余人参加了学习。部机关亦利用各种形式宣传、学习《行政诉讼法》，18个司局的100多名处以上干部参加了《行政诉讼法》培训班。

为保证《行政诉讼法》的贯彻施行，卫生部行政复议委员会于10月6日正式成立，主任委员由卫生部部长陈敏章、副部长何界生担任。该委员会将负责审理对卫生部及各省、自治区、直辖市卫生厅（局）做出的具体行政行为不服而申请复议的案件。卫生部行政复议委员会下设行政复议办公室，为该委员会办事机构，暂设在卫生部政策法规司。办公室由部13个司局及全国爱国卫生运动委员会办公室、卫生检疫总所的有关人员组成。卫生部行政复议委员会及所属行政复议办公室成员为卫生部行政诉讼应诉代理人。广东省、辽宁省、湖南省、内蒙古自治区、天津市、长春市、成都市等省、自治区、直辖市、计划单列市卫生厅（局）及卫生检疫总所也相继成立了行政复议机构。

（赵宁　胡光）

【全国医药卫生报刊压缩整顿】

根据中央的要求和部署，卫生部分别于1987年和1989年对全国医药卫生报刊进行了压缩整顿。卫生部成立了以陈敏章部长为组长的压缩整顿工作领导小组，成员由办公厅、政策法规司、国家中医药管理局、人民卫生出版社、中华医学会、健康报社等单位组成，卫生部政策法规司新闻出版处负责具体工作。压缩整顿工作按行政隶属关系进行，卫生部主管、主办的杂志由卫生部负责整顿，由地方主管的杂志归地方负责，委托地方办的杂志在整顿中需征求卫生部主管部门的意见。各部属报刊在自查的基础上报经卫生部审查同意后方可重新注册登记。

整顿的内容主要包括政治方向、思想内容、报刊管理等方面。经过两次压缩整顿，医药卫生报刊没有出现过违背四项基本原则、宣扬资产阶级自由化的错误，也没有刊登过封建迷信、色情淫秽的文章，办刊方针正确，思想内容健康，能够承担起宣传党的卫生工作方针政策，收集、传播、推广、交流、积累医药卫生科技情报信息和成果的任务，成为卫生工作的重要组成部分。根据医药卫生报刊的特点和实际情况，两次整顿的重点是加强对报刊的宏观管理。经过整顿，主要取得如下成果：

第一，为使报刊结构更趋合理，疏通管理渠道，对部分报刊进行了调整，有的报刊由卫生部主管转为地方管理，有的报刊予以合并。如《中国卫生信息报》原由卫生部主管，因报社设在哈尔滨，不符合中央办报的规定，这次调整后，主管单位改变为黑龙江省卫生厅。原由卫生部药典委员会主办的《医药信息报》，其主办单位与编辑部不在同一地区，不符合有关管理规定，经过调整，与原由卫生部国际医疗技术交流中心主办的《中国医学论坛报》合并，成立了《医药信息论坛》报，由卫生部主管并主办。

第二，加强对医药卫生报刊的领导。过去，报刊管理工作长期处于“多头领导”的局面，没有明确的主管单位。经过整顿，大部分地区和直属单位对报刊实行归口管理，卫生行政部门明确规定了主管单位，把期刊管理工作落到实处，如陕西、上海、湖南等地将此项工作列入卫生厅（局）政策研究室的职责范围，部分地区以科研处或厅办公室为归口管理单位。

第三，繁荣和发展医药卫生报刊事业。主要表现在：①数量上有所发展。整顿后，编入国内统一刊号的期刊达到500余种，其中由卫生部主管的杂志有110余种，较整顿前有所增加。②期刊高、中、低档次结构日趋合理，门类齐全，学科分布较广。近年来，新增期刊多属新学科、新专业，填补了学科发展的空白；尤其注意发展面向广大中、初级医药卫生工作人员的普及型、实用型期刊，为提高他们的医技水平发挥更大的作用。③期刊普遍提高了质量，严格遵守办刊方针，不少期刊在全国或地区性评比中获奖，越来越多的杂志在国际上受到重视，被国际权威性情报检索系统列为固定检索内容或与国外建立固定的交换关系。④各报刊加强内部管理，领导体制健全，编辑部组织机构完善，人员相对稳定，办公条件逐渐改善。⑤加强经营管理，多渠道、多形式、多层次、多方面解决办刊经费严重亏损问题，努力做到自负盈亏。⑥落实知识分子政策，采取多种措施稳定编辑队伍，解决编辑人员在职称评定、业务进修、生活待遇等方面的问题。

（马晓月）

【举办第三届全国卫生立法讲习班】

世界卫生组织和我国卫生部1989～1990合作项目“第三届全国卫生立法讲习班”于1990年8月27日至9月4日在云南省昆明市举办。世界卫生组织的有关官员以及我国全国人大常委会和国务院法律官员及在法学理论和实践中有影响的专家、学者为讲习班授课。

中外专家在讲习班上就卫生立法发展趋势、卫生经济、卫生监督执法、健康权利、伦理道德，以及安乐死、试管婴儿、人工授精、计划生育等国际卫生法学界关注的问题进行了专题讲授，并与来自全国各省、自治区、直辖市、计划单列市的卫生法律专业人员、部分医学院校教师进行了研讨。研讨主要涉及的内容：世界卫生组织全球立法目标；欧洲卫生立法的一般原则、方法、主要经验和卫生监督制度；卫生立法与伦理的关系；社会参与和政府部门组织的技术合作；医疗立法面临的问题与选择；妇女、儿童和老年人健康的法律保护；中国立法体制、立法原则和立法技术；卫生行政执法与卫生行政诉讼；90年代卫生事业发展纲要与卫生立法构想；卫生法律体系与卫生法制建设；卫生执法监督构想等。

（胡　光）

初级卫生保健

【初级卫生保健工作】

自1990年3月，卫生部、国家计划委员会、农业部、国家环境保护局、全国爱国卫生运动委员会联合下发《我国农村实现“2000年人人享有卫生保健”的规划目标》、《初级卫生保健工作管理程序》和《“2000年人人享有卫生保健”评价标准》3个文件后，初级卫生保健工作开始进入目标化、科学化的管理轨道，带动了农村卫生工作的进一步发展。

1．实现“2000年人人享有卫生保健”规划中第一阶段的规划试点工作取得成效。

按照规划目标要求，全国30个省、自治区、直辖市都确立了本地初级卫生保健试点县，1990年全国试点县总数已达250个。26个省、自治区、直辖市召开了初级卫生保健工作会议或试点县工作会议，17个省、自治区、直辖市成立了初级卫生保健委员会或协调领导组织，把初级卫生保健纳入政府的重要议事日程，并进行各部门分工，逐项落实目标责任。黑龙江、广东、北京、云南、山东、河南、安徽、天津、吉林、宁夏、河北等省、自治区、直辖市均以政府名义制定并下发了本省“2000年人人享有卫生保健”的规划目标，对初级卫生保健工作实行统一领导和规划管理。四川、河南、天津、浙江、甘肃、广西、河北、山西、江苏等省政府发布了关于加强农村卫生工作或初级卫生保健工作的决定。云南省政府提出从现阶段起到2000年，分阶段实现人人享有卫生保健的设想。山东省宋法棠副省长与16位地、市专员、市长签定实施初级卫生保健目标责任书。辽宁省王文元副省长召集全省所属14个市主管市长会议，研究落实各市、县的初级卫生保健工作。北京市政府拿出200万元专款支持建立电化教育网，对基层卫生人员进行培训。

2. 组织初级卫生保健工作考评，对规划目标的实施进行质量监控。1990年3～4月，卫生部对30个试点县进行了规划试点阶段的中期考评。全国18个省、自治区、直辖市卫生厅（局）也对本地的试点县进行了试点阶段的中期自评。1990年8月，卫生部在江苏省常州市召开了全国初级卫生保健工作会议，分析了考评结果，对规划目标的第一阶段工作情况进行了总结、交流，并提出了进一步开发领导，推进初级卫生保健工作的方针。

3. 三级医疗预防保健网的建设得到加强。云南、广东、辽宁、四川等省整顿了村级卫生组织，加强了乡镇卫生院建设，河南省卫生厅、财政厅联合拨出专款建设中心乡卫生院，广东、湖南、安徽、宁夏、吉林、江西等省发布了基层卫生机构建设基本标准和规定，部分省还组织有关人员赴基层调查情况，并召开三级医疗预防保健网建设经验交流会。

4. 集资医疗、改厕等工作有不同程度的进展。江苏省决定在全省范围内恢复和发展合作医疗制度，计划用2年时间，使苏州、无锡、南通70%以上的村和南京、镇江、扬州30%以上的村实行合作医疗。湖北省政府于1990年11月召开全省合作医疗经验交流会，提出在1990年年底以前农村要有30%的村恢复合作医疗。四川省召开研讨会，从思想上统一了对集资医疗保健制度的认识。山西省颁布《发展农村集资医疗保健制度的试行办法》。以地、市、县等行政区划为单位坚持或开展合作医疗亦取得成效和进展。河南省因地制宜，发明双瓮漏斗式厕所，为农村改厕工作探索出新方法。福建省委、省政府重视厕所卫生问题。福州市政府拨出120万元作为整治公厕的专项经费；三明市把改建公厕作为精神文明建设的一项主要内容，新建厕所58座；莆田市共拆、改、修厕所521座。

5. 城市初级卫生保健有了进展。1990年8月，WHO在上海市虹口区建立城市初级卫生保健合作中心。1990年上半年，卫生部委托部分城区就城市初级卫生保健规划进行小规模调查、论证。1990年11月，卫生部召开部分省、市参加的初级卫生保健规划研讨会，并拟就了我国城市实现“2 000年人人享有卫生保健”指标体系的征求意见稿初稿。

（王笑频）

【全国初级卫生保健合作中心、试点县工作会议】

全国初级卫生保健合作中心、试点县工作会议于1990年8月25～28日在江苏省常州市召开。会议的主要内容是：总结全国30

个试点县的初级卫生保健中期评价工作；研究试点工作存在的问题，提出解决的办法、对策；总结交流各地试点工作的经验。

卫生部部长陈敏章在会上作了“加强领导，继续推进初级卫生保健试点工作”的报告。报告阐述了我国卫生保健工作的发展形势，总结了执行《我国农村实现“2000 年人人享有卫生保健”的规划目标》的第一阶段（规划试点阶段）所取得的成绩，明确地提出了深入试点工作的任务。会议对初级卫生保健试点工作的整体情况从管理和学术的角度进行了科学的总结、论证和分析。

（姜国珍）

【卫生部进行初级卫生保健试点工作中期考评】

为综合考评各地初级卫生保健试点县实施初级卫生保健 13 项指标情况，调查研究试点工作的进度、效果和面临的问题，卫生部组成初级卫生保健中期考评组，于 3 月 22 日至 4 月 27 日按照分层整群随机抽样的原则，对全国 29 个省、自治区、直辖市的 30 个县（市）的初级卫生保健试点工作进行了中期考评。考评的结论是：除个别县初级卫生保健试点工作刚起步外，各试点县的初级卫生保健工作都在原有基础上取得了不同程度的进步，达到了预期的进度和效果。山东省莱州市全面达到有关规划目标提出的最低限标准要求；黑龙江省勃利县、上海市崇明县、江苏省丹阳县、湖北省枝江县、天津市静海县等 5 个县基本达到有关规划目标提出的最低限标准要求；福建省建瓯县、贵州省黎平县、山西省壶关县、安徽省亳州市、辽宁省北票市、吉林省蛟河市、浙江省临安县，接近基本达标。

（王笑频）

【中国初级卫生保健试点县】

中国初级卫生保健试点县名单如下：

北京市：昌平县、密云县、顺义县、东城区、丰台区。

天津市：静海县、蓟县。

上海市：川沙县、崇明县、嘉定县、上海县。

四川省：邛崃县、长寿县、犍为县、什邡县、绵竹县、大竹县、涪陵市、温江县、綦江县、垫江县、都江郾市。

贵州省：福泉县、黎平县、普安县、德江县、玉屏县、施秉县、清镇县、修文县、湄谭县、金沙县、花溪区、六枝特区、绥阳县。

云南省：玉溪市、易门县、新平县。

西藏自治区：达孜县。

陕西省：蒲城县、泾阳县、宁陕县。

甘肃省：宕昌县、成县、永登县、武威县、徽县、灵台县、通渭县、天水县、夏河县、会宁县、宁县、临洮县、山丹县、金塔县。

青海省：湟源县、湟中县、海晏县、乐都县、贵德县。

宁夏回族自治区：吴忠市、中卫县、隆德县、平罗县。

新疆维吾尔自治区：吐鲁番市、乌鲁木齐县、米泉县、乌苏县、福海县、奎屯市、博乐市、哈密市、焉耆县、阿克苏市、阿图什市、喀什市、麦盖提县、和田县、伊宁县、鄯善县。

河南省：伊川县、淮阳县、温县。

湖北省：天门市、麻城市、武穴市、枝江县、宜城县。

湖南省：长沙县、临澧县、衡东县、岳阳县、华容县、辰溪县。

广西壮族自治区：浦北县、武鸣县、隆安县、平果县、阳朔县、博白县、苍梧县、宜山县、象州县、全州县、岑溪县、合浦县、柳城县。

广东省：从化县、顺德县、沙头角区、潮州市、台山县、高州县、高要县、南雄县。

海南省：琼海县、白沙黎族县。

江苏省：太仓县、金坛县、东海县。

浙江省：余杭县、临安县、德清县、余姚市、海宁市、萧山市。

安徽省：天长县、亳州市、庐江县、东至县、宁国县、休宁县。

福建省：闽侯县、建瓯县、宁化县。

江西省：南城县、高安县、新建县、瑞昌县、乐平县、玉山县、贵溪县、宜黄县、新干县、兴国县、分宜县、芦溪区。

山东省：莱州市、章丘县、胶州市、临淄区、滕州市、广饶县、招远县、安丘县、诸城市、曲阜市、莱芜市、荣城市、邹平县、齐河县、临清市、单县、费县。

河北省：正定县、固安县、冀县、饶阳县、东光县、南皮县、任丘市、遵化县、抚宁县、丰南县、平泉县、隆化县、怀来县、涿鹿县、永年县、沙河市、柏乡县、栾城县、辛集市、元氏县、雄县、望都县、万全县。

山西省：怀仁县、交城县、原平县、翼城县、稷山县、太原市南郊区、阳泉市城区、平定县、盂县、长治县、长治市郊区、长治市城区、潞城县、襄恒县、屯留县、平顺县、黎城县、壶关县、长子县、武乡县、沁县、沁源县、大同市城区、沁水县、阳城县、高平县、陵川县、晋城市城区、晋城市郊区、榆次市、朔城市城区。

内蒙古自治区：科左中旗、察右翼前旗、阿荣旗、开鲁县、喀喇泌旗、翁牛特旗、东乌珠穆泌旗、临河市、鄂托克旗、呼和浩特市郊区、包头市郊区、海勃湾区、阿拉善左旗、科右前旗、通辽市。

辽宁省：大连市金州区、长海县、海城市、凤城县、北票县、沈阳市、苏家屯区。

吉林省：蛟河县、和龙县、梨树县、榆树县、抚松县、通化县、扶余市、东丰县。

黑龙江省：绥化市、富锦市、阿城市、北安市、穆棱县、宁安县、勃利县。

（姜国珍）

【卫生部初级卫生保健管理干部培训中心成立】

卫生部于1990年1月6日正式批准在上海市上海县建立卫生部初级卫生保健管理干部培训中心。该中心的任务是对初级卫生保健管理干部进行短期特定专题的培训，为各省、自治区、直辖市的初级卫生保健管理干部培训工作培养师资。1990年10月18日该中心在沪举行成立典礼，同时举办了第1期农村初级卫生保健管理干部研修班，参加研修班的学员共38名。研修班较系统地学习了农村初级卫生保健指标体系的评价及管理程序；初级卫生保健规划的制定；卫生信息的统计；卫生防疫、妇幼保健在初级卫生保健中的地位、任务和作用；卫生体制改革和初级卫生保健；国内外开展初级卫生保健的进展和展望，以及关于全国农村三级医疗预防保健网的形成和发展历程等内容。研修班于1990年11月7日结束。（王书城）

【WHO上海市虹口区城市初级卫生保健发展合作中心成立】

世界卫生组织上海市虹口区城市初级卫生保健发展合作中心经世界卫生组织批准于1990年8月10日正式成立。第一期合作从1990年8月10日～1994年8月。这是全球第一个城市初级卫生保健发展合作中心。1990年10月9日该中心的授牌仪式在虹口区举行。

从1985年开始，上海市虹口区卫生局依据世界卫生组织提出的“2000年人人享有卫生保健”的全球战略目标要求，在开展医疗预防保健工作的基础上，制定了实施初级卫生保健的规划，在加强区三级医疗预防保健网、卫生人才培训、妇幼保健系统管理、社区医疗保健、计划免疫、家庭病床、传染病防治、中小学生健康监测、食品卫生、健康教育等方面取得了成绩。

根据协议，该中心今后4年承担的主要任务是：①研究发展卫生系统的组织结构和管理程序，以支持城市初级卫生保健工作。②研究有关部门的发展政策，以确保卫生列入制定的政策之中。③通过各种健康教育活动增强个人的自我保健能力，以改善生活质量，提高生活水平。④为了城市初级卫生保健的发展，加强和发展工作人员所需要的技术。⑤提供关于城市初级卫生保健方面的技术信息，以支持其它国家的努力和世界卫生组织的活动计划。

（王羽）

【黑龙江省勃利县初级卫生保健工作】

根据《我国农村实现“2000年人人享有卫生保健”的规划目标》的要求，卫生部组织初级卫生保健考评组于1990年对黑龙江省勃利县初级卫生保健工作进行了考评，结果表明勃利县的13项初级卫生保健指标基本达到国家规定的标准。

1987年以来，勃利县人民政府把实施初级卫生保健作为政府的主要职责，本着长远规划和近期目标相结合、领导和群众相结合、治穷治愚与防病治病相结合的原则，发挥政府职能，协调有关部门，广泛动员群众，经历了明确认识、抓点带面、全面铺开和巩固提高4个阶段，取得了显著成绩。1990年与1986年相比，全县法定报告传染病发病率由1 024/10万下降到90.15/10万，地方性甲状腺肿、大骨节病分别由1.89%，12.27%下降到0.70%和1.85%，婴儿死亡率由33.57‰下降到20.33‰，安全水普及率由52.59%提高到96.52%，农村自来水普及率由18.4%提高到70.74%，卫生事业拨款占年度财政支出的比例由6.06%提高到7.09%，中小学生健康教育普及率由28.16%提高到100%，人均期望寿命提高到69.77岁，12岁以上人口识字率94.44%。为修建适合东北寒冷气候特点的卫生厕所，1990年，全县共集资56万元，修建“四防一保”（防污染、防蝇、防风雨、防猪狗，保肥料）翻板式蹲位封闭砖瓦结构卫生厕所9 750个（户厕），改造户厕12 292个，卫生厕所占全县户厕的52%，新建公厕59个，改建171个。他们的主要做法是：

1. 成立初级卫生保健委员会，并设立办公室。14个乡（镇），206个村也相应成立了初级卫生保健委员会或领导小组，健全了县、乡、村三级初级卫生保健管理机构。聘请有关管理、计划、环境保护、卫生等方面的科技人员组成咨询组。

2. 制定《勃利县实施“2000年人人享有卫生保健”实施进度方案》，县政府审议通过，纳入社会经济发展规划，各乡（镇）、村结合当地实际情况确定阶段性奋斗目标。

3. 把初级卫生保健工作列入全县各级领导的工作目标，全面推行目标管理责任制，按部门分层次落实各项指标，定期考评，奖优罚劣，并将此作为考核干部政绩的主要内容之一。

4. 发挥政府职能，协调各部门工作。

5. 发挥卫生部门在初级卫生保健中的中坚作用。

6. 加强三级医疗预防保健网的建设。采取政府负责，部门配合，社会参与，多方资助的办法筹集资金352万元，集中加强县级医疗预防保健机构的建设，扩大服务范围，改善防病治病条件，达到房屋、人员、设备、管理四配套，初步形成医、防、保、教中心。自筹资金100万元，加强乡（镇）卫生院的基础建设。坚持集体办村卫生室的方针，建立并完善村卫生室管理办法和各项规章制度，落实乡村医生开展卫生防疫、妇幼保健和计划生育3项工作的劳务报酬。村卫生室实行乡村两级管理。目前，全县集体办医达99.5%，其中甲级卫生所占51.5%。

7. 建立健全三级卫生信息网。县、乡、村都有专职或兼职的卫生情报信息员，形成了卫生情报的记录、收集、报告、储存、分析和反馈的工作系统，为领导决策提供依据。

8. 重视人才培养，提高卫生人员素质。

选送264名技术骨干到上海、北京、哈尔滨等地深造。邀请了27名专家教授来县讲学、会诊、手术示教。选送2名卫生技术人员去国外研修考察。开展了246项医疗卫生新项目。全员培训4 619人次，其中县卫生学校举办8期6个专业班，培养中、初级卫生人员378人，与牡丹江医学院联合办学，培养了具有专科水平的乡村医生89人。

9. 先后举办有县各级领导参加的培训班16期，培训1 305人次。配备248名专（兼）职卫生宣教人员。通过办培训班，组织订阅卫生科普报刊，利用广播电视对重点人群，关键人群进行健康教育。开展以路、沟、林、墙、院为重点的环境改造，并把初级卫生保健列为文明村建设的重要内容。

（王 羽）

【《我国农村实现“2000年人人享有卫生保健”的规划目标》下发】

1990年，卫生部、国家计划委员会、农业部、国家环境保护局、全国爱国卫生运动委员会联合下发了《我国农村实现“2000年人人享有卫生保健”的规划目标》（以下简称“规划目标”）。规划目标提出的2000年人人享有卫生保健的最低限标准如下：

2000年人人享有卫生保健最低限标准
（以县为单位）

初级卫生保健指标	不同经济地区最低限标准			
	贫困	温饱	宽裕	小康
1.把初级卫生保健纳入县、乡(镇)政府工作目标和当地社会经济发展规划(%)	100	100	100	100
2.县、乡政府年度卫生事业拨款占两级财政支出的比例(%)*	8	8	8	8
3.健康教育普及率(%)	50	65	80	90
4.A.行政村卫生室覆盖率(%)	90	95	100	100
B.甲级卫生室占卫生室比例(%)	30	50	70	90
5.集资医疗保健覆盖率(%)	50	50	60	60
6.“安全卫生水”普及率(%)	60	70	80	90
7.“卫生厕所”普及率(%)	35	45	70	80
8.食品卫生合格率(%)	80	80	85	85
9.婴儿死亡率每5年递降百分比(%)	20	15	8	5
10.孕产妇死亡率每5年递降百分比(%)	30	25	20	15
11.儿童“四苗”单苗接种率(%)	85	85	90	95
12.法定报告传染病发病率每5年递降百分比(%)	15	15	10	10
地方病病区特定指标：地方病患病率每5年递降百分比(%)**	10	10	5	5

*根据我国现行财政体制，该项指标由各级地方政府审定。**为地方病病区“2000年人人享有卫生保健”规划目标的必列指标，其它地区不作要求。

《规划目标》提出了分阶段达标的构想，其核心是“两步走，三阶段”。第一步，1995年以前50%的县达标；第二步，到2000年再有50%的县达标。具体分为以下三个实施阶段：

第一阶段（1989～1991年）；即规划试点阶段。主要任务是：①全面进行初级卫生保健的宣传教育，重点是开发领导层，培训管理干部、技术队伍和群众卫生骨干；②健全农村三级医疗预防保健网，改革与完善医疗保健制度，完成实施初级卫生保健的组织准备；③通过调查研究，在搞清各项规划指标本底情况基础上，以规划目标的最低限标准为依据，提出本县预定值，制订相应的实施办法；④选择条件适宜的县进行实施初级卫生保健的试点，建立在本地区具有典型意义的示范县。力争全国有10%的县首先达到规划目标的最低限标准。

第二阶段（1992～1995年），即全面普及阶段。主要任务是在当地政府领导下，通过政府各职能部门的协作，群众的充分参与，全面实施“人人享有卫生保健”发展规划。各省、自治区、直辖市至少有50%的县达到规划目标的最低限标准。

第三阶段（1996～2000年），即加速发展、全面达标阶段。主要任务是：①在社会经济条件进一步发展的基础上，完善发展初级卫生保健的内部机制，加快步伐，使所有的县都能达到初级卫生保健最低限标准，完成第二个50%；②第二阶段已达标的县，要在新的基础上继续努力，以更丰富的内涵和更高的标准，向新的目标前进；③全国范围的检查考核，总结验收。

与《规划目标》同时下发的初级卫生保健配套文件有《初级卫生保健工作管理程序》及《“2000年人人享有卫生保健”评价标准》。

（方素珍）

公共卫生与疾病防治

【1990年卫生防疫工作】

一、治理整顿、深化卫生防疫改革

1. 为加强卫生防疫有偿服务和计划免疫保偿制的管理，卫生部下发了《关于加强卫生防疫机构有偿服务管理工作的通知》和《卫生防疫防治机构有偿服务自查提纲》，并于1990年12月中旬召开省、自治区、直辖市卫生厅卫生防疫处处长会议，按上述要求总结经验，研究问题。会议强调要有偿服务与无偿服务相结合、加强自我约束机制、完善各种管理制度、坚持社会效益第一的原则等，以保证有偿服务和计划免疫保偿制的推行得以健康发展。

2. 进一步完善站、院、所长负责制和加强党组织的保证监督作用和政治思想工作的领导。在全国推广了山东省卫生防疫系统加强和改进思想政治工作的经验及在卫生防疫系统内进行职业道德规范教育的经验，促进了各地卫生防疫部门精神文明的建设。

二、加强卫生防疫机构的管理和建设

1. 着手起草乡镇、地段防疫工作规范；省、地、县三级卫生防疫机构的工作规范制订工作亦已全面开始。

2. 在1989年考核14个单列市卫生防疫站的基础上，对其中的先进单位进行了表彰。1990年有363个县（区）卫生防疫站建设得到加强，至1990年底，全国累计有1 612个县（区）卫生防疫站建设得到加强，占全国县（区）卫生防疫站总数的57.5%。

3. 组织起草卫生防疫“八五”规划和2000年规划设想。

4. 世界银行支持、全国多个卫生防疫机构参与的“卫生防疫服务需求”和“中国2000年预防保健战略目标”两个软课题的研究工作已进入资料汇总和征求意见阶段。

5. 各地进一步加强人才培养工作。卫生部下发了《关于加强全国卫生防疫人员培训工作的几点意见》。继续清理整顿函授专业证书班，对不符合专业培养要求的1 915人做了妥善处理。加强各种1年制脱产专业证书班的领导与管理工作，以保证培养质量。

三、贯彻《传染病防治法》，控制急性传染病

1. 建立了卫生部传染病防治监督管理办公室，组织专家到19个省、自治区、直辖市进行执法检查。《传染病防治法实施办法》已报国务防法制局审定。制定了传染病诊断标准，并已下发全国执行。

2. 根据国务院指示精神，在亚运会期间，组织6省市、3部委实施传染病防治联防，执行特别疫情报告制度，确保了亚运会的顺利召开。北京市、秦皇岛市、北京铁路局的卫生防疫站受到卫生部、北京市人民政府表彰和奖励。

3. 1990年是按《传染病防治法》要求实行疫情报告的第1年，全年共报告甲、乙类24种传染病3303448例，死亡13039例；与1989年同期相比，报告总发病例数与报告总死亡例数均有增加。报告发病例数增加的病种有乙型脑炎、白喉、病毒性肝炎、痢疾、脊髓灰质类等。1990年各地自然灾害频繁，由于及早采取防范措施，除四川省发生痢疾局部流行外，全国未发生重大灾后疫情。

4. 制订了全国艾滋病监测方案和1990～1992年艾滋病预防和控制中期规划；成立了全国艾滋病预防控制委员会和专家委员会；下发了全国艾滋病实验室技术操作规范。与WHO共同制订了全国腹泻病控制规划。举办2期国家级和23期省级管理和监测人员培训班。

5. 召开全国消毒工作会议，组织专家修订《消毒管理办法》和《消毒技术规范》，重新组建了消毒专家咨询委员会。

四、巩固计划免疫工作成果，努力实现第二个85%目标

1. 卫生部下发了《全国计划免疫第二个85%目标审评方案》。8月在甘肃省召开了预审评会议，统一方法，培训干部，并按照审评方案对甘肃省部分地区进行预审评。

2. 在总结分析1989年脊髓灰质炎防治工作的基础上，制定下发了《全国消灭脊髓灰质炎实施方案》和《1990～1991年消灭脊髓灰质炎培训工作规划》。争取了1600万人份外援脊髓灰质炎疫苗，用于流行地区的普服活动。召开了疫情分析策略研讨会，探讨符合我国国情的消灭脊髓灰质炎策略。

3. 为评价计划免疫、冷链系统运转情况，采用WHO提供的冷链监测卡，在安徽省进行现场试点，找出薄弱环节以便制订加强措施。在全国11个省、市开展冷链设备使用、管理和质量调查，为实施冷链更新、维修提供科学依据。1990年联合国儿童基金会计划免疫合作项目，为全国198个贫困县的卫生防疫站提供了冷链运输车辆。

五、慢性传染病和寄生虫病防治工作

1.《性病防治管理办法》和《结核病防治管理办法》初稿已送审批。

2. 性病疫情仍呈上升趋势。淋病、梅毒已列为乙类报告传染病，1990年共报告淋病77289例，梅毒1047例。完成了卫生部性病专家咨询委员会的换届聘任工作。

3. 在江西省召开了第4次全国麻风防治工作会议，总结"七五"规划执行情况，确定"八五"防治任务。组织专家对黑龙江省、上海市麻风病防治工作进行考核验收，确认上海市以县为单位达到基本消灭麻风病标准。在国际麻风救济会支持下，在全国8个县开展麻风康复试点工作。

4. 全国第3次结核流行病学调查及验收工作已进入资料汇总分析、微机输入阶段。

5. 修订疟疾防治"八五"规划和基本消灭疟疾标准、消灭疟疾标准、基本消灭恶性疟标准，并下发实施。

6. 对江西省丝虫病防治工作进行核查，确认该省达到基本消灭丝虫病标准。对安徽省1990年基本消灭丝虫病的防治计划进行专家审评，采取措施，促其落实。

7. 制订包虫病防治规划。对黑龙江省人体寄生虫病分布调查情况和四川省黑热病防治情况进行专家审评，提出防治工作建议。

8. 与西安杨森制药有限公司共同制订预防肠道寄生虫病的"安乐计划"，以推进全国肠道寄生虫病的防治工作。

（戴志澄　李淑芬）

【1990年卫生监督工作】

一、继续深化卫生监督改革、健全理顺卫生监督体系

1. 提出卫生监督体系研究报告。随着卫生法制建设的发展和《行政诉讼法》的颁布实施，由原来卫生管理模式演变而来的现行卫生监督体系与行政执法、强化国家卫生监督的要求已不尽适应。为此，卫生部卫生监督司提出了《中国卫生监督体系研究报告》。该报告提出了建立我国卫生监督体系的指导思想、基本原则、改革方案和实施意见。

2．根据《中国卫生监督体系研究报告》的基本原则和机构设置的构想，一些地区着手进行卫生监督体制改革的试点工作。辽宁省卫生厅成立卫生监督处，下设6个卫生监督室，共70人，加强了卫生行政执法的力量。山西省成立了卫生监督处。哈尔滨市卫生局成立了卫生监督处，并组建了300人的卫生监督执法大队，承担全市的卫生监督执法任务。湖南、山东、广东等省结合本地情况开展不同类型的试点工作，有些地区建立综合性的卫生监督程序，实行发证、监督、处罚、体检、培训等“十个统一”。

3．召开全国卫生监督工作会议。会议总结了我国卫生监督工作的经验，分析了当前存在的问题，提出了今后的工作方向和任务。会议对卫生监督工作改革的必要性、强化国家监督、行政执法以及对卫生监督工作实行综合管理等重大问题取得了一致意见。

二、加快卫生监督立法，进一步健全卫生监督法律制度

1．组织研究我国卫生监督立法体系。我国现有的卫生法律法规均属于单项的专业性法规，为了做好法律、法规之间的相互协调，合理制定中长期卫生监督立法发展规划，卫生部卫生监督司组织了卫生监督立法体系的研究工作，初步完成了《中国卫生监督立法体系研制报告》。

2．完成一批法律、法规和行政规章的制定工作。发布实施了《学校卫生工作条例》、《放射防护监督员管理规定》、《新资源食品卫生管理办法》及《新资源食品卫生审批工作程序》等28项法规及规章，审批了各类专业卫生标准、诊断标准45项。

三、贯彻执行各项卫生监督法律法规

1．开展全国卫生监督执法检查。在全国范围内开展了《食品卫生法（试行)》、《公共场所卫生管理条例》、《化妆品卫生监督条例》、《尘肺病防治条例》及《放射性同位素与射线装置放射防护条例》监督执法情况的大检查。

2．加强各项卫生监督管理工作。食品卫生监督方面重点抓了新资源食品、加药食品生产经营的管理工作，组织了8省、市调查，查明了造成新资源食品及加药食品市场管理混乱的根本原因，发布了《加强对加药食品卫生监督的几点意见》，制定和修订了相应的法规和规章，成立了卫生部新资源食品审评委员会。12月召开了全国食品卫生工作会议，提出“八五”期间食品卫生工作目标。劳动卫生工作贯彻实施《尘肺病防治条例》，加强职业病的诊断及报告管理，开展职业病的漏报调查。环境卫生工作重点抓公共场所卫生及化妆品卫生的监督执法管理，开展污染与人体健康的环境调研和生物监测，完成了有关化妆品卫生的基本情况调查，进行了化妆品的审查和卫生许可证发放工作。放射卫生工作，以宣传贯彻《放射性同位素与射线装置放射防护条例》为重点，开展一系列综合监督管理工作，任命了国家级放射卫生监督员。鉴于我国第一座核电站即将投入运行，开展了有关核事故卫生医疗应急准备工作。学校卫生工作以贯彻实施《学校卫生工作条例》为重点，并制订各项配套性规章，加强学生健康监测工作的管理。在进行卫生监督工作的综合管理方面，制定了卫生监督标志，完成了卫生监督员证件、证章的统一及换发工作。

四、强化卫生监督员的法律教育、业务培训及从业人员的在岗培训　为了做好《行政诉讼法》实施的准备工作，卫生部卫生监督司组织举办了省、自治区、直辖市级卫生监督员《行政诉讼法》学习班共9期，培训

600余人。各地普遍进行了卫生监督员《行政诉讼法》及卫生法律法规知识的培训。卫生部委托中国预防医学科学院等单位举办全国性卫生监督监测人员培训班 70个，培训各类人员 2 586 人次，对广大从业人员进行了在岗卫生知识培训。

五、示范试点工作取得成效 有24个食品卫生示范县、学校卫生试点县验收合格。放射卫生综合监督试点地、市工作已经按试点目标开始工作。与联合国儿童基金会合作为期4年的全国27个省、自治区、直辖市的100个县的儿童营养监测改善工作通过了年终审评。与WHO合作进行的公共营养示范县项目工作也已通过年终审评。

六、开展调查研究工作

1．历时3年的全国尘肺流行病学调查的第一阶段工作已在1990年结束。基本摸清了建国以来全国县以上集体、国营企业的尘肺病情况以及分布规律，系统显示了40年来我国尘肺病行业分布、工种分布、地区分布及其时间阶段的动态变化情况，预测了今后10年内尘肺病发展趋势，为采取尘肺病防治对策提供了科学依据。

2．乡镇工业职业卫生服务需求与对策研究已在全国15个省市的30个县、60个乡全面展开，并完成了现场调查工作，掌握了调查对象的社会、经济、文化教育、工业卫生的现状，为研制工业职业卫生政策提供了基本情况。

（阚学贵 朱宝铎）

【全国开展卫生监督执法工作检查】

1990年7～11月，全国各地开展了卫生监督执法工作检查。检查的内容是《食品卫生法（试行）》、《公共场所卫生管理条例》、《尘肺病防治条例》、《化妆品卫生监督条例》及《放射性同位素与射线装置放射防护条例》五大法规的监督执法情况，包括配套法规制定、执法队伍建设、装备、执法文书档案、行政诉讼案件等等。检查对象为这些法规授权的卫生监督执法机构。

检查工作表明：我国的卫生法制建设已经取得进展。一个完整的法律法规体系正在形成。各个法律法规的卫生监督员队伍已开始形成，比较健全的食品卫生监督员队伍达2万人。开展了大量卫生监督监测工作。据不完全统计，“七五”期间全国各级食品卫生监督监测机构检验各类食品420万余件，查出不合格食品101 420万吨，查处违法案件355万余起。仅1989年就为从业人员体检110万人，体检率达82.3%，体检不合格的91%调离了岗位。据446个城市调查，《公共场所卫生管理条例》实施以来，公共场所直接为顾客服务的从业人员卫生知识培训率达95%以上的城市有362个，预防性体检率达98%以上的城市有427个。放射性同位素卫生许可证发证率已达80%，射线装置达70%以上。卫生状况有了改善。全国食品卫生合格率已从1982年的61.5%上升到1989年80.3%，进口食品卫生合格率达98%。公共场所的卫生合格率也有提高，如北京市1989年达到92%。县以上国营和集体所有制工业企业作业场所尘毒浓度达到国家标准的比率由1986年的50.7%上升到1989年62.3%。医用X线机防护改装合格率达80%以上。化妆品卫生质量有所改善，10省市抽样检查各类化妆品合格率达90.2%。一些地方已经将食品、劳动卫生工作列入行业考核标准，如山东省食品卫生系统为达到食品卫生标准，投资3820余万元改善卫生设施，全系统5500多个食品生产经营单位三年来没有发生食物中毒和污染事故。

存在问题：①行政执法意识不强；②卫生监督法律体系不健全；③卫生监督队伍力量弱小。目前虽然对各项卫生法规都已任命了一批卫生监督员，但是无论数量上还是素质上都满足不了监督工作需要，以至监督监测的覆盖率尚达不到要求。④卫生监督装备差。卫生监督所必备的工作条件，如交通工具、监督取证工具、通讯器材等奇缺，以致造成监督不及时、证据不足或不符合要求、执法不力等软弱状况，以及执法行为不规范，文书质量不高，监督人员的监督程序、行政处罚程序不够规范等现象。⑥部门间不协调，职责不清，使得卫生部门在有些领域难于进行有效的卫生监督。

（朱宝铎）

【全国卫生监督工作会议】

全国卫生监督工作会议于1990年5月15～18日在北京召开。会议中心议题是：总结卫生监督工作经验；研究当前卫生监督执法中存在的问题；探讨理顺和完善卫生监督体系，加强卫生监督工作。卫生监督工作取得的成绩为：卫生法制建设有了进展，自1982年以来，国家颁布了数个卫生行政党律法规和大量的卫生监督管理行政规章，与卫生监督法相配套的卫生标准已有4类标准共715个，各级地方人大和政府发布了地方卫生法规及规章；卫生监督行政管理工作正在逐步进入法制管理轨道；国家卫生监督制度已经成为实施卫生行政管理的重要手段，卫生监督在公众劳动、学习和生活中的重要作用得到普遍承认；卫生监督队伍有了发展，基本形成劳动卫生、食品卫生、环境卫生、学校卫生、放射卫生、药品及传染病监测网络；开展卫生监督执法活动，取得了社会效益和经济效益；在开展卫生监督工作的同时，各地也开展了卫生预防服务工作。

会议认为我国卫生监督工作存在的问题和困难主要是：卫生法规体系不完善，目前只有少量单行法和单行行政法规，缺少卫生基本法和卫生监督机构组织法和卫生监督工作程序法；卫生监督体制不健全，目前卫生行政机构的设置和人员编制与执法任务不相适应，还不能完全实现从行政管理到法制管理的转变，大量执法工作仍完全由卫生防疫站等业务机构承担；卫生监督员数量不足、素质较差；卫生监督装备不足，工作用房、交通工具、监督取证设备、通讯器材等基本技术手段和工作条件不适应需要；全社会的卫生法律意识仍较薄弱，广大公众的卫生法律意识及卫生知识有待不断提高。

会议围绕着理顺现行监督体制，建立健全卫生监督体系，加强卫生监督队伍建设，完善卫生监督机制，加强领导，治理整顿，深化改革，把卫生监督工作落实到基层，开创我国卫生监督工作的新局面等议题进行了讨论。会议提出，卫生行政部门必须采取措施加强对各项卫生监督执法的综合管理，把实行综合执法作为理顺、完善卫生监督体系工作的一个重要问题加以解决。当前，综合执法应考虑5个方面：①通过对个别卫生法律法规修改，使卫生执法机关逐步统一即强化卫生行政部门统一监督执法；②对被监督单位实施监督项目时尽量组织联合监督活动；③对基层卫生监督机构的卫生监督员可根据各地区监督工作的实际需要赋予两种或两种以上专业卫生监督职责；④卫生监督员的证件、证章、标志等要逐步统一，条件成熟时可考虑统一着装；⑤分级立法时，对监督员的门类要统一考虑，不能门类太多。

会议对在治理整顿中推进卫生监督体制改革进行研究。会议认为要积极、主动、稳妥地改革卫生监督体制，改革方案要经过广泛深入地论证，有计划、有组织地选择部分地区开展试点工作。会议强调在试点工作中要坚持以下原则：不要与现行法律法规相抵触；改革后的体制要体现卫生行政部门统一执法，综合执法；改革应该使整个预防保健工作得到加强而不是削弱。会议对做好《行政诉讼法》实施前的准备工作提出了具体意见。

（张秀云）

【1990年并“七五”期间国境卫生检疫工作】

一、1990年工作

1. 1990年全国各卫生检疫所共检疫入、出境船舶18.5万艘次、飞机3.4万架次、火车3.1万列次、汽车615万辆次，对携带病媒昆虫、啮齿动物的交通工具、集装箱、废旧物品实施卫生处理30万余次，灭鼠9000余只，检疫入、出境人员6591万人次，实施国际预防接种35.3万人，对入、出境人员实施国际间传染病监测体检65.9万人，发现各种传染病29572例，其中艾滋病病毒感染者78例、性病464例、副霍乱19例、疟疾141例、开放性肺结核203例、麻风3例。与交通部门共同创建“国家级卫生港”、“无鼠害港”、“无鼠害船队”各2个。

2. 1990年1月9日，卫生部、国务院口岸领导小组联合下发了《关于调整进口食品卫生监督检验管理机构归属问题的通知》，将进口食品卫生监督检验工作收归卫生部直接领导，由卫生检疫总所负责管理。并于1990年12月底以前完成了广东、北京等15个省、自治区、直辖市进口食品卫生监督检验交接工作。各卫生检疫所在接收任务后，共监督检验进口食品205万吨，发现不符合我国食品卫生标准的21吨。

3. 在第十一届亚运会期间，全国各卫生检疫所做好检疫工作。北京、天津、上海等卫生检疫所实行24小时值班制，对入境运动员随到随检疫。亚运期间，共检疫入出境飞机3725架次。北京卫生检疫所对首都机场公共场所卫生、环境卫生、饮食服务单位加强卫生监督，参加对首都机场、亚运村上空飞机喷洒药物杀虫灭蚊；天津等卫生检疫所加强对亚运会进口食品卫生监督检验工作，发现一批进口水果、鱼不符合卫生标准。

4. 卫生检疫总所及北京卫生检疫所派员赴约旦、伊拉克边境对我驻科威特回国人员实施现场检疫，北京卫生检疫所对入境的24架包机实施检疫并进行消毒、杀虫，对4737名回国人员进行传染病监测，上海卫生检疫所派员随北京至上海的包机实施检疫，共发现各种传染病150余例。

5. 1990年11月8日，陈敏章部长签署了第7号卫生部令发布《中华人民共和国国境卫生检疫行政处罚程序规则》。明确了国境卫生检疫机关实施行政处罚，必须以事实为根据，以法律为准绳，执法必严，违法必究，坚持教育与处罚相结合的原则，使卫生检疫机关正确及时地对违反国境卫生检疫法的行为进行行政处罚。

6. 1990年1月15日，卫生部、国家物价局、财政部联合下发卫检字（1990）第1号文《关于下发〈国境卫生检疫收费管理办法〉的通知》，对国境卫生检疫收费标准作了适当调整。

7. 为贯彻《行政诉讼法》、《国境卫生检疫法》，卫生检疫总所在北京、上海、广州举办了《行政诉讼法》学习班，委托中国政法大学举办了为期3个月的检疫官员法律学习班。1990年9月1日在同济医科大学举办卫生检疫专业证书大专班，以及食品检验、传染病监测、集装箱管理等各类专业培训班18期，共培训专业人员300余名。

二、“七五”期间工作

1. 国境卫生检疫法规体系建设。1986年12月2日，第六届全国人大常委会第18次会议通过了《中华人民共和国国境卫生检疫法》，1989年2月10日经国务院批准，由卫生部发布了《中华人民共和国国境卫生检疫法实施细则》。为贯彻执行国境卫生检疫法及其实施细则，卫生部及卫生检疫总所会同有关部委制定了相关的配套性法规性文件。为使各卫生检疫所执法工作做到规范化、科学化、标准化，保证执法的严肃性和严密性，卫生部及卫生检疫总所制定了国境卫生检疫行政处罚程序规则等文件。

2. 国境卫生检疫管理体制改革。经国务院批准，1988年5月4日成立了中华人民共和国卫生检疫总所；将部分卫生检疫所上划卫生部领导并由卫生检疫总所管理；1990年将进口食品卫生监督检验工作上划卫生部领导，在口岸划归卫生检疫所负责，实行卫生

附表 "六五"、"七五"期间国境卫生检疫工作发展一览表

项目	单位(万)	"六五"期间						"七五"期间						"七五"比"六五"增长倍数	1990年比1981年增长倍数
		1981	1982	1983	1984	1985	合计	1986	1987	1988	1989	1990	合计		
检疫入出境船舶	艘次	3.3	4.7	5.6	4.9	7.6	26.1	8.8	10.3	11.2	14.2	18.5	62	1.4	4.6
检疫入出境飞机	架次	1.0	1.4	1.2	1.3	1.7	6.6	1.8	2.6	2.8	3.0	3.4	13.6	1.0	2.4
检疫入出境火车	列次	2.0	2.1	2.1	2.0	1.9	10.1	2.0	1.9	1.9	2.9	3.1	11.8	0.2	0.6
检疫入出境汽车	辆次	36.1	60.2	114.9	83.7	245.1	540	302.8	411.3	528.2	570.4	615	2427.7	3.6	16.0
检疫入出境人员	人次	1139	1505	1593	2179	2823	9239	3962	4865	5802	6098	6591	27318.0	1.9	4.8
国际预防接种	人	15.8	14.1	11.9	13.6	17.4	72.8	15.3	15.5	20.9	27.1	35.5	114.3	0.6	1.2
传染病监测体检	人	0.1	0.1	0.4	2.3	3.1	6.0	4.3	7.1	13.2	26.1	65.9	116.6	18.4	658
交通工具卫生处理	次	0.1	0.1	0.2	0.2	0.4	0.1	0.5	0.6	0.9	2.0	4.0	8.0	7	39

检疫、进口食品卫生监督检验一个窗口，统一对外。

3．国境卫生检疫任务。“七五”期间，检疫入出境人员为2.7亿人次，检疫船舶62万艘次，检疫飞机13.6万架次，检疫列车为11.8万列次，检疫汽车24271万辆次，国际间预防接种为114万人，传染病监测体检为116万人，检出各种传染病4.5万例，其中艾滋病2例，艾滋病病毒感染者108例，性病1208例。1990年在完成进口食品卫生监督检验交接的基础上，对205万吨进口食品进行了卫生监督检验，发现不符合卫生标准的有21.1万吨。各卫生检疫与交通部门共同努力，创建了18个“无鼠害港”、9个“国家级卫生港”、4个“无鼠害船队”，改善了国境口岸和交通工具卫生面貌（见附表）。

4．国境卫生检疫机构、队伍建设至1990年底，全国国境卫生检疫机构达151个，“七五”期间新增37个。全国直属卫生检疫所人员达2733人，技术人员占1967人，其中高级职称115人，中级职称504人，初级职称1348人。

5．基本建设。“七五”期间，全国各卫生检疫所共建房近9万平方米，有各种仪器近2万件，价值6千万元，拥有汽车近200辆。部分卫生检疫所购置了传真机、电脑等。

（曲绪禄）

【1990年地方病防治工作】

1．深化地方病防治工作改革。各级地方病、血吸虫病专业机构普遍实行了多种形式的承包责任制、所（站）长负责制和目标管理责任制。一些专业机构在注重社会效益提高服务质量的同时，扩大服务项目，开设专科门诊，实行有偿服务与无偿服务相结合。有些防治项目费用改变由国家全包下来的做法，实行谁受益、谁负担的办法，坚持国家、集体、个人共同投资，以解决防治经费不足的困难。一些“老、少、边、穷”地区，把防病治病工作与脱贫致富、发展生产结合起来，取得明显的社会效益和经济效益。

2．加强宏观管理和目标管理，制订“八五”规划。根据“七五”防治规划完成情况和防治工作现状，卫生部地方病防治司制订了《地方病防治第八个五年计划》，提出全国200个鼠疫疫源县中要有103个(51.5%)达到控制标准；血吸虫病人、病畜总数在1989年抽样调查的基础上各下降40%以上，急性感染病人按“七五”期间年急性发病均值计算下降30%以上，全国378个流行县中74.1%的县达到消灭或基本消灭标准；全国布鲁氏菌病1123个疫区县中80%达到控制标准；碘盐普及率达95%以上，1399个碘缺乏病病区县中90%达到基本控制标准；完成50%中等以上氟病区村屯的改水降氟和40万户防氟改灶任务；在276个克山病病区县中55%以上达到基本控制标准；303个大骨节病病区县中50%达到基本控制标准。为保证计划实施，卫生部与国家计划委员会共同起草了《全国血吸虫病“八五”综合治理规划》，与血吸虫病专家咨询委员会共同拟定了《“八五”血防科研攻关设想》，对其它疾病防治也做了相应的安排和部署。

3．加强重点疾病防治。1990年3月，国务院下发了《国务院关于加强血吸虫病防治工作的决定》，并召开了全国血吸虫病防治工作会议。卫生部与农业部、水利部共同下发了《关于做好急性血吸虫病预防、抢治的紧急通知》。全国血吸虫病疫区开展了大规模的查灭螺、查治病工作，1～9月份，全国查螺面积53.9亿平方米，灭螺面积4.6亿平方米，查病654万人，治病57.3万人，其中晚期病人9.9万人，查畜88万头，治畜16.2万头。年初卫生部下发了《1990年鼠疫防治工作安排意见》。1990年，在内蒙古、云南、青海3省区5个县旗发生人间鼠疫29起，发病75例，其中云南省发病数是建国以来最多的一年，由于加强监测，及时采取措施，疫情未扩大蔓延。三峡地区防氟改灶试点工作3年中共改炉灶5.7万户，7月，卫生部与农业部联合召开了三峡地区改灶降氟试点工作总结表彰会。1990年在部分省区实行以碘酸钾代替碘化钾加工碘盐，进一步落实了食盐加碘防治碘缺乏病措施。

4. 加强专业机构建设。重点加强了省级地方病、血吸虫病专业机构的两个文明建设，制定并下发了省级地方病专业所创文明单位的条件、考核办法、考评内容和标准。加强了组织机构和防治队伍的建设。卫生部会同人事部、农业部下发了《关于加强血防专业机构和人员编制的意见》。完成了全国鼠疫防治专业机构和人员情况的调查。1989年确定的98个全国重点疾病监测点均已建立齐全，并按照监测方案统一指标、方法和标准开展工作，专业所站发挥了中心指导作用，全国已形成疾病监测网络。

5. 注重宣传教育。召开了地方病防治宣传工作座谈会，总结宣传工作经验，提出加强宣传工作的意见，进一步明确有关地方病防治杂志的办刊方向和任务。1990年编辑出版了克山病、大骨节病、地方性甲状腺肿、血吸虫病等4种疾病的防治手册，以及《地方病防治四十年》和《湖区五省血防工作会议汇编》；拍摄了《鼠疫防治》科教电影，录制了2部关于血吸虫病防治工作的录像片；继续编印《地方病防治简讯》和《地方病防治科研动态》；加强了与有关刊物、电台的联系，在中央广播电台开办了关于血吸虫病防治的专题讲座，开展了血吸虫病防治好新闻评选活动。疫区各省普遍下发通知，要求在中、小学开设血吸虫病防治知识课，扩大宣传面。

6. 抓紧人才培养，提高专业队伍素质。在委托有关院校举办地方病、血吸虫病防治专业证书班、大专班和本科班培训学员3000多人的基础上，1990年又在北京医科大学开办了鼠疫、布氏杆菌病预防专业证书班，在哈尔滨医科大学举办了地方病防治办公室主任和专业所（站）长管理学习班。10月份召开了地方病专业人员培训工作座谈会，总结了办班经验和存在问题，并提出了今后培训工作的意见。

7. 扩大国际合作与交流。对世界银行血吸虫病防治项目贷款做了评估和准备工作，现已确定立项。赴澳大利亚考察了中澳碘缺乏病防治合作项目，并召开了中澳技术合作防治碘缺乏病协调会和防治工作小组会议，举办了两次项目技术学习班。赴苏联考察了鼠疫防治工作。在地方性氟中毒、大骨节病防治等方面也都加强了多边与双边的对外合作交流。

8. 修改有关地方病防治方面的法规、条例和标准。完成了《食盐加碘防治碘缺乏病管理条例》、《血吸虫病防治管理条例》和《鼠疫地区捕猎旱獭卫生管理条例》的送审稿；修改了《地方性氟中毒监测方案》；下发了《鼠疫监测方案》和《布氏杆菌病监测方案》，起草了《布氏杆菌病防治办法》和《血防专业机构管理办法》。

（高淑芬　吴高盛）

【1990年疾病监测工作】

根据卫生部《关于加强疾病监测工作的通知》精神，由中国预防医学科学院牵头，组织全国30个省、自治区和直辖市卫生防疫站参加我国综合性疾病监测，依据整群分层随机抽样的原则，在不同类别地区，按真实人口分布建立了145个监测点（详见附表），监测人口约1000万，监测的主要内容是当地居民的出生、死亡、法定传染病（甲、乙、丙类）、慢性病、儿童计划免疫接种情况等。

1990年，各省、自治区、直辖市围绕着建立快速、准确的疾病报告系统这一目标，相继建立、健全了监测点，对监测信息进行传递、反馈，初步形成了上、下贯通的报告网络。各监测点根据要求将收集到的资料每月12日前报中国预防医学科学院流行病学微生物学研究所疾病监测组，由疾病监测组进行分类、统计、分析并迅速上报卫生部及反馈各省。针对收集的资料还不能完全反映传染病疫情的真实情况，在全国各监测点开展了漏报调查，及时查清原因，采取措施，提高质量。

目前，疾病监测逐步趋向科学化、规范化，为全国传染病报告起到示范作用。一年的监测结果表明：一是监测点传染病报告的发病率比全国传染病报告率高出2～5倍；二是监测点监测结果报告时间比全国疫情报告时间提前15天；三是对11种丙类传染病的监测，弥补了全国疫情报告不包括此类传染病的不足；四是预告了红眼病（急性结膜炎）的流行强度和范围；五是及时报告了若干起麻疹、炭疽的局部暴发流行情况，为各级卫生行政部门控制疾病制定决策，提供了重要依据。

（武桂珍　苏崇鳌）

附表　全国疾病监测点

监测点编号	监测点名称（县或区）
0111	北京市东城区
0121	北京市通县
0211	天津市和平区
0221	天津市静海县
0222	天津市蓟县
0311	河北省石家庄长安区
0312	河北省唐山市开平区
0313	河北省张家口市五一路
0321	河北省黄骅县
0322	河北省武安县
0323	河北省丰宁县
0411	山西省太原市北城区
0412	山西省大同市西花园
0421	山西省平定县
0422	山西省绛县
0423	山西省兴县
0511	内蒙古呼和浩特呼氏回民区
0521	内蒙古苏尼特右旗
0522	内蒙古开鲁县
0611	辽宁省大连市
0612	辽宁省锦州市
0621	辽宁省凤城县
0622	辽宁省灯塔县
0623	辽宁省阜新县
0711	吉林省长春市
0712	吉林省龙井市
0721	吉林省集安县
0722	吉林省德惠县
0811	黑龙江省哈尔滨市
0812	黑龙江省大庆市
0821	黑龙江省宝清县
0822	黑龙江省富裕县
0911	上海市卢湾区
0921	上海市川沙县
1011	江苏省南京市玄武区
1012	江苏省徐州市云龙区
1021	江苏省金湖县
1022	江苏省海门县
1023	江苏省张家港县
1111	浙江省杭州市下城区
1112	浙江省金华市
1121	浙江省富阳县
1122	浙江省奉化县
1123	浙江省永嘉县
1211	安徽省合肥市中市区
1212	安徽省安庆市迎江区
1221	安徽省天长县
1222	安徽省巢湖县
1223	安徽省蒙城县
1224	安徽省泾县

监测点编号	监测点名称（县或区）
1311	福建省福州市古楼区
1312	福建省三明市梅列区
1321	福建省建阳县
1322	福建省永定县
1323	福建省惠安县
1411	江西省南昌市东湖区
1412	江西省赣州市赣口办事处
1421	江西省上高县
1422	江西省武宁县
1423	江西省龙南县
1511	山东省青岛市市北区
1512	山东省淄博市淄川区
1513	山东省烟台市芝罘区
1521	山东省牟平县
1522	山东省禹城县
1523	山东省莱芜县
1524	山东省沂源县
1525	山东省济宁县
1526	山东省莒南县
1527	山东省梁山县
1528	山东省蓬莱县
1611	河南省郑州市二七区
1612	河南省平顶山市
1621	河南省辉县
1622	河南省扶沟县
1623	河南省唐河县
1624	河南省睢县
1711	湖北省武汉市江岸区
1712	湖北省沙市潮阳街
1721	湖北省洪湖县
1722	湖北省襄阳县
1723	湖北省利川县
1811	湖南省长沙市东区
1812	湖南省岳阳市南区
1821	湖南省郴县
1822	湖南省黔阳县
1823	湖南省浏阳县
1824	湖南省凤凰县
1911	广东省广州市越秀区
1912	广东省汕头市金砂区
1921	广东省台山县
1922	广东省南雄县
1923	广东省五华县
2011	广西南宁市永新区
2012	广西桂林市象山区
2021	广西合浦县
2022	广西宾阳县
2023	广西罗城县
2024	广西凌云县
2111	四川省成都市西城区
2112	四川省万县市西城二所
2121	四川省崇庆县
2122	四川省大足县
2123	四川省资中县
2124	四川省汉源县
2125	四川省西充县
2211	贵州省贵阳市南明区
2212	贵州省安顺市东关片区
2221	贵州省湄潭县
2223	贵州省玉屏县
2224	贵州省独山县
2225	贵州省施秉县
2311	云南省昆明市
2321	云南省通海县
2322	云南省祥云县
2324	云南省广南县
2411	西藏拉萨市
2421	西藏墨竹贡卡
2511	陕西省西安市碑林区
2512	陕西省铜川市
2521	陕西省华阴县
2522	陕西省眉县
2523	陕西省洛川
2524	陕西省汉阴
2611	甘肃省兰州市

监测点编　号	监测点名称（县或区）
2612	甘肃省敦煌市
2621	甘肃省张掖县
2622	甘肃省天水县
2623	甘肃省景太县
2624	甘肃省临虽潭县
2711	青海省西宁市城中区
2721	青海省门源县
2722	青海省互助县
2811	宁夏银川市老城区
2821	宁夏贺兰县
2822	宁夏中卫县
2823	宁夏盐池县
2911	新疆乌鲁木齐市
2921	新疆乌苏县
2922	新疆阜康县
2923	新疆新源县
2924	新疆库尔勒
2925	新疆和田县
3011	海南省海口市博爱区
3021	海南省文昌县

说明：监测点编号用4位数表示，前两位代表省、市、自治区编码，第3位1表示城市，2表示农村，第4位表示城市或农村监测点的序号。例如：0111则01表示北京，第3位1表示城市，第4位1表示东城区点序号；又如：0222则02表示天津，第3位2表示农村类别，第4位2则表示农村第2个点。

【建立亚运期间防病联防】

卫生部于8月11日至12日召开了有北京、天津、河北、内蒙古、辽宁、山东省、自治区、直辖市及铁道、民航等有关部门参加的迎亚运防病联防会议。制订了“亚运期间防病联防方案”，其主要内容为：自8月25日至10月15日，成立由卫生部一名领导负责，有关省、自治区、直辖市卫生厅局领导及有关部委和卫生部的有关司局负责同志组成的联防系统领导小组，统一掌握疫情动态，互通情况，组织协调传染病预防控制工作的开展；自9月1日至10月15日，执行防病联防各省、自治区、直辖市及有关部门间疫情、食物中毒特别报告制度；自9月1日至10月15日间执行部分进京旅客列车卫生检疫工作、民航、交通部门加强对机场进出港国内旅客及车船旅客的传染病疫情检索及病人和可疑病人的管理；根据《传染病防治法》和《食品卫生法》、《国境卫生检疫法》有关规定，进一步明确各级政府和有关部门预防控制传染病和重大食物中毒的职责，落实各项有效措施；制订预防控制疫情和食物中毒处理予案；建立相应突发事故处理组织系统和做好各类必需药品、物资的准备工作，并要求联防各地和有关单位在亚运会召开前普遍开展爱国卫生运动。此方案经国务院领导同志批示同意并发至有关省、自治区、直辖市和国务院有关部委执行。

（齐小秋　王文杰）

组 织 管 理

【加强重点县（区）卫生防疫机构全面建设】

卫生部于1990年4月在山西省太原市召开了加强重点县（区）卫生防疫机构全面建设工作会议，总结过去三年的经验和教训，提出进一步做好该项工作的意见。下发了《卫生部关于进一步加强重点县（区）卫生防疫站全面建设的几点意见》。

1990年卫生部投资853万元，计划加强329个县（区）级卫生防疫站，各地根据本地区的配套比例，实际加强371个，配套投资约2139万元。至此，全国共累计投资约1.34亿元，累计加强1612个县（区）级卫生防疫站，占应加强县（区）级卫生防疫站总数的57.5%（见附表）。

（于明珠）

附表　1987～1990年加强重点地区（县、区级）传染病和卫生监督监测能力项目管理落实情况

项目执行单位	基本情况			已加强的县级站数						尚未得到加强机构
	辖区内县级站合计	其中		其中				4年合计数	占总数的%	
		县市站	区站	1987年	1988年	1989年	1990年			
内蒙古	100	87	13	8#	47	14+28	12-1#	89	89.0	0
北京	18	8	10	4	6	5	1	16	88.8	2
江苏	106	64	42	22	24	10+12	10+10	88	83.0	18
广东	110	76	34	14+1	25+7	10+6	10+13	86	78.1	24
天津	18	5	13	2	5	5	1	13	72.2	5
山东	134	111	23	27	27	18+5	18+1	96	71.6	38
吉林	60	41	19	8	11	10+3	10+1	43	71.6	17
海南	17	17	0	2	4	5-2	3	12	70.5	5
云南	127	110	17	15	23	15+10	18+7	88	69.2	39
河北	172	139	33	26	31	15+16	15+16	119	69.1	53
山西	118	107	11	17+13	20+2	14-3	13+4	80	67.7	38
湖北	98	71	27	13+4	13+5	13+2	12	62	63.2	36
浙江	89	74	15	11	20	10	13	54	60.6	35
广西	86	83	3	10	15	10	11+3	49	56.9	37
贵州	87	81	6	10	10+8	10+1	10	49	56.3	38
福建	81	69	12	9	12	12	12	45	55.5	36
湖南	125	98	27	16+4	20	15-2	15	68	54.4	57
宁夏	24	19	5	3	5	5-3	3	13	54.1	11
陕西	107	94	13	10+3	10+8	12	14	57	53.2	50
黑龙江	139	66	73	15	20	15+5	13+2	70	50.1	69
四川	215	176	39	25	26	20+6	26+1	104	48.3	111
安徽	109	83	26	13	13	10	12+1	49	46.2	60
辽宁	100	44	56	11	13	11-1	12	46	46.0	54
河南	160	117	43	17	22	15	19	73	45.6	87
青海	45	40	5	5	2	6	6	19	42.2	26
甘肃	86	75	11	7	10+7	11-2	8-5	36	41.8	50
江西	103	87	16	10	10	10	7	37	35.9	66

项目执行单位	基本情况			已加强的县级站数						尚未得到加强机构
	辖区内县级站合计	其中		其中				4年合计数	占总数的%	
		县市站	区站	1987年	1988年	1989年	1990年			
新疆	94	86	8	6	6	10	19	41	43.6	53
西藏	75	74	1	1	1	2*	6	10	13.3	5
总计	2803	2202	601	354	488	399	371	1612	57.5	1191

注：①材料来源根据各省自报与中央数据综合统计；②统计数字不含上海市，计划单列市情况在所属省份内；③加号㈩后数字为各省自筹经费加强数，减号㈠后数字为未完成中央指标数：④1990年起西藏、青海以两个县指标加强一个地级站；⑤内蒙古自治区1987年加强8个结防所，1990年加强11个地级站，未含合计及总计数中。

【卫生部表彰计划单列市卫生防疫先进单位】

获得综合工作先进奖的单位：沈阳市卫生防疫站；哈尔滨市卫生防疫站；大连市卫生防疫站；宁波市卫生防疫站；武汉市卫生防疫站；青岛市卫生防疫站。获得单项工作先进奖的有：广州市卫生防疫站的组织管理工作和人才培训工作；深圳市卫生防疫站的疾病控制工作；成都市卫生防疫站的卫生监督监测工作；南京市卫生防疫站的科研工作。（李淑芬）

【继续表彰从事卫生防疫工作30年的职工】

根据卫生部关于从事卫生防疫工作30年者每隔3年表彰一次并作为一项制度坚持下去的文件精神，1990年卫生部表彰了9000余名从事卫生防疫工作30年的职工，向他们颁发了荣誉证章、证书，并给予奖励。

（李淑芬）

【加强卫生防疫防治机构有偿服务管理工作】

为了加强卫生防疫防治机构有偿服务的管理，卫生部以卫防发（90）第17号文下发《关于加强卫生防疫防治机构有偿服务管理工作的通知》，作出如下10条规定：

1．各级卫生防疫防治机构必须把提高社会效益作为各项工作的最高原则，坚持无偿服务和有偿服务相结合，为社会提供优质服务。开展有偿服务要有领导、有组织地进行，正确处理国家、集体和个人利益之间、各部门之间以及各层次卫生防疫防治机构间的关系。

2．严格执行国务院有关部门和省、自治区、直辖市有关文件规定的卫生防疫防治机构有偿服务范围和收费标准。

3．上级卫生防疫防治机构要对下级机构在业务上进行全面质量监督和技术指导，帮助下级卫生防疫防治机构开展卫生监督监测工作；各级卫生防疫防治机构应严格执行各级卫生行政部门按照职能原则规定的工作范围和任务，不得重复监测，不损害服务对象利益。未经法律法规授权的机构或组织不得进行卫生监督监测工作。

4．卫生防疫防治机构要严格按照各项有关法规、规章及工作规范向社会提供服务并不断提高服务质量。

5．各级卫生防疫防治机构要完善自我约束机制，加强职业道德教育，增加服务的透明度，主动接受有关部门和群众的监督。

6．卫生防疫防治机构有偿服务的收支必须由单位财会部门统一管理、核算。

7．各级卫生防疫防治机构有偿服务的收入应按照卫生部、国家物价局和财政部卫计字（1988）20号文要求，全部留给卫生防疫防治机构，用于补偿开展卫生防疫防治工作的消耗和发展卫生防疫防治事业以及改善职工工作条件和生活待遇，具体分配比例由各地自行规定。

8．各级卫生防疫防治机构有偿服务分配给个人部分，应按个人完成国家任务的情况结合有偿服务的贡献进行分配。承担无偿服务工作人员的收入不低于本单位的平均收入水平。

9．按照“以副补主”原则，有条件的卫生防疫防治机构在不违反国家现行的法律、法规和完成正常工作任务的前提下，可结合本单位的实际情况，量力组织编外人员兴办第三产业或小型工副业，但不得影响正常工作秩序。人员编制明确分工，独立核算，自主经营，自负盈亏，并从赢利中提取一定比例补偿发展卫生防疫事业和改善职工生活待遇。

10．对积极开展有偿服务工作、遵纪守法、社会效益和经济效益突出的单位和个人，卫生行政部门要给予表彰、鼓励。对在开展有偿服务工作中损害国家、集体和服务对象利益，违反财务、物价部门有关规定、服务质量差，造成不良影响或经济损失的单位、单位负责人及个人由卫生行政部门施行经济处罚和行政处分。

（邵瑞太　王贺祥）

【卫生监督人员培训】

1990年卫生部卫生监督司委托中国预防医学科学院、全国卫生防疫培训基地、北京医科大学、哈尔滨医科大学、华西医科大学等单位举办全国在职卫生监督检测人员培训班36期，培训各类在职人员1537人。

为了做好《行政诉讼法》实施前的准备工作，卫生监督司重点安排卫生监督执法专业人员学习《行政诉讼法》，共举办全国性培训班9期，省、市级卫生监督骨干人员参加学习的有569人。

卫生部委托北京医科大学、天津医学院举办了“预防医学”、“营养与食品卫生”“卫生检验”专业证书班。各地亦举办了卫生监督方面的培训学习班。

（王淑云）

【加强地方病专业人员培训】

卫生部地方病防治司于1990年10月14～15日在河北省石家庄市召开了地方病专业人员培训工作座谈会。会议交流了办学经验、研讨了办学中存在的问题、对今后如何搞好地方病专业人员培训提出了办法。会议就反应比较强烈的学费问题进行了讨论。与会代表认为，为了给学员创造一个宽松的学习环境，解除他们的后顾之忧，学员的学费由各级组织协商按比例分担为好，各地可根据本地的情况，采取切实可行的办法解决这一问题。为了扩大生源，加速专业人员培养，会议希望能够放宽招生年龄和工作年限。会议认为，今后不但地方病防治司要继续办好全国范围较高层次的培训，还提倡省、地、市要多层次、多渠道办学。为了使培训工作能够尽快规范化，适应防治工作需要，提高培训质量，提高培训投资效益，会议决定由白求恩医科大学和上海医科大学牵头，在各地现用教材基础上，统编地方病防治专业人员培训教材。

（于长海）

【卫生部成立卫生监督咨询委员会】

卫生部于1990年3月16日成立了卫生监督咨询委员会。第一届委员会由71人组成，主任委员由中国预防医科院副院长汤双振担任。委员会设食品卫生、公共营养、劳动卫生与职业病防治、环境卫生、化妆品卫生、放射防护、学校卫生共7个卫生监督分委员会。

咨询委员会将作为卫生部卫生监督工作决策与科学化管理的咨询机构，负责对我国卫生监督工作方针、政策提出建议；对卫生部所拟卫生监督事业发展规划、重要卫生监督法规草案以及我国卫生监督执法中的重大问题提出咨询意见；对全国卫生监督工作做出本年度工作评价和次年度工作建议。

（王淑云）

【中国卫生监督统计报表施行】

卫生部卫生监督司组织制订了中国卫生监督统计报表，并经国家统计局批准施行。这次批准施行的报表有：1．卫生监督情况年报表（卫统 33）；2. 卫生监督监测人员年报表：①人员组成情况（卫统34-1）、②人员变动情况(卫统 34—2)；3. 食品卫生监督、监测季、年报表：①食品卫生监测（卫统30—1）、②食品从业人员体格检查（卫统30—3）；4. 食物中毒季报表：①中毒食品种类（卫统 6—1）、②中毒原因分析（卫统6—2）；5. 进口食品卫生检验季报表（卫统 35）；6. 职业病季、年报表：①尘肺病（卫统 9—1）、②尘肺病（卫统 9—2）、③急性中毒（卫统 9—3）、④慢性中毒及其它职业病（卫统 9—4）；7. 生产环境有害物质浓度测定年报表（卫统 29—1）；8. 有害作业工人健康检查年报表（卫统 29—2）；9. 农村农药中毒季报表（卫统 42）；10. 公共场所卫生监督、监测年报表（卫统 37）；11. 生活饮用水卫生监督、监测及水性疾病情况年报表（卫统 40）；12. 化妆品卫生监督、监测年报表：①生产企业卫生监督情况（卫统 38—1）、②化妆品产品卫生监测情况（卫统 38—2）；13. 事故性环境污染情况年报表（卫统 39）；14. 学校卫生情况年报表：①学校卫生监督（卫统 36—1）、②学生预防保健（卫统 36—2）、③学生因病缺课（卫统 36—3）；15. 放射卫生监督监测年报表：①放射性同位素及射线装置的监督监测（卫统 41—1）、②放射工作人员外照射个人剂量监测（卫统 41—2）。

（肖时清）

【全国疫情微机通讯网全部建成】

全国疫情微机通讯网于 1985 年 5 月首先在上海、天津建点，1990 年 9 月 29 日，最后一个网点——西藏网点建成，至此，全国疫情微机通讯网全部联通。该通讯网采取适合国情的容错技术，改进了性能，特点是可靠、迅速、保密；信息通过传递后可以再处理，有断点再续技术和高度的自动调节能力。该网络首先运用于法定传染病报告工作。每月从 30 个省、自治区、直辖市卫生防疫站收集以县为单位的疫情报告，经汇总后将全国以省为单位的疫情反馈给每个省级站，20 天内全部完成，比以前快 1 倍，加快了疫情报告的速度和提高了工作质量。这个网络正由初期的星型主从处理工作方式，改进并扩展为星型主从批处理、网络节点间全主动和远程智能终端网三种工作方式。

（王公昊）

【中国预防医学科学院与美国国立医学图书馆联机检索系统开通】

中国预防医学科学院完成了与美国国立医学图书馆的联机检索系统，于 1990 年 7 月 8 日正式投入运行。该联机系统开通后，美国国立医学图书馆的计算机数据库系统（简称 MEDLARS）所包含的 30 多个联机数据库如 MEDLINE（生物医学库）、AIDSLINE（艾滋病数据库）、SDILINE（定题检索数据库）、TOXLINE（毒理学数据库）、HE-HEALTH（卫生计划和管理数据库）、CANCERLIT（肿瘤数据库）、POPLINE（人口学数据库）等都可以通过该系统直接检索。由于上述数据库信息随时更新，因而能以最快速度获得最新情报。

此联系系统与其它联机系统相比较，尚有两个显著特点：一是资金投入少，几乎未增加设备；二是检索费用低，只相当于通常通过商用通讯网联机检索费用的⅓，可为广大科研人员所承受。该系统自开展服务以来，已有近百名科研人员检索了 200 多个课题，提供了 2000 多篇文献。该系统仍在不断完善。它将与全国疫情微机通讯网连接，为各省、自治区、直辖市卫生防疫工作人员提供检索服务。

中国预防医学科学院及其所属的病毒学研究所、劳动卫生与职业病研究所、环境卫生监测所等在其对口专业领域还引进了光盘检索系统，两个系统相互补充，更能确保检索的水平和质量。

（何　武　苏雪梅）

计划免疫

【全国消灭脊髓灰质炎工作】

据统计，截至1990年底，全国有28个省、自治区、直辖市制订并下发了本省消灭脊髓灰质炎规划；27个省份制订或转发了消灭脊髓灰质炎实施方案，建立了省级监测组；29个省份采用统一的标准病例定义诊断疑似病例；各省均开展了脊髓灰质炎病例个案调查，其中调查率达到80%以上的省份有23个；各地举办培训班共965期，培训县级机构以上人员965人，县级机构以下人员达105 909人；全国⅓的省份成立了由专家组成的消灭脊髓灰质炎技术咨询组，加强了技术指导和信息交流。

全国脊髓灰质炎疫情继1989年出现大幅度回升后，1990年仍未得到有效控制，老的疫区继续出现病人，并向毗邻地区蔓延扩大。据全国疫情统计，1990年，全国发病5065例，较1989年上升9.56%，疫情波及28个省、自治区、直辖市的673个县（区）。1990年疫情具有来势较猛、发病以小年龄组和未全程服疫苗的儿童为主等特点。根据病毒分离结果分析，Ⅰ型病毒占70%、Ⅱ型病毒占13%、Ⅲ型病毒占10%，说明仍以Ⅰ型病毒感染为主，但其他型别病毒感染也占一定比例。

情况表明，目前仍存在着免疫空白地区，以及监测系统不灵敏、疫情报告不及时、疫情控制不够得力等问题，而基层防治工作不落实则是产生这些问题的一个重要原因。

卫生部要求应在加强、巩固常规免疫接种工作的基础上，根据当地疫情和疫苗供应情况，采取消灭脊髓灰质炎强化措施。要求一旦发现疑似病例，立即以县为单位，对所有0～4岁儿童进行两次应急接种，每次接种间隔1个月；对近年内有病例发生、计划免疫工作不落实、监测系统不健全的高危地区，应创造条件开展以县或以省为单位的局部或全省突击普服活动，使所有0～4岁的儿童都能获得两次脊髓灰质炎疫苗免疫；加强监测工作，主动搜索病人，认真执行疫情快速报告和零病例报告制度。

（杨保平）

【卫生部颁发《全国消灭脊髓灰质炎实施方案》】

为了确保按期实现我国《1988～1995年消灭脊髓灰质炎规划》确定的目标，卫生部于1990年4月颁发了《全国消灭脊髓灰质炎实施方案》。方案提出，1992年全国至少半数以上的省份达到无野毒株引起的脊髓灰质炎病例，全国发病率控制在0.01/10万以下；1995年全国达到无野毒株引起的麻痹型脊髓灰质炎病例。

方案规定了分阶段的特定目标，即1990～1992年达到：①制订或修订省级消灭脊髓灰质炎规划及具体实施方案；②以县为单位0～4岁儿童脊髓灰质炎疫苗接种率达到85%以上，全国脊髓灰质炎发病率控制在0.01/10万以下；③建立国家和省级脊髓灰质炎监测中心（组）和诊断实验室并开展工作；④建立全国脊髓灰质炎疫情快速报告系统，以县为单位按旬进行疑似、确诊和零病例报告；⑤脊髓灰质炎疫苗质量达到世界卫生组织的规程要求；⑥建立野毒株和疫苗株的有效鉴别诊断方法。

1993～1995年达到：①全国以县为单位0～4岁儿童脊髓灰质炎疫苗接种率达到并保持在90%以上；②全国达到无野毒株引起的麻痹型脊髓灰质炎病例并证明无野毒株循环。

方案明确了村卫生室、乡卫生院、各级卫生防疫站和国家级监测中心及诊断中心实验室的各项职责。对各级卫生机构开展免疫接种，进行疫情报告和病例调查，实施疫情暴发控制措施，开展信息交流和培训等工作分别做出具体规定。为了及时发现和报告病例，方案规定了统一的疑似病例和确诊病例的诊断标准。方案要求各级各类医疗卫生机构除应按《传染病防治法》的规定，逐旬通过常规疫情报告系统报告脊髓灰质炎疫情，包括零病例报告外，应采用快速疫情报告，即在12～24小时内通过电话或电报逐级上报疫情。要求在传染病医院，医院中的儿科、神经科，康复医院等最易发现脊髓灰质炎病例的医疗单位建立监测点，开展主动监测工作。

方案对疫情暴发的控制提出了要求。

（杨保平）

【卫生部与联合国儿童基金会1990～1994年卫生防疫合作项目要点】

1．加强边远贫困地区300个贫困县的冷链建设，联合国儿童基金会（UNICEF）提供运输工具方面的支持，冷藏包、消毒设备、注射器等从地方配套经费中解决。

2．加强30个省、自治区、直辖市冷链设备维修服务中心建设，加强维修技术人员的培训工作，配备维修工具及零配件。在27个省、自治区的较大地区建立30个维修分中心。UNICEF提供的维修工具和零配件已到货。

3．加强疫苗质量控制，继续对国家药品生物制品检定所计划免疫疫苗实验室予以支持。

4．加强消灭脊髓灰质炎工作，加强疫情监测，早期发现病例，迅速采取预防措施，及时切断传播。

5．配合妇幼保健项目，在全国300个边远贫困县，开展孕妇和育龄期妇女破伤风类毒素接种，UNICEF提供疫苗支持。

6．引入新的疾病监测系统并加强现有系统，建立基本的实验室系统以早期诊断病例，测定疫苗滴度。地、县级重点加强流行病学监测工作。

在27个省级卫生防疫站建立监测中心（福建、广西、湖北在第二周期已经建立），开展以下工作：①对地区、县级卫生防疫机构的监测、监督工作进行技术指导。②监测当地儿童接种率。③进行项目监督以发现问题并寻找适当的解决办法。④研究改进快速发现计划免疫控制疾病的技术方法。⑤对疫苗质量和冷链运转进行监测，严格监督各级防疫机构执行管理程序。⑥通过流行病学监测，评价疫苗效果和特定地区人群免疫状况。⑦有选择性地开展计划免疫针对疾病的病原学诊断。

地、县级主要开展现场接种率监测和相应疾病的流行病学监测，定期收集、分析流行病学资料，进一步改进工作。

7．进一步扩大防疫培训网，已建成的5个培训中心将继续举办管理和高级技术人员培训班，并在新疆、西藏、内蒙古、甘肃、宁夏、青海、云南、贵州、广西、四川等省级防疫站设立10个培训中心，主要为“老少边穷”地区培训师资；在上述10个边远省份及陕西、江西、河南、海南省建立20个地区级培训中心，开展计划免疫、流行病学方法、实验室检验、现场监测等方面的培训。

8．通过各种渠道，继续开展宣传活动。

9．通过学术报告、研讨会等形式开展经验交流活动。

UNICEF在五年期间将在以下方面提供不超过600万美元的支持：县级防疫站疫苗运输车辆；27个省级监测中心的设备；冷链设备维修所需的零配件；培训中心的设备；疫苗质量控制中心的实验室仪器设备。

中国为本项目提供配套经费支持。

（于竞进）

传染病防治

【1990年全国传染病疫情】

据30个省、自治区、直辖市卫生防疫

部门报告的疫情资料统计，传染病防治法规定管理的全国24种甲、乙类传染病在1990年度均有发生。其中甲类传染病2种，共报告发病714例，死亡9人；乙类传染病22种，共报告发病3 302 734例，死亡13030人，甲、乙类传染病合计报告发病数3 303 448例，死亡13 039人，总报告发病率为297.240/10万，总报告死亡率为1.173/10万。其中，在计划免疫控制的3种呼吸道传染病中，麻疹的发病数略高于1989年，存在免疫空白人群和大年龄组病例构成高是1990年麻疹发病率增高的原因。百日咳发病率较1989年下降了27.23%，保持自1979年以来连年下降的趋势。自1979年以后的11年，我国百日咳发病率平均每年递降28.89%。流行性脑脊髓膜炎的发病率自1985年以来连年下降，1990年又比1989年下降了33.01%，在全国30个省、自治区、直辖市中有27个省发病率比1989年下降，说明我国目前的流脑预防措施卓有成效。霍乱、病毒性肝炎、痢疾、伤寒副伤寒和脊髓灰质炎等5种肠道传染病的合计报告发病数占24种甲、乙类传染病总报告发病数的78.70%。1990年我国报告了639例霍乱，为1976年以来报告发病率最低的一年，病例主要发生于沿海地区。1990年我国在全国范围内首次开展病毒性肝炎分型报告，分型率为63.99%。甲型、乙型和非甲非乙型肝炎分别占已分型数的69.88%、29.15%和0.97%，为我国病毒性肝炎的防治决策提供了重要的科学依据。1990年我国甲型肝炎疫情特点为局部地区暴发流行。非甲非乙型肝炎除宁夏外，29个省、自治区、直辖市都有报告，但没有较大的暴发流行。痢疾的报告发病率比1989年略有下降，但死亡率上升了22.63%，伤寒副伤寒的报告发病率在1989年开始下降的基础上，1990年又稍有下降，但这两年下降的幅度都不大，发病率还维持在70年代后期的水平。1990年我国伤寒高发区贵州、云南、江苏、浙江、湖南、湖北等6个省的报告发病数占全国发病数的一半。全国有28个省、自治区、直辖市的673个县、区有脊髓灰质炎病例报告。据报告，发病者中绝大部分为未接种或未全程接种的儿童，病例报告较多的地区为人口密度高同时存在计划免疫接种遗漏的农村。1990年全国报告了2例国内艾滋病病例，均已死亡。1990年我国首次在全国范围内按传染病防治法规定报告淋病和梅毒，分别报告了77 289和1 047例。目前疫情报告主要来自城市。鼠疫、出血热、狂犬病、钩端螺旋体病、布鲁氏菌病、炭疽、斑疹伤寒、乙型脑炎、黑热病、疟疾、登革热等11种自然疫源性及虫媒传染病占24种甲、乙类传染病总报告发病数的7.14%，云南省局部地区发生了腺鼠疫暴发流行，共报告73例，此外，内蒙古、青海各报告1例，全国合计报告75例，死亡2例，是1955年以来报告发病数最多的一年。另外，由于河南、湖北、湖南等省乙型脑炎疫情显著上升，1990年成为1982年以来我国乙型脑炎发病率最高的一年。黑热病的报告发病数虽不多，但较1989年明显增加。与此相比，狂犬病、疟疾、出血热、布鲁氏菌病、炭疽、斑疹伤寒等6种传染病的发病率均较1989年下降，其中狂犬病发病率下降了32.70%，比1989年减少死亡1672人，疫情有所缓解。1990年仅广东、江苏两省报告登革热疫情。

另据全国127个监测点（监测人口为10 048 734人）报告统计，按照传染病防治法规定监测管理的丙类传染病11种，共报告发病99 898例，死亡157例，发病率为994.13/10万，死亡率1.56/10万。其中，肺结核报告发病5 084例，死亡86人；血吸虫病44例，无死亡报告，发病率为0.44/10万；丝虫病6例，无死亡报告；麻风17例，无死亡报告；急性出血性结膜炎14466

例，无死亡报告。

（齐小秋　王文杰）

【艾滋病疫情及控制工作】

1．成立预防和控制艾滋病领导小组。1990年2月，卫生部成立了预防和控制艾滋病领导小组（对外称国家艾滋病委员会），卫生部副部长何界生任组长。领导小组主要责任是协调有关部门共同开展预防和控制艾滋病活动；监督检查各地的工作及预防与控制艾滋病规划执行情况；制订并修改有关预防和控制艾滋病的方针、政策。

2．成立国家预防和控制艾滋病专家委员会。卫生部于1990年9月成立了专家委员会。专家委员会由中央、地方和部队的科研、教学和医疗预防机构的病毒学、流行病学、中医、临床、卫生管理、免疫学、药理学、性病防治、儿少卫生、社会医学等方面的36名专家组成，并设4个分委员会，即监测和实验室技术分委员会、生物医学研究分委员会、临床医护管理分委员会及健康教育和社会行为研究分委员会。

3．全国艾滋病病毒（HIV）感染和艾滋病发病情况。1990年，在云南和北京各发现1例艾滋病病人。前者为一静脉吸毒者；后者为一回国人员。病人均已死亡。

1990年，全国共对约30万重点人群进行了检测，共查出299例HIV感染者（包括2例病人），其中249例为吸毒者，5例为回国人员，3例为HIV阳性者或吸毒者的配偶，华侨2例，外国人40例。

4．“世界艾滋病日”活动。1990年“世界艾滋病日”的主题是“妇女与艾滋病”。卫生部与全国妇女联合会、北京市卫生局等单位共同举办了“妇女与艾滋病”的专题讲座会、专家座谈会，并设立咨询点开展咨询活动。国家预防和控制艾滋病专家委员会在“世界艾滋病日”致医务人员一封公开信，希望全国各级、各类医务人员，认真学习艾滋病的科学知识，关心、同情和帮助艾滋病病人和HIV感染者，迎接艾滋病的挑战。

（孙新华）

【1990年鼠疫疫情及防治】

1990年在云南、青海省和内蒙古自治区的5个县（旗）发生人间鼠疫29起，发病75例，死亡2例，均为腺鼠疫，这是继1955年以来，我国鼠疫发病最多的一年。其中青海、内蒙古各发生1例，均为跳蚤叮咬引起，后治愈，其余都发生在云南省。云南省人间鼠疫疫区，一是在滇西中缅边境已知鼠疫疫区的盈江、陇川县，共发生9起发病10人，由于及时发现病人，严格疫区处理，病人均治愈，疫情未扩大蔓延。二是在滇南原未判定鼠疫疫源的临沧地区耿马傣族佤族自治县，于1990年12月上旬进行鼠疫流动监测中发现该县疫情。经流行病学调查，了解到当地3、4月份即出现死鼠，8、9月死鼠达到高峰。鼠疫病人从5月份即开始出现，10月份达到高峰。由于地处山区居民居住分散，鼠疫病人不集中，患者经服磺胺、抗生素等药物治疗，绝大部分治愈，当时未确诊为鼠疫。12月中旬判定为腺鼠疫流行后，截至12月底发现现症病人7人，通过临床症状、流行病学接触史和鼠疫被动血凝试验阳性滴度变化追溯确诊病人54例。这是我国继1954年后发生病例最多的一次局部鼠疫爆发流行。上述疫情判定后，当地政府均组织疫区处理指挥部，在疫区全面开展检诊、隔离、抢治病人和全民性的灭蚤灭鼠等措施，并对严重村屯实行封锁。疫情自判定后，及时得到控制，并从中总结了经验和教训。

1990年在7个类型疫源地的7个省区33个县（旗、市）发现鼠间鼠疫流行，从动物中共检出鼠疫菌709株，超过1988、1989年两年检菌数的总和。云南省西部南部鼠间鼠疫流行最为猛烈，并新判定耿马县为鼠疫疫源县。我国西部旱獭疫源地区保持正常动物鼠疫流行状态。内蒙古沙土鼠、黄鼠鼠疫流行对我国华北人口密集的内地构成一定的威胁。浙江省等东南沿海家鼠疫区仍可在鼠间检出鼠疫放射免疫阳性材料，已开始对其流行病学意义进行研究和评价。东北三省、呼盟蒙古旱獭疫源地、锡盟布氏田鼠疫源地、甘宁阿拉善黄鼠疫源地和两广家鼠疫源地区均未发现鼠间疫情。

1990年6月，李鹏总理在反映内蒙古发生我国本年度第一起人间鼠疫的《卫生部信息》上作了“要认真抓一下，采取坚决措施，防止蔓延”；李铁映作了“此事应有个通盘的、长期的治理方案，依靠科学，发动群众，每年打一仗，是利国利民的好事”的批示。批示传达后，内蒙古、云南、青海、河北、新疆、广西、浙江等省、自治区党政领导深入疫区检查指导，召开现场会、电话会和防治工作会议，结合本地情况作了布置。卫生部组织6个组赴10省、自治区、直辖市调查研究，协助疫区处理；在亚运会期间组织北京等5省、自治区、直辖市和有关部门开展防病联防。为及时掌握疫情，迅速处理疫区，1990年在20个省、自治区、直辖市设立鼠疫固定监测点182个，开展流动监测达947个点。在全面监测的基础上，落实了20个全国重点监测点。

（沈尔礼　侯培森）

【乙型肝炎流行因素及疫苗预防策略的研究】

本课题经过对黑龙江、河北、河南、湖南、广东、四川等省的试点工作，证实我国是乙型肝炎的高发地区，全国人群总感染率约60%，乙型肝炎表面抗原（HBsAg）阳性携带率全国平均约10%。选自黑、冀、豫、湘4个地区的定点人群抽样10484人，用放射免疫检测HBsAg、抗—乙型肝炎表面抗体（抗—HBs）和抗—乙型肝炎核心抗体（抗—HBc）3项血清学指标，阳性率分别为10.09%、32.2%和45.5%，病毒性乙型肝炎（HBV）总流行率为58.16%。HBsAg阳性率在3岁时已达高峰（12.5%）。在易感人群中，HBV年感染率为7%，HBsAg年阳转率为0.68%，HBsAg阳转者50%以上在0～3岁组。HBsAg病毒携带者年阴转率为2.01%。经统计处理人群中HBsAg携带者年阳转和阴转基本处于平衡状态。

乙型肝炎的主要传播因素有：①医源性传播（主要是注射器、穿刺针消毒不严格等医源性损伤所致）；②家庭内传播（主要是母婴、家庭成员间及新夫妻间的传播）。

乙型肝炎疫苗免疫策略效果观察：①HBsAg阴性母亲的新生儿采用10、10、10微克3针法，保护率为85.6%；用30、10、10微克3针法，保护率为88.68%。免疫3～4年后仍有良好的保护效果。②HBsAg阳性母亲的新生儿用30微克3针法或用30、10、10微克3针法或30、30、10微克3针法，保护率均在80%左右。

根据对不同免疫剂量的评价，为我国乙型肝炎疫苗免疫策略，提供了7种不同免疫方案。研究认为，根据目前我国城乡群众的经济承受能力，在全国实行新生儿10微克3针普种法比较可行。在经济条件较好的城市和农村地区，能做HBsAg项目筛选的，阴性母亲的新生儿可用10、10、10微克3针法免疫；阳性母亲的新生儿可用30微克3针法或30、30、10微克3针法免疫，也可用10微克3针加1针高价免疫球蛋白的免疫方法。这几种免疫方案均有较好的保护效果。如不做HBsAg项目筛选，用30、10、10微克3针法保护效果较好，但成本效益较10微克3针法差。研究认为，我国乙型肝炎的预防策略，应立足于人群总体效果，注重社会效益及经济效益，根据城市和农村经济承受能力的不同，尽可能采用低剂量，使全体新生儿都能够得到免疫，并逐步纳入计划免疫管理。

（刘崇柏　吴文化）

【制定国家腹泻病控制规划】

1990年卫生部制定了第2个国家腹泻病控制规划（1990～1994年）。我国第1个腹泻病控制规划是从1985年开始实施的。规划实施以来，全国腹泻病死亡率降低，但发病率仍很高，根据1988年21省的调查估计，全国每年有8.36亿人次患腹泻病，而5岁以下儿童有2.09亿人次。新的五年规划的总目标是全国规划期间腹泻病发病率降低20%。围绕这一总目标，制定了14项分目标，具体如下：

序号	项　　目	现状	目标
1.	有腹泻病控制规划的省	0	50%
2.	开展省级腹泻病家庭预防和治疗情况入户调查	2省	13省
3.	开展省级腹泻病控制规划综合审评	2省	16省
4.	开展卫生机构调查	0省	4省
5.	饮水条件得到改善的农村人口	70%	85%
6.	具有家庭预防腹泻病知识的6岁以上人群	—	40%
7.	具有正确的腹泻病就诊知识的5岁以下儿童看护人	13%	40%
8.	口服补液盐可获得率	—	50%
9.	备有口服补液盐的医疗机构腹泻病例的正确补液率	—	80%
10.	口服补液疗法使用率	23%	80%
11.	医疗机构抗生素使用率	84%	25%
12.	管理人员接受国家组织的培训	2%	30%
13.	监督人员接受国家推荐的培训	3%	50%
14.	有接受国家推荐的腹泻病病例管理培训的医生或/和护士的县	3%	20%

为实现上述目标，规划中制定了相应的国家政策和今后5年的具体活动，它包括腹泻病控制规划的计划和管理、腹泻病预防、腹泻病病例处理、卫生宣传教育、科学研究、人员培训以及对外合作等7个方面，目前，国家优先考虑的活动是人员培训和规划实施。规划预算总金额为1500多万美元，国家将加强腹泻病控制的投资，同时争取国外的援助。

（宋应同　南俊华）

【《传染病防治法规定管理的传染病诊断标准（试行）》下发】

为配合《传染病防治法》的贯彻实施，加强对传染病诊断标准的统一管理，使其趋于标准化，卫生部于1990年8月4日下发了《传染病防治法》规定管理的传染病诊断标准（试行）。诊断标准主要依据《传染病防治法》管理的病种，对35种传染病的临床诊断和实验室诊断标准做了统一规定。

（南俊华　王文杰）

【成立传染病防治监督管理办公室】

为贯彻执行《传染病防治法》，加强对监督执法工作的宏观管理，提高办事效率，保障各项执法工作的落实，卫生部于1990年3月19日设立卫生部传染病防治监督管理办公室。该办公室行政挂靠中国预防医学科学院，业务归口卫生部卫生防疫司。其主要职责：办理省级以上传染病管理监督员的设置、聘任的审查、发证、换证等具体事宜；组织编写全国培训教材；组织省级监督员的培训；负责全国传染病疫情统计报告和日常督促检查工作；受理有关《传染病防治法》监督执法中初审后向卫生部申请复议的案件；组织推广新的科学监督手段和方法；协助组织起草与传染病防治法监督管理有关的文件及处理其它具体事宜。

（南俊华　王文杰）

【卫生部消毒专家委员会成立】

1990年6月26日在京成立了卫生部消毒专家委员会，委员会主要由从事流行病、消毒、食品、放射、毒理、核放射等专业方面的24位专家组成，上海医科大学公共卫生学院院长胡善联教授任主任委员。委员会的主要任务是协助卫生部制定有关消毒规划、规范、标准等，并参与评价、推荐全国消毒药械和全国消毒工作的调查研究及进行技术指导、专业人员技术培训，组织编辑出版消毒工作通迅，开展全国消毒技术经验交流，指导全国消毒工作的开展。

（吴文化）

【全国麻风病防治工作达到“七五”规划总目标】

至1990年底全国麻风患者尚有近3万人，比1989年减少了25%；全国麻风联合化疗覆盖面已达到95%，比1989年提高了5%；规则治疗率已达到90%，比1989年提高了10%。黑龙江、吉林、辽宁、河北、河南、山西、甘肃、浙江、山东、宁夏、内蒙古、广西、上海、北京、天津15个省、自治区、直辖市达到或接近达到基本消灭麻风病的指标；全国2400多个县、市中有1400个达到基本消灭的指标（占58%）；25%达到控制指标，7%达到基本控制指标，10%仍属中流行区。至此，全国已完成“七五”规划的总目标。

卫生部于1990年10月21～23日在江西省南昌市召开了全国第4次麻风防治工作会议。会议总结交流执行全国麻风防治“七五”规划的经验，审评麻风防治工作；讨论修改全国麻风防治“八五”规划；研讨麻风防治工作中亟待解决的问题，部署今后的工作任务。

（申鹏章）

【上海市基本消灭麻风病】

上海市全市11个县和市区均有麻风患者，属麻风病中流行区。1950～1988年全市累计登记的麻风病人5140名，除死亡、外迁等因素外，实有病人3340名。累计治愈3286人，占病人总数的98.38%。截至1988年底尚有现症病人54名，从而使上海市以县（区）为单位麻风患病率下降到0.0043‰；近5年麻风病平均发病率下降到0.2/10万；达到了卫生部颁布的基本消灭麻风病的标准。经卫生部核查，确认上海市已成为我国第1个以省（区、市）为单位基本消灭麻风病的地区。

（申鹏章）

【卫生部决定设立全国麻风疫情监测总站】

1990年，卫生部决定建立全国麻风疫情监测系统，在中国医学科学院皮肤病研究所设立全国麻风疫情监测总站。以县（市）为基本单位，对麻风病人进行登记报告，并建立全国麻风疫情监测资料数据库，以及时掌握全国麻风病的流行及防治情况，制订并改进麻风防治对策和措施，为我国在本世纪末实现基本消灭麻风病的目标提供科学依据。该数据库将包含解放以来全国50万登记病例的发病及防治资料，预计在1994年建成。

（江　澄）

地方病防治

【地方病防治宣传工作】

1990年2月14日，卫生部地方病防治司在北京召开了地方病防治宣传工作座谈会，会议总结了宣传工作经验，提出了如何从实际出发加强宣传工作的意见。

1．提高认识，坚持正确的宣传工作方向，把宣传工作摆在应有的位置上。

2．加强宣传队伍建设。①地方病行政管理系统：地方病防治司宣传工作归口在综合处，设专人负责。各省级地方病（血吸虫病）防治办公室（以下简称“地（血）办”）要根据编制情况，安排1名专职或以宣传工作为主的兼职人员。地、市、县级地（血）办也要有1名兼职人员负责宣传工作。②省级独立的地（血）防专业机构要设宣传科或组，人员以2～4人为宜；地、市、县级专业机构或设在防疫站的地方病防治科，要有专人负责宣传工作。③加强与省一级的健康教育所、省防疫站宣传科及有关新闻单位的联系，搞好部门协调，争取协作和支持。④有计划地举办通讯员学习班，不断提高地方病各杂志和宣传工作质量。

3．对不同的宣传对象，宣传的重点和方法要有所区别。①对领导层的宣传可采取请领导同志深入疫区现场、看录像片，以及经常向他们送简报、请示汇报、提出建议等方式，以争取领导支持。②对地方病系统的管理和专业人员，要通过多种形式和渠道加强培训，使其全面掌握专业知识。③加强医疗预防单位和医疗技术人员的地方病防治知识的宣传，特别要加强乡村医生、卫生员地方病防治知识的培训，并力争在中、小学和医学院校的教材中加入防治地方病的内容。④对群众以提高自我保健能力为目的，以普及知识为主，有针对性、有的放矢地进行防治知识的宣传。可采用广播、电视讲座、宣传画刊、专栏、科普一条街、科普入户等宣传形式，使群众受到潜移默化的教育。⑤加强法制教育，认真宣传《传染病防治法》和有关地方病防治的法规、条例，提高干部群众的执法观念，把地方病各项防治工作纳入法制管理的轨道。

（高淑芬　王立英）

【布氏杆菌病防治科研进展】

由卫生、农业部门联合召开的全国布氏杆菌病学术会议，于1990年9月9～12日在大连市召开。会议收到论文319篇。

在流行病学方面，发现我国有犬型布氏杆菌布病流行。在调查过的25个省、自治区、直辖市中有16个分离到犬型布氏杆菌。该菌种与羊、牛型布氏杆菌的感染分布相反，即我国北方地区羊、牛型布氏杆菌感染重、分布广，而犬型布氏杆菌则分布很少；南方羊、牛型布氏杆菌感染轻的地区、则犬型布氏杆菌分布广。另外，在新疆局部地区绵羊中发现有绵羊附睾型布氏杆菌感染存在。

在病原学研究方面，对非典型布氏杆菌的鉴定分类取得进展。通过分子生物学方法，利用布氏杆菌外膜蛋白热修饰后的电泳图谱，以及氧化代谢、6大群噬菌体和系列单克隆进行定种，用常规鉴定技术分型，此种程序和方法可以确定大部分非典型菌的种和型。布氏杆菌与耶尔森氏菌 0:9 型鉴别诊断，采用 NC-ELISA 鉴定方法取得突破性进展，已开始在全国28个省、自治区、直辖市卫生、畜牧部门推广。这些鉴定和鉴别方法达到国际先进水平。

布病防治科技人员通过对现场病人和实验感染动物进行多因素的综合研究，在了解了过敏和细胞免疫功能低下对布病的发病有影响的基础上，进一步明确了内分泌功能紊乱、免疫复合物的存在对慢性布病发病的作用，采取调整丘脑-垂体-肾上腺皮质系统低下治疗方案，使适应证慢性布病患者治愈率提高到90%。

在布病防治技术对策方面，80年代提出了因地制宜，以检疫、免疫、淘汰病畜为主的综合防治措施，卫生部门抓好“早发现、早治疗、早处理”，使人、畜布病发病率一直保持下降的总趋势，全国人畜疫情基本稳定，人间发病率由1963年的1.77/10万下降到1990年的0.10/10万左右，70%的疫区县达到控制区标准。

（尚德秋　沈尔礼）

【辽宁、上海布氏杆菌病防治达标】

辽宁、上海2省、市在六七十年代，重点人群布氏杆菌病（以下简称“布病”）感染率在1.69～10.0%以上，家畜感染率分别在2.2～28.9%以上，个别乡、场的感染率更高。经过多年的防治，1990年已在全省、市范围达到卫生部、农业部规定的布病控制标准。辽宁省畜间布病从1981年、人间布病从1982年以后再未发生流行，截至1989年止人间布病感染率下降到0.11%，病牛、羊检出率分别为0.06%、0.05%，1986年以来鹿、猪中未发现病情。近4年来没有布病新患病例发生，现症病人治疗率在59%以上。经卫生部、农业部组成的抽查复核组，抽检重点职业人员477人血清均为阴性，牛、羊、猪3589头，血清阳性率分别为0.08%、0.12%、0.31%，都在规定标准0.5%和0.2%以下。

上海市自1977年后无新患病例。1985

年以来，连年对郊区10个县开展人、畜全面普查和复查，人畜感染率都在控制标准以下。1990年卫生、农业部门统一对全市各县以往普查血清阳性率较高的3个乡进行考核验收，羊布病感染率为0.07%，牛、猪、鹿未检出布病；检查3313名职业人员，感染率为0.09%。

2省、市对历年普查、监测、考核中发现的血清检测阳性家畜一律予以淘汰处理，在人畜中均已14年以上未检出布氏杆菌。保证了防治成果的巩固。至此，加上吉林、甘肃、宁夏、陕西，全国共有7个省、自治区、直辖市达到控制标准。

（沈尔礼）

【碘缺乏病防治达标省、市互查】

为检查碘缺乏病防治达标的质量、组织机构情况及防治现状，河南、广东、贵州、河北、山东和北京6省、市于1990年组织了互查。6省、市共抽查12个县19个乡（镇）。抽查7～14岁中、小学生4815人，查出现症患者16人，甲状腺肿大率为8.08%，碘缺乏病患病率为0.34%；抽查居民4034人，查出现症患者29人，甲状腺肿大率为5.65%，碘缺乏病患病率为0.72%。定量检测碘盐313份，测出无碘盐21份。收集并测定人尿碘601份，几何均数135.90微克/升。调查表明，大部分地区食盐加碘工作控制在国家规定的达标水平，未发现克汀病新发病人。

调查表明，6省、市各级政府重视对碘缺乏病防治工作的领导，防治达标后，各级机构仍保持健全，工作没有放松。广东、河北两省分别拨出50多万元专款支持食盐加碘工作。河北省制做了170台加碘机，将2000多个分散加碘点集中为127个，向病区统一供应1/2.5～3.5万的加碘洗粉盐。广东省加强食盐加碘生产能力和增加小包装生产线，全省25条集中加碘线，机械化程度不断提高，小包装碘盐供应达80%以上。各地注意对碘缺乏病病区重点人群采用以碘油丸补碘的办法，山东投服近17万人次；北京投服21万人次。为保证碘盐质量并动态观察碘缺乏病消长趋势，6省、市均建立了各级监测点。河南省建有监测点805个，在88个碘盐加工场中有44个建立了化验室，配备了专用设备和检验人员。洛宁、偃师两县基本上做到了批批定量分析，不合格碘盐不得出库。

互查组认为，健全、完善各级碘缺乏病和碘盐监督监测系统、逐步形成科学化、标准化、规范化管理，是需要解决的问题。建议盐业部门继续把碘盐的产、供、销做为本部门体制和机构改革的重要内容，统筹计划，合理安排碘盐生产场的布局，尽快解决个别盐场加碘量不足和加碘不均匀，盐库首站检测管理不完善，碘盐包装标志不明显，以及控制无碘食盐冲销市场等问题。

（许弘凯）

【三峡地区改灶降氟试点工作结束】

三峡地区改灶降氟防治煤烟型氟中毒3年试点工作结束。1990年7月在成都召开了三峡地区改灶降氟试点工作总结表彰会议，会议交流了经验，对试点工作中涌现出的先进集体、先进个人进行了表彰奖励。

试点工作取得如下成绩：①三年中在湖北省的秭归、巴东，四川省的巫山、黔江和武隆5个试点县共改炉灶157 895户，使病区63万群众解除了氟病的危害。② 5个试点县任务完成率和炉灶质量合格率都在95%以上，符合试点工作的要求。③经济效益明显。如武隆县改灶后，每年节约煤12684.4吨，折合人民币83万元，改灶投入70多万元，当年就收回了改灶投资。黔江县到1989年末，改灶降氟试点乡全部达到县规定的“人均占有粮食400公斤，人均收入200元，90%以上的贫困户达到温饱”的标准。④社会效益显著。试点工作期间，各地领导深入病区，密切了党群、干群关系。病区群众感谢党和政府为他们办了件实事、好事。

试点工作经验：①政府领导，统一部署；②教育群众，提高认识；③部门间密切配合；④建立和培养了一支改炉改灶技术队伍；⑤依靠科学，查明病因；⑥多渠道筹集经费，合理使用。

（杜　英）

【红斑性肢痛症】

红斑性肢痛症是一种以患者足趾和手指疼痛为主要症状，伴有肢端出现红斑、水肿、麻木感等体征的原因不明疾病。重者行走困难、夜不能寐。多发生在每月2月底3月初气温骤变时。我国自1954年对此病即有报导。据不完全统计，至1990年36年间，湖南、福建、广东、海南、广西、江苏、西藏、贵州、河南、江西、安徽、湖北等12个省、自治区累计共发生病人6400例，其中，1987～1990年4年间即出现6100例。病人大部分是中、小学生。

关于该病的病因，人们一直进行探讨，提出了营养、生物、气象物理、内分泌等因素多种假设，但都未能证实。1990年10月，卫生部委托中国预防医学科学院邀请福建、湖南、广东、海南等9个发病较重的省份的代表，以及中国预防医学科学院和清华大学的有关专家在北京召开了研讨会。会议主要研讨两方面的内容：一方面是在当前病因不明的情况下采取的综合防治措施，如在流行季节注意保暖，加强体育锻炼，改善营养，讲究卫生等；另一方面建议组成病因调研协作组，在高发省份就气象因素、运动因素、生物因素、微循环等进行探讨、寻找可能病因。

（杨京力）

寄生虫病防治

【全国血吸虫病防治工作会议】

由国务院召开的有中央16个部委、12个血吸虫病流行省、自治区、直辖市和解放军总后勤部卫生部负责同志参加的全国血吸虫病防治（以下简称“血防”）工作会议于1990年11月12～16日在武汉举行。会议的内容是总结交流各省和国务院有关部委一年来的工作情况，讨论全国和湖区5省综合治理血吸虫病的规划，研究血防经费和领导体制问题。农业部部长刘中一代表国务院作了题为“齐心协力打好再送瘟神歼灭战”的报告。报告对今后的防治工作提出如下要求：疫区各级政府要加强对血防工作的领导；认真制订和落实血吸虫病“八五”综合治理规划；抓紧完善人畜血防同步开展“查治管”工作，努力控制疫情；多方集资，切实解决防治经费；健全血防机构，加强专业队伍建设；加强科学研究，提高防治水平；加强法制建设，大力开展宣传教育，增强群众法制观念和防治血吸虫病自觉性。

国务委员李铁映在会上就加快消灭血吸虫病步伐和今后血防工作的任务做了重要讲话。他指出，控制和消灭血吸虫病要搞好规划。由国家计划委员会和卫生部起草的“八五”规划，指导思想明确，各项目标、任务和指标比较符合实际。规划具有严肃性，一旦批准执行，就要严格按照规划实实在在地干。各地要在政府领导下，由计划委员会出面，将血吸虫病的防治规划纳入国家和地方江河湖泊治理、农田水利建设、防病治病等计划和项目。关于经费问题，他指出，资金的投入是防治和消灭血吸虫病的物质基础。在现有财政体制下，血防经费依然由国家、集体和个人共同承担。中央每年要有投入，采取“奖补结合”的办法。地方财政的投入，要根据疫情和财力增长情况有所增加。关于领导体制问题，他指出，当前要继续采取在国务院领导下，地方和中央有关部门密切配合，共同负责的办法。卫生、农业、水利部都要指定专门办事机构负责血防工作。疫区各省要保留和加强血防领导小组。关于宣传教育和科学研究问题，他指出，要采取多种形式，加强对血防的宣传教育。普及血防知识要从娃娃抓起。疫区5省要逐步形成自己的科研力量，将行之有效的办法科学地总结出来，并迅速地普及到人民群众中去。要尽快将血防科研列入国家“八五”重点攻关项目和卫生、农业、水利等部门的科研项目中去。他指出，1991年血防工作的重点是抓好规划的落实，总结和推广科学防治的成果和经验。从1991年开始，国务院将每两年表彰一批在血防工作中做出成绩的先进县、先进集体和先进个人。

（王环增）

【湖区5省血吸虫病防治工作】

在1989年国务院召开湖区5省省长血吸虫病防治（以下简称“血防”）工作会议和1990年3月国务院下发关于加强血防工作的决定后，湖区5省传达了有关精神，并采取了防治措施。

湖南省召开了血防工作会议，成立了省政府血防领导小组。全省健全了血防组织，243个疫区乡、镇都有了血防组，在2482个村设了血防管理员。省财政在1989年拨款736万元基础上1990年又增加了250万元。全省开展了动员全社会关心扶助晚期病人的活动，如沅江市的162个市直属单位与162个血吸虫病晚期病人贫困户建立扶贫关系。对流行区家畜进行了治疗。

江西省政府领导率省计划委员会、农业厅等有关部门负责人到基层现场办公，解决了灭螺问题上的多年纠纷。抽调了110名医务人员组成20个血防医疗队到重疫区查病治病，组织800多名血防人员到疫区县普查，对晚期病人逐一登记建卡送医院治疗。发动广矿企业赞助，建立社会血防基金。省教育委员会下发通知，要求编印有关血防知识的教材，给疫区中、小学生上血防知识课。

湖北省召开全省血防对策论证会。增加了省血防办公室人员编制。建立了晚期病人抢救基金。武汉市召开了全市灭螺大会，动员社会各方力量分片包干灭螺244处，2.6万多亩，治理有螺江滩35万多平方米。省农牧厅成立了家畜血防领导小组。

江苏省委解决了全省的人畜同步防治、江滩灭螺、血防费用分级负担、专业机构和人员编制等实际问题。确定了分管血防工作的市、县长和有关部门的负责制。组织了22万多人、投入162万个工日查螺，安排了20多万民工挖灭螺土方220多万亩。全省开展多种形式的宣传教育活动。

安徽省政府组织省卫生厅，农业厅，水利厅等负责同志分赴各疫区县检查血防工作。1990年增拨血防专款200万元。由于采取多种防治措施，1990年1至9月全省血吸虫病急性感染率较1989年同期有较大幅度下降。

（王环增）

【全国开展血吸虫病流行病学抽样调查】

为准确掌握我国血吸虫病流行现状和流行特征，拟定有针对性的防治对策，卫生部地方病防治司于1989年下半年至1990年上半年在全国血吸虫病流行区进行了一次流行病学抽样调查。调查以流行区常住人口为抽查对象，以行政村为抽样单位，按1%人口比例抽样，受检率达到95%。调查共设立332个调查点，其中湖沼型145个，山丘型147个，水网型40个。调查了201 634人，其中控制地区（<15岁）34 554人，未控制地区167 080人。

抽样调查结果：居民粪检阳性率在控制地区为0.09%，未控制地区为10.16%。据此推算，全国血吸虫病人为150万左右，晚期病人5.5万人左右。从病人的地区分布看，湖南、江西省以洲滩（24.48%）、湖汉（11.54%）型流行区居民感染率为高，湖北省垸内（17.65%）居民感染率远高于湖洲型地区。大山区的山区居民感染率

（12.28%）较平坝地区。（7.92%）为高，但平坝地区人口密度高，病人绝对数多。病人的性别分布，湖区男性血吸虫病的感染率（14.20%）高于女性（8.29%）。四川省三种类型流行区血吸虫病的感染率与性别无差异，云南省则女性感染率高于男性。病人的年龄分布，湖区15至19岁达到感染高峰（13.59%），至60岁以上组仍维持较高水平。山区10至14岁年龄组达到感染高峰（8.76%）。病人的职业分布，各省情况有所不同，但普遍是农民、渔民、学生感染为多。全国实有钉螺面积为35.5亿平方米，其中湖沼型为34.2亿平方米，水网型为0.03亿平方米，山丘型为1.3亿平方米，分别占全国钉螺总面积的96%、0.08%、3.7%。据6省调查，黄牛血吸虫平均感染率为13.97%，水牛为12.41%，猪、犬、羊分别为3.09%，2.62%、28.57%，推算全国有病牛17万头。

根据全国流行病学的调查与分析，对今后防治工作提出以下建议：①当前要把控制病情作为首要任务，要加快查治病速度，尽可能普查病人，早发现、早治疗，以控制病情发展。②尽可能减少急性感染，把控制急性感染作为当前血防的重点工作来抓。除加强防护性灭螺措施外，要加强水情预报，大力开展宣传教育，宣传防病知识，发现类似症状，及早就诊，报告病情。在易感地带树立标志，设监督岗，劝阻非生产人员下水。对必须下水作业人员尽可能创造条件，予以个人防护。③动员力量查清螺情，灭螺工作应以消灭易感地点的钉螺为重点。对结合农田水利工程，彻底改变钉螺孳生环境的工程灭螺项目经论证后积极促成实施。④提倡因地制宜地开展管水管粪工作。⑤对血吸虫病晚期病人进行普查，建立病案，多方集资，组织抢救。⑥切实做好监测地区的血防巩固工作，严防外出人员或外来人员将病原带到血防工作已达标地区，造成血吸虫病重新流行。如发现病人要及时治疗，对病畜要及时治疗或处理。

（王环增）

【全国建立血吸虫病流行病学观测点】

为系统准确地掌握血吸虫病流行动态和流行趋势，加强宏观管理和目标管理，为防治工作提供科学依据，1990年湖南、湖北、江西、安徽、四川、云南、江苏7省建立了14个血吸虫病流行病学观测点。观测点的主要任务是：了解疫情动态、流行特点和防治过程中疫情变化规律，评价防治对策的效果与效益，提高防治工作的质量。观测的内容主要包括背景资料、人群感染率、家畜感染率、螺情等。

（郭京平）

【《不同类型地区血吸虫病查病方案（试行）》下发】

为使我国血吸虫病查病工作科学化、规范化、制度化，准确地反映血吸虫病疫情，在全国血吸虫病血清学诊断技术现场应用研讨会评选出安徽省泾县血吸虫病防治站的塑料管环卵沉淀试验（COPT）、苏州医学院的双面胶纸条COPT或安徽医学院的PVF抗原片COPT、江西省寄生虫病研究所及宁波地区血吸虫病诊断协作组的间接血凝试验（IHA）和四川省寄生虫病研究所的酶联免疫吸附试验（ELISA）等为较理想的血清学诊断方法的基础上，结合我国血吸虫病防治工作的实际，卫生部地方病防治司于1990年7月4日下发了《不同类型地区血吸虫病查病方案（试行）》。方案规定：①在未控制血吸虫病流行地区可视当地具体情况选用COPT、IHA、ELISA和粪检4种方法中的任何一种或两种方法查病。为了准确地反映病情，每隔3年按分层整群随机抽样对血检阳性者进行粪检复查，以粪检阳性人数作为当年病情资料。②在达到基本消灭血吸虫病标准地区可按上述任何一种或两种方法查病，其间隔时间可视各地具体情况决定。并规定了 COPT、IHA 和 ELISA 3 种方法的结果判断标准。③在达到消灭血吸虫病标准地区按《达到消灭血吸虫病标准的监测巩固方案》执行。方案最后规定，各省可按上述原则，本着严格要求的精神，结合当地实际情况，另订实施细则。

（贾义德）

【下发《关于加强血吸虫病疫区防治机构和人员编制的通知》】

为加强人畜血吸虫病防治专业机构的建设，适应血吸虫病防治工作的需要，人事部、卫生部、农业部根据《国务院关于加强血吸虫病防治工作的决定》的精神，于 1990 年 11 月 8 日下发了《关于加强血吸虫病疫区防治机构和人员编制的通知》。该通知指出：①地方血吸虫病防治工作是整个卫生、农牧事业的组成部分。县以上各级血防专业机构是从事血防工作的事业单位。其主要任务是做好人畜血吸虫病的预防和治疗工作；结合防治工作开展科学研究；培训和提高基层防治人员的业务技术水平；加强对基层防治工作的业务指导和作好血吸虫病防治知识的宣传教育工作。②县以上各级血防专业机构的设置应本着因地制宜的原则，根据流行区人口、家畜存栏头数及疫情的轻重等情况，由疫区各省按照机构编制管理的有关制度研究确定。③各级血防专业机构的人员编制应区别情况，根据流行区的人口、病人数、各专业机构的病床数、家畜存栏数、病畜数及家畜分布的不同地理环境和承担科研任务的工作量，配备适量工作人员，其中专业技术人员应占总人数的 70～80%，保证工作的正常开展。④防治工作是一项长期任务，对一些重流行区，要重点建设、充实和加强血防队伍；对已接近消灭血吸虫病的地区，要保持适当力量，加强监测，巩固成果；防止反复。

通知要求疫区各省可根据上述原则意见，由编制、卫生、农牧部门结合本地实际，研究确定本省各级血防专业机构和人员编制标准，并报国家机构编制委员会办公室、人事部、卫生部、农业部备案。

（王环增）

【江苏省血防经费分级负担暂行规定】

江苏省根据中央和省有关血防工作政策精神，制定了《江苏省血防经费分级负担暂行规定》，该规定明确：

1. 坚持“谁受益，谁负担”的原则，实行防治经费由国家、集体、个人合理负担。凡有血防任务的市、县（市、区）、乡（镇、场）和经营受益单位都有承担血防任务的义务和责任。疫区应按防治任务大小确定义务工数，每个劳动力每年应承担不少于 2～3 个血防义务用工或相应的费用，在每年承担的劳动积累中统筹安排。疫区市、县、乡财政应增加血防投入，并将血防经费列入各级财政年度预算。各市、县两级政府分别按辖区人口每年每人不少于 0.10 和 0.20 元的数额列入财政预算。血防任务重，经济条件好的市、县还应适当增加。人，畜查治血吸虫病的费用，应实行收、减、免、以收为主的原则，家畜血吸虫病查病经费由农林多管部门在省财政下达的家畜血防经费中解决，不足部分，由疫区自筹经费中补充，治病经费以向畜主收费为主。

2. 查灭螺经费分级负担办法。①查螺经费：根据血防任务大小确定查螺用工。乡（镇、场）组织的查螺费用及用工在乡（镇、场）财政的血防经费和血防义务工中安排。县以上的专业队伍查螺经费，在同级财政安排的血防经费中开支。②灭螺经费：凡在一个县（市、区）范围内的内陆灭螺工程，由当地政府统一组织实施。除当地群众出 2～3 个义务工外，其费用由县（市、区）乡（镇、场）政府或受益单位负担。③凡疫区开展农田水利建设，开发养殖时，能结合灭螺的均应结合灭螺，其经费在县、乡政府审批工程建设时明确由乡、村和受益单位承担。

3．江、湖、滩、山区查、灭螺经费负担办法。对查、灭螺任务较大的国营、集体江湖滩和个别山区，查灭螺费用由本单位负担，市、县可在血防经费中给予适当补助。有芦、柳、林木等收入的从总收入中提取不少于15%的经费用于查灭螺任务的劳务补偿。对于流域性的国营江湖滩和山区的灭螺工程，由受益地区受益、经营管理单位组织实施，沿江、湖、滩、山区乡村群众应承担2～3个义务工或相应费用，不足部分由省、市、县各负担⅓，在血防经费中安排。

4．船闸、水库、港口、码头、机场、国营集体场圃、厂矿、部队营房及打靶场等地查、灭螺费用，由所属单位负责安排，所在地的卫生血防部门负责技术指导，代购灭螺药物；运河石驳岸、流域性行洪道的查灭螺费用，由水利部门牵头，会同有关部门解决。

（郭京平）

【14个省区823个丝虫病流行县（市）达到基本消灭丝虫病标准】

至1990年底，全国累计有823个丝虫病流行县（市）达到基本消灭丝虫病标准，占原864个流行县（市）的95.3%；在15个丝虫病流行省、自治区、直辖市中有14个（上海、山东、贵州、广西、四川、湖南、河南、广东、海南、湖北、福建、浙江、江苏、江西）在全省、自治区、直辖市范围内实现基本消灭丝虫病，安徽省82个丝虫病流行县（市）中尚有41个未达标。已经达标的各省区在实施卫生部制定的《基本消灭丝虫病地区监测工作技术方案》。

1990年10月22～26日，全国丝虫病防治科研技术指导组第9次会议汇总了1988年和1989年全国丝虫病防治监测资料，两年共病原学监测541个县（市）、4 197个行政村，血检2 653 066人，检出微丝蚴阳性1 490人，分布在471个村，微丝蚴率超过1%的村14个。为保证各地开展血清学监测工作和改进监测技术研究工作的需要，建立了丝虫阳性血清库，设在中国预防医学科学院寄生虫病研究所。

（沈　洁）

【江西省基本消灭丝虫病】

江西省是我国丝虫病流行区之一。防治工作开展前，全省有75个县（市）有该病流行，患者约210万，其中晚期病人15万余人。经过30多年的防治，至1988年该省以行政村为单位微丝蚴率降至1%以下，达到部颁基本消灭丝虫病标准。1990年10月9～17日，卫生部组织人员赴江西省检查丝虫病防治工作，确认该省基本消灭丝虫病。

（沈　洁）

【1990年全国疟疾疫情】

根据全国疟疾疫情报告统计，1990年全国疟疾发病117 359人，平均发病率为10.560/10万，疟疾发病人数占24种法定传染病疫情统计发病人数的3.55%。与1989年相比，发病人数减少20 181人，发病率降低15.92%。全国已有2 573个县、9.84亿人口地区发病率控制在1/万以下或无疟疾病例发生，187个县1.00亿人口地区发病率在1～10/万，尚有71个县0.27亿人口地区发病率在10/万以上。

1990年经血检确诊的恶性疟病人有7180例，占发热病人血检阳性人数的8.95%，按此推算，全国约有10 504例恶性疟病人，并分布在12个省、自治区、直辖市；其中海南、云南2省恶性疟流行仍相当严重，广西、安徽共4个县继续有恶性疟传播，江苏在输血员中发现1例恶性疟病人，其余各省、自治区、直辖市都是输入性病例，发现16例从国外输入。

分析建国后40年以来的疫情资料，50年代、60年代和70年代曾发生3次疟疾暴发流行，1960年和1970年疟疾发病人数多达1 023万和2 411万，1980年发病率又一次回升，发病人数约330万。1981年后发病人数逐年缩减，到1988年已减至13.4万，但1989年疟疾发病人数不仅未继续减少，而且略有增加（13.7万），似有10年一个流行周期的现象。1990年4月在全国疟疾疫情分析讨论会上强调了要防止疟疾回升的危险性，卫生部在6月底又发了《关于加强疟疾防治工作的通知》，由于各地认真落实了各项疟防措施，加强疟疾监测，主要疟区除了江苏、浙江、江西、四川、广东、上海、福建和山东8个省、直辖市病例数比上一年略有增多外，其余8个省、自治区病例数继续有所减少，未发生较大范围的疟疾暴发流行。

对照《1986～1990年全国疟疾防治规划》提出的总的要求和具体指标，除了部分省、自治区恶性疟控制指标未达到规划要求外，其余各项均达到了预期目标。与1985年相比，1990年发病人数（11.7万）减少14.7%，明显少于规划提出的发病人数控制在40万以内的指标。五年内发病率每年平均递减28.1%。发病率在1%以上、1‰～1%和1‱～1‰的县数比1985年分别减少93.1%，57.4%和47.3%，发病率在1/万以下的县数（包括无疟疾病例）比1985年增加21.4%，其中827个县经考核达到了基本消灭疟疾，上海、山东二省（市）达到基本消灭疟疾。

（钱会霖）

国境卫生检疫

【全国卫生检疫所长会议】

全国卫生检疫所长会议于1990年3月20～24日在上海召开。会议的主要议题：①研究深化卫生检疫工作改革，以社会主义初级阶段理论为指导，以增进人民健康为宗旨，建立与我国继续扩大对外开放形势相适应的国境卫生检疫管理体制和运行机制，使国境卫生检疫事业持续、稳定、协调地发展。②研究贯彻执行《国境卫生检疫法》和《行政诉讼法》，各卫生检疫所要继续依法开展检疫查验、传染病监测、卫生监督和进口食品卫生监督检验工作，做到有法可依、有法必依、执法必严、违法必纠。

会议提出了1990年全国卫生检疫工作任务：①加强对入出境人员的艾滋病、性病等传染病的检疫监测工作，贯彻卫生部、公安部卫检字（1989）5号文件精神，统一入出境检疫监测程序，提高监测工作质量。②抓好国境口岸卫生监督工作，重点搞好对入出境集装箱的检疫和卫生处理，进一步做好创建卫生港工作，争取北京、上海、广州三大国际机场率先达到《国际卫生条例》规定的国际卫生港的标准。③按照卫生部的部署，在1991年1月1日以前完成进口食品卫生监督检验管理机构调整，并做好人员的充实、培训和设备配备等项工作。④强化卫生检疫机构经济管理机制，合理安排经费，搞好差额管理，增强自我发展能力。⑤加强法制建设，提高执法水平。认真执行《国境卫生检疫法》及其《实施细则》，深入做好《行政诉讼法》的贯彻工作。

（高建华）

【新建卫生检疫机构】

1990年经卫生部批准，新建立的卫生检疫机构有内蒙古自治区的黑山、室韦卫生检疫所，广东的盐田、清远、饶平卫生检疫所，广西的柳州卫生检疫所。到1990年底止，全国共有卫生检疫机构151个。

（高建华）

【国境口岸艾滋病监测】

1990年，全国各卫生检疫所在国境口岸通过传染病监测，检出艾滋病病毒感染者78例，其中外籍来华人员13例，各类归国人员

6例，边民59例，均按规定采取了必要的措施。

（伦立广）

【调整进口食品卫生监督检验管理机构归属】

我国从60年代初开始进口食品以来，进口食品的卫生监督检验任务大多由地方卫生防疫站负责，各口岸卫生检疫所承担其在口岸的存储与交通工具的检疫和卫生监督任务。由于地方领导体制不利于口岸对外工作协调，漏检率高，难于领导，根据1987年李鹏总理、姚依林副总理的批示，卫生部、国务院口岸领导小组发出通知，将进口食品卫生监督检验任务划归口岸卫生检疫机构负责，实行一个窗口、统一对外。1989年国务院批准卫生部“三定”方案规定，食品卫生实行国家卫生监督。1990年1月8日，卫生部决定：鉴于国境卫生检疫机构自身建设基本完成，对进口食品卫生监督检验体制进行调整。卫生部与国务院口岸领导小组下发了《关于调整进口食品卫生监督检验管理机构归属问题的通知》。在各地政府及有关部门的支持下，于1990年12月份完成了调整工作，卫生部卫生检疫总所直属42个卫生检疫所全部挂上“进口食品卫生监督检验所”牌（见附表）。

附表　进口食品卫生监督检验机构

机构名称	地　址
中华人民共和国黑河进口食品卫生监督检验所	黑龙江省黑河市王肃大街143号
中华人民共和国同江进口食品卫生监督检验所	黑龙江省同江市南一路
中华人民共和国绥芬河进口食品卫生监督检验所	黑龙江省绥芬河市
中华人民共和国哈尔滨进口食品卫生监督检验所	黑龙江省哈尔滨市香坊区香安街55号
中华人民共和国集安进口食品卫生监督检验所	吉林省集安市迎宾路11号
中华人民共和国图们进口食品卫生监督检验所	吉林省图们市新华街
中华人民共和国丹东进口食品卫生监督检验所	辽宁省丹东市江岸街1号
中华人民共和国大连进口食品卫生监督检验所	辽宁省大连市中山区长江路2号
中华人民共和国营口进口食品卫生监督检验所	辽宁省营口市站前区南通街南通里
中华人民共和国沈阳进口食品卫生监督检验所	辽宁省沈阳市和平区南京街10段9里1号
中华人民共和国二连进口食品卫生监督检验所	内蒙古二连浩特市新华街
中华人民共和国满洲里进口食品卫生监督检验所	内蒙古满洲里市二道街117号
中华人民共和国秦皇岛进口食品卫生监督检验所	河北省秦皇岛市海滨路66号
中华人民共和国天津进口食品卫生监督检验所	天津市塘沽区新港滑船坞50号
中华人民共和国北京进口食品卫生监督检验所	北京市安定门外和平里北街20号
中华人民共和国青岛进口食品卫生监督检验所	山东省青岛市德县路9号
中华人民共和国烟台进口食品卫生监督检验所	山东省烟台市芝罘区北马路27号
中华人民共和国南京进口食品卫生监督检验所	江苏省南京市中央路40号
中华人民共和国连云港进口食品卫生监督检验所	江苏省连云港市中山路57号
中华人民共和国镇江进口食品卫生监督检验所	江苏省镇江市桃华坞路96号
中华人民共和国南通进口食品卫生监督检验所	江苏省南通市青年西路13号
中华人民共和国张家港进口食品卫生监督检验所	江苏省张家港市港区镇
中华人民共和国上海进口食品卫生监督检验所	上海市哈密路1701号
中华人民共和国宁波进口食品卫生监督检验所	浙江省宁波市柳汀街146号

机构名称	地址
中华人民共和国舟山进口食品卫生监督检验所	浙江省舟山市定海区舟山大厦内
中华人民共和国温州进口食品卫生监督检验所	浙江省温州市黎明西路3号
中华人民共和国杭州进口食品卫生监督检验所	浙江省杭州市老浙大直路17号
中华人民共和国福州进口食品卫生监督检验所	福建省福州市河西路3号
中华人民共和国厦门进口食品卫生监督检验所	福建省厦门市湖里区东渡路116号
中华人民共和国汕头进口食品卫生监督检验所	广东省汕头市大华路11号
中华人民共和国湛江进口食品卫生监督检验所	广东省湛江霞山区人民东一路11号
中华人民共和国广州进口食品卫生监督检验所	广东省广州市广园路景太直街东二巷1号
中华人民共和国江门进口食品卫生监督检验所	广东省江门市北街良花新村东6号
中华人民共和国拱北进口食品卫生监督检验所	广东省珠海市拱北区水湾南路15号
中华人民共和国深圳进口食品卫生监督检验所	广东省深圳市和平路船坞街1号
中华人民共和国海口进口食品卫生监督检验所	海南省海口市秀英区
中华人民共和国三亚进口食品卫生监督检验所	海南省三亚市友谊路
中华人民共和国桂林进口食品卫生监督检验所	广西桂林市象山区崇信路6号
中华人民共和国北海进口食品卫生监督检验所	广西北海市四川路
中华人民共和国防城进口食品卫生监督检验所	广西防城港区
中华人民共和国南宁进口食品卫生监督检验所	广西南宁市桃花路80号
中华人民共和国梧州进口食品卫生监督检验所	广西梧州市新兴一路5号

（陈晓枫）

【宁波港等获“国家级卫生港”等称号】

宁波港、连云港港在环境卫生、媒介生物防治、劳动卫生、食品卫生和传染病控制与防治等方面达到“国家卫生港”的各项卫生指标，分别于1990年6月27日和10月27日，被卫生部、交通部授予“国家级卫生港”称号。

营口港、石臼港、大连远洋公司、中波远洋公司灭鼠工作达到《中华人民共和国国境口岸卫生监督办法》规定的无鼠害标准，1990年分别由卫生部、交通部授予“无鼠害港”和“无鼠害船队”光荣称号。截止1990年底，全国已有“国家级卫生港”9个，“无鼠害港”18个，“无鼠害船队”4个。

（王宝麟）

【为我驻科威特回国人员实施卫生检疫】

1990年8月23～29日，根据国务院关于接运我驻科威特人员回国的部署，卫生检疫总所及北京、上海卫生检疫所做好接运中中的检疫工作，从技术、人员配备、医疗器材、隔离留验病房等方面做了安排，并制订了接运中的卫生检疫程序。卫生检疫总所及北京卫生检疫所派员赴约旦、伊拉克边境实施现场检疫。北京卫生检疫所对入境24架包机实施检疫、消毒、杀虫，对4737名回国人员实施传染病监测和急救医疗，上海卫生检疫所派员随北京——上海包机实施检疫，共发现细菌性痢疾、急性结膜炎等传染病150余例，及时进行了治疗，并采取了预防措施，防止了传染病的传入与传播。

（宋明昌）

【卫生部聘请国境卫生检疫工作顾问】

为加强国境卫生检疫工作管理，深入开展卫生检疫工作改革，在各地行政、业务部门的支持和帮助下，卫生部聘请了上海、北京、天津、广东、广西等15个省、自治区、直辖市卫生厅局的负责同志为卫生检疫顾问。他们的职责是：①对国境卫生检疫工作的方针、政策等重大问题提出意见和建议；掌握全国和本省国境卫生检疫机构贯彻实施《国境卫生检疫法》及其《实施细则》的进展情况。②对本省卫生检疫工作给予指导并协调国境卫生检疫与卫生防疫、卫生监督工作关系；对卫生检疫所执行《国境卫生检疫法》、《传染病防治法》、《食品卫生法》的工作给予指导。③对检疫干部的调配、推荐提出意见。④加强对卫生检疫所党的领导，提高检疫队伍的政治素质。

（王宝麟）

劳动卫生与职业病防治

【1985～1989年全国劳动卫生职业病情况】

表 1　1985～1989年全国报告职业病新病例及其分布*

病种	合计		1985年		1986年		1987年		1988年		1989年	
	例数	%	例数	%	例数	%	例数	%	例数	%	例数	%
合计	124450		27013		28065		23421		22194		23757	
尘肺	84280	67.7	17645	65.3	19335	68.9	15784	67.4	14965	67.4	16551	69.7
其中：矽肺	41905		9453		10841		7997		7374		6240	
煤工尘肺	33332		6440		6589		6189		6311		7803	
慢性职业中毒	16084	12.9	3461	12.8	3972	14.2	3017	12.9	2813	12.7	2821	11.9
其中：铅及其化合物	7853		1405		1793		1498		1448		1439	
苯	3420		886		796		644		560		534	
急性职业中毒	10606	8.5	2781	10.3	2131	7.6	1796	7.7	1639	7.4	2259	9.5
其中：有机磷农药	2708		972		455		497		315		469	
一氧化碳	2663		579		639		298		476		671	
职业性眼耳鼻喉疾病	6119	4.9	1506	5.6	1177	4.2	1188	5.1	1020	4.6	1228	5.2
其中：噪声聋	2803		695		596		511		384		617	
职业性白内障	2046		549		298		480		409		310	
职业性皮肤病	5374	4.3	1237	4.6	1103	3.9	1413	6.0	1195	5.4	426	1.8
物理因素职业病**	1544	1.2	347	1.3	262	0.9	144	0.6	454	2.0	337	1.4
职业性传染病***	419	0.3	28	0.1	80	0.3	79	0.3	97	0.4	135	0.6
其它****	24		8		5		0		11		0	

注：1989年执行新的《职业病报告办法》，表中数据做了合并归类或剔除。

* 不含电光性眼炎32005例；缺西藏、台湾资料。** 振动病、中暑、减压病、航空病、放射性疾病。*** 布氏杆菌病、森林脑炎。**** 煤矿井下工滑囊炎等。

表2　1986～1989年全国接触有害物质工人健康监护情况

	合计	1936年*	1987年**	1988年***	1989年****
合　计					
接触人数	70965064	17380308	16368812	18426273	18789671
体检人数	13661546	3156864	3188369	3431778	3884535
体检率%	19.25	18.16	19.48	18.62	20.67
检出人数	123041	45974	27832	27222	22013
检出率%	0.90	1.46	0.87	0.79	0.57
县及县以上企业					
接触人数	54166414	13507215	12233817	13811320	14614062
体检人数	11982556	2851659	2703898	2978173	3448826
体检率%	22.12	21.11	22.10	21.56	23.60
检出人数	114359	42622	25411	25298	21028
检出率%	0.95	1.49	0.94	0.85	0.61
乡镇企业					
接触人数	16798650	3873093	4134995	4614953	4175609
体检人数	1678990	305205	484471	453605	435709
体检率%	9.99	7.88	11.72	9.83	10.43
检出人数	8682	3352	2421	1924	985
检出率%	0.52	1.10	0.50	0.42	0.23

注：*缺江西、云南、青海、西藏、台湾资料。**缺江西、云南、四川、甘肃、新疆、西藏、台湾资料。***缺云南、新疆、西藏、台湾资料。****缺西藏、台湾资料。

表3　1986～1989年对生产环境有害物质监测点的监测结果

	合计	1986年*	1987年**	1988年***	1989年****
合　计					
监测点	2329562	486522	514603	639020	689417
合格点	1307846	246015	291760	342275	427796
合格率%	56.14	50.57	56.70	53.56	62.05
县及县以上企业					
监测点	2094683	445777	464255	570223	614428
合格点	1202925	229128	270312	315782	387703
合格率%	57.43	51.40	58.22	55.38	63.10
乡镇企业					
监测点	234879	40745	50348	68797	74989
合格点	104921	16887	21448	26493	40093
合格率%	44.67	41.45	42.60	38.51	53.47

注：*不包括其它因素的监测结果。缺江西、云南、青海、西藏、台湾。**不包括其它因素的监测结果。缺江西、云南、四川、甘肃、新疆、西藏、台湾。***不包括其它因素的监测结果。缺云南、新疆、西藏、台湾。****缺西藏、台湾。

1. 职业病报告发病情况。1985～1989年全国报告各类职业病124 450例（不含电光性眼炎32005例），其中尘肺病84280例，占67.7%。每年发生的各类职业病均在2万例以上，但1989年发生的新病例较1985年减少3256例即下降12.1%。尘肺病一直是严重威胁工人健康的首要职业病，其次为慢性中毒、急性中毒和职业性眼耳鼻喉疾病，每年报告的各类职业病新病例数及其分布见表1。

2. 接触有害物质工人健康监护情况。1986～1989年全国接触有害物质工人健康监护情况提示，我国接触有害物质工人的体检率呈波浪式增高，县及县以上企业工人平均五年体检一次，乡镇企业工人平均十年体检一次。体检率的省间差异显著，以1989年为例，北京市达61.0%，安徽省7.7%。检出率均呈逐年降低趋势。详见表2。

3. 生产环境有害物质监测情况。1986～1989年对生产环境有害物质监测结果表明，监测点合格率呈波浪式升高，以1986年为基数，1987、1988、1989三年监测点合格率分别增长12.1%、6.0%、22.7%。1989年完成689417个有害物质监测点的监测工作，占应测点60.53%，其中县及县以上企业和乡镇企业监测点合格率是四年中的高水平，分别为63.1%、53.5%，详见表3。

（陈曙旸）

【首次全国尘肺病流行病学调查结束】

为摸清自建国以来我国尘肺病的发病状况及分布规律，预测今后10年内尘肺病发展趋势，为国家制订尘肺病防治方案、加强尘肺病防治工作提供科学依据，卫生部于1987年11月开始在全国29个省、自治区、直辖市（西藏除外）开展了尘肺病流行病学调查，至1990年6月，调查工作结束。

从建国至1986年底，全国累计发生尘肺病393 787例，其中死亡79 627例，现患尘肺病人314 160例。累计发病超过20 000例的省有四川、湖南、辽宁、山西、江西5个省（见表1）。所调查的各种尘肺病人中，以矽肺和煤工尘肺最多，分别占48.30%和39.06%，其次为铸工、陶工、水泥、石棉、电焊工等尘肺（见表2）。

在20个工业系统中，煤炭系统发病最多，占全国总病例数的46.49%，其次为有色、冶金、建材、机械等系统（见表3）。80%尘肺病例分布在各种矿山，20%分布在各类有接尘作业的工厂。

我国历年尘肺发病呈上升趋势。特别是进入80年代以来，全国县及县以上企业每年新发现尘肺病在20 000例以上，每年死亡超过5000人。本次调查预测，按目前速度发展下去，到2000年我国每年新发生尘肺病人将达到30 000人，累计尘肺病人将达80万（不包括疑似尘肺），比目前翻一番。

调查还表明，随着尘肺病防治工作的不断开展，尘肺病平均发病工龄和死亡年龄呈逐年延长趋势。如50年代与80年代相比，矽肺发病工龄从9.54年延长到26.25年；煤工尘肺从16.24年延长到24.72年。平均死亡年龄，矽肺和煤工尘肺分别从36.64岁和44.80岁后延到60.64岁和61.43岁。

表1 1986年全国各省尘肺累积患病率、病死率及0～Ⅰ（观察对象）人数

省（自治区、直辖市）	粉尘作业工人数	尘肺累积病例数	死亡累积病例		0～Ⅰ（观察对象）累积人数
			例数	病死率(%)	
北京	126755	8319	2273	27.32	14555
天津	87926	3284	406	12.36	2703
河北	407491	19190	5357	27.92	35993

省（自治区、直辖市）	粉尘作业工人数	尘肺累积病例数	死亡累积病例 例数	死亡累积病例 病死率(%)	0～Ⅰ（观察对象）累积人数
山西	398392	25638	4560	17.79	56040
内蒙	184087	9029	1289	14.28	18294
辽宁	695656	35249	6960	19.75	55255
吉林	327605	12909	2708	20.98	21341
黑龙江	396501	15965	1533	9.60	17550
上海	127320	4502	954	21.19	3463
江苏	305822	6847	1032	15.07	10570
浙江	138959	11888	2196	18.47	14704
安徽	295693	13099	2678	20.44	20386
福建	116660	5149	897	17.42	4540
江西	217604	24751	8406	33.96	12555
山东	484721	12648	2540	20.08	15566
河南	484648	18209	1753	9.63	28173
湖北	333071	10366	2347	22.64	13657
湖南	505044	36267	7204	19.86	36553
广东	280517	11774	2532	21.51	9618
广西	135077	5779	1078	18.65	9121
海南	24824	131	15	11.45	553
四川	533276	48277	11593	24.01	45994
贵州	172632	7925	1910	24.10	14866
云南	236733	11650	2803	24.06	12133
陕西	232198	13793	1604	11.63	23365
甘肃	136950	9025	1489	16.50	7291
青海	47365	1288	201	15.61	1994
宁夏	59340	2545	378	14.85	2237
新疆	135876	8120	931	11.47	7292
总计	7628743	393787	79627	20.22	516362

表2 1986年全国各种尘肺累积、死亡情况

尘肺种类	累积病例（人）	死亡病例（人）	病死率（%）
矽肺	190197	45311	23.82
煤工尘肺	153815	27696	18.00
石墨尘肺	715	85	11.89
炭黑尘肺	732	59	8.06
石棉肺	4289	622	14.50
滑石肺	1241	97	7.82
水泥尘肺	4753	440	9.26
云母尘肺	288	18	6.25
陶工尘肺	10084	1519	15.06
铝尘肺	210	14	6.67
电焊工尘肺	3339	109	3.26
铸工尘肺	15816	2024	12.80
其他尘肺	7495	1011	13.49
不详	813	622	—
合计	393787	79627	20.22

表 3 1986年全国各工业系统尘肺累积患病率、病死率及0～I（观察对象）人数

工业系统	粉尘作业工人数	尘肺累积病例		死亡累积病例		0～I（观察对象）累积人数
		例数	患病率(%)	例数	病死率(%)	
煤炭	1932649	152949	7.33	30371	19.86	221450
冶金	833135	43229	4.93	9523	22.03	66665
有色	258460	43446	14.39	14639	33.69	25264
机械（含兵器）	502859	13332	2.58	1560	11.70	23188
建材	365532	13719	3.62	2450	17.86	21830
铁道	155446	9867	5.97	1287	13.04	12434
水电	128214	5716	4.27	1057	18.49	8102
城建	103765	2543	2.39	503	19.78	4780
船舶	32854	911	2.70	122	13.39	995
化工石油	302762	9401	3.01	2140	22.76	12009
航空	28116	350	1.23	28	8.00	859
轻工	520735	12830	2.41	2495	19.45	14898
交通	98192	1174	1.18	167	14.22	2654
核工业	18323	1505	7.59	419	27.84	346
地矿	35225	2471	6.56	376	15.22	2780
其它	493161	9912	1.97	1870	18.87	14381
县煤炭	296477	30134	9.23	4458	14.79	30599
县冶金（含有色）	100375	10163	9.19	2332	22.95	7523
县机械	194217	1779	0.91	153	8.60	6545
县建材	360939	6501	1.77	819	12.60	15300
县轻工	373981	5393	1.42	816	15.13	9431
县其它	493326	16302	3.20	2037	12.50	14329
不详	—	160	—	5	—	—
合计	7628743	393787	4.91	79627	20.22	516362

（苏　志）

环境卫生监督

【化妆品卫生监督工作】

1990年开始实施《中华人民共和国化妆品卫生监督条例》。各地向广大群众宣传介绍化妆品卫生知识和国家对化妆品的卫生监督规定，并及时通告发放《化妆品生产企业卫生许可证》情况，以调动群众参与化妆品卫生监督。

根据卫生部实施《化妆品卫生监督条例》的统一安排，1990年化妆品卫生监督工作重点是发放《化妆品生产企业卫生许可证》。据统计，全国已有21个省、自治区、直辖市进行了换发证工作（有的省无化妆品生产企业）。

在做好化妆品生产企业卫生监督的同时，各级卫生行政部门加强了化妆品卫生监督机构和监督员队伍的建设。已有14个省、

自治区、直辖市建立了化妆品卫生监督员队伍，有部分省、自治区、直辖市指定卫生防疫机构为化妆品卫生监督检验机构。

（严　俊）

放射卫生防护

【卫生部发布《放射防护监督员管理规定》】

1990年4月3日卫生部陈敏章部长以卫生部令第3号发布了《放射防护监督员管理规定》，并自发布之日起施行。该规定是根据1989年10月国务院44号令发布的《放射性同位素与射线装置放射防护条例》中第5章第28条规定而制定的。该规定分别对监督员的资格、监督员的任命、监督员的职责和管理权限做了规定。该规定由各级政府卫生行政部门具体负责组织实施。

（宋玉芳）

【卫生部首批任命73名国家级放射防护监督员】

卫生部于1990年10月首批任命了73名国家级放射防护监督员。他们将依照国家颁布的放射防护法规、规章，对放射性同位素的生产、经营、运输、储存和使用的放射防护以及射线装置的生产、使用场所的放射防护设施实施监督检查，参与处理放射防护纠纷等。

（宋玉芳）

【卫生部召开核事故应急卫生医疗研讨会】

卫生部卫生监督司于1990年3月12～15日在浙江省杭州市召开了核事故应急卫生医疗工作研讨会，进一步明确了卫生部门在核安全与辐射防护监督管理中的职责。会议强调，在核设施运行中应强化经常性的放射卫生监督监测，做好核设施的放射工作人员及周围公众的受照剂量监督工作，以及核电厂排出物对人体健康影响的评价工作。为了参与核设施事故应急救援，应做好抗放射性、阻断放射性药物的研制、贮备工作并制订其发放原则。要做好监测数据的储备与分析工作，以真正做到常备不懈、有备无患。

（宋玉芳）

食品卫生监督

【卫生部召开全国食品卫生工作会议】

全国食品卫生工作会议于1990年12月12～15日在北京召开。会议总结了“七五”期间贯彻《食品卫生法（试行）》所取得的成绩：颁发了与该法相配套的规章77个、国家食品卫生标准287个；食品卫生监督检验队伍有了较大发展；全面开展了食品卫生监督监测，共检测样品420万余件，查出不合格食品101 420万吨，查处违法案件355万余起；食品卫生合格率逐年上升、食物中毒发生率逐年下降，有效地保障了人民群众的身体健康和生命安全。会议确定了“八五”期间的工作任务：以加强法制建设为重点，深化改革，强化食品卫生监督，不断提高监督队伍素质，进一步纠正行业不正之风，促进食品生产、经营企业的自身管理和提高消费者自我保护能力。

（查　峰）

【重新发布《新资源食品卫生管理办法》】

卫生部曾于1987年发布《食品新资源卫生管理办法》。随着食品工业的发展，该管理办法已不适应形势的需要，为此卫生部组织修订，更名为《新资源食品卫生管理办法》重新发布，并同时制定发布了《新资源食品审批工作程序》。管理办法中规定了新资源食品管理范围、审批办法及处罚办法；审批工作程序中规定了对新资源食品申报资料的要求及对各审批单位的工作要求。

（张华莹）

【卫生部批准5种食品新资源正式生产销售】

根据《食品新资源卫生管理办法》，经全国卫生标准技术委员会食品卫生分委员会评审通过，卫生部于1990年7月批准了桦汁浓缩液、天力饮料、柞蚕蛹氨基酸、上海可乐及长城可乐5种食品新资源正式生产销售。批准号为卫食新准字第13～17号。其申报单位分别为四川省马儿康县饮料厂、青海体育科学研究所（及青海省中医药研究所、青海省保健饮料厂）、辽宁省丹东市氨基酸厂、上海市中药制药三厂和河北省张家口市长城制药厂。（张华莹）

【卫生部批准11个食品卫生检验单位】

根据《食品卫生检验单位管理办法》的有关规定，卫生部于1990年6月25日批准了北京医科大学营养与食品卫生教研室等11个单位为食品卫生检验单位，可承担规定项目的检验（见附表）。

附表 卫生部认可的11个食品卫生检验单位及其检验项目

序号	单位	检验项目
1	北京医科大学营养与食品卫生教研室	食品毒理
2	同济医科大学营养与食品卫生教研室	食品毒理
3	中山医科大学营养与食品卫生教研室	食品毒理、食品化学
4	西安医科大学营养与食品卫生教研室	食品毒理、食品化学
5	白求恩医科大学营养与食品卫生教研室	食品化学
6	华西医科大学营养与食品卫生教研室	食品毒理
7	华西医科大学卫生化学检验教研室	食品化学
8	哈尔滨医科大学营养与食品卫生教研室	食品毒理、食品化学
9	上海医科大学营养与食品卫生教研室	食品毒理、霉菌毒素
10	中国预防医学科学院营养与食品卫生研究所	食品毒理、食品微生物、食品化学、食品毒素
11	北京农业大学食品科学系食品检测中心	食品化学

（李国新）

【重新发布食品卫生行政规章23个】

卫生部对1959年以来发布的54个食品卫生行政规章进行了清理，并对其中1979年到1982年发布的23个行政规章从立法依据和内容上进行了修订，于1990年11月20日、26日分别以第5号、第8号部令发布执行（见附表）。

附表 重新发布的食品卫生行政规章目录

序号	名称
1	食糖卫生管理办法
2	糖果卫生管理办法
3	食用植物油卫生管理办法
4	冷饮食品卫生管理办法
5	酒类卫生管理办法
6	粮食卫生管理办法
7	防止黄曲霉毒素污染食品卫生管理办法
8	蜂蜜卫生管理办法
9	蛋与蛋制品卫生管理办法
10	茶叶卫生管理办法
11	食用氢化油及其制品卫生管理办法
12	肉与肉制品卫生管理办法
13	豆制品、酱腌菜卫生管理办法
14	水产品卫生管理办法
15	调味品卫生管理办法
16	食品用塑料制品及原材料卫生管理办法
17	食品包装用原纸卫生管理办法
18	陶瓷食具容器卫生管理办法
19	食品用橡胶制品卫生管理办法
20	铝制食具容器卫生管理办法
21	搪瓷食具容器卫生管理办法
22	食品容器内壁涂料卫生管理办法
23	食品罐头内壁环氧酚醛涂料卫生管理办法

（李国新）

卫生标准

【1990年颁发的国家卫生标准（17个）】

序号	标准号	标 准 名 称	发布日期	实施日期	技术归口单位
001	GB12372-90	居住区大气中二氧化氮卫生检验标准方法——改进的Saltzman法	1990.03.22	1990.03.01	中国预防医学科学院环境卫生监测所
002	GB12373-90	居住区大气中气态污染物液体吸收法的标准采样装置	1990.03.22	1990.03.01	中国预防医学科学院环境卫生监测所
003	GB12374-90	居住区大气中硝酸盐检验标准方法——镉柱还原——盐酸萘乙二胺分光光度法	1990.03.22	1990.03.01	中国预防医学科学院环境卫生监测所
004	GB2760-86	食品添加剂使用卫生标准（1989年增补品种）	1990.06.22	1990.09.01	卫生部食品卫生监督检验所
005	GB12388-90	食物中维生素A和微生素E的测定方法	1990.07.24	1990.12.01	卫生部食品卫生监督检验所
006	GB12389-90	食物中胡萝卜素的测定方法	1990.07.24	1990.12.01	卫生部食品卫生监督检验所
007	GB12390-90	食物中硫胺素(微生素B_1)的测定方法	1990.07.24	1990.12.01	卫生部食品卫生监督检验所
008	GB12391-90	食物中核黄素的测定方法	1990.07.24	1990.12.01	卫生部食品卫生监督检验所
009	GB12392-90	蔬菜、水果及其制品中总抗血盐酸的测定方法(荧光法和2、4-二硝基苯肼法)	1990.07.24	1990.12.01	卫生部食品卫生监督检验所
010	GB12393-90	食物中磷的测定方法	1990.07.24	1990.12.01	卫生部食品卫生监督检验所
011	GB12394-90	食物中不溶性膳食纤维的测定方法	1990.07.24	1990.12.01	卫生部食品卫生监督检验所
012	GB12395-90	食物中尼克酸的测定方法	1990.07.24	1990.12.01	卫生部食品卫生监督检验所
013	GB12396-90	食物中铁、镁、锰的测定方法	1990.07.24	1990.12.01	卫生部食品卫生监督检验所
014	GB12397-90	食物中鉀、钠的测定方法	1990.07.24	1990.12.01	卫生部食品卫生监督检验所
015	GB12398-90	食物中鈣的测定方法	1990.07.24	1990.12.01	卫生部食品卫生监督检验所
016	GB12399-90	食物中硒的测定方法	1990.07.24	1990.12.01	卫生部食品卫生监督检验所
017	GB12400-90	粮食中苯并(a)芘允许限量标准	1990.07.24	1990.12.01	卫生部食品卫生监督检验所

（汪梅先　供稿）

【1990年颁发的国家一级标准物质（6个）】

序号	标准号	标 准 名 称	发布日期	技术归口单位
01	GBW 09102	冻干人尿（痕量金属）成分分析标准物质（低含量分析）	1990.03.11	北京医科大学公共卫生学院
02	GBW 09103	冻干人尿（痕量金属）成分分析标准物质（高含量分析）	1990.03.11	北京医科大学公共卫生学院
03	GBW 09131	牛血清成分分析标准物质	1990.03.11	中国预防医学科学院环境卫生监测所
04	GBW 09132	全血铅、镉成分分析标准物质（低含量）	1990.03.11	中国预防医学科学院环境卫生监测所
05	GBW 09133	全血铅、镉成分分析标准物质（中含量）	1990.03.11	中国预防医学科学院环境卫生监测所
06	GBW 09134	全血铅、镉成分分析标准物质（高含量）	1990.03.11	中国预防医学科学院环境卫生监测所

（汪梅先　供稿）

爱国卫生运动

【陈敏章部长率队考察河南双瓮漏斗式厕所建设】

1990年[illegible]月，全国爱国卫生运动委员会(以下简称“全国爱卫会”)副主任、卫生部部长陈敏章带领12个省、自治区的卫生厅长、爱卫办主任赴河南省虞城县农村考察双瓮漏斗式厕所建设。陈敏章部长对双瓮漏斗式厕所给予了高度评价。他指出，这种卫生厕所的建造不仅经济、简易、实用、卫生、保肥效果好，而且适合我国农村的实际需要。他要求全国各地，特别是南方血吸虫病流行区，要因地制宜地搞好改厕、粪管工作。他对农村改厕、粪管工作提出了几点要求：①进一步提高对农村改厕、粪管工作的认识。从卫生角度讲，它关系到农村几亿农民身体健康；从文明角度讲，关系到农村的移风易俗和两个精神文明建设，是一件大事；从疾病防治的角度讲，当前我国传染病防治工作中最大的难题是肠道传染病，它占整个传染病发病的70%左右，要降低传染病发病率，必须把卫生厕所建设好，把粪便无害化处理管理好。②进一步加强对改厕、粪管工作的领导。新建和改建农村卫生厕所工作，涉及多部门、多系统，要充分发挥爱卫会统一领导、高层次统筹协调作用，落实分工负责制。③结合农村改厕、粪管工作，认真落实“2000年人人享有卫生保健”目标中的卫生厕所普及率的指标。即：在贫困、温饱、富裕、小康地区，到2000年卫生厕所普及率分别达到35%、45%、70%、80%的要求。

（徐桂华）

【全国爱国卫生运动委员会委员部门联席会议】

全国爱国卫生运动委员会办公室于1990年4月25日召开委员部门第4次联络员会议。

会议要求认真贯彻全国爱卫会主任李铁映关于要抓好城市卫生检查评比工作；要检查垃圾清运、厕所保洁、窗口单位卫生和灭鼠情况；要抓好农村改水改厕，控制肠道传染病流行的指示精神；通报了委员部门开展“爱国卫生月”活动和爱卫会机构建设的情况。农业、建设、铁道、交通、物资、冶金、水利、民航、医药等委员部门和中央国家机关爱卫会按照统一部署，对本系统“卫生月”活动做了具体的计划和安排。冶金部推广鞍钢经验，抓好钢铁企业环境综合治理；民航局专门下发传真电报，要求下属单位成为卫生的典范。铁道、水利、物资、民航等部门专门成立了爱卫会和办事机构负责本行业爱国卫生工作。会议要求在落实全年爱国卫生工作中，各委员部门要进一步落实计划，检查督促，使活动不流于形式。要抓住有利时机，在巩固成效上下功夫。

会上，农业部介绍了农垦系统检查落实“爱国卫生月”活动情况及各城镇推进生活污水净化沼气池建设的经验体会；建设部介绍了在“爱国卫生月”中协同北京市建设海淀区垃圾转运站的做法；环境保护局谈了机关建立“无烟室”及治理考评城市环境质量的体会。

（董继成）

【开展全国城市卫生检查评比活动】

全国爱国卫生运动委员会（以下简称“全国爱卫会”）报请国务院同意，于1990年10月1日前后组织进行了全国城市卫生检查评比活动。在这次检查中，全国爱卫会组织了11个检查团，由全国人大、全国政协和有关委员部门的领导带队，重点检查了35个直辖市、省会市和计划单列市，各省、自治区共组织了92个检查团，分别对所辖的159个地级市和261个县级市进行了检查。全国约有1 390人参加了这次卫生检查评比活动。

这次检查，共评出51个“全国卫生城市”，从中又评出了直辖市、省会市、计划单列市，地级市和县级市3个档次的“全国十佳卫生城市”有突出成绩的市长(副市长)30名。根据检查结果和有关部门提名，评出机场卫生、火车、站卫生港口卫生、长途汽车站卫生、环境保护工作及灭鼠工作等方面的单项奖42个。1990年12月22日，全国爱卫会副主任陈敏章在全国爱卫会城市卫生检查评比结果新闻发布会上公布了检查结果。

（秦　耕）

【威海市被命名为“国家卫生城市”】

根据山东省爱国卫生运动委员会关于对威海市进行国家卫生城市鉴定的请示，全国爱卫会于1990年6月13～15日，组织专家考核鉴定组对威海市创建国家卫生城市工作进行了考核鉴定。通过听取汇报、查阅资料和实地考核，表明威海市创建国家卫生城市工作取得了成绩，各项城市卫生指标达到了《国家卫生城市检查考核标准》和《国家卫生城市考核鉴定实施细则（征求意见稿)》规定的要求。主要表现在：①爱国卫生工作管理科学，充分发挥了爱卫会的组织协调作用；②开展了一系列健康教育活动，效果明显。居民卫生知识普及率达85%以上，中、小学健康教育普及率达100%；③市容环境整洁、优美，清扫保洁率达98%以上，绿化覆盖率达32.5%，对垃圾、粪便、污水进行了卫生处理；④环境保护工作成绩显著，进行了环境综合整治，环境质量良好；⑤公共场所卫生符合要求，主要卫生指标检查总合格率为98.9%；⑥认真贯彻《食品卫生法》，食品生产经营单位卫生许可证发放及从业人员培训率均达100%。⑦除害灭病达标。鼠、蝇、蚊、臭虫（或蟑螂）等“四害”密度均达到规定的标准。据此，全国爱卫会命名威海市为“国家卫生城市”，并于1990年6月17日在威海市召开了创建国家卫生城市现场经验交流会。

威海市委、市政府非常重视创建国家卫生城市工作，成立了以分管市长和有关部门负责人组成的创建指挥部，采取条块结合、分级包干、狠抓落实的办法，开展“创建”工作。他们的主要经验是：

1. 在工作指导上坚持高起点。他们在爱国卫生和城市环境建设中，树立与时代发展相适应的战略思想和战略目标，以对子孙后代负责的责任感，坚持经济建设、环境建设与卫生建设一起抓。提出了6个方面分步实施计划，共70多条具体措施和30多项量化指标；确定了以“碧海蓝天，红瓦绿树；楼楼有别，一栋一式为主调……”的48字城建环保方针。

2. 在治本建设上坚持高标准，突出抓了3大系列工程。一是市容市貌治理系列工程建设。威海市有590多年历史，市容市貌十分破旧，他们就把市容市貌建设作为基础的基础。10年来，完成旧城改造90%以上，现市区人均居住面积达12平方米，同时完成了一系列道路、给排水工程等配套建设。二是抓污染治理系列工程建设。投资2 000万元，对有污染的企业进行治污改造；投资1 000多万元，建成污水处理厂统一处理市区生活污水；投资5 000多万元，建成雨污分流排污管道。三是抓城市废弃物处理工程建设。按照现代城市的要求，对垃圾、粪便和工业废渣的处理，进行了相应配套建设。

3. 在绿化美化上坚持高质量，坚持“三个并举”。一是公共绿化与庭院绿化并举，全市所有单位基本上实现了全面绿化、美化，有114个单位被评为“花园式单位”；二是平面绿化与立体绿化并举，抓住城市房屋大部分建筑在山坡上的特点，发展多层次立体绿化，平地和山崖绿化一起上；三是绿化与美化并举，采取多形式多品种绿化、美化，使城市具有独特风格。

4．在防病治病上坚持高效益。一是狠抓计划免疫、消灭免疫空白，新生儿基础免疫率达97%以上，提前4年达到国家要求的85%的目标；二是对传染病坚持早防、早查、早治，有些传染病已基本消灭；三是加强食品卫生管理，食品卫生合格率达95%以上，全市连续3年未发生食物中毒事故。

5．在管理工作上坚持高水平。做到三有：一是有完整的市容监察、环卫保洁、食品卫生监督、灭鼠与蚊蝇消杀，垃圾、粪便清运、园林管理、污水管理、交通秩序、工商管理等10支队伍，并充分发挥了作用；二是建立起一整套“门前三包”、“卫生达标”等卫生制度；三是有健全的管理法规，做到有法可依、违法必纠，保证了创建卫生城市工作的健康发展。

（曲儒增）

【全国农村爱国卫生工作现场经验交流会】

全国农村爱国卫生工作现场经验交流会于1990年7月21～23日在辽宁大连市金州区召开。会议主要介绍金州区开展农村爱国卫生工作的做法和经验。金州区在改水、改厕、粪便管理等农村爱国卫生工作中取得了成绩，全区自来水普及率达90%，有棚、有盖、不渗不漏的农村厕所达85%以上，其中达到无害化处理标准的占20%左右，健康教育普及率达95%。会议总结了金州区开展农村爱国卫生工作的经验：各级领导重视，把爱国卫生工作纳入农村发展规划；远期计划与近期安排相结合，实行责任制，在落实上狠下功夫；基层爱卫会组织健全，卫生工作有人管，做到经常化、制度化；依靠科学指导坚持综合治理，狠抓卫生治本建设，以改水改厕为中心带动其他工作；坚持健康教育，使人人讲卫生，信科学，增强人民群众的自我保健能力。（徐东方）

【农村卫生改水工作】

“七五”期间，各省、自治区、直辖市和计划单列市把改水这项“最积极有效的卫生治本措施”作为造福子孙后代的大事，纳入当地经济和社会发展规划和政府的工作计划或目标管理中；许多地方政府把农村改水作为为人民办实事、做好事的内容之一，列为考核干部政绩的一项内容。许多省、市、县的人大代表、政协委员，把农村改水作为议政和视察工作的一项内容。据29个省、自治区、直辖市（不含西藏）的统计，到1989年底，全国累计已有6.24亿农村人口的饮水卫生条件得到不同程度的改善，约占农村人口的71.8%，其中2.32亿农村人口饮用上自来水，占农村人口的26.7%。

农村改水是一项复杂的社会工程，涉及计划、财政、物资、水利、建设、供电、税务、卫生、环境保护等许多部门，单靠哪一个部门都难以承担。必须由各级政府领导，包括省、地（市）、县、乡（镇）各级政府领导，通过各级爱国卫生运动委员会统筹协调，各业务主管部门支持，才能奏效。业务主管部门在政策上给予支持，推动改水工作的开展，是巩固改水成果的重要措施。

改善农村饮水卫生条件，是一项社会公益性事业。实行“民办公助，多方集资”的政策，是进行农村改水多年来实践证明的有效措施。近10年，各地为农村改水集资89.2亿元，其中受益农民自筹资金占44%，乡镇企业投资占25.4%，地方财政补助占14.2%，其他渠道集资包括使用贷款、有关部门资助和个人捐赠占16.4%。湖南省在“七五”期间由省财政补助改水经费607万元，扩大吸收了市、县财政补助3 300万元，加上群众集资1.8亿元，使1 870万农村人口改水受益，其中727万农民饮用上自来水。

农村改水，必须根据当地的经济状况、水源条件、地理环境以及农民居住的距离等具体情况，因地制宜地采用多种形式。有条件的建正规的自来水厂，这是改水的方向；条件暂时不具备的，采用其他形式，包括建手压机井，建水窖、贮水池等，改善饮水卫生条件。我国南方各省、市，多引用地表水做水源，经过沉淀、过滤、消毒等净化水处理，通过管道输送到农户；也有引用山泉水，通过管道输送到农户。在北方各省、市多采用深层地下水，建水塔、高位水池或无塔压力罐，有的安装次氯酸钠消毒器，通过管道把水输送到用户。在缺水地区，动员农户建屋顶水池或水窖，接存落雨水，经过沉淀、消毒，解决了饮用水问题。

（郑幼德）

【农村供水部门研究和机构改进项目完成】

1987 年 10 月 26 日，欧洲经济共同体同中国政府正式签署协议，同意向中国政府提供 110 万欧洲共同体货币单位的无偿援助，帮助中国进行农村供水部门研究和机构改进项目，由全国爱国卫生运动委员会办公室具体实施。至 1990 年，该项目已按原计划完成。

1. 国家级部门研究，涉及到组织机构，有关的法律、条例，以及外部投资者。该项研究对所有与供水有关的公共机构在政策制定、计划、技术、结构和管理事务等方面进行了研究和评价；对水质条例，财务等方面进行了评估，提出了建议；评价了现有和未来开发的国际和多边项目。项目研究的最终报告于 1991 年 3 月出版。

2. 省级部门研究工作，具体探讨了贵州和甘肃两省的背景情况、目标和规划、组织管理机构、财政支持和人员培训问题。项目研究的最终报告于 1991 年 3 月出版。

3. 为了配合项目的顺利进行，农村改水技术培训中心安排了在意大利和英国的两期人员培训。

农村供水部门研究和机构改进项目，深入、全面地研究了中国农村供水的背景情况，并且提供了人力、物力和技术支持，为今后农村改水工作奠定了基础。部门研究中制定的表格，建立的数据库已在第二期世界银行贷款项目的前期准备中得到了较好的应用。

（杨振波）

【城市除“四害”工作】

我国城市除“四害”工作，在各级爱国卫生运动委员会的领导和组织下，采取专业消杀队伍与群众参与相结合，取得了显著成绩。灭鼠工作在原有 18 个直辖市、计划单列市、省会市已达标的基础上，又有太原、贵阳、上海、杭州、南京、广州、深圳、西安、郑州、福州、昆明等 11 个城市达到了灭鼠先进城区标准，被全国爱卫会命名为“灭鼠先进城区”称号。城市鼠密度显著下降，如下表：

城市灭鼠前后鼠密度（粉迹法）

城　市	太原	贵阳	上海	杭州	南京	广州	深圳	西安	郑州	福州	昆明
灭前密度%	13.78	23.38	22.83	16.49	14.33	49.72	32.61	13.90	38.95	38.50	29.11
灭后密度%	0.081	1.03	1.66	1.00	0.23	1.15	1.30	0.37	0.92	0.075	1.48

上海、南京、杭州市经过 3 年努力，使臭虫密度下降到不足为害的水平，先后通过考核鉴定，达到了规定的标准，被全国爱卫会命名为“灭臭虫先进城区”。广东佛山市灭蚊、灭蝇均达标，被全国爱卫会命名为“灭蚊、蝇先进城区”。河南洛阳市作为全国爱卫办的灭蚊试点市，按期完成了试点任务，总结出了一套综合治理城市蚊虫的

方法，经考核鉴定达到了灭蚊先进城区标准，被全国爱卫会授予“灭蚊先进城区”称号。

（朱筱春）

【全国开展1990年“爱国卫生月”活动】

全国爱国卫生运动委员会（以下简称“全国爱卫会”）于1990年2月初下发了《关于开展1990年“爱国卫生月”活动的通知》。各地在认真总结第一个“爱国卫生月”活动经验的基础上，结合开展创建卫生城市活动，提出了“爱国卫生月”活动的具体计划和实施方案，并召开各种会议进行动员部署。1990年3月31日，国务委员、全国爱卫会主任李铁映、国务委员宋健、陈希同和全国爱卫会副主任陈敏章部长、何康部长、郝建秀副主任、叶如棠副部长以及解放军总后勤部刘明璞副部长等视察了北京市的垃圾站、厕所及环境卫生。1990年爱国卫生月活动的特点有：

1. 领导参与，深入发动群众。各省、自治区、直辖市及国家物资部、文化部、军队、武警等委员部门党政军领导都亲自动员部署和参加义务劳动并督促检查。据19个省、市的不完全统计，有省级领导471人次，地县级领导96 475万人次，各级委员部门有950 881人次参加了义务劳动，在爱国卫生月活动中参加义务劳动的群众达1.5亿人次。

2. 为群众办实事办好事，效果明显。各地在大搞环境卫生的同时，结合创建卫生城市，注意抓公共卫生基础设施建设，解决群众关心的卫生问题。“爱国卫生月”活动中，共出动车辆70.1万多辆，清运垃圾23 063.7万吨，改厕所13万多个，疏通沟渠3 311.27万延长米。河北省投资2 425.23万元用于兴建公共卫生设施，黑龙江省佳木斯等5市共集资2 455万元用于改厕等公共卫生设施。

3. 广泛开展健康教育活动，加强社会大卫生观念。各地大力开展卫生宣传活动，广大卫生工作者和医学院校师生纷纷走上街头，采用多种形式，把卫生知识教给广大群众，收到较好效果。据不完全统计，共出动工作人员271.2万人次，接受健康教育人数达2亿多人次。

（刘志龙）

【全国爱国卫生运动委员会表彰先进】

1990年，全国爱国卫生运动委员会对300个全国爱国卫生先进单位、979名全国爱国卫生先进工作者进行了表彰，为2705名从事爱国卫生工作30年工龄者颁发了荣誉证书。

（徐惠民　陶金）

【举办全国爱国卫生运动委员会办公室主任专业培训研讨班】

全国爱国卫生运动委员会办公室于1989年12月1日至1990年1月11日，在广州中山医科大学举办了全国省、自治区、直辖市和计划单列市爱卫办主任专业培训研讨班。这次办班的目的主要是贯彻落实《国务院关于加强爱国卫生工作的决定》和治理整顿深化改革的精神，提高爱卫办主任的政策理论、专业知识和科学管理水平，以充分发挥各级爱卫会在社会大卫生工作中的统一领导和统筹协调作用。

专业培训班共35名学员，来自25个省、自治区、直辖市和计划单列市。研讨班讲授了卫生管理学、社会医学、预防医学、公共关系学、流行病学、健康教育学、卫生统计学及消毒杀虫学等8门课程。研讨班每周安排一次研讨会和一次爱国卫生工作经验交流会，主要围绕各地爱国卫生工作进展情况，改水、灭鼠、农村改厕、城市环境卫生、健康教育以及创建文明卫生单位等内容进行交流，以提高学习效果。

（祁　莉）

【第1期全国爱国卫生工作人员专业证书班】

根据国家教育委员会、人事部和卫生部

有关文件精神，全国爱国卫生运动委员会于1990年委托同济医科大学公共卫生学院举办了第1期《预防医学专业证书》(爱国卫生专业）班。学制一年半。第一期录取学员56人，于1990年8月30日举行了开学典礼。

该专业证书班开设环境卫生学、卫生统计学、卫生管理学、卫生学（含流行病学)、健康教育学（含社会医学)、卫生工程（农村饮水与环境卫生）学、爱国卫生政策与法规、英语等8门课程。通过一年的课堂理论学习及半年的现场实习，使学员能够比较系统地掌握预防医学的基本理论、基本知识和基本技能，并掌握爱国卫生专业知识与现代管理理论的方法和原则，达到本专业的大专水平。学员学完全部课程，毕业考试合格，同济医科大学颁发成人高等教育《专业证书》。

（陶　金）

计 划 生 育

【北京市实行计划生育技术服务全行业管理】

为保证计划生育受术者的安全与健康，北京市在全市计划生育技术人员全面考核的基础上，于1990年4～11月对全市城乡各级医院（含在京的中央机关、部队、厂矿的医院）及个体开业医，进行了计划生育技术服务工作的达标验收。

验收是以市卫生局制定的《计划生育规范化管理标准》为依据，对节育手术的装备、手术包标准、手术操作常规、污血处理无害化等项内容进行检查验收的。被检查的单位共563个，合格的495个，合格率为88%。其中：检查在京的中央单位、部队、厂矿的医疗保健机构113个，合格的102个；市属单位22个，合格的20个；门诊部77个，合格的74个；乡卫生院231个，合格的186个；个体开业医35个，合格的29个。验收合格的机构，均已发给“北京市计划生育技术合格单位”证书，不合格的则限期改进。

检查验收中发现的主要问题是远郊县乡卫生院的房屋及设备简陋，操作不规范，器械陈旧，亟待改进和更新。

这次验收检查，引起了各级政府及卫生行政部门对计划生育技术工作的重视。各区、县卫生局针对存在的主要问题，筹集资金20余万元，用于装修手术室，增添必要的设备等。

（李雅珍　夏雪红）

【6省区联合开展遗传病调查】

山东、山西、陕西、河南、内蒙古、天津6省、自治区、直辖市自发组织，联合开展遗传病调查，建立优生咨询网络，把优生咨询工作送到乡村。

山东省1986年率先开展了这一工作。由山东医科大学提出调查方案，在省卫生厅直接领导和参与下，淄博市、潍坊市等11个市、县先后开展了调查工作。以后天津市武清县、河南省鹤壁市也开展了这项工作。

在此基础上，6省区决定成立协作组，联合开展这项工作。1990年9月13～15日，在天津市召开了协作组的第1次会议，统一思想，明确任务，讨论和完善调查方案，制定统一的调查统计表卡。调查工作拟分为4个步骤进行：

1．培训队伍。对准备从事优生咨询工作的医疗保健人员进行培训。由于遗传病涉及学科较多，培训对象注意选择有临床经验的内、外、妇、儿科医生。这些人员来自省、市（地)、县、乡、村各个层次的医疗保健机构，培训具有针对性，培训方法要灵活，教材内容要有区别。

2．调查遗传病和非遗传性先天性病残。在城市、农村、山区、平原等不同条件的地区进行分层整群抽样，以乡为抽样单位，以常住户口为根据，每个省拟抽10万人。调查方法是由经过短期培训的乡村医生和基层妇幼保健人员对病人进行初步筛选，然后由专科医生复查，加上实验室检查和有关辅助检查，明确诊断，筛出遗传病人和高危家系。为保证数据的可靠性，每个调查点再从人群中按5%的比例随机抽样，复核其初筛率，以达到初步摸清本地区遗传病和非遗传病的种类、发病率、病种病例分布以及遗传方式等。

3．建立优生咨询网点。在上述工作基础上，省、市（地）、县、乡医疗保健单位建立优生咨询点，形成自下而上的优生咨询服务网。省级医疗保健单位主要负责培训人员，进行业务指导和解决疑难问题；地（市）级医疗保健单位是开展遗传病调查工作的核心机构，负责遗传病诊断，确定高危家系，提出优生保健指导意见；县级负责筛查遗传病和转诊工作，以及优生保健的宣传工作；乡级由卫生院的妇幼保健医师或通过女乡村医生负责病残登记和上报，并根据上级优生咨询医生提出的指导意见，对遗传病人及其家庭进行重点优生保健指导。

4．监护遗传病高危家庭。对遗传病人及其再发风险高的家庭，根据遗传规律，进行重点保健指导。具体做法是，由市（地）级优生咨询机构对已确诊的遗传病患者及其亲属提出优生指导意见，将指导意见由上往下，反馈到乡级妇幼保健医师，再由他们或通过女乡村医生对遗传病患者及其家庭进行监护，在婚姻和生育方面给予指导。

（宋岚芹）

【安徽省推行优生优育系列保健保偿责任制】

1988年春，安徽省人民政府办公厅转发了省卫生厅关于推行优生优育系列保健保偿制（以下简称“双优双保”）的报告，在全省范围内推行这一做法。到1990年，全省已有一半以上的妇幼保健所（院、站）开展了保健保偿责任制工作。他们的主要做法是：

1．宣传发动。在向领导层宣传，取得支持的同时，向群众广泛宣传“双优双保”的优越性和意义，普及“双优双保”知识。金寨县实行婚前检查，孕产妇系统管理之前，突击宣传了3个月；郎溪县在婚前检查、孕期建卡、住院分娩等不同时期，先后印发了“给新婚夫妇的一封信”、“给孕妇的一封信”、“给新生儿家长的一封信”等各1万份，并印发了孕产妇和婴幼儿不同阶段保健知识的宣传材料。通过广泛宣传，群众对保健保偿责任制有了进一步理解，提高了自我保健意识，积极主动入保，减少了工作中的阻力。

2．建立组织。实行“双优双保”的各级政府（县、区、乡镇）成立优生优育系列保健保偿领导小组，或成立预防保健委员会，加强对“双优双保”工作的领导和管理。

3．签订保健保偿合同。入保对象为婚前检查合格、登记结婚的男女青年，实行计划生育的孕妇和0～7岁的儿童。合同的甲方为县保健所、乡（镇）卫生院和保健医生，负责对入保对象做好婚前检查、孕产妇系统管理、儿童保健、计划免疫和计划生育技术指导等工作；乙方为孕妇、儿童家长和村民委员会负责人，负责按合同要求接受系统保健、管理和指导。合同还明确规定保偿措施和奖惩办法，甲乙双方均承担未履行义务而造成损失的赔偿责任。县、区成立了保健保偿技术鉴定组，因保健服务质量不高而发生的问题，由卫生部门鉴定后由赔偿责任承担者给予赔偿，保证合同兑现，取信于民。

4．收取保偿金。入保费由各乡（镇）根据本地的经济状况和群众承受能力，一次性收取或分段收取。有的县婚前保健保偿费由县妇幼保健所在男女青年婚前检查时收取，孕妇保健保偿费在女青年结婚登记时收取，儿童保健保偿费在新生儿建卡时一次性收取或列入乡（镇）财政统筹解决。

5．实行分级管理。采取县妇幼保健所、乡（镇）卫生院、村卫生室三级管理及村医分片包干的办法。明确任务，分清职责。县妇幼保健所负责婚前检查，并对全县优生优育系列保健工作进行技术指导等，卫生院负责孕产妇系统管理，包括产前检查、高危筛查、住院分娩（交通不便的边远地方，安排接生员接生）、产后访视（或安排乡医、接生员进行）、儿童保健指导；乡医分片包干完成产后访视、计划免疫、儿童保健系统管理。

6．健全基层保健网络。举办各种类型的区乡保健人员、乡村医生、接生员培训班或训练班，以提高保健人员和乡村医生的业务素质和技术水平。同时增添必要的保健设备，以保证保健保偿服务工作的质量。

实行“双优双保”的主要优点：一是可减少遗传性、先天性疾病和各种传染病的发生；二是孕产妇安全得到保障；三是调动了群众和社会有关方面的积极性，较好地解决了事业经费不足的问题；四是增强了医疗保健人员的责任心；五是有利于基层卫生组织的稳定和发展，为人人享有初级卫生保健打下良好的基础。

（许冬梅　夏雪红）

【中国与世界卫生组织联合举办婚前咨询工作研讨班】

我国10～24岁年龄组的人口占人口总数的27%左右，每年结婚者约为780万对。为交流中国青少年卫生有关情况和婚前咨询工作，学习世界卫生组织推荐的青少年咨询工作技巧，1990年8月6～10日，中国与世界卫生组织在上海联合举办了婚前咨询工作研讨班。

参加这期研讨班的有我国医学专家吴阶平教授，及5名从事青少年卫生、婚前保健、性心理和性伦理道德研究的专家，以及世界卫生组织邀请的2名顾问。各级卫生行政部门、中国福利会、计划生育部门的领导人和从事青少年卫生、婚前保健工作的专业人员参加了研讨。在研讨班中，中外专家围绕着青少年卫生和婚前咨询工作中的性生理、心理、疾病、卫生教育和伦理道德等问题进行了讨论与交流。世界卫生组织邀请的顾问做了专题报告。

从研讨班中交流的资料表明：我国青少年的性生理发育比60年代相对提前了1岁，性心理发育也有所前移，仅靠全国4%的学校开设青春期卫生课来解决青少年的卫生保健问题，已不能满足青少年的卫生需求，国家在今后应当重视发展和推广这项工作。在婚前保健工作中发现的性知识贫乏造成的一些婚育问题和性及生殖系统疾病问题，也引起了专家们的关注，他们呼吁，全社会要对青少年和人民群众的生殖和性保健教育予以关心，将医学卫生教育与社会伦理道德教育结合起来，并切实加强青少年卫生和婚前咨询工作，使我国青少年和生育年龄组人群在生殖和性健康方面能健康发展。

（李建陵）

妇幼卫生

【1990年妇幼卫生工作】

1990年，全国妇幼卫生工作在“治理整顿、深化改革”的方针指引下，致力于端正服务方向，摸清本底情况，组织保健队伍，狠抓基础建设，以“加强中国基层妇幼卫生·计划生育服务”（原称“加强中国基层妇幼卫生服务”）合作项目为突破口，采取基础调查和培训工作先行的策略，有效地推动了全国妇幼卫生工作的发展。

一、深入调查研究，摸清本底情况

1990年对全国不同层次、不同社会经济发展水平、不同地区的妇幼卫生资源和工作现状，进行了调查研究工作。①对300个“老少边穷”项目县基础情况调查与信息工作。调查覆盖1.2亿人口，抽样人口达3 300万。1990年3月开始，至8月20日结束。300个项目县的基础调查材料全部处理完毕并汇总上报卫生部。②全国孕产妇死亡监测。对全国30个省、自治区、直辖市247个监测点、9 800万人口中的孕产妇死亡监测情况和354万人口中的孕产妇死亡漏报情况进行了调查分析，首次获得我国校正孕产妇死亡率为94.7/10万的数字。其中城市孕产妇死亡率为49.9/10万，农村为114.9/10万。③对儿童急性呼吸道感染（ARI）防治合作项目县进行基础调查。合作项目县已由1989年的4省7县扩大到1990年的13省31县。新确定的24个项目县的基础调查工作正在进行之中。

二、加强治理整顿，端正服务方向

1．1990年8月下旬，卫生部在长春召开了“全国省级妇幼保健院办院方向讨论会”。会后，颁发了《关于省级妇幼保健院办院方向的若干意见》(卫妇发〔90〕第5号)，明确提出了省级妇幼保健机构进行治理整顿、充实完善的任务。

2．根据我国现阶段广大妇女儿童保健的需求，结合全国各地试行各种保健保偿制度的经验，卫生部颁发了《关于推行妇幼保健保偿责任制的意见》（卫妇发〔90〕第6号），对妇幼保健保偿责任制的性质、实行原则、具体内容、保偿金的收取和使用、管理监督等作了具体规定。

三、促进法制建设，提高科学管理能力

1．完成了《中华人民共和国计划生育技术工作管理条例》的起草工作，并会同有关部门对该条例的可行性进行了实地调查。同时，着手制订该条例的配套法规。

2．配合国务院有关部门，卫生部对《中华人民共和国优生保健条例》作了进一步讨论、修改和现场考察，同时，着手制订条例实施细则和有关技术标准；与WHO联合举办婚前咨询研讨班；在湖南举办细胞遗传培训班；参加6省市遗传性疾病调查、建立优生咨询网协作课题开题研讨会等，为条例的颁发作了积极的准备工作。

3．组织起草了《儿童健康管理条例》。

4．组织起草了《女职工保健监督管理办法》和《妇女常见妇科疾病防治管理办法》。同时，对国务院《女职工劳动保护规定》、《城市围产保健管理办法》和《农村孕产妇系统保健管理办法》等法规的贯彻执行情况，进行了调查。

5．1990年9月和10月，分别在兰州与九江召开了妇幼卫生合作项目设备工作管理、培训会议，制订了《妇幼卫生合作项目设备管理办法》，并对有关人员进行了设备采购、报标、报关、验收、索赔、保修、使用效益评价等一系列培训。

四、积极组织队伍，狠抓基础建设

1．在执行妇幼卫生合作项目中，要求项目单位所在地政府对于提供相应的经费、人员、设备等条件作出承诺。到1990年底为止，部分省、自治区政府已实现或部分实现了承诺条件。

2．1990年4月，分别在四川成都、广西桂林和山东泰安举办了妇幼卫生合作项目县县长培训班，部分地区行署专员参加培训。

3．1990年8月下旬，卫生部妇幼卫生司与教育司联合召开了全国妇幼卫生专业讨论会。会议总结了同济、西安两所医科大学试办妇幼卫生专业的经验，对妇幼卫生专业能否成为一个独立的专业体系进行了论证。研究探讨了妇幼卫生专业的办学方向、课程设置、师资队伍建设等问题。10月，国家教委正式批准在上海、北京医科大学扩大试办妇幼卫生专业。由同济医科大学培养的第1批妇幼卫生专业28名大学本科毕业生，于1990年秋季已分赴妇幼卫生工作岗位。

4. 正式建立了以北京、西安、同济、华西和白求恩医科大学为牵头单位的妇幼卫生区域性专家组。确定了全国妇幼卫生岗位培训原则、方法和培训方案，初步建成了全国妇幼卫生人才分级培训网络。

1990年，利用国际多边、双边合作项目和国内资金，共举办不同规模的妇幼卫生管理、妇女保健、儿童保健、计划生育和优生优育技术培训班16期，受训人员1205人。

5. 1990年分别在北京和武汉召开了全国儿童保健研讨会和第1届儿童保健学术交流会，在天津召开了全国妇女保健学会学术讨论会。全国妇幼卫生专家咨询委员会参与了妇幼卫生现状调查、专业论证、技术顾问和决策咨询等活动。

6. 已完成合作项目中应用科研课题的招标工作，确定了以在项目地区推广运用妇幼卫生适宜技术和以科研管理为中心的科研任务。1990年度应用科研课题招标、专家评审工作已结束。此外，由世界银行贷款或WHO资助的其它妇幼卫生领域应用科研工作已取得进展。

7. 组织成立了"全国急行呼吸道感染(ARI)防治专题委员会"；制定下发了《全国儿童急性呼吸道感染防治规划》，以及大量培训教材与宣传材料；建立了两个ARI临床管理培训中心。同时，派员参加了国际腹泻病防治讲习班，并组织专家编写了《儿童腹泻病控制》培训教材。

8. 由上海医科大学承担的妇幼卫生合作项目外部审评工作，已完成方案设计和论证，并进入预试阶段。

五、扩大保健覆盖面，坚持分级分类指导

1. 在城市中以围产保健为中心，积极推进妇女系列保健和女工保健工作。围产保健管理信息网联网城市由17个扩大到25个。城市儿童保健以推行母乳喂养为重点，确定5月20日为"全国母乳喂养宣传日"。起草修定了《促进母乳喂养项目规划》。同时，着手起草《中国母乳代用品销售守则》。

2. 农村妇女儿童保健工作以孕产妇系统管理和儿童系统保健管理为基础，重点加强高危管理。对江西省的农村围产保健规范化管理研究工作给予了支持；考察、总结了河北省迁安县孕产妇高危ABC管理方法。儿童肺炎病例管理方法得到了进一步推广和应用。

(刘运国)

【全国计划单列市妇幼卫生工作检查】

为摸清我国经济文化较发达的计划单列市妇幼卫生工作的现状，反馈1985年以来卫生部颁布的有关妇幼卫生工作条例、常规的执行情况，初步评价经济计划单列市妇幼卫生工作的行政和业务管理水平，1990年11月卫生部妇幼卫生司组织了对全国13个经济计划单列市1989年妇幼卫生工作的全方位、多层次的综合调查和考评。

一、资源投入

1. 经费情况。1989年13个计划单列市卫生事业费平均占财政支出的3.2%，其中妇幼卫生事业费占卫生事业费的2.4%～4.1%，平均3.4%。13个计划单列市人均卫生事业费7.2元，其中人均防疫防治经费0.96元，人均妇幼卫生事业费0.24元。人均妇幼卫生事业费中，最高的0.54元，最低的0.15元，相差3.5倍。

13个市的市级保健机构中，人头费占事业费总数的82.4%。人头费所占比重过大，难以保证妇幼卫生工作的培训、宣传教育及外勤旅差补助等，限制了日常工作的开展。

2. 组织机构落实情况。除武汉市有关机构尚不健全外，其余12个计划单列市均有相对完整的市级保健机构，但机构形式、级别真正符合（86）卫妇字第2号文件要求的只有4个。

3．服务网络和人力配备。①13个计划单列市共有专职地段妇幼保健人员2 183名，平均各市每万城市人口拥有0.7名。13个计划单列市共有行政村36 297个，有女乡村医生、女接生员和卫生员的村为28 881个，覆盖率为79.6%。②13个计划单列市的区、县级妇幼保健机构基本健全，共有区、县级妇幼保健人员1 395名，市级机构中从事妇幼保健的人员641人，平均每万人口拥有县级机构以上妇幼保健人员0.79名，没有达到（86）卫妇字第2号文件中按1:1万人口配备县级以上妇幼保健人员的要求。

4．基层妇幼保健工作的基本设备。13个计划单列市的农村普遍没有配备简易婴儿秤及高压消毒锅。尽管多数已配备产包，但大都不符合要求或管理不善。

二、妇幼保健服务

1．儿童保健。13个计划单列市，平均婴幼儿管理率（指建卡率，包括相当部分未进行系统管理的）为59.5%。尤其是农村，儿童保健系统管理由于经费、人员等得不到保证和落实，有6个城市的农村儿童保健系统管理工作得分为零。

2．妇女保健。对13个计划单列市妇女保健服务对象的调查问卷显示：城市孕妇3个月初检率占36%，农村5次以上产前检查覆盖率为64.1%。

3．计划生育技术管理。在此次检查中发现各地普遍存在计划生育手术不规范、装备陈旧、管理混乱的问题。抽查的计划生育手术病例记录中，合乎规范要求的仅占6.9%。7个城市的计划生育手术器械不合乎要求。

三、评比结果

此次计划单列市妇幼卫生工作检查的名次依次是：沈阳、成都、南京、长春、大连、宁波、哈尔滨、青岛、重庆、厦门、广州、武汉、西安。妇幼卫生工作开展较好的计划单列市的共同特点是，市政府和卫生主管部门对妇幼卫生工作比较重视和关心，并在经费分配、人力配备及政策方面给予了一定的倾斜。市级妇幼卫生机构能够坚持面向基层、面向群体、防治结合的工作方针，较好的发挥了群体保健的职能。妇幼保健的三级网能够较好地运转，妇女儿童保健覆盖面较高并达到一定的质量要求。

（施妈麟　张焕春）

【明确省级妇幼保健院办院方向】

为贯彻《妇幼卫生工作条例》精神，针对当前省级妇幼保健机构不健全，办院方向不够明确，保健力量薄弱，隶属关系不一等实际问题，1990年8月下旬在长春召开了全国省级妇幼保健院办院方向讨论会。部分省、市卫生厅（局）领导人、妇幼卫生处处长、妇幼保健院院（所）长、全国妇幼卫生专家咨询委员会成员参加了会议。会议讨论了端正办院方向，加强保健职能、完善内部建设等问题。根据会议讨论情况，卫生部颁发了《关于省级妇幼保健院办院方向的若干意见》，规定了省级妇幼保健机构的名称、级别与管理、办院方针、主要职能与工作范围、内设机构、编制标准、专业人员轮换制度、装备标准、预算管理形式、考核指标等内容，明确提出了在“八五”期间对省级妇幼保健机构进行治理整顿、充实完善的任务。

（刘运国）

【妇幼卫生专业研讨会在长春召开】

1990年8月20～24日，卫生部教育司、妇幼卫生司在长春市联合召开了妇幼卫生专业讨论会。会议的目的是：根据对妇幼卫生专业多次论证的情况，和同济、西安两所医科大学及6所省属医学院校试办妇幼卫生专业的实践，进一步统一思想认识，研究探讨进一步办好妇幼卫生专业的问题。

卫生部副部长何界生出席了会议。卫生部教育司、妇幼司、国家教委高教司医药处、综合处、世界卫生组织顾问、联合国儿童基金会驻华代表处官员、试办或准备试办妇幼卫生专业的部、省属医学院校、全国妇幼卫生专家咨询委员会，以及部分省（市）卫生厅（局）、妇幼卫生处的代表共40多人出席了会议。

会议就妇幼卫生专业的专业体系、培养方向、人才规格、课程设置、师资队伍和实习基地建设等问题，进行了讨论。

会议进一步明确了妇幼卫生专业是一个具有自身规律和专业特色的独立的专业体系，符合我国新生专业必需的4个条件：有服务岗位；有主干课程；有自己独特的课程体系；其它专业不能代替或覆盖。会议认为，应该在同济、西安医科大学试点的基础上，扩大试办范围，并争取国家教委尽快列为正式专业。

会议委托同济、西安医科大学分别组织力量，制定教学计划、教学大纲和实习基地标准。课程设置必须突出专业特色，符合妇幼卫生事业的需要。要注意增加群体保健的实践内容，改革教学方式和方法，注意培养学生的工作能力。准备试办妇幼卫生专业的北京、上海医科大学要提交试办方案。在1990年年底前，6所举办妇幼卫生专业教育的省属医学院校要进行调整。国家教委、卫生部将为试办妇幼卫生专业的院校提供倾斜政策，为妇幼卫生专业的师资建设创造条件，并结合本周期的300个项目县合作项目，为妇幼卫生专业的基层基地建设提供条件。

国家教委已同意在全国10个试办专业中，把妇幼卫生专业作为医学教育改革的试点，卫生部将与国家教委密切合作，共同抓好妇幼卫生的专业建设。

（刘　冰）

【举办妇幼卫生专业证书班】

针对我国妇幼保健专业队伍数量不足、素质偏低的实际情况，按照国家教委、人事部（88）教高三字006号文件以及卫生部（88）卫科教字第44号文件精神，1989年卫生部妇幼卫生司委托北京、上海、同济、西安、华西等5所医科大学举办跨省区妇幼卫生专业证书班，1990年结束。

参加该专业证书班学习的学员来自全国20个省、自治区、直辖市的各级妇幼保健所（站），年龄大多在35～47岁之间，具有高中或中专毕业的文化水平，并在妇幼保健岗位上工作5年以上。该专业证书班结业后，西安医科大学对学员进行了反馈调查。认为学习收获大的占56%，对本职工作帮助大的占53%。

（王　丽）

【妇幼卫生合作项目的基础调查】

根据妇幼卫生合作项目目标的要求，于1990年3～8月，在300个项目县进行了一次项目执行前的基础调查。基础调查的内容包括：①乡村卫生组织基本情况；②孕产妇保健、儿童保健和计划生育技术服务情况；③孕产妇死亡情况；④抽样乡婴幼儿死亡情况及出生情况；⑤与妇幼卫生情况有关的社会经济发展状况、人口数量和结构及妇幼卫生服务能力等。

基础调查部分结果：300个项目县的婴儿死亡率为68.01‰；5岁以下儿童死亡率为84.37‰；孕产妇死亡率为203.31/10万。

（蒋　烽）

【妇幼卫生项目岗位培训】

为提高妇幼卫生人员的服务能力，最终达到项目规定的降低婴儿、孕产妇死亡率的目标，在开始执行“加强中国基层妇幼卫生·计划生育服务”项目的第1年即1990年，在300个“老少边穷”县开展了以各级妇幼卫生人员为对象的、逐级扩展的岗位培训。

卫生部妇幼卫生司首先于1990年2月在石家庄市召开了全国妇幼卫生合作项目培训工作会议，确定了面向农村、面向群体、面向实际需求的培训指导思想，并据此制定、颁发了妇幼卫生合作项目培训大纲。

为保证培训效果，妇幼卫生司邀请了美国世界教育和美国适宜保健技术中心的3位专家先后讲授了培训方法学和人际交流技巧，向各级教师介绍了国际上先进的参与性教学法。

经过专家反复讨论、修改，并做了预试验之后，妇幼卫生岗位培训教材（包括孕产期保健、计划生育、母乳喂养、小儿腹泻防治以及婴幼儿急性呼吸道感染管理等5方面内容），于1990年10月发到全国各省、自治区及300个项目县。

1990年10月妇幼卫生司在杭州举办了以5所大学区域专家组的专家、教授为学员的培训方法学讲习班。随后，在区域专家组的指导下，全国27个省、自治区开始了对地县级妇幼卫生师资的培训。培训将逐级扩展到300个项目县的12万余名乡村医生。

（秦晓春　韩晓明）

【签定妇幼卫生合作项目协议书】

为了确保1990～1994年我国与联合国儿童基金会、联合国人口基金共同合作“加强中国基层妇幼卫生·计划生育服务”项目工作的有效实施，达到预期目标，并得到各级政府和有关部门的重视与支持，把项目工作纳入各级政府日常工作的议程中去，卫生部1989年在西安召开的“加强中国基层妇幼卫生·计划生育服务”合作项目工作会议上，明确了各省、自治区政府对项目工作应承担的责任和任务，并与各省、自治区政府领导签署了本合作项目协议书。

协议书规定：①卫生部根据与经贸部、联合国儿童基金会、联合国人口基金共同商定的项目县名单、向每个项目县提供5万美元的援助。②受援省保证按照1∶3的比例提供配套资金。③受援省保证按照《加强中国基层妇幼卫生·计划生育服务项目实施方案》的规定，采取有效措施，为项目县配备、培训妇幼卫生人员；为项目县妇幼保健机构提供房舍、活动经费等基本工作条件；落实基层妇幼保健人员的报酬并配给必需的医疗保健器械和设备。④受援省保证如期完成《加强中国基层妇幼卫生·计划生育服务项目实施方案》规定的各项指标。⑤受援省随时接受联合国儿童基金会、联合国人口基金、世界卫生组织、经贸部和卫生部对《加强中国基层妇幼卫生·计划生育服务项目实施方案》的执行情况进行检查和审评。⑥卫生部妇幼卫生司负责项目的管理、监督检查，并对有关项目人员提供必要的培训。⑦各省、自治区的《省<加强中国基层妇幼卫生计划生育服务>实施方案》作为协议书附件。

1990年各省、自治区政府又根据该项目协议书精神与本省的地（市）、县领导签定了具体协议，以保证项目工作顺利实施。

（贠士忠）

【成立妇幼卫生区域专家组】

1990年卫生部妇幼卫生司组织了以北京、白求恩、同济、华西和西安医科大学的妇幼保健、流行病学、卫生统计和健康教育等多个学科的专家、教授为成员的5个区域专家组。他们分别负责对华东、华北东北、中南、西南和西北5个大区内各省“加强中国基层妇幼卫生·计划生育服务”项目工作的技术指导、业务培训和监督监测。区域专家组先后参与了项目基础调查、岗位培训、妇幼卫生专业的设置和应用科研课题的确定等一系列活动。通过他们的工作，项目活动的各项策略措施传达到了各省级妇幼卫生部门，进而，经过地区和县两级一直传递到乡村医生。区域专家组在这一过程中发挥了重要作用。妇幼卫生区域专家组的成立也为各校妇幼卫生专业的发展提供了有利条件。

（秦晓春）

妇女保健

【全国孕产妇死亡监测及漏报调查】

为了准确地掌握全国孕产妇死亡及死因构成情况，卫生部妇幼卫生司于1989～1990年组织开展了全国孕产妇死亡监测及漏报调查。

一、孕产妇死亡监测 这次孕产妇死亡监测的目的，主要是了解全国及各省、自治区、直辖市的孕产妇死亡率及死因构成特点，分析孕产妇死亡的时间、地区、人群分布特点，制定干预措施。

1989年3月成立了由30个省、自治区、直辖市妇幼保健人员参加的全国孕产妇死亡监测协作组，在广州市召开了第1次全国孕产妇死亡监测协作组会议。该协作组根据选点既要有科学性、代表性，又要注重其可行性、不宜分散设点、避免重复投资等原则，参照各省人口数、地理条件以及经济水平，城市以区为单位，农村以县为单位，选取了247个监测点9 800万人口（城市103个点4 040万人口，农村144个点5 760万人口）为监测人群。同时各监测点分城乡各随机抽取1 000～1 500名活产儿，调查其母亲基本情况。1989年全国孕产妇死亡监测点活产分娩总计为1 467 457例，孕产妇死亡1 089例，死亡率为74.2/10万，其中农村为97.5/10万，城市为37.1/10万。

二、孕产妇死亡漏报调查 为了更准确地了解全国孕产妇死亡实际情况，全国孕产妇死亡监测协作组于1990年3月在北京召开了第2次会议。总结了1989年的监测情况，并确定了实施孕产妇死亡及活产儿漏报的调查方案。

该协作组在全国孕产妇死亡监测点上，选取了354万人口（占总监测人群的35‰）的点作为孕产妇死亡漏报调查点，选取170万人口（约占总监测人群的17‰）的点作为活产儿漏报调查点。通过回顾性调查，1989年活产监测的漏报率为15%，孕产妇死亡监测的漏报率为33.4%。

三、监测及漏报调查结果 根据监测及漏报调查结果，经推算得出，我国1989年孕产妇死亡率为94.7/10万，城市的为49.9/10万，农村的为114.9/10万。全国各大区以华东地区的最低，为62.2/10万，西南地区的最高，为268.9/10万。

孕产妇死亡的前6位死因依次是：产科出血、妊娠高血压综合征、心脏病、产褥感染、羊水栓塞和肝脏病，占全部死因构成的83.2%。第1位死亡原因产科出血，占全部死因的49.1%。

调查结果还表明，影响孕产妇死亡的因素是多方面的，涉及到社会环境、家庭经济、个人素质、医疗保健等各个方面。农村孕产妇死亡率明显高于城市；山区的明显高于平原及其它地区；人均收入越低，死亡率越高；孕产妇的文化程度越低，死亡率也越高。

这次监测与漏报调查，首次得出了全国的孕产妇死亡率，为今后制订降低孕产妇死亡率的目标及干预措施，提供了可靠依据。

（聂春雷）

【全国出生缺陷动态监测工作】

1988年开始，在全国30个省、自治区、直辖市开展出生缺陷动态监测工作。1988～1989年监测结果如下：

一、出生缺陷总发生率

两年来，全国共监测围产儿1 546 003例，查出出生缺陷16 249例，其中1988年监测总数为803 762例，出生缺陷8 337例，出生缺陷发生率为103.72/万。1989年监测总数为742 241例，出生缺陷7 892例，出生缺陷发生率为106.33/万，与“七五”攻关课题所获资料相比较，出生缺陷总发生率有所降低。（见表1）

二、围产儿死亡率

1988年全国监测点共测得死亡围产儿18 243例，死亡率为22.70‰；1989年共测得死亡围产儿17 161例，死亡率为23.12‰。与“七五”攻关课题所获资料相比（26.65‰）亦有所下降（见表1）。

表1　围产儿死亡率与出生缺陷发生率

	围产儿死亡率(1‰)			出生缺陷发生率(1/万)		
年份	1987	1988	1989	1987	1988	1989
率	26.65	22.70	23.12	130.07	103.72	106.33

三、14种畸形发生率与"攻关"资料相比较均有所下降（见表2）。动态监测工作中值得注意的问题是，调整后的监测点尚不稳定，有逐年减少趋势，与无足够经费支持有关。

表2　全国30个省14种出生缺陷发生率（1/万）

出生缺陷种类	1987年	1988年	1989年
无脑儿	15.21	14.58	15.60
脊柱裂	8.45	7.39	9.03
脑膨出	3.72	3.30	2.82
神经管缺陷	27.38	25.27	27.44
脑积水	9.21	8.90	8.65
唇裂	5.55	4.74	4.49
腭裂	1.49	1.54	1.39
唇裂合并腭裂	11.18	9.34	9.71
唇腭裂	18.22	15.63	15.59
直肠肛门闭锁/狭窄	3.06	2.72	2.96
尿道下裂	2.53	2.10	2.22
脐膨出	1.46	1.00	1.00
指（趾）畸形	16.70	13.64	12.83
小耳	3.96	2.99	2.83

（张仙景）

【贯彻《女职工劳动保护规定》】

自1988年7月21日，国务院第9号令发布了《女职工劳动保护规定》（以下简称《规定》）以来，1990年各地、各部门结合实际，采取措施，创造条件，贯彻执行。一是采取多种形式搞好执法宣传。各地利用报刊、电视、广播等新闻媒介，采用办培训班、讲习班、展览、知识竞赛、开研讨会等方式广泛深入地开展了宣传工作。仅辽宁、上海、广西、湖南等省、自治区、直辖市就印发宣传品140多万份，举办培训班、讲习班、讲座1.1万多期。二是加强配套政策和实施细则的制定。1990年有13个省、自治区、直辖市政府颁布了相关的实施细则。《规定》发布后，仅山东、辽宁两省的企业就建立女工卫生室、冲洗室3.1万个。上海、辽宁两地区企业按《规定》要求，为4.5万名女职工调换了工种。鞍钢矿山公司结合企业改革，针对推行劳动优化组合中淘汰女工的问题，明确要求各单位在组合中"要男女比例适当，防止排斥女职工"，和"贯彻女工劳动保护政策，让女工在同等条件下参与组合"。并做出规定：①孕期、产期、哺乳期和休假长的女工不得被淘汰。②凡适合女工作业的岗位，均应配备女工。组合前必须按照女职工生理和心理特点，研究确定女工岗位。不得安排女工从事超过《规定》中提出的劳动强度或其它禁忌从事的工种。③制定定额时，对三班倒的女工定员，增加10%的系数，便于机动顶替。佳木斯市纺织印染厂，根据行业特点，抓四个"关键"，加强女职工劳动保护和保健：①抓基础，健全设施与管理制度。全厂建立了4所女工卫生室，10张孕妇休息床位，并建立了浴室，配备了18名专职人员管理女职工劳动保护设施。②抓根本，治理噪声，减少粉尘危害，降温降湿。先后改造了清梳尘塔，进行梳棉"三吸"工程、布场噪声治理、温湿循环工程改造等项目，改善劳动条件。③抓重点，"五期"保护有制度，有提供服务的机构和人员。④抓一般，坚持1～2年对女职工进行一次妇科疾病普查，边查边防治，防治率达90%以上。湖南省株洲市劳动局在全市企业试行了女职工生育息工制度和生育基金社会统筹办法。女职工从怀孕至孩子满3周岁，都可以自愿申请息工。息工期间计算连续工龄，享受企业调资计级待遇，并由社会保险部门按息工前1个月工资的60%～70%发给生活补助费。生活补助费实行社会统筹，按企业全部职工工资总额的0.5%提取。沈阳市第二毛纺织厂采取多种方法解决了女职工“双保期”不上夜班的问题：①休长假。达到晚婚年龄者发给100%工资；未达晚婚年龄者发给70%的工资。②“双保期”女职工上常白班，做轻体力工作。③孕7个月以上可以休产假。休假期间工资照发；哺乳期者上两个早班，两个中班后，可休息3天。④孕7个月后上常白班；哺乳期者在原班组上两个早班、两个中班后，可休息两天。

（张仙景）

【江西省在农村推行围产保健三个“十”措施】

江西省为探索在农村开展有效、可行的围产保健途径，自1982年以来，先后在不同地理条件的平原、丘陵、山区进行试点研究，摸索出一套适宜在农村推行围产保健技术与管理规范的围产保健三个“十”措施。1990年开始在23个县的69个乡试行这项措施。三个“十”措施是：

1．十种常见高危妊娠为重点的高危管理方法。十种常见的高危妊娠是：①妊娠高血压综合征；②骨盆狭小；③产前出血；④胎位不正；⑤早产；⑥过期妊娠；⑦双胎妊娠；⑧异常产史；⑨畸胎史；⑩内科病（心脏病、严重贫血、急性肝炎）。

2．县、乡、村开展十种配套的适宜的围产保健技术。十种围产保健监测技术①血压；②孕中期平均动脉压；③尿蛋白；④孕妇身高；⑤骨盆内、外径；⑥宫高曲线图；⑦胎动自我计数；⑧羊水肉眼分度监测；⑨简易产程图；⑩新生儿出生体重。

3．统一十项围产保健管理制度。①统一建立县、乡两级协调组织。②统一强化乡级妇保人员职能。③统一接生员例会内容。④统一村级产前检查内容。⑤统一村级孕期卫生指导内容。⑥统一村级产后访视制度。⑦统一村级产后卫生指导内容。⑧统一转院、转诊制度。⑨统一孕产妇死亡报告制度。⑩统一围产保健资料管理。

（徐兰芳）

【辽宁省考核农村接生员】

为加强接生员的管理，辽宁省1990年对从事家庭接生工作的10 847人进行了接生技术理论和实际技能的考试、考核，重新核发从业证书。具体做法是：

省卫生厅制定统一的考试、考核标准，各市、县（区）卫生局成立领导小组和技术小组，负责所辖地区的考试、考核工作。

考试以妇产科基础知识、分娩全过程、异常产的一般处理、孕产妇系统保健等为主要内容。考核以模拟表演方式进行，如消毒、铺敷布，助胎儿娩出及清理新生儿呼吸道，助胎盘娩出方法、检查胎盘的完整性等。考试、考核均为百分制，其中一项不及格者1年后补考。

从业人员先提出申请，填写《接生人员从业审批呈报表》，由县卫生局审核后，报市卫生局。考试、考核合格者，由卫生局发给证书，并报省卫生厅备案。

（徐兰芳）

儿童保健

【儿童生长发育监测审评】

联合国儿童基金会与卫生部于1990年10月10日至11月25日对山西省6个县（太原市南郊区、祁县、稷山县、芮城县、晋城市郊区、阳城县）进行了儿童生长发育监测审评。整个审评活动分为培训阶段（10月10～15日）、现场调查阶段（10月16日～11月20日）、总结阶段（11月21～25日）。联合国儿童基金会总部官员、临时顾问、驻华办事处中方项目官员，卫生部妇幼司有关人员等参加了项目的培训及总结工作。

此次审评共抽调10人，分别来自首都儿

科研究所、北京市儿童保健所、中国预防医学科学院营养与食品卫生研究所、山西省妇幼保健院、山西医学院。通过审评，认为：①薄弱的妇幼保健服务是扩展生长发育监测的主要障碍；②从生长发育监测中分析评价儿童营养状况，采取措施改善儿童营养状况，需要得到有关部门的配合；③生长发育监测是一种能被母亲接受的方法；④在人口较稀少的地区开展生长监测费用较高，需要一定的经费支持。

（张德英）

【制定下发《全国儿童急性呼吸道感染防治规划》】

为推动和加强儿童急性呼吸道感染（ARI）的防治工作，卫生部在总结试点地区经验的基础上，结合我国国情，组织制订了《全国儿童急性呼吸道感染防治规划（1990～1992年）》（以下简称《规划》）。《规划》经征求全国ARI防治专题委员会及省、自治区、直辖市卫生厅、局意见后，于1990年9月由卫生部下发。《规划》提出了我国儿童急性呼吸道感染控制的基本政策和目标。ARI防治的基本政策是，建立健全三级妇幼保健网，培训基层卫生人员，推广标准病例管理，开展健康教育，提高基层卫生人员诊断、处理ARI患儿的能力和母亲对儿童的保护能力，降低ARI的死亡率。总目标为：①到1992年，5岁以下儿童肺炎死亡率在原有基础上降低10%；②到1992年，5岁以下儿童肺炎病死率在原有基础上降低20%。

为组织协调《规划》的实施，1990年3月卫生部成立了"全国ARI防治专题委员会"，委员会由卫生部有关司局的人员及有关专家组成。专题委员会的主要任务是：提出ARI防治的有关政策，制订规划，进行ARI防治工作的专业咨询和技术指导，协调开展ARI科研及防治工作，包括监督检查和评价工作。

（袁晓红）

【扩展儿童急性呼吸道感染合作项目】

1. 建立儿童急性呼吸道感染项目县。自1986年以来，我国和世界卫生组织合作开展了儿童急性呼吸道感染合作项目。合作首先在培训人员、开展健康教育和推广标准病例管理等方面展开。1990年又与世界卫生组织合作，建立了24个儿童急性呼吸道感染项目县。这24个县分布在辽宁、吉林、黑龙江、山西、陕西、湖南、湖北、浙江、江西、四川10个省。儿童急性呼吸道感染项目的基本目标是，提高基层卫生人员的服务能力，降低5岁以下儿童肺炎的死亡率。世界卫生组织为每县提供5 000美元资助，开展标准病例管理培训工作。当地政府也给予一定的投入，以保证对乡村两级卫生人员的培训，及配备必要的药品和抢救设备。

1990年10～11月分别在天津、南京举办了项目县师资培训班，来自项目省卫生厅妇幼处、省县级妇幼保健机构的90名学员参加了培训。培训班讲授了儿童急性呼吸道感染标准病例管理，讨论了项目计划和管理措施，布置了项目培训、基础调查及监测工作。培训工作于1990年12月底以前完成。项目县将根据卫生部制定的统一方案于1991年1月开始基础调查和监测工作。

2. 建立"儿童急性呼吸道感染临床管理培训中心"合作项目。1990年9月由世界卫生组织资助，在华西医科大学、北京儿童医院建立了两个"儿童急性呼吸道感染临床管理培训中心"该中心的主要任务是，为全国开展儿童急性呼吸道感染临床管理培训师资，提供技术咨询和指导。

（袁晓红）

【确定"全国母乳喂养宣传日"】

母乳喂养是世界卫生组织提出的保证儿童健康的措施之一，中国有母乳喂养的优良传统，但自70年代以来，我国母乳喂养率呈逐年下降趋势，大城市尤为明显。为此，卫生部于1990年3月24日下发了《关于进一步加强儿童保健工作的通知》，确定5月20日为“全国母乳喂养宣传日”要求各地在每年的这一天，组织广大医务人员开展母乳喂养的宣传、咨询、服务活动，通过电视、报刊、杂志等多种宣传媒介向群众宣传母乳喂养知识。要求各地结合当地情况，制订出本地区母乳喂养工作规划，有计划，有步骤地采取措施，逐步逆转母乳喂养下降的趋势。

1990年5月20日，卫生部和北京市卫生局在中山公园组织了母乳喂养宣传活动，卫生部及北京卫生局领导人，联合国儿童基金会、世界卫生组织的官员参加了宣传日活动。许多省、市政府及卫生厅、局领导人发表了母乳喂养电视讲话，并参加了宣传日的活动。

（张德英）

中医事业管理

【首届中国中医药文化博览会】

由国家中医药管理局举办的首届中国中医药文化博览会于1990年9月12日开幕，17日结束，历时6天。博览会分3个部分：第一部分是在中国中医研究院中国医史博物馆举办医史文物展览，展出医史文物精品100余件，其中包括善本图书、御制稿本、书画、拓片、石器、陶器、瓷器、玉器、青铜器、铁器、木雕、写实名医画象、名医墨迹书稿等；在北京中医学院逸夫科学馆举办中国医学史展览。第二部分是在北京国际展览中心举办中医药科技成果和名优特新产品展览，有全国各省、自治区、直辖市和军队系统及香港等地的650余个企、事业单位参展，共1 300多个参展项目。第三部分是组织“百名中医专家特邀门诊活动”，由全国一些省市和北京地区4个中医医院的正、副主任中医师共485人参加，诊治病人14921人次。人大常委会副委员长彭真为博览会题写会名，国务委员李铁映、宋健等领导人为博览会题词，国务委员李铁映、卫生部部长陈敏章等领导人参加了开幕式。博览会观众达5万人。

本届博览会有38个项目获得了“神农杯”金奖，78个项目获银奖，128个项目获铜奖，177个项目获优秀奖。博览会期间，意向性合同协议成交额达5 000万元。

（诸国本　肖建中）

【中国中药企业管理协会成立】

中国中药企业管理协会于1990年1月25日经民政部批准成立，并于1990年5月23～25日在北京召开了成立大会。中药工商企业团体会员单位以及各省、自治区、直辖市、计划单列市医药管理局（总公司）和企业管理处的领导人共200多人参加了会议。

大会通过了《中国中药企业管理协会章程》；选举了130名理事和36名执行理事；选举张洪魁同志为会长，贝兆汉等30名同志为副会长，阎洪礼同志为秘书长（兼）；刘晋儒等4名同志为副秘书长；聘请了田景福等13名同志为协会顾问。

中国中药企业管理协会是在国家中医药管理局指导下，从事企业管理的科学研究，探索和传播中药企业管理理论和实践经验的社会团体。其主要任务是：

1. 组织全国中药行业从事企业管理的理论工作者与实际工作者，总结中药企业管理的实践经验，探索中药商业、生产流通及中药事业发展的客观规律，为国家中医药管理局实行行业管理提供依据。

2. 为企业和主管中药的管理部门提供培训、咨询、研究成果和信息交流服务。

3．编辑、出版管理书刊，开展行业内外的联系和国际交流。

4．接受政府部门委托，对中药、能、农、工、商一体，产供销结合的内外环境进行综合经济协调，促进中药商品经济发展和运行。

5．维护会员单位的合法权益，办理会员单位和中药工商企业委托和要求的有关事项。

（樊 进）

【中国中医研究院庆祝建院35周年】

中国中医研究院于1990年12月19日召开庆祝建院35周年座谈会。中国中医研究院创建于1955年，目前已成为学科比较齐全、技术力量比较雄厚和具有现代仪器装备的国家中医药研究基地。35年来，共取得科研成果377项，其中获国家发明奖、国家科技进步奖5项，获部局级奖励的成果有47项。史兆歧研究员的成果“消痔灵”，获14届萨格勒布国际发明创造博览会金质大奖和35届布鲁塞尔尤里卡世界发明博览会一级骑士勋章；屠呦呦、刘猷枋、唐由之等9位专家先后荣获“阿尔伯特·爱因斯坦”世界科学奖状。“七五”期间，承担科研课题176项，其中国家级的“七五”攻关题有27项、部局级课题84项、国家自然科学基金会课题25项，这些课题有的已进行了鉴定，有的将通过国家验收。在医疗上，从提高临床疗效上下功夫，中医、中西医结合治疗心血管病、肿瘤、银屑病、白内障、痔疮、泌尿结石、骨折等独具特色。在教学上，举办全国西医学中医班24期，培养西医学中医人员1043名；先后举办中医临床、理论、针灸等进修班398个，培养了14800余名技术人员；培养硕士研究生398名，博士研究生34名；先后举办国际针灸班40期，培训了来自88个国家的学员940名，他们回国后，成功地开展了针灸、骨伤、中医等治疗。卫生部部长陈敏章部长在座谈会上说，中国中医研究院在发扬传统医药、培养技术人才上做出了很大贡献，今后还要在这个基础上起飞。中医研究院是我国中医药领域的国家队，希望大家要向前看，同心同德，为中医药事业的发展作出更多贡献。国家中医药管理局副局长朱杰说，中医药事业的发展：一要加强全行业广大干部职工的科技思想教育，把中医药事业的发展十分明确地列入依靠科技进步的轨道上来；二要在今后工作中注意保护和调动科研人员、干部的积极性，保护和支持大家的事业心，使他们在轻松的环境中发挥自己的聪明才智。

（华钟甫）

【中国中医研究院中医药学文献分析检索系统建成】

中医药学文献分析检索系统（TCML-ARS）系卫生部中标课题，由中国中医研究院图书情报研究所和基础理论研究所共同研制，是我国目前第一个大型综合性中医药学文献资料库。该系统存储信息量大、机前文献标引方法规范、检索速度快。它具备如下功能：①多途径检索：可按标引工作单的任何项进行检索。最常用的检索入口词包括主题词、副主题词、特征词、作者、期刊名称等。并可单项检索，或采用AND、OR、NOT等布氏运算式进行逻辑检索。也可根据“中医药学主题词表”中的范畴进行族性、扩展性检索。还可根据需要使用关键词检索。②编制索引：约有50种期刊每期的全部文献均收录在本系统中，故可为其编制索引，包括年度或4年的累积主题索引和作者索引。③编制目录卡片：具有对所收录的全部题录打印符合国家标准的目录卡片，供图书馆使用，可大大减轻手工劳动。④统计：具备词频统计功能，如统计主题词、关键词的使用频率，还可用以进行文献计量学分析，为有关领域的研究者提供有价值的信息。⑤生成若干专题文献库：将该系统中文献量较多的专题，生成若干个专题库，更有效地为读者服务。

（袁 君）

【中国中医研究院针灸文献分析和检索系统通过鉴定】

1990年11月14日，由中国中医研究院图书情报所研制和建立的针灸文献分析和检索系统（ACULARS），正式通过专家委员会的鉴定。该系统是针灸领域里的一个文献数据库，收录世界各国生物医学期刊520余种，目前已存储1984年至1988年5年的文献题录12000余条，其中60%以上附有文摘。该系统采用联合国教科文组织（UNESCO）开发的MICRO CDS/ISIS通用情报检索软件建立。按计划1989年及其后的文献资料将陆续提供给用户。

该系统具有下列特点：①覆盖面广。收录中、英、日、德、法、俄等10种语言500多种期刊及有关的国际会议的文献。②多途径快速检索。可以从刊名、出版日期、语种、国别、作者、主题词、文本词等途径进行快速检索。在几分钟之内便可获得所需的有关经络、穴位、疾病的诊断和治疗，以及针灸和针刺镇痛的作用机理等方面的资料。③有中、英文两种版本。它是当前世界医学领域里唯一具有中、英文两种版本的文献数据库。④采用先进的标引方法，并使用标准化的名词术语。如穴位均采用世界卫生组织（WHO）主持下制定的标准化名称和编号。

世界针灸联合会（WFAS）已指定该系统作为向世界各国提供针灸资料的数据库；世界卫生组织对该系统给予支持与资助。自1987年以来，该系统在研制和建立过程中即已开始向国内（包括台湾）和国外的用户提供数据软盘和检索服务。

（袁　君）

【中国中医研究院中药微机程控炒制机获第5届全国发明展览会金牌奖】

中国中医研究院中药研究所与中华传统医学仪器学会共同研制的中药微机程控炒制机在1990年10月天津召开的第5届全国发明展览会上荣获金牌奖。

该机是依照中药传统炒制的特点和需要，采用先进电子技术设计的具有突出的新颖性、先进性和实用性的新一代炒药设备。在使药物受热均匀，提高炒制质量，增大适用品种降低劳动强度，防止环境污染，提高生产效率，拓展工艺改进前景等方面比同类产品具有显著的优越性。它独具中药炒制10大功能，首创微机控制炒药全自动。该机在整体结构上进行了多方面的创新设计，其中有11项新结构已获国家专利。

（华钟甫）

中医医疗

【中医医院分级管理】

中医药有着自身的规律和特点，在中医院的管理上也必然有其特殊性，因此，在医院分级管理工作开始即确定，卫生部负责综合医院的分级管理工作，国家中医药管理局负责中医医院、中西医结合医院、民族医医院的分级管理工作。

1989年7月国家中医药管理局组织起草了《中医医院分级管理标准》（以下简称《标准》），并进行了中医医院分级管理模拟试评。1990年3月，在北京召开了中医医院分级管理模拟试评工作汇报会。会议听取了各省市的模拟试评工作汇报和对文件的修改意见。会后，组织有关专家对《标准》进行了论证、修改，并起草了《中医医院分级管理评审工作细则》（以下简称《细则》）。

1990年6～8月，国家中医药管理局组织了含医疗、管理、护理药剂、器械等5方面专家组成的专题调研组，到南京、常州、上海、长春、扶余、和龙等地，按照《标准》和《细则》所规定的检查方法和内容对7所中医医院进行了检测性调研。有200余人参加了论证、修改《标准》、《细则》的座谈会。会议认为：《标准》重视中医内涵建设，导向正确。只有实行中医医院分级管理，才能把握好中医办院方向。《标准》中技术水平方面采用的指标，能体现中医特点。经过实地检测，各地一致认为《标准》基本体现了前瞻性与现实性、科学性与可行性的结合与统一，检查方法可行。会议同时对《标准》提出了修改意见。《标准》已被下发全国征求意见，以进一步修改、完善，为1991年召开全国中医医院分级管理第二次会议并部署部分省市开始试评做好准备。

（莫用元）

【全国气功医疗现状调查】

国家中医药管理局于1990年9月下旬，以调查表的方式，向各省、市中医（药）管理局、卫生厅中医处布置了建国以来第一次有关全国气功医疗机构及社会散在气功医疗人员的现状调查，以便于及时总结《关于加强气功医疗管理的若干规定（试行）》下发一年以来气功医疗管理方面的基本情况，为下一步工作提供依据。

根据已上报的辽宁、吉林、黑龙江、江苏、浙江、四川、甘肃、河南、广东、上海、南京、哈尔滨、大连、成都、长春、西安等16个省、市的调查情况简要归纳分析如下：

16个省、市现有气功医疗机构 132个，其中属于民间团体的63个，政府机构66个，另外3个不详；从事主要活动性质：医疗保健93个，教育培训11个，科研13个，学术15个。132个机构内职工总人数1 701人，其中从事气功医疗工作的920人（详见130页表1、2）。1989年共气功诊疗175 239人次，总收入1 041 771元，平均每人次收费5.95元，其中最低收费每人次0.40元，最高收费每人次40元。自各机构建立以来，共举办气功医疗学习班501期，招收学员总人数254 534人，每期学习时间7～180天不等，多数为10～30天左右。办班收费以每期每人次10～40元居多，最高的达90元，较低的3元，还有个别的属义务教学。办班后发结业证书的有9个机构。

调查情况表明，近一年来气功医疗在舆论导向方面有了明显的好转，新闻宣传基本扭转了夸大猎奇的现象，还气功科学以本来面目。气功医疗管理得到了各级政府部门及社会各界人士的支持。各地在治理整顿过程中，认真查处和取缔了一批非法开展气功医疗活动的人员或机构，为维护气功医疗市场的正常秩序起到了积极的作用。但是，目前在气功医疗市场活动及其管理方面存在的问题还很多，很复杂。主要表现在多头审批的现象仍然存在；缺乏统一的管理细则和考核、收费标准；各种气功医疗团体管理混乱；“外气”治病争论不休，易为一些不法分子钻空子；气功医疗人员素质偏低；非法行医的现象屡禁不止等几个方面。

【《中医内、外、妇、儿科病证诊断疗效标准》第一辑试行情况】

为逐步实现中医临床诊断和疗效评定的规范化、标准化，国家中医药管理局组织编写了《中医内、外、妇、儿科病证诊断疗效标准》第一辑。该标准从1989年7月至1990年7月在全国范围内试行。试行结束后，各地组织了多层次机构与人员的座谈会，对该标准进行讨论并修改。比较普遍的看法是，该项工作是发展中医学术、振兴中医事业的一项意义深远的基础性工作。试行的第一辑标准比较切合临床实际，其主要指导作用表现在：使中医临床病证诊断疗效有了统一的判定标准；使病历书写和医疗质量考核有了重要的依据；可以作为科研课题论证和中医急症研究的参考资料。会议重点围绕以下几方面提出了建议：①抓紧中医病名的规范化工作，在目前应与全国中医院校第五版统一教材相一致；②诊断依据与疗效评定之间要贯穿中医“证”这一主线，重点在疗效评定部分增添中医内容；③附设鉴别诊断。

（张　奇）

表 1　辽宁、上海等 16 个省、市气功医疗机构内 920 名气功医疗人员情况分析

	技术职称		从事气功医疗工作年限					气功技能来源					专业、文化程度				气功医疗活动方式			
	医士以上职称	无医技职称及不详	一年	三年	五年	十年	不详	正规院校气功专业	社会办学	祖传师授	自学函授	其他及不详	医学中专以上	其他中专毕业	高中	初中以下及不详	仅授功法自我锻炼	“发外气”治疗	前两者结合	其他及不详
人数（人）	367	553	96	255	226	289	54	28	347	251	130	164	299	226	184	211	348	117	318	137
百分数（%）	39.89	60.11	10.43	27.72	24.57	31.41	5.87	3.04	37.72	27.28	14.13	17.83	32.50	24.57	20.00	22.93	37.83	12.72	34.57	14.89

表 2　浙江、广东、四川、长春、南京、西安等 6 省市 274 名社会散在医疗人员情况分析

	审批情况			技术职称		从事气功医疗工作年限					气功技能来源					专业、文化程度				气功医疗活动方式			
	卫生行政部门审批	其他部门审批	未审批及不详	医士以上职称	无医技职称及不详	一年	三年	五年	十年	不详	正规院校气功专业	社会办学	祖传师授	自学函授	其他及不详	医学中专以上	其他中专毕业	高中	初中以下及不详	仅授功法自我锻炼	“发外气”治疗	前两者结合	其他及不详
人数（人）	60	83	131	61	213	64	89	49	50	22	0	108	93	45	28	37	31	74	132	71	29	160	14
百分数（%）	21.90	30.29	47.81	22.26	77.74	23.36	32.48	17.88	18.25	8.03	0.00	39.42	33.94	16.42	10.22	13.50	11.31	27.01	48.18	25.91	10.58	58.39	5.11

（金二澄）

【《中医内科急症诊疗规范》第一辑下发试行】

为进一步提高中医急症诊疗水平，加强中医临床技术工作规范化、标准化建设，国家中医药管理局组织编写了《中医内科急症诊疗规范》第一辑。这一辑中包括中风病、外感高热症、心痛、血证、厥脱症、胃痛等6个病证的中医急症诊疗规范。该规范自1990年7月1日起，在全国各级各类中医医院中试行，并将在1991年总结试行工作。届时除对该规范进行修订外，同时组织该规范后几辑的论证、编撰工作，以不断增加规范中的病种和科属。

（张 奇）

【印发《关于加强7所中医学院附属医院建设的意见》的通知】

国家“七五”期间重点投资改建、扩建了四川、黑龙江、陕西、湖南、天津、上海、江苏省（市）等7所中医学院附属医院。为了加强这7所中医学院附属医院“八五”期间的业务建设，国家中医药管理局于1990年9月28日下发了《关于加强七所中医学院附属医院建设的意见》。

该意见中明确了7所中医学院附属医院的地位与作用，奋斗目标与主要任务；并就如何坚持中医医院的办院方向、突出中医特色、提高医疗质量以及如何加强医院人才建设与科学管理等方面制定了具体措施。国家中医药管理局将组织有关人员对这7所中医学院附属医院进行验收，今后每年检查一次，并与分级管理评审紧密结合；定期召开会议，交流经验，推广科研成果，研究和解决医院管理工作中的重大问题。

（题兆魁）

【首届全国民族医医院院长学习班】

为了加强民族医医院的管理工作，提高民族医医院领导的科学管理水平，国家中医药管理局于1990年6月11日至7月7日在上海市中医文献馆举办了首届全国民族医医院院长学习班。全国共有12个省、自治区的28名民族医医院的院长参加了学习，他们分别来自9个少数民族。

学习班主要讲授的内容：①有关民族医药的方针政策、医院建设、指导思想及工作对策；②有关现代科学管理的知识和方法；③民族医医院各科室部门的具体管理方法和经验；④有关医疗科研、教学、情报、老中医经验的继承整理及文献研究等科研教学工作的管理与方法。

（刘文武）

中 医 教 育

【“七五”期间中等中医药教育发展概况】

卫生部1985年在合肥召开的中医、中西医结合会议上，提出“七五”期间中等中医教育的主要任务是：努力办好现有中医药学校和中等卫生学校中医班，调整专业设置，提高教学质量，扩大招生能力；创造条件，在尚未建立中等中医教育机构的省、自治区、直辖市新建40所中医药学校，重点培养社会急需的中药、护理、针灸、推拿等中级中医药人才。经过五年的奋斗，基本达到了预期的目标。

1. 中等中医药教育增加了机构，扩大了规模，并逐步形成了多种类型相结合的中等中医药教育体系。1985年全国有中等中医药学校21所，1990年发展到54所。扩大了办学规模，据1990年统计，全国各类中等中医药学校共招生10725人，在校生总数达35310人，毕业生8356人，分别比1985年增长1.44倍、2.28倍、2.21倍。高等与中等中医教育在校生比例已由1985年的1:0.36变为1:1.13。

目前全国有中等中医药学校41所、民族医学校2所，中医护士（卫生）学校6所、中医药职工中等专业学校5所，46所卫生学校开设了中医药专业，部分省、自治区改建、新建中医药职业技术学校16所，从而改变了单一的办学模式，逐步形成多种类型相结合的中等中医药教育体系。设置的专业也由1985年的4个增加到1990年的10个（含民族医专业3个）。注重了社会急需短缺人才的培养。

2. 加强了学校的自身建设。据1990年初对全国48所中等中医药学校统计，“七五”前4年国家和各级地方财政共拨出中医专款补助经费8 689.86万元，使各校的办学条件有了不同程度的改善。这48所学校共增加建筑面积334 331.35万平方米、教学仪器设备716.32万元、图书27.46万册。

“七五”期间，组织编写了中医中等专业学校教材54种（含藏医教材16种），38种蒙医教材正在编写、翻译中。1986年组织修订了中医士、中药士、针灸医士、中医护士4个专业的教学计划；1989年组织编写了38门主体课程的教学大纲、制定并颁发了《中医士、中药士专业建设标准》。

3. 开展了教育改革研究。1989年成立了全国中等中医药教育研究会，在全国范围内广泛开展中等中医药教育改革的研讨和学术交流活动。在改革招生分配制度方面，采取定向招生、定向培养、定向分配等措施，基本疏通了中医中等专业人才通向农村的渠道。90%的学校还开办了多种形式的在职培训和乡村医生培训，为提高农村中医队伍素质起了很大作用。

中等中医药教育在发展中还存在不少困难和问题，主要是管理体制不顺、管理不力；一些单位和部门对中等中医药教育不够重视；中专教育起步晚、基础差、经费短缺；师资队伍素质亟待提高等等。

（许云秋）

【全国继承老中医药专家学术经验拜师大会】

1990年10月20日，全国继承老中医药专家学术经验拜师大会在北京人民大会堂举行，这次大会是根据人事部、卫生部、国家中医药管理局联合发出的“关于采取紧急措施继承老中医药专家学术经验的决定”召开的，国务委员李铁映，全国政协副主席刘澜涛、王任重以及来自全国各地的老中医药专家和学生代表共500余人出席了会议。带徒的老中医药专家平均年龄超过70岁，其中年龄最大的105岁。北京中医学院教授王绵之、赵绍琴，南京中医学院教授邱茂良，在会上还分别收了来自台湾省的黄秋阳、苏柏成和林俊宏为徒。

拜师大会由国家中医药管理局副局长朱杰主持，李铁映在会上作了题为“振兴中医药事业是我们的历史责任”的重要讲话。他说，老专家们多年的心愿能够得以实现，喜得高徒；中青年能够得名师的传授和指点，学有专攻；中医药事业后继有人，是我国卫生事业的大喜事，把这件事做好，必然能使中医药事业更加兴旺发达。他指出，中医药学的丰富内容，不仅保存在大量的古典医籍中，也保存在老中医药专家的独特经验中。把专家们的经验继承下来，是发展中医药学不可忽视的一个重要方面。要把抢救、继承的制度建立起来，要建立中医药学的师承制度。他最后说，振兴中医事业不仅是中医药和卫生行政部门的事，而且是各级政府、各有关部门和全社会的事，各级政府和卫生、中医药行政管理部门要进一步加强领导，把发展中医药事业列入议事日程，当作一件大事来抓。

广州中医学院教授邓铁涛代表全体老师在会上表示，一定要毫无保留地将各自的经验传授给学生。他说，我们的口号是“学我者必超过我”，继承是手段，振兴中医，让中医药学走向世界才是我们的目的，邓铁涛教授的学生刘大荣代表全体学生向各位老师表示，一定要勤勤恳恳地学习，原原本本地继承，并使其发扬光大，为振兴中医药学贡献力量。

（吴　刚）

【试办7年制高等中医教育论证会】

国家教育委员会与国家中医药管理局于1990年11月13～15日在上海联合召开试办7年制高等中医教育论证会。全国中医药界40余位专家、教授出席会议，对试办7年制高等中医教育的必要性和可行性进行了论证，并讨论修改了“试办院校基本条件”、“7年制中医学专业基本规范”、“制定7年制高等中医教育专业教学计划的原则和基本要求”等有关指导性教学文件。

与会专家认为，试办7年制高等中医教育是继承发扬中医药学术的需要。我国中医典籍浩如烟海，需要发掘整理，继承其中的精华，这就要求所培养的学生有足够的时间掌握医古文知识，学习中医古籍。要使所培养的学生具备发扬中医药学术的潜力，就必须学习足够的自然科学技术知识，人文社会知识和必要的现代医学技术知识。为此，除了要办好5年制高等中医教育外，还需要试办7年制高等中医教育，为中医药事业的全面振兴和走向世界，培养一批高层次、高水平的中医药人才。

与会专家对7年制高等中医教育的培养要求进行了讨论，一致认为，7年制高等中医教育主要培养达到医学硕士水平的高级中医人才。他们应具有良好的思想品德和职业道德，有比较深厚的中医理论基础，有比较广泛的人文社会科学知识，有比较宽厚的自然科学的基础与必要的现代医学理论基础，有比较扎实的临床技能和比较全面的独立思维、独立发现问题、分析问题和处理问题的能力。

与会专家认为，高等中医教育已有30多年发展历史，一些高等中医院校在办学条件、师资队伍建设、学术水平、教学管理等方面已具备了试办7年制高等中医教育的条件，因此在部分院校试办是可行的。但在试办阶段可以先设置中医学一种专业，对学生进行全面培养，后期适当分化，有的侧重基础理论，有的侧重临床。承办院校不宜太多，招生规模也不宜太大，以保证教育质量。

（郑守增）

【全国中药人力需求预测调查】

为全面了解我国中药人力资源的现状，从而对目标年（1995和2000年）的人力资源需求和供给情况进行预测，国家中医药管理局于1990年初成立全国中药人力发展研究领导小组和课题组。课题组从1990年2月份起陆续完成了课题设计、抽样设计、调查表格设计、培训教材编写、初步预调查和人员培训，以及组织专家论证等项工作。国家中医药管理局还在北京召开了10省市65位代表参加的中药人力发展研究工作会议，成立样本省份调查工作组；布置现场调查任务；介绍卫生人力预测概况以及本次调查目的、内容、方法和基本要求等。

此次预测调查工作共分10个调查小组，参加的有关人员约300余人，分别对10个样本省进行现场调查。至1990年底，调查工作已基本结束，每个组都完成了50张表格的调查统计和填写任务，收集有价值的数据近4万个，计算机在对全部资料进行数据处理。

此项工作全部完成后，不仅可摸清中药人力的现状和预测需求量，而且对中药人力的培养层次、类别、专业结构等方面也可提供依据。

（赵来玺）

【印发《中等中医药学校中医士、中药士专业建设标准（试行）》】

由国家中医药管理局制定的《中等中医药学校中医士、中药士专业建设标准（试行）》（以下简称《标准》）于1990年1月下发试行。

一、制定《标准》的目的

1.“七五”期间我国中等中医药教育发展较快，无论是学校数量，还是办学规模都有较大的增加。但是，这些距离中医药事业的发展和社会需求还有差距，中等中医药教育专业自身建设也没能得到应有的加强。特别是近几年新建、改建的学校多数是在原来条件较差的卫生学校或卫生职工中专学校基础上改建的，师资不足，设备条件很差，与国家教育委员会对中等专业教育办学的一系列规定和要求相距甚远。长期下去，势必影响教学质量和人才质量。因此，必须采取有效的措施，以加强中等中医教育的内涵建设。制定专业建设标准就是要通过对专业的培养目标、教学管理、办学条件等提出一些具体的要求和指标，从而使学校在设置这些专业时有所遵循，而且也便于各级卫生、中医主管部门和地方教育部门指导并帮助学校建设好各个专业。

2．为贯彻国家教育委员会近年来对教育提出的调整、整顿、充实、提高的要求，就必须通过专业建设标准的制定逐步使中等中医教育的专业规范化、标准化，形成一个基本合理的结构和模式。这对保证教学质量，培养合格人才是十分必要的。同时也作为今后对中等中医教育进行检查评估和督促指导的一个基本依据。

3．选择中医士、中药士专业先试行，是考虑这两个专业开办较早，有一定的基础和办学经验，课程体系比较明确。同时，这两个专业也是中医药学校的主要专业，开办者比较多。选择它们先试行，可能相对难度小一点。其它专业建设标准要视这两个专业试行情况而定。

二、制定《标准》的依据

1．依据国家教育委员会、卫生部、国家中医药管理局有关中等专业教育的规定和中医药事业发展的规划和要求。

2．依据中等中医药学校的实际情况和今后一段时间内发展目标，以及中医药事业发展，特别是农村基层中医药工作对中级中医药人才培养的质量要求。

三、《标准》的主要内容

《标准》共分7章，总则部分主要阐明两个专业的培养目标和对本专业人才培养质量的要求，以及《标准》的适应范围；第二章教学管理，对学校如何科学化、规范化管理中医士、中药士专业，加强自身建设提出了具体的要求，并着重强调建立健全与专业有关的各级管理机构和有关规章制度，以加强对专业建设的领导。在教师队伍、实验室、教学实习基地、图书资料等各章中，对开办专业的基本条件作了规定，使其能够有效的保证专业教学任务的完成和教学质量。《标准》的最后一部分，针对现在中等中医药学校办学经费和校舍严重不足，达不到国家教委规定的要求，强调要认真贯彻落实国家的有关标准，把中医士、中药士专业建设好。

（濮传文）

中医药、中西医结合科研工作

【全国中医药科技进步工作会议】

全国中医药科技工作会议于1990年7月5～9日在上海举行。参加会议的有各省、市中医（药）管理局局长，主管中医科技工作的卫生厅（局）长及医药管理局（总公司）的局长（经理），部分中医药研究院（所）及部分高等中医药院校主管科技工作的院（所）长和著名中医药专家共240人。中共中央顾问委员会委员崔月犁、上海市副市长谢丽娟出席会议并讲了话。

这次会议的主要任务是：贯彻党中央、国务院关于依靠科学技术进步促进四化建设的一系列指示及科技工作方针，确立依靠科学技术进步促进中医药事业全面发展的指导思想，明确目标，制订措施，把整个中医药事业的发展转移到科学技术进步的轨道上来，使中医药事业上一个新台阶。

国家中医药管理局副局长朱杰在会上做了题为《依靠科学技术进步，推动中医药事业发展》的报告。报告阐述了当前中医药工作的形势，强调把整个中医药事业的发展引导到主要依靠科学技术进步的轨道上来，是近年来中医药事业发展指导思想的继续和深化。他提出的几个目标是：形成一个具有中医药特色、能充分发挥中医药优势的机构；老中医药专家经验的继承工作得以落实；农村中医药人才有可靠的来源；形成一支强有力的科研队伍，科技成果得以推广；中药材、饮片、中成药的生产合理、先进；在国内外建立起广泛的合作交流网络。他还在科技成果推广、继承老中医药专家经验、人才培养、加强机构内涵建设、推动中医中药的结合等方面提出了具体措施。他强调，在中药科研工作方面，重点是加强中药材生产和质量控制的研究；中成药新产品开发和剂型改革研究；加强炮制加工技术的研究；中药基地的建设和企业管理工作。

大会讨论了《关于依靠科学技术，振兴中医药事业的意见》等文件。会议进行了中医药科技进步管理工作经验交流。会议指出，中医药事业的兴衰关键在于科学技术进步。

（徐金香）

【《针灸“经穴部位”国家标准》颁布】

国家技术监督局根据《标准化法》和《标准化工作守则标准编写的基本规定》，对国家中医药管理局上报的、由中国中医研究院针灸研究所组织编制的《针灸“经穴部位”国家标准》进行了审查，于1990年6月7日正式批准为国家标准，并在《国家标准发布公告》中发布，编号为GB12346-90。该标准将于1991年1月1日起实施。该标准对14经脉的经穴部位和48个经外奇穴的部位进行了准确的毫定，是针灸方面教学、医疗、科研、交流、出版的重要技术执法依据，属国家强制性标准。

该标准含3方面内容：其一是为了确立腧穴部位而制定的标志点、标志线和骨度分寸度量标准；其二是14经脉的361个经穴和48个经外奇穴的序号、名称及其体表部位；其三是为了使经穴部位更为直观，绘制了人体经穴部位图示。该标准的穴名，依据世界卫生组织总部针灸穴名国际标准化科学组会议所审定、采纳的标准针灸穴名进行著录。

《针灸“经穴部位”国家标准》由中国标准出版社以中、英文两种版本出版，并于1990年下半年向国内、外公开发行。

为配合《针灸“经穴部位”国家标准》的出版发行，中国中医药出版社和外文出版社同时出版发行本标准的中、英文版《编制说明》。《编制说明》包括两方面内容：其一是文献依据，引证了历代主要针灸文献，并以现代教科书为底本结合全国各地针灸临床专家的取穴经验，进行分析综合，去粗取精进行毫定；其二是经穴的层次解剖，这是根据30多年人群经穴部位的测量调查和每个经穴由浅入深的尸体层次解剖的研究结果而编制。《编制说明》是经穴定位的依据，有较高的学术价值。

（赵　璐）

【北京中医学院逸夫科学馆落成】

由香港电视广播有限公司董事长、香港邵氏影业公司董事长邵逸夫先生赠款300万元港币及国家中医药管理局投资250余万元人民币兴建的北京中医学院逸夫科学馆于1990年4月竣工。该馆共有建筑面积3160平方米。馆内1层设有会议室、小型报告厅、贵宾接待室及办公室。2层为中国医学史展厅，系统介绍中国传统医药学的发展历史。3～5层为中药标本展厅，其中3层为中药综合展厅收集常用中药约600种，每种包括原植物(原动物及矿物)、药材和饮片；4层有药用植物标本室，计划收藏有药用价值的原植物蜡叶标本8 000～10 000种，及中药材标本室和中药饮片及成药室。两室各计划收藏药材8 000种，中成药2 000种；5层为贵重中药标本室，计划收藏国内外名贵中药200种。

（张镐京）

【中医药科技成果推广工作】

为了加强中医药科技成果的推广工作，1990年10月国家中医药管理局制定了“金桥计划”——“八五”中医药科技成果推广计划。“八五”期间，拟在全国范围内推广100项中医药科技成果，向国外推广10项。1991年将重点推广26项。拟设立局中医药科技成果推广基金，用于成果推广工作。国家中医药管理局于1990年8月24～25日在北京召开了中医药科技成果试点工作会议，准备在辽宁、山东、湖南、四川、北京5个省、市进行试点。为了鼓励广大科技人员和管理人员的积极性，国家中医药管理局设立中医药科技成果推广“金桥奖”，奖励对推广应用科技成果做出贡献，取得重大经济效益和社会效益的单位和个人。为促进中医药科技成果推广工作，1990年国家中医药管理局委托有关单位在北京、河北、上海、山东、辽宁等地举办了7个获奖项目的成果推广学习班。

（洪　净）

【1990年度国家中医药管理局科技进步奖评审情况】

国家中医药管理局1990年度中医药科学技术进步奖获奖项目共46项，其中一等奖5项，二等奖16项，三等奖25项。

一、中医药及其疗法诊治疾病的机理研究取得进展

中国中医研究院骨伤科研究所的“四种固定方法对兔胫骨骨折愈合生物适应性的实验研究”，通过对小夹板、石膏、髓内针、铜板4种固定效应进行全面实验观察与分析，论证了小夹板局部外固定较其他方法有更好的生物适应性，因而能促进骨折愈合，阐明“动静结合”治疗骨折的科学原理，提出了所有的固定方法都是相对固定不存在绝对固定，而以小夹板的局部活动度对骨折愈合最为有利的观点，并在国内外首次采用光导棒对骨折局部进行活体观察，使研究方法达到国际先进水平。中国中医研究院针灸研究所的“针刺对失血性和创伤性休克作用机理的实验研究”，是以针刺“人中”穴对失血性休克和创伤性休克机理进行系统的实验研究，证明了失血性休克及针刺“人中”穴的急救效应，揭示了已沿用千年的针刺“人中”穴治疗疾病的机理。中国中医研究院中药研究所的“桂枝汤功能的实验研究”，遵循《伤寒论》所述方义，运用现代实验药理学、病毒学、免疫学等多学科手段，对桂枝汤的主方和配伍原理以及调和营卫的双向功能等进行了全面分析，能在中医药理论指导下，在《伤寒论》经文中找题目，综合多学科的研究而探明机理，具有创新性和先进性。以上3项均被评为一等奖。

二、中药研究及制药技术研究取得成绩

中国药品生物制品检定所等单位的“进口药材质量标准制定与检验方法研究”在总结传统中药材鉴别经验的基础上，结合进口商品实际情况，以现代科学方法，从本草考证、商品历史情况调查、生药学研究、理化鉴别等入手，对33种进口药材制订了质控标准，并被国家批准为对外签订进口药材合同条款和到货检验的法定依据，为国家挽回大量经济损失，被评为一等奖。

河南周口制药机械厂的“WQY240-2型往复切片机”，设计严密，能有效地应用连杆机械，首创了用契块契轮的间歇进给和实用的过载保护装置等，组合成相对先进、合理的设备，具备了完善和精度高的切片功能，是国内中药切片机械的一个突破，具有80年代先进水平。天津市中药机械厂的“TF-700粉碎机组”，吸收国外粉碎机经验，结合我国中药生产具体情况，将粉碎、气流输送、药粉的筛选等结构进行合理的组合，设计严密、结构新颖，1988年获实用新型专利权，是我国当前中药粉碎较为理想的设备，在国内处于领先地位，已在全国推广应用。以上2项均被评为二等奖。

三、中医文献整理和老中医临床经验总结受到好评

陕西省中医药研究院的“应用电子计算机整理中医古籍的研究”，应用电子计算机技术，较好地解决了通检编制工具系统设计。应用该系统完成了《内经》、《难经》等5部著作的通检编制，实现了古籍通检编制工作的自动化，对促进中医学术的发展起到了促进作用。该项目被评为一等奖。

上海市中医药研究院的“王玉润教授治疗肝硬化的临床经验和实验研究”被评为二等奖。他们多年来应用中医药治疗血吸虫病肝硬化，能有效地保护肝细胞，抗肝损害，预防并阻止肝纤维化进展，促进胶原降解重吸收，部分逆转肝纤维化，方法先进，结果可靠。辽宁中医学院的“彭静山老中医针刺眼周部位的临床经验”，总结出8区13穴的治疗原则，运用于实践。20年来该法经各地广泛用以治疗中风偏瘫、高血压、胆绞痛、头痛、软组织损伤等病证，取得了较好疗效，证明了其可重复性，提供了研究穴位特异性的新思路。此项目方法简便，易于推广，在国内外中医界受到好评，被评为二等奖。

四、民族医药与边远地区医药研究获新成果

内蒙古医学院的“蒙药荜茇降血脂作用的研究”和青海省中医院等单位的“高原低氧环境与气虚、血瘀证关系的研究及高原中药防治气虚、血瘀证疗效分析”均从不同角度对蒙药开发和防治高原病的新药进行了研究，获得了有意义的进展，均被评为三等奖。

（王亨立）

【1990年度国家中医药管理局中医药科技进步奖奖励项目】

序号、等级	项目名称	主要研究单位	主要完成者
90—1	四种固定方法对兔胫骨骨折愈合生物适应性的实验研究	中国中医研究院骨伤科研究所	尚天裕 顾 华
90—2	进口药材质量标准制订与检验方法研究	中国药品生物制品检定所 天津市药品检验所 上海市药品检验所 广州市药品检验所 北京市药品检验所	秦祥林 贾宗才 朱孝芸 谢培山 周富荣
90—3	桂枝汤功能的实验研究	中国中医研究院中药研究所	富抗育 贺玉琢 李晓芹 郭淑英 卢长安
90—4	应用电子计算机整理中医古籍的研究	陕西省中医药研究院	武长春 江汉栋 郭卫红 高兰莉 马飞生
90—5	针刺对失血性和创伤性休克作用机理的实验研究	中国中医研究院针灸研究所	文 琛 刘金兰 黄为敏 黄坤厚 赵湘杰
90二1	中西医结合治疗急性重症胆管炎	天津市中西医结合急腹症研究所	鲁焕章 胡家石 吴咸中
90二2	斑蝥生物学特性的研究	四川省中医药研究院药物种植研究所	张含澡 胡周强 刘 沙 朱传先 梁大齐
90二3	克癌7851的临床观察及实验研究	中日友好医院 中国国际文化交流中心	刘同乐 刘同庆 辛育令 周 舒 迟永春
90二4	WQY 240-2型往复切药机	河南周口制药机械厂	张周同 乔治安 夏 茂 韩东方 杜学武
90二5	彭静山老中医针刺眼周部位的临床治疗经验	辽宁中医学院	彭静山 李云香 陈玉芳 王鹏琴 王晓明
90二6	王玉润教授治疗肝硬化经验的临床与实验研究	上海市中医药研究院	王玉润 刘 平 刘 成 俞广声 洪嘉禾

序号、等级	项目名称	主要研究单位	主要完成者
90二7	汉防己甲素的抗过敏作用与作用机理	浙江医科大学	卞如濂 周汉良 谢强敏 唐法娣 杨秋火
90二8	心气虚证的临床辩证规律及党参、黄芪治疗作用的研究	北京中医学院附属东直门医院 北京中医学院中心实验室	廖家桢 杨秦飞 王硕仁 周　勇 徐　西
90二9	重症感染合并多系统脏器功能衰竭的临床研究	北京友谊医院	王宝恩 赵淑颖 张淑文 刘凤奎 郭昌燕
90二10	不同频率的电针在中枢神经系统中引起不同种类阿片肽的释放	北京医科大学	韩济生 谢国玺 费　宏 孙少丽 陈晓红
90二11	痹证的实验模型与现代病理基础	上海市中医药研究院骨伤科研究所	王绪辉 施　杞 郑效文 朱显华
90二12	钩拉复位固定器治疗胫骨平台骨折	河南省洛阳正骨医院	宋广献 毛书歌 张传礼
90二13	推拿手法测定仪数据采集处理	上海中医学院	沈国权 郑凤胡 严隽陶 陈斌祺
90二14	4250例口腔颌面部针麻手术临床及实验研究	上海第二医科大学附属第九人民医院 上海医科大学附属华山医院	邱蔚六 徐振邦 林国础 张孟殷 陈绍东
90二15	艾灸治疗桥本氏甲状腺炎的临床疗效和免疫学机理研究	上海市中医药研究院针灸经络研究所	胡国胜 陈汉平 侯永健 何金森
90二16	TF-700 型粉碎机组	天津市中药机械厂	王金良
90三1	海风藤的原植物研究	第二军医大学药学院	范尚坦 苏中武 李承祜 吴　焕
90三2	蒙药荜茇降血脂作用的研究	内蒙古医学院	吴恩巴雅尔 杜凤珍 彩　拉 王海燕 沙仁高娃
90三3	治疗矽肺药"抗矽片"的研究	杭州胡庆余堂制药厂 浙江省医学科学院 浙江医科大学	何荣三 张琪凤 张文方 洪长福 袁蔼芝
90三4	益肾蠲痹丸治疗顽痹（类风湿性关节炎）的临床与实验研究	江苏省南通市中医院 中国中医研究院基础理论研究所	朱良春 朱琬华 齐　鸣 王乃琪 姚祖培
90三5	"引产Ⅰ号"的临床应用及实验研究	天津市中心妇产科医院 天津市医药科学研究所	王淑雯 王士贤 王懿贤 王静如
90三6	"补肾"中药促进性腺轴周期变化的临床与实验研究	江西省妇产医院	符式圭 廖玎玲 李衡友 黄　岗 陈一臻
90三7	中药清肺口服液、清热化湿口服液辨证治疗小儿肺系高热临床研究	成都中医学院 成都中医学院附属医院	吴康衡 胡天成 易明娟 蔡　科 包宗昭
90三8	魏氏伤科手法治疗"肘后血肿"的疗效与机理研究	上海市伤骨科研究所	符诗聪 李国衡 祝　波 曲克服 张佩蒂
90三9	《金匮要略浅述》	湖南中医学院	谭日强
90三10	中药鉴别紫外谱线组法研究	山东中医学院	袁久荣
90三11	库存中药材霉变菌的分离及防霉研究	大连医学院	张文娟 孙长新 张永圣
90三12	抗偏头痛、眩晕新药——晕痛定片研究	河南省周口地区第二制药厂	杨念民 段振海 夏芳芝 彭　莉 苏　杰
90三13	银屑汤治疗银屑病的临床观察研究	大连市第三人民医院	周鸣岐 周惠君 陈景荣 周升平 刘仁起
90三14	补益药党参的系统研究	北京中医学院中药系	姜名瑛 陆蕴如 沈连生 徐秋萍 郭亚健
90三15	用尿流动力学方法研究针灸对膀胱、尿道的调节作用	上海市中医药研究院针灸经络研究所	郑蕙田 黄羡明 孙吉山 孙　迎

序号、等级	项目名称	主要研究单位	主要完成者
90三16	挑刺治疗淋巴结结核的临床研究	黑龙江省中医研究院	于锦岚 夏玉卿 王连芝 李强 韩延芳
90三17	高原低氧环境与气虚、血瘀证关系的研究及高原中药防治气虚、血瘀证疗效分析	青海省中医院 青海省中医药研究所	张早华 娄平 胡国栋 王立义 冯素华
90三18	针刺对免疫反应的影响及其中枢神经的调控作用	陕西省中医药研究院	赵建础 刘文琴 刘芳 朱笛霓 杨清荣
90三19	参仙升脉液治疗病态窦房结综合证的研究	北京中医学院实验药厂 中日友好医院 北京中医学院生理教研室	龙致贤 武泽民 刘爱鸾 马金莲 杨树芳
90三20	中风病急症中医护理规范及临床研究	北京中医学院 长春中医学院 山东中医学院 怀柔县中医院 合龙县中医院	廖谨言 刘秀明 马桂珍 李松峰 郗彩茹
90三21	动脉粥样硬化中药实验治疗的研究和发病机理的探讨	北京中医学院	卢泳才 郭肇铮 汪建 甄二真 龚树生
90三22	针刺治疗癫痫的机理研究	上海中医学院	吴定宗 李文珏 郁礼兴 马建一 陆敏德
90三23	新药健脾理肠片研究	中国人民武装警察部队四川省总队重庆医院	田维君 徐复霖 陈古荣 陈见如 朱芬
90三24	穴位指压推拿治疗腰痛的镇痛机理研究	上海中医学院附属龙华医院	杨志良 娄宏 张文彬 李培成
90三25	蛇胆及其制剂质控方法技术	浙江中医学院 新昌第一胶丸厂	吕圭源 胡梅素 王华润 陈照荣 宋霄红

（王亨立）

【1990年度国家中医药管理局科技进步奖成果简介】

1. 四种固定方法对兔胫骨骨折愈合生物适应性的实验研究 中国中医研究院骨伤科研究所研究员尚天裕等，在国内外首创应用光导棒法对家兔骨折端显微位移进行了活体观察，发现了常用钢板、髓内针内固定与小夹板外固定对骨折端显微位移的影响，找出了骨折端局部纵轴活动的客观数据，提出骨折纵轴显微位移在一定范围内可促进骨折愈合的观点。同时还在国内首次应用图象分析的方法将钢板、髓内针、石膏、小夹板4种常用固定方法固定骨折后，其骨痂内成骨细胞的大小、面积、灰度值进行了比较和统计学处理，结果表明小夹板组的数值均较高。扫描电镜和元素分析对固定后的骨质和骨痂进行了详细的观察，说明了不同固定方法对骨质吸收、骨痂形成和钙磷代谢的影响，夹板组骨质吸收少，骨痂质量好，钙磷含量高。本实验还从病理学角度对这4种固定方法的骨折愈合过程进行比较，结果是小夹板局部外固定血肿吸收快、骨痂出现早、愈合迅速。实验证实局部相对外固定的骨折Ⅱ期愈合比坚强内固定的骨折Ⅰ期愈合速度快、质量好、肢体功能恢复好，且无需复杂的条件和设备，经一系列的实验说明了局部外固定原则的科学基础，为骨折治疗提出了今后努力的方向。 （王亨立）

2. 进口药材质量标准制订与检验方法研究 进口药材是中医防病治病不可缺少的一部分。我国应用的进口药材约50种，过去一直没有质量标准，致使伪劣药材流入我国市场后，不能得到有效的控制，影响了我国的声誉并在经济上遭受巨大损失。

从1960年开始由中国药品生物制品检定所及天津、上海、广州、北京等5个药检所的科技人员秦详林等、进行了进口药材质量标准制定工作，历时30年，曾颁发进口药材标准规格资料和暂行标准等8个版本，约收载50个品种，于1986～1987年选择了其中32个较成熟、完善的质量标准作为《中华人民共和国卫生部进口药材部颁标准》。

该标准是在总结传统经验的基础上，从本草考证，商品历史调查（个别品种进行了实地考查）、药材基源鉴定、生药学研究、理化分析等方面入手，结合现代科学手段，运用新的检测技术研究制订的。该标准建立了一些新的检验方法，如用气相色谱法检定豆蔻、麝香、天然冰片、乳香、没药；红外光谱法鉴定牛黄、西红花；薄层色谱和薄层扫描法检定熊胆、西洋参、马钱子、胡黄连；紫外分光光度法测定血竭的吸收度及天然牛黄中胆酸、胆红素的含量测定；显微鉴别犀角、羚羊角等。

该标准实施以来，确保了进口药材质量。1980～1989年京、津、沪3个口岸所，共检验进口药材2 465件，其中不合格率为58.2%。京、津、沪检定所对外索赔的金额约1 500万美元，为国家挽回大量的经济损失，维护了我国的国际声誉。

该标准不仅作为药检部门对进口药材的质量检验的法定标准，而且也为国内扩大资源、引种西洋参、引流熊胆汁、人工培植牛黄的质量提供了技术指标和科学依据，这些药材的质量标准基本引用同品种进口药材的检验方法测试指标。

（洪　净）

3．桂枝汤功能的实验研究　中国中医研究院中药研究所富抗育研究员等自1986年起以张仲景对该汤功能的论述为依据，运用药理学、病毒学、免疫学等手段进行了实验研究。①通过汗腺分泌、体温、肠道运动和体液、细胞免疫等生理功能的偏亢和抑制等13种动物模型，发现桂枝汤具有多汗止汗、无汗发汗，发热清热、低体温升体温，下利止利、便泌通便，免疫功能低下时增强、免疫功能亢进时抑制的双相调节作用，论证了其调和营卫功能。②通过十余种实验指标的多剂量观察，证明该汤能抑制流感病毒增殖和所致肺病变，抗炎、镇痛、解热、发汗、抑制迟发性超敏反应等。③以升高室温、药后灌服温粥模拟啜粥、温覆，发现等剂量桂枝汤在抑制流感病毒感染，提高网状内皮系统（RES）吞噬活性上比非啜粥、非温覆的作用增强，这说明《伤寒论》所述啜粥、温覆以助药效的科学性。④以多剂量多指标，通过汤中单药药理比较，正交试验和分合煎作用对比等方法，探讨桂枝汤的配伍关系，发现其组成药味，单独作用仅芍药能抑制肺炎病毒，甘草、大枣能提高RES吞噬活性；组合成方时，各药味所起作用不同，相互间有协同或拮抗。桂枝伍芍药，抗炎作用增强；桂枝伍生姜，抗炎和提高RES吞噬活性的功能增强；芍药伍甘草，抑制病毒性肺炎，抗炎和提高RES吞噬活性的功能增强；芍药伍大枣，抑制肺实变的作用增强，但拮抗了提高RES吞噬活性的功能，甘草伍大枣，抗炎和提高RES吞噬活性的功能增强。全方抑制流感病毒性肺炎，增强RES吞噬功能的作用显著强于方中诸药味的各种组合，全方减去任何一味药都会影响疗效。通过三种实验指标表明，传统合煎所得的药液作用优于单药分煎后混合的药液，如达到相同药效，分煎的用药量比合煎的增加35%以上。⑤选择第22、121和279条经文所列的桂枝去芍药汤、桂枝加桂汤和桂枝加芍药汤同桂枝汤作了7种药理作用指标的量效比较，发现诸方对病毒性肺炎，RES吞噬活性和迟发性超敏，均有一定作用，体现四方在疗效上的共同性，但随着组方药味剂量的加减，桂枝加桂镇静作用更强，桂枝加芍药镇痛作用最显，表现了各方在效能上的相异性，基本反映药量增减的药效变化。

本成果遵循《伤寒论》所述方理，对桂枝汤的功能和制方遣药作了比较全面的研究，对于继承、发扬中医药学，促进经方系统研究，具有重要意义。

（康　维）

4．应用电子计算机整理中医古籍的研

究　陕西省中医药研究院武长春等应用计算机技术，较好地解决了“通检编制”工具系统设计，并应用该系统完成《黄帝内经素问》等5部著作的通检编制，实现了古籍通检编制工作自动化。

该项研究包括中医古籍数据库建立工作系统软件及中医古籍数据资料软件2部分，工作软件以“原文建库——坐标标引——字词排序——二次多级检索——编辑输出”作为基本工作模式，具有经文数据库建立、通检编制、书稿编辑打印等主要功能，对原国标码汉字库进行了改造并研制新的打印驱动程序使之适用于中医古籍整理的要求；资料软件是在对上机工作版本处理加工（版本选定校勘标点，词汇判定，标引等）的基础上，由工作软件生成，包括经文数据库、通检库、书稿编辑库及通检书稿，可以直接读经文库盘，以人机对话形式在机上显示打印各数据库结构及检索结果，也可以在对古籍字词语句进行排序后形成的通检上进行二次多级（字、词、语句）检索；或对通检数据库进行编辑后打印全部书稿，包括字目字频表、词目词频表、通检正文目录、字词语句通检正文。

该成果工作软件系统具有通用性、功能齐全、操作方便、处理速度快、占用工作空间小、通检资料完整、输出准确等优点，为中医科研、临床、教学工作提供了整理和利用中医古籍资源的先进手段，在中医研究领域内，居国内领先地位。

（洪　净）

5．针刺对失血性和创伤性休克作用机理的实验研究　中国中医研究院针灸研究所文琛等开展了组织化学、组织学、免疫组化、生化、病理生理等多学科、多指标研究，试图对针刺抗休克机理提供可靠实验依据。

他们经过多年的实验证明，针刺“人中”后经计算机功率谱分析，休克动物表现出波率加快，波幅增加，波形变整，节律活动加强等，这些脑功能改善与针刺“人中”升高血压密切相关。针刺后休克动物下降的白细胞和T淋巴细胞有明显增加，加强了免疫功能；同时针刺加强休克动物脾内皮细胞的转运功能。因此，针刺“人中”可对休克动物升高血压，改善全身和各器官的血液循环，对脏器功能的改善和恢复有一定促进作用。针刺调节了中枢和外周神经系统及内分泌的功能，从而延续了休克的发展，降低了动物死亡率，为针刺抗休克实验提供了大量的依据。

（王亨立）

中药生产经营

【全国中药市场治理整顿情况】

为尽快扭转全国中药市场比较混乱的局面，积极落实国务委员李铁映关于中西药市场一起整顿的指示，国家中医药管理局于1990年1月24日联合国家计划委员会、商业部、国家工商业管理局、国家物价管理局，共同发出《关于加强中药市场治理整顿工作的通知》，要求重点整顿中药批发环节和中药集贸市场（以下简称《通知》）。

《通知》下发后，湖北、河北、甘肃、河南和山西等5省医药管理局与有关部门予以联合转发，其它省、自治区、直辖市都在整顿医药市场的文件中明确强调加强对中药市场的整顿，一个以质量管理为中心，以物价管理为重点的中药市场整顿活动在全国展开。为加强对中药市场整顿工作的指导和协调，国家中医药管理局成立了以朱杰副局长为组长的中药流通秩序治理整顿领导小组，设立专门办事机构，并于1990年7月8日发出《关于进一步加强中药市场治理整顿工作的通知》，明确市场整顿的具体要求和目标。

1990年8月，国家中医药管理局组成

3个调查组，分赴河北、广东、广西、安徽、浙江等省、自治区对部分中药材集贸市场进行实地考察，以了解各地中药市场的整顿程度和存在问题。并于1990年11月13～15日召开了全国中药市场治理整顿座谈会。与会同志就国务院29号文件和《通知》的贯彻情况进行了汇报和讨论，分析了中药市场混乱原因，并提出了相应措施。

在这次整顿中，各地按照《通知》要求，结合重新颁发合格证，对所有中药经营企业进行了严格的审核，对不符合《药品管理法》规定条件的企业进行了坚决的撤、并。此外各地还通过各种形式如广播、电视、报刊、宣传栏等传播媒介，向广大群众广泛宣传中药市场整顿的重大意义和假药劣药的危害性，收到良好效果。据浙江、湖南、河南、云南、四川、江苏等6省不完全统计，截止到1990年11月，共撤销中药、中西药批发企业5 306家；收缴假冒伪劣药材价值447.8万元。

通过这次整顿，中药市场百业经药、多头批发、贿购贿销假药劣药充斥的混乱局面基本上得到控制，国营药材公司的主渠道地位得到加强，各药材公司的购销额较去年同期相比，有了明显提高。以河南、四川为例，两省药材公司的购销额分别较1989年同期增长8.91%和5.67%。显示中药行业治理整顿的正面效应已经初步产生，正常的中药流通秩序正在逐步得到恢复和建立。

但从总体上讲，全国中药市场的治理整顿进展不平衡。整顿批发环节还有许多工作要做，百业经药的问题还没有得到根本解决；由于涉及到一些政策性问题，十大药市的整顿尚未正式进行，亟待进一步研究制定必要的管理措施。

（唐亦凌）

【天津乐仁堂制药厂荣获1990年度国家中医药管理局“质量管理奖企业”称号】

经国家中医药管理局质量管理奖检查验收组推荐、局质量管理奖审定委员会审定批准，天津乐仁堂制药厂被评为1990年度国家中医药管理局“质量管理奖企业”。

天津乐仁堂制药厂的主要特点是：

1. 厂领导重视质量工作，坚持把全面质量管理工作作为企业管理的中心环节来抓。企业成立了专门质量管理机构；建立了质量保证体系；领导以身作则，带头学习全面质量管理知识；坚持开展优秀质量管理（TQC）教育，增强广大职工的质量意识，激发他们的主人翁责任感，使质量意识渗透到企业管理的各个环节。

在抓质量管理的过程中，天津乐仁堂制药厂围绕“求实守信，团结齐心，优质高效，进取发奋”的企业精神，坚持对职工进行质量教育。坚持党政工团齐抓共管，不断提高厂长决策的质量。党组织开展了每个党员带头做一件提高产品质量的实事和提一件提高产品质量建议的活动；工会配合开展多种形式的质量知识竞赛，带动了全厂质量管理工作的开展，形成了质量工作全员抓的局面。

2. 注意从基础工作入手，加强标准化管理。企业按GMP要求，规划生活区、生产区和仓库区；按工艺布局划分一般生产区、控制区，做到人流、物流分开；重点抓现场管理，开展定置定位管理。

该厂重视软件建设，建立信息管理体系，开展标准化工作。目前，已制定标准640个，岗位责任制52项。在初步落实国标GB/T10300的基础上，明确直接性要素和支持性要素，以达到管理标准化、系统化、规范化，使企业由传统管理，逐步走上了现代化科学管理的轨道。

3. 重视技术改造和新产品开发，积极采用国际国内先进技术和设备，对传统的中药生产进行技术改造，增强了质量保证能力。

4. 广泛发动群众、开展群众性质量管

理活动。企业围绕优质、高产、低耗、安全、高效和精神文明建设积极开展中药质量管理（QC）小组活动，并取得国家级优秀QC小组的光荣称号。使群众性质量管理活动在提高企业技术水平和质量管理水平上发挥了良好的作用。

5．质量管理成效显著。①产品质量稳定，创优产品逐年增多。主要产品全部获优质产品称号。近两年产品质量稳定提高率均达到100%；市场抽检合格率全部达标；优质产品产值率均达50%以上，经济效益稳步上升。②企业管理水平全面提高。

企业按全面质量管理的要求，统筹各专业管理，系统地提高了企业管理水平，获得各种荣誉称号：1984年被评为国家二级企业；1990年被评为国家中医药管理局优秀管理企业。

（张海燕）

【1990年度国家级和局级中成药优质产品】

根据国家质量奖审定委员会1990年评优工作的安排，国家中医药管理局在各地申请的基础上，经过质量审查、生产现场综合检查和样品检测，举荐广东省潮州宏兴制药厂的心灵丸、天津达仁堂制药厂的牛黄清心丸、辽宁本溪第三制药厂的尪痹冲剂和安徽省淮南第一制药厂的咽喉消炎丸等4个产品参加国优评选。这些中成药符合中医药理论、组方合理、疗效确切、市场信誉好；产值、产量大；有定性、定量的质量标准，其质量达到国际先进水平；并均获得省和国家中医药管理局优质产品称号。经国家质量奖审定委员会审核批准，心灵丸获国优金质奖，牛黄清心丸、尪痹冲剂、咽喉消炎丸获国优银质奖。

1990年6月国家中医药管理局质量司在山西省太原市召开了局优产品评比会，来自全国各地的13名评分员根据《国家中医药管理局优质产品评分细则》将每个产品的评分内容分为质量水平、疗效评定、经济效益等3部分，对申报的29个产品进行了的打分，排出名次。会后，国家中医药管理局质量司就企业的全面质量管理机构、人员及检测仪器、生产记录、检测记录、留样观察、用户反映、质量分析等方面，对部分生产企业进行了检查。根据综合评比和生产现场的检查情况，国家中医药管理局质量奖审定委员会批准，广州奇星药厂的华佗再造丸等23项产品为1990年国家中医药管理局优质产品。

（金建武）

【1990年国家中医药管理局中药优秀质量管理小组评选情况】

国家中医药管理局于1990年6月8～14日在郑州市召开了1990年全国中药优秀质量管理（QC）小组成果发表会，评出1990年国家中医药管理局QC小组28个（见附件）。

参加这次会议的有39个省、自治区、直辖市及计划单列市医药管理局（总公司）、药材公司、中成药厂、中药饮片厂、中药商业企业的QC小组代表177名。会上有89个QC小组发表了成果。这些成果表明，中药行业推行全面质量管理、广泛地开展群众性QC活动，已进入了一个新的发展阶段：

1．发表成果的数量、水平、活动的内容都较前有很大进步，很多QC小组成果思路清楚，层次分明，实验方案的设计严谨，效果明显，有说服力，有代表性。

2．以工人为主体的现场管理型QC小组数量较过去有新的增加。这次发表的QC小组中，攻关型有19个，现场型有41个，管理型有20个，科研型有3个，服务型有6个，共取得经济效益1583.73万元。

3．商业企业开展QC小组活动日趋活跃。商业企业开展QC小组活动起步较晚，成果较少。现在不少企业开展了以提高优质服务、搞好仓库管理、降低损耗为内容的QC小组活动，收到了较好的经济效益和社会效益。

附　1990年国家中医药管理局优秀质量管理小组名单

一、中成药厂（18个）

名次	发表单位	小组名称
1	上海中药制药三厂	巴布剂生产规范化QC小组
2	山东东阿阿胶厂	合剂QC小组
3	北京同仁堂制药二厂	前处理车间QC小组
4	湖南省衡阳中药厂	古汉养生精创优QC小组
5	江苏无锡中药厂	黄氏响生丸QC小组
6	本溪中药厂	蜜丸QC小组
7	武汉市中联制药厂	鼻炎片QC小组
8	天津中药制药厂	霍香正气水专题QC小组
9	浙江新光制药厂	西洋参口服液QC小组
10	江西国药厂	银翘解毒片创优QC小组
11	黑龙江中医学院中药厂	微机QC小组
12	宁夏中药厂	妇炎栓QC小组
13	甘肃省天水制药厂	改善鱼腥草注射液澄明度QC小组
14	沈阳中药厂	安宫牛黄丸等贵细药水分测定方法改革QC小组
15	南京同仁堂制药厂	提高石斛夜光丸出率QC小组
16	邯郸制药厂	炮制QC小组
17	山东烟台中药厂	三鞭补酒QC小组
18	河南开封市中药厂	丸散车级QC小组

二、中药饮片厂（6个）

名次	发表单位	小组名称
1	无锡市中药饮片厂	中药炮制QC小组
2	北京同仁堂饮片厂	控制饮片质量，增加经济效益QC小组
3	天津中药饮片厂	羚羊粉QC小组
4	湖南省长沙市制药二厂	饮片QC小组
5	山东潍坊中药饮片厂	中药饮片生产加工管理QC小组
6	沈阳中药饮片厂	“王不留行”炒炙QC小组

三、商业企业（4个）

名次	发表单位	小组名称
1	山东省济南药材站	质量攻关QC小组
2	苏州药材站	第一QC小组
3	黑龙江中药联营公司	储运QC小组
4	湖南省衡阳市药材公司批发部	衡阳市药材公司批发部QC小组

（张海燕）

医政管理

【1990年医政工作】

到1990年底，全国县及县以上医院13 489所，乡卫生院47 749所；专业卫生技术人员389.79万人，其中医生176.3万人（中西医师130.3万人），护士（师）97.45万人。全国共有个体开业医15.9万人。

1．治理整顿医疗秩序，深化卫生改革。整顿了社会办医疗机构。各地对社会办医疗机构一律重新审核登记发证，对不符合办医条件的坚决取缔。据河北、河南、山西、上海、天津、云南、辽宁、江西、安徽、青海、黑龙江等11个省、市的不完全统计，上半年共清理整顿社会办医疗机构161 360所，其中吊销行医执照12 870所，停业整顿6 593所，取缔无证行医的3 558所。清理个体开业医队伍。据部分省、自治区、直辖市统计，共整顿个体开业医107 482人。其中停业整顿者5 937人，重新登记者23 547人，取缔无证行医者10 212人。重新审核了各类医疗协作联合体。据辽宁、黑龙江、云南、江苏、天津、南京、武汉、大连等8省、市的不完全统计，共审核不同类型的联合体

2 233家，限期改正错误的176家，撤销行医资格的745家。卫生部下发了《医政监督员章程》，并聘请7名原司局长以上的干部为医政监督员。医院管理强化了综合目标管理责任制，以医疗质量管理为核心，提高了医疗、护理基础质量。加强医德医风建设。各地认真贯彻执行《医务人员医德规范》，一些医院中建立和完善了医德考核制度。黑龙江、江苏、北京、天津等省、市深入开展了医德医风教育和优质服务竞赛，医德医风建设得到加强。

为加强输血工作的管理，1990年4月卫生部、国家物价局联合下发了《关于加强输血工作管理的若干规定》，重申了输血工作实行"三统一"的原则。

医院分级管理工作健康发展。1990年4月卫生部在苏州举办了医院分级管理培训班。到1990年年底已有19个省、市举办了类似的培训班。北京、上海、天津、河北、黑龙江、湖南等省、市成立了医院评审委员会或筹备组。卫生部选择了佛山、株洲、许昌、洛阳、唐山、阳泉、大连、齐齐哈尔等8个地区作为医院分级管理试点。1990年10月在大连市召开了试点城市医院分级管理工作经验交流会。

2. 初级卫生保健工作。1990年3月，卫生部、国家计划委员会、农业部、国家环境保护局和全国爱国卫生运动委员会联合下发了关于《我国农村实现2000年人人享有卫生保健的规划目标》、《初级卫生保健管理程序》以及《2000年人人享有卫生保健评价标准》。1990年3～4月卫生部组织对全国29个省、自治区、直辖市的30个试点县进行了中期评价，结果全面达标的1个县，基本达标的5个县，接近达标的7个县。1990年8月卫生部在常州市召开了全国初级卫生保健工作会议，总结交流了经验。到1990年年底，已有20个省成立了初级卫生保健领导协调机构，并以省政府的名义召开了初级卫生保健工作会议或试点县工作会议。全国已确定初级卫生保健试点县250个。城市初级卫生保健工作在逐步开展。1990年召开了部分城市初级卫生保健指标体系研讨会。上海市虹口区经WHO批准为城市初级卫生保健合作中心。

3. 康复工作。三项康复工作，到1990年6月底，已完成白内障手术307 800例，小儿麻痹后遗症矫治术97 575例，语训聋儿5 667例，分别占5年任务数的61.6%、32.5%和18.9%。1990年2月中国残疾人联合会、卫生部、民政部、国家教育委员会等部门联合召开了第2次全国三项康复工作会议，总结部署了三项康复工作。

4. 护理工作。1990年的工作重点是医院感染管理工作。卫生部下发了《关于批准103所医院参加医院感染监控系统的通知》；举办了2期医院感染管理人员学习班；召开了医院感染监控系统经验交流表彰会。为加强护理人员的管理，促进高等护理教育健康发展，1990年8月卫生部下发了《关于合理分配与培养使用本专科毕业生的几点意见》。

5. 牙病防治工作。到1990年底，全国已有21个省、自治区、直辖市、计划单列市成立了牙病防治指导组。第2个"爱牙日"期间，卫生部主持召开了有国家教育委员会、全国爱国卫生运动委员会、广播电影电视部、文化部、共青团中央、全国妇女联合会、全国总工会、全国老龄委员会、轻工业部、商业部参加的"爱牙日"联席会；全国28个省、自治区、直辖市及12个计划单列市开展了"爱牙日"的宣传教育活动，其中24个省、9个计划单列市把"爱牙日"活动扩展到农村。10月在浙江省武义县召开了全国初级口腔卫生保健工作研讨会，推广武义县采取统筹保健的方法解决中小学生牙病防治的经验。

6. 立法工作。《医师法》、《医疗机构管理条例》已经卫生部办公会讨论通过，上报国务院。

（孙爱明）

【治理整顿，纠正行业不正之风】

1988年4月至1990年底，卫生部先后下发了《关于深化文明医院建设的几点意见》等一系列文件，加强调查研究，确定了卫生工作治理整顿、深化改革的方针，制定了一系列的改革配套措施。卫生系统纠正行业不正之风的工作已取得初步成效。

1．乱办医、办医乱和医院工作秩序混乱的现象已初步扭转。卫生部下发的《关于加强医疗工作管理的通知》及《关于清理医疗机构的若干规定》明确指出：“各级各类医疗机构由各级卫生行政部门归口实行行业管理”，并规定了社会办医的条件、审批程序和清理整顿的重点、措施和步骤。目前各省、自治区、直辖市、计划单列市已颁布有关整顿社会办医的地方行政规章条例61件（其中以政府名义颁布的有27件）。1990年，各地区普遍开展了整顿社会医疗机构的工作，有些省对各级各类医疗机构均进行了重新审核登记。据河北、河南、山西、上海、云南、天津、辽宁、江西、安徽、青海、黑龙江等11个省、直辖市的统计，上半年共清理社会办医机构161 360所，其中吊销执照关闭12 870所，停业整顿6 592所，取缔无证行医3 558所，初步扭转了乱办医的混乱局面。

各地根据卫生部与国家中医药管理局颁发的《医师、中医师个体开业暂行管理办法》，制定了适合本地情况的实施细则，对个体开业医重新进行了审核、登记、发照，部分地区还实施了个体医开业考试制度，据福建、辽宁、河南、云南、山西、新疆、安徽、江西、湖南等省统计，1990年上半年共清理个体行医107 482人，取缔无证行医10 212人，停业整顿5 937人，重新登记23 547人，使个体行医秩序的混乱局面有了一定程度的好转。

各地在对医疗联合体的整顿中，大都制定了相应的规章制度。普遍强调联合体双方要有正式协议，对双方的性质、义务、合作项目及利益等做出具体规定。并强调经济往来需在单位间进行。加强了制度管理，对公开的违纪现象有所抑制。据辽宁、黑龙江、云南、江苏、天津、南京、武汉、大连4省4市的不完全统计，医疗联合体重新审核2 233家，合格1 312家，限期整改错误176家，撤销行医资格745家。

根据卫生部下发的《关于医务人员业余服务和兼职工作管理的规定》，各地普遍加强了此项工作的制度化管理，划定了参加业余和兼职服务的单位级别，明确了单位组织、统一管理、限时限量等项原则，引导医务人员把精力主要放在本职工作上，促进了业余服务和兼职服务的健康发展。

2．医疗收费的混乱情况正在受到抑制。根据卫生部颁发的《关于严格执行医疗收费标准，防止乱涨价、乱收费的规定》、《关于检查清理医疗收费的通知》等一系列文件，各地普遍开展了医疗物价大检查，查处了一批违反国家物价政策的单位和个人。据安徽、山西、辽宁、福建4省对134所医院统计，乱收费金额422万元。根据卫生部要求，许多医疗单位设立了专职或兼职物价管理人员，实行“两公开一监督”制度（公开医疗服务项目、公开收费标准、群众监督），有的单位还公开重要检查及手术的排列顺序，实行挂牌服务，给门诊病人、住院病人发放评价卡，聘请监督员，设立举报箱和举报电话，实行局、院长接待日，接受群众及社会的监督。在强化外部监督的同时，加强自我约束机制，建立完善各级质控机构，坚持搞好自查，并将检查结果与奖惩挂钩。

3．医德医风建设进一步得到加强。针对医疗卫生单位的职工存在的纪律松散、医风不正、服务态度差等问题，卫生部先后下发了《医务人员医德规范及实施办法》和

《关于广泛开展向国际共产主义战士白求恩学习的通知》，各地普遍把整顿服务作风、坚持廉洁行医，加强医德教育作为治理整顿的重点，把医德医风建设作为加强政治思想工作的重要内容。许多地区都制定了医务人员医德规范实施细则、廉洁行医的规定，开展了白求恩杯百日竞赛等多种形式的活动。卫生部通知建立医务人员上岗前教育制度，并编写了《医务人员上岗前职业教育》的教材。部分医院已对青年医务人员实行了上岗前教育，给在岗的医务人员建立医德档案，进行考评，并同经济挂钩；对一些以医谋私、勒索病人的行为，进行了严肃处理。目前虽然医德医风得到了一定程度的改善，但是医务人员“冷、硬、顶、推、拖”及收受钱、礼的现象，还未完全根除。

（申子瑜）

【卫生部农村卫生调研组赴4省调研】

由卫生部陈敏章部长带领的农村卫生调研组，于1990年7月7日至8月9日，到贵州省福泉县、黄平县，安徽省庐江县、金寨县，青海省海晏县、刚察县、湟源县、湟中县和甘肃省定西县等4省9县，进行了以“老少边穷”地区为重点的农村、牧区卫生工作现状的调查研究。调查研究的主要内容是：①各地贯彻《关于我国农村实现“2000年人人享有卫生保健”的规划目标》文件情况；②研究“老少边穷”地区农村牧区初级卫生保健工作的经验和面临的主要问题；③与各级地方政府、卫生部门及农牧民群众共同探讨实现规划目标的途径。通过实地考察，调研组认为，建国以来，在地方党委和政府的领导下，通过卫生部门和广大卫生技术人员的长期艰苦努力，4省卫生事业取得巨大进步，卫生机构有了很大的发展，病床和卫生人员数量成倍甚至几十倍地增长，农村三级医疗预防保健网不断健全发展，缺医少药状况有了很大改善。一些严重危害人民健康的传染病，地方病发病率明显下降，有的已得到控制或消灭，居民平均寿命增长，健康水平提高。但是，由于“老少边穷”地区经济基础薄弱，加之地理、交通条件的制约，卫生事业的发展仍面临较大的困难，卫生状况与卫生服务能力与经济发达地区相比，差距有逐步扩大的趋势。集中表现为：①疾病多，病区广，有些疾病发病率在全国仍居高水平；②卫生队伍不稳定，人员流失，技术力量匮乏；③基层医疗卫生机构房屋破旧，设施简陋，设备短缺；④对卫生事业的投入（指占年度财政支出的比例）近些年呈下降趋势。调研组认为，卫生部提出的在卫生工作中加强农村卫生建设，改善农村卫生状况，解决8亿农民医疗预防保健问题，保护农民健康是整个卫生工作的重点的观点是正确的。因此，必须进一步加强三级医疗预防保健网建设，发展面向农村的医学教育，稳定充实提高农村卫生技术队伍，推行以农民互助合作为基础的医疗保健制度，按国家、集体、个人三方负担的原则增加对农村卫生事业的投入，缩小城乡间和区域间的差别，促进“老少边穷”地区农村牧区卫生事业的发展，才能实现“2000年人人享有卫生保健”的全国规划目标。

（陶意传）

【卫生部调研组赴新疆和山西调研】

由卫生部顾英奇副部长带领的卫生部调研组，于1990年6月赴新疆维吾尔自治区和山西省进行了为期16天的调研。

调研内容主要是听取各界对医疗工作的意见和建议；了解1990年全国卫生厅局长会议后医疗秩序的治理整顿情况和医疗制度改革情况。调研所得到的情况如下：

1．治理整顿取得明显效果。新疆和山西两地的卫生行政部门自1989年以来，先后颁布了一系列文件，对医疗秩序进行了全面治理整顿，取得了明显效果，主要表现在：①对社会办医和个体开业重新审查、考核和登记发证，取缔和关闭了一批非法医疗机构，对不合格的医疗机构进行了停业整顿，社会上“办医乱”和“乱办医”的局面初步得到控制。②开展医德医风教育，建立医德医风考评制度，开展多种形式活动，加强和完善社会监督机制，医德医风有所好转。③医院通过严格管理，建立必要的规章制度，基本上扭转了医院内部业余和兼职服务失控的状态。④加强社会监督和医院内部自我约束机制，医疗收费混乱状况受到了抑制。同时，对一些医疗项目过低的收费标准进行了调整。

2．医疗制度改革取得初步成效。新疆在公费医疗标准定额方面，按年龄组适当拉开定额档次，取消公费医疗证，按定额标准将公费医疗费拨到享受单位包干使用。从而使职工逐步树立起了费用意识和节约观念，使公费医疗经费增长过猛的状况有所缓和。山西公费医疗的管理方式主要有3种：把经费按定额拨到享受单位管理使用；由医院代管；门诊费随工资发给个人，门诊和住院费与个人挂钩。劳保医疗在新疆和山西两地的情况大体相同，企业根据各自的情况进行了初步改革，基本上仍是单位保险，苦乐不均。

3．需注意和研究的几个问题。调查研究的结果表明，医疗服务的“乱、差、贵”问题正在得到解决。调查中发现，下列几方面的情况应予以注意或研究：①医院应该从科学管理入手，按照新的医学模式为患者服务。乌鲁木齐市第一医院以加强思想政治工作为前提，不以追求经济收入为目的，不盲目追求高精尖的医疗设备，按新的医学模式，并结合自已的现有条件，抓了老（年）、小（儿童、妇幼）、急（诊）、家（庭病床）、康（复）、美（容）“六字”服务，既降低了医疗费用，又增加了医院收入。山西省眼科医院率先实行全程优质服务和“多维护理”，取得了较明显的效果；②今后审批社会办医、个体开业，除严格条件，明确权限外，还要加强宏观控制，强调合理布局；③城市医院床位、人员等资源分配，按千人口计算已经很高，因此要控制建设规模，注重和加强内涵建设。对于基层，尤其是农村要采取更加倾斜的政策已是当务之急。

（于宗河　景宗仁）

【农村推行集资医疗保健制度】

自卫生部等5部委联合下发了《关于我国农村实现“2000年人人享有卫生保健”的规划目标》、集资医疗保健作为实施初级卫生保健13项重要指标之一以来，各地农村积极推行集资医疗保健制度。

湖北省人民政府1990年11月3日发出通知，要求各级人民政府强化对合作医疗制度的再认识，把这项事关广大农民切身利益，保护和促进农村生产力发展的大事列为重要的工作内容，加强领导，坚持改革，积极而稳妥地推行并于11月在武穴市召开全省农村合作医疗经验交流会议，在全省范围内学习、推广武穴市30年来坚持农村合作医疗的经验。江苏省人民政府1990年8月14日发出《关于进一步加强卫生工作的通知》，要求各级政府不断总结经验，组织群众积极办好合作医疗。苏州市所属6个县（市）及郊区，从1958年开始采用集体公益金和个人集资相结合的办法，实行合作医疗已30多年。目前全市70%的村坚持合作医疗。近年来又出现了乡镇企业合作医疗，儿童计划免疫风险保偿，母婴安康系列保偿等。有的乡镇吸收市镇居民和个体户参加农村合作医疗，依不同对象收取不同的基金，使更多的社会成员获得了医疗保障。启东市、江宁县、金坛县的各种形式集资医疗都有不同程度的发展。广西壮族自治区人民政府1990年7月26日批转区卫生厅《关于加强我区农村卫生工作的意见》，要求各级政府逐步推行集资医疗保健制度，为实现人人享有卫生保健提供基本保障。四川省于1990年7月在重庆市召开了农村集资医疗保健制度研讨会。上海市10个郊区县有93%的村实行了集资医疗保健制度。新疆维吾尔自治区政府发出《关于恢复发展农牧区合作医疗制度的通知》。吐鲁番地区80%的乡（镇）恢复合作医疗，其中吐鲁番和鄯善两市试点县达90%以上。喀什地区52%的乡镇实行了合作医疗，占农村人口的66%，该地区麦盖提县坚持合作医疗30多年，已有97%的农村人口参加合作医疗。山东省招远县实行合作医疗已30余年，目前全县97%的农民享受合作医疗保健。1990年8月招远县人民政府颁发了《招远县农村合作医疗章程》和《招远县农村合作医疗评价标准》。招远县人大常委会通过了关于巩固和发展合作医疗制度的决议。

（王　羽）

【山东招远县合作医疗改革】

山东省招远县的合作医疗始于60年代中期。进入80年代以后，招远县根据农村经济结构的变革和农民需求的变化，本着互助互利、因地制宜、多种形式、科学管理、民主监督的原则，对合作医疗进行了改革，在体制上改单一模式为多种形式，可以由村办，乡（镇）办，也可以由乡、村联办；在合作范围上改医疗单项合作为全面合作，把合作范围拓展到了医疗、预防、保健和康复等综合领域；在资金筹集上，改集体统包为多方集资，由乡、村和个人三方集资；在医疗费用支付办法上，改实报实销为按比例补偿，坚持了量力而行，扶贫救急的原则。同时健全了监督约束机制，实行了帐目公开。至1990年底，这个县合作医疗按人口覆盖率达到了96.9%。以乡（镇）计办合作医疗的占乡（镇）总数的100%，以村计办合作医疗的占村总数的85.9%，乡（镇）办合作医疗补偿医药费用50%以上的占87.5%，补偿30～50%的占12.5%。村办合作医疗补偿50%以上的占35%，补偿30～50%的占65%。

（李希乐）

【医院分级管理工作】

综合医院分级管理标准，自1990年3月起至6月底，已经陆续下发到各省、自治区、直辖市、计划单列市、总后卫生部、国务院有关部委卫生局（处）。口腔医院、肿瘤医院、儿童医院、妇产医院、传染病医院、精神病医院和五官科医院等专科医院标准正在制订。到1990年底已经试评的综合医院有160所（见附表）。

附表　全国综合医院分级管理评审情况

	三级		二级			一级			小计
	甲等	乙等	甲等	乙等	丙等	甲等	乙等	丙等	
北京市	3								3
辽宁省	2								2
洛阳市						2	5	3	10
许昌市						4	36	20	60
吉林省						6	20	19	45
浙江省	2	5	8	11	2				28
四川省									12
总　计	7	5	8	11	2	12	61	42	160

卫生部选择了广东省佛山市、湖南省株州市、河南省许昌、洛阳两市、河北省唐山市、山西省阳泉市、辽宁省大连市和黑龙江省齐齐哈尔市等共8个市为第二批综合试点地区。

已经成立省医院评审委员会或筹备组的有北京、上海、天津、四川、黑龙江、河北、云南、浙江、内蒙古等省、自治区、直辖市。

（于宗河）

【颁发《医政监督员章程（草案）》】

为加强医疗工作的管理，完善监督机制，保证有关医政工作政策和法规的贯彻执行，及时了解和掌握医疗工作的动态，促进医德医风建设和医疗服务质量的提高，卫生部于1990年4月18日颁发了《医政监督员章程（草案）》（以下简称“章程草案”），要求各地组织试行。章程草案分6章24条，包括总则、组织和聘任、资格、任务和职责、管理及附则。章程草案明确规定，医政监督员是接受卫生行政部门的聘任对医疗机构和医疗服务进行监督检查的医政管理人员；医政监督员队伍是国家医政管理监督体系的重要组成部分；各级医政监督员在同级卫生行政部门领导下进行工作；卫生部、省（自治区、直辖市）、地（市）和县级卫生行政部门分别组织各自的医政监督员队伍。卫生部1990年8月首次聘任7名卫生部医政监督员。

云南、甘肃、辽宁、河北、湖北、浙江、贵州、哈尔滨等省、市也分别转发了卫生部文件，并组织或完善各自的医政监督员队伍。

（景宗仁）

【卫生部批准设立3所独资、合作医院】

1990年，卫生部共收到境外独资、中外（境外）合作、合资设立医疗机构的申请5件。根据《关于开办外宾华侨医院、诊所和外籍医生来华执业行医的几条规定》等规章，批准设立华侨独资开办的城市二级综合医院1所，中外（境外）合作开办的城市二级专科医院、农村一级综合医院各1所。

福建省泉州市泉州济阳医院　卫生部于1990年3月批准设立，为华侨独资开办的设有250张病床的二级综合医院。投资者是旅居菲律宾的华侨蔡奕权、蔡玉荣，计划投资280万美元，注册资本200万美元，独资开办期限50年，院址设在泉州市鲤城区，设有内科、外科、妇产科、小儿科、五官科、理疗科等医疗科室。

广东省深圳市深圳华南口腔医院　卫生部于1990年9月6日批准设立，为深圳市人民医院与台湾省伏元有限公司合作开办的口腔专科医院。医院总投资600万美元，计划合作50年。占地2万平方米，拟设病床200张以内。服务科目为各类口腔疾病的诊疗、保健、康复，并为所在社区提供相应的初级卫生保健服务。服务对象为本地居民和外埠、境外来深圳人员。

山东省淄博市博山万通达总公司与美国杰歇尔国际贸易公司合作医院　卫生部于1990年9月7日批准设立，地址在淄博市博山区蕉庄镇岜山村。该院为对当地农村居民提供医疗、预防、保健、康复服务的一级综合医院，设置病床40张。万通达总公司计划投资95万元人民币，杰歇尔国际贸易公司计划投资20万美元。

（金生国）

【灾害医疗应急工作】

1990年，灾害医疗应急工作在以下4方面得到了加强：①增强了医务人员的急救意识。灾害事故发生后，医务人员接到灾情报告能在较短的时间内奔赴现场投入医疗应急工作。②提高了领导指挥医疗应急工作的水平。1990年2月16日大连重型机器厂屋顶坍塌，1990年4月26日青海地震以及1990年10月2日广州白云机场劫机相撞等事件中发生重大人员伤亡，地方领导能利用各种通讯工具向有关医疗单位发出指令，使各有关单位有针对性地做好接受伤员的准备工作，赢得了时间。③促进了医疗应急技术水平的提高。据大连重型机器厂屋顶坍塌，3月30日广州火车站口爆炸，5月8日黑龙江鸡西煤矿煤粉起火爆炸，5月19日湖南怀化客车爆炸，5月25日哈尔滨市居民楼煤气罐爆炸，5～8月福建、内蒙古、广东、浙江和安徽等省、自治区的风灾、水灾，广州白云机场劫机相撞事件的不完全统计：死亡总数605人，其中现场死亡580人；医院接受伤员总数3 077人，其中危重病人208人，占伤员总数的7%，死亡25人，占危重病人总数的12%。各地都能利用当地的医疗资源将人员伤亡减少到最低限度。④加强了部门间的协作精神。灾害事故发生后，现场人员的营救、疏散，病人的分流、救治，受难者的安置，灾区生活、生产的恢复等，由于得到社会的协调，部门与部门之间、部门内部之间的合作，均得到了妥善处理。

（单藕琦）

【第二届“爱牙日”活动】

1990年第二届全国“爱牙日”活动，以“口腔健康与全身健康”为主题，以“爱牙健齿强身”为中心口号。

1990年9月1日卫生部组织召开了有卫生部、全国爱国卫生运动委员会、国家教育委员会、文化部、广播电影电视部、中华全国总工会、共青团中央、中华全国妇女联合会、中国老龄问题全国委员会、商业部、轻工业部等11个部委参加的“爱牙日”联席会议，卫生部副部长顾英奇，国家教委副主任柳斌到会并讲了话。1990年除西藏以外，全国各省、市、自治区还在农村的县和乡镇开展了活动。除了开展咨询、口腔检查和治疗、推荐保健牙刷和含氟牙膏等活动外，1990年全国各地还采取了多种多样的宣传手段，使“爱牙日”活动更加生动活泼。

（张博学）

【卫生部组织全国模范护士先进事迹报告团活动】

为了加强医德医风建设，推动卫生系统学习白求恩、学习雷锋活动的开展，在护理人员中进行讲理想、爱岗位、学先进的教育，卫生部于1990年国际护士节期间组织了全国模范护士先进事迹报告团活动。5月11日，该报告团在人民大会堂举行了首场报告会。报告团在北京巡回报告了15场，直接听众近万人次。

1990年5月17日，卫生部副部长何界生、顾英奇、胡熙明会见报告团成员。

（袁晓丽）

【颁发《关于加强输血工作管理的若干规定》】

为合理开发和利用血液资源，提高血液和血液制品的质量，确保供血者和受血者的安全，确保医疗和急救工作的需要，1990年4月，卫生部和国家物价局针对全国输血工作管理失控的混乱现象，联合颁发了《关于加强输血工作管理的若干规定》。规定中重申了继续坚持“三统一”的管理原则，着重提出各级卫生行政部门要切实加强对各类输血机构和输血工作的管理。并对发展输血事业的指导思想、各类输血机构的体制、办事业的方向、任务、机构的合理布局、血源的管理范围等作了明确的规定。尤其对近几年血液及血液制品出现的价格混乱状况作了具体规定，即血液及血液制品价格由省、自治区、直辖市卫生厅（局）管理，同级物价局（委员会）审定。各级血站（血液中心）必须按规定价格执行。

（单藕琦）

【医院感染管理工作】

1．扩大监控网。1990年，医院感染监控网由26所医院扩大到103所医院。监控网扩大后将进一步开展医院感染监控管理研究工作，为全国各级医院开展此项工作提供经验和方法。

2．1990年10月卫生部医政司与预防医学科学院联合召开了全国医院感染监控系统经验交流、表彰会。会议对今后工作提出了几点要求：①进一步加强对医院感染工作的领导；②加强宣传，提高扩大医务人员的认识；③加强技术监测，保证消毒灭菌质量，重视微生物学检验工作；④要求在普遍监控的基础上抓好重点易感染部门的监控管理工作；⑤要合理使用抗生素。

会议对监控管理工作中成绩突出的湖南医科大学第一附属医院、北京医科大学第一附属医院、北京同仁医院等3所医院给予了表彰。

3．为配合扩大监控网工作，培训管理人员。1990年举办了2期医院感染管理人员的学习班，有来自25个省市的101名学员参加了培训。

（袁晓丽）

【全国初级口腔卫生保健工作研讨会】

全国初级口腔卫生保健工作研讨会于

1990年10月9～12日在浙江省武义县召开。出席会议的有各省、自治区、直辖市、计划单列市卫生厅局分管口腔卫生工作的负责人、有关专家及工作在牙病防治第一线的工作人员200余人。

会议肯定了武义县牙病防治工作的经验，即：政府重视；建立县、区、乡三级牙病防治网；把牙病防治工作纳入初级卫生保健的工作轨道；在中、小学开展牙病防治统筹保健。会议总结了全国5年来的牙病防治工作，主要成绩有：①牙病防治工作已经引起各级领导的重视，各地相继成立牙病防治指导机构。②广泛开展了口腔健康教育，9部委1989年联合发起的“9·20爱牙日”活动已引起社会反响，受到群众的欢迎。③在把牙病防治工作纳入初级卫生保健工作方面进行了有益的探索。山西运城、浙江武义、黑龙江省、内蒙古哲里木盟的牙病防治工作已取得经验。④牙病防治工作的试点逐步扩大，山西、浙江、黑龙江、云南、吉林、湖南、福建、辽宁、四川、广东、甘肃、北京、天津、上海、哈尔滨、青岛、沈阳等省、市都建立了试点县或试点单位。⑤山西、黑龙江、浙江、云南、吉林、湖南、福建、安徽、江苏、四川、甘肃、北京、上海、天津、哈尔滨、青岛、沈阳、西安等省、市都制定了牙病防治规划。存在的主要问题是：①全国的牙病防治工作发展尚不平衡；②牙病防治人才缺乏；③口腔健康教育仍然是薄弱环节。

（孙爱明）

【第5届全国肿瘤防治研究领导组扩大会议】

1990年5月20～22日在京召开了第5届全国肿瘤防治研究领导组扩大会议。全国肿瘤防治研究领导组的全体成员、部分省（市、自治区）肿瘤防治办公室及卫生部有关司局的领导出席了会议。

会议的主要内容是：宣布全国肿瘤防治研究领导组调整后的成员名单；总结自1986年全国肿瘤防治办公室恢复以来，“七五”肿瘤防治计划完成情况；天津、上海、广东、四川、安徽等省（市）介绍开展肿瘤防治工作的经验；确定1990年度工作计划，提出制定“八五”防治计划的具体要求。

会议认为，5年来，全国肿瘤防治办公室在完善自身建设方面；在制定第一个《全国肿瘤防治规划（1986～2000年）纲要》、推进80年代1/10人口死因抽样调查。开展癌情监测、组织撰写《中国常见恶性肿瘤诊治规范》，以及建立肿瘤情报网、开展信息交流、防癌宣传和业务培训等防治工作方面；在制定国家“七五”肿瘤科技攻关计划、完成“七五”攻关合同的招标、评审、检查与管理及制定“八五”肿瘤科技攻关计划草案等诸方面均取得了成绩。

顾英奇副部长到会并做了讲话。

（鲁风珠）

【防盲和初级眼保健工作】

1. 初级眼保健人员培训。自1988年2月16日世界卫生组织正式确认北京市眼科研究所为WHO防盲合作中心以来，该中心已办防盲和低视力讲习班共4期，参加培训者达200多人。

山西省全省101个县，各县均有1名以上医生经过省眼科医院或山西医学院培训，所有县医院都能开展常见眼病的防治或施行白内障手术。省眼科医院经常派人深入农村，协助当地培训初级眼保健人员。新绛县将眼保健纳入初级卫生保健，对乡村医生进行初级眼保健知识培训。运城地区经常举办各种初级眼保健知识培训班。霍州市眼科学校是国内最早的三年制眼科中等专业学校，已招收学员87名，毕业后将专门从事防盲治盲工作。

福建省要求各地、市、县制订培训计划，通过逐级培训，达到县医院能做白内障及其他内眼手术、乡卫生院能诊断常见眼病和做外眼手术、村卫生所能简单处理常见眼病和转诊的要求。

吉林省要求各县每年要举办4-6期讲习班，进行眼保健知识培训。

由卫生部医政司主编的《防盲治盲手册》已发给各地，供初级眼保健人员使用。

2. 治疗白内障。全国残疾人三项康复工作实施方案提出要在5年内完成50万例白内障手术，到1990年6月底，已完成307 800例，占5年任务数的61.6%。宁夏隆德县开展盲目流行病学调查，并已治疗白内障盲人83人，占白内障盲人总数的78.3%，使全县盲率从0.33%下降到0.20%。云南省陆良县将防盲治盲纳入初级卫生保健，利用三级医疗网进行眼病监测，已使63%的可治盲人得到治疗，74%的白内障盲人脱盲脱残。山西省汾西县，在省眼科医院的帮助下，普查出严重眼病患者2427人，其中白内障盲人158人，通过分片突击手术，已使73.9%的白内障盲人复明。江苏省海门县政府重视治盲工作，使343例白内障盲人复明，占白内障盲人总数的73.13%，手术后配镜率达87%。金坛县已手术治疗白内障盲人286人，经治盲人数占可治盲人数的70.10%。

3. 防盲宣传教育。黑龙江省长期坚持宣传眼病防治知识，使全省沙眼患病率从解放初期的80%下降到目前的28%，盲率由1.2%下降到0.35%，沙眼由第一位的致盲原因变为第三位，已见不到新发的角膜软化病例。

全国防盲指导组已将WHO和国际眼科基金会的初级眼保健宣传画译成中文发至部分省市。为使我国县医院医生熟悉WHO沙眼分级标准，WHO已在我国举办40人的培训班，山西省在科技报上连载初级眼保健知识。汾西县在治盲同时，向农户印发宣传材料。为防止造成新的盲人和低视力，青海省政府发出加强眼镜卫生管理的通知，要求工商行政管理部门取缔不符合卫生标准的眼镜的生产和交易。

（林　岩）

【眼库建设】

1990年6月12日，经北京市卫生局批准在同仁医院建立了北京地区第一个眼库。同年6月23日，卫生部和中国残疾人联合会在中国医学科学院北京协和医院联合建立了眼库。

同仁医院为眼库在原有基础上又配备了4名专职和兼职人员，为开展工作安装了直线电话和必须的仪器设备。到1990年10月底止，已获得眼球64个，为27例角膜移植手术提供了角膜；进行了角膜保存技术研究，如深低温保存和组织液保存下的角膜内皮活性观察。

协和医院眼库有2名专职和兼职人员，装有2台无线电话，印发了捐献眼球志愿书，现已有1000多人表示愿离世后献出眼球。在原有成套设备的基础上，中国残疾人联合会资助购置了部分设备。眼库成立后已为10例角膜移植手术提供了角膜。他们还派人赴斯里兰卡国际眼库进修，专门学习角膜保存技术和眼库的管理经验。

至此，我国已有中山医科大学眼库，青岛医学院眼库、浙江省人民医院眼库等，其中中山医科大学眼库是我国最早的眼库。

（林　岩）

【亚运会的医疗卫生服务工作】

第11届亚洲运动会于1990年9月22日至10月7日在北京召开。首都医务界承担了亚运会期间的全部医疗卫生服务工作。亚运会医务工作统一由组委会医务部指挥。医务部下设卫生防病、食品卫生、医疗保健、急救、女性性别检查、条件与秘书7个处室，分工负责、全面协调医疗急救、卫生防病各个环节的工作。共有医务人员698人。同时成立了由22名专家、教授组成的医学顾问委员会，负责医疗咨询和技术鉴定工作。

1. 医疗救护工作。由亚运村医疗中心、45个场馆、宾馆医务室和45所指定医院，以及40余辆救护车共同组成了亚运会医疗急救网络。来自北京地区各个系统的60多所医疗卫生机构的456名医务人员参加了直接为亚运会医疗服务的工作。

医疗中心设在亚运村内。下设5个部15个科室，拥有一批达到国际先进水平的医疗设备，为驻村6 000多名运动员、教练员提供免费的临床医疗、辅助医疗以及卫生监督等多方面的服务。

各指定医院，尤其是16所技术力量雄厚、专业特色突出的重点指定医院，均制定了医疗急救工作方案，设立了专门诊室和病房，实行24小时服务。亚运会期间，及时收治和抢救了一批危重病人，表现出很强的组织能力和很高的医疗技术水平。

全市建立了急救通讯系统。改建、扩建了“120”急救通讯网络；医务部设无线电主机1部，各场馆医务室都有专线电话，配备了对讲机；急救车设备齐全，备有车载机，保证通讯的迅速、畅通。此外，还与国际SOS救援组织建立了联系，妥善解决了国外危重病人转运护送问题。

据统计，9月7日到10月10日，共接待就诊病人达19 290人次，其中近40%是运动员、教练员、裁判员；收治住院急重病人100人，抢救危重病人10例，均获成功。

2. 卫生防病工作。加强了对传染病的监督管理和疫情报告，采取有效措施，使北京市传染病发病回升趋势有了缓解，局部暴发疫情得到控制。同时加强与邻近省市卫生防病联防和卫生检疫，建立了疫情信息沟通制度；并与北京铁路局协作，实施交通检疫，防止境外传染病的传入。

对全市食品及公共场所从业人员进行培训、体检，实行持双证(培训证、体检合格证)上岗。先后有38.6万从业人员接受了培训，46.6万人接受了健康体检。加强了对食品生产经营单位和公共场所的监督检查，促进了卫生状况的进一步改进。各区县还对有亚运会食品供应任务的生产厂家、原料基地实行了卫生包干责任制，从原料来源到加工制作、运输等各个环节都进行了严格的卫生监督管理。对全市170多家涉外宾馆、饭店、亚运村以及30多个比赛场馆核发了食品卫生、公共场所卫生和饮用水卫生设施许可证。强化了全市自备水源管理，保证了亚运会期间饮用水卫生安全。

在全市发动群众消灭蚊蝇收到很好效果的基础上，对亚运村、奥林匹克体育中心及平谷分村施行了3次飞机喷药灭蚊蝇，使亚运村及周围地区达到基本无蚊蝇。

在抓好总体卫生防病工作的同时，根据组委会“预防工作要早介入”的指示，选派的143名卫生防病人员4月份起陆续进驻亚运村、各比赛场馆、宾馆和饭店，本着“帮助、指导、监督监测相结合”的方针，协助开展卫生防病工作。

对直接为运动员、官员服务的2.7万多名职工进行了健康检查和必要的卫生知识培训。亚运会期间，共采集各种样品15 201件，检测化验29 766项。

对亚运村及餐厅等重点部门，卫生防病人员24小时值班，严密监视疫情动态。

为保证运动员的食品卫生安全，卫生防病人员对供应运动员餐厅的600多种食品及原料进行了8 000多项次的检验。食品卫生合格率由原来的35～50%，达到85～100%。

亚运会期间，全市没有发生传染病暴发流行和食物中毒，亚运村没有一起传染病扩散、蔓延，没有一例食源性疾患发生，亚运村及周围的环境基本无蚊蝇。

3. 女性性别检查工作。

我国首次在大型国际体育运动中开展女性性别检查工作。医务部医疗处负责组织工作，另由中国医学科学院基础研究所、首都医学院生理教研室抽调22名人员成立女性性别检查室，负责技术性工作。女性性别检查室设在亚运村医疗中心。

亚运会中，共为21个国家和地区的202

个运动队，总计1 342名运动员进行了女性性别鉴定，准确率达100%。特别是发现了1例异常病例，经有关专家多种方法鉴定，证明检查结果准确无误，表明我国女性性别检查工作已达到国际先进水平。

（江镜波　白莹）

医学教育

【1990年医学教育工作】

1990年医学教育工作围绕着加强院校思想政治工作，治理整顿医学教育改革，全面贯彻党的教育方针和卫生工作方针，重点加强农村卫生人力培养工作而展开。到1990年底，全国共有高等医药院校135所，中等医药学校517所。1990～1991学年度，高等医药院校招生45 784人；中等医药院校招生75 690人；高、中等职工医学院和普通高等医学院开设的干部专修科、夜大学、函授班，共招生10 960人。

1990年，卫生部加强了对医学院校思想政治工作的领导。年初，何界生副部长率调查组，对北京医科大学及其附属医院进行了师生思想政治状况调查。召开了卫生部部属高等医学院校思想政治工作扩大会议，提出了加强思想政治工作的意见和措施，9月，与国家教委、国家中医药管理局、国家医药管理局联合召开了全国高等医药院校加强德育工作研讨会。会上制订了《关于加强高等医药院校德育工作的意见》。

在治理整顿，深化医学教育改革，促进宏观管理方面，1990年，遵照国家教育委员会、人事部的对医学成人高等学历教育工作进行整顿的有关文件精神，对部属医学院校成人高等学历教育工作及跨省、市举办的专业证书班进行了检查、整顿。重点检查成人高等学历教育中的“三乱”（乱招生、乱收费、乱办学）现象，以及以函授形式举办的专业证书教学班。从检查结果看，总的情况是好的，未发现“三乱”现象。在检查整顿的同时，下发了有关文件建立了相应的管理制度。高、中等医学院校教学质量评估工作，1990年，卫生部组织对北京医科大学内科临床教学质量进行了检查，并要求其它部属高等医学院校进行临床教学质量的自我检查。7月，召开了部属高等医学院校教务处长会议，总结了两年的临床教学质量检查评估的情况，制订了《加强部属学校临床教学工作的暂行规定》。研究生教育工作，1990年，举办了医学研究生教育与学位授予质量评估学习班，中等医学教育积极配合国家教委进行中等专业学校评估指标体系的制订工作，组织有关专家对原有的评估体系进行论证和修改，运用修订的评估指标体系对中专卫生（护士）学校教育质量进行试评。同时召开有关经验交流会，推动各省开展中等医学教育质量评估工作。为进一步深化医学研究生教育改革，4月，卫生部教育司与国务院学位办公室联合召开了临床医学研究生教育改革研究组扩大会议，总结了《医学博士（临床医学）研究生培养试行办法》在试点单位试行5年的经验与问题。为改革传统的公共卫生教育模式，1989年，成立了联合公共卫生学院公共卫生研究生班。1990年，卫生部组织了对首届学员第1阶段培训计划执行情况的检查和考核。1990年，还开展了学位制度改革的研究，进行了建立医学专业学位的调查研究工作。在调查研究和广泛征求意见的基础上，将原来的《临床医师继续医学教育条例》（草案）更改为《继续医学教育暂行规定》，该规定中将继续医学教育的对象、教育项目等均作了修改，使之更加切合实际。1990年，在全国6大行政区选择了6所医学院校组建了“医学教育信息统计研究咨询网络系统”，年内，该网络系统已经联通。

为了探索打开医学人才通向农村的路子，摸清农村卫生技术队伍的现状及农村卫生技术人员受教育的情况，1990年卫生部组织了3次较大的调查研究，即对黑龙江省为农村、边境地区培养医学高级人才的调查研究，对河南、安徽、山西、福建等省农村卫生技术队伍的现状及医学教育的有关情况的调查研究，对全国乡村医生现状及其受教育状况的调查研究。11月，召开了全国医学教育工作会议。会议的中心议题是：如何进一步为农村培养卫生技术人才的问题，会议讨论通过了《卫生部关于进一步加强农村卫生技术队伍建设的意见》。高等医学教育方面，组织了对卫生部医专教育改革联系点九江医学专科学校教育质量进行了检查、评估和验收。认为该校教改方向正确，首批毕业班学生热爱基层卫生工作，对毕业后到农村和基层工作有充分的思想准备。到1990年底，全国有独立的医学专科学校22所，另有80所普通高等医学院校招收了大专生。大专生的招生总数已占医学高校招生总数的1/3。中等医学人才的培养确定了以护理专业改革为重点，研究和借鉴外国的先进经验，带动其它专业改革的基本思路，在杭州护士学校进行了护士教育改革试点。在此基础上，召开了中等医学教育改革工作研讨会。为了加强基层卫生队伍的建设，搞好全国乡村医生的培训，卫生部明确提出了乡村医生教育发展方向，即对乡村医生进行系统化、正规化教育。召开了全国乡村医生教育研讨会，研究和布置了乡村医生教育工作。世界银行贷款、华夏基金会、澳大利亚援助等资助项目也都是围绕着加强农村卫生人力培养来安排的。

为了加强对医学教育管理的科学研究，1990年召开了中国卫生人力政策、计划、经济研讨会。在教材建设方面，第1批世界银行贷款视听教材的制作、发行工作已基本完成。为进一步加强医学教材管理工作，召开了第5届全国医学视听教育会议，召开了医学专科教材、临床医学专业教材、预防医学专业教材、口腔医学专业教材及中等卫生学校教材修订工作座谈会。

在开展对外交流与合作方面，1990年，先后请美国、澳大利亚等国的专家来华举办医学教育评估讲习班、口腔外科讲习班及其它研讨班、研讨会等。与一些国家卫生管理机构的信息沟通和交流增多，与WHO等有关国际组织与机构的合作得到加强。

（黄永昌）

【医学教育中的德育工作】

1990年，卫生部加强了在医学教育中的德育工作。年初，何界生副部长率调查组先后对北京医科大学及其附属医院进行了师生思想政治状况的调查，召开了不同层次人员的座谈会，了解学校思想政治工作的情况。3月7～9日，卫生部在北京召开了部属高等医学院校思想政治工作扩大会议，部属高等医学院校、一些地方医学院校的党委书记和校长，国家教委、国家中医药管理局等各有关方面的代表出席了会议。何界生副部长作了报告，陈敏章部长在会议结束时发表了讲话。会议分析了近几年来，高等医学院校思想政治工作的情况，提出了关于加强和改进高等医学院校思想政治工作的几点意见。会议强调必须坚持和加强党对高等医学院校的领导，全面贯彻党的教育方针，把坚定正确的政治方向放在第一位。学校的思想政治工作要突出四项基本原则、反对资产阶级自由化。会议提出要研究和改进思想政治工作的方法和形式，使它更适合青年学生的特点，同时，加强对学生骨干的培训，逐步提高学生自我教育及自我管理的能力，要把思想教育与学校的各项管理工作结合起来，加强学校教育中的社会实践环节。加强对教、职工的思想政治工作，建设一支稳定精干的政工队伍。

会后，卫生部又多次提出各层次的医学教育管理都要抓思想政治工作、抓德育教育、并检查督促各院校抓紧思想政治工作的落实。北京医科大学为加强学校教育中的社会实践环节，在卫生部直接指导下，暑期组织学生到湖区5省参加血防工作。

9月，卫生部与国家教委、国家医药管理局、国家中医药管理局联合召开了全国高等医药院校加强德育工作研讨会，共同制订了《关于加强高等医药院校德育工作的意见》。

（金春田）

【召开全国医学教育工作会议】

1990年11月19～21日，卫生部在北京召开了全国医学教育工作会议。全国30个省、自治区、直辖市的卫生厅（局）长，医教（科教）处长，部属高等医学院（校）长及各有关方面的代表共98人出席了会议。

这次会议的主题是：如何进一步为农村培养卫生技术人才的问题。胡熙明副部长致开幕词，陈敏章部长做总结讲话。黑龙江省卫生厅、西安医科大学、江西省九江医学专科学校、陕西省安康卫生学校等单位的11位代表在大会上发言。

会议回顾和总结了近年来在为农村培养卫生技术人才方面所做的工作。近10年来，卫生部在医学教育如何为农村服务方面作了多次调查研究，制定了有关文件。各地结合本地实际采取措施，做了大量工作。如黑龙江省扩大定向招生比例、对18个边境县实行单独招生即保送加考核的作法；陕西省的高等医学院校举办校外专科班为农村培养人才；江西九江医学专科学校在教改中努力探索适合我国国情、为农村培养医学人才的医学专科教育模式；湖南省创办县卫生职业技术学校培训乡村医生；河南省在农村卫生人才开发的工作中不仅抓招生、培养、分配工作，还抓使用、管理、激励、稳定等环节，等等。

会议分析了我国农村卫生技术队伍的现状。认为，目前农村卫生技术队伍建设中主要存在以下问题：①人员业务素质差。在整个农村卫生技术队伍中有中专以上学历者不足1/10，未经过系统培训（无学历）的约占⅓。②农村卫生技术队伍不稳定。由于工作和生活条件差，收入低，农村卫生技术队伍中业务骨干不安心工作，外流现象严重。③农村卫生人力发展不平衡。老、少、边、穷地区卫生技术人才数量不足。④对农村卫生技术队伍建设缺乏配套措施。

会议讨论通过了《卫生部关于进一步加强农村卫生技术队伍建设的意见》。要求各级政府和卫生行政部门，提高对人才培养工作的认识，加强领导。要适当增加医学教育投入。继续实行和完善面向农村的定向招生、定向培养和定向分配的制度。深化医学教育改革，使之适应农村卫生事业发展的需要。制定与完善农村卫生技术人员的继续教育和成人教育制度，发展乡村医生队伍。控制非专业人员流入卫生技术队伍，稳定农村卫生管理队伍。加强城市医疗卫生机构和卫生技术人员支援农村的工作。加强对农村卫生技术队伍培养的行业指导与管理。制定相关的配套政策，巩固和发展农村卫生技术队伍。

（金春田）

【高、中等医药学专业教材工作】

一、医学专科教材工作

全国医学专科教材第三轮修订工作经过一年多的准备，其组织管理工作进入最后阶段。为保证这套教材的顺利修订，1990年进行了如下工作：

1．3月，在成都召开了医学专科教材评审委员会第3次会议，对内科学、传染病学、诊断学、妇产科学、儿科学及生物化学等6学科的教材主编人选进行充分酝酿。经讨论，推荐了18门教材的主编人。

2．5月，在武汉召开了医专教材评审委

员会第4次会暨主编人会议。对医学专科学校培养的人才规格进行了讨论，确定医专培养目标应是德智体全面发展，符合基层医疗预防、保健卫生工作需要的高级应用型人才。培养出来的学生应具有5种能力：①独立进行常见病多发病防治的能力；②初步处理急、危、重症的能力；③进行疾病预防和初级保健工作的能力；④有一定组织管理的能力；⑤自我学习提高的能力。医学专科各门教材应遵循人才规格的培养目标进行修订。会议还对医学专科各科所要讲授的疾病种类作了横向交叉的剖析，确定医专第三轮教材包容的疾病为467种。讨论并确定了教学时数，藉此规定了每门教材的编写字数。对编写者选择的原则作了充分讨论。教材评审委员会逐一对各主编提出的编写成员名单和教材修订提纲进行了审议。

3. 11月，在北京召开了全国医学专科第三轮教材编写工作会议暨医专教材评审委员会第5次会议及全体编写人会，落实修订编写计划。

至此，全国医学专科第三轮18种教材的修订编写工作的组织、管理过程全部完结，计划在3年内分批出版。

二、临床医学专业教材工作

1. 5月，在长沙召开了临床医学专业教材评审委员会第5次会议。会议对一年来临床医学专业教材编写、出版情况作了分析。认为鉴于第三轮教材多已出版，因此应进行教材质量的评估，决定制订落实教材评审的措施。经讨论提出了供第一批评审的24种教材。国家规划外自编教材的评审工作也已开始。对儿科专业教材门类进行了研究，推荐出儿科专业教材主编人选。

2. 10月，在上海召开了临床医学专业教材评审委员会第6次会议，专门讨论了儿科专业第三轮教材的修订问题。评审了《小儿内科学》、《小儿外科学》、《小儿传染病学》的修订提纲和编写人组成情况，推荐了《儿童保健学》的主编。另外，在研究有关专家审稿意见的基础上，经过讨论同意《生理学大纲》作为卫生部推荐教材。

三、预防医学专业教材工作

1. 1月，在北京召开了全国预防医学专业教材评审委员会成立暨第1次评审委员会议。该委员会主任委员刘世杰，副主任委员姚志麒，委员有刘志诚、刘毓谷、赵融、钱宇平、鲁长豪。会议明确了委员会的性质、工作范围及分工，研究了第三轮教材的修订问题。

2. 8月，在唐山召开了全国预防医学专业教材评审委员会第2次会议，确定了第三轮教材修订门类，参考学时数，核定了教材字数，推荐了主编人。

四、口腔医学专业教材工作

1. 1月，在北京召开了全国口腔医学专业教材评审委员会成立暨第1次评审委员会。该评审委员会主任委员张震康，副主任委员邱蔚六，委员有李秉琦、陈青、欧阳喈、樊明文、鞠九生(兼秘书)。会议明确了委员会的性质、工作范围及分工，研究了第三轮教材修订问题。

2. 口腔医学专业教材评审委员会第2次会议于6月在西安召开。会议确定了第三轮教材修订门类，参考学时数，核定了教材字数。增加了《口腔材料学》、《口腔儿童病学》和《口腔预防医学》。为此，第三轮教材由原有的8种增至9种，改名1种。会议还推荐了教材主编人。

3. 口腔医学专业教材评审委员会第3次会议于12月在珠海召开。会议审定了每门教材主编提出的修订计划、大纲及编写人名单。预计这批教材于2～3年内出版。

五、中等卫生学校教材工作

4月2～5日在广州召开了全国中等卫生学校教材修订工作座谈会。全国大部分省、自治区、直辖市卫生厅（局）科技处，以及出版中专教材的9家出版社及新华书店发行所负责中专教材发行的有关人员出席了会议。会议内容：①交流了中等卫生学校教材出版、使用情况。②提出中专教材亟需修订的问题。认为中专教材从组织编写到出版，至今已七八年，部分内容已陈旧，亟待修订。有的作者已将修订稿交出版社，有的出版社正在组织修订，有的出版社教材纸型已不能再用，需重新排版。③讨论并修订了“全国中等卫生学校教材评审委员会工作暂行规定”。④各省市推荐了教材评审委员会委员及各门教材主编、编写人选。⑤9家出版社对出版中等卫生学校教材都表示愿意继续承担或承担更多的教材出版任务。

（南潮　陈志元）

高等医学教育

【1990年高等医学教育概况】

1990年高等医学教育以深化医学教育改革，提高教育质量为指导，全面展开工作。

为加强高等医学院校的思想政治工作，2月，在何界生副部长的带领下组织对北京医科大学进行了思想政治工作调查。在调查研究的基础上于3月召开了部属高等医学院校思想政治工作扩大会议。会议回顾了改革开放以来部属高等医学院校思想政治工作的成绩，提出了加强思想政治工作的意见和措施。

继1989年部属高等医学院校临床教学质量检查评估以后，3月13～19日又检查了北京医科大学的内科临床教学质量，并安排其它部属学校进行了临床教学质量的自我检查。

为促进部属高等医学院校的群众性体育运动的开展，8月1～5日，在沈阳中国医科大学举办了卫生部部属学校学生田径运动会。

为继续总结交流在医学教育中加强预防战略的经验，5月4～7日在华西医科大学召开了在医学教育中加强预防战略第2次研讨会，总结了近些年来加强预防医学教学的经验和体会，研究了在医学教育中加强预防战略的方法和措施。

为推动医学专科教育改革，6月23～29日，教育司组织专家组对卫生部医专教育改革试点联系点——九江医学专科学校首批教改试点班的教育质量进行了检查评估和验收，主要检查评估了该校教学改革方向和学生业务水平有否达到原设计要求的水平等两方面。专家组认为九江医专教学改革方向正确，其教学改革方案有一定的推广价值。

为探索打开高级医学人才通向农村的路子，4月～5月，先后对黑龙江、河南、山西等省为农村、边境地区培养高级医学人才的情况进行了调查研究。并将他们的经验在全国医学教育工作会议上进行了交流。

为加强高等医学教育信息管理，在全国6大行政区选择了6所医学院校组建了医学教育信息统计研究咨询网络系统。

6月13～17日，在成都华西医科大学召开了第5届全国视听教育会议，交流了各校电教工作深入教学、深入学科、深入课堂的经验，讨论了《卫生部教育司视听教育软件生产5年计划》和《视听教育评估方案》。研究了发展医学视听教育的有关问题。

（林印钢）

【建立国家医学教育发展中心】

1990年，卫生部借助世界银行贷款，在北京医科大学和中山医科大学建立了两个国家医学教育发展中心。

中山医科大学国家医学教育发展中心于1990年4月和11月举办了两期医学教育研修班。来自全国60余所医学院校的有关人员70人参加了学习。通过自学、专题研讨和教师讲授，进一步了解了现代高等医学教育基本理论知识、基本规律和基本特点，熟悉了等高医学教育的教学过程、教学原则和教学方法。

北京医科大学国家医学教育发展中心于1990年9月与美国芝加哥伊利诺斯州立大学医学院医学教育发展中心合作，在职培训高等医学院校的教学管理人员。来自全国高等医学院校和医学教育管理部门的30名学员参加了在职培训。他们将在现代医学教育改革发展方向、医学教育计划的制定和管理、医学教育质量评价、医学教育方法学及教育管理研究等几个方面进行一年半的学习。经考试合格后，可被授予医学教育管理硕士学位。

（黄　谦）

【制订高等医学院校内科临床教学质量检查评估标准】

卫生部教育司于1989年5月组织制订了《卫生部高等医学院校内科学临床教学质量检查评估标准》。经广泛征求意见，并经1989和1990连续两年在部属高等医学院校抽样检查试用后，得到肯定。此标准的采用，加强了临床内科学教学工作，加强了有关基本功的训练。同时，制订此标准的思路和方法，也为其他临床学科在教学和考核中借鉴。目前，卫生部所属高等医学院校已全部采用此标准进行内科学教学检查。

附：卫生部高等医学院校

内科临床教学质量检查评估标准

一　检查住院病历（总分100分）

1．主诉：　5分

(1) 主诉叙述不符合要求　－1

(2) 主要症状或发病时间有错误　－2

(3) 主要症状或发病时间有遗漏　－2

2．现病史　20分

(1) 起病情况叙述不清　－1～3

(2) 发病经过顺序不清，条理性差或有遗漏　－1～3

(3) 主要症状特点不清　－2～4

(4) 伴随症状不清　－1～2

(5) 有关鉴别的症状或重要的阴性症状不清　－1～3

(6) 治疗经过叙述不全面　－1～3

(7) 一般症状未叙述　－1～2

3．其他病史　5分

(1) 项目有遗漏者每项　－1～2

(2) 有关阴性病史未提及　－1

(3) 顺序错误　－1

(4) 药物过敏史未问　－1

4．体检　10分

(1) 一般项目有遗漏　－1～3

(2) 重要阴性或阳性体征有遗漏　－1～3

(3) 结果错误　－1～3

(4) 顺序错误　－1

5．辅助检查　5分

包括血、尿、便三大常规及有关诊断的重要化验，如：脑脊液常规、X光片、血生化、心电图等，不能正确分析其临床意义者每项扣　－0.5～1

6．病历摘要　5分

7．诊断　10分

(1) 主要诊断错误或有重要遗漏　－4

(2) 次要诊断错误或有遗漏　－3

(3) 诊断不规范　－2

(4) 顺序错误　－1

8．诊断分析　20分

(1) 主要及次要诊断不全面　－2～5

(2) 未作必要的鉴别诊断　－2～5

(3) 仅罗列书本内容，缺少对本病人实际情况的具体分析　－2～5

(4) 诊断依据不足　－2～5

9．治疗计划　5分

(1) 有错误　－1～2

(2) 有遗漏　－1～2

10．病程记录　5分

(1) 治疗经过有遗漏　－1

(2) 病情变化有遗漏　－2

(3) 对病情变化未加分析　－2

11．规格文字　10分

(1) 格式不规范　－1～2

⑵ 医学术语不规范 -1～2

⑶ 字迹潦草 -1～2

⑷ 有涂改 -1～2

⑸ 错别字 -1

⑹ 无签字 -1

二　体格检查(总分 100 分)

要求：在 40 分钟内完成全面系统的检查，超过 40 分钟者终止检查。

1．方法　86 分

包括检查方法、规范顺序及正确性。

一般状况 -1　　眼　部 -1

咽　部 -1　　皮　肤 -1.5

耳　部 -1　　颈　部 -3

淋巴结 -1.5　　鼻　部 -1

胸　廓 -3　　头　部 -1

口　部 -1　　血　压 -1

心脏：视诊 -2　触诊 -3　扣诊 -8　听诊 -9

肺部：视诊 -2　触诊 -4　扣诊 -8　听诊 -8

腹部：视诊 -3　触诊 -10　扣诊 -3　听诊 -2

神经系统 -3〔包括颈项强直、克氏、布氏、巴氏征、腹壁反射、膝腱反射（神经系统疾病例外）〕。

四肢关节 -2　脊柱 -2

2．提问　14 分

⑴ 阳性体征综合分析能力 -7

⑵ 阳性体征临床意义及基础理论 -7

三　门诊处理病人(总分 100 分)

1．病史　20 分

⑴ 主诉不正确 -4

⑵ 起病情况及病情发展叙述不清 -6

⑶ 有关鉴别诊断的阳性症状或阴性症状遗漏 -4

⑷ 治疗经过叙述不清 -4

⑸ 与本病有关的既往史及接触史有遗漏 -2

2．查体　15 分

⑴ 主要阳性体征有遗漏 -5

⑵ 有关阴性体征有遗漏 -3

⑶ 检查方法不正确 -2

⑷ 结果不正确 -5

3．诊断　20 分

⑴ 主要诊断错误 -10

⑵ 主要诊断有遗漏 -5

⑶ 次要诊断有错误 -2

⑷ 次要诊断有遗漏 -1

⑸ 主要诊断与次要诊断顺序有颠倒 -2

4．处理　8 分

⑴ 主要的治疗原则有错误 -10

⑵ 次要的对症处理有遗漏 -2

⑶ 主要药物用错 -4

⑷ 未提出必要的辅助检查 -2

5．处方书写　8 分

⑴ 主要药物剂量错误 -2

⑵ 药名写错 -2

⑶ 字迹不清，有错别字或涂改 -1

⑷ 无签字或签字看不清 -1

⑸ 年签不写 -1

⑹ 处方不规范 -1

6．交代病情　4 分

⑴ 应该交代的病情交代不清 -1

⑵ 应该交代的注意事项不清 -2

⑶ 传染病的隔离、检疫有遗漏 -1

7．病历书写　2 分

整个病历有字体潦草、错别字、涂改及顺序颠倒 -2

以上七项要求在 40 分钟内完成，每超过 5 分钟扣 1 分，每提前 5 分钟加 1 分。

8．回答问题　15 分

教师提出与本病诊断、鉴别诊断、治疗原则有关的五个问题，每题 3 分。

教师提问及小结不超出 15 分钟。

四　查房报告病历(总分 100 分)

1．一般项目　2 分

姓名 -0.5　年龄 -0.5　职业 -0.5　住院日期 -0.5

2．主诉：主要症状(不超过三个）及发病时间　5分

⑴ 主要症状不确切或遗漏　－2～3

⑵ 时间不准确　－1～2

⑶ 不精练　－1

3．现病史　20分

⑴ 起病情况（诱因和初发症状）　5分

① 诱因遗漏　－1

② 主要症状遗漏每项　－2～3

③ 主要症状未加描述　－1～2

⑵ 病情演变过程　6分

① 病情变化及转折叙述不清　－3～4

② 条理性差　－2～3

⑶ 伴随症状　5分

① 未叙述伴随症状　－1～2

⑷ 与本病有关的鉴别内容　3分

① 未叙述有鉴别意义的症状　－1～2

⑸ 入院前检查及治疗情况　3分

① 入院前检查及治疗情况不清　－1～2

⑹ 一般症状　－1

4．其它病史　5分

包括：既往史、个人史、月经生育史、婚姻史、家族史

⑴ 既往史有重要遗漏　－2

⑵ 其它每项　－1

5．体格检查　15分

⑴ 一般症状

体温－0.5　脉搏－0.5

呼吸－0.5　血压－0.5

⑵ 系统检查顺序正确、无遗漏　3分

① 顺序颠倒　－1

② 漏一项　－0.5

③ 查体手法不正确　－1

⑶ 病变所在部位的视、触、扣、听的详细描述　10分

① 重要阳性体征错误或遗漏每项－2～3

② 阴性体征缺一项　－1

6．辅助检查　10分

⑴ 基本检查：血、尿、便、胸透　3分

① 每缺一项　－1～2

⑵ 有关本病的重要检查：血小板、血沉、抗“O”、血生化、心电图、超声波、胃镜、纤维支气管镜检查等　4分

① 每缺一项重要检查　－1～2

⑶ 了解特殊检查的临床意义　3分

① 不了解特殊检查的临床意义　－1～2

7．诊断　5分

⑴ 诊断正确　3分

① 诊断不正确　－3

② 漏诊　－1

⑵ 主、次分明，顺序正确　1分

① 主、次不分明　－0.5

② 顺序颠倒　－0.5

⑶ 诊断名称规范化　1分

① 诊断名称一项不规范　－0.5

8．诊断分析　15分

⑴ 诊断依据充分　7分

① 诊断依据不充分　－3～5

⑵ 主要鉴别正确、依据充分　6分

① 主要鉴别诊断遗漏　－2～3

② 依据不充分　－1～2

⑶ 诊断分析应紧密结合本病人实际情况、推断合理　2分

① 诊断分析不紧密结合本病人实际情况或推断不合理　－1～2

9．处理　8分

⑴ 诊断不清者应进一步提出检查或做必要的复查　2分

① 重要的检查遗漏　－0.5

⑵ 治疗原则正确　3分

① 治疗原则不正确　－3

② 治疗原则部分不正确　－1～2

⑶ 用药的药名、剂量、方法、疗程规范化　3分

① 用药的药名、剂量、方法、疗程错误每一项　－0.5～1

10．提问(提5个问题)　15分

⑴ 紧密围绕本病例的诊断、鉴别诊断、

检查（包括检查项目、结果及其意义）和治疗原则

⑵ 适当联系基础理论知识

① 每答错一题　　　　　　-1～3

（解江林）

【九江医专教学改革试点班教育质量检查评估】

1986年卫生部将九江医学专科学校(以下简称九江医专）确定为医专教育改革联系点。根据教改方案设计要求，1990年，在首批教改试点班学生毕业前，卫生部组织对该班教育质量进行了检查、评估和验收。

检查评估于6月23～28日在九江医专进行。参加检查评估的有卫生部教育司和江西省卫生厅的领导。有卫生部聘请的由内、外科专家和医学教育管理专家组成的10人专家组。有由江西、黑龙江、浙江等省部分高等医学院校的领导组成的10人观摩组。

检查评估的重点是：①该校教育改革方向；②学生业务水平有否达到原设计要求的水平。专家组首先听取了九江医专李振宗校长的教改情况汇报，然后，在试点班171名学生中随机抽样，共抽出53名学生，参加内科病历书写、体格检查、门诊病人处理、查房；外科手术准备、基本手术操作；急救；护理；预防医学；临床病案分析录象考试；心电图、X光片阅读等项理论与实践的考核。同时，还通过听课、与师生座谈、现场考察农村教学基地和问卷调查等方式，对学生的思想政治、医德医风等情况进行了考察。

通过检查评估，专家组认为，九江医专教改方向正确，他们确定的“两加强，一优化”(加强学生能力培养,加强预防医学战略的教学，优化课程结构）的教改方案，是切合我国实际情况的，具有一定的实用与推广价值。学生的专业思想较稳固，热爱基层卫生工作，对毕业后到农村和基层工作有充分的思想准备。“大卫生”的观念在学生头脑中已初步形成。业务考核成绩合格，具备了一定的临床实践能力。可以胜任农村和基层的医疗和预防保健工作。

专家组就教改方案质量控制以及学校改革发展等问题，提出了许多改进意见。

（林印钢）

【部分医学视听教材获奖】

在国家教育委员会为纪念建国40周年组织的“首届优秀电教教材评奖活动”中，11部高等医学教育和2部医学职业技术教育的视听教材获奖，占这两部分获奖总数的21%（获奖名单见附表）。此外，还有22部高等医学教育和1部职业技术教育录象片被评为推荐教材，占这两部分推荐教材的19%。

附表　医学视听教材获奖名单

教材名称	制作单位
高等教育	
幻灯片	
一等奖：	
眼科教学	中山医科大学
三等奖	
有机化学	宁夏医学院
病理解剖	上海第二医科大学
门脉高压症	华西医科大学
录像片	
正常分娩	上海医科大学
干扰素	第二军医大学
颅骨	中山医科大学
肾结核	西安医科大学
根管治疗	华西医科大学
龋齿的防治	上海第二医科大学
耳鼻喉的腔内检查	广西医学院
职业技术教育	
三等奖	
无菌操作技术	上海市卫生局
氧气吸入疗法	中日友好医院卫校

（解江林）

【1990 年卫生部部属高等医学院校教育研究项目获国家教育委员会优秀教学成果奖】

获奖学校	成果名称	等级
北京医科大学	开展医学科学实习，培养学生能力	优秀奖
上海医科大学	公共卫生学院教学基地	特等奖
上海医科大学	临床医学教学改革	优秀奖
华西医科大学	开创我国理、工、医综合性口腔材料学新科学	优秀奖
中山医科大学	进行“以自学为主”和“以讲授为主”的对比试验，加强学生能力的培养和智力的开发	优秀奖
中山医科大学	培养眼科高级人才，促进眼科医、教、研事业的发展	优秀奖
中国医科大学	人体解剖学的创新与优化	优秀奖
中国医科大学	实施公共英语教学改革，全面提高学生的英语水平	优秀奖
白求恩医科大学	“高起点”免疫学研究生培养教学10年实践	优秀奖
山东医科大学	“三才”建设的系列改革是全面提高教学质量的关键	优秀奖
湖南医科大学	以实验技术手段现代化为中心的生理学教学实验改革	优秀奖
同济医科大学	寄生虫学教学的新模式	优秀奖

（史保举）

【发布《关于合理分配与培养使用护理本、专科毕业生的几点意见》】

1983 年以来，11 所高等医学院校开办了护理专业，已有 200 余毕业生走上工作岗位。针对一些部门对护理本、专科毕业生分配使用重视不够，没有培养、使用计划，工作安排与中专毕业生拉不开档次，思想教育抓得不紧，专业思想不巩固，以致出现一些本、专科毕业的护师改行的情况。为改变这种状况，卫生部于 1990 年 8 月 10 日发布了《关于合理分配与培养使用护理本、专科毕业生的几点意见》。文件要求：

1. 现阶段本、专科毕业生的分配应优先考虑护理教育和二级以上医院。今后高等医学院、校护理师资中要逐步提高护理本、专科毕业生的比例，至 1995 年达到 90% 以上，中专卫（护）校的护理师资中具有护理本科及大专学历者，至 2000 年争取达到 50% 以上。二级医院，特别是高等医学院、校的教学医院要有一定比例的本、专科毕业的护师。

2. 使用单位应根据工作需要制定具体培养使用计划，并提出阶段目标与要求。要加强思想教育。护师在毕业后的两年内应以从事临床护理实践为重点，要在病房、门诊、急诊、手术室等科室从事护理工作，提高其实际工作能力及基本技能。其中，第一年要在主要临床科室轮转，第二年在临床专科进行定向培养，此后可根据本人能力及工作需要，安排担任护理教学、临床护理、病房管理、护理科研、及ICU、CCU 等重点专科护理。

3. 护理本、专科毕业生的职称评定、进修、晋升等问题参照有关文件精神执行，应与同等学历其它专业毕业生相同。

4. 各省、自治区、直辖市卫生厅(局)根据本省护理工作发展的需要，制定护理本、专科毕业生的分配计划，加强管理。使用单位要提高认识，加强领导，坚持人尽其才、学以致用的原则，防止脱离护理专业、造成人才流失和浪费。

（巩玉秀）

中等医学教育

【1990年中等医学教育工作】

1990 年中等医学教育工作围绕深化教育改革，培养实用型医学人才的中心任务进行了如下工作：

一、根据 1988 年全国中等医学教育工作会议关于改变中专“学院型”培养模式，加强“实用型”人才培养的要求，确定了以护士教育改革为重点，研究借鉴国外先进经验，积极探索护士教育改革，从而带动其它专业的基本思路。肯定了当前护士教育改革中一些好的经验。如武汉市卫生学校积极创造条件，开展与医院联合办学，较好地解决了临床实习基地建设；河南省人民医院护士学校充分利用所在医院优势，开展"工读式"学习，培养实用型人才；上海市根据医学模式的转变和当地人才培养需要，积极调整教学计划，保证人才培养质量等。并重点抓了杭州护士学校的教育改革试点工作，对该校护士教育改革进行了从培养模式到教学计划等全面深入的探讨，这一工作得到世界卫生组织的支持。1990年11月，召开了以中等医学教育改革为主题，探讨实用型人才培养的研讨会。

二、积极参与了国家教委中等专业学校评估指标体系的制定工作，多次组织专家对原有的评估指标体系进行讨论研究、修改和补充，并用修改后的指标体系对苏州卫生学校进行了试评。11月，在上海召开了评估讲习班暨经验交流会，邀请国外专家介绍国外教育评估的方法，6个省（市）的代表交流了开展评估工作的做法和经验。

三、7月在成都召开部属有关单位及卫生学校领导参加的中等卫生（护士）学校工作座谈会，总结交流了各学校贯彻执行中专教育改革、改善办学条件等方面的情况和经验，探讨了今后深化教育改革、稳定办学规模，加强卫生（护士）学校建设的有关问题。

四、配合世界银行贷款卫Ⅳ项目的开展，赴河南、山西、安徽等省进行了农村卫生人力实地考察。重点考察了上述三省乡、镇一级医疗卫生服务机构及相应的卫生人力培训机构。并结合进一步开发农村卫生人力资源等方面问题与当地政府交换了意见。

五、华夏基金会资助中等卫生学校口腔专业项目于年内结束。5年来华夏基金会投入267万美元对国内22所中等卫生学校口腔专业、4所口腔医学院进行了无偿资助，改善了口腔专业办学条件，调动了地方办学积极性。自1991年起，华夏基金会将对中等卫生学校检验专业进行资助。有关项目准备工作已经完成，第1批10所受益学校已经确定并得到华夏基金会的批准。

六、1990年中等卫生学校开展对外交流合作并作了如下工作：①争取世界卫生组织对6所中等卫生学校进行资助，资助金额为30万美元。②举办医学教育评估、护理教育、口腔外科等讲习班4期。邀请美国、澳大利亚等国的专家来华讲学。参加讲习班的人数达200人次。③接待美国杰佛逊大学相关技术学院院长一行并开展了有关方面的合作。④在西安医科大学英语培训中心建立教师英语培训项目。已培训中等卫生学校教师6名。

（田　民）

【全国中等卫生学校情况调查】

1990年卫生部教育司对全国中等卫生学校和专业设置的布点进行了调查。据统计，1990年我国中等医药学校517所，其中卫生学校437所，比1988年增加9所；护士学校和中医药学校分别有所减少（见166页附表1）。从专业设置的布点来看，医士类（包括妇幼、卫生）专业和短缺专业（药剂、检验、放射）在"七五"期间发展比较稳定。护士、助产士、中医士专业的设置减少（见166页附表2）。

（王锦倩）

【部属单位中等卫生（护士）学校工作会议】

1990年7月，卫生部教育司在成都召开了部属单位中等卫生（护士）学校工作座谈会，来自京内外14个部属单位有关领导和卫生学（护）校校长参加了会议。会议总结交流了1984年部属单位卫生（护士）学校工作会议和1988年全国中等医学教育工作会议以来贯彻执行有关会议精神，进行中专教育改革和改善办学条件等方面的情况和经

附表1　全国中等医药学校分类情况统计表

学年度	学校总数(所)	卫生学校	护士学校	中医药学校	药剂学校	助产学校	妇幼学校	生物制品学校	口腔学校	针灸学校	蒙医学校	藏医学校	医学院中专部	招生数
1988	523	428	61	22	2	2	1	1	1	1	1	1	2	92028
1990	517	437	49	19	2	1	1	1	1	0	1	1	4	75690

附表2　全国中等医药学校分专业情况统计表

学年度	学校总数	护士	助产	医士	妇幼	中医	检验	药剂	放射	卫生	口腔	中药	针灸	实验技士	卫生统计	藏医	营养	其它
1988	523	499	131	253	91	46	91	64	45	60	54	32	29	14	18	5	7	28
1990	517	490	124	288	101	39	92	71	54	65	46	32	20	11	18	7	5	51

验，探讨了今后进一步深化教育改革，加强学校建设的有关措施。会议认为，1984年以来各单位普遍加强了对卫生（护士）学校的领导，关心支持学校的工作，妥善解决了学校存在的一些困难和问题，特别是学校的教学和校舍条件得到了普遍改善。部属14所卫生(护士)学校建筑面积从1984年的34 557平方米增加到1990年的55 494平方米，增长了65%。实验室条件也有了较大改善，实验课开出率达90%以上，师资队伍中大专以上学历的教师由1984年的63.3%增长到82.8%。经过几年的调整与规化，各校基本形成了比较稳定的专业设置，建立和扩展了短缺专业（如：实验动物管理专业，口腔、放射技士专业等）。会议认为，各卫生(护士)学校今后应重点做好以下工作：

① 在基本建设方面达不到要求，特别是有危房的卫生（护士）学校，有关单位要列入事业发展整体计划，在短时间内努力加以解决，对实验室装备离卫生部制定的《中等卫生学校实验室装备标准》差距较大的单位，应在八五期间有计划地投入经费，加强建设。各单位要切实贯彻执行卫生部1988年制定的《关于中等卫生学校经费标准的意见》，按规定标准落实经费。②在管理体制方面，各单位对所属卫生（护士）学校，既要加强领导，认真管理，又要简政放权，在制度、政策和措施上给予倾斜和支持帮助，充分发挥学校的积极性和相对独立性，放手让他们在有关规定范围内充分发挥自身职能作用，行使权利。以调动卫生（护士）学校领导和广大教职员工的积极性，增强办学活力和自我完善的能力。③在人员调整、调入调出、工资评定、技术职务评定等方面，各单位应充分考虑和照顾所属卫生（护士）学校的具体情况和特点，积极合理予以解决。

会议还就认真贯彻党的教育方针，加强政治思想工作及教育改革，提高办学效益等方面问题进行了讨论。

（田　民）

【中等卫生（护士）学校开展办学水平评估】

为了加强中等卫生学校的科学管理，促进其办学水平的提高，1990年卫生部积极配合国家教委进行中等专业学校办学水平评估指标体系的制订工作。多次组织专家对原有的中等卫生学校办学水平评估指标体系进行研究，对其中不适合卫生（护士）学校特点的条目进行了修改和补充，统一了评估条目，使评估指标体系更加全面、客观、科学和适用。修改后的评估指标体系主要包括评估办学目标、办学条件、办学效益三方面内容，其中一级条目7条，二级条目12条，三级条目74条。10月份用修改后的评估指标体系对苏州卫生学校进行了试评。

各省（市）卫生厅（局）结合本地实际情况开展中等卫生学校办学水平评估及有关准备工作。北京、上海、河南、四川、云南、江苏、浙江、湖北、河北等18省、市已开展了这方面的工作并取得一定经验。上海、北京还结合评估工作进行学校的长远规化和专业调整。河北省唐山卫生学校在全省109所中等专业学校中取得评估总分第2名的好成绩，被省教育委员会授与"河北省中等专业示范学校"的荣誉称号，有关经验得到推广。为了总结交流有关经验，11月，卫生部在上海召开了教育评估讲习班暨经验交流会，2名来自澳大利亚的专家到会介绍了国外教育评估的情况及方法，上海、河南等6省、市代表介绍了本省、市评估的经验和做法。

（田　民）

【杭州护士学校教育改革试点】

杭州护士学校成立于1952年，有较强的师资队伍和较丰富的办学经验。在护理教育改革中，该校进行了多年探索并积累了一些经验。1990年被卫生部定为护理教育改革试点单位。

该校教育改革的主要做法是：①从国情和实际出发，端正教改指导思想，全面理解中等护理教育培养实用型护理人才的要求，在调查研究的基础上，制订了符合实际，目标明确的教改方案。②组织全体教师，认真学习有关资料，明确教改的目的、意义，在统一思想认识的基础上开展对教学计划、课程设置和教学大纲的群众性研讨和实践。③在教改实践的基础上，按照中等护理教育的层次规格和要求，制订了比较符合我国国情的护理人才培养目标，并调整了课程设置，增加了人文科学的比重，如增设了《护理伦理学》、《护理心理学和心理卫生学》、《护理美学》等课程，对某些内容偏多偏深的课程进行了调整，充实健康教育和社区卫生保健的教学内容。④加强教材建设，根据重新制订的教学大纲编写试用教材，突出护理的特点，改变了旧教材重医轻护的弊病。⑤加强实践性教学，增设了模拟病房和监护室等实践场所，并在各实习医院建立了比较完善和有效的实习带教网络。⑥开展以培养和发展学生智能的教学方法改革，将课堂教学从过去单纯地教知识、学知识转变到教本领、学本领方面。

杭州护士学校的教育改革得到世界卫生组织的支持，1990年世界卫生组织两次派遣护理专家到该校进行指导并参与了护理教育改革的有关活动。

（田　民）

【中等医学教育视听教材建设】

在世界银行贷款有关项目支持下，卫生部教育司制定了《医学视听教材发展五年计划》。根据该计划，中等医学教育将分3批制作200余部录像片。第1批8门学科51部录像片已于1990年完成并投入使用，其内容包括护士专业的基础护理学、内科护理学、放射医（技）士专业的X线诊断学、X线投照技术、X线机；检验士专业的临床检验、微生物学及检验技术、生物化学及检验技术。第2批和第3批视听软件制作准备工作正在进行，目前已组成由有经验的中等卫生学校教师和电教专家参与的学科专家组，负责相应学科电化教材的选题和编写拍摄提纲。它将包括以医士专业为主的14门学科，即医士专业的内科学、外科学、诊断学基础、五官科学、卫生学、皮肤病学、生理学、药理学、病理学和妇幼医士专业的妇科学、产科学、儿科学等。预计这两批将于1992、1993年陆续发行。届时中等卫生学校主要专业的文字教材都将有相应电化教材配套。

（王锦倩）

【华夏基金会资助中等卫生学校新项目】

华夏基金会资助中等卫生学校口腔专业项目于1990年结束。5年来，华夏基金会投入280万美元，引进了一批国外较先进的口腔专业教学设备，调动地方资金1500万人民币，使国内20个省（市）的21所中等卫生学校口腔专业教学条件得到较大改善，2所口腔医学院成为中专口腔师资培训基地。

华夏基金会口腔专业项目执行后期，卫生部即开始了有关调查研究。调查表明：卫生技术队伍中检验专业人才培养力量比较薄弱，现有的91所中等卫生学校检验专业大多办学条件差，仪器设备陈旧，影响了学生技能的培养和人才质量的提高。为此，卫生部与华夏基金会商定，今后4年对全国20个省（市）的中等卫生学校检验专业进行资助，以改善该专业教学仪器设备落后的局面，并在此基础上进行教学改革。第一批受资助的9所中等卫生学校和1所大学已经确定，有关项目文件准备已经完成。待华夏基金会批准后正式实施。

（梁军　田民）

医学成人教育

【1990年医学成人教育工作】

1990年，医学成人教育工作贯彻治理整顿的精神，坚持为农村培养人才的方向，加强管理，建立相应的约束机制，医学成人教育做了如下工作：

一、1990年对全国乡村医生现状和乡村医生培训机构作了调查。召开了首届全国乡村医生教育研讨会，提出了对乡村医生实行系统化、正规化教育的乡村医生教育发展方向。制定了《1991～2000年全国乡村医生教育规划》和《县卫生学校建设标准》，并下发全国参照执行。“中国乡村医生培训中心”已开始为全国提供教学服务。

二、1990年为在农村工作的医药卫生技术骨干制作了50部继续医学教育的音像教材，并已在全国发行。

三、改革医学成人高等学历教育入学考试科目。为了更好地选拔长期在第一线工作的优秀在职卫生技术人员，有利于在农村医药卫生工作岗位急需培养的人才接受成人高等医学教育，国家教育委员会批准，1990年在黑龙江省试行医学成人高等学历教育入学考试科目改革，即将原来的考试科目政治、语文、数学、物理、化学改为政治、语文、数学、人体解剖学和生理学。从录取情况看，录取考生中农村考生所占比例比1989年增加18.44%。

四、整顿医学成人高等教育工作。遵照国家教育委员会整顿成人高等学历教育的精神和国家教育委员会、人事部有关成人高等教育试行专业证书制度管理的文件精神，对部属医学院校成人高等学历教育工作及跨省、市举办的专业证书班进行了检查、整顿。重点检查成人高等学历教育中的“三乱”（乱招生、乱收费、乱办学）现象，及以函授形式举办的专业证书教学班。从检查结果看，总的情况是好的，未发现“三乱”现象。在检查整顿的同时，下发了关于加强专业证书班管理的有关文件，建立了相应的管理制度。

五、1990年，组织了继续医学教育现状和需求的调查，对我国卫生技术人员参加继续医学教育活动的主要项目、形式和要求作了分析研究，在广泛征求意见的基础上，将原《临床医师继续医学教育条例》（草案）更名为《继续医学教育暂行规定》。该规定将继续医学教育的对象由原来的临床医师扩大为完成毕业后医学教育的各类卫生技术人员，增加了预防、妇幼等专业的继续医学教育的项目，制订了卫生技术人员每年参加继续医学教育的最低学分数。

（冯雪英）

【全国乡村医生现状和乡村医生教育机构调查】

1990年6月，卫生部教育司对全国乡村医生现状和乡村医生教育机构进行了调查。调查的主要内容是乡村医生的一般情况、工作情况、经济收入情况、接受培训情况、对今后培训学习的意向；乡村医生教育机构的类型、人员、教学设备以及教学情况。共调查乡村医生90 289人，占全国乡村医生总数的11.98%；调查乡村医生教育机构251所，占全国乡村医生教育机构总数的14.86%。

一、乡村医生一般情况

1. 乡村医生性别构成。共调查90 289人，男性占78.42%，女性占21.58%。女乡村医生比例明显偏低（表1）。

表1. 乡村医生性别构成

男		女		合计	
人数	%	人数	%	人数	%
70806	78.42	19483	21.58	90289	100

2. 乡村医生年龄构成。各年龄组中，人数最多的是40～49岁年龄组，其次是30～39岁年龄组，两组之和占70.61%，20岁以下及20～29岁两年龄组之和仅为14.59%，年轻乡村医生比例偏低（表2）。

表2 乡村医生年龄构成

年龄	人数	%
20岁以下	805	0.89
20～	12364	13.70
30～	29735	32.94
40～	34003	37.67
50～	10797	11.96
60～	2555	2.83
合计	90257	100

3. 乡村医生文化程度构成。乡村医生中，以初中文化程度者最多，占57.64%，小学文化程度者占15.42%，另外，还有少数文盲从医（表3）。

表3 乡村医生文化程度构成

文化程度	人数	%
文盲	146	0.16
小学	13923	15.42
初中	52035	57.64
高中	20142	22.31
中专	3575	3.96
大专	460	0.51
合计	90281	100

对部分省1 600名乡村医生的年龄和文化程度做相关统计，结果显示，30岁以下乡村医生的文化程度已明显提高，初中的占71.43%，高中的占26.89%，无小学文化程度者。年轻乡村医生的文化程度均达到初中以上水平。

二、乡村医生工作情况

1. 乡村医生从事卫生工作方式。专职从医者仅占18.56%，大多数乡村医生不脱离农业或其它劳动（表4）。

表4 乡村医生从事卫生工作方式

工作方式	人数	%
专职从事卫生工作	16749	18.56
以卫生工作为主	31506	34.91
卫生工作和其他劳动各半	35869	39.75
以其它劳动为主	6117	6.78
合计	90241	100

2. 乡村医生从事卫生工作时间。42.17%的乡村医生从医时间在20年以上，从医时间在10年以上者达82.06%，说明多数乡村医生具有相当的实践经验（表5）。

三、乡村医生学习情况

1. 乡村医生累计脱产学习时间。

55.78%的乡村医生累计脱产学习时间不足一年（表6）。

2. 乡村医生脱产学习次数。乡村医生脱产学习次数在两次以上者占67.9%（表7）。

表5 乡村医生从事卫生工作时间分布情况

工作年限	人数	%
0～	5777	6.40
5～	10413	11.54
10～	16179	17.92
15～	19833	21.97
20～	38063	42.17
合计	90265	100

表6 乡村医生累计脱产学习时间分布情况

学习月数	人数	%
0～	25954	29.19
7～	23644	26.59
13～	21882	24.61
25～	17446	19.62
合计	88926	100

表7 乡村医生脱产学习次数分布情况

次数	人数	%
1	514	32.1
2	484	30.3
3	290	18.1
4次以上	295	18.4
未学习	17	1.1
合计	1600	100

3. 乡村医生主要学习地点。在县卫校学习者仅为36.47%，半数以上的乡村医生是在乡卫生院及其它医疗卫生单位接受培训的(表8)。

表8 乡村医生主要学习地点分布情况

学习地点	人数	%
卫校	32631	36.47
函授	4817	5.38
卫生院	25700	28.73
县级医院	9338	10.44
跟师学徒	10344	11.56
其它	6638	7.42
合计	89468	100

表9 1989年乡村医生人均收入

项目	金额
医疗防保业务纯收入	946.85
其中：医疗服务	731.47
防保有偿服务	56.08
防保补助	68.23
乡村医生补助	91.07
农业或其它劳动收入	577.46

表10 乡村医生对学习方式的要求分布情况

学习方式要求	人数	%
两年以上函授学历教育	12471	16.52
两年以上脱产学历教育	5993	7.94
一年左右脱产非学历教育	7299	9.67
半年左右脱产理论学习	8443	11.18
三个月以下脱产理论学习	9336	12.36
临床进修	19594	25.94
其它	12381	16.40
合计	75507	100

四、乡村医生经济收入情况

乡村医生医疗防保业务收入占总收入的62.2%，农业或其它劳动占37.8%。在医疗防保业务收入中，以医疗收入为主，防保收入过低（表9）。

五、乡村医生学习意向

调查的所有乡村医生中，有学习培训要

求的为 75 507 人，占 83.63%。乡村医生对学习方式的要求比较复杂，以临床进修为多，占 25.94%，其次为两年以上的函授学历教育，占 16.52%，对两年以上脱产学历教育的要求最少，仅占 7.94%（表 10）。

六、乡村医生教育机构情况

1．乡村医生教育机构数。全国乡村医生教育机构已有 1 689 所，大多数县已有乡村医生教育机构，数量上已初具规模（表 11）。

表 11　1989 年全国乡村医生教育机构构成

机　构	个数	%
县卫校	1047	61.99
职业技术学校	235	13.91
职工中专	220	13.03
农民卫生学校	12	0.71
函授学校	9	0.53
其　它	166	9.83
合　计	1689	100

2．乡村医生教育机构人员构成。平均每所乡村医生教育机构有职工 23 名，其中专任教师 12 名，占½强，专任教师比例偏低，有⅓的专任教师不具备大专及以上学历（表 12）。

表 12　1989 年 251 所乡村医生教育机构平均人员数

	合计	按学历分类				按职称分类						按年龄分类					
		大学本科	大学专科	中专	无规定学历	主任医师	副主任医师	主治医师	医师	医士	其他	25岁以下	25岁—	35岁—	45岁—	55岁—	60岁—
专任教师	12	4	4	4	0	0	1	4	5	2	0	1	4	3	3	1	0
其他技术人员	4	0	1	1	2	0	0	0	1	1	2	1	1	1	1	0	0
管理人员	3	0	0	1	2	0	0	1	0	0	2	0	0	1	1	1	0
工勤人员	4	0	0	0	4	0	0	0	0	0	4	1	1	1	1	0	0
合　计	23	4	5	6	8	0	1	5	6	3	8	3	6	6	6	2	0

3．乡村医生教育机构房屋建设、固定资产情况（表 13）。

表 13　251 所乡村医生教育机构建设和固定资产情况

项　目	合　计	单位平均
建设面积（平方米）		
其中：总占地	1549744.9	6174.3
总建筑	600495.6	2392.4
业务用房	276323.1	1100.9
生活用房	228084.1	908.7
危房	46534.4	185.4
固定资产总额（万元）	14319.2	57.1
其中：教学设备	2204.1	8.8

（冯雪英　王宇明）

【召开全国乡村医生教育研讨会】

卫生部于 1990 年 10 月 21～23 日在湖南长沙召开了首届全国乡村医生教育研讨会。这是继 1964 年全国半农半医医学教育会议之后，第 2 次全国性的乡村医生教育专门会议。参加会议的有各省、自治区、直辖市以及计划单列市卫生厅（局）医教处长、部分医政处长、从事乡村医生教育工作的教学、研究和管理人员以及乡村医生代表共 105 人。国家教育委员会等有关部委的负责人出席了会议。

代表们听取并讨论了顾英奇副部长在开幕式上的报告，讨论修订了《1991～2000年全国乡村医生教育规划》、《县卫生学校建设标准》，交流了各地的情况和经验。国家教育委员会成人教育司的代表，卫生部医政司、妇幼司及教育司的负责人分别在大会上发言。

会议认为，开展系统化、正规化的乡村医生教育，应着重注意以下几方面的问题：

一、提高认识，加强宣传，推动我国乡村医生教育向系统化、正规化教育方向发展。过去几十年，乡村医生教育属初等医学教育，适应于当时的社会需求及经济状况。建国41年后的今天，农村卫生工作发生了巨大的变化，要求乡村医生掌握更为全面、系统的医学知识和技能。因此，必须提高乡村医生受教育的层次，对乡村医生实施具有中国特色的、符合农村卫生服务实际需要的系统化、正规化教育。系统化教育就是按照乡村医生的工作规范和中专水平的教学要求，为乡村医生全面补充普通课、基础课和专业课知识。正规化教育指全脱产3年制中专学历教育。

二、依靠地方政府，把乡村医生教育纳入当地教育系列。乡村医生教育属地方性事业，是当地社会经济发展规划的一项重要内容。各级政府和卫生行政部门应努力改善乡村医生教育机构的办学条件，把乡村医生教育机构纳入当地教育系列。同时，要制定和完善配套政策，提高乡村医生教育经费的投入比例，保障乡村医生教学的师资来源，落实乡村医生报酬，禁止未经培训人员进入乡村医生岗位，对培训合格者妥善安排其工作等。

三、提高在岗乡村医生的业务水平，是现阶段乡村医生教育工作的主要任务。会前，对全国近10万名乡村医生现状调查的结果显示：乡村医生的业务素质不高是存在的主要问题。目前，全国有75万乡村医生，提高他们的业务素质，任务相当艰巨。会议认为，根据在岗乡村医生的实际情况和农村卫生工作的需求，对在岗乡村医生以实施系统化教育为宜。

四、对新补充的乡村医生实施正规化教育，对乡村医生教育机构进行标准化建设。目前，全国平均每个行政村有乡村医生1.01人，与《2000年人人享有卫生保健规划目标》的低限标准1.5人尚有一定差距。对新补充的乡村医生要先培训，后上岗，实施正规化教育，以保证乡村医生后继队伍的质量。开展中专水平的系统化、正规化教育，要依靠具有相应教学条件的乡村医生教育机构。目前，全国乡村医生教育机构从数量上已有相当规模，但办学条件差。各地要参照《县卫生学校建设标准》，根据当地的农村卫生人力需求，有计划、有重点地扶植和发展乡村医生教育机构。

此外，应鼓励有条件的普通中专卫生学校在完成国家招生计划的前提下，开办乡村医生班，充分利用现有教学资源。

《1991～2000年全国乡村医生教育规划》、《县卫生学校建设标准》等文件已于年内印发全国参照执行。

（冯雪英　王宇明）

【对10省、市22县乡村医生进行抽样测试】

为了解我国乡村医生受教育情况，在考虑到我国地理环境和经济发展不平衡等各项因素后，卫生部国家医学考试中心于1990年7月随机抽取了10省、市22县的1 451名乡村医生进行了业务知识水平测试。参加测试的人员为具有5年以上实践经验、已经取得乡村医生资格的乡村医生。为进行分析比较，抽取了3所3年全日制中等卫生学校的医士专业应届毕业生作为对照组。考试内容以中专医士专业教学大纲要求的内容为主，结合乡村医生工作的特点，重点测试同广大农村医疗实际应用关系密切的有关知识。考题形式全部采用多选题。

为分析和了解我国乡村医生业务知识水

平与年龄、学历、工作年限等诸多因素的相互关系，在进行业务知识水平测试的同时，对每个参加考试的乡村医生进行了基本情况的调查。

业务知识水平测试的结果是：

	乡村医生	医士（对照组）
考生人数（人）	1451	145
及格人数（人）	472	123
及格率(%)	32.53	84.83
及格分（分）	60	60
平均分	54.68	69.08
最高分	83	81
最低分	15	43
标准差	11.18	7.52
标准误	4.826	4.302
可靠性系数(k-20公式)	0.81	0.67

考测结果和乡村医生基本情况调查表内容，经过电子计算机统计分析，认为：从业务知识考试的平均成绩和及格率来看，乡村医生与医士专业应届毕业生之间，相差悬殊，有显著性差异。我国乡村医生队伍庞大，人员素质、业务水平、年龄、工作年限、受培训时间的长短等相差悬殊。为此，卫生部有关文件规定，乡村医生业务知识水平应当达到相当于医士的水平。如何提高乡村医生的业务知识水平，缩短两者之间的差距，有待进一步研究。从乡村医生培训的地点分析，经县卫生学校和县医院培训出来的乡村医生基础知识掌握比较好，而函授的则相对较差。今后应以县卫生学校和县医院为主要基地培训乡村医生，培训时间应不少于 2 年。培训对象应当是具有初中毕业以上文化程度，年龄在 30 岁以下者。

（牛卫东）

【医学成人高等学历教育专业设置】

从 1987 年到 1990 年，成人高等医学学历教育的专业分布如下：

第一部分 成人高等医学院校：

学校	干部专修科	夜大学	函授
沈阳市联合职工大学	制药	制药	
辽宁省卫生职工医学院	医学 预防 药学 妇幼		
阜新煤炭职工医学专科学校	医疗 护理		
鞍钢市职工医学专科学校	护理 预防 口腔	口腔 护理	
吉林卫生管理干部学院	计划统计 卫生管理 财会 护理 地方病		
吉林职工医科大学	中医 护理 医学		
吉林省长春职工医科大学	护理 医学 预防	护理 医学	
哈尔滨市职工医学院	护理 预防 医学	医学 护理 口腔	
鸡西煤炭职工医学院	医学 检验		
大庆职工医学院	护理 医疗		
北京市医药总公司职工医科大学	医疗器械 制药 药学		
北京市职工医学院	护理 妇保 卫生管理 药学 检验 结核防治 医学 预防 营养 口腔		
天津市卫生职工医学院	护理 预防 卫生管理 医学 中医 卫生经济 营养		
上海职工医学院	护理 预防 卫生管理 医学 营养		

学　校	干部专修科	夜大学	函授
河北省职工医学院	预防　卫生管理 医疗　健康教育		
华北制药厂职工大学	抗生素制造		
河南职工卫生学校	卫生管理　医学		
焦作煤矿职工医学院	检验　医学		
安徽省淮南职业医学专科学校	医学		
安徽省卫生干部进修学校	医学		
陕西省卫生干部进修学院	医学　药学		
青海省卫生职工专科学校	医学　鼠防　卫生管理		
新疆维吾尔自治区卫生厅 职工业余医科大学	医学　预防　护理 检验		
四川省卫生管理干部学院	医学　检验　卫生管理 护理　财会　预防		
重庆职工医学院	医学　护理		
四川省计划生育管理干部学院	医学　计划生育管理		
电子工业部广元职工医学院 （四川省广元市）	医学　检验		
广东省佛山职工医学专科学校	医学　护理　中医	医学	
广西卫生管理干部学院	护理　卫生管理 检验		
武汉市职工医学院	医学　护理　检验 卫生管理　中医 针灸　药学　妇产	医学	

第二部分　普通高等医学院校：

学　校	干部专修科	夜大学	函授
中国医科大学		医学　护理　检验	
大连医学院		医学　护理　检验 药学　预防	
沈阳药学院		药学	药学
辽宁中医学院		中医　中药　护理	中医　中药
白求恩医科大学	口腔　地方病　预防 医学	护理　医学	
长春中医学院		中医　中药	中医
延边医学院		医学	医学　妇幼 药学
哈尔滨医科大学	医学　卫生管理 卫生经济　预防	护理　医学　检验 口腔　预防　放射	
黑龙江中医学院		中医　中药	中医　中药 骨伤
齐齐哈尔医学院		医学	
佳木斯医学院	医学　护理	医学　护理	
牡丹江医学院	医学		

学　　校	干部专修科	夜大学	函授
北京医科大学	口腔　卫生管理	医学　药学　口腔 检验　护理	
首都医学院	计算机		
北京中医学院	护理	中药	中医　中药
中国协和医科大学		护理　检验	
上海医科大学	护理　医学　卫生管理	药学　预防医学	
上海中医学院		医学	
天津医学院		医学	
包头医学院	医学		
河北中医学院			中医
石家庄市医学专科学校	医学　检验		
张家口医学院	医学		
承德医学院	护理		
山西医学院	中药　医学		中医　护理
青岛医学院		医学	
山东中医学院		中医　中药	中医
济宁医学院	预防	医学	
山东医科大学		医学　护理　药学 预防	药学　预防
滨州医学院		医学	
临沂医学专科学校	医学		
泰山医学院	护理　放射	医学	
菏泽医学专科学校	医学		
潍坊医学院	医学　护理　卫生管理		
皖南医学院	医学　护理		
安徽医科大学	卫生管理	医学	
蚌埠医学院		医学　护理　检验	
安徽中医学院			中医　中药
南京医学院	血防	医学　护理	
镇江医学院	医学		
南京中医学院	护理	中医　中药　推拿	中医　中药
徐州医学院	医学		
南通医学院	医学	医学	
苏州医学院		医学　护理	
中国医药大学	药学　企业管理	药学	药学
南京铁道医学院	医学　护理　检验		
河南省中医学院	中医		中医　中药 针灸
开封医学专科学校	医学　药学　护理		
新乡医学院	医学		
洛阳医学专科学校		医学	

学校	干部专修科	夜大学	函授
浙江医科大学		医学 药学 护理 口腔	
浙江中医学院		中医 针灸	
湖北医学院	医学 血防 卫生管理		
湖北中医学院		中医 护理	中医 中药
湖北省药检专科学校	药学 检验		
同济医科大学	医学 药学 预防 护理 检验 卫生管理	护理	
宜昌医学专科学校		医学	
湖南中医学院		中医 中药 护理	中医 护理
衡阳医学院	医学 计划生育管理 口腔 放射 基础医学	护理 医学 药学 计划生育 检验	
湖南医学专科学校	药学 预防 药学 护理 检验 财会统计		
湖南医科大学	临床医学 基础医学 护理 电子技术	口腔 眼耳鼻喉 护理 电子技术 放射 医学 检验	
福建医学院	护理 卫生管理		
福建中医学院		中医 中药 护理	中医 中药
江西医学院	检验	护理 医学	
江西中医学院			中医 中药 药学
赣南医学院	妇幼保健		
宜春医学专科学校	医学		
广州医学院		医学 护理	
中山医科大学	医学	检验 护理 计算机	
广州中医学院		中医	中医
广东医药学院	临床医学 卫生管理 护理 药学 检验	药学	
暨南大学医学院	临床医学 口腔		
湛江医学院	医学	医学	中医 卫生管理
汕头大学医学院		医学	
广西医学院		医学 检验 预防 护理	
广西中医学院	药学	中医	中医
桂林医学院		医学 护理	
海南医学院		医学	
华西医科大学	医学 药学 卫生管理 预防 护理 口腔	检验	
成都中医学院	中医 中药 针灸	护理	中医 中药
四川省泸州医学院	医学		
重庆医科大学	医学	检验 护理	

学　校	干部专修科	夜大学	函授
昆明医学院	医学　卫生管理	检验　护理　医学	
贵阳医学院	口腔		
西安医科大学	医学　护理　卫生管理	医学	
延安医学院	医学		
陕西中医学院			中医　中药　针灸
甘肃中医学院		中医	中医
宁夏医学院	预防		
青海医学院	鼠疫防治		
新疆医学院	卫生管理	医学	
石河子医学院	药学　检验	医学　护理	

（刘顺利　裴立凤）

【全国跨省、区医学成人高等教育〈专业证书〉教学班整顿情况】

为了进一步端正专业证书教学班的办学思想，加强管理，保证质量，根据国家教委、人事部（89）教成字011号文件和卫生部卫教字（90）第06号文件的精神，1990年，对卫生部两年来举办的52个专业证书教学班进行了全面的检查、整顿。

整顿的重点是以函授形式举办的教学班。从检查情况看，总的是好的，尤以部属院校举办的教学班办学严谨，教学认真。办学形式以脱产形式举办的效果较好。各教学班的主办单位能够认真进行检查整顿找出问题，并对存在的问题做妥善的处理。如：函授教育在面授时间和教学管理不足的情况下暂不予以开办等。至9月份，大部分单位的检查整顿工作已结束，有39个教学班检查验收合格。

（黄琼丽）

【部属高等医学院校治理整顿成人高等学历教育】

按照国家教委教成（1990）012号文《关于普通高等学校成人教育治理整顿工作的若干意见》和卫生部卫教成字（1990）065号关于转发国家教委文件的通知精神要求，各部属高等医学院校认真进行了整顿，部属11所高等医学院校均写出了自查报告。这次治理整顿，主要是查思想、查机构、查规模、查质量、查政策法规执行情况，总结经验，肯定成绩、找出不足。

各院校对本次成人高等学历教育治理整顿都很重视，相继成立由院校领导牵头组织的治理整顿领导小组，组织学校教学管理人员、教师认真学习国家教育委员会和卫生部有关文件，做到思想明确、态度积极，不走过场。

部属高等医学院校自1982年开办成人高等学历教育以来，以夜大学、函授、专修科3种办学形式，先后开设16个专业，现有在校生3 876人，已毕业学生3 952人，年招生人数1 200人左右。各学校在招生过程中基本做到招生有计划，办学有批准，没有发现“乱招生、乱收费、乱办学”现象。各院校均较重视对医学成人高等学历教育教学计划的管理，并加强了教学过程管理，制定了相应的规章制度，如学生守则、学籍管理、学位授予、考试制度等项规定。保证了教学质量。但是仍存在一些问题，如对成人学员加强思想政治教育工作重视不够，在办学形式上、招收学生标准方面有把关不严的情况。

（裴立风）

【医学毕业后教育概况】

1986年7月卫生部组织了全国医学毕业后教育和继续教育研讨会，1988年中华医学教育学会组织了医学教育学术研讨会。通过研讨，认为，为了适应我国卫生事业和医学科学发展的需要，将医学教育划分成医学院教育、毕业后教育、继续教育三个阶段管理，符合我国医学教育的实际，有利于高级专门人才的培养。

医学毕业后教育即医学本科毕业后4～6年内的规范化专业技术教育。目前医学毕业后教育开辟了两条途径，一条是新中国成立以来所实行的研究生教育制度，医学研究生教育随着全国研究生教育的发展已自成体系，且具相当规模；另一培养途径是住院医师规范化培训制度，这项工作已在全国4个省、市试点多年，并取得了一些经验。1990年医学毕业后教育主要作了以下几项工作：①巩固和扩大了临床住院医师规范化培训试点工作。②开展了住院医师培训目标、知识结构以及考核评价办法的研讨。③对全国29个省、自治区、直辖市的住院医师培训工作进行了发函调查，在调查的基础上，修订了卫生部《临床住院医师培训试行办法》。④修订医学博士（临床医学）研究生的临床实际工作能力考核办法。

（胡祖挺）

医学研究生教育与学位工作

【1990年医学研究生教育与学位工作】

1990年全国研究生教育进一步贯彻“稳定规模，深化改革，稳步发展，优化结构，保证质量”的教育方针，继续贯彻“按需招生”的原则。调整了研究生招生学科和专业，加强对考生政治思想和道德品质的考核，同时扩大招收有实践经验的优秀在职人员的比例。

医学研究生教育深化改革方面主要抓了以下几项工作：

1．招生工作方面：①加强研究生入学选拔，鼓励优秀在职人员报考研究生，对应届本科毕业生采取由高等医学院校推荐与招生单位组织考试（考核）相结合的办法进行选拔，未经推荐的应届本科毕业生，招生单位不得录取。根据国家教育委员会有关规定，1990年医科招收的硕士研究生中应届本科毕业生比例限制在30%左右。② 按照社会实际需要招收定向培养和委托培养研究生。由用人单位推荐，招生单位组织考试，毕业后回原单位工作。③符合报考条件的在职人员，一律参加统一考试。④被用人单位推荐为定向培养或委托培养的考生，大学本科毕业后在本专业或相近专业连续工作4年以上，政治思想好，工作积极，业务优秀，已发表过论文（技术报告），或已经成为业务骨干的，有所在单位和两名具有高级专业技术职务的专家推荐的，可参加国家教育委员会批准的高等学校为在职人员组织的硕士研究生单独考试。⑤要求招生单位在统考招生时，注意根据在职人员考生的特点和实际进行命题，并在试卷中增加考核考生运用所学知识解决实际问题的内容，以利于选拔优秀的在职人员。

2．研究生培养规格的改革。①继续完善医学博士（临床医学）研究生的培养办法，组织有关高等医学院校修订了实施细则。②进一步探讨公共卫生高层次专门人才的合理知识结构，研究与改进了现场导师教学与指定专门导师带教相结合的培养办法，以培养公共卫生研究生在实际工作中发现问题和解决问题的能力。

1990年医学门类共招收研究生3713人，其中博士生590人，硕士生3123人。毕业研究生4287人，其中博士生408人，硕士生

3879人。授予学位4186人，其中博士学位385人，硕士学位3801人。

1990年在国务院学位委员会的统一布置下，医学门类经初审通过的第4批博士、硕士学位授权学科、专业及博士生指导教师名单，经国务院学位委员会组织专家复查与审核并得到批准。在学位制度改革方面，进行了在医学门类设置“医学职业学位”的必要性与可行性的调查与研究。

（胡祖挺）

【医学研究生教育与学位授予质量评估学习班】

在1987～1988年开展医学研究生教育与学位授予质量试评估的基础上，1990年10月，卫生部在湖北同济医科大学举办了医学研究生教育与学位授予质量评估理论与实践学习班，全国36所高等医学院校和医学科研机构的76名代表参加了学习。

该学习班的学习内容：①学习评估理论；② 总结分析1987～1988年试评估部分学科、专业的情况；③ 研讨、修订评估指标体系。学习班采取分阶段培训的办法。第一阶段为理论学习阶段，主要聘请教育学教授讲授评估理论与评估技术。第二阶段由卫生部研究生教育评估研究课题组报告卫生部1987年10月至1988年6月对全国部分高等医学院校和医学科研机构的生理学、病理解剖学、微生物学与免疫学硕士研究生教育与学位授予质量检查与评估的结果分析及同行专家对医学博士（临床医学）研究生培养质量评估结果分析。第三阶段运用所学的理论知识，研讨与修改原评估指标体系，并以修改后的指标对随机抽查的学科、专业进行试测与试评，以实地检查评估指标体系的效度和信度。

（胡祖挺）

【设置医学职业学位的调查研究】

1989年10月至1990年6月，卫生部对设置医学职业学位的必要性与可行性进行了调查研究。调查涉及全国8个省、市27所不同类型医院的不同学科、专业和不同层次的临床医师及其管理人员。问卷调查人数达3 335人，其中，住院医师1 296人（占38.8%），主治医师907人（占27.2%），副主任与主任医师846人（占25.4%），管理人员286人（占8.6%）。召开座谈会13次，约有230人（次）参加。

调查结果表明：81.4%的被调查者认为设置医学职业学位是必要的。其依据主要有以下3点：

1. 设置医学职业学位有利于加速临床医学高级专门人才的培养。十年动乱之后，我国医学毕业后教育制度尚未建立与健全，青年医师难以得到规范化、系统化的培训，尽管少数床位较多的大医院有住院医师培养制度，但其培养目标也不很明确。目前临床医学高级专门人才“断层”现象严重，因缺乏带教要求和规范，住院医师业务质量参差不齐。设置医学职业学位，可促进住院医师培训，使青年医师有一个明确的奋斗目标，激发他们的进取心，鼓励他们献身于临床医学事业，有助于更多地培养有实际工作能力和相当学术水平的临床医师，有利于解决临床医学高级专门人才后继乏人的问题。

2. 设置医学职业学位可以完善我国的学位制度，不仅可促进临床医学科学的发展，而且对推动我国应用型学科的发展，改进其他学科、门类的应用型高层次人才的培养规格也将产生一定影响。

3. 医学职业学位是对临床医师学术水平的认可方式之一，设置医学职业学位有利于我国临床医学的国际间学术交流。

经过座谈、论证，多数专家认为，目前我国已经具备了设置医学职业学位的条件。首先，临床医学研究生教育改革已经进行了6年，积累了不少培养临床医学高级专门人才的经验，并进行了质量评估。其次，目前我国部分省、市正在试点“住院医师规范化培训制度”，以培养具有初年主治医师水平的临床医师为目标，也已积累了一些经验。另外，我国有一批学术水平较高的中、老年临床医学专家队伍；拥有较完整、合理的学位管理制度与队伍。

也有少数持不同意见者，他们担心设置医学职业学位会冲击现有的学位制度，能否保证该学位的授予质量等。

通过调查研究，认为设置医学职业学位不仅必要、迫切，而且也是可行的。该调查研究报告已得到国务院学位委员会第9次会议的肯定。下一阶段将在调查研究的基础上，提出设置“医学职业学位”的实施方案。

（秦怀金）

【医学门类第4批博士、硕士学位授权学科、专业审核结果】

根据国务院学位委员会（89）学位字001号《关于做好第4批博士和硕士学位授权学科、专业审核工作通知》精神，医学门类1989年完成第4批申报与初审后，1990年经国务院学位委员会组织复审的结果是：

1．医学门类前3批已有博士学位授权点348个，第4批申报的博士学位授权点267个，经专家评议后提交送复审的有93个，复审通过博士学位授权点64个，复审的通过率为48.82%，申报通过率为23.39%。医学门类现有博士学位授权点共412个。

2．博士生导师原有726人，第4批申报博士生导师741人，经专家评议提交复审的409人，复审通过博士生导师357人（其中，新增博士生导师65人，已有博士学位授权点增列博士生导师292人）。复审的通过率为87.29%，申报通过率为48.18%，博士生导师的增长率为49.17%。医学门类第4批新增博士生导师中，有12名导师经复审通过，而他们所工作的学科、专业点未被授予博士学位授权点。这些专家、学者的博士生导师资格被认可，是学位授权审核工作中的一项改革。

3．第4批博士生导师的年龄分布情况。新增加357名博士导师的平均年龄为56.4岁，小于50岁的11人，占3.08%。50～55岁的104人，占29.13%。56～60岁219人，占61.34%。61～65岁23人，占6.44%。

4．医学门类已有硕士学位授权点1382个，第4批申报硕士学位授权点479个，经卫生部组织专家初审通过，提交复审的有239个，复审通过的141个。复审通过率为59%，申报通过率为29.44%，增长率为10.2%。医学门类现有硕士学位授权点共1 523个。

根据卫生部学位办公室对前3批批准的726名博士生导师的统计分析：726名博士生导师中已故26人。目前年龄在70岁以上者（1920年以前出生）284人，占博士生导师总数的41%，年龄在65岁以上者（1925年以前出生）212人，占30%，65岁以下的实际承担第一线指导博士研究生的导师，仅有204人，加上第四批新批准的409人，只有613人，占现有博士生指导教师队伍的55%。

（胡祖挺）

附件1　1990～1991学年全国高等医药院校分专业招生、在校、毕业人数

专业	招生数	在校学生数	毕业生数
基础医学	237	1 259	410
预防医学	2 551	12 291	2 441
卫生检验	1 182	4 613	1 087
临床医学	26 616	144 950	24 036
儿科医学	806	4 080	846
眼耳鼻喉科学	404	1 157	96
放射医学	702	2 321	449
护理学	760	2 732	869
口腔医学	1 243	6 129	1 251
中医学	4 490	20 395	4 302
针灸推拿学	1 262	5 276	1 070
法医学	246	1 647	286

专　　业	招生数	在校学生数	毕业生数
药学	1955	7171	1745
药物化学	131	659	117
制药	208	863	214
药理学	60	306	78
中药学	1286	5171	1313
卫生事业管理学	544	2050	607
生物医学工程	77	589	84
其他	1024	3938	804
总　计	45784	197597	42105
其　中：			
本科生	29637	150881	29848
专科生	16147	46716	12257

*注：本资料统计数字中包括全国高等医药院校分校、大专班学生数；综合大学医学院（专业、系）学生数不计在内。

（芮国忠）

附件2　1990～1991学年全国中等医药卫生学校分专业招生、毕业人数

	招　生		毕　业　生	
	人数	百分数	人数	百分数
总　　计	80541	100.00%	75690	100.00%
西医士	10242	12.72	14722	19.45
中医士	1072	1.33	1309	1.73
少数民族医士	277	0.34	184	0.24
妇幼医士	2198	2.73	3783	5.00
卫生医士	2765	3.43	3398	4.49
放射医（技）士	1696	2.11	2097	2.77
口腔医（技）士	1392	1.73	1771	2.34
针灸推拿医士	788	0.98	805	1.06
护士	46616	57.88	31928	42.18
助产士	3351	4.16	3869	5.11
药剂士	3177	3.94	3167	4.18
中药士	1351	1.68	1725	2.28
检验士	2702	3.35	3213	4.24
临床检验士	718	0.89	798	1.05
卫生检验士	349	0.43	164	0.22
医学实验技士	205	0.25	81	0.11
医疗器械维修技士	146	0.18	125	0.16
生物制品技士	50	0.06	63	0.08
卫生财会、统计士	700	0.87	1091	1.44
营养士	313	0.39	126	0.17
其他	436	0.54	1281	1.69

（王锦倩）

附件3　1990～1991学年部属医学院校分专业成人招生、毕业生人数

学校与专业	类别	招生数	毕业生数
1 上海医科大学			
护理	教师专科班	28	40
卫生管理	教师本科班	20	45
基础医学	教师本科班	30	—
预防医学	夜大学	27	47
药学	夜大学	28	34
2 湖南医科大学			
临床医学	教师本科班	37	44
基础医学	教师本科班	29	—
医用电子	专修科	20	—
临床医学	夜大学	72	—
卫生检验	夜大学	47	—
3 同济医科大学			
卫生管理	专修科	26	48
药学	专修科	28	66
护理	夜大学	33	—
4 华西医科大学			
护理	专修科	24	42
5 中国医科大学			
基础医学	教师本科班	—	32
6 西安医科大学			
卫生管理	专修科	24	33
护理	教师专科班	14	15
7 白求恩医科大学			
基础医学	教师本科班	30	40
临床医学	专修科	45	49
预防医学	专修科	13	—
地方病	专修科	4	51
临床医学	夜大学	58	—
8 山东医科大学			
药学	函授	284	291
预防医学	函授	265	—
临床医学	夜大学	—	78
护理	夜大学	—	19
9 北京医科大学			
卫生管理	专修科	32	—
临床医学	夜大学	100	—
药学	夜大学	32	—
护理	夜大学	—	30
实验技术	夜大学	—	30

学校与专业	类别	招生数	毕业生数
口腔医学	夜大学	—	27
10 中山医科大学			
护理	夜大学	—	55
实验技术	夜大学	—	29
总计		1 350	1 145

注：表中一指：招生数中1990年无计划招生。及毕业生数中根据招生类别不同，学制不同，相应年度无招生计划，导致1990年无毕业生。如夜大学、函授为四年制，专修科为三年制，教师本专科班为两年制。

（裴立凤）

附件4 第4批新增博士学位授予单位及其学科、专业名单

单位名称	学科、专业名称
安徽医学院	药理学
福建医学院	内科学（血液病）
湖北医学院	外科学（泌尿外）
	口腔科学（口内）

附件5 第4批新增硕士学位授予单位及其学科、专业名单

单位名称	学科、专业名称
吉林医学院	临床检验诊断学
甘肃中医学院	针灸学
卫生部长春生物制品研究所	免疫学
北京市老年病研究所	老年医学

附件6 第4批博士学位授权学科、专业名单

学位授予单位名称	学科、专业名称
中国协和医科大学	人体解剖学
	耳鼻咽喉科学
	生药学
北京医科大学	内科学（呼吸系病）
	肿瘤学
首都医学院	耳鼻咽喉科学
北京中医学院	中医诊断学
天津医学院	神经病学
安徽医学院	药理学
中国医科大学	细胞生物学
	儿科学
	麻醉学
大连医学院	病理生理学
哈尔滨医科大学	免疫学
	病理学
	外科学（神外）
	麻醉学
上海医科大学	生物物理学
	核医学
	药物化学
上海第二医科大学	分子生物学
	内科学（风湿病）
	传染病学
	口腔科学(口腔修复)
上海中医学院	中医骨伤科学
	中西医结合基础（针灸与针麻）
苏州医学院	寄生虫学
南京中医学院	中医文献
	中药学
中国药科大学	药理学
福建医学院*	内科学（血液病）
山东医科大学	内科学（血液病）
山东中医学院	中医内科学
同济医科大学	眼科学
	影像医学
湖北医学院*	外科学（泌尿外）
	口腔科学（口内）
湖南医科大学	生物化学
暨南大学	妇产科学
中山医科大学	生物化学
	外科学（泌尿外）
华西医科大学	法医学
	内科学（呼吸系病）
	精神病学与精神卫生学
	卫生检验学
重庆医科大学	儿科学
	临床检验诊断学
成都中医学院	中医眼科学
	中西医结合临床(内科)
西安医科大学	内科学（心血管病）
广东心血管病研究所	内科学（心血管病）
第一军医大学	人体解剖学
	组织学与胚胎学

学位授予单位名称	学科、专业名称
第二军医大学	航空、航天和航海医学
	外科学（胸心外）
	卫生学与军队卫生学
	药物化学
第三军医大学	传染病学
	外科学（骨外）
军医进修学院	内科学（内分泌与代谢病）
	老年医学
军事医学科学院	放射医学
	卫生毒理学
	防化医学

附件7　第4批硕士学位授权学科、专业名单

学位授予单位名称	学科、专业名称
中国协和医科大学	科技情报
	实验动物学
北京医科大学	马克思主义理论教育（中国革命史）
	无机化学
天津医学院	儿科学
天津中医学院	中医眼科学
河北医学院	内科学（消化系病）
	外科学（普外）
	卫生学与军队卫生学
	中西医结合基础（基础理论）
山西医学院	生物化学
	内科学（内分泌与代谢病）
	传染病学
	外科学（普外）
	眼科学
内蒙古医学院	中医文献
	药物化学
中国医科大学	生物物理学
	核医学
	口腔科学（口内）
	放射治疗学
锦州医学院	人体解剖学
	耳鼻咽喉科学

学位授予单位名称	学科、专业名称
大连医学院	儿科学
辽宁中医学院	中医骨伤科学
	中医文献
白求恩医科大学	内科学（消化系病）
	卫生毒理学
吉林医学院○	临床检验诊断学
延边医学院	传染病学
	麻醉学
长春中医学院	伤寒论
哈尔滨医科大学	精神病学与精神卫生学
	外科学（泌尿外）
佳木斯医学院	遗传学
	生物化学
	免疫学
黑龙江中医学院	内经
	药物化学
上海第二医科大学	急诊医学△
	卫生学与军队卫生学
上海中医学院	中西医结合基础（针灸与针麻）
上海师范大学	
苏州医学院	人体解剖学
	神经病学
南通医学院	人体解剖学
南京医学院	流行病学
南京铁道医学院	生理学
	外科学（胸心外）
	外科学（整形）
中国药科大学	中药学
浙江医科大学	寄生虫学
	口腔科学（口腔颌面外）
	药剂学
安徽医学院	生物化学
	内科学（内分泌与代谢病）
	皮肤病与性病学
	社会医学与卫生事业管理
蚌埠医学院	外科学（普外）
福建医学院	内科学（内分泌与代谢病）
	内科学（心血管病）

学位授予单位名称	学科、专业名称
福建中医学院	中西医结合基础（基础理论）
江西医学院	生理学
	内科学（消化系病）
	外科学（烧伤）
江西中医学院	中医基础理论
	方剂学
	中医骨伤科学
山东医科大学	核医学
	麻醉学
	卫生统计学
	生化药学
青岛医学院	营养与食品卫生学
山东中医学院	金匮要略
	温病
	中西医结合临床(内科)
湖北医学院	精神病学与精神卫生学
	外科学（普外）
	口腔科学（口腔病理）
	口腔科学（口腔修复）
湖南医科大学	卫生统计学
湖南中医学院	中医妇科学
中山医科大学	医学心理学
	麻醉学
	环境卫生学
广州医学院	肿瘤学
广州中医学院	科学技术哲学（自然辩证法）
	中西医结合基础（基础理论）
广西医学院	病理生理学
	外科学（骨外）
	外科学（普外）
	影像医学
	流行病学
	药理学
华西医科大学	内科学（肾病）
重庆医科大学	生物医学工程
	外科学（神外）
成都中医学院	各家学说
	中医骨伤科学
	中医文献

学位授予单位名称	学科、专业名称
	中西医结合基础（针灸与针麻）
贵阳医学院	病理生理学
	外科学（普外）
昆明医学院	病理学
	内科学（心血管病）
	儿科学
	外科学（烧伤）
西安医科大学	专门用途外语（医学英语）
	生药学
兰州医学院	内科学（呼吸系病）
	外科学（骨外）
	外科学（神外）
甘肃中医学院○	针灸学
宁夏医学院	内科学（心血管病）
新疆医学院	环境卫生学
第一军医大学	细胞生物学
	病理学
	内科学（呼吸系病）
	内科学（内分泌与代谢病）
	内科学（肾病）
	皮肤病与性病学
	外科学（神外）
	卫生学与军队卫生学
	中西医结合基础（治则与方药）
第二军医大学	内科学（呼吸系病）
	内科学（肾病）
	内科学（血液病）
	临床检验诊断学
	康复医学与理疗学
	防化医学
第四军医大学	组织学与胚胎学
	生物医学工程
	内科学（血液病）
	防化医学
军医进修学院	内科学（内分泌与代谢病）
	内科学（血液病）
卫生部上海生物制品	微生物学

学位授予单位名称	学科、专业名称
研究所	
卫生部兰州生物制品研究所	免疫学
中日友好临床研究所	内科学（呼吸系病） 中西医结合临床（骨伤科）
卫生部长春生物制品研究所〇	免疫学
卫生部北京老年医学研究所〇	老年医学
首都儿科研究所	儿科学
军事医学科学院	放射医学·

附件8 专业目录修订后调整分开的博士点名单

单位名称	原博士点专业名称	调整后分开的博士点专业名称
中国协和医科大学	微生物学与免疫学	微生物学 免疫学
北京医科大学	外科学	外科学 麻醉学
上海医科大学	微生物学与免疫学	微生物学 免疫学
上海第二医科大学	微生物学与免疫学	微生物学 免疫学
中国预防医学科学院	微生物学与免疫学	微生物学 免疫学

附件9 专业目录修订后调整分开的硕士点名单

单位名称	原硕士点专业名称	调整后分开的硕士点专业名称
中国协和医科大学	微生物学与免疫学	微生物学 免疫学
北京医科大学	微生物学与免疫学	微生物学 免疫学
	外科学（普、骨、麻醉等）	外科学（普、骨等）麻醉学
首都医学院	微生物学与免疫学	微生物学 免疫学
天津医学院	微生物学与免疫学	微生物学 免疫学
河北医学院	微生物学与免疫学	微生物学 免疫学
山西医学院	微生物学与免疫学	微生物学 免疫学
中国医科大学	微生物学与免疫学	微生物学 免疫学
	医学生物学与医学遗传学	遗传学 细胞生物学
	外科学（普、骨、麻醉等）	外科学（普、骨等） 麻醉学 生物化学
大连医学院	微生物学与免疫学	微生物学 免疫学
白求恩医科大学	微生物学与免疫学	微生物学 免疫学
哈尔滨医科大学	微生物学与免疫学	微生物学 免疫学
上海医科大学	微生物学与免疫学	微生物学 免疫学
上海第二医科大学	微生物学与免疫学	微生物学 免疫学
苏州医学院	微生物学与免疫学	微生物学 免疫学
南京铁道医学院	微生物学与免疫学	微生物学 免疫学
浙江医科大学	微生物学与免疫学	微生物学 免疫学
安徽医学院	微生物学与免疫学	微生物学 免疫学
蚌埠医学院	微生物学与免疫学	微生物学 免疫学
河南医科大学	微生物学与免疫学	微生物学

单位名称	原硕士点专业名称	调整后分开的硕士点专业名称
		免疫学
同济医科大学	微生物学与免疫学	微生物学
		免疫学
湖北医学院	微生物学与免疫学	微生物学
		免疫学
湖南医科大学	微生物学与免疫学	微生物学
		免疫学
中山医科大学	微生物学与免疫学	微生物学
		免疫学
华西医科大学	微生物学与免疫学	微生物学
		免疫学
	医学生物学与医学遗传学	遗传学
		细胞生物学
	外科学（普、骨、麻醉等）	外科学（普、骨等）
		麻醉学
贵阳医学院	微生物学与免疫学	微生物学
		免疫学
西安医科大学	微生物学与免疫学	微生物学
		免疫学
中国预防医学科学院	微生物学与免疫学	微生物学
		免疫学
卫生部药品生物制品检定所	微生物学与免疫学	微生物学
		免疫学
卫生部北京生物制品研究所	微生物学与免疫学	微生物学
		免疫学
卫生嵌武汉生物制品研究所	微生物学与免疫学	微生物学
		免疫学
北京结核病研究所	微生物学与免疫学	微生物学
		免疫学
第一军医大学	微生物学与免疫学	微生物学
		免疫学
第二军医大学	微生物学与免疫学	微生物学
		免疫学
第三军医大学	微生物学与免疫学	微生物学
		免疫学
第四军医大学	微生物学与免疫学	微生物学
		免疫学
军事医学科学院	微生物学与免疫学	微生物学
		免疫学

附件10 第4批医学博士学位授予单位各学科、专业的指导教师名单

学位授予单位名称	学科、专业名称	指导教师姓名
中国协和医科大学	生理学	邓希贤
	微生物学	顾方舟
	生物化学	沈瓘琳
	生物化学	范慕贞
	细胞生物学	高 进
	人体解剖学	万选才
	免疫学	张友会
	免疫学	陈 瑋
	病理学	佘铭鹏
	生物医学工程	杨子彬
	生物医学工程	李 昆
	病理生理学	陆士新
	病理生理学	薛全福
	内科学（风湿病）	董 怡
	内科学（风湿病）	蒋 明
	内科学（呼吸系病）	朱元珏
	内科学（内分泌与代谢病）	孟迅吾
	内科学（消化系病）	何 轮
	内科学（消化系病）	潘国宗
	内科学（心血管病）	戴玉华
	内科学（心血管病）	吳 宁
	内科学（血液病）	郝玉书
	内科学（血液病）	李蓉生
	神经病学	郭玉璞

学位授予单位名称	学科、专业名称	指导教师姓名
	神经病学	汤晓芙
	皮肤病与性病学	徐文严
	核医学	刘秀杰
	临床检验诊断学	莫培生
	外科学（普外）	蒋朱明
	外科学（整形）	陈宗基
	妇产科学	孙念怙
	眼科学	胡天圣
	耳鼻咽喉科学	王直中
	放射治疗学	殷蔚伯
	麻醉学	顾振华
	肿瘤学	张大为
	肿瘤学	孙　燕
	药物化学	于德泉
	生药学	肖培根
	药物分析学	王慕邹
	药理学	张均田
北京医科大学	生理学	汤　健
	生理学	范少光
	生物化学	童坦君
	生物物理学	吴本玠
	人体解剖学	许鹿希
	组织学与胚胎学	刘　斌
	免疫学	陈慰峰
	病理学	雷道年
	内科学(呼吸系病)	何　冰
	内科学(消化系病)	李益农
	内科学(心血管病)	汪丽蕙
	内科学(心血管病)	陈明哲
	内科学(血液病)	陈珊珊
	儿科学	吴希如
	精神病学与精神卫生学	陈昌惠
	皮肤病与性病学	李世荫
	传染病学	斯崇文
	外科学(泌尿外)	郭应禄
	外科学（普外）	周孝思
	外科学（整形）	牛星焘
	妇产科学	郑淑蓉
	眼科学	李美玉
	口腔科学（口内）	曹采方
	口腔科学(口腔修复)	徐恒昌
	口腔科学(口腔颌面外)	张震康
	口腔科学（正畸）	傅民魁
	运动医学	高云秋
	麻醉学	曾因明
	肿瘤学	徐光炜
	流行病学	庄　辉
	儿少卫生与妇幼保健学	叶广俊
	药物化学	张礼和
	药理学	林志彬
中国医科大学	细胞生物学	宋今丹
	病理学	何安光
	内科学(呼吸系病)	侯显明
	内科学(消化系病)	姜若兰
	儿科学	吉士俊
	皮肤病与性病学	顾绍袭
	外科学（普外）	何三光
	眼科学	吴景天
	耳鼻咽喉科学	费声重
	麻醉学	盛卓人
白求恩医科大学	生物化学	杨翰仪
	病理学	李广生
	放射医学	刘　及
	神经病学	饶明俐
	外科学（普外）	谭毓铨
	耳鼻咽喉科学	郭晓峰
上海医科大学	生理学	李　鹏
	微生物学	顾健人
	生物化学	宋后燕
	生物物理学	梁子钧
	人体解剖学	沈馨亚
	组织学与胚胎学	成令忠
	免疫学	何球藻
	病理学	张月娥
	病理生理学	金惠铭
	内科学（内分泌与代谢病）	朱禧星
	内科学（肾病）	林善锬
	内科学(肾病)	廖履坦
	内科学(心血管病)	戴瑞鸿
	内科学(心血管病)	诸骏仁
	内科学（血液病）	卢　珊
	儿科学	宁寿葆
	神经病学	秦　震
	精神病学与精神卫生学	徐韬园
	皮肤病与性病学	康克非
	传染病学	汪　复
	核医学	林祥通

学位授予单位名称	学科、专业名称	指导教师姓名
	外科学（骨外）	顾玉东
	外科学（泌尿外）	张元芳
	外科学（普外）	余业勤
	外科学（神外）	周良辅
	外科学（胸心外）	王敏生
	妇产科学	俞　瑾
	妇产科学	张振钧
	眼科学	王文吉
	影像医学	林　贵
	影像医学	陈星荣
	放射治疗学	曾世龙
	肿瘤学	许良中
	肿瘤学	沈镇宙
	流行病学	俞顺章
	环境卫生学	洪传洁
	卫生统计学	金丕焕
	劳动卫生与职业病学	梁友信
	中西医结合临床（内科）	于尔辛
	药物化学	刘懋勤
	药理学	江文德
山东医科大学	内科学（血液病）	张茂宏
	外科学（泌尿外）	许纯孝
	外科学（普外）	寿楠海
	外科学（胸心外）	宋惠民
同济医科大学	病理学	黄光照
	寄生虫学	石佑恩
	内科学(消化系病)	张锦坤
	内科学(心血管病)	戴闺柱
	儿科学	王慕逖
	神经病学	阮旭中
	外科学（骨外）	罗永湘
	外科学（普外）	吴在德
	外科学（神外）	李　龄
	外科学（胸心外）	蓝鸿钧
	妇产科学	罗丽兰
	眼科学	魏厚仁
	耳鼻咽喉科学	汪吉宝
	影像医学	王新房
	麻醉学	毕好生
	环境卫生学	王家玲
	药理学	钱家庄
湖南医科大学	生理学	李云霞
	生物化学	朱定尔
	病理生理学	孙去病
	精神病学与精神卫生学	杨德森
	眼科学	蒋幼芹
	耳鼻咽喉科学	卢永德
	药理学	陈　修
中山医科大学	生理学	卢光启
	生物化学	马涧泉
	组织学与胚胎学	郭畹华
	病理学	宗永生
	法医学	郭景元
	内科学（内分泌与代谢病）	余斌杰
	内科学（肾病）	叶任高
	外科学（骨外）	黄承达
	外科学（泌尿外）	梅　骅
	外科学（普外）	陈国锐
	外科学（胸心外）	孙培吾
	妇产科学	邝健全
	眼科学	吴乐正
	肿瘤学	严瑞琪
	药理学	潘启超
华西医科大学	遗传学	傅继梁
	生物化学	陈俊杰
	法医学	吴梅筠
	内科学(呼吸系病)	陈文彬
	儿科学	廖清奎
	精神病学与精神卫生学	刘协和
	外科学（泌尿外）	唐孝达
	外科学（普外）	胡廷泽
	妇产科学	王世阆
	眼科学	严　密
	口腔科学（口内）	李秉琦
	口腔科学（口腔修复）	杜传诗
	口腔科学(口腔颌面外)	毛祖彝
	口腔科学（正畸）	罗颂椒
	营养与食品卫生学	王瑞淑
	卫生统计学	倪宗瓒
	卫生检验学	鲁长豪
	药物化学	郑　虎
西安医科大学	内科学(心血管病)	刘治全
	外科学（普外）	秦兆寅
中国预防医学	微生物学	刘汉明

学位授予单位名称	学科、专业名称	指导教师姓名
科学院	寄生虫学	何毅勋
	营养与食品卫生学	陈孝曙
	劳动卫生与职业病学	何凤生
卫生部武汉生物制品研究所	免疫学	史良如

（胡祖挺）

医学科学技术

【1990年医药卫生科技工作】

1990年的医学科学技术工作，在全国科技工作会议精神指引下，在贯彻治理整顿、深化改革方针的过程中，取得了新的进展。

一、国家“七五”医学重点科技攻关项目进展顺利，总结验收工作全面展开，并编制了国家“八五”医学科技攻关预选项目。根据国家计划委员会、国家科学技术委员会、财政部关于“七五”科技攻关项目验收的管理办法，聘请了有关学科的专家、医学科技情报专家和管理干部80余人，组成验收工作领导组和评审组，对卫生部负责的193个医学科技攻关合同进行评审验收。按验收的计划进度，截止到1990年12月31日，已评审验收了159个合同。其中完成任务好的和比较好的约占40%，基本完成任务的占57%左右，完成任务差的约占3%。从验收结果看，“七五”医学科技攻关任务完成的情况是好的，不仅取得了一批重要成果，某些重大疾病的防治水平有了明显提高，而且培养锻炼了一支科研骨干队伍。

根据国家计划委员会、国家科学技术委员会的部署，经卫生部16个医学科技专家咨询委员会咨询、讨论，并通过情报查新检索，广泛调查研究、论证等，编制了国家“八五”医学科技攻关计划。卫生部上报的攻关预选项目大多数被国家计划委员会和国家科学技术委员会采纳。在重大疾病防治研究方面。除“七五”列入的项目外，还增加了流行性出血热和艾滋病的防治研究等项目。

二、医学科研基金管理工作日臻完善。从对第1次卫生部青年科学研究基金招标中标课题检查的情况看，各课题进展顺利，成效显著，对培养青年科技人才发挥了良好的作用。在总结第1次招标工作的基础上，决定从1990年起，缩短招标周期，加大投资强度等。1990年进行了卫生部青年科学研究基金第2次招标，从275份投标标书中，评出标书60份，中标率达21.8%，课题平均资助强度为1.6万元。卫生部科学研究基金第3次招标通知已于1990年底正式下发。在这次招标中，增设了重大项目基金，重点资助一些大的、覆盖面较广的应用基础研究和应用研究项目，同时在整个基金中增加了应用基础研究的比例。

三、加强了科技成果推广应用工作，继续组织科技讲授团推广适宜技术。根据贵州省卫生厅要求，组织了9名专家和科技人员赴该省推广“Elisa法诊断风疹、麻疹、乙型脑炎、小儿麻痹病毒”和“防止临床输液热源反应与供应室管理”两项成果，有88个单位的213人参加了学习班。1990年卫生部会同5个部委联合举办了全国医药卫生科技成果展览会，展示了建国40年来在医药卫生科技战线上所取得的重要成就，参展项目2 500多项，其中卫生部系统的有500项。为了推动卫生系统应用性科技成果转化为商品，促进技术市场发展，1990年9月颁发了《医药卫生技术贸易管理暂行规定》(试行)，并成立了医药卫生技术市场管理办公室筹备组。

1990 年卫生系统获得国家奖励的科技成果有 8 项，其中“流行性乙型脑炎减毒活疫苗的研制”获得国家科技进步一等奖，“我国乙型脑炎主要传播媒介和主要宿主动物的研究”获得国家自然科学二等奖。1990 年卫生部共受理来自全国 26 个省、自治区、直辖市和 19 个部直属单位申报的部级科技进步奖的成果 401 份，由中华医学会组织了各学科专家千余名进行初审，最后经部评委会进行审评，共评出获奖成果 100 项。其中一等奖 5 项，二等奖 25 项，三等奖 70 项。

四、重点实验室建设和医学情报工作有了新进展。天然药与仿生药、癌基因与相关基因、病毒基因工程、肿瘤分子生物学等 4 个国家重点实验室已经对外开放；实验血液学、医学遗传学两个国家重点实验室装备完毕。1990 年，又装备了中山医科大学眼科和白求恩医科大学放射生物学两个部级重点实验室。

医学情报工作进一步加强。1990 年下发了《加强医学科技情报工作几点意见》。并成立了全国医学科技情报工作管理委员会，以加强全国医学科技情报管理和协调工作，充分发挥医学情报系统的整体效能。

五、继续发挥医学科技专家咨询委员会和有关学会协会的作用，不断提高科学管理水平。1990 年 4 月，召开了卫生部 16 个医学科技专家咨询委员会正副主任会议，提出了进一步理顺关系，调整结构，充实力量，更好地发挥专家咨询委员会作用的建议。举办了第 3 期医学科研管理干部培训班，培训学员 60 余人。会同中华医学会举办了第 5 次中青年优秀论文报告会，有 70 篇论文分别获得一、二、三等奖。第 7 次“走向世界”讲座如期进行，在 87 篇论文中选出了 12 篇，由其中 7 位专家到四川、云南进行讲座。

六、召开了全国医学科技工作会议。会议的中心议题是增强各级领导依靠医学科技进步发展医药卫生事业的意识。经会议讨论制定的《关于加强医药卫生科技工作的意见》已正式下发。

（肖梓仁）

【1990年高等学校博士学科点专项科研基金（医学）招标】

1990 年 3 月初，卫生部向北京、上海、协和、中山、华西 5 所医科大学及北京中医学院发出了《关于做好 1990 年高等学校博士学科点专项科研基金申报工作的通知》，对申报的内容、方法及时间安排等提出了具体要求。至截止日期 4 月 7 日止，共收到标书 164 份，申请总经费 547 万元。经过评审评出中标课题 82 个，中标率为 50%，资助总经费 238 万元，平均资助强度为 2.9 万元。

（邵　新）

【卫生部青年科学研究基金第2次招标】

1990 年 2 月，卫生部向全国各卫生厅（局）、各直属单位发出检查 1987 年卫生部青年科学研究基金第 1 次招标中标课题执行情况调查表。调查结果表明，卫生部青年科学研究基金的设立，对发展医学科学技术、培养青年科技工作者起到了很好的作用。中标的 81 个课题执行中，有 41 个提前完成了原定计划，35 个将按期完成计划。青年科技工作者通过科学研究实践，撰写并发表论文 136 篇，有 1 项成果获省级科技进步奖，4 个课题通过了鉴定，3 项成果申请了国家专利，有 2 位青年科技工作者因成绩突出，被破格晋升为副研究员。

1990 年进行了卫生部青年科学研究基金第 2 次招标，并对有关规定作了如下修改：①缩短招标周期。从每 3 年招标 1 次改为 1 年招标 1 次。②加大了投资强度。经费从每年 50 万元增加到 100 万元，并将课题经费由分年度下达改为一次性下达。③对申请人年龄适当放宽。首次申请卫生部青年科学研究基金的课题负责人的年龄仍要求不超过 35 周岁，但过去得到过本基金资助，在研究工作中取得优异成绩，原定课题研究周期结束后尚需进一步研究的课题负责人的年龄可放宽到40周岁。

1990年5月，卫生部发出了《关于1990年卫生部青年科学研究基金招标工作的通知》。截止到6月30日，共收到标书275份。择优评出标书60份，中标率达21.8%，资助总金额95.9万元，平均资助强度1.6万元，完成期限为2年。

（邵　新）

【全国医学科技工作会议在京召开】

1990年11月21～24日卫生部在北京召开了全国医学科技工作会议。参加会议的代表来自各省、自治区、直辖市、计划单列市卫生厅(局)、卫生部直属单位、中国人民解放军总后勤部和武警总部卫生部等，共120人。会议的中心议题是进一步增强各级领导依靠科技进步发展医药卫生事业的意识。

会上，陈敏章部长作了题为“加强医药卫生科技工作，推动医药卫生事业发展”的报告。报告总结了5年来医药卫生科技体制改革所取得的成绩和经验，指出了当前存在的问题，并对今后的工作提出了具体的要求。会议讨论制订了《关于加强医药卫生科技工作的意见》。其主要内容如下：①充分认识科学技术的关键作用；②在科技工作总体规划和设计上必须充分体现“拳头”政策；③加强医药卫生科技成果推广应用工作；④注意培养一批德才兼备的青年科学家；⑤积极开展国际科技合作交流；⑥强化宏观管理；⑦切实改善科研支撑条件；⑧增加科技投资。

（刘谦　邵新）

【中国兴奋剂检测中心获奖】

我国兴奋剂检测中心自1985年以来，经国际奥委会的多次考核，终于在1989年11月1日通过考核。1989年12月8日收到国际奥委会医学委员会梅罗德亲王签发的通知书，该中心成为亚洲第3个，世界第20个国际公认的兴奋剂检测实验室。

1990年1月11日，国家体育运动委员会、卫生部、第11届亚运会组委会在人民大会堂联合举行了颁证仪式，庆祝我国获得国际公认的运动兴奋剂检测权。4月13日，国家体育运动委员会、卫生部、北京市人民政府联合嘉奖了中国兴奋剂检测中心全体有功人员。

1990年8月中旬，中国兴奋剂检测中心接受了第11届世界女子排球锦标赛的兴奋剂检测工作。20天内对100名运动员进行检测。

第11届亚运会期间，从1990年9月23日第1批尿样送到中国兴奋剂检测实验室起，至10月7日深夜12时，最后一批尿样检测完毕止，39名科技人员，准确无误地完成了573份尿样的检测任务。同时还完成了国际奥委会兴奋剂专业委员会附加的6份考核尿样的检测任务。

1990年10月25日，在卫生部、北京市政府联合召开的第11届亚运会卫生工作总结表彰大会上，兴奋剂检测中心荣获“先进集体”称号，受到嘉奖。该中心的方洪钜、崔建芳、周志华3人荣获“优秀工作者”称号。

（王家腾　宋峻）

【完成第11届亚运会女性性别鉴定任务】

由中国医学科学院基础医学研究所遗传室和首都医学院22名科研人员组成的第11届亚运会女性性别检测组，圆满完成了亚运会女性性别鉴定工作，受到亚奥理事会医学委员会主席的高度评价，并被卫生部评为第11届亚运会医疗卫生服务工作先进集体，受到特别嘉奖。

承担大型国际运动会女性性别鉴定工作，在我国是第1次。1987年接受这项任务后，研究人员加紧检测方法的建立、改进和完善，摸索出一套适合我国国情的检测方法。

我国女性性别检测的主要方法是：将受

检者口腔粘膜细胞染色后观察X染色质和Y染色质。在染色方法上改进了传统的浮尔根染色法，使染色效果明显提高，还可一张片子反复染色。此外还采用了既观察X染色质又同时做荧光染色观察Y染色质的双保险的检测方法，提高了初检准确率。此次女性性别一次初筛准确率达99.55%，二次复查人数仅为0.3%，复查准确率达100%。使我国女性性别检测技术达到了国际先进水平。

第11届亚运会女性性别鉴定人数是历届亚运会最多的，占参赛女运动员的93.7%，达1 462人次。印度一位曲棍球运动员，是睾丸女性化患者，初筛时发现其X染色质水平低，同时发现Y染色质。经复查确认其为男性，随即被取消了参赛资格。据路透社消息，该运动员曾在印度做过检查，但未发现问题。

（王家腾）

【国家科委发明评选委员会医药卫生评审小组1990年批准的医药卫生发明项目】

序号	项目名称	发明者	等级
1	疟疾治疗新药本芴醇及其亚油酸胶丸制剂	军事医学科学院微生物流行病研究所邓蓉仙、滕翕和、钟景星、焦岫卿、王云玲、卢志良	1
2	梯形系列自动加压钢板	白求恩医科大学骨科、吉林工业大学数学力学系；徐莘香、施德广、齐斌、胡春明、刘彦、白凤德	3
3	磁性树脂根管充填材料及技术	锦州医学院、西南应用磁学研究所；孙耀、周文运	3
4	活动书写卡片X射线投照暗盒装置	南京军区卫生学校陈梅生	3
5	阻隔式皮瓣迟延法	北京市创伤骨科研究所赵书强、曹大鑫、尹大庆	3
6	可调式人工半骨盆假体及置换手术	上海市杨浦区中心医院、第二军医大学长海医院、张家港市医疗器械厂；吴明权、刘植珊、杨安礼、李光业、黄丕高	3
7	简易定向锥颅脑内血肿碎吸术治疗高血压脑出血器械	大连医学院附属二院神经外科陈犆光	4
8	致密多晶羟基磷灰石微粒人工骨的制作方法	四川大学、华西医科大学；陈观雄、王大章、银淑君、李声伟、澎泽勋	4
9	NK-107吸附树脂血液灌流解毒装置治疗安眠药中毒	天津第二医学院附属河东医院、天津市肝胆疾病研究所、南开大学；钱绍诚、宋继昌、陈长治、俞耀庭、何炳林、张慧真	4
10	双眼影像不等检查图	中国人民解放军海军总医院刘蔼年、颜少明	4
11	新型CAPD灭菌装置闭式灭菌接头(chc)	南京军区福州总医院肾内科、腹膜透析中心；谢福安	4
12	肺癌早期诊断双相立体定位仪及立体定位方法	南京军区八一医院叶玉坤、邵冲、葛孝忠	4
13	牙用自攻自断螺纹固位钉	陕西省人民医院、西安市风雷仪表厂；郭秉森、宋惠生	4

（赵秋来）

【1990年国家级医药卫生科学技术进步奖获奖项目】

一 等 奖

序号	项目名称	主要完成单位	主要完成人
1	流行性乙型脑炎减毒活疫苗的研制	中国药品生物制品检定所、卫生部成都生物制品研究所	俞永新 敖坚 李河民 王寿贵 马文信 朱荫耕 张国铭 武佩芬 杨洪举 刘丽华 汪金凤 方珍

二 等 奖

序号	项目名称	主要完成单位	主要完成人
1	胃癌鼠和人单克隆抗体系列的制备及临床应用的研究	第四军医大学	张学庸 陈希陶 樊代明 牟震先 胡家露 黎松 张积仁
2	升主动脉瘤伴主动脉瓣关闭不全外科治疗临床研究	北京心肺血管医疗研究中心、北京安贞医院、北京友谊医院	孙衍庆 陈宝田 李平 王天佑
3	严重性环枢椎脱位合并四肢瘫痪新术式的研究	广州军区广州总医院二外科、第一军医大学解剖教研室	刘景发 徐国洲 钟世镇 孙博
4	缺碘性地方甲状腺肿及地方克汀病流行区碘代谢甲状腺功能及听觉功能的研究	天津医学院、天津市内分泌研究所、天津医学院附属医院	朱宪彝 王燕楷 卢倜章 陈秉忠 姚德炎
5	非球面等视像后房型人工晶体的研究设计、研制及临床应用	上海第二医科大学附属新华医院	姚克 陆道炎 高金榜 王丽天 陈才根
6	免疫球蛋白增殖病的研究和临床应用	第二军医大学附属长征医院实验诊断科	孔宪涛 谢映华 胡栋平 秦志芳 陈基岱
7	臂丛神经根性撕脱伤的诊治	上海医科大学华山医院手外科研究所	顾玉东 杨东岳 马梦昆
8	细菌 DNA G+C 含量测定和核酸杂交方法的建立与推广应用	军事医学科学院	林万明 郭兆彪 李银太 高树德 刘太
9	感染人乙型肝炎病毒动物模型的建立人乙型肝炎病毒实验感染树鼩的研究	广西医学院、广西肿瘤研究所	严瑞琪 苏建家 黄定瑞 甘友全 黄国华

三 等 奖

序号	项目名称	主要完成单位	主要完成人
1	MDX1 型牙科 X 线诊断机的研制和临床应用的研究	华西医科大学口腔医学院、重庆医用设备厂、杭州电子管厂、四机部七四五厂	罗万福 周祥钰 刘以鸣 李根性 王德进
2	六味地黄丸预防食管癌的实验和临床研究	中国中医研究院中药研究所	姜廷良 严述常 余桂清 张玉顺 赵良辅

序号	项目名称	主要完成单位	主要完成人
3	山东省疟疾流行区疟疾防治的研究	山东省寄生虫病防治研究所	程义亮 王兆俊 李志诚 胡玉祥 仲崇枯
4	应用人二倍体细胞2BS株生产脊髓灰质炎活疫苗研究	卫生部北京生物制品研究所	闻仲权 杜桂枝 阎淑琴 郝荣宽 杨光林
5	烧伤感染的研究	第三军医大学第一附属医院烧伤研究所	肖光夏 张雅萍 王德旺 黎鳌 秦孝健
6	全角膜带环形板层巩膜瓣移植术	中山医科大学	陈家祺 杜念祖 冯春茂 龚向明 许鸿桃
7	我国莱姆病首次发现和研究	军事医学科学院微生物流行病研究所、黑龙江省牡丹江林业管理卫生防疫站、黑龙江省海林林业局卫生防疫站	艾承绪 邱贵城 史志学 温玉欣 徐在海
8	地下水循环射流曝气除铁除锰研究与设计	湖南省汉寿县卫生防疫站	李志斌 常以阳 张家桃 张百川 李剑波
9	耳神经学的临床与实验研究	第一军医大学珠江医院	王丽雯 王博惕 谢南屏 赵趁芬
10	液电效应治疗创伤性尿道梗阻的实验和临床应用的研究	成都军区总医院	陈昭颉 李黔生 王庆堂 马建新
11	全国医疗照射频度和剂量水平研究	中国医学科学院放射医学研究所、四川省放射卫生防护所、北京市卫生防疫站等33个单位	张良安 张景源 贾德林 强志永 鲍秀兰
12	抗链球菌溶血素O快速诊断试剂盒	上海市临床检验中心	吕绳凯 陶义训 尤少方 杨振修 杨倩英
13	遗传咨询门诊2000病例的细胞遗传学研究	中国协和医科大学基础部医学遗传室	赵莹 叶丽珍 刘春芸 马绍武 高春生
14	管内段视神经间接损伤诊断和治疗的临床研究	解放军第304医院眼科、解放军第304医院耳鼻喉科、总后直属分部卫生处门诊部	过慧君 燕江陵 陈天周

（赵秋来）

【卫生部1990年医药卫生科学技术进步奖】

一 等 奖

总序号	等级序号	项目名称	主要完成单位	主要完成者
1	1	高密度脂蛋白（HDL）及载脂蛋白 A1(apoA1) 防止实验性动脉粥样硬化斑块形成	中国医学科学院基础医学研究所病理研究室	佘铭鹏 夏人仪 冉碧芳 王宗立 刘连生 赵三妹 谷素敏 梁平 刘佩毛 吴时丽
2	2	四川省钩端螺旋体病肺弥漫性出血抢救、预防及其主要病原体赖型钩体的独特性	华西医科大学基础医学院钩端螺旋体病研究室、华西医科大学医学院传染病学教研室	戴保民 曹钟梁 穆国尧 鲍朗 肖建国 赵蜀岷 谢磊 卿格非 程书秋 雷秉钧

总序号	等级序号	项目名称	主要完成单位	主要完成者
3	3	抗早孕新药"卡前列甲脂"的研制	中国医学科学院药物研究所等	吴元鎏 谷士杰 王酒功 乌毓明 万风霞 董 皓 罗淑荣 范慧民 刘宝华 王 萍
4	4	1988年甲型肝炎流行起因与预防措施的研究	上海医科大学公共卫生学院、华山医院、中山医院、儿科医院、妇产科医院	徐志一 胡善联 汪健翔 李子华 冯学山 俞顺章 顾杏元 任少珍 奚龙福 徐肇玥
5	5	室内燃煤空气中苯并(a)芘与人群肺癌剂量—反应关系研究	中国预防医学科学院环境卫生与卫生工程研究所、云南省卫生防疫站、云南省宣威县卫生防疫站	何兴舟 曹守仁 杨儒道 李学明 黄朝富 陈 戚 陈宝生 梁超轲 张冬生 刘 青

二 等 奖

总序号	等级序号	项目名称	主要完成单位	主要完成者
6	1	山莨菪碱抗休克作用及其细胞保护机理研究	北京医科大学病理生理教研室	苏静怡 唐朝枢 吴立玲
7	2	外周血管上kappa及PCP/Sigma受体及其功能研究	上海医科大学神经生物学教研室	张安中 孙凤艳 李宽妍 朱晗
8	3	特发性生长激素缺乏症的临床研究	中国医学科学院协和医院内分泌科、儿科	史轶蘩 邓洁英 鲍秀兰 高素敏 刘 蓉
9	4	中国人HLA-DW的研究	上海市免疫学研究所	周光炎 陆佩华 郑泽铣 富赛里 余 强
10	5	溃疡病外科治疗的改进（1.胃窦粘膜切除术2.胃小弯贲门胃底浆肌层切开术）	同济医科大学附属协和医院	陈道达 熊叔陶 茹立强 刘宗禄 陈贞信
11	6	甲型血友病基因诊断的研究	中国医学科学院基础医学研究所生化研究室、中国医学科学院协和医院妇产科遗传室、广西医学院附属医院儿科和妇产科	吴冠芸 沈 岩 孙念怙 龙桂芳 刘敬忠
12	7	手术证实不能切除肝癌的缩小后切除	上海医科大学肝癌研究所	汤钊猷 余业勤 周信达 陆继珍 刘康达
13	8	PCR 技术及其在中国人地中海贫血基因突变类型研究和产前诊断中的应用	中国医学科学院基础医学研究所生化研究室、广西医学院附属医院儿科、重庆医学院附属儿科医院	刘敬忠 吴冠芸 高庆生 龙桂芳 张 锦
14	9	早期麻风血清学诊断方法的研究——敏感性、特异性、相关性	中国医学科学院皮肤病研究所麻风病研究室	吴勤学 叶干运 李新宇 刘 琦 尹跃平
15	10	抗人T淋巴细胞及其亚群单克隆抗体	卫生部武汉生物制品研究所	史良如 陈善华 王中德 谭向阳 欧阳斌
16	11	糖尿病视网膜病变的临床研究	中国医学科学院协和医院眼科	张承芬 朱宣和 董方田 叶俊杰 张潜娜
17	12	体外循环手术时氟化吸入麻醉药药代动力学及其对肾功能的影响	中国医学科学院阜外医院麻醉科	刘 进 徐守春 胡小琴 高静华
18	13	急性照射后骨髓间质和实质变化规律的研究及其在辐射损伤防治中的应用	卫生部工业卫生实验所	常世琴 王玉珍 王秀娥 黄绮龙 张家钰
19	14	吡喹酮抗日本血吸虫作用机理的研究	中国预防医学科学院寄生虫病研究所	肖树华 邵葆若 杨元清 郭惠芳 乐文菊

总序号	等级序号	项目名称	主要完成单位	主要完成者
20	15	我国乙型肝炎病毒核心抗原基因突变的发现	上海医科大学微生物学教研室、上海市肿瘤研究所生化与分子生物学研究室	闻玉梅 顾建人 陈子平 何丽芳 万大方
21	16	中国临床化学质量控制系统临床化学实验室间质量评价和实验室内质量控制	卫生部临床检验中心	叶应妩 李墨菊 何立千 陈 明 周序开
22	17	三硝基甲苯毒性机理及流行病学调查	北京医科大学公共卫生学院劳动卫生教研室	庄志雄 江泉观 刘世杰 沈惠麒 常元勋
23	18	小儿惊厥与癫痫的综合研究	北京医科大学第一医院小儿科神经组	左启华 吴希如 林 庆 王 丽 张宗昊
24	19	呼吸机物理性能测定方法的研究	哈尔滨医科大学附属第二医院	郑 方 刘 骥 赵加训 林长赋 唐乃蓓
25	20	一种新的急性粒细胞白血病亚型的特征及其鉴定	中国医学科学院血液学研究所血液病医院	杨崇礼 卞寿庚 严文伟 林泽嬉 李幼生
26	21	中国流行性出血热地理流行病学研究	安徽省卫生防疫站、江苏省卫生防疫站等	罗兆庄 刘光中 裘学昭 李传斌
27	22	首钢男工冠心病危险因素前瞻性研究	中国医学科学院心血管病研究所流行病研究室、冠心病研究室；北京首都钢铁公司职工医院	吴锡桂 郝建生 高 红 王家明 王淑玉
28	23	全球环境监测系统——长江、黄河、珠江、太湖水质动态研究	中国预防医学科学院环境卫生监测所、湖北省环境卫生监测站、山东省环境卫生监测站、广东省环境卫生监测站、江苏省环境卫生监测站	鄂学礼 徐幼云 丁 郯 叶能权 陈守建
29	24	楚雄克山病综合性科学考察	哈尔滨医科大学克山病研究所、白求恩医科大学地方病研究所、辽宁基础医学研究所、中国科学院地理研究所、云南省楚雄州克山病防治研究所、中国科学院生物物理研究所、中国科学院林业土壤研究所、西安医科大学克山病研究所、中国预防医学科学院营养卫生研究所	于维汉 王 凡 李芳生 谭见安 孙 玺
30	25	中国农村儿童肺炎及北京市儿童急性呼吸道感染的流行病学监测和防治研究	首都儿科研究所	张梓荆 林良明 刘玉琳 王之梁 曹玉璞

三 等 奖

总序号	等级序号	项目名称	主要完成单位	主要完成者
31	1	冻干人尿(痕量金属)标准物质的研制	北京医科大学公共卫生学院卫生化学教研室	阮永道 王洪玮 吕姝清 张立忠 王在庸
32	2	(1)GP口腔高分子粘接材料的研究 (2)高分子口腔粘合剂材料的研究	华西医科大学口腔医学院、北京医科大学口腔医学研究所口腔材料研究室	陈治清 刘小青 管利民 雷贤康 张 敏 徐恒昌 王 同 俞兆琨 孙思宁 廉聪明
33	3	医用高分子材料血液相容性体外抗凝评价方法研究	中国药品生物制品检定所	奚廷斐 王春仁 田文华 雷学会

总序号	等级序号	项目名称	主要完成单位	主要完成者
34	4	不同膳食特点地区中老年人群综合性营养调查研究	中国预防医学科学院营养与食品卫生研究所、新疆医学院、上海市食品检验所、山东省食品检验所、中国预防医学科学院计算机室	赵熙和 闻芝梅 薛安娜 白锦 范文洵
35	5	电磁波对机体健康影响的研究	浙江医科大学微波研究室	姜槐 邵斌杰 姚耿东 杨勤儿
36	6	氟哌酸生产新工艺	中国医学科学院医药生物技术研究所、浙江省新昌制药厂	郭惠元 罗健鸣 孙兰英 田治明 李卓荣
37	7	双氧水肝脏声学造影实验研究及临床应用	同济医科大学附属协和医院	黄幼珍 陈汉荣 鲁成发 王新房 王加恩
38	8	维生素D中毒临床实验X线病理系列研究	北京积水潭医院、北京市创伤骨科研究所	王云钊 蒋业斌 邢绍忠
39	9	庆大霉素琼脂培养基的研制及其在霍乱诊断中的应用	中国预防医学科学院流行病学微生物学研究所	高守一 刘秉金 叶顺章 吴顺娥 武士珍
40	10	二尖瓣狭窄血流动力学的定量研究	山东医科大学附属医院	张运 葛志明 高德恩 安丰双 宋惠民
41	11	中国小儿急性腹泻病防治研究	首都儿科研究所	方鹤松 果培厚 张振华 贾梅 王俊侠
42	12	银花新资源——黄褐毛忍冬资源利用研究	中国医学科学院药用植物资源开发研究所	朱兆仪 何顺志 蔡有余 冯毓秀 郭彦文
43	13	人胚鼻咽上皮细胞体外培养及化学转化的研究	湖南医科大学肿瘤研究所	姚开泰 陈主初 祝和成 曹亚 李韵萍
44	14	溴氰菊酯及氰戊菊酯的监测、中毒诊断及流行病学研究	中国预防医学科学院劳动卫生与职业病研究所、河北省职业病防治所	何凤生 陈曙杨 孙金秀 姚佩佩 吴宜群
45	15	急性白血病出血原因的系统研究	福建省血液病研究所、福建医学院附属协和医院	吕联煌 李觉民 韩忠朝 卓光生 张学敏
46	16	幽门弯曲菌的致病作用及幽门弯曲菌感染治疗的研究	北京医科大学第一医院肠胃科	胡伏莲 贾博琦 张树基 张启波 高慧珍
47	17	中国15城市不同胎龄新生儿体格发育调查研究	湖南医科大学附属一院、暨南大学医学院、天津医学院卫生系、天津医学院附属二院、湖南省妇幼保健院、北京妇产医院、上海医科大学妇产科医院、哈尔滨医科大学附属二院、哈尔滨医科大学附属一院、沈阳市妇婴医院、山西医学院附属一院、湖北省妇幼保健院	张宝林 冯泽康 张丽辉 刘瑞霞 凌天籁
48	18	人鼻粘膜纤毛系统的研究	白求恩医科大学附属一院耳鼻咽喉科	卜国铉 许庚 杨占泉 王乃斌 陈成伟
49	19	HB-6A大气气熔胶采样仪	卫生部工业卫生实验所、辽宁省鞍海核防护研究所	蔡鸿达 王作元 张金鼎
50	20	维生素D及其制剂含量测定法研究	福建省药品检验所	张怡 杨岗 丁寅芬 陈如进
51	21	人类和非人灵长类动物红细胞膜血型糖蛋白的多态性	湖南医科大学生化教研室	卢义钦 刘俊凡 张殿政 黄承汉 王力飞
52	22	下肢静脉病变流行病学、机理和治疗的研究	上海第二医科大学附属第九人民医院血管外科研究室	孙建民 张培华 蒋米尔 陆民 戴乐天

总序号	等级序号	项目名称	主要完成单位	主要完成者
53	23	先天性心脏病肺动脉高压临床与病理综合研究	中国医学科学院心血管病研究所内科(肺心病研究室)、外科、病理科	陈白屏 胡盛寿 阮英茆 程显声 朱晓东
54	24	行为毒理学方法的建立及在食品安全性评价中的应用研究	哈尔滨医科大学公共卫生学院	陈炳卿 李丹 王班亚 刘志诚 张学明
55	25	我国小肠结肠炎耶尔森氏菌分群标准菌株的建立及其群血清的应用	中国药品生物制品检定所	李笃唐 魏美华 陈永金 张保强 王象斌
56	26	低剂量电离辐射诱导免疫增强效应的研究	白求恩医科大学放射生物教研室	刘树铮 刘伟宏 鞠桂芝 齐进 杨永广
57	27	大面积深度烧伤治疗的研究	中山医科大学附属第一医院	利天增 苏爱云 郭浩光 陈宝珠 朱家源
58	28	妊娠高血压综合征中前列腺环素和血栓素及胎儿胎盘循环的研究	北京医科大学第三医院妇产科	杨池荪 张丽珠
59	29	中国人群主要组织相容性复合物基因多态性及其与疾病相关性	上海第二医科大学基础医学院生化教研室分子生物学实验室、上海市免疫学研究所免疫生化室	陈诗书 玉亚新 林性玉 孙婕 王福庆
60	30	先天性巨结肠症新的诊断方法	同济医科大学附属同济医院	童尔昌 刘明 刘能银 齐宝权 王果
61	31	婴儿紫绀型先天性心脏病内科姑息疗法的研究	上海市儿科医学研究所、上海第二医科大学附属新华医院、上海复旦大学、上海医用诊察仪器厂	周爱卿 刘薇廷 马瑞申 谢仁祥 费志忠
62	32	CW-PA 型烤瓷镍铬铌合金的研制及应用	华西医科大学口腔医学院、成都科技大学金属材料系	李宁 杜传诗 邱代荣 魏治统 艾利朴
63	33	新生儿硬肿症病理生理和治疗的研究	中国医科大学附属第二、三医院	张家骧 魏克伦 王开荣 于果 林延鹏
64	34	甲型肝炎病毒抗原在重组痘苗病毒中表达	中国预防医学科学院病毒学研究所	高峰 刘崇柏 伊瑶 毕胜利 阮力
65	35	淋巴瘤细胞(系)克隆和白血病病毒感染细胞系的建立	上海医科大学病理生理学教研室	程立 孔宪寿
66	36	左心室舒张期功能与室壁运动核医学定量指标的研究	中国医科大学	裴著果 谢玉栋 李晶皎 潘清 刘中林
67	37	四联症根治术右室流出道重建标准	中国医学科学院阜外医院先天性心脏病研究室	郭加强 郭建华 曹嘉湘 朱晓东 吴学军
68	38	新生儿窒息病因、预防及治疗的研究	中国医学科学院北京协和医院妇产科、儿科	赵时敏 徐蕴华 徐军鎏 盖明英 边旭明
69	39	南方7省(区)灭疟后期管理与监测方法的研究	贵州省寄生虫病研究所	刘祥焜 黄耀宗 张培轩 石维志 王槐芳
70	40	七点测量法(中心轴百分深度剂量数据收集的简化)	中国医学科学院肿瘤医院放疗科	胡逸民 翟万聪 王毅新 张长胜
71	41	丙烯酰胺中毒的诊断及发病机理研究	中国预防医学科学院劳动卫生与职业病研究所、齐鲁石化公司中心医院、浙江省医学科学院、黑龙江省劳动卫生职业病研究所	何凤生 张寿林 王慧兰 贺锡雯 张锐武
72	42	针刺(或躯体转入冲动)调整实验性心律失常的中枢机制分析	上海医科大学生理学教研室	郭学勤 李鹏 王强
73	43	穴位的传入支配特征与两类传入纤维相互作用原理	首都医学院神经生物学研究室	吕国蔚 杨进 谢竞强 梁荣照 史美棠

总序号	等级序号	项目名称	主要完成单位	主要完成者
74	44	绿茶抗氧化剂（儿茶素）抑制突变、癌变及其机制的研究	中国医学科学院肿瘤研究所	程书钧　王志远　林培中 何其傥　周宗灿
75	45	茶叶防癌作用的研究——茶叶对N—亚硝基化合物形成及致癌作用的影响	中国预防医学科学院营养与食品卫生研究所	王淮州　韩　驰　朱家琦 徐　勇　吴永宁
76	46	固定县单采浆还输血球引起非甲非乙型肝炎的流行病学研究	河北省卫生防疫站、廊坊地区卫生防疫站、固安县卫生防疫站、河北职工医学院	孙永德　孟宗达　孙德贵 王素玉　陈学儒
77	47	先天性佝偻病的临床和骨组织学研究	内蒙古哲里木盟佝偻病防治科研协作组	董维俊　李学均　高德才 李会芳　李贵忱
78	48	有活性的同种瓣膜库的建立——关于抗生素灭菌和液氮低温保存方法的研究	中国医学科学院阜外医院先天性心脏病研究室	漆志涛　郭加强　朱晓东 刘晓程　谢　宁
79	49	人骨髓基质细胞系的建立、生物学特征和功能研究	中国医学科学院血液学研究所	姜学英　宋增璇　苏月来 杨少光　齐淑玲
80	50	依诺沙星及依诺沙星制剂	中国医学科学院医药生物技术研究所、武汉制药厂	刘　浚　李德荣　邬正平 陈慧贞　张婴元
81	51	带血管胎胰腹腔内移植治疗胰岛素依赖型糖尿病	西安医科大学第二附属医院	秦兆寅　李笃山　纪宗正 黎一鸣　戴信刚
82	52	辐射诱发小鼠粒细胞白血病动物瘤株L801和其体外细胞系 L833的建立及其生物学特性的研究	卫生部工业卫生实验所	李新兰　赵乃坤　杜维霞 王文惠　刘秀敏
83	53	北京、广州工农人群血压、血脂及其影响	中国医学科学院心血管病研究所流行病研究室、广东省心血管病研究所流行病研究室、首都钢铁公司医院、北京石景山区心血管病防治科研所、广州造船厂职工医院、广东省番禺县卫生局	陶寿淇　黄震东　周北凡 李义和　吴锡桂
84	54	口腔正畸方丝弓细丝弓矫治技术研究及临床应用	北京医科大学口腔医学院	傅民魁　王海梅　唐燕峰 林久祥　闫　燕
85	55	婴儿肝炎综合征的研究	上海医科大学儿科医院	王岱明　顾新焕　宋学枋 邵彩虹　段恕诚
86	56	胃癌癌前阶段的确立	中国医科大学、北京市肿瘤研究所、上海第二医科大学、上海市消化疾病研究所、北京医科大学	张荫昌　李吉友　王瑞年 萧树东　雷道年
87	57	膀胱癌粘膜病变的临床意义	北京医科大学泌尿外科研究所	顾方六　马文香　吴　关 王乃宁　吴阶平
88	58	大型水蚤生物测试技术的研究和应用	中国预防医学科学院环境卫生与卫生工程研究所	修瑞琴　高世荣　许永香 任改英　郭　琪
89	59	免疫球蛋白G 亚类与临床疾病	重庆医科大学儿科医院	杨锡强　李成荣　沈　锦 蒋利平　张远维
90	60	人类肺癌的细胞遗传学研究	哈尔滨医科大学	李　璞　刘春祥　范耀山 孙艳阳　郭丽荣
91	61	我国犬种菌布鲁氏菌病的调查研究	中国预防医学科学院流行病学微生物学研究所、上海医科大学实验动物部、广西壮族自治区卫生防疫站、江苏省卫生防疫站、辽宁省卫生防疫站、湖南省卫生防疫站、河南省卫生防疫站、山东省卫生防疫站、新疆兽医防疫总站、黑龙江省卫生防疫站	尚德秋　李元凯　李兰玉 程尧章　鲁齐发

总序号	等级序号	项目名称	主要完成单位	主要完成者
92	62	脑内血管紧张素Ⅱ对抗电针镇痛并促进电针耐受和吗啡耐受的形成	北京医科大学生理教研室	韩济生 王克威 王晓民 高而威 王晓京
93	63	脾切除后对机体免疫功能影响的研究	同济医科大学器官移植研究所、同济医院	姜洪池 夏穗生 钱家勤 汪素兰 马绪娴
94	64	阳虚、阴虚对针刺镇痛的影响及其本质探讨	上海医科大学基础部针刺原理研究所人体生理室	李其松 奚桂芳 刘忠英 汤耀法 潘小平
95	65	LTSE 法快速诊断水质、食品、冷饮、餐具等的大肠菌群实验研究和效果观察	湖南省湘潭市卫生防疫站	涂楚国 唐俊明 肖正安
96	66	霉菌毒素与肺癌发生关系的实验研究	河北医学院	王凤荣 张祥宏 谢同欣 王兆一 侯浚
97	67	白噪声负荷对听觉系统感受性的实验研究	中国医科大学	魏保龄 张铁民 康健 曲非 赵树润
98	68	乡镇企业尘毒危害及其控制技术研究	中国预防医学科学院环境卫生与卫生工程研究所工业通风研究室	钮式如 邵强 彭泰瑶 郭文宏 刘彦昌
99	69	超声心动图——计算机辅助系统测定心功能的可行性研究	中国医学科学院阜外医院超声诊断科	杨浣宜 张继革 李建蓉 许飞 周维新
100	70	偏振塞曼原子吸收法测定环境生命微量元素技术研究	广西壮族自治区分析测试研究中心、广西肿瘤防治研究所、广西扶绥县肝癌防治研究所	何聿忠 林文业 张丽生 黄桂宽 刘宗河

（成果处）

【卫生部1990年医药卫生科学技术进步奖奖励项目选介】

1．高密度脂蛋白（HDL）及载脂蛋白 A_1（$apoA_1$）防止实验性动脉粥样硬化斑块形成。

大量临床及实验资料证明，HDL 的血清含量和动脉粥样硬化的发病呈负相关。结合某些主要载脂蛋白的结构与功能，探求防止动脉粥样斑块形成或促进斑块消退的新途径，是国内外有关学者十分关心的问题。

中国医学科学院基础医学研究所自1979年以来，围绕 HDL 防止粥样斑块形成的问题，结合家兔（易感动物）及树鼩（不易感动物）模型，较深入地研究了 HDL、HDL 主要载脂蛋白以及 $apoA_1$ 在抑制粥样斑块形成方面的作用和有关的作用机理。自1986年开始，通过大量实验，已基本明确 HDL 及 $apoA_1$ 有促进家兔及树鼩平滑肌细胞释放细胞内胆固醇的作用；体外实验表明，HDL 可以促进单核细胞粘附和穿透主动脉内膜；兔及树鼩主动脉内皮细胞、平滑肌细胞、肝细胞表面具有和 HDL_3 高亲和力的特异性结合点，经过抗 $apoA_1$ 抗体预处理后可丧失其70%的结合力，估计存在有 $apoA_1$ 的特异性受体；体内实验表明，HDL-apo 和 apo 和 $apoA_1$ 都具有抑制家兔实验性粥样斑块形成的作用。单纯使用 $apoA_1$ 其抑制斑块形成及减少内膜脂质沉积的作用不如 HDL；但若同时配合与合成磷脂结合的脂质体或茶色素则具有明显的释放细胞内胆固醇或抑制血脂升高，减轻主动脉内膜脂质沉积的作用。这些结果，为今后以生物技术制备 $apoA_1$ 开辟防治动脉粥样硬化新途径，提供了重要的依据。

（刘晓波）

2．四川省钩端螺旋体病肺弥漫性出血热抢救、预防及其主要病原体赖型钩体的独特性该科研成果在认识并掌握钩端螺旋体病（以下简称钩体病）赫氏反应及肺出血的发生与发展的主要规律，以及有效的防治方面取得了突破性进展。

钩体病多发生于农村青壮年、妊娠妇女、少年儿童。1980年以来，四川省多次发生钩体病暴发流行。据调查，1980～1990年患钩体病总人数为257 702人，死亡3 039人，其中95%死于肺弥漫性出血（以下称PDH），由于PDH发生突然，发展迅猛，如不及时就地抢救，死亡率极高。寻找一种适合于我国农村医疗条件的有效抢救措施，是本项目研究的目标。

科研人员经多年现场和临床研究，证明在首剂肌肉注射青霉素同时静脉推注50～100mg氢化可的松（加在10～20%葡萄糖溶液10～20ml中），继之静脉滴注氢化可的松200～400mg（加在5%葡萄糖200～400ml中），对抢救PDH，预防赫氏反应具有十分突出的作用，可使大部分PDH患者迅速转危为安，取得十分满意的疗效，使病死率大幅度下降。

此外，本课题还对赫氏反应和PDH发生机制进行了深入研究。确证了引起PDH的主要病原体是黄疸出血群赖型钩体，并对其分子生物学特性和致病性进行了分子水平、细胞水平的系统研究。研究结果表明，赖型钩体粘附于人胚肺成纤维细胞数最多，其糖脂蛋白有粘附、内吞与致细胞病变作用。作者认为，赖型钩体裂解时，释放钩体外膜上低分子量糖蛋白与血管内皮细胞表面受体结合，通过内吞等作用进入细胞内，引起内皮细胞病理反应，并导致PDH的发生。

（赵秋来）

3. 抗早孕新药“卡前列甲酯”的研制

卡前列甲酯（简称 PG_{05}）是中国医学科学院药物研究所等单位，经10余年努力研制成功的前列腺素类终止妊娠新药。此项研究系根据我国国情，综合改进或简化国际上几种较好的合成路线，而形成的一条有自己特色的、工艺稳定、原料在国内易得、成本低（仅为国外同类药物市售价的1%）、有工业生产价值的合成路线。这条合成路线由于成功地分离了15-位差向异构体，产品质量较好。也解决了高难度的前列腺素全合成问题。该药已取得我国西药第1类新药证书，并投入工业生产。

PG_{05} 在临床上可终止早期和中期妊娠。临床研究表明，在使用较低剂量的 PG_{05} 后48小时内，可终止妊娠，且副反应低，安全性高。单用 PG_{05} 终止妊娠，成功率可达80～86%，合并使用复方苯乙哌啶和丙酸睾丸酮，成功率可达92～95%。

PG_{05} 是一种可供临床选择的终止妊娠药物，对施行负压吸引术有困难的病例（如生殖器官畸形、分娩或人工流产手术后近期妊娠，或患有人工流产术禁忌症者）尤为适用。该药对不宜做人工流产手术的及中期妊娠妇女，也是安全的流产药物。

（刘晓波）

4. 1988年甲型肝炎流行起因与预防措施的研究

1988年上海市发生甲型肝炎（以下简称“甲肝”大流行，引起社会各界的关注。上海医科大学等单位通过现况调查与人群血清甲肝抗体检测，查明毛蚶食用量与甲肝发病有明确的剂量效应关系，掌握了毛蚶传病的血清流行病学证据，证明了毛蚶为甲肝媒介。通过猕猴感染实验、组织培养、分子杂交、PCR等技术，从市售毛蚶与某海区捕捞到的毛蚶中发现并分离到甲肝病毒，证明了海区毛蚶富集并持续携带甲肝病毒。研究人员用分子生物学方法分析一株从毛蚶分离到的甲肝病毒核苷酸序列，其 VP_1N 端基因与其他甲肝毒株相似，不能表明本次流行发生同病毒抗原变异有关。

研究单位收治甲肝病人7 000余例，治疗经过良好。甲、乙型肝炎重叠感染者，痊愈较慢，但 HBsAg 可在4～6月内阴转，提示甲肝感染可能抑制乙肝病毒复制。未见甲肝病毒垂直传播，患甲肝孕妇娩出的婴儿大都正常，不必人工流产。

研究者还在流行期间对居民家庭、甲肝病例、医疗卫生机构和企事业单位进行分层抽样，进行社会经济学研究，对这次甲肝流行直接经济损失和间接经济损失进行了测算。

通过海水与底质各种细菌与理化指标分布与投瓶漂浮试验，表明产带毒毛蚶海区，主要是受当地陆源影响，造成海区局部污染。

研究表明污染毛蚶经流水饲养2天，体内甲肝病毒减少90%，第5天减少99%，14天尚存留0.1%。研究人员还对预防措施进行了研究，提出了对策。

（刘晓波）

5. 室内燃煤空气中苯并（a）芘与人群肺癌剂量-反应关系研究

多环芳烃类化合物是在环境中广泛存在、并对人类健康危害最大的环境致癌物。本世纪50年代初，一些国家对其理、化、生物学特征的研究有了很大进展，但对其与人类癌症关系的研究尚为罕见，尤其是对室内空气中多环芳烃含量与肺癌发病定量的研究，直至目前，国内、外均未见报道。然而在人类肺癌病因学、发病机制、肺癌流行预测、制订卫生标准、防癌措施效果评价、能源合理利用、环境与癌的理论等方面研究中，以苯并（a）芘为代表的致癌性多环芳烃在环境中含量与癌症发病的定量研究，是一项十分重要而难度较大的课题。

本项研究是在有60万人口，3000多平方公里的一个农村地区，调查统计了7年肺癌死亡资料，采集分析3000多个空气样品，并采用了目前国内、外先进技术和数据处理方法，有严格的实验室，现场质量控制措施的条件下，全面系统地研究了室内可吸颗粒物的物理、化学、生物学特征和苯并（a）芘与肺癌剂量一反应关系。

本项研究结果证实：①常用的生活燃料（无烟煤、烟煤，木柴）中，烟煤燃烧排放物具有粒径小，有机物含量多，含有大量致癌性多环芳烃，并具有较强的致突变性和致癌性等对人体危害较大的生物效应，不宜在没有净化措施和排风设备的条件下使用。②建议室内空气中苯并（a）芘日平均浓度为 5.0ug/100m³。③室内空气中苯并（a）芘日平均浓度与肺癌死亡率之间存在明显剂量（暴露）一反应关系。本项成果为研究环境与癌的理论积累了流行病学资料，也为我国制订室内空气中苯并（a）芘卫生标准提供了科学依据。

（赵秋来）

【全国医药卫生科技成果展览会】

由卫生部、国家计划生育委员会、国家医药管理局、国家中医药管理局、总后勤部卫生部联合主办的全国医药卫生科技成果展览会，于1990年7月16～21日在北京举行。这次展览会是规模较大的一次展览会。共有11个部、委的900余个单位参展，参展项目2 500余个，贸易成交额超过1 000万元，参加技术报告会人数约有400人，参观人数6万人，评出获奖项目145个。

党和国家领导人李鹏、李先念、王震、李铁映、刘华清、宋健为本届展览会题词。李鹏、李铁映、罗干、迟浩田、赵南起等参观了展览会，并给予高度评价。

本届展览会展示了一批具有80年代先进水平的、具有推广应用价值的科技成果。参展项目以应用和开发技术成果为主，近年来迅速发展的医学科研成果占很大比重。参展的绝大部分项目获得过省、市、部、委级或国家级奖励，还有很多成果获得过专利。

（刘晓波）

【中国医学科学院坚持援藏20年】

中国医学科学院几十年来在完成国家医、教、研任务同时，响应党和国家的号召，支援少数民族边远地区。据不完全统计，先后派出各种医疗队、讲学组共1 100余人次，分别到青海、甘肃、云南、海南、黑龙江等地区，为当地医疗卫生事业做出贡献。其中对西藏自治区的支援尤为突出。20年来，派出赴藏医务人员及考察人员208人次，1984年以来免费优先安排西藏自治区人民医院进修生70余名，涉及30多个专业；代培研究生1名。1990年国家民族事务管理委员会授予中国医学科学院“全国民族团结进步先进集体”的称号。

1969年曾派出23名医务人员到西藏马查拉煤矿、那曲等地工作，长达几年、十几年。70年代连续派出7批为期1年的医疗队共76人次，到西藏高原海拔最高的阿里地区工作。他们参加了控制天花、白喉等烈性传染病和一般传染病流行的工作；完成高原心脏病、布氏杆菌病、肝包囊虫等十几项流行病的调查。1984年以来分工对口支援西藏自治区人民医院和科研所，先后派出7批医疗组64人次和科研课题协作13人次，涉及心血管内外科、呼吸、消化、泌尿外科、妇产科等和检验、病理、B型超声及机器维修等19个专业科室。指导帮助建立健全规章制度、操作规程；帮助选购、维修医疗仪器百余台次；帮助该院充实完备了医学图书馆。医疗组积极指导开展新业务技术，在实践中培养了一批技术骨干和学科带头人，开展了冰冻白内障摘除、绒癌治疗、液氮冷冻和激光治疗皮肤病、泌尿外科复杂手术、临床生化、免疫学检验等新技术。尤其是心血管内外科，建立了心脏监护室和临床实验室，开展了心电生理和血液动力学检查、冠状动脉造影等新技术。1990年7月，自治区人民医院在医科院阜外医院帮助下，成功地完成了房间隔缺损、室间隔缺损修补及二尖瓣置换3例体外循环心内直视手术，开创了西藏高原心内直视手术的先例。根据高原发病特点，合作开展“白内障流行病学调查”、“新生儿眼底研究”以及高原各类人群群体血红蛋白研究等10余个课题，有些成果为我国医学填补了空白，受到国际学术界重视。

中国医学科学院领导重视援藏工作多年来，院领导多次进藏考察，与西藏自治区卫生厅和人民医院领导共商支援计划和有关事项，确立了“从实际出发，从基础抓起，以培养人材为中心，以技术项目支援为重点，采用灵活多样方式，注重实际效果”的指导思想和原则，经常总结工作，及时调整计划和有关政策，做好思想政治工作，表彰先进，使援藏工作健康发展。

（高德馨　刘红山）

【全国卫生系统出国留学管理工作会议】

1990年11月26～29日在北京召开了全国卫生系统出国留学管理工作会议。会议的中心议题是：总结交流改革开放以来卫生系统出国留学管理工作的经验，在统一思想认识的基础上，研究新形势下如何加强和改进出国留学管理工作，使中央制定的“按需派遣、保证质量、学用一致”的出国留学方针进一步得到落实。

与会者有各省、自治区、直辖市卫生厅局和部直属单位主管出国留学工作的领导，优秀留学回国人员代表，以及部机关有关司局和国家教育委员会等有关部委的代表，共160余人。

国务委员李铁映在会议期间与部分优秀留学回国人员和会议代表进行了座谈，并作了重要讲话。国务院副秘书长徐志坚出席了开幕式。卫生部长陈敏章、副部长孙隆椿、顾英奇、胡熙明先后出席了会议。陈敏章部长在会议开幕式上作了报告，充分肯定了自改革开放以来卫生系统出国留学管理工作取得的成就，指出了存在的问题，提出了今后工作的意见。

党的十一届三中全会以来，卫生系统的出国留学管理工作，逐步形成了多渠道、多层次、多形式派遣出国留学人员的局面。截止到1989年底，共向51个国家和地区派遣半年以上各类公派出国留学人员近1.2万人，占全国派出人数的1/8。已学成回国人员占派出人数的57%。

通过派遣出国留学人员，加快了专业技术骨干人才和学科、学术带头人的培养，促进了我国医药卫生事业的发展。如出国留学回国人员在全国第4批博士导师评审中，被审核通过的369名医学门类博士导师中，占65%；在卫生系统的国家级和部级重点实验室的负责人中占85%以上；在1988年卫生部科研基金中标的课题负责人中占69.7%。1978～1989年，医药卫生系统共获得国家科技进步奖95项、国家发明奖35项，其中，由留学回国人员获得的分别占93%和30%。

会议期间举办了留学回国人员部分优秀科技成果展览会和优秀留学回国人员先进事迹报告会，表彰了3个出国留学管理工作先进集体、8名出国留学管理工作先进个人和100名优秀留学回国人员。会议原则通过了卫生部《关于加强和改进公派出国留学工作的几点意见》和《卫生部公派出国留学工作暂行管理办法》。

（李洪山）

【卫生部设立出国留学回国人员科学研究起动基金】

为使出国留学回国人员充分发挥作用并为他们承担国家重点科学研究项目创造条件，卫生部决定从1990年开始，设立出国留学回国人员科学研究起动基金，重点资助为承担国家重点科学研究项目和填补国家空白项目而开展的预试验性研究，并制定颁发了《卫生部留学回国人员科学研究起动基金暂行办法》。该办法中规定了申请出国留学回国人员科学研究起动基金的申请课题条件，申请人条件，申请审批程序等。该起动基金管理机构设在卫生部科技司。

（史安俐）

【成立卫生部医学科技情报工作管理委员会】

卫生部医学科技情报工作管理委员会（以下简称“管委会”）成立会暨第1次全体工作会议，于1990年12月25～27日在北京召开。参加会议的有作为管委会成员的有关省、市卫生厅局领导人和医学情报所所长、医学图书馆馆长、医学图书情报系主任等共32人。会议的主要内容是成立首届管委会，召开第1次全体工作会议，研究讨论医学情报工作规划、医学情报工作条例、医学科技项目查新咨询规定，以及管委会近期工作。陈敏章部长到会作了重要讲话。

会议回顾了建国以来我国医学情报工作的发展过程，认为“七五”期间医学情报工作在改革开放政策和中央有关科技体制改革精神的指引下，取得了很大成绩，各级领导重视情报工作，加强了对医学情报工作的领导，医学情报工作在网络建设、手段现代化、查新咨询服务等方面都有了新的进展，为“八五”期间进一步发展奠定了良好的基础。管委会的近期任务是：①制订医学情报工作“八五”发展规划；②成立中国医学情报学会；③建立全国医学情报与图书网络；④建立MEDLARS国内外联机网络；⑤指定一批医药卫生科技项目查新咨询点，建立查新咨询网络；⑥建立重点医学文献库、医学科技成果和计划数据库；⑦开展医学情报人员培训，提高队伍素质；⑧开展宣传和扩大用户服务，提高各类人员的情报意识。

（李洪山）

【顾方舟夫妇参加台湾医学会第83届年会】

中国医学科学院院长、中国协和医科大学校长顾方舟教授及其夫人李以莞教授应台湾医学会理事长林国信教授的邀请，于1990年11月15～26日访问了台湾，参加了台湾医学会第83届年会，作了特别演讲和专题演讲，介绍了中国大陆医学科学研究现状和抗体工程研究进展情况。年会期间，台湾儿科学会、肾脏医学会、移植医学会、家庭医学医学会、精神医学会、内科医学会及感染症医学会等18个医学会同时举行学术演讲会。这次年会的学术活动分特别演讲、来宾演讲、教育演讲、专题讨论与一般演讲等形式。在特别演讲中，台大医学院内科教授谢博生报告了“高血压疾患之体液容积调节因素”，台大医学院妇科教授谢长光报告了“子宫颈癌病因之探讨”，细菌学教授杨照雄报告了“EB病毒与鼻咽癌之关系”。专题讨论涉及神经外科、磁振造影术的最新发展、全静脉营养、呼吸困难等问题。一般演讲内容广泛，涉及基础医学，以及癌症、心血管、血液、肾脏、胃肠、遗传、儿科等疾病。还讨论了儿童健康，婴儿食品营养，内分泌、免疫过敏疾病等。

在台期间，顾方舟夫妇参观访问了台湾大学医学院及其附属医院、阳明医学院、荣民总院、国防医学院、“三军总医院”、“中央研究院”的生物医学科学研究所、台大台北病理中心、孙逸仙癌症医院、台北市仁爱医院桃园医院、台中市的中国医药学院和私立中山医学院、林口的长庚医学院、台南市的成功大学医学院、私立高雄医学院、花莲市的佛教慈济综合医院、高级护理专科学校，以及彰化市私人开业的儿科诊所和鹿港镇卫生所等。

访问期间，顾方舟教授与台湾医学界知名人士探讨了海峡两岸医学交流的前景。双方一致认为，两岸医学界人士往来和医学科学技术与信息的交流有利于两岸人民健康事业的发展，有益于解决当前危害很大的，诸如癌症、心血管病等疾病中的难题。

（医科院）

【黄明和率台湾医药代表团访问北京、广州】

以医学博士黄明和为团长的台湾医药代表团一行25人于1990年6月28日～7月5日在北京、广州两地进行了参观访问。吴学谦副总理、陈敏章部长等会见了黄明和一行。台湾医药代表团参观了医疗卫生机构，与医药界人士进行了广泛的接触和交流。

继这次访问以后，黄明和博士于1990年9月11～16日再次率团28人专程来京，出席中国中医药文化博览会开幕式，并进行交流活动。

（董淑珍）

药 政 管 理

【1990年药品监督管理工作】

为更好地执行《药品管理法》，起草了《假药、劣药监督处理办法》、《违反〈药品管理法〉案件查处程序》、《违反〈药品管理法〉行政处罚规定》；为使药品检验适应执法的需要，重新修订了《药检工作条例》；起草了《中药保护品种管理办法》等。

在《药品管理法》实施5年之际，卫生部顾英奇副部长在中央电视台发表了《药品管理法》实施5周年电视讲话；在中央人民广播电台举办了《药品管理法》专题讲座；在北京电视台举办了纪念《药品管理法》实施5周年专场文艺晚会；出版了宣传《药品管理法》及《药品管理法实施办法》图解。表彰了283个贯彻、实施《药品管理法》先进集体和488名贯彻、实施《药品管理法》先进工作者。

组织国家药品监督员对20个省、市的47家药品生产企业进行了实施GMP（药品生产质量管理规范）情况调查；验收了10个部队血液制品生产单位；检查验收了新疆、甘肃新办的6家药品生产企业。对安徽省阜阳地区、河南省周口地区查处假药工作及福建假“片仔癀”问题进行了调查。依法审核、换发了药品生产、经营企业和医疗单位制剂室《许可证》。治理整顿药品市场，取缔了一批违法生产、经营药品和配制制剂的企业和单位，并组织国家药品监督员对部分省、自治区、直辖市审核、换发药品生产、经营企业和医疗单位制剂室《许可证》工作进行了调查。

经审核批准生产、试生产的新药261种，其中：西药143种，中药77种，生物制品41种；审批药用辅料5种；经审批同意临床试验的新药82种，其中：西药25种，中药32种，生物制品25种。召开了全国临床药理基地工作会议，对一、二期临床后的三期临床及临床设计方案等进行了专题研究。修订了5个新药审批的技术规定。开展了全国临床诊断试剂的调查。根据与WHO的技术协议，在新疆举办了合理用药学习班。颁布了1990年版《药典》。开始筹备药品标准实验基地和第6届药典委员会人选事宜。

组建了第二届进口药品审评委员会，并通过了委员会章程。召开两次进口药品审评委员会，审查了197件国外药品申请注册资料，批准并发给48个《进口药品许可证》。颁布了《进口药品管理办法》，并举行了新闻发布会。

完成了1990年药检仪器装备评估、订货工作；举办了4期药检仪器装备培训班，组织了3期药检仪器装备出国培训班。

组织召开了全国中药标准工作会议，布置了第4批中成药整顿任务。组织召开了第5次医学审查会，对1000多种中成药进行了医学再评价。

血液制品生产整顿工作基本结束，核准了27个生产点。对肝炎免疫诊断试剂进行了整顿，审定颁发了各类试剂的质量标准，完成了228个产品共684批肝炎免疫诊断试剂的检定。

加强麻醉药品的管理，在北京、云南、甘肃、贵州等省市建立了药物依赖性监测站。

（张爱萍）

【颁布《进口药品管理办法》】

1990年11月23日卫生部在北京人民大会堂召开了《进口药品管理办法》新闻发布会。卫生部新闻发言人在新闻发布会上指出：新的《进口药品管理办法》是《药品管理法》的配套法规，是做好进口药品管理工作的依据。重新修订《进口药品管理办法》的目的，是为了在改革开放方针的指导下，进一步完善药政管理工作，更好地维护国家权益和保障人民用药安全有效。

我国进口药品是为了补充医疗需要，在《药品管理法》实施前，我国进口药品品种累计达3 000多种，与我国自己生产的品种基本持平。《药品管理法》颁布后，卫生部依据《药品管理法》的规定，在总结工作经验的基础上，根据我国医药生产现状和医疗用药的实际需要，参照国际惯例和一些国家卫生当局的做法，自1987年起，药品进口实行了《进口药品许可证》制度。由有关部门的医药专家组成的进口药品审评委员会，负责进口药品的全面评审，再由卫生部颁发《进口药品许可证》。我国对进口药品的管理进入了一个法制化的新阶段。

实践证明，实行《进口药品许可证》制度，对保障医疗用药发挥了积极作用，主要表现在：①严格地选择优质的、我国尚不能生产或暂时还不能满足医疗需要的品种，以补充我国医疗的急需。②防止了疗效低下、质量不高的药品流入我国，保证了我国人民用药的安全有效。③促进了国产药品质量的提高，推动了我国制药工业的发展，填补了我国药品品种的空白。

药政局负责人就有关《进口药品管理办法》的修改情况做了说明。

新修订的《进口药品管理办法》，共有7章30条，分总则、进口药品注册、合同与质量标准、检验、索赔、处罚等。该办法规定："首次进口的药品需在中国境内进行临床试验或验证，必须附有中文说明书"，"进口药品经检验不合格超过两次的，卫生部要给予通报，直至吊销《进口药品注册证》"，这是维护国家主权和人民的利益所必须的。

（孙承芝）

【1990年版《中华人民共和国药典》颁布】

1990年12月3日卫生部颁布了《中华人民共和国药典》（1990年版）。该版药典是我国建国以来继1953、1963、1977及1985年版4版药典后的第5版药典。新版药典将于1991年7月1日起正式执行。

1986年第4版药典颁布后，卫生部药典委员会即着手组织编纂1990年版药典，并提出中药（标准）要具有中国的特色，西药（标准）要立足于赶超国际先进标准的要求。经过五年的努力，在药典委员以及全国药政、药检、教学、科研以及生产、供应部门的支持和努力下，完成了该版药典的编纂、出版任务。

1990年版药典在品种和质量标准方面都有改进和提高，共收载中、西药品1 751个品种，比1985年版药典增加288种。附录收载的制剂通则和专用检测方法也作了修订，并增加了一些新项目和新内容，如增订了7项制剂通则，并增加了电泳法、氟检查法、澄清度检查法，以及维生素D测定法等。对药品的质量控制无论从方法学或科学性来评价，本版药典均达到了新的高度，在赶超国际先进标准方面，迈进了新的一步。

为加强对生产中国药典品种的审批管理，卫生部在颁布1990版药典时，也作了有关规定。对药品工艺、杂质控制、制剂辅料等方面的审查，将进一步予以重视，以保证药品的安全性和有效性。

（赵黎力）

【1990年全国药品抽验工作】

根据全国药品监督管理工作会议要求，结合1989年来各省、自治区、直辖市、计划单列市药品检验所抽验、质量公报所反映的各类药品质量情况，以及卫生部药品不良反应监察中心所提供的药品质量信息，中国药品生物检定所于1990年初制定了1990年全国药品抽验工作指导计划。该项计划主要包括以下几个方面：①配合全国核发"三证"工作，加强产、供、用环节中中西药品的抽验。②针对目前中药材、中成药质量存在问题较多，继续加强中药材及《中国药典》（1985年版）一部收载的中成药品种的抽验。③1989年颁布的《生化药品部颁标准》第一分册（1990年3月1日执行）收载的品种的抽验。④1988、1989两年获得国家金、银奖牌的药品品种抽验。⑤1989年国内临床报告产生不良反应病例较多的药品。

据不完全统计，1990年全国共抽验186 182件，占国内检品总数的68.20%，与1989年相比增长了约15.66%；其中不合格检品数为17 128件，不合格率为9.2%；对生产、经营、使用不合格药品的单位，各级药检部门配合药政部门进行认真查处，分别予以退货、没收、罚款，吊销、停发、缓发许可证处理，引起了药品生产企业对质量的重视，改进生产措施和工艺路线，促进了药品质量的提高。

中国药品生物制品检定所在全国范围内抽验的中西药品品种有：胃复安片、痢特灵片、六味地黄丸等17种计385批。通过全国性的抽验，澄清了某些药品不良反应的起因，如痢特灵片，抽验全国40多个厂家89个批次，均符合药品质量标准规定，对过去患者服用后的皮肤过敏反应的原因分析，提供了依据。此外药品抽验工作还为药品标准修改和药品再评价工作打下了基础。另外，在抽验的基础上，各省、自治区、直辖市、计划单列市都发布了本地药品质量公报约100多期，中国药品生物制品检定所发布了3期国家药品质量公报。

（金慧薇）

【加强重点地区的戒毒工作】

我国云南省毗邻世界主要毒品产地之一的"金三角"，近年来，一些国际贩毒集团将毒品偷运进我国，再转运至其他国家和地区。我公安、海关部门在该地区加强了缉毒措施并已破获多起贩毒案件，卫生部门也加强了对医疗用麻醉药品的管理。但由于贩毒活动频繁，吸毒恶习已通过边境往来和旅游活动渗透进来，并不断向内地扩散。据卫生部、公安部组织开展的药物滥用流行病学调查，我国目前吸毒人数已达7万人。为加强戒毒工作，卫生部、公安部于1990年4月4～6日在北京联合召开了部分省区戒毒工作会议。会议交流了各地查禁非法私种、吸食毒品和开展戒毒工作的情况，研究了进一步加强戒毒工作的措施，讨论了戒毒工作方案，以期在近两年内对吸毒者进行一次强制性治疗。会议还就建立监测系统、人员培训、科研工作、立法及预防和宣传教育工作等进行了讨论并提出了建议。

（朱丽琴）

【精神药品管理】

卫生部药政管理局、中国医药工业公司等单位于1990年7月13～16日在大连市联合召开了全国咖啡因生产、销售管理工作座谈会，全国14个咖啡因定点生产厂（湖南制药厂未到）参加了会议。会议学习了国务院《精神药品管理办法》，各厂汇报了咖啡因生产和管理情况，讨论了加强咖啡因管理的问题，分析了咖啡因产销形势，研究了1990年调整计划和1991年的计划水平。

10年来，咖啡因产量由1979年的1 273吨增加到1989年的3 078吨，出口由1979年的796吨增加到1988年的1 300吨。咖啡因的复方制剂达40余种。但是，在咖啡因的管理上仍存在一些问题，个别药厂因管理不善曾发生偷盗案件；有些药厂盲目发展，新增生产能力过大，15个定点生产厂已形成5 400吨的生产能力，远远超过需要；从1990年起咖啡因已正式列入精神药品生产计划，但是个别药厂擅自超计划生产，违反了《精神药品管理办法》。为此，会议重申和作出决定：①咖啡因原料药由卫生部会同国家医药管理局指定药厂生产，其他任何单位及个人不得生产。②各有关单位应严格执行《关于严格控制咖啡因生产布点的通知》，不得擅自扩大生产。③咖啡因原料药年度生产计划（包括出口部分）制定程序按卫生部、国家医药管理局《关于精神药品生产有关事宜的通知》办理。④购买咖啡因的单位须持有省、自治区、直辖市、计划单列市卫生厅（局）和医药管理局（总公司）双方盖章的购买证明。⑤咖啡因的出口，按照国务院《精神药品管理办法》和卫生部关于精神药品进出口的有关规定执行。外贸单位购买的咖啡因只能用于出口，不得在国内销售。⑥各定点厂须严格执行国家计划，不得擅自超产，否则将按《精神药品管理办法》查处。

（孔繁圃）

【药品监督管理工作会议】

全国药品监督管理工作会议于1990年12月22～26日在沈阳市召开。会议对药品管理法实施5年来的工作进行全面系统的总结，交流了各地的经验，并就制定"八五"计划、确立2000年发展目标及1991年的工作部署，进行了研讨。

卫生部胡熙明副部长做了工作报告，他指出："七五"期间，国家提出的建立健全药品质量监督保证体系的任务，已顺利完成。建立起了初具规模的药品监督管理法规体系；药政、药检、药品监督员机构网络已经成型；引进了科学管理机制；开创了以监督为中心、以基层药品监督管理为重点、依法管药的新局面；造就了一支富有事业心和高度责任感的执法队伍。5年来，查处了3万多起制售假劣药品案件，查出假药劣药总值3亿多元；检验药品70多万批次，药品抽验合格率由1985年的70%上升到1990

年的90.8%，其中对进口药品的检验，不仅有效地把住了药品质量关，而且每年为国家挽回经济损失2000多万美元；新药审批制度的执行，使我国新药的研制、开发进入新的发展轨道。批准临床或进行试生产的新药已达300多种，不仅解决了临床上的急需，而且产生了较好的经济效益；药品品种整顿、药品标准制定、药品不良反应监测等工作的开展，有效地发挥了对药品安全有效的保障作用。

会议还表彰了5年来在贯彻实施药品管理法工作中，做出显著贡献的282个先进集体和486名先进工作者。

（张景保）

【国家药品监督员检查药厂执行GMP情况】

1990年4月，卫生部组织国家药品监督员对部分药厂执行优良生产质量管理规范（GMP）情况进行了检查。国家药品监督员赴20个省、市检查了47家药厂，验收了10个军队血液制品生产单位，另外对9家药厂作了调查。1990年7月7～9日在北京召开了检查汇报会议。卫生部药政局、中国药品生物制品检定所领导听取了汇报。

通过检查对国内药厂取得的成绩，各企业推行GMP的情况和当前存在的问题，各省核发"三证"的情况等都获得了第一手资料，为我国制定推行GMP计划提供了客观依据。监督检查工作的开展标志着我国的监督保证体系正在发挥作用。卫生部药政局对这次活动及取得的成果予以肯定。

会议认为，今后应加强以下几点工作。①各省应将1989年7月1日后新建的药厂（含合资厂）报卫生部药政局，经国家药品监督员检查后，各地才可发给《药品生产企业许可证》。②抓紧《药品生产质量管理规范实施细则》、《GMP检查要点》的起草工作。③对于企业执行GMP，各部门应在职权范围内给予支持，拟定奖励政策，保护企业利益，推动GMP在全国范围内的实现。④加强对卫生部药品监督办公室的组织建设和业务建设。

（唐秋瑾）

【药品质量监督管理信息系统投入运行】

由卫生部药政局下达任务，中国药品生物制品检定所组织协作，有北京、上海、天津、青海、贵州、武汉、大连等省、市药品检验所参加研制的全国药品质量监督管理信息系统于1990年1月投入运行。

药品质量监督管理信息系统是国内、外首家直接应用于药品质量监督管理、药品检验、标准管理和部门管理的规模大和结构复杂的微计算机网络信息系统，该系统采用系统工程原理和规范，设计严密，结构合理，文档齐全，运行可靠，具有很强的系统可维护性和可扩充性。

该系统的运行，形成了以中国药品生物制品检定所为中心，各省、市和计划单列市药品检验所为工作站的计算机网络系统。它对在全国范围内跟踪进口和国内药品质量，分析药品质量动态以及为卫生行政部门对药品监督管理决策提供重要数据。同时，它对了解全国药政、药检机构和队伍的基本情况，提高各省、市药检所业务管理规范化、科学化的水平起到了积极的作用。

（徐晓东）

【临床药学工作】

1990年卫生部临床药学试点单位已增至15个。这些试点单位每年轮流承办临床药学学术和经验交流会议。通过交流，不仅提高了合理用药水平，提高了医疗质量，同时也提高了药学人员在医院工作中的地位及自身素质。临床药学工作已从过去调查、分析处方开始，逐渐形成以下几方面工作：①深入临床对治疗药物进行血药浓度的常规监测，参加会诊、抢救，与医生商讨用药方案。②建立药学情报资料机构，实现医、药信息交流，开展咨询服务。③开展药物不良反应监察报告，进行专题学术讨论，交流用药经验，提高用药水平。④结合临床开展药学研究工作和人材的培训和合理使用。

（李之鑫）

【卫生部建立第3批临床药理基地】

为了提高我国新药临床研究水平和促进临床药理学的发展，卫生部于1990年7月2日发出通知，确定组建第三批部属临床药理基地（表1），并增加部分原有基地所承担的任务（表2，另参见本书1989卷第281页）。临床药理基地的基本任务是：①负责进行新药临床药理研究（即新药Ⅰ、Ⅱ、Ⅲ期临床试验与临床验证）；②对已生产的药物进行临床再评价；③负责起草各类药物的临床试验指标和评价原则；④指导临床合理用药，开展药物不良反应监测，提高药物治疗水平；⑤对进行新药临床研究的医生进行临床药理专业知识培训；⑥开展临床药理专业咨询和信息情报交流；⑦承担卫生部及卫生厅（局）交办的临时任务。

（傅俊一）

表1 第三批卫生部临床药理基地名单及其任务

单位	承担任务
中国医学科学院皮肤病研究所	皮肤病药
北京安定医院	精神药品、药物依赖性研究
中日友好医院	心血管药、内分泌药、肾脏病用药、老年病用药、抗炎免疫药、抗肿瘤药
北京天坛医院	耳神经科用药
上海市静安区中心医院	药物代谢研究、抗肝炎药、抗菌药物、泌尿系统药物
大连医学院	心血管药、抗肿瘤药、药物代谢研究
哈尔滨医科大学	心血管药、呼吸系统药、抗衰老药
解放军总医院	心血管药、消化系统药、抗菌药物、抗肿瘤药、老年病用药
北京宣武医院	脑神经药物

表2 部分原有临床药理基地新增加的任务

单位	承担任务
北京医科大学附属第一医院、第三医院、人民医院	妇产科及计划生育药物、神经系统药物、消化系统药物、肾脏病用药、麻醉用药、泌尿外科用药、血液病药
华西医科大学	口腔疾病用药、妇产科药物
同济医科大学	呼吸系统药物、消化系统药物、皮肤病药
中国医学科学院协和医院	放射性药物、血液病药、胃肠外营养药
军事医学科学院附属307医院	镇痛病

【颁布《中国医院制剂规范》】

1990年6月12日，卫生部颁布了《中国医院制剂规范》，并规定从1990年10月1日起执行。

医院配制药物制剂，是各级医疗单位保障临床用药及时供应的一个重要手段。我国的药品生产虽有很大发展，但制剂品种并不充足，有许多品种满足不了临床需要，尤其是那些特殊品种和特殊规格的制剂，用量不大而品种又多样的药物制剂，工厂生产受到一定限制。因此，医疗单位根据医院用药的特点，配制一些特殊需要的药物制剂，是现阶段我国各级医疗单位一项不可缺少的任务。

根据《中华人民共和国药品管理法》的要求，医院配制的药物制剂必须既保证质量，又适应临床需要。为确保人民用药安全有效，使医院制剂生产有规范，检查有标准，并不断提高医院药剂人员的技术水平，卫生部药政局自1988年开始，先后从全国各省、自治区、直辖市和各有关部门筛选出临床常用的医院制剂品种，并组织有经验的医药学专家撰写成《中国医院制剂规范》。该书分为25章，收编了200个制剂品种，由正文和附录两个部分组成。正文中对每个品种分别列有处方、制法、鉴别、含量、标准与测定、作用与用途、用法与用量、规格、贮藏及注意事项等。附录中介绍了常用仪器和检查方法以及药物制剂临床使用的有关知识等。

（孙承芝）

【1990年生物制品生产和质量情况】

卫生部各生物制品研究所在中国生物制品总公司的组织下，超额完成了1990年生产计划，产品质量有所提高，保证了预防制品和计划免疫制品的需要。各所共完成工业总产值36 725万元，比计划增长20.05%。

主要产品完成计划如下：麻疹疫苗完成13 045万人份，比计划增长6.29%；小儿麻痹糖丸完成20 000万人份，比计划增长26.58%；卡介苗完成13 594万人份，比计划增长18.93%；百白破混合制剂完成9 229万人份，比计划增长2.25%；狂犬病疫苗完成421万人份，比计划增长102%，基本上满足了国内的需要；血液制品类中的白蛋白完成4 260公斤，丙种球蛋白完成480万支，比1989年均有所增长；冻干人血浆完成87万瓶，与1989年持平；乙型肝炎血源疫苗（以10微克计）完成775万人份，满足了供需合同计划。

上述主要生物制品的质量均保持稳定并较1989年度有所提高。各所产品的成品合格率均在98%以上。中国药品生物制品检定所对各所产品的抽样检验合格率除个别产品外均达到了较高的水平。中国药品生物制品检定所报告：冻干麻疹活疫苗，按WHO的规程要求，基础滴度合格率为99.2%（119/120）；使用单位（防疫站）返检基础滴度合格率为98.4%（64/65）；疫苗热稳定性合格率为91.7%（110/120）。脊髓灰质炎疫苗（小儿麻痹疫苗糖丸），液体剂型疫苗滴度和热稳定性100%（54/54）达到了WHO的规程标准；糖丸剂型基础滴度100%（139/139），达到我国规程标准（接近WHO规程，稍低），但其热稳定性较差，需创造条件，全部改换为液体剂型。冰干卡介苗，活菌计数100%（115/115）合格，热稳定性和效力指标合格率，由于各所生产用菌株不同等原因存在明显差异，以上海所产品最优。百白破混合制剂（DPT），其中白喉、破伤风类毒素质量早已超过国际水平，百日咳菌苗修订后的我国规程也达到了WHO标准，效力指标合格率为88.9%（16/18），毒性检验也较低。乙型肝炎血源疫苗，我国规程与WHO规程是一致的，各项指标均达到了规程的要求（47/47）。乙型脑炎灭活疫苗，效力指标合格率为90%，并应当指出我国地鼠肾乙脑灭活疫苗安全性是好的，但其抗原含量和接种后的人群抗体阳转率较日本的纯化浓缩鼠脑乙型脑炎灭活疫苗的抗原含量、抗体阳转率较低。乙型脑炎减毒活疫苗质量情况明显优于灭活疫苗。A群流脑多糖菌苗，除⅓的菌苗磷含量达到我国规程标准而稍低于WHO标准外，其余均达到了WHO的标准。钩端螺旋体菌苗的质量也全面达到并超过了现行规程的标准。

（曹连之　阎介正　赵宝明）

【中国药品生物制品检定所成立40周年】

中国药品生物制品检定所（以下简称"检定所"）现有800余名职工，34个业务科室，万元以上仪器设备300余台(套)，是学科齐全综合性强的国家药品生物制品质量检验法定机构。

检定所负责药品生物制品的国家检定和仲裁检定，包括制定全国药品生物制品抽验计划，复验各地方药检所的抽验结果，发布药品质量公报。仅进口药品检验一项，1987～1990年就为国家挽回经济损失达4 183万美元。40年来，检定所参与了5版中国药典和部颁标准的起草、拟定、修订和技术复核，制订和修订了生物制品检定规程。同时，负责国家标准品、菌种、毒种的制备和分发，每年向全国生产、科研和教学单位分发标准品379种17万余支。该所的医用细菌保藏中心，库存标准菌种4 000余株，每年对外分发菌、毒种5 000～6 000余支。在实验动物方面，检定所是卫生部医学实验动物质量检定中心，负责实验动物质量的检测工作。近年来已对全国22个省的100多个单位的9 000余只动物进行了抽检。

中国药品生物制品检定所重视结合标准规格和标准品检定新技术和新方法开展科学研究。自改革开放以来，共发表论文1 392篇，获省、部级以上科研成果奖103项，其中国家级成果奖7项，1990年科研课题“乙型脑炎弱毒株的筛选和疫苗的制备”获国家科技进步一等奖。为推广检定新技术、新方法，每年检定所对外办培训班10多期，已为全国各地培训技术人员3万余名。同时，初步建立了药品质量情报网络信息系统，已建立5个系统，17个子系统，82个基本数据库，可以及时向有关部门提供药品质量情报。并建立了药品不良反应的监测中心。40年来，该所在药品生物制品质量检定工作中发挥了重要作用。现已被世界卫生组织指定为“世界卫生组织药品质量保证中心”、“国家肝炎中心”及“国家抗生素细菌耐药监测中心”。

1990年11月9日，中国药品生物制品检定所举行了建所40周年庆祝活动。

（肖磊　田颂九）

【上海生物制品研究所血液制剂生产线建成】

国家“七五”重点卫生项目——上海生物制品研究所血液制剂生产线于1990年11月中旬建成。这是我国生物制品生产历史上投资最多，规模最大，设备、生产技术达到80年代国际先进水平的重大技改项目。

该项目总投资1.35亿元，其中外汇1 740万美元。设计能力为年投产健康人血浆30万立升，生产人血白蛋白7 500公斤，人血丙种球蛋白1 350公斤，因子Ⅷ浓制剂6 000万国际单位。它采用低温乙醇法生产工艺，即在低温条件下，用不同浓度乙醇把血浆中各种不同血浆蛋白分离成5大组成份，经过精制提纯可生产10多种血液制品。整个工艺过程采用自动控制和电脑管理。该生产线生产能力大，产品质量稳定安全，综合利用率高。该项目生产设施条件基本符合GMP（优良生产质量管理规范），产品质量符合世界卫生组织标准，并在我国首家开展了用该所生产的试剂对献血员进行艾滋病检测，有效地保证了血源和制品的质量。项目投产后，将对甲型肝炎及一些传染病的预防，烧伤、腹水、癌症的治疗，临床抢救危急病人等产生重大的社会效益。这条生产线的建成，对我国血液制品供应紧张状况将起到很大的缓解作用。

生产线的工艺设计由日本脏器制药株式会社负责，工艺设备由国外引进，辅助设备由国内配套，上海民用设计院负责建筑设计，江苏省工业设备安装公司、南通第二建筑公司承担工程施工任务。

生产线包括生产主楼及35KV总配电站、酒精回收系统、污水处理站等12个单体。主楼生产区采取封闭式，人工照明、机械通风的设计，净化面积达1 765平方米，净化级别分10万级、1万级、1000级、100级4个级别，根据工艺要求，还配有1 400平方米的冷库及低温工作室，中央控制室配有80年代先进的电脑设备，对整个生产过程进行自动控制。为确保安全，还装有消防自动报警装置，层间指示装置，嗅敏报警装置。

（曹连之）

【卫生部北京、长春生物制品研究所晋升为国家二级企业】

1988年以来，卫生部所属各生物制品研究所积极开展了“抓管理、上等级、全面提高企业素质”的企业上等级活动。为了加强企业升级工作的领导，1988年8月卫生部发布了《卫生部生物制品工业企业升级规划及国家级生物制品工业企业标准》等有关文件，成立了卫生部生物制品工业企业升级领导小组及办公室。

根据国务院企业管理指导委员会《关于1989年审定国家级企业的意见》的精神，

卫生部于1990年组织了考核验收组，按照“卫生部生物制品企业国家一、二级企业标准”，与当地企业管理部门共同对申报国家级企业的生物制品研究所进行了验收。经过审评验收，卫生部北京、长春生物制品研究所各项考核指标达到了生物制品工业企业国家二级企业标准，经报请国务院企业管理指导委员会核准，卫生部正式授予卫生部北京、长春生物制品研究所国家二级企业称号。

（刘景起）

【《关于印发〈放射性药品使用许可证〉申请表和许可证申领办法的通知》下发】

根据《放射性药品管理办法》中应当根据医疗单位核医疗技术人员的水平、设备条件，核发相应等级的《放射性药品使用许可证》，无许可证的医疗单位不得临床使用放射性药品的规定，1990年11月，卫生部、公安部、国家环境保护局联合发出了《关于印发〈放射性药品使用许可证〉申请表和许可证申领办法的通知》。通知规定：发证工作由各省、自治区、直辖市卫生厅（局）、环境保护局组织实施。部队所属医疗单位核医学科（室）的检查验收、发证工作，由总后卫生部、武警部队后勤部各自组织系统内有关部门实施。颁发许可证后，由发证部门向当地省级公安、卫生机关备案；核发许可证要严格按《放射性药品管理办法》的规定和核发许可证的申领办法执行；核发许可证工作于1991年6月底前结束。

许可证申请领取办法共3条15款。主要内容：①医疗单位使用放射性药品的许可证分为3类，第1类为《使用一般放射性药品许可证》；第2类为《使用放射性核素发生器及药盒许可证》；第3类为《配制、研制、使用放射性新药许可证》。②领取条件：上述3类许可证中，对第3类许可证的人员素质、场所、设备条件的要求最高，第2类次之，第1类最低。这是由各类医疗单位的核医学科使用哪类放射性药品所决定的。③管理制度共有6款：放射性药品使用、保管制度；废物处理制度；质量检查制度；药品不良反应处理和登记制度；仪器设备使用、管理制度；新药临床使用批准制度。

（王志清）

【加强中成药品种整顿工作】

卫生部于1983年着手中成药品种整顿的汇总整理工作，1986年全面展开了中成药品种的整顿，到1990年为止，这项工作已初见成效。

一、基本概况 1983年至1987年底，卫生部先后从各省、自治区、直辖市卫生行政部门收集到中成药地方标准22 000余个，经过核对、分类、汇总、整理出31个剂型，8 488个品种。其中，同名异方的品种为2 100种，疗效确切、组方合理的品种为3 000种左右，组方不合理、疗效不确切的品种为1 000种左右，以地方区域性使用的品种为1 500种左右，保密品种为500种左右。

二、整顿情况 1985年～1989年12月，卫生部先后组织5次有近200余位全国中医药知名专家，約500人次参加的专题审评会议，对8 000余个中成药品种进行了医学审查和疗效再评价。根据审查结果，现已提出2 500 余个品种可推荐作为部颁标准，卫生部将组织各地药品生物制品检定所抓紧对这些品种进行药学审查，尽快颁布实施。到目前为止，已经颁布了第一批170种中成药部颁标准，解决了253个混乱品种的问题。同时，对各省、自治区、直辖市卫生行政部门审评认为组方不合理、疗效不确切或者是多年不生产的品种提出了撤销品种或撤销批准文号的处理意见。根据各地整顿情况，卫生部于1989年6月发布了《关于撤销红升丹等768种中成药地方标准的通知》。中成药整顿工作初见成效。

三、需要重点解决的几个问题

1. 解决品种混乱的问题：据统计，中成药同名异方、同方异名、品种混乱的品种有

3 098 个，其中一名一方的品种仅有 901 个，重复和混乱的品种有 2 100 个。这些品种基本上是中医临床常用品种，为不影响中医用药效果，在整顿中要彻底解决这部分品种的混乱问题。

2．解决名不符实的问题。有不少用贵重药材命名的成方，由于贵重药材紧缺而改变处方，但方名仍未改，如“犀羚散”中无犀角；“虎骨酒”中无虎骨等，还有个别中药复方制剂中仅添加少量阿斯匹林、维生素C等就冠以“速效”、“强力”等商品名，以迎合消费者心理，招揽生意。对这些名不符实、欺骗群众的问题要予以纠正。

3．纠正组方不合理、临床疗效不确切的问题：据统计，这些品种在整个中成药品种中占有相当的比例，它们不但没有临床使用的价值，而且还大量充斥医药市场，以次充好，消耗有限的中药原材料，造成一些中药材的市场紧缺，对这类品种，将在整顿中予以彻底的清理。

4．解决标准化管理的问题：目前还有相当一部分中成药和以地方习用药材为主，生产加工的中成药，由于缺少必要的药材和成药的质控标准，致使一些品种无法进行质量控制。因此，需要在以后的工作中尽快解决标准提高的问题。

四、对今后中成药整顿工作的几点意见

1．对治疗性中成药在 1996 年以后将全部实行国家药品标准系列的做法（不包括滋补保健类药品），在 1996 年以后，对那些没有被收载为国家药品系列的中成药地方标准，将由各地卫生行政部门予以撤销。不准继续生产。

2．根据全国中成药品种整顿医学审查的实际情况，争取在 1990 年～1991 年完成 2 500 种中成药药学审查、制定标准和中药材标准化的任务，并将标准颁布执行。

3．根据中医专家医学审查的结果，拟将组方不合理，临床疗效不确切的 1 000 余个准备撤销的品种下发征求意见后，由卫生部予以发布撤销；对各地不同意撤销的品种和部颁标准未予考虑收载的品种，请各地卫生行政部门责成有关企业按“关于中成药申报复审的有关要求”于 1991 年 5 月底前汇总上报卫生部，统一组织复审。

4．为了防止中成药品种出现新的混乱，今后对中成药品种一律实行“一名一方”的原则，凡现版中国药典、卫生部部颁药品标准发布执行的，各地方标准一律向国家标准看齐。

5．根据中药管理工作的需要，卫生部将尽快考虑中药保密和保护的有关政策，解决好维护国家利益和保护企业经济利益的问题。

（韩白石）

【中国药品生物制品检定所中药标本馆揭幕】

中国药品生物制品检定所中药标本馆于 1990 年 10 月 9 日在京揭幕。

标本馆占地约 1 000 平方米，分为展览厅、阅览廊、标本库、普通实验室、显微镜实验室、切片实验室、计算机房、药圃等，馆内保存有药材标本近 4 万件、植物标本 2 万余件，这些标本是中国药品生物制品检定所 1953 年成立中药室后，经过历年的中药检定、科研、标准制定、多次的全国中药普查，以及编著《中药材手册》、《中药鉴别手册》等项工作积累起来的，其中既有起草中国药典标准标本、地道药材标本、地区习惯药材标本、民族药和民间药的标本，也有伪劣药材标本，内容丰富，是极为珍贵的中药实物档案。

（张继　田颂九）

【加强药用培植牛黄工作】

长期以来，我国牛黄资源紧缺，难已满足临床医疗需要。为解决资源问题，70 年代用人工方法在牛胆囊里埋植异物，成功地获得了“培植牛黄”。近年来，云南、内蒙、陕西、广东、山西、河南、北京等省（市）的药材生产、科研部门在培植牛黄的形成机理、致黄因子（黄床研制、菌种筛选等）及药化、药理、质量检测等方面做了大量研究工作，证实培植牛黄与天然牛黄含有相同的各类胆汁酸、氨基酸、微量元素和挥发性成份；对不同溶媒、各种不同层析系统的薄层层析法显示的图谱，培植牛黄与天然牛黄基本相似，无明显差异；胆红素含量有的已趋近于天然牛黄。实验表明，培植牛黄的胆红素含量越接近于天然牛黄，则其它成份如氨基酸、微量元素等也就越接近于天然牛黄，因此胆红素含量的高低是培植牛黄质量的重要评价指标，这与传统评价牛黄质量优劣的经验是一致的；培植牛黄与天然牛黄具有相同的镇静、抗惊厥、解热、降温、强心、降压等药理作用，而且毒性很低。

为使培植牛黄早日应用于临床，卫生部召开了药用培植牛黄审评会。与会中医药专家及部分省(区)药政、药检人员对7省10个单位申报的培植牛黄资料进行了全面审评，认为培植牛黄内在质量与天然牛黄基本相同，可供药用。其质量标准（包括性状、鉴别、检查、含量测定及游离胆红素限度检查等项目)，现已由卫生部颁布执行。

为加强对培植牛黄的管理，防止盲目发展，确保培植牛黄质量，卫生部下达了培植牛黄的暂行管理办法。为保证临床疗效，在标准项下都相同的情况下，胆红素含量在35%以上（含35%）的，可与天然牛黄同等药用；胆红素含量在18～35%之间的，只供非急救中成药配方用；胆红素含量在18%以下的，不准供药用；培植牛黄的生产加工单位和部门必须具有相适应的技术人员，良好的生产加工场所、设备和卫生环境，能够控制药用质量的生产加工工艺和方法；生产加工培植牛黄的单位和部门，必须按照《药品管理法》及《新药审批办法》的要求，按程序报批，经卫生部审查批准，发给新药证书和生产批准文号，由所在省、自治区、直辖市卫生厅（局）检查验收发给许可证，方可进行药用生产加工；为防止假冒，包装上必须注明品名、日期、生产加工单位、批准文号，并标明胆红素含量及质量合格标志；严格执行培植牛黄部颁标准（WS_2-C_2-0001-90试行），严禁任何人，以任何方式掺入游离胆红素或其它物质进行伪造，一经发现，按假药论处。

（杨拾宁　董润生）

【安徽、河南等地查处制售假药违法犯罪分子情况】

为贯彻国务委员李铁映关于“严肃查处制售假药的违法犯罪活动”的指示精神，卫生部会同公安部、国家医药管理局组成查处假药工作组，于1990年6月和8月分别到安徽省阜阳地区和河南省周口地区查处制售假药活动。

1985年以来，安徽省阜阳地区部分乡镇的一些违法犯罪分子，先将淘汰药品和自制假药掺入真药中销售，继而发展成大量自制自售假药，牟取暴利。安徽、河南两省交界地区的部分区乡的一些违法犯罪分子，利用隐蔽地点，以黄泥土、白乳胶、滑石粉、淀粉等为原料，大量压制假药片剂，以兽用针剂假冒人用针剂，以低档针剂假冒高档针剂，销售到部分地区的基层用药单位，严重地威胁着人民的生命安全。

当地卫生行政部门采取措施，并依照《药品管理法》对上述活动进行了查处。同时，分别向当地党、政领导做了专题汇报。安徽省委书记就阜阳地区违法犯罪分子制售假药问题作出指示，阜阳地区行署根据指示精神成立了由副专员任组长的打击“三假”领导小组，并设立由政法委书记任主任的办公室；河南省周口地区行署就周口地区不法分子制售假药事件做出指示，沈邱县委、县政府、县人大、县政协根据指示精神提出了“32字方针”，成立了“打假办公室”。两地区均由政府牵头，组成由卫生、医药、公安、工商、司法等部门参加的工作组下到乡村，开展专项斗争。

至 1990 年 6 月，安徽省阜阳地区和河南省周口地区共查处假药案件 398 起，拘留审查 328 人，判刑 64 人、捣毁地下药厂 70 个；查获假药片剂 11 890 公斤、假药原料 18 980 公斤、假药针剂（假青霉素、假庆大霉素、假洁霉素）共 93.1 万余支，假阿胶 4 298 公斤，假药商标 27 万余张，收缴压片机 58 台，压盖机、酒精灯、打号机、打包机等 91 件，从而震慑了犯罪分子，基本刹住了制售假药的歪风。

查处假药工作组肯定了当地查处工作取得的成绩，指出了尚需加强的工作。当地政府认真听取工作组的意见，狠抓大案要案的突破工作，取得成效。周口地区的 6 个大案要案均取得了突破性进展，部分案件已结案。

（刘　晋）

药品与医疗器械

【医药行业当前产业政策】

为了保持医药行业持续、稳定、协调发展，根据《国务院关于当前产业政策要点的决定》精神，国家医药管理局于 1990 年 3 月正式颁布了《医药行业当前产业政策与实施办法》。该办法的主要内容如下：

产业组织政策　医药工业属于资金与技术密集型产业，企业规模总体上逐渐向大型发展，因此凡生产大宗医药原料药的企业，资源综合利用度高的产品如抗生素、解热镇痛药、维生素、葡萄糖以及药用包装材料、容器、高精尖机电仪一体化医疗器械、医药成套设备的发展，国家给予重点支持；积极支持达到最佳经济效益的项目上马，坚决反对低水平小规模重复建设；鼓励支持医药企业跨地区、跨部门的横向经济联合、兼并，组建和发展大型企业集团。

地区布局政策　地区布局是产业结构调整的着落点。根据医药产品品种多、批量小、技术水平要求高、国际化趋势显著、对其他产业依赖性强等特点，要打破各地区产业结构趋同的格局，反对盲目追求地区自成体系和医药产品的自给率，要充分发挥各地区优势，形成若干个专业化的医药工业发展区域。在资源丰富，水、电、气及化工原料配套条件好，农业发达，商品粮占比重高的地区，应以发展化学原料药特别是出口或替代进口原料药为主。对当前的一些热点产品将根据各地区的优势，逐步调整布局和结构。

医疗器械的布局受整体机电水平、地区协作配套能力及技术基础诸方面的影响较大，对B型超声仪、监护仪、麻醉机等热点产品重点在京、津、沪以及江苏、广东、武汉、青岛等地按合理规模布局。

药用包装材料、容器的发展、受原材料供应、交通运输、水针剂的分布、生产能力现状以及技术水平等的影响较大，热点产品易折曲颈安瓿的布局采取安瓿拉管生产线布点相对集中（沿京广线和长江成十字型）、制瓶生产相对分散的原则进行。

技术政策　技术进步是医药产业结构高级化的动力和核心。技术政策的目标是以消化、吸收、创新、引进技术为突破口，以技术改造为手段，使主要医药产品的技术和装备达到国际七八十年代的先进水平。化学原料药重点发展生物工程技术，鼓励采用高产菌种、高效酶，发展催化（包括光催化）反应技术，推广节能、节粮、减少环境污染的新工艺。药物制剂努力开发新剂型，增加透皮、定向、缓释、喷雾等剂型、运用新工艺、新辅料、新型药用包装材料、容器，逐步推行GMP（优良生产质量管理规范）。

医疗器械工业重点发展高、精、尖机电仪一体化产品，采用推广数控、数显加工、真空热处理、表面处理、保护焊、无氰电镀及喷塑等技术；医用分析诊断仪器重点发展微机处理、微机控制技术。

进出口政策 医药行业作为国际化产业，促进医药产品进出口贸易的持续稳定增长是进出口政策的目标所在，要逐步建立健全医药产品出口许可证制度，对出口创汇实行统一管理、联合对外；以优质产品巩固已占领的国际市场，采取适当方式协调出口价格，反对因多途出口造成的竞相降价，肥水外流；努力进行市场调研，开辟拉美、苏联、东欧、中东等新的出口市场；对现有出口优势产品继续采取一系列的鼓励政策，如：对出口换汇好的项目给予优先贷款或低利率贷款，对为了出口而进口的原料药中间体、电子原器件和配件以及为技术改造而引进的先进适用技术设备实行减免关税政策；对替代进口的医疗器械等产品要在关税上实行保护措施。在国家经济开放的前沿地带、多搞合资、独资企业，大量吸收外资，搞工贸结合、技贸结合、来料加工等多种形式的合作，促进医药深加工医药产品和高、精、尖机电仪一体化医疗器械的出口。与此同时，要重点限制国内已能大批量生产或已有替代产品且能满足市场需要的化学药品和医疗器械及制药机械、包装机械的盲目进口。

（汪彦斌）

【《关于严格执行医药商业批发价格的通知》下发】

国家医药管理局、国家物价局于1990年7月2日联合发出《关于严格执行医药商业批发价格的通知》。《通知》指出，近年来，医药市场和价格出现一些混乱，部分医药工商企业没有严格按不同对象分别作价。工业企业之间、工商企业之间低价竞销较为普遍。少数工业企业甚至低于出厂价格直接销售给医疗单位，而零售价格并未相应降低，病患者没有得到好处，致使商业企业无法经营，工商企业利润大幅度下降，国家财政收入流失严重。

为了发挥医药商业在流通中的“蓄水池”和主渠道作用，建立正常、有序的市场流通秩序，杜绝国家财政收入的流失，特重申，医药工商企业对医疗单位和零售单位经销产品，必须严格执行国家规定的批发价格、不得随意降低。

（徐若知）

【医药系统工商企业开展清理“三角债”工作】

根据国务院关于在全国范围内开展清理“三角债”的通知和全国清理“三角债”电话会议精神，国家医药管理局成立了清理“三角债”领导小组，在医药行业内配合地方政府，有组织、有计划地开展清理“三角债”的工作，并与中国工商银行联合发出了《关于进一步做好医药系统工商企业清理“三角债”工作的通知》。要求各级医药主管部门要积极配合有关部门，本着“企业主动收款，银行协助清理，多方筹集资金，结合商业票据”的原则，制订行之有效的办法，保证医药系统清欠工作的顺利进行。

通过对27户医药工商重点企业的调查统计，人欠总额98 865万元，欠人总额52 049万元，人欠与欠人额相抵后，人欠净额为46 816万元。其中13户工业企业人欠37 256万元，欠人20 071万元，人欠与欠人相抵后，人欠净额17 185万元，14户医药商业一二级企业人欠61 609万元，欠人31 978万元，人欠与欠人相抵后，人欠净额为29 631万元。

清理“三角债”工作进展缓慢，发展很不平衡。6个医药、化学试剂一级站由于调拨业务面向全国，他们参加了所在省、市和大区的清欠，人欠41 709万元，只清理收回

227 万元，占人欠总额的 0.54%，欠人 18 280 万元，清欠付出 4 814 万元，占欠人总额的 26.33%；8 个医药商业二级企业人欠总额 19 900 万元，通过清欠收回 1 362 万元，占人欠 6.84%，欠人总额 13 698 万元，清欠付出 2 145 万元，占欠人总额的 15.66%。

（徐若知）

【全国医药经济理论研究工作】

国家医药管理局于 1990 年 3 月在深圳召开了第一次全国医药经济理论研讨会。会前，国家医药管理局部署了医药经济理论研究工作，各地对社会主义医药事业的性质与特点、医药计划经济与市场调节以及宏观调控与开放搞活的关系进行了研究，取得了一批成果。会议收到论文 78 篇，经过全国医药经济理论优秀论文评选委员会的评选，评出优秀论文 7 篇，表扬论文 8 篇。会上，国家医药管理局副局长金同珍作了题为“把医药经济理论研究工作推向新阶段”的工作报告。他简要分析了医药经济理论研究的现状，阐述了医药经济理论研究的重要性、迫切性，提出了医药经济理论研究的主要任务、重点以及加强医药经济理论研究工作的措施。会后，编辑了《医药经济论文选》，于 1990 年 12 月正式出版。

医药经济理论是软科学研究的主要内容之一。国家医药管理局为了加强软科学研究的组织管理工作，于 1990 年 11 月转发了《国家科委软科学研究计划管理办法》，成立了全国医药行业软科学研究指导小组，明确国家医药管理局政策法规司是全国医药行业软科学研究工作的归口管理部门，要求各地也要明确地区医药软科学研究的归口管理部门，以引导和推动医药软科学研究工作的健康发展。

（刘永久）

【调整医药工业生产指令性计划品种】

1990 年 9 月 20 日，国家计划委员会批复，同意国家医药管理局关于调整化学医药原料药指令性计划品种的请示报告，从 1991 年起调整。

调整品种　调减品种：结晶磺胺、磷酸哌嗪共 2 个。调增品种：头孢 4 号、头孢 5 号、吡哌酸、氟哌酸、异烟肼、甲苯咪唑、蒿甲醚共 7 个。增减相抵后指令性计划品种由 30 个增加到 35 个。

调整产量　调减年产量共计 350 吨，其中出口 150 吨。调增年产量共计 700 吨，其中出口 200 吨。增减相抵，年产量净增 350 吨，其中年出口净增 50 吨。

品种调整理由　调减品种主要是用途窄，产量小，疗效一般，出口量少。调增品种一般为临床疗效较好，用途较广，属常用必备药，市场紧缺，出口创汇较多，有发展前途，多为医药“八五”规划中重点发展的品种。

调整后的 35 个指令性计划品种产量约占国家计划任务的 60% 以上，出口数量约占出口总量的 66% 以上。

（石　珍）

【全国医药行业企业管理获奖单位】

1990 年度全国医药行业企业管理优秀奖获奖单位：西南合成制药厂、沈阳第一制药厂、福州抗菌素厂、上海第六制药厂、江苏昆山制药厂、吉林市制药厂、广州医药采购供应站、无锡医药采购供应站、天津市医药公司、上海医用光学仪器厂。

（郑国辰）

化学医药工业

【1990 年化学药生产情况】

1990 年化学医药工业总产值计划 216 亿元，实际完成 237.1 亿元，完成年计划 110%，比 1989 年上升 16%。24 大类品种计划产量 74 729 吨，实际完成 8.4 万吨，为年计划的 112.8%，比 1989 年上升 5%。30 个国家任务品种计划 41 315 吨，实际完成 5.8 万吨，为年计划的 140.38%，为1989 年的 119.08%。

、 出口形势较好，供应出口量达到 2.92 万吨，比 1989 年上升 32%以上，计划品种供出口金额达 30.9 亿元，比 1989 年上升 16%。

80 个重点企业经济效益指标好于 1989 年的有工业总产值，比 1989 年提高 7.87 %、销售收入比 1989 年上升 5.76%、主要产品优质品率比 1989 年提高 2.68 个百分点，主要工业产品原材料、燃料、动力消耗比上年降低 9.08%，万元产值综合能耗比 1989 年下降 6.49%，全员劳动生产率比 1989 年提高了 5.02%，但经济效益下降幅度较大，实现利税比 1989 年下降 32.79%，定额流动资金周转天数及加速率减慢 11.47%，产成品占用资金比 1989 年增加 17.15%，出现 13 个亏损企业，职工因公死亡 3 人。

1990 年重点企业实现利税居全国前 10 位的是：华北制药厂、东北制药总厂、山东新华制药厂、广州白云山制药总厂、西南合成制药厂、北京制药厂、四川长征制药厂、哈尔滨制药厂、福州抗菌素厂、上海信谊药厂。

1990 年为黑龙江省出血热，沈阳市流行性感冒，甘肃、青海省地震，福建、山东、江苏、陕西等省的台风、洪水，湖南省冬旱夏涝，内蒙古保畜等疫情、灾情用药，调拨氯霉素、安乃近等 15 种原料药共 50 吨。

（金　鼎）

【6 家中外合资企业经营状况】

至 1990 年，医药行业已建成并投产的主要中外合资企业有中国大塚制药有限公司、华瑞制药有限公司、上海施贵宝制药有限公司、苏州胶囊有限公司、天津史克制药有限公司、西安杨森制药有限公司。这 6 家中外合资企业经营状况良好，产品销路好，资金拖欠少，工业生产总值、销售额、利税总额不仅实现了同步增长，而且比 1989 年同期均有较大幅度的提高。中国大塚制药有限公司，年销售额约 3 600 万元，通过产品返销日本，出口东南亚国家和地区，外汇平衡有余，第 3 期工程片剂车间竣工投产。华瑞制药有限公司年销售额约 5 200 万元，已扭亏为盈，产品打开了市场，脂肪乳可实现进口替代。上海施贵宝制药有限公司年销售额约 1.02 亿元，利润增长超过 1989 年同期销售额的增长，出口创汇增加。苏州胶囊有限公司年销售额约 3 000 万元，产品远销欧美国家，外汇平衡，利润比 1989 年同期增长近 2 倍。天津史克制药有限公司年销售额约 1.3 亿元，利润比 1989 年同期有较大幅度的增加，目前正在筹建二期工程，预计二期工程竣工投产后年创汇可达 1 500 万美元。西安杨森制药有限公司年销售额约 1.89 亿元，是已建成投产的医药合资企业中规模最大的一个，目前公司共生产片剂、胶囊、霜剂、散剂、液剂、栓剂等剂型共 13 个产品。

（侯自豪）

【中国化学制药工业协会工作】

于 1990 年 3 月在珠海和 1990 年 8 月在乌鲁木齐分别召开了中国化学制药工业协会一届三次、一届四次会长会。1990 年 11 月在上海召开了一届五次会长会、一届三次理事会、一届二次会员大会和二届一次理事会、二届一次会员大会。总结了协会成立 2 年多来本着开拓、服务、求实、提高的精神，开创了协会工作局面，奠定了基础，各级领导和广大会员单位给予了充分肯定，会议通过了协会工作报告和协会财务决算、预算报告。在二届一次理事会上，推选中国医药工业公司总经理聂应凯为协会会长，俞观文、陈统辉、王汝霖、赵烽、贺端湜为协会副会长，聘请金同珍为协会名誉会长，胡昭衡、董星五、张思忠为顾问，聘任沈永兴、沈贤姬为正、副秘书长。

组织成立了中国化学制药工业协会输液专业组(1990年1月)和注射剂专业组(1990年6月),经一届四次会长会讨论通过将协会各专业组(协作组)更名为专业委员会、协作委员会和工作委员会。组织召开了有地区性协会、省(市)联络处、专业分会、专业组参加的第一次会议。批准成立协会福建省联络处。协会中外合资企业工作委员会、抗生素、片剂、输液、注射剂、环保专业委员会和统计协作委员会及生化分会、药玻分会组织了形式多样的交流活动。

根据现状和存在问题,写出了"从改善外部环境条件和挖掘内在潜力两方面入手发挥医药大中型企业的骨干作用"、"关于氨基酸输液原料国产化情况的汇报"、"加强宏观调控,严格药品进出口管理"、"关于整顿医药市场有关问题的意见"等调研报告和材料,反映了问题,提出了建议。

(沈贤姬)

【医药工业主要经济指标完成情况】

1990年医药工业全年完成总产值267.63亿元,比上年同期增长16.6%;其中化学药品工业产值237.87亿元,比1989年增长17.2%,医疗器械比1989年增长2.8%,卫生材料增长21.8%,制药机械增长30%。

工业产品主要产品产量中化学原料药计划品种产量完成8.48万吨,比1989年增长5.6%;以万元产值计算的医疗器械产品产量12.40亿元,其中手术器械39 380万件,x光机8 210台。

全国工业企业的亏损面为21.4%,比1989年扩大了13.2个百分点;全国每百元固定资产原值创造的工业总产值,按现行价格计算232元,按不变价格计算211元,比1989年下降了5.8%;超过全国平均水平的有广东、海南、浙江、江苏、上海、黑龙江等10个省、直辖市,其中广东省的341元为最高水平。

每百元固定资产原值创利税20元,比1989年下降了35%;全国创利税最高的是上海市,达到40元,高于全国平均水平的有北京、天津、河北、内蒙古、吉林、上海、山东、广东、云南、青海等10个省、市、自治区。

全国定额流动资金周转一次需125天,比1989年增加12天,资金周转最快的是上海市和江苏省,均为92天。生产每百元产值需占用流动资金57元,占用资金低于平均水平的有天津、河北、辽宁、江苏、安徽、山东、河南、广东等8个省、市。

每百元资金创利税14.93元,比1989年低8.83元;创利税高于全国平均水平的有北京、天津、上海、山东、广东、云南、青海、河北、吉林、四川、新疆等11个省、市、自治区;其中上海市的30.08是全国最高水平。每百元销售收入获利税9.71元,比1989年低4.15元。高于平均水平的有北京、天津、河北、内蒙、吉林、上海、山东、四川、云南、青海、新疆等11个省、市、自治区;其中青海省的20.32元为最高水平。全国每生产百元产值获利税按现行价格计算8.62元,按不变价格计算9.48元,比1989年低4.53元;按不变价格计算的百元产值创利税高于平均水平的有北京、天津、河北、内蒙、上海、云南、青海、新疆、吉林、山东、四川、甘肃等12个省、市、自治区;其中青海省的29.9元为最高水平。

全国医药职工全年人均生产36 882元的总产值,创造10 114元的净产值和3 497元的利税,分别比1989年增长9.4%、5.6%和下降26%;全国的最高水平分别是海南省的92 671元、广东省的19 650元和上海市的8 008元。

全国每生产1万元总产值要消耗能源2.07吨(折标准煤计算),比1989年降低了12%;能耗低于平均水平的有北京、天津、上海、江苏、浙江、广东、海南等7个省、

医药工业主要经济指标分析（一）

地区	企业亏损面（%）	百元固定资产原值实现的工业总产值			百元固定资产原值实现的利税（元）	百元产值占用流动资金（元）		定额流动资金周转速度（天）	资金利税率（%）	产值利税率（%）		
		现价总产值（元）	1990年不变价（元）	1980年不变价（元）		1990年不变价	1980年不变价			现价产值利税率	1990年不变价利税率	1980年不变价利税率
全国总计	21.40	232	247	211	20.04	48.92	57.22	125.4	14.93	8.62	8.11	9.48
北京市	8.77	213	213	183	26.22	70.37	81.91	187.0	17.32	12.29	12.29	14.31
天津市	10.26	257	259	241	38.40	45.11	48.48	109.6	27.35	14.91	14.82	15.93
河北省	15.58	188	205	161	27.02	42.65	54.38	117.7	24.46	14.34	13.17	16.80
山西省	28.30	198	216	194	6.54	65.68	73.19	215.8	4.13	3.30	3.03	3.38
内蒙古自治区	21.43	204	229	121	22.24	80.84	152.50	222.3	13.24	10.89	9.73	18.36
辽宁省	20.99	189	194	170	13.91	42.26	48.44	129.6	11.34	7.37	7.15	8.20
吉林省	18.52	225	228	184	23.84	70.11	86.57	174.3	15.30	10.57	10.47	12.93
黑龙江省	19.23	255	268	256	15.12	55.31	57.90	141.4	10.58	5.94	5.64	5.90
上海市	9.00	292	308	244	40.88	45.71	57.79	92.5	30.08	14.00	13.26	16.77
江苏省	15.58	285	304	277	18.83	38.55	42.34	92.6	14.04	6.62	6.19	6.80
浙江省	16.94	295	336	297	18.82	56.65	64.10	119.1	12.39	6.38	5.60	6.34
安徽省	34.09	243	278	249	4.03	38.61	43.09	107.7	3.27	1.66	1.45	1.62
福建省	25.53	212	220	189	16.74	54.82	63.78	128.6	12.29	7.90	7.59	8.83
江西省	39.53	180	192	155	3.79	47.78	59.14	132.6	3.24	2.10	1.98	2.45
山东省	18.37	224	239	195	25.30	26.15	32.00	101.2	22.38	11.29	10.61	12.98
河南省	26.67	197	221	218	12.25	43.45	44.09	157.5	8.53	6.22	5.54	5.63
湖北省	30.19	225	240	204	10.06	49.78	58.33	138.8	7.85	4.47	4.20	4.92
湖南省	25.33	181	191	148	6.15	58.47	75.61	159.8	4.61	3.40	3.22	4.16
广东省	29.47	362	384	341	30.99	46.64	52.62	108.2	19.25	8.57	8.06	9.09
广西壮族自治区	21.74	255	269	212	19.70	49.78	63.21	139.3	12.90	7.72	7.33	9.31
海南省	30.00	272	281	315	0.82	89.05	79.32	205.9	0.40	0.30	0.29	0.26
四川省	20.00	208	219	185	19.77	49.56	58.60	131.5	15.65	9.50	9.04	10.69
贵州省	33.33	300	318	180	15.49	55.92	98.91	151.5	9.74	5.16	4.88	8.62
云南省	20.69	191	209	155	24.96	60.08	81.06	188.9	17.75	13.03	11.94	16.11
陕西省	25.53	151	160	128	11.84	47.24	59.29	125.3	9.97	7.86	7.40	9.28
甘肃省	15.00	208	211	142	16.18	112.06	166.94	170.5	11.77	7.77	7.65	11.40
青海省	33.33	163	152	108	32.40	353.51	494.28	184.4	23.09	19.89	21.38	29.90
宁夏回族自治区	33.33	128	132	82	4.03	418.11	676.25	200.5	3.46	3.14	3.05	4.93
新疆维吾尔自治区	20.00	109	131	75	19.33	64.50	112.28	197.2	15.38	17.72	14.78	25.73

医药工业主要经济指标分析（二）

地　区	销售利率（%）	成本利税率（%）生产成本利税率	全部成本利税率	全民企业可比产品成本降低率（%）	人均净产值（元/人）	人均利税（元/人）	全员劳动生产率（元/人）1990年不变价	1980年不变价	万元产值综合能耗（折标煤：吨）1990年不变价	1980年不变价
全国总计	9.71	11.22	10.98	0.84	10114	3497	43140	36882	1.77	2.07
北京市	13.63	16.63	16.05	-2.81	10379	4829	39288	33752	1.09	1.27
天津市	15.84	20.27	19.40	-2.68	14646	6171	41633	38732	1.45	1.56
河北省	16.82	20.77	20.46	-3.94	11915	6454	48986	38418	2.37	3.02
山西省	4.13	4.40	4.33	4.41	6053	955	31467	28236	2.34	2.61
内蒙古自治区	12.96	12.25	12.09	3.78	9958	3893	40000	21203	2.90	5.47
辽宁省	8.63	12.51	12.20	0.33	10019	2828	39519	34483	1.98	2.27
吉林省	12.94	15.85	15.18	3.88	9796	3386	32340	26192	1.88	2.32
黑龙江省	7.39	8.27	8.08	7.69	11589	2451	43460	41516	2.38	2.49
上海市	13.77	16.96	16.73	-1.76	15725	8008	60381	47758	1.06	1.34
江苏省	7.07	7.88	7.78	4.23	8914	2779	44896	40874	1.43	1.57
浙江省	7.07	5.72	5.64	4.30	9237	2729	48717	43057	1.12	1.27
安徽省	1.82	1.88	1.86	0.86	5913	665	45821	41047	1.86	2.07
福建省	8.27	8.04	7.91	0.07	8669	2591	34121	29328	2.51	2.92
江西省	2.55	2.72	2.65	2.29	6712	649	32799	26497	3.23	4.00
山东省	13.30	21.54	21.26	-0.28	11296	4587	43236	35339	1.96	2.39
河南省	7.40	9.85	9.63	0.77	6473	1705	30755	30310	2.54	2.58
湖北省	5.28	5.83	5.68	1.80	7148	1347	32067	27369	1.87	2.19
湖南省	3.92	4.29	4.21	-7.34	5701	965	30007	23207	2.36	3.06
广东省	9.71	11.34	10.95	3.69	19650	6999	86822	76959	0.60	0.68
广西壮族自治区	8.29	9.46	9.23	-2.03	8751	2746	37459	29501	1.80	2.28
海南省	0.34	0.26	0.26	-9.55	8891	242	82550	92671	0.34	0.31
四川省	10.58	12.52	12.32	0.14	9453	3843	42516	35954	2.77	3.27
贵州省	6.65	7.18	7.06	-27.50	12363	1919	39359	22250	1.25	2.21
云南省	13.77	16.07	15.44	-5.95	8613	4057	33965	25176	1.76	2.37
陕西省	8.75	10.90	10.38	-0.91	8404	2603	35200	28048	2.49	3.12
甘肃省	9.03	5.28	4.83	2.88	7609	2641	34508	23163	1.73	2.58
青海省	20.32	4.69	4.11	-16.64	8180	6434	30091	21521	2.92	4.08
宁夏回族自治区	3.64	0.56	-0.49	-10.35	5502	1191	39103	24177	3.21	5.20
新疆维吾尔自治区	18.34	21.76	21.37	1.08	11645	6481	43852	25190	3.38	5.88

市；其中广东省和海南省的能耗均不到1吨标准煤。

（黄美珠）

医疗器械工业

【1990年医疗器械工业生产】

1990年医疗器械工业总产值计划为257 584万元，其中医药行业217 203万元，实际完成217 729万元，为年度计划的100.24%，比1989年同期增长7.37%。其中：医疗器械产值累计完成154 646万元，为年度计划167 016万元的93%，比1989年同期增长2%；卫生材料产值累计完成63 083万元，为年度计划50 200万元的126%，比1989年同期增长23%。

全国26个省、自治区、直辖市中完成年度计划的有10个，即天津、河北、内蒙古、吉林、福建、江西、山东、河南、广西和陕西；卫生材料完成年度计划的有北京、天津、山西、辽宁、吉林、上海、山东、河南、湖北、四川、福建、江西等12个省、市。

医疗器械工业主要产品从国家重点考核的两大类产品情况看，手术器械类，年度计划2 621.56万件，实际完成2 240.68万件，为年度计划的85.47%，比1989年同期增长6.94%；医用X线设备类，年度计划12 254台，实际完成8 315台，为年度计划的67.86%，比1989年同期减少13.44%。其它如医用核素设备，全年实际产量55台，比1989年同期增长37.50%；专科手术台、床生产3 952台，比1989年同期增长32.26%。麻醉设备、呼吸设备、口腔综合治疗设备、超声仪器、计划生育手术器械等产品比1989年同期均有不同程度的增长。

（张　筍）

【JD31型全身CT研制成功】

全身CT国产化攻关项目，是列入国家重点支持的引进技术消化吸收计划的项目之一。攻关目标定为：①用两年时间完成国产化攻关样机1台；②样机的国产化率应达到70%以上；③样机必须达到西门子Somaton CR型全身CT产品全部技术指标。经国家医药管理局、机械电子工业部、航空航天部、核工业总公司、上海市经济委员会的协调，组成了攻关组，即：上海医疗器械厂为总调厂，同时承担扫描机架、左机座、右机座、控制台、诊视床5个部件的国产化攻关；上海长江计算机集团公司及所属上海计算机厂、上海计算技术研究所承担主计算机、陈列机及计算机软件的国产化攻关；核工业总公司上海核工业设计研究所、北京核仪器厂承担数据采集系统和氙气电离室的国产化攻关；机械电子工业部南京十四所承担高频高压发生器的国产化攻关；航空航天部六三三研究所承担无暗匣多幅照相机的国产化攻关；航空航天部上海有线电厂承担扫描驱动装置的国产化攻关；上海医疗器械九厂承担CT-X射线管的国产化攻关。

经过2年的努力，1990年5月按原定目标完成了攻关任务，诞生了JD31型全身X射线计算机断层扫描装置，样机经上海医科大学附属华山医院等3家医院200多例临床试用表明，图像质量清晰，性能良好，功能齐全，能满足临床要求。样机经中国上海医疗器械检测中心按沪Q/YYZ-1427-90企业标准规定的各项性能指标及安全要求进行了全性能检测，全部合格，符合标准要求。样机经专家鉴定委员会鉴定认为，JD31型全身CT机，填补了国内空白，达到了80年代中期国际同类产品的先进水平。

（丁金茹）

医药商业

【1990年医药市场】

经过两年多的治理整顿，1990年全国医药市场需求与供应均趋于稳定增长，商品货源充裕，竞争激烈，其主要特点：

医药商品销售稳定增长。药品、医疗器材、化学试剂和玻璃仪器四大类商品，全国商业销售额与1989年比较，1990年增长13.3%：其中药品类增长14.8%，如扣除价格因素，则增长7～8%，接近正常年景的增幅。据统计，工业直接售给医疗单位的药品，1990年为10.7亿元，增长11.5%，占工商销售额的比重为6.6%。据商情调查，本年度各地疫情较平稳，医院门诊住院人次有增有减或增幅不高，但用药水平不断提高，药耗和平均处方值均增长20%左右，特别是新药、合资企业产品、进口药品的使用继续增加，有些品种则成倍增长。据上海医药站对20个进口药品20家市级医院的调查，其应用量的动态，除3种有所减少外，均为增加趋势，增幅最低的达20%以上，成倍增长的有美国的优立新针，德国的胆通胶丸，日本的强力安喘通丸、卡他灵眼药水等7种。

药品货源比较充裕。总的看我国化学药品的生产能力增长过快，与社会医疗需求相比不协调，产大于销，总量失控，结构调整慢，某些供过于求的商品及产成品的占压程度也在加剧。自1989年以来，一些紧俏品种由紧转缓，部分品种甚至变为长线，市场出现让利竞销状态，比如新明磺、氨苄青霉素针、庆大霉素针、异菸肼片等大宗品种，商业库存不断增加。仅是一些专科用药、特种用药、配方用药及小品种，如乙蔗酚、氯丙嗪、复方黄体酮针等货源偏紧。

药品价格相对稳定。当前的价格水平除受价值规律的影响外，同时也随着供求关系的变化而上下波动，这是医药工业总量失衡，产大于销的必然现象。全国药品供应交流会反映，主要的大宗品种如链霉素针、氯霉素片、红霉素片、四环素片、去痛片、利富平片等价格与1989年基本持平。价格回升的有80万单位青霉素钠针、洁霉素针、APC片等；价格回落的有氨苄青霉素针、庆大霉素针、土霉素片、布洛芬等 。

医疗器材市场稳中有升。据统计，医疗器材类全国商业销售额，1989年增长5.4%，1990年增长7.1%。如上海1990年医疗器械品种购销趋势是：中、小型医疗器械为热销，进口器械大为俏销。适销的品种有心脏监护仪、超声诊断仪、生化分析仪、30mA X光机、心电图机、麻醉机、牙科综合治疗台、内窥镜等。消耗性器械有升有降，手术器材商业库存积压。一次性注射器、输液输血器，由于受工厂压价倾销冲击，商业基本退出销售市场。

医药市场整顿初见成效。1990年5月国务院批转国家医药管理局《关于进一步治理整顿医药市场的意见》以来，各地都做了大量工作，撤销了一部分不具备条件的药品经营机构，加强了对国营医药商业的管理，一些地区医药市场秩序初步好转，但各地发展仍不平衡。

医药市场的主要问题是，资金紧缺与“三角债”仍是困扰企业经营的一大难题，商业企业普遍存在费用上升、利润下降的局面，经济效益继续滑坡。

（郭雪超）

【《关于加强麻醉药品、精神药品国内运输管理的通知》下发】

1990年8月13日，国家医药管理局、卫生部、铁道部、公安部联合发出《关于加强麻醉药品、精神药品国内运输管理的通知》（以下简称《通知》）。《通知》指出，近年来，由于国内一些地区存在吸毒情况，加之铁路运输管理条件的限制等原因，在铁路运输过程中丢失麻醉药品、精神药品的事件屡有发生。1989年有51个单位的药品在运输途中发生丢失、串运、途残事件89个品种次，丢失纯品种达15种之多，占该类品种数的46.8%；1990年1～4月又发生这类事件

21起，比1989年同期上升16.7%，盗窃性质、手段越来越严重。

为杜绝丢失事件，不给贩毒、吸毒的违法犯罪分子以可乘之机，维护社会安定，《通知》要求：麻醉药品、精神药品的生产、供应、运输、使用部门，要组织有关人员重新学习国务院颁布的《麻醉药品管理办法》、《精神药品管理办法》等文件；铁路运输部门要充分利用现有条件做好优先承运和安全工作，切实加强管理，防止丢失；发运部门要减并一些中转分运点，采用集装箱运输；在铁路运输途中如发生丢失、被盗，承运部门要做好完整的货运记录，并报告铁路公安部门、当地公安机关和卫生行政部门，查处结果报告上级主管部门，抄送卫生部、国家医药管理局、中国医药公司；其经济损失按照《铁路货物运输规程》的有关规定进行赔偿；对玩忽职守造成损失或流弊者，应视其情节给予纪律处分，构成犯罪的，应依法追究其刑事责任。

（袁　丽）

【修订《国营医药商业企业统一会计制度》】

1986年1月1日开始执行的《国营医药商业企业统一会计制度》，随着经济体制改革的不断深入，财政、税收体制和财务制度的变化，已经不能完全适应需要。国家医药管理局根据国家有关法规、政策在广泛征求意见的基础上，结合医药、药材商业企业的实际情况，对这一制度进行了修订，并经财政部审查同意。修订后的会计制度，自1991年1月1日起执行。现行的会计制度同时废止。

修改后的制度和原制度相对照，撤销的会计科目有：①商品调价差价；②商品调价损失；③商品流转借款；④结算借款；⑤临时借款；⑥预购定金借款；⑦其它借款；⑧商品调价收益。新增的会计科目有：①应收票据；②改转租企业占用资金；③工资增长费用；④教育费附加；⑤改转租企业上交款项；⑥流动资金借款；⑦应付票据；⑧工资基金；⑨无形资产。更改的会计科目有：①“对外投资”改为“长期投资”；②“接受投资”改为“其他单位投入资金”；③“应付费用”改为“预提费用”。

经过修改和补充后，本制度的会计科目分资金占用、来源和支出、收入，以及表外科目5大类，共计94个科目。即资金占用类科目36个；资金来源类科目33个；支出类科目12个；收入类科目7个；表外科目6个。

（徐若知）

医药科技与教育

【1990年医药科技与教育】

1990年，完成重大科技成果80项，其中13项获得国家级科技进步奖，26项获得国家医药管理局科技进步奖。获奖项目已全部转化为生产力，取得了显著的经济效益。

微机控制技术已在抗生素生产中得到广泛应用，使生产技术水平有了大幅度的提高。如华北制药厂的青霉素球状菌氮源代谢研究，实现了微机控制下糖、苯乙酸、硫铵、氨水4种辅料的自动滴加和局部模型控制，从而优化了辅料工艺，青霉素球状菌发酵水平已达到国际先进水平，年效益达601万元。

国家“七五”医药科技攻关工作已进入尾声，到1990年底，由国家医药管理局主持的“七五”科技攻关项目——新型药物和医疗器械开发共4个课题，即重大疾病防治药物、抗生素更新换代、药物新制剂及新型医疗器械开发102个专题，完成率已达85%以上。由医药系统承担的国家“七五”生物技术攻关项目中的32个子专题有72%已超额完成攻关指标。在“七五”科技攻关的基础上，确立了“八五”规划的基本思路。医疗器械关键技术及新型药物研究开发两个项目已列入国家“八五”攻关计划。

为加强科技管理的宏观指导，推进企业经济与科技工作紧密结合，引导企业开发适销对路的新产品，加快产品更新换代，合理调整产品结构，在国家计划委员会的指导下，国家医药管理局编制了国家级化学医药新产品开发指南和医疗器械新产品开发指南。

为实现我国的药品研究由仿制向创制方向转移，在1987年建立的新药研究基金的基础上，1990年成立了“国家医药管理局新药研究管理中心”，组织和引导全国研究开发力量从事创新药物的研究，初步建立了一支我国研究创新药物高水平队伍。到目前为止，经专家评议已有A、B、C三类共80余个项目得到新药研究基金的资助，可望在今后的2～3年内将有2～3个我国独创的新药问世。

1990年有119项科研课题列入国家医药管理局科研试制项目计划，其中化学药品68项，医疗器械35项、制药机械15项、包装材料1项。这些项目的水平比以往均有较大的提高。

医药系统高、中等学校一年来在教育改革、教育研究、教材建设和科研工作方面都有了新的进展。1990年国家医药管理局所属3所高等院校的在校生为3 370人，比1989年增加了3.4%；共招研究生74人（其中博士生18人），在读研究生246人（其中博士生46人）。

经国务院学位委员会审定，中国药科大学及沈阳药学院的7位教授被增列为博士生导师，中国药科大学药理系、中药系分别被定为博士点和硕士点；中国药科大学计划生育药物研究中心被国家教育委员会、国家科技委员会授予“全国高等学校科技工作先进集体”称号；彭司勋、洪盈等17名教授获荣誉证书。

在教材建设方面，组成了化学制药、微生物制药、生物制药、药物制药4个制药工程类本科专业9门主要课程的教材编写组，落实了编写出版计划；完成了普通中等专业学校《药物化学》、《药物制剂》、《药物分析》3本规划教材的编写任务。

医药职工教育工作的重点已逐渐转到岗位培训工作上，国家医药管理局组织了华北制药厂、东北制药总厂、山东新华制药厂等14个医药企业作为医药系统开展企业岗位培训的试点单位，各地方医药局也相应地组织了几十家医药企业单位进行岗位培训试点。在医药职工学历教育、专业证书教育、医药工人高级技术业务等级培训和医药专业技术干部的继续教育等工作方面均取得进展。

（林渌菡）

【国家医药管理局建立教育奖励基金】

为奖励医药系统优秀教育工作者，调动其积极性和创造性，发展医药教育事业，全面提高职工素质，国家医药管理局于1990年7月建立“国家医药管理局医药教育奖励基金”。基金来源：①各级医药管理部门和各医药企事业单位的集资。②医药系统内职工个人的捐献。③国内外友好团体和个人的赞助。基金主要用于奖励在学历教育、职业技术教育、医药职工教育（岗位培训、技术等级培训、继续工程教育等）工作岗位上做出突出贡献的个人和集体。医药教育奖励基金是一项长远的基金，每年只用其利息开展奖励活动。

该项基金由国家医药管理局科教司具体负责，将成立基金管理委员会，并制定具体的医药教育奖励基金管理办法，有关财务管理，委托医药成人教育协会代管。

（林　姗）

【国家医药管理局新药研究管理中心成立】

国家医药管理局新药研究管理中心于1990年1月成立。该中心下设办公室，有专职科研管理干部和科研人员。

该中心的主要任务有3项：①负责国家医药管理局新药研究基金的日常管理工作。基金项目每年申报评审1次，评审工作紧密依靠有关新药研究的各方面专家。第一届评审委员会(1987～1991年)已正式成立并颁发了聘书。②为全国的新药研究提供技术服务，包括选题、立项、试验设计、资料整理、成果转让等，推荐专家、提供技术咨询、组织书面评审和专题论证，举办各种有关技术和专题的培训班、研讨班等。③积极组织新药的开发，重点是基金资助项目的研究成果开发，为其占领国内市场、打入国际市场创造各种条件。在寻求建立一整套适合中国国情的创新药研究、开发、生产、销售体制方面做一些探索和组织工作。

(王子厚)

【1990年获国家科技进步奖和国家医药管理局科技进步奖项目】

一、获国家科技进步奖项目

序号	项目名称	主要完成单位	主要完成人	获奖等级
1	盐酸二氢埃托啡的研制及推广应用	军事医学科学院毒物药物研究所	黄　矛　秦伯益　龚雄麒　宋运金　杨造萍　石庭森　韩纠曼　袁淑兰　王治乔	二
2	SJN2031B型超声诊断仪	国营江宁机械厂	胡春山　莫善珏　周克强　赵永清　戴静候　张法根　殷洪德　范敏莹　孟秀荣	二
3	吸收性止血绫	北京纺织科学研究所	薛迪庚　张　镁	三
4	吉林长白红参的加工技术研究	吉林省长白朝鲜族自治县宝泉山参场　吉林大学原子与分子物理研究所　吉林省农垦参茸公司	张永茂　侯令池　赵铁川　周雅文　王树春	三
5	金水宝的研究	中国医学科学院药物研究所　江西国药厂	岳德超　包天桐　薛　智　章观德　郭怀远	三
6	西洋参种源基地建设及综合栽培技术	中国农科院特产研究所	王铁生　王化武　檀树先　赵洪全　刘鹏举	三
7	中药材仓虫调查研究	湖南省药材公司　长沙市药材批发部　湖南省药材公司邵阳市药材公司　天津市药材公司北菜园仓库　四川省中药材仓虫协作组	李家胜　高博明　高惠云　王宗信　关　群	三
8	安徽贝母综合研究	安徽省中药材公司　六安地区中药材分公司　安徽省药检所　安徽省医学科研所　安徽中医学院	肖大伦　殷淑芬　刘信顺　李清华　汪丽燕	三
9	局部大脑血流量测定方法与系统的研究	海军医学研究所	陈连祥　田伍训　张庆陵　刘同水	三
10	ME8605 防霉抗菌药物配方的研究及其应用	军事医学科学院微生物流行病研究所　成都军区昆明空军医院　吉林省辽源市第二针织厂　河北省遵化针织总厂	黄家章　申西林　戴安娜　鲁宪存　舒国欣	三
11	头孢噻肟钠试制研究	四川抗菌素工业研究所　东北制药总厂　四川长征制药厂　卫生部药品生物制品检定所　北京医科大学临床药理研究所	陆履康　安静娴　李绍英　李家泰　金少鸿	三
12	吲哚美辛搽剂的研究	军事医学科学院毒物药物研究所	王维贤　石庭森　柳用绍　张北嵩　文广伶	三
13	水溶性栓剂基质—聚氧乙烯(40)硬脂酸酯的研制	国家医药管理局上海医药工业研究院　金陵石化公司化工二厂	谢星辉　王世普　周桂兰　袁榴华　周其南	三

序号	项目名称	主要完成单位	主要完成人	获奖等级
14	聚丙烯线无损伤缝合针的研究	第二军医大学长海医院　上海合成纤维所　上海医用缝合针厂	朱家麟　张宝仁　马光耀　余国恩　仇文浸	三
15	冰点渗量计	南京军区南京总医院	罗时葆　朱行行　原　满　彭　涛　陆雪芬	三

二、获国家医药管理局科技进步奖项目

序号	项目名称	主要完成单位	主要完成人	获奖等级
1	N-去甲基万古霉素的开发研究	华北制药厂	贺秉坤　陈　杰　张胜利　陈曙曦　钱鹤声　王　欣　马立海	二
2	青霉素球状菌氮源代谢的研究及应用	华北制药厂	姚学强　张聚发　巢天浩　杨增展　任金生　李东久　刘义富	二
3	治疗脑血管新药——尼莫地平的研制	山东新华制药厂　中国医学科学院药物研究所	张均田　陈淑凤　肖文凯　乐伟佩　董乃泽　吴树春　何丽一	二
4	抗变态反应新药——曲尼司特工艺研究	中国药科大学制药厂　中国药科大学　南京医学院第一附属医院	陈　新　王振南　邹光武　黄圣凯　彭锡祺　杨　玉　陈钟华	二
5	新生牛血清制备及质控标准的研究	河南省生物技术研究所　河南省卫生防疫站　河南省计划生育研究所　河南省生物研究所　河南省医学科学研究所　河南省肿瘤研究所　河南省种畜场	史秀山　陈美光　曾贵金　阎英地　史　勇　郭秀礼　姚仲寅	二
6	氟哌酸生产新工艺	浙江省新昌制药厂　中国医学科学院医药生物技术研究所	郭惠元　罗健鸣　金　彪　沈国伟　吕志强	三
7	抗球虫药——球虫净（尼卡巴嗪）	上海医药工业研究院　中国农科院上海家畜血吸虫病研究所	李广云　史天卫　陈根娣　韩志华　张秀平	三
8	依诺沙星及依诺沙星制剂	武汉制药厂　中国医学科学院医药生物技术研究所　上海医大抗生素研究所	刘　浚　李德荣　邬正平　张婴元　陈惠真	三
9	基质辅料卡波普	上海人民制药厂	丁子文　傅鸿升　李建国	三
10	胶原蛋白（化妆品基质）的提取工艺研制	上海医药工业研究院	张蓓蕾　孙忆华　唐若颖	三
11	青霉素G钠中间体工业钾盐制备新工艺	山东济宁抗生素厂	边翠芬　程　军　冯品先　徐伯达　任保民	三
12	GD221光密度计	上海医用分析仪器厂	吴国强　高　山　黄怀宇　朱　伟	三
13	单轴型双锥真空干燥器	上海医药工业研究院华北制药厂	李　桢　彭瑞洪　吴淑琴　韩德银	三
14	微孔PE管压滤机处理重金属废水	上海医药工业研究院　浙江省温州市东瓯水处理器材厂	宋显洪　殷龙志　陈振良　周志鹤	三
15	药用聚丙烯、聚乙烯复合膜	上海医药工业研究院　工贸合营无锡彩印厂	侯惠民　武永生　陆开炎　朱金屏　马　瑛	三
16	紫外——可见光度法多组分定量分析软件包	中国药科大学	罗国安　邱家学　王义明　王镇浦　周国华	三
17	北京制药厂Vc生产全过程计算机控制系统	北京制药厂	韩　林　常　成　吴旭东	三

序号	项目名称	主要完成单位	主要完成人	获奖等级
18	BW-881型[illegible]沫胶带	北京卫生材料厂	郑丽丽　胡冠尧	三
19	含铜宫形节育器	重庆医用设备厂	曾儒飞　陈昌云　吉眉生　孙征祥　张立义	三
20	超声左心室三维图象处理系统	上海医疗器械研究所　浙江省中医院	陆　平　马孔阜　赵世英　王平平	三
21	多次心电记录仪	北京医疗器械研究所　中国医学科学院基础医学研究所　北京康益医疗器械厂	李之驯　路小毅　蒲　松　孙京棉　黄文美	三
22	医用流通式钾钠离子选择性电极	北京医疗器械研究所	胡仲武	三
23	SXP-3型双人双目手术显微镜	上海医用光学仪器厂	沈天民　倪虹生　耿　平　张经维　陈　华	三
24	CM-1型中药切磨机	广州一州医疗器械五金制品有限公司　广东省医疗器械研究所	麦达求　邓　毅　邓顺玲　陈　达　段荣均	三

（杜丛之）

【1990年质量管理奖获奖企业名单】

获1990年国家质量管理奖的企业：山东新华制药厂。

获1990年国家医药管理局质量管理奖的企业：北京制药厂、广州光华制药厂、吉林市制药厂、上海第二制药厂、苏州医疗器械厂、上海化学试剂采购供应站、黄石市医药公司。

（杨柏林）

【1990年获国家及国家医药管理局优质产品奖产品】

一、国家优质产品

（一）金质奖

1.核环牌	核黄素	天津市河北制药厂
2.太原牌	氧哌嗪青霉素钠	太原制药厂
3.三健牌	环磷酰胺	上海第十二制药厂
4.鲁抗牌	青霉素钠及粉针	山东济宁抗生素厂
5.铃兰牌	青霉素钠及粉针	哈尔滨制药厂
6.华北牌	注射用青霉素G钠（扩牌）	华北制药厂

（二）银质奖

1.民生牌	茶碱	杭州民生制药厂
2.合药牌	酮基布洛芬	西南合成制药厂
3.东北牌	维生素A	东北制药总厂
4.泰山牌	维生素A	上海第六制药厂
5.双鹤牌	对氨基水杨酸钠	北京制药厂

二、国家医药管理局优质产品

（一）西药

1.昆山牌	氟哌酸	江苏昆山制药厂
太原牌	氟哌酸	太原制药厂
东六牌	氟哌酸	东北第六制药厂
2.科化牌	盐酸阿米替林	常州第四制药厂
3.药友牌	注射碳酸氢钠	重庆制药六厂
4.天药牌	醋酸曲安缩松	天津药业公司
5.赤峰牌	灰黄霉素	赤峰制药厂
6.东北牌	维生素E	东北制药总厂
7.庐山牌	风油精	江西萍乡制药厂
麒麟牌	风油精	杭州利民制药厂
8.石化牌	维生素C片	石家庄市第一制药厂
飞宇牌	维生素C片	江西制药厂
鄂药牌	维生素C片	湖北制药厂
宜昌牌	维生素C片	宜昌制药厂
9.江淮牌	利福平	合肥制药厂
10.江淮牌	利福霉素S-Na盐	合肥制药厂
11.皖江牌	葡萄糖酸锌	安庆制药厂
12.三旗牌	注射葡萄糖	江苏靖江葡萄糖厂
水晶牌	注射葡萄糖	内江制药厂
河南牌	注射葡萄糖	开封制药厂
翠湖牌	注射葡萄糖	湖北葡萄糖厂
翠竹牌	无水葡萄糖	广东广宁县葡萄糖厂
13.三健牌	黄体酮	上海第十二制药厂

仙乐牌	黄体酮	仙居制药厂
14.新华牌	茶碱	山东新华制药厂
湘药牌	茶碱	湖南制药厂
十鹿牌	茶碱	上海第十六制药厂
15.大字牌	乳糖酸红霉素	大连制药厂
四星牌	乳糖酸红霉素	上海第四制药厂
16.双鹤牌	维生素E胶丸(50mg)	北京制药厂
恒星牌	维生素E胶丸(50mg)	长春市红星制药厂
万象牌	维生素E胶丸(100mg)	上海延安制药厂
星鲨牌	维生素E胶丸(50mg)	厦门鱼肝油厂
乐跃牌	维生素E胶丸(50mg)	无锡市第六制药厂
17.晶　牌	硫酸卡那霉素	成都制药四厂
四星牌	硫酸卡那霉素	上海第四制药厂
18.晶　牌	单硫酸卡那霉素	成都制药四厂
星星牌	单硫酸卡那霉素	本溪制药厂
济字牌	单硫酸卡那霉素	济南第二制药厂
19.二药牌	右旋糖酐40	鞍山第二制药厂
大别山牌	右旋糖酐40	安徽朝阳制药厂
丰海牌	右旋糖酐40	江苏黄海制药厂

（二）中西结合药

1.紫竹牌	蜂乳精胶囊	北京第三制药厂
2.星斗牌	肠复康片	扬州市第二制药厂
3.双鹿牌	雷公藤多甙片	泰州制药厂
4.三鱼牌	男宝胶囊	天津力生药厂
5.五福牌	小儿速效感冒冲剂	石家庄地区制药厂
6.通光牌	药用蓖麻油	通辽油脂化工厂
7.平阳牌	男康片	侯马平阳制药厂
8.双鱼牌	脑血康口服液	公主岭市红光制药厂
9.康健牌	心脑舒通胶囊	洮南制药厂
10.佛山牌	鼻炎康片	佛山市制药二厂

（三）医疗器械

1.西冷牌	BCD-175电冰箱	杭州医疗器械厂
2.登富牌	QD45全封闭制冷压缩机	杭丽制冷设备有限公司
3.双鸽牌	医用缝合针	北京朝阳洼里医疗器械厂
4.金风牌	RS-Ⅱ型妊娠检查仪	邯郸医疗器械厂
5.白翎牌	追踪纱布垫	仙桃市卫生材料厂
6.卫字牌	全玻璃注射器(2，10，50ml)	常州注射器总厂
海鸥牌	全玻璃注射器(2，20，50ml)	淄博医药玻璃厂
绿叶牌	全玻璃注射器(2，5ml)	杭州医药玻璃总厂
生字牌	全玻璃注射器(5，10ml)	江苏宝应热工仪表厂

（四）制药机械

1.	安瓿拉丝灌封机	上海制药机械厂
2.机三牌	药用沸腾制粒机(FL120，FL3)	上海制药机械三厂

（五）药用包装材料

1.帆船牌	模制抗生素瓶(7ml)	上海玻璃厂
沂蒙牌	模制抗生素瓶(7ml)	山东省药用玻璃总厂
2.SCh	空心胶囊(0#，1#，3#)	苏州胶囊有限公司
箭　牌	空心胶囊(1#)	青岛明胶厂

（陶新时）

【1990年复查确认的国家医药管理局优质产品】

一、药品

1.赣字牌	醋酸泼尼松	江西国药厂
福药牌	醋酸泼尼松	福州制药厂
三健牌	醋酸泼尼松	上海第十二制药厂
2.丹字牌	复方乙酰水杨酸片	丹东制药厂
鲸轮牌	复方乙酰水杨酸片	南京第二制药厂
三鱼牌	复方乙酰水杨酸片	天津市力生药厂
3.太原牌	磺胺甲基异嗯唑	太原制药厂
4.燕晶牌	维生素E	北京第二制药厂
圆星牌	维生素E	广东制药厂
熊猫牌	维生素E	上海第二制药厂
晶菱牌	维生素E	无锡市第二制药厂
5.东北牌	注射用葡萄糖	东北制药总厂
6.四叶牌	葡萄糖注射液(500ml：50g)	上海长征制药厂
信谊牌	葡萄糖注射液(20ml：10g)	上海信谊药厂
灵岩牌	葡萄糖注射液(500ml：50g)	苏州第六制药厂
7.人友牌	益肝灵片	北京第四制药厂

克达牌	益肝灵片	沈阳克达制药厂
8.双鹤牌	甲氧苄氨嘧啶	北京制药厂
合药牌	甲氧苄氨嘧啶	西南合成制药厂
9.大字牌	红霉素	大连制药厂
10.星工牌	扑热息痛片(0.5g)	沈阳第一制药厂
11.新华牌	吡哌酸	新华制药厂
12.华北牌	腺苷辅酶维生素B12糖衣片	华北制药厂
13.石化牌	吲哚美辛	石家庄市第一制药厂
14.双鹤牌	盐酸苯乙双胍片	北京制药厂
15.双鹤牌	12.5%×2ml维生素C注射液	北京制药厂
16.丝路牌	氢溴酸高乌甲素	兰州制药厂
17.东北牌	盐酸金刚烷胺	东北制药总厂
18.锦字牌	醋酸洗必泰栓	锦州制药厂
19.心字牌	维丁胶性钙注射液(1, 2ml)	广州天心制药厂
20.湘药牌	次硝酸铋	湖南制药厂
21.鄂药牌	舒乐安定	湖北制药厂
22.四星牌	口服邻氯青霉素钠	上海第四制药厂
23.三健牌	呋喃氟脲嘧啶片	上海第十二制药厂
24.乐山牌	氨茶碱	乐山制药厂
十鹿牌	氨茶碱	上海第十六制药厂
25.泰山牌	西咪替丁	上海第六制药厂
26.丹字牌	去痛片	丹东制药厂
民生牌	去痛片	杭州民生药厂
鲜菱牌	去痛片	上海黄河制药厂
27.苏药牌	氨苄青霉素钠	苏州第一制药厂
28.长鹿牌	盐酸四环素	无锡市第三制药厂
天药牌	盐酸四环素	天津药业公司
川药牌	盐酸四环素	四川制药厂
29.赤峰牌	盐酸右旋麻黄素	赤峰制药厂
红马牌	盐酸麻黄碱	内蒙通辽爱民制药厂
吉昌牌	盐酸麻黄碱	鄂托克麻黄素厂
康健牌	盐酸麻黄素(左)	中国中医研究院洮南制药厂
30 五洲牌	盐酸乙胺丁醇	上海五洲药厂

二、医疗器械

1.光明牌	携带式诊断X线机	青岛电子医疗仪器厂
蜀光牌	400mA医用诊断X线机	西南医用设备厂
2.燕山牌	手术刀片	北京手术器械厂
美翼牌	手术刀片	淮阴医疗器械厂
3.幸福牌	单圈式不锈钢宫内节育器	商丘市医疗器械厂
光荣牌	单圈式不锈钢宫内节育器	四平市医疗器械厂
4.华南牌	4号直车头	广州医疗器械厂
5.嫩松牌	GJ75-3B电热恒温培养箱	齐齐哈尔医疗电子仪器厂
立鹤牌	420电热恒温培养箱	潍坊医疗器械厂
6.卫字牌	全玻璃注射器(30ml)	常州注射器总厂
鸽　牌	全玻璃注射器(10, 50ml)	上海注射器厂
鸽　牌	全玻璃注射器(2, 20, 100ml)	上海医用激光仪器厂
7.新华牌	普通止血钳	山东新华医疗器械厂
8.新华牌	手提式高压蒸汽消毒器	山东新华医疗器械厂
新华牌	卧式压力蒸汽消毒器	山东新华医疗器械厂
环宇牌	卧式方形消毒器	锦州市医疗器械厂
9.海鸥牌	无油气体压缩机	天津市医疗器械二厂
10.宝石花牌	ϕ300贮槽	哈尔滨市建成医疗器械厂
11.泰山牌	蒸汽蒸馏水器(200L/H.400L/H)	哈尔滨医疗器械厂
鸭绿江牌	塔式蒸馏水器	丹东日飞医疗器械公司

三、药品包装材料

华北牌	管制抗生素玻璃小瓶(7ml)	华北制药厂

四、制药机械

1.天祥牌	旋转式压片机(ZP19.ZP33)	上海第一制药机械厂
2.双联牌	三足式离心机	辽阳制药机械总厂
3.双联牌	摆线针齿轮减速机	辽阳制药机械总厂

(陶新时)

【1990年新评出的国家二级企业名单】

1990年新评出的国家二级企业有：

工业企业：天津中央制药二厂、天津生物化学制药厂、上海第六制药厂、上海第十二制药厂、上海延安制药厂、上海黄河制药厂、上海注射针厂、上海齿科材料厂、国营昆山制药厂、无锡市第一制药厂、无锡市第四制药厂、地方国营兴化制药厂、常州市第四制药厂、苏州医疗用品厂、国营青岛制药厂、山东淄川制药厂、杭州华东制药厂、汕头经济特区鮀滨制药厂、广州医疗器械厂、福州抗菌素厂、江西制药厂、重庆制药五厂、重庆制药六厂、陕西省汉江制药厂。

商业企业：中国医药公司广州采购供应站、广州市医药公司、杭州医药采购供应站、江苏省医药公司常州采购供应站、江苏省医药公司无锡采购供应站。

（闫　彬）

计划财务管理与审计监督

【1990年计划财务管理工作】

1990年是我国国民经济和社会发展第七个五年计划的最后一年。一年中，卫生计划财务工作的重点是，继续治理整顿，深化改革；筹集、开发新的卫生资源，扩展卫生事业；总结“七五”计划执行情况，编制“八五”计划及2000年规划设想；为实现“八五”计划及2000年规划目标准备条件。

一、治理整顿，初见成效　根据全国卫生厅局长会议和《1990年卫生工作计划要点》确定的六方面治理整顿任务，计划财务部门着重整顿了乱收费问题。在综合治理的原则下，具体采取了如下措施：①以省为单位清理收费项目，重新调整、审定收费标准，引导医疗卫生收费标准渐趋合理。②强化卫生系统各级财务主管部门财务管理及财务监督职能。卫生部、财政部、国家物价局联合颁布了《在治理整顿中进一步加强医疗卫生单位财务管理的规定》，明确了加强财务基础管理及各项经费使用、收费项目管理的规定，并赋予卫生财务部门对收费项目、标准实行统一管理和监督、检查的职权。③加强宣传教育，健全监控机制。为治理整顿乱收费，各地在卫生部门内部广泛开展了宣传教育活动，提高大家对乱收费危害的认识，同时张榜公布各类卫生服务收费标准，建立内外部监控机制，将关系人民切身利益的医疗卫生服务收费问题置于社会监督之下。经过一年多的努力，卫生部门的不合理收费得到了一定调整；乱收费状况基本得到抑制；还相应制定了有关治理整顿医疗卫生收费的配套政策、措施及管理办法，收到了较好的社会效果，也为深化卫生改革创造了良好的客观环境。目前，医疗卫生收费工作正逐步向标准化、规范化方向发展。

二、筹集资金，扩展卫生事业　1990年，国家财政虽较为困难，各级政府仍继续关心、支持卫生事业；卫生部门内部也广辟财源，多方筹资，基本保证了卫生事业的正常运转，并在一定程度上扩展了事业规模。1990年，卫生事业费总额达到81.2亿元，比上年增长9.16％；基本建设投资1.168亿元，比上年下降30%。全国18所重点医院改、扩建工程又有2所相继竣工。

全国新增卫生机构2 010所，其中预防保健机构85所；新增医院病床5.6万张；新增专业卫生人员11.9万人，其中卫生技术人员8.9万人。

全年完成诊疗人次25.6亿多，入院人数5140万人次；急性传染病报告发病率持续下降，计划免疫“四苗”接种率可望实现以县为单位第二个85%的目标。

三、总结"七五"建设成就，编制"八五"计划及2000年规划设想 到1990年全国卫生事业"七五"计划主要指标均已基本完成，我国卫生事业在各方面又取得了新的进展。总结"七五"计划执行情况的主要经验是，各级党、政部门增强了卫生意识，加强了对卫生工作的领导和支持，并将卫生事业发展纳入国民经济和社会发展之中，统一规划，协调发展；坚持治理整顿和深化改革方针，认真贯彻国务院（85）62号、（89）10号文件精神，完善改革政策和各项配套管理措施。存在的突出问题是，"七五"中后期，国家财政困难，卫生投入严重不足，欠账过多；威胁人民群众健康的某些疾病仍很严重；地区、城乡之间卫生事业发展不平衡，差距尚在扩大；一些重大卫生政策不完善、不配套；卫生事业领导体制、管理机制尚未理顺；有限的卫生资源使用浪费，效益不高。

在总结"七五"计划执行情况的基础上，根据国务院统一部署，1990年卫生计划财务部门研究并编制了《全国卫生事业"八五"计划及2000年规划设想》，以此作为整个国民经济和社会发展"八五"计划的组成部分，作为指导今后10年卫生事业发展和建设的纲领性文件。在编制全国"八五"计划的同时，各省、自治区、直辖市卫生厅（局）还编制了本地区的"八五"计划及2000年规划设想。

部直属高等医学院校编制了10年建设发展规划。根据稳定规模、调整结构、提高质量的方针，部计划财务司、教育司、科技司、人事司协同配合，重新核定了部直属高等医学院校的事业规模、人员编制、建设任务等，力争用10年或再多一点的时间将其建成能充分发挥功能、设施齐全、配套的第一流大学。该项工作的进行，确定了部直属院校今后的发展建设蓝图，也结束了上级主管部门和单位自身对规模不清、发展前景不明朗的局面。

四、深化计划财务工作改革，强化宏观管理职能 为使今后10年我国卫生事业稳定、协调、健康发展，1990年还着重进行了以下工作：①组织开展卫生事业综合效益评价工作。通过10年改革，我国卫生事业综合效益有了很大提高，但卫生资源短缺与浪费并存局面并未从根上改变。为适应今后国民经济发展和人民群众日益增长的医疗卫生保健需求，"八五"期间卫生事业将采取外延与内涵改造相结合的方针。改造内涵的实质是提高质量和效益。为此，做好提高卫生事业效益的基础工作——综合效益评价，就成为关系卫生事业发展全局的一项具有战略性的工作。在年内召开的全国卫生计划财务处长会上，这一工作被作为重要议题进行了研讨和部署，并正式下发了有关文件。在各地的协同配合下，截止到年底，全国已有16个省、自治区、直辖市和6个计划单列市卫生厅（局）配备了负责该项工作的专（兼）职人员，有的已在部分领域开展了评价工作，为深化卫生改革提出了若干重要问题。②计财工作的重点逐步向农村和预防保健转移。1990年，在建设部的支持下，组织18个省、市卫生厅（局）和部分建筑设计单位着手研究制订县卫生防疫站、县妇幼保健站和乡卫生院建设标准、设计规范及装备标准，争取在1991年作为国家标准颁布实行。据此推动三级医疗预防保健网建设向适应现实和未来需求方向发展。③加强中央宏观调控能力，引导卫生事业投入流向，切实保证农村和预防保健两个战略重点及"八五"计划目标的实现。1990年，在调查研究的基础上，正式向国家申请"八五"期间建立加强农村卫生事业、预防保健和改造卫生系统危房等三项基金，上报了关于卫生系统经济负担过重情况及处理意见的报告，以期争取国家采取措施解决卫生部门的困难，为执行"八五"计划创造较好的外部条件。④继续推进医疗制度改革。1990年，对医疗制度改革继续进行思想、理论和组织准备，与WHO合作举办了国家医疗制度讲习班；全国试点城市之一四平市率先正式出台医疗制度改革方案；卫生部、财政部联合召开了第2次全国公费医疗管理经验交流会，提出抑制医疗费用过快增长的综合治理方案。⑤改革大型设备引进工作。为合理、有效地组织CT、MRI引进工作，改革了相应的组织管理程序，即卫生主管部门负责布局的合理性及申请、分配指标；专家委员会负责技术论证、选型；外贸部门负责对外谈判、签约。实施上述改革后，三部门既相互联系又各尽职能，成为协调统一的整体，较好地改变了过去一度出现的引进工作混乱的局面。

总之，1990年卫生计划财务工作在治理整顿和深化改革方针的指导下，朝着加强宏观管理、发挥计划指导职能和保证卫生发展战略重点方面迈进了一步，为今后10年卫生事业的建设和发展及实现“八五”和2000年规划目标进行了必要的准备，初步奠定了基础。

（魏 颖）

【卫生事业第七个五年计划基本完成】

“七五”期间，坚持党的改革开放总方针，经过5年努力，我国医疗卫生事业有了新的发展，人民群众的医疗保健条件和城乡卫生状况显著改善。卫生事业第七个五年计划确定的卫生工作总任务和主要目标、指标，已基本完成。

一、预防保健工作成绩显著 “七五”期间，我国20种法定传染病报告发病率除少数病种略有回升外，绝大部分病种持续下降；总发病率由1985年的544/10万下降至1990年的244/10万，下降了55.1%，超额完成“七五”计划下降20%的指标；死亡率由2.41/10万降至0.87/10万，降低了63.9%。计划免疫“四苗”接种率继1988年实现以省为单位达到85%目标以后，实现了全国以县为单位达到85%的目标。计划免疫4种传染病，除脊髓灰质炎发病人数近两年有所回升外，白喉、百日咳、麻疹发病人数大大减少，危害程度明显减轻。丝虫病，除安徽省尚有40个县未消灭外，全国范围内95%的县已经消灭。麻风病得到控制，目前全国现症病人不足3万人。在重点地方病区，开展了各种综合防治工作。三峡地区改灶防氟试点取得成功。南方湖区5省血吸虫病综合治理工作逐步得到落实。

妇幼卫生工作取得新进展。妇女、儿童系统保健覆盖率逐步扩大，5岁以下儿童死亡率、孕产妇死亡率继续下降；1989年，全国新法接生率达到95.7%，比1985年提高了1.2个百分点，产妇住院分娩率达到51.5%，提高了7.8个百分点。

农村改水工作得到重视。1990年底，改水受益人口已占农村人口的70.3%，接近“七五”计划确定80%的目标。

二、医疗卫生服务进一步改善 “七五”期间，我国医疗卫生服务进一步扩大，长期困扰卫生部门的看病难、住院难、检查治疗难状况得到一定程度缓解。1990年，全国各级医院诊疗人次达25.6亿人次，比1985年增加1.5亿人次；其中，门、急诊增加1.95亿人次。入院人数达5 140万，比1985年增加18%；全国住院病人病死率下降0.3个百分点。1989年，全国节育手术总例数比1985年增加13%左右。

三、卫生设施逐年增加 1990年，全国卫生机构达到20.9万个，5年间共增加7 868个。其中，医院增加2 840个，卫生防疫站增加208个，妇幼保健站（所）增加96个，专科防治机构增加215个。全国医院病床达262.4万张，比1985年增加39.5万张；尚差0.5万张即完成“七五”计划发展病床40万张的任务。平均每千人口病床数由1985年的2.14张，上升到2.32张。

专科医院有了较大发展，中医院由1 414所增加到2 037所，儿童医院由26所增加到33所，肿瘤医院和口腔医院分别达到44所和49所；各类医院的装备水平有了明显提高。18所重点医院改、扩建任务和北京医科大学重点工程，已经大部分完成，预计1991年将全部竣工。其他大型基建投资项目，如省级妇幼保健院建设，6个生物制品研究所部分生物制品生产线技术改造任务等，由于各种客观原因，尚未完成。

"七五"期间，各地在加强重点县卫生机构同时，还加强了中心乡卫生院建设，全国约有$\frac{1}{3}$以上中心卫生院得到不同程度改善。农村村级卫生组织经历了"六五"与"七五"前期的"低谷"，正逐步恢复和发展。1990年底，全国有医疗点的村数占86.2%。

四、卫生投入有所增长 "七五"期间，国家卫生投入持续增长。截止到1990年底，卫生事业费达到355.8亿元，其中设备购置费为85亿元；基本建设投资额为近百亿元，竣工面积240多万平方米。但是，从总体上看，卫生投入的增长速度减慢。"六五"期间，卫生事业费年递增12.2%，而"七五"期间年递增9.6%，基本建设投资未增长。

五、卫生队伍继续扩大 1990年，全国专业卫生人员总数达到490.6万人，比1985年增加了59.3万人，其中卫生技术人员增加48.7万人，占增加人员总数的82%。平均每千人口卫生技术人员由1985年的3.28人增长到3.43人，其中医生达到1.56人，护士达到0.86人。个体开业人员达到15.9万人，比1985年增加了4.3万人。乡村医生总数达到77.69万人，比1985年增加了13.4万人。平均每村有1名以上乡村医生的目标基本完成。但是，离"七五"计划确定的培训15万名以上乡村卫生员，并使其达到中专水平的目标还有一定距离。

高等医学院校年招生能力达到4.5万人，在校生19.9万人；为适应我国农村卫生事业发展需要，三年制大专比例明显增加，约占招生总数的$\frac{1}{3}$。中等卫生学校招生能力超过10万人，在校生超过30万人，均已达到"七五"计划确定的目标。

六、医学科技水平不断提高 "七五"期间，我国医药卫生科技工作建立了新的运行机制，总体水平有所提高。"七五"计划确定的国家医药卫生科技攻关项目已基本完成，并获得一批重大科技成果，有10%的项目达到国际先进水平。1986～1990年，全国共评出部级以上科技成果594项，由卫生部在全国范围内推广的科技成果达87项。

七、卫生法制建设得到加强 "七五"期间，共颁布3部卫生法律、13个行政法规、100多个规章。药品、食品卫生监督保证体系基本建成，各项卫生监督合格率稳步提高。食品卫生合格率提高到80%以上，工矿企业接触有毒有害作业工人职业病检出率有所降低。卫生立法、执法监督得到加强。

八、改革加快了卫生事业发展 "七五"期间，卫生工作改革坚持以提高社会效益为最高准则，以为人民服务为宗旨，在巩固、补充、完善"六五"卫生改革政策、措施的同时，认真贯彻执行国务院（85）62号和（89）10号文件的各项卫生改革政策、措施，给卫生工作带来生机和活力。改革办医政策、办医形式，采取国家、集体、个人一起上的办医方针，调动了社会办医的积极性；改革管理体制，积极推广院（所、站）长负责制和各种形式的综合目标管理责任制；改革单一的卫生筹资政策，多渠道、多形式地筹集卫生资金，拓宽卫生事业建设和发展道路；改革医疗卫生服务价格政策，初步调整了医疗卫生收费标准；医疗保健制度改革也进行了有成效的探索，创造出许多新经验，公费、劳保医疗制度改革试点已开始起步，农村多种形式的互助合作医疗保健制度正在恢复和发展。

（于德志）

【全国卫生事业“八五”计划及2000年规划设想编制完成】

根据党的十三届五中全会确定的治理整顿、深化改革的精神，按照国务院和国家计委的统一部署，研究制定了《卫生事业第八个五年计划及2000年规划设想》(以下简称《计划》)，并于1990年5月正式上报国家计委。

《计划》明确了今后卫生工作和卫生发展的总目标：到2000年，全体人民都能获得基本的卫生保健服务，总体上达到与小康水平相适应的健康水平，实现人人享有卫生保健；提出了预防保健和农村卫生工作两个战略重点，以及加强以初级卫生保健为基础的医疗卫生保健网和健康保障制度建设，加强疾病的防治工作，普及卫生知识，开展妇幼卫生保健，积极扩大医疗等6项卫生工作基本目标和32项具体指标。同时，还提出了实现总目标要采取的主要措施：强化政府职责，深化卫生改革，对卫生工作重点实行政策倾斜，逐步增加卫生投入，加强医学科学教育，健全医疗保健服务体系以及加强精神文明建设等。

与以往制订的计划相比，《计划》具有以下特点：①党的十三届五中全会提出的治理整顿和深化改革的决定是编制《计划》遵循的指导方针，国民经济和社会发展的总目标是研究和制定“八五”和后10年卫生事业发展目标的总依据。②将《计划》的目标放在提高人民群众的健康水平上，改变了以机构、床位、人员为主的传统的计划思想和计划模式，将平均期望寿命、婴儿死亡率、孕产妇死亡率列为总目标的具体指标。③《计划》的重点放在提高卫生服务的综合效益上，放在改善和提高人民群众享有卫生保健的质量上，体现了效益和质量的观点。《计划》提倡走挖掘潜力、技术进步、完善管理、提高素质和以内涵为主的道路，防止了片面追求速度和盲目发展外延的倾向。④坚持实事求是，一切从实际出发。《计划》从研究卫生工作和卫生事业的现状出发，根据不同地区的具体情况，按照分类指导的原则，对发展目标、指标、政策、措施实行分类规划。⑤规划思路比较开阔。从“大卫生”角度出发，提出了提高人民健康水平与卫生工作关系的许多问题，如转变人们的卫生观念，部门间的配合，增进有益健康的生活方式，群众对卫生工作的参与，经济、社会、环境对健康的影响因素等。

在全国卫生事业规划制订的同时，各地根据卫生部的统一要求，结合各地实际，编制了地方规划。目前，编制工作已基本完成。

(夏应坚)

【清理整顿医疗收费】

在治理整顿和深化卫生改革中，针对一些医疗卫生机构收费混乱的情况，许多省、市卫生厅(局)在当地政府和有关部门的领导、支持和配合下，突出抓了清理整顿医疗卫生收费、理顺物价政策的工作，对医疗机构收费项目和标准进行了清理整顿。到1990年年底为止，清理整顿医疗收费工作已初见成效。

清理整顿医疗收费、理顺卫生物价政策的工作始终坚持了“坚决治乱、适度疏导、完善管理”的原则。如北京、江苏、湖北、河北等地首先对医疗收费项目进行了分类、逐项清理，对存在问题采取了不遮掩、不护短、敢于暴露的态度，使检查清理工作得以顺利进行。在此基础上，坚决取消了一批既不合理也不合法的收费项目，主要是巧立名目的乱收费项目；适当降低了一批合法但过高的收费标准，主要是应用大型先进仪器设备开展的检查、治疗项目，如CT检查、体外震波碎石机治疗等；核定了一些合理不合法的收费项目，其中大部分是过去漏报而未经正式核定的项目；合理调整了一批标准明显不合理且偏低的收费项目，主要是依靠医务人员医疗技术、技能开展的劳务性收费项目，如挂号费、床位费、手术费等。

此外，各地卫生主管部门和医疗单位还加强了医疗收费管理的基础工作。如北京、天津、上海等地相继在市卫生局内成立了物价收费管理处，专门负责医疗卫生收费的经常性管理工作，大多数医疗单位也实行了专人管理。

对于核定后的医疗收费项目和标准，医疗单位实行医疗收费明码标价，将主要医疗收费项目名称、收费标准、计价单位等制成明细价目表，在划价处、收费处等醒目地方张贴公布，接受群众监督；各地还建立了定期检查和重点抽查制度，对统一核定过收费标准的单位中违反收费标准的事件视情节轻重进行了认真查处。据了解，广东省卫生厅专门制发了《广东省医疗卫生收费管理办法》，在管理机构与人员、管理原则与权限、监督与奖惩等方面制订了较为完善和具体的办法。

通过清理整顿医疗收费问题，收费混乱现象在一些地区有效地得到控制，严格了物价管理政策，维护了广大群众的合法利益。同时，也对医疗收费结构进行了调整。从收费上对利用大型仪器设备检查、治疗进行宏观调控，有利于抑制盲目引进大型仪器设备的势头，充分发挥卫生投资效益，防止卫生资源的浪费；有利于增强对职工奖金、业余服务收入的宏观控制；有利于加强卫生部门的行业管理。

这次清理整顿医疗收费，就全国而言，发展很不平衡，有些省、市至今尚未行动。地区之间差异较大，亟待加强。

（刁　蔚）

【颁发《关于在治理整顿中进一步加强医疗卫生单位财务管理的规定》】

为进一步加强医疗卫生单位的财务管理和会计核算工作，在调查研究的基础上，针对当前医疗卫生单位在财务管理和会计核算方面存在的问题，卫生部、财政部、国家物价局联合颁发了《关于在治理整顿中进一步加强医疗卫生单位财务管理的规定》（以下简称《规定》）。

《规定》由5部分组成。一是对加强医疗卫生单位财务基础管理及会计核算工作提出了要求。强调医疗卫生单位的经济活动内容要全部纳入财务管理和会计核算范围；加强预算拨款、专项拨款、财产物资、货币资金及各种往来款项的管理；各种对外经济活动中收取的回扣以及药品厂批差价的收入要全部入帐，不得直接用于科室分配和个人奖励。

二是加强医疗卫生单位的收入管理。规定医疗单位的各项收入均属于国家预算内资金；对医疗单位开展的业余医疗服务，全额预算管理单位开展的有偿服务，以及社会办医举办第三产业或小型工副业等，在财务管理和会计核算方面作了规定。

三是加强医疗卫生单位奖励基金的管理。要求在奖金分配上不得单纯以收入作为分配的主要依据，要根据工作数量、质量、医德医风及服务态度等各项管理指标综合考评，进行分配；卫生主管部门要加强对医疗卫生单位奖金发放的计划管理，医疗卫生单位发放奖金（含业余医疗、有偿服务收入提成），必须报卫生主管部门审批。

四是加强医疗卫生收费管理。要求各地卫生、物价和财政部门互相配合，认真清理、核定医疗卫生收费项目和标准，收费项目、标准一经核定后，必须严格执行；卫生主管部门要设立专门机构或专人，负责医疗卫生收费的日常工作；医疗卫生单位要严格执行物价政策和医疗卫生收费标准，主要医疗卫生项目的收费标准要张贴公布，接受社会监督。

五是加强卫生计财主管部门宏观管理职能。要正确处理宏观管理和微观管理的关系，把工作重点逐步转移到宏观管理的轨道上来。当前，要针对卫生事业经济及财务管理中存在的倾向性问题，进行深入调查研究，进一步完善符合本地区实际情况的经济政策和各项财务管理规定。

（刁　蔚）

【卫生事业综合效益评价工作逐步展开】

当前，提高现有卫生资源和卫生服务利用效益，切实做好卫生事业综合效益评价工作已成为适应深化卫生改革和强化卫生事业宏观管理职能的需要，成为卫生工作中亟待解决的重大实践问题。为此，在尝试开展部分效益评价工作的基础上，1990年卫生事业综合效益评价工作开始向全国范围内扩展。

年内，制定了《关于开展卫生事业综合效益评价工作的意见》。要求各地要进一步开发领导层，逐步树立开展卫生事业综合效益评价工作的观念，并加强领导，积极调配力量，尽快开创工作局面。目前，全国已有21个省、自治区、直辖市、计划单列市卫生厅（局）配备了专（兼）职从事效益评价工作的人员，有的省已经选择若干领域开展了评价工作。从总体上看，全国卫生事业综合效益评价工作已有了一个很好的开端。

在有关省、市和部门的协同配合下，还开展了若干项目的效益评价工作。如，对医疗机构综合效益评价指标的研究及论证工作，经过反复筛选、同行评议、专家论证和多次座谈讨论，初步拟定了“县级医院综合效益评价指标”，并在一定范围内选择较大样本群进行了试填，目前正对试填结果进行数据处理和论证工作；开展了冷链关键设备质量及损耗状况的研究论证工作，通过制订课题操作方案、选点、培训现场操作人员和实地检查督促等，该项工作已在全国11个省、自治区、直辖市全面展开。

总之，虽然综合效益评价工作涉及领域较多，技术性较强，工作开展起来难度较大，但由于上下努力和配合，目前该项工作已有了一个很好的起步。随着对综合效益评价工作重视程度的不断增强，它将对卫生行政部门的宏观决策和宏观指导发挥越来越重要的作用。

（王玉洵）

【召开全国公费医疗管理改革工作经验交流会】

1990年8月26～30日，卫生部、财政部在吉林省长春市联合召开了第2次全国公费医疗管理经验交流会议。各省、自治区、直辖市、计划单列市卫生厅（局）、财政厅（局）、公费医疗管理办公室及有关部委的近200名代表出席了会议。

会议传达学习了国务院总理李鹏关于公费医疗改革的重要指示，听取了财政部副部长刘积斌代表两部回顾总结3年来公费医疗管理和改革的工作报告及卫生部副部长何界生代表两部作的会议总结，交流了各地公费医疗改革的经验、做法和体会。会议肯定了下列做法：吉林、河南、辽宁等省在实行医院管理公费医疗经费和建立公费医疗门诊部的基础上，进一步深化改革，推行个人负担少量医药费的办法；北京、天津领导重视，积极开展监督检查，敢抓敢管，大胆处理违纪案件和综合治理整顿，严格控制药品过度消耗的做法；上海实行医院代管经费，实事求是地合理调整公费医疗经费定额标准和江西省九江市共同管理、分级负责的办法；海南、吉林、内蒙古等地领导干部、离休干部和医疗照顾对象，顾全大局，以身作则参加改革，和一般职工一样，个人负担少量医药费的做法；大连市针对工作中的问题、难点和群众反映的热点，积极开展调查研究的做法；沈阳市重视预防保健，积极开展卫生宣传教育，提高干部职工自我保健能力的做法。会议期间，与会代表还参观了吉林省农安县公费医疗管理和改革现场。

会议要求各地要加强对公费医疗管理工作的领导，不断完善内部管理体制。坚持综合治理，在公费医疗管理工作涉及的各个环节上建立起有效的责、权、利相结合的相互制约机制。只要医疗卫生单位合理、有效、节省地利用卫生资源，财政部门合理地确定经费定额，对享受单位和个人的不合理需求加以必要的约束，公费医疗管理部门严格管理，加上医药生产、供应、销售等其它环节的配套改革，公费医疗管理的良性循环机制就一定能够较快地建立起来。

（张成玉）

【四平市职工医疗保险制度改革试点起步】

四平市是国务院批准的4个医疗保险制度改革试点城市之一，也是率先出台的第一家。自1988年10月被确定为医疗保险制度改革试点城市后，四平市委、市政府多次召开会议研究改革方案，主管副市长亲自指导、部署工作。该市成立了医疗制度改革调研组，先后组织力量对市直机关和企事业单位602个进行了全面调查。

四平市享受公费医疗与劳保医疗人员216 791人，其中：在职职工135 235人，离休干部1 280人，退休人员21 746人。另外，还有企业职工供养的直系亲属58 530人。1988年医疗费支出总额为2 123.2万元，占工资总额的11.5%，年人均支出97元；其中：劳保医疗支出1 935.3万元，占工资总额的12.1%，年人均支出96元；公费医疗支出187.9万元，占工资总额的8%，年人均支出96元。

在调查摸底的基础上，制定了《四平市医疗保险改革试行方案》及实施管理细则。试行方案的主要内容为：①建立保险基金。保险基金由国家、单位、个人共同筹集，以国家、企事业单位为主。本着“以支定筹，略有结余，一年一定”的原则。国家机关、事业单位1990年人均公费医疗标准按80元；企业按上年职工工资总额的9.5%税前提取。②职工看病，个人负担部分医疗费。如门诊挂号费及自费药品一律由个人负担；在职职工和建国后参加工作的退休职工，门诊医疗费个人负担10%、住院医疗费负担5%，年个人负担医疗费最高限额为70元。人体器官移植、安放心脏起搏器和应用“高、精、尖”仪器检查、治疗所需费用，按卫生部、财政部文件，二等乙级以上革命残废军人、建国前参加工作的离退休职工、市政府命名的特等劳动模范、省或国家命名的劳动模范和中央军委命名的战斗英雄；国家规定的烈性传染病和其他免费治疗病种、职业病、工伤、计划生育手术等医疗费用全部报销。③整顿医疗单位，坚持定点医疗，取消两种收费制度；医疗经费由医疗保险机构核定给定点医疗单位包干（癌症、尿毒症除外）使用，结余留用，超支不补。④建立管理机构。成立职工医疗保险制度改革领导小组，下设办公室（由卫生局代管）负责具体工作。⑤实施范围和时间。采取分步到位和分批实施。1990年4月1日起，在市直享受公费医疗机关、事业单位实行；企业中的机械、冶金系统从1990年6月1日起实行。

上述试行办法经过几个月的试运行，已初见成效。总的看来，医疗费过快增长的速度基本得到控制；医院服务质量有所改善，大病、重病的医治基本得到保证；医疗费用结构比较合理；确定了医疗保险管理体制和管理机构，成立了四平市职工医疗保险制度改革领导小组及管理办公室。

《四平市医疗保险改革试行方案》指导思想明确，群众反映较好。但由于刚刚起步，有些问题尚未反映出来。方案内确定6月1日出台的两个企业系统，由于种种原因未能按期出台。目前，该市正在积极总结经验，以便及时发现问题，进一步完善医疗保险改革试点方案。

（乔勤增）

【改革大型医学影像设备CT、MRI引进工作】

卫生部在过去工作的基础上，对大型医学影像设备CT、MRI引进工作进行了改革。主要做法是：①委托中华医学会放射学会组织大型医学影像设备引进工作专家组。该专家组成员已经卫生部聘任，每届3年。②进一步明确了行政管理部门、专家组和外贸部门的各自职责、权限及互不干扰工作的原则。行政部门负责装备布局、规划、年度计划指标分配，以及综合协调工作；专家组负责引进设备选型论证，评审申请单位的有关工作条件、技术条件和服务需要，从而评议其装备档次，并根据国内外有关技术发展情况和市场、商情动态，向行政管理部门提供咨询和建议；外贸部门负责经分配、评审后决定装备的签约。

这项改革对进一步贯彻中央治理整顿方针，提高办事透明度和决策科学化、合理化，从而进一步调整装备布局和结构，相对统一进口机型，选择、引进适宜技术，节约外汇，促进民族工业发展起到了较好作用。

（庄京杰）

【两所重点医院竣工验收】

国家为推动和促进卫生事业发展，加强城市医院建设，在“七五”期间安排专项投资33 205万元，对北京、上海、天津、南京、沈阳等地的11所具有专科特长的西医综合医院进行了重点改建、扩建。继北京天坛医院、天津医学院附属医院1989年竣工之后，1990年底上海医科大学中山医院、中国医科大学第一附属医院亦已竣工验收。

上海医科大学中山医院重点建设工程，国家安排专项投资3 345万元，扩建面积35 000平方米，扩建后增加床位160张，重点加强了外科病床、设备和治疗手段方面的建设；中国医科大学附属第一医院，国家投资3 522万元，扩建面积25 000平方米，扩建后增加床位150张，重点加强了肿瘤、呼吸和血液3个专科的建设。

在中央和地方政府的关怀支持下，各医院克服材料调价因素，调整不合理设计，降低高标准装修，在施工过程中，基建管理人员严格把好质量监督关，顺利完成了工程的竣工验收。

（董永青）

【全国卫生事业房屋调查结束】

全国卫生事业房屋调查工作经过两年多的努力，圆满结束，于1991年1月23日在北京召开了总结大会。30个省、自治区、直辖市卫生厅（局）长参加了会议，何界生副部长到会做了重要讲话。

本次房屋调查工作始于1988年10月，分为两个阶段进行，即调查阶段和汇总分析阶段。调查于1990年年底结束。调查范围包括全国50张床以上乡卫生院在内的卫生部门和集体所有制的卫生机构，以及含其他部门在内的所有高、中等医（药）学院校。调查内容包括卫生机构基本情况；单位占地面积、房屋建筑面积；现有用房中各年代建成面积、各种结构房屋面积；房屋产权情况；危房面积等。调查结果如下：

这次调查卫生机构23 551个；卫生及医学教育人员275万人，其中离、退休人员28.9万人；在校大、中专学生64.7万人；实有床位143万张；日平均门诊人次365万人次，年出院人数2 609万人。总占地面积29 074万平方米，总建筑面积11 680.52万平方米，其中医疗服务用房7 771.2万平方米，卫生防疫用房744.8万平方米，妇幼保健用房221.6万平方米，医学科研用房188.9万平方米，高等医学教育用房789.3万平方米，中等医学教育用房760.5万平方米。在总面积中，危房面积533.74万平方米，占4.57%；1949年以前的建筑面积454.5万平方米，50年代建筑面积1 285.6万平方米，60年代建筑面积1 144.3万平方米，70年代建筑面积2 823.4万平方米，80年代建筑面积5 972.6万平方米。在总面积中，框架结构建筑908万平方米，混合结构建筑7 333万平方米，砖木结构建筑3 013万平方米，土坯结构建筑270万平方米，其它结构建筑157万平方米。

调查结果表明，80年代卫生部门基本建设得到较大发展，其中县以上卫生机构发展较快，预防保健用房建设也受到重视。但乡级卫生机构建设有所削弱，地区之间卫生事业基本建设发展很不平衡，越是基层，房屋质量越差。危房问题已成为一个相当严重的问题，越是基层，危房所占比例越大，经济较发达地区和中心城市，危房也有潜在发展趋势。职工住宅问题，全国卫生事业单位职工的居住水平太低。

综合分析，提出6个亟待研究问题和7点建议：①建国以后，特别是进入80年代以来，我国卫生事业得到了发展，但是医疗卫生机构房屋现状，与人民群众日益增长的医疗保健需要和“2000年人人享有卫生保健”目标之间尚存较大差距。②卫生事业内部房屋结构比例中，防疫、妇幼和中等医学教育急需加强。③农村县乡级和“老少边穷”地区卫生机构房屋问题亟待解决。④限期改造大量危险房屋已迫在眉睫。⑤按合理标准配套建设职工住宅。⑥制定并严格执行医疗卫生机构建设标准。为此，今后应①继续保持和增加对卫生事业的投入。②在当前实行分级管理和“分灶吃饭”投资计划体制下，加强投资计划的宏观指导和调控，除各地根据实际可能增加卫生基建投资外，中央宜对“老少边穷”地区实行重点扶持和投资“倾斜”政策，缩小东、西部医疗卫生事业发展的差距。③继续注意基层特别是农村卫生事业的发展，使乡卫生院得到巩固和加强。④严格房屋建设的质量要求。⑤尽快制定较为合理的医疗卫生机构分级建设标准。⑥分期分批重点解决现有危房问题。⑦增加对卫生事业单位职工住宅的投资。

（于　冬）

【卫生系统经济负担调查】

1990年4、5月份，卫生部对京、津、黑、沪、浙、皖、赣、鲁、鄂、川、陕及大连、南京等13个省、市453所县及县以上医疗卫生机构的额外经济负担情况，进行了专题调查。

1. 额外经济负担的基本情况　据不完全统计，453个单位，1989年的各种非正常经济负担项目共计80种，其中包括税收10种，基金4种，规费13种，集资摊派53种，加上6种主要能源材料超定额消耗增加的支出，共计增加医疗卫生单位费用支出5 520万元。其中：缴纳的各种税金、基金、规费共计963.8万元，占额外经济负担的17.5%。其中税金190万元，基金440.3万元，规费333.5万元。地方性集资、摊派1 209.9万元，占额外经济负担的21.9%。其中，办教育289.3万元，能源、电力建设219.7万元，水利、防汛35.3万元，广播、电视36.9万元，邮电通讯74.4万元，道路桥梁建设65.6万元，治安联防、消防50.4万元，绿化47.8万元。其它还有名目繁杂的赞助项目，如：教师节、妇女儿童工作、市容改造、街道办公与建房、计划生育、粮店建房、公安派出所基建及购车辆和服装、蔬菜基地建设、农业开发等。能源材料“超”定额消耗加价，增加支出3 346.3万元，占额外经济负担总额的60.6%。大部分地区未考虑医疗卫生单位的实际情况，能源供应定额过低，个别医疗卫生单位甚至根本无计划内平价供应能源的指标。如453个单位的煤炭定额供应只占实际消耗的56.8%，电定额供应占68.9%，汽油定额供应占48.7%。

2. 额外经济负担对医疗卫生机构的影响　此次调查的医疗卫生机构，约占全国卫生部门所属县及县以上医疗机构总数的6.7%。以此推算，县及县以上医疗单位的额外经济负担高达8.3亿元（如包括区、乡卫生院，则高达13.4亿元），分别占全国医疗机构财政差额预算拨款的36.9%或大修大购专项拨款的67.5%，表明相当一部分国家预算补助被各种非正常的额外支出所抵销。

额外经济负担，严重影响了医疗卫生工作的正常运行，造成资金不能正常周转，无力购置和维修常规设备和房屋。另据调查，目前全国医疗卫生系统的危房约占卫生系统房屋总面积的10%。一些医疗单位甚至出现了入不敷出，无力购置药品和燃料，造成病房、产房、手术室、婴儿室冬季无法供暖的情况。

就此，卫生部向国务院提出专题报告：建议国家明确对医疗卫生机构免征能源交通重点建设基金、国家预算调节基金、医疗卫生业务设备（含专业车辆）的进口税，以及国外无偿赠送业务设备（含专业车辆）的调节税。对医疗卫生负担的其他税收、基金和各种规费，也应予以清理，免予征收。个别不宜取消的给予减、缓等优惠政策。

（张成玉）

【颁发《县医院基本建设管理和设计要点》】

十一届三中全会以来，各地陆续新建、改建、扩建了一批县医院。但由于长期以来对县医院建设缺乏系统管理，致使某些医院盲建、乱建，有的搞超标准装修而不考虑实用等。为加强对县医院建设的宏观控制，使之规划建设逐步做到科学化、规范化，不断提高设计水平，本着实用、经济、适当考虑美观的方针，既合理利用卫生资源，满足医疗工作需要，又符合医院建筑设计的卫生学标准，1987年卫生部颁发了《县医院基本建设管理和设计要点》（以下简称《要点》）讨论稿和试行稿。针对执行过程中出现的问题，对《要点》部分条款进行了必要的修改和补充，并于1990年4月由卫生部和建设部正式颁发执行。《要点》包括两部分内容：

一、县医院的建设管理

1．严格按国家规定的基本建设程序办事。县医院建设，一般要经过以下几个阶段：①可行性研究；②编制设计任务书；③招标或委托设计，确定设计方案，审查扩大初步设计及概算、施工图及预算；④建设准备；⑤计划安排；⑥招标施工；⑦竣工验收，交付使用。

2．组织强有力的基建班子。凡有建设任务的县医院，都要组织熟悉医院管理和基建管理的医、护、技术人员，以及有设计、工程和经济管理人员参加的强有力的基建班子，并与设计、施工单位密切配合。这是搞好医院建设的关键。

3．加强行业把关和审批制度。上级主管部门要从卫生行业角度对县医院的建设进行宏观控制。审查确认后，方可由地方政府行使审批权。

4．加强施工管理，保证工程质量。

二、县医院的建筑设计

1．县医院总体规划和设计应执行《综合医院建筑标准》和《综合医院建筑设计规范》。

2．要认真编制和执行总体规划。总体规划布局要合理，要有一个较理想的自然发展轴线，适当留有发展用地，并注意节约用地。医疗、服务、生活功能分区应明确。流向要符合清污分开的原则，避免交叉感染。改、扩建要充分利用原有建筑设施，不要盲目乱拆、乱建。

3．坚持适用、经济、美观原则。医院建筑要做到方便病人，有利医、护及管理工作。

4．医院建筑宜根据占地面积和地形特点，使门诊、医技、住院三部分建筑相对集中。医技部门应便于门诊及住院共同使用，集中管理。

5．医技部门设计应保持开放尽端，注意留有发展余地。如有条件可采用框架结构，以增加使用的灵活性。

（郑 岩）

【1990年税收财务物价大检查】

连续5年的税收财务物价大检查，对严肃财经纪律，平衡财政收支，稳定物价，惩治腐败，促进改革开放起了积极作用。但是，部直属单位内部违反财经法纪现象仍有发生。为此，根据国务院关于开展1990年税收财务物价大检查工作的通知精神，成立了以何界生副部长为组长，办公厅、计财司、审计局、监察局等单位领导参加的税收财务物价大检查领导小组，下设办公室负责日常工作；并要求直属单位组成相应机构，配备必要的检查人员，坚持违法必究、执法必严、实事求是、宽严适度的原则，深入细致地做好1990年税收财务物价大检查工作。

从9月下旬开始，各单位进行自查；在自查面达到100%的基础上，部大检查办公室抽调政治素质高、业务能力强的财会、审计人员对一些单位进行了重点检查，共查出违纪金额543.032万元，应上交财政521.744万元，已上交入库521.744万元。

这次大检查，暴露出部直属单位存有财经法规、制度掌握不严，会计人员业务素质偏低，内控制度不完善，货币资金存储不当等问题。部大检查领导小组同计财司将按照卫生部、财政部、国家物价局《关于在治理整顿中进一步加强医疗卫生单位财务管理的规定》精神，结合会计"达标升级"工作，研究制定部直属单位加强财务基础管理和会计核算的措施，以及收入管理、奖励基金管理的具体办法，并做好经常性监督检查，促进和改善财务管理工作。

（赵自林）

【清理整顿公司工作完成】

自1989年8月中共中央、国务院作出进一步清理整顿公司的决定后，卫生部重新调整并加强了部清理整顿公司办公室工作。在充分调查研究的基础上，摸清了部属公司的总数、类型及基本情况，并按全国清理整顿公司领导小组办公室的要求和公司撤并留原则，对部属公司逐一进行了审查，如期上报了部属公司撤并留方案。

卫生部原有各级各类公司74个（不包括中外合资公司9个、管理型劳动服务公司8个和6个生物制品研究所），其中生产型1个，外贸型5个，物资供销型3个，科技开发型36个，劳动服务型26个，其他3个。通过清理整顿，保留公司53个，撤并19个，改为非公司经济实体2个。

卫生部清理整顿公司办公室针对部属公司存在的问题，提出了加强公司归口管理的建议，并结合卫生部门的具体情况，拟定了《卫生部及部属单位开办公司的若干暂行规定》。

（刘　莉）

【全面开展会计达标升级工作】

会计达标升级工作是加强会计基础工作，提高会计业务水平，逐步实现会计工作规范化、科学化、现代化的有效途径，也是贯彻治理整顿、深化改革方针的一项具体措施。根据财政部《会计工作达标升级试行办法的通知》精神，结合我部具体情况，1990年下发了《关于全面开展会计达标升级工作的通知》。要求凡实行独立核算的部属企、事业单位都应按照财政部规定，认真考核、确认会计工作等级（四级——达标、三级、二级、一级）。

部直属单位的会计达标升级工作分为4个阶段进行，即准备阶段、自检阶段、申报考核阶段、复核确认阶段。会计达标升级工作实行统一领导，分片活动，部统一考核确认。从1991年第2季度开始，年底完成。凡经考核仍不具备达标条件的限期进行整顿。

（陈桂芝）

【部直属单位首批会计证颁发工作结束】

会计证是会计人员从事会计工作的资格证书，也是主管部门管理会计人员借以登记注册的依据。为切实加强对会计工作和会计人员的管理，根据财政部关于《会计证管理办法（试行）》的通知精神，结合卫生部具体情况，下发了关于《实行会计证管理办法》的通知，要求各部直属单位自1991年1月

1日起，凡未取得会计证的人员原则上不得在会计岗位上独立担任工作。

卫生部颁发会计证的范围是：部直属企、事业单位财务机构中专职从事会计工作的人员，审计、监察等部门从事财务会计工作的人员。今年首批颁发会计证的对象是：①目前在会计岗位上工作，并取得会计专业任职资格的会计人员；②财经专业、中专以上毕业，并已在会计岗位上工作满1年的会计人员。截止到目前，首批颁发会计证工作已基本结束，共有2 448名会计人员领取到会计资格证书。

对尚未评定会计专业职务任职资格，又不具备中专以上财经专业学历的人员，卫生部已另下发专业知识考试复习范围，并将于1991年2月统一命题，统一考卷，统一部署，组织考试。经考试合格，并符合发证条件的可申请颁发会计证。

（陈桂芝）

【全国卫生计划财务工作会议】

卫生部于1990年8月22～25日在长春市召开了全国卫生计划财务工作会议。各省、自治区、直辖市、计划单列市卫生厅（局）计划财务处长及有关部门的领导约60余人出席了会议。卫生部副部长何界生到会并做了总结讲话。

会议交流了各地自1988年以来，卫生计划财务工作贯彻治理整顿、深化改革方针，加强财务管理、财务核算的情况及经验；交流了制订卫生事业“八五”计划和十年规划设想及加强计划管理工作的经验；讨论修改了卫生部编制的《卫生事业第八个五年计划及二〇〇〇年规划设想（草案）》和草拟的《关于在治理整顿中进一步加强医疗卫生单位财务管理的规定》、《关于开展卫生事业综合效益评价工作的意见》等3个文件。

何界生副部长在总结讲话中，回顾了3年来卫生计划财务管理工作情况，肯定了成绩，总结了经验，指出了目前存在的主要问题和困难，并对今后进一步加强计财工作提出了意见和要求。她要求各地要坚定不移地贯彻中央关于治理整顿深化改革的方针，配合有关方面抓好卫生行业的治理整顿；卫生部门的领导人要认清形势，对当前存在的问题和困难估计充分，要真正有过“紧日子”的气氛和紧迫感，认真克服急于求成思想，把过高过热的经济需求降下来，支持国家，共度难关；要更新观念，改进方法，做好卫生事业计划的编制和管理、实施工作；要逐步开展好卫生事业综合效益评价工作。最后，她要求各级卫生部门领导一定要重视和注意发挥计财部门的职能作用，切实加强计财机构和队伍的建设；支持计财部门和计财工作者认真执行国家财经纪律及各项规章制度，为其创造良好的工作环境；同时，计财队伍要不断加强自身思想建设、业务建设和廉政建设，全心全意为人民服务，牢固树立无私奉献精神，努力做好本职工作。

（张成玉）

【部直属单位基建、财务工作会议】

1990年1月11～14日，在长春白求恩医科大学召开了部直属单位基建、财务工作会议。会议主要传达了全国计划会议和财政工作会议关于压缩投资、削减经费的指示精神，并据此部署和安排落实了部直属单位1990年基建、财务工作计划。卫生部副部长何界生到会并做了重要讲话。她着重强调了国家经济形势的严峻性、治理整顿的艰巨性和过几年紧日子的必要性，要求各单位理解国家困难，统一思想认识，既正视面临的种种困难，又振奋精神，安排好经费压缩后的工作。

7月10～13日，在沈阳中国医科大学召开了本年度第2次部直属单位基建、财务工作会议。会上，基建系统总结、交流了10年基本建设经验，调整了1990年基本建设投资计划，商讨、制定了1991年及“八五”基本建设计划（草案）。财务系统总结、交流了一年来在压缩经费10%的情况下，如何搞好治理整顿、加强基础管理和开展双增双节工作的经验，商讨了业余服务管理办法。计财司司长魏颖在总结讲话中强调指出，在经费持续压缩的情况下，要努力开展双增双节工作，提高卫生投资的使用效益，走效益型卫生事业发展道路。代表们还讨论了部清理整顿公司办公室提交会议的《卫生部及部直属单位开办公司的若干暂行规定》；通过了《会计单位达标升级实施细则》、《会计证管理办法》等。此外，在这次会议上，还成立了部直属高等院校基本建设学会。

（叶德惠　孙学军）

【卫生部、国家中医药管理局联合召开直属单位设备管理工作会议】

卫生部计划财务司和国家中医药管理局综合计划司于1990年10月24～28日，在烟台市召开了直属单位设备管理工作会议。会议的主要议题是：贯彻党的十三届五中全会精神，回顾和总结10年来仪器设备管理工作取得的成绩；交流工作经验；讨论《卫生部直属单位仪器设备管理实施细则》和《设备管理人员工作守则》；讨论研究治理整顿期间，特别是1991、1992年如何进一步深入开展仪器设备管理工作等问题。卫生部计财司副司长宋连仲做了会议工作报告和总结，并结合与会代表的意见对今后仪器设备管理工作提出了要求。

会议期间，完成了第1次卫生部直属单位万元以上仪器设备数据计算机汇总工作。

（庄京杰）

【国家医疗制度讲习班】

由卫生部和世界卫生组织共同举办的"国家医疗制度讲习班"于5月14～20日在北京举行。讲习班邀请国外著名卫生经济、卫生管理专家授课。学员分别来自国家医疗制度改革试点城市的卫生、财政、劳动、工会、体制改革委员会等部门。国家卫生部、财政部、劳动部、人事部、国家医药管理局、总工会、体制改革委员会、中国人民保险公司、中央组织部等也派人参加了讲习班。举办本次讲习班的目的是使学员系统了解国外医疗保险理论、保险制度概况，通过分析不同国家、不同形式医疗保险制度的历史、现状及利弊，为研究我国医疗保险制度改革提供借鉴。

讲习班采用专家授课与小组讨论相结合的形式，以授课为主。授课内容涉及以下几方面：①健康的广义概念，影响健康的主要因素。②卫生保健部门经济活动结构以及效率和公平性分析。③医疗保险的基本概念、主要模式、保险费用的筹集方式、分配形式以及管理。④介绍亚洲一些国家医疗保险的历史、现状、问题及解决问题的办法。⑤医疗保险费用控制问题。讲习班还就讲课内容，结合中国的实际情况进行了广泛的研究讨论，并积极探索我国医疗制度改革的路子。

（夏应坚）

【WHO 医院设备管理与维修讲习班】

1990年10月29日至11月7日，卫生部计财司与 WHO 在中国烟台联合举办了"医院设备管理与维修讲习班"。参加讲习班的有 WHO 医学管理专家、卫生部计财司、国家中医药管理局计财司和总后卫生部的有关领导人，以及卫生部、国家中医药管理局所属院校附属医院的有关负责人等。

讲习班采取集中授课、分组讨论形式。外国专家与学员就以下问题进行了研讨：①设备管理综述——政策、计划、选择、采购和维修；②国家医院的设备管理和维修之基本设施和加强保健技术的方针；③发展和加强人类资源及技术信息体系；④质量保险、技术信息系统的应用和有关医疗设备标准的准则库的清单及有计划的保险体系；⑤问题的鉴定及效益评估等。

（王曼莉

【医疗设备进口业务培训班】

卫生部计划财务司于1990年7月27～29日，在长春白求恩医科大学举办了部直属单位医疗设备进口业务培训班。

近年来，先进医疗设备的引进，对我国医学科学的发展起了重大作用，而进口设备业务人员素质，包括了解国家在引进工作中的政策、掌握大量市场信息和熟练掌握进口业务，构成了进口设备引进成功与否的要素。针对部直属单位在引进工作中存在的问题，该培训班聘请国务院机电设备审查办公室、国家医药管理局、卫生部进出口公司等有关部门的专家、教授以《进口设备审查原则及现行的方针政策》、《机电设备（医疗器械）审查原则及过程》和如何填报国外订货卡片等为题，对卫生部及国家中医药管理局直属25个单位的设备处长和进口业务员进行了授课、辅导及测验。

（杨　军）

【为从事卫生计财工作30年以上人员颁发荣誉证书及表彰先进人物】

首次对全国卫生部门从事卫生计财工作30年以上人员颁发荣誉证书，及对在卫生计财岗位上有突出贡献的先进人物进行表彰奖励的活动，于1990年进行。评选条件由卫生部计财司统一制定。经过自下而上的核报和评选，全国卫生系统共有2508人获得卫生计财岗位工作30年荣誉证书，353人被评为先进人物。

（叶德惠）

【中国医疗卫生建筑研究会成立】

中国医疗卫生建筑研究会成立大会暨第1届会员代表大会于1990年9月11～13日在南京召开。60位来自全国15个省、自治区、直辖市卫生厅（局），11个甲级设计院以及有关部门的代表出席了会议。卫生部部长陈敏章、副部长何界生、中国卫生经济学会、中国建筑学会、中国建筑学会建筑师学会分别发来贺电或贺信。

研究会的宗旨是：坚持四项基本原则，团结广大科技管理人员，积极开展对医疗卫生现代化建筑的研究，提高医疗卫生用房的建筑设计水平，为医疗卫生事业的发展做出贡献。该研究会的任务及今后的主要工作是：配合今后10年卫生工作重点，研究加强农村三级医疗预防保健网的建设标准、建筑规范、建筑设计以及基本建设管理等应用课题，同时重视大中型医院建筑设计、经济效益等理论问题的探讨；加强国际、国内的信息交流与协作。该研究会办事机构设在卫生部计划财务司基建处。

（郑　岩）

【部直属高等院校基本建设学会成立】

卫生部直属高等院校基本建设学会成立大会于1990年7月在中国医科大学召开。学会的宗旨是：认真贯彻执行基本建设的各项方针政策，团结和组织部属高等院校基本建设战线上的广大技术人员、管理人员，开展高等医学院校基本建设工作的理论研究，探索基本建设规律，总结经验，研究基本建设管理体制改革和管理办法，进行学术交流和技术咨询，加强业务培训，提高从事高等医学院校基本建设工作人员的业务水平和工作能力。

学会的主要任务是：①结合卫生系统基本建设实际情况，对部属高校的校园规划和校舍、医院建筑的技术规范、定额标准进行调查研究。对基本建设工作中带共性的重大问题进行综合分析，研讨出切实可行的解决意见。②加强部属高等医学院校之间的联系，共同研究、总结、交流各单位在工程设计、施工管理、预决算审核、计划财务、材料设备管理、技术档案、电子计算机应用等方面的经验，并推广先进的、具有普遍指导意义的经验。③开展学术讨论，组织学术报告会，对基本建设工作的成功经验要不断从理论上进行总结。沟通信息，加强协作，编辑出版学会会刊，介绍国内外高等学校建设、医院建设及基本建设的先进成果和经验。

④配合全国高等学校基本建设学会举办专业技术培训，提高会员的技术业务素质和管理水平。协助有关部门做好会员的业务考核和技术职称的评定工作。

大会选举产生了领导机构。卫生部计划财务司司长魏颖任理事长。学会下设施工管理、工程设计及概预算、物资设备管理、计划财务 4 个专业学组，成立了《医教基建研究》编委会及一个专家顾问组，确定了各机构的具体负责人选。该学会办公室设在武汉同济医科大学基建处。

（齐贵新）

【中苏两国卫生经济学者首次交流】

（参见本卷 287 页）

【卫生系统内部审计工作】

卫生系统内部审计机构组建 5 年来，审计工作和基础建设均有一定发展。部直属单位已建机构 46 个，配备审计人员 118 人，部分卫生主管部门及大、中型企、事业单位也逐步建立了内审机构，初步形成了一支政治素质较好、业务水平较高的内部审计工作队伍。审计内容逐步从单一的财务收支审计，发展到经济效益审计以及结合行业特点的医疗收费审计；审计任务由单纯查帐转变为对各项经济活动的监督和服务；审计方法也趋向灵活多样，传统审计中核对、调查等方法同技术经济对比分析、定额测算分析相结合，审计效率和质量有所提高。卫生系统内部审计在维护财经纪律，加强廉政建设，纠正行业不正之风，促进卫生改革等方面发挥了积极作用。长春生物制品研究所审计室参与改革，所内经济活动都要由审计室事先根据国家有关规定提出意见，几年来未发生过严重违反财经纪律事件，没有因工作失误而造成经济损失。青岛市卫生局审计处在对医疗收费专项审计后，提出药费、住院费、化验费的收入不得与医生本人奖金挂钩的办法，较好地限制了乱收费。重庆市成立了重庆市审计学会卫生审计分会，积极开展审计学术活动。

（苗　梅）

健康教育与卫生出版

健康教育

【全国健康教育工作会议】

由全国爱国卫生运动委员会（以下简称“爱卫会”）和卫生部联合召开的全国健康教育工作会议于 1990 年 4 月 19～21 日在北京举行。全国爱卫会副主任、卫生部部长陈敏章在会上作了工作报告；广东省卫生厅及铁道部、全军爱卫会等十几个单位作了经验介绍。会议讨论修改了《全国爱卫会、卫生部关于健康教育工作的若干规定》（讨论稿）和《全国健康教育工作检查考核办法》（讨论稿）。会议在回顾总结过去几年健康教育工作发展状况和经验的基础上，就如何进一步加强健康教育工作提出了新的要求。会议要求各级业务和行政主管部门要充分重视健康教育工作，摆正这项工作在卫生工作中的重要位置，从人、财、物上保证这项工作的正常开展。会议强调健康教育工作是一项重要的社会性基础工程，需要全社会支持和人人参与。其次，会议针对我国健康教育工作仍然存在着的人员少、素质不高和工作基础薄弱等问题提出了开展多渠道多层次人才培训的要求以及提高健康教育工作质量，注重针对性、科学性和实效性的要求。

（彭通才）

【开展“第三个世界无烟日”活动】

1990年5月31日是“第三个世界无烟日”，这个无烟日的主题是“青少年不要吸烟”。为此中国吸烟与健康协会在卫生部召开了以“青少年不要吸烟”为主题的座谈会。国务院有关部委和科研教学单位的40余名专家学者和领导参加了座谈会，会议由中国吸烟与健康协会会长吴阶平教授主持。

世界卫生组织烟草与健康合作中心主任翁心植教授指出，1982年我国男性中学生吸烟人数占中学生总数的19%； 1986年占25%；1988年占36%；6年中增加了近1倍！按照目前吸烟情况的估计，到2025年，现在未满20岁的中国青少年约有5000万人将死于吸烟相关疾病。卫生部部长陈敏章指出，我国15岁以上人群吸烟率很高，男性高达61%，青少年吸烟占了很大比重，有些中学男生吸烟率甚至高达40%，青少年正处在生长发育阶段，对烟草中有害物质抵抗力比较弱，据调查，吸烟学生的学习成绩明显低于不吸烟学生。这对我们民族和社会是一个潜在危害。鉴于上述情况，我国政府正在组织起草有关烟草危害控制法，还将开展第二次全国吸烟情况抽样调查。全国妇联书记处书记杨衍银指出，香烟对人体的危害并不是只作用于吸烟者本人，而且会使在场的被动吸烟者受害，父母吸烟对儿童的危害更直接。为使儿童能在清新的空气中生活，为了使未来的一代都有健康的童年和青年，我们首先提倡妇女特别是孕妇不要吸烟，同时也应劝阻广大父亲和其它家庭成员不吸烟或不在家里吸烟，也希望在5月31日这一天大家都不吸烟，以真正的“无烟日”作为献给“六一”儿童节的最好礼物。国家教育委员会副主任邹时炎就控制青少年吸烟问题，要求学校要配合有关部门做好以下几项工作：一是要把吸烟危害健康的宣传教育和控制吸烟活动纳入学校工作计划；二是要结合学生行为管理，禁止中小学生吸烟、劝阻大学生吸烟；三是要求教师做表率，带头戒烟，不在学校、公共场所及有学生的场所吸烟。中国烟草学会副理事长兼秘书长郑旭说，在我们国家里，生产烟与戒烟从最终目的来说是没有矛盾的，我们并不反对戒烟和宣传控制吸烟的可行性措施。几年来，我们对控制吸烟实际上也做了一些工作。首先，国家对烟草生产采取了“寓禁于征”的高税政策，以抑制卷烟生产；其二，自1975年卫生部、中央爱国卫生运动委员会、商业部、轻工部联合通知以后，我们便停止了在广播、电视、报纸上的广告宣传；第三，从1981年起，国家先后成立了中国烟草总公司和国家烟草专卖局，统一管理全国的烟叶、卷烟生产和销售，关掉了300多个小烟厂，防止卷烟盲目发展；第四，我们响应了历次世界无烟日的号召；第五，我们参加了中国吸烟与健康协会，并对该组织的成立给予了一些财政资助。

全国各地举行了各种形式的纪念“第三个世界无烟日”的活动，如北京召开了高级医学名家反吸烟座谈会。

（乔　晰）

卫生出版

【卫生出版概况】

根据不完全的资料统计，1990年全国出版（包括教材在内）的医药卫生类新书1212种，比1989年的981种增加23.5%；出版医药卫生书籍的出版社已达199家，比1989年的161家增加23.6%。

在199家出版社中，出书品种最多的仍为人民卫生出版社，共出新书214种，占品种总数的17.7%。出书品种在20种以上的出版社有：上海科学技术出版社（81种）、科学技术文献出版社重庆分社（40 种）、江苏科学技术出版社（30 种）、人民军医出版社（25 种）、河北科学技术出版社（24 种）、甘肃科学技术出版社（24 种）、湖南科学技术出版社（23 种）。

全年出版的品种中，按性质分类为：教材 48 种、工具书 42 种、自编参考书 404 种，翻译书 58 种、中医药书籍 270 种、科普读物 365 种、其它书 25 种。

在这一年里，各有关出版社的教材、骨干工程、丛书、系列书等在原来的基础上陆续出版，如上海科技出版社出版的《中国医学百科全书》，又有生物医学工程学、针灸学、分子生物学、免疫性疾病、普通外科学、战时内科学、中医内科学、中医基础理论 8 个分册与读者见面。此外，各社还出版了一些学术水平较高、实用性较强的优质参考书，如人民卫生出版社出版的《免疫组织化学》、《基因工程技术在基础与临床医学中的应用》、《医学分子病毒学》、《临床细胞学》、《超微病理学基础》、《显微外科手术解剖学》、《实用新生儿学》、《骨与关节损伤》、《中国民族药志》、《中医医疗事故的防范与处理》、《食品卫生检验方法注释》、《英汉双解精选医学词典》、《林如高正骨经验荟萃》、《中医经络现代研究》、《黄元御医书 11 种》，科学出版社出版的《生物医学中的遥测技术》，上海科学技术出版社出版的《人体解剖图谱》，北京出版社出版的《针灸经络生物物理学》，人民军医出版社出版的《中药组织鉴别彩色图谱》，湖南科技出版社出版的《血液病造血组织病理学图谱》，辽宁科技出版社出版的《彩色多普勒血流显象图谱》，黑龙江科学技术出版社出版的《中国道地药材》，甘肃科学技术出版社出版的《实用流行病学》等等。

1990 年，医药卫生出版工作，除在国内获得了新的成就外，在对外合作方面也有所发展和突破。以人民卫生出版社为例，与香港商务印书馆有限公司联合出版的大型《中国本草图录》，连索引共 11 卷已全部出齐；除与已建立合作关系的美国、英国、法国、日本、德国、瑞士和香港地区出版界继续保持联系外，又与台湾的故乡出版公司、知音出版社、淑馨出版公司等先后建立了联合出版关系，至 1990 年底，联合出版的主要图书有：《气功大词典》、《实用内科学》、《中国针灸学》及中医高级教学参考丛书 20 种中的 13 种。这些图书的出版，不仅使海峡两岸的医学学术得以交流，而且对祖国的统一大业将会起到促进作用。

1990年医药卫生图书出版工作战线所取得的成绩，令人鼓舞，然而还有不足：①培养为基层服务的广大医务工作者，并不断提高他们的专业水平，是我们的一项重要任务，可是适合他们学习和提高需要的出版物，特别是系统培养的用书，深感不足。这方面的工作，关系到广大农民的健康问题，应采取措施，加强规划，统筹安排，具体落实。②为继承和发展祖国医药学，总结、整理和出版老中医的实践经验，是当务之急。虽然过去已出版了一些这方面的著作，但从质数量上看，还不能令人满意。时间紧迫，期望尽快地有更多的成果出现。③应加强选题的计划性和系统性，照顾到各门类、各层次的需要，使之成龙配套，以更有利于人才培养和医学事业的发展。④急待解决学术著作出版难的问题。学术著作，往往读者面窄、发行量小，出版难的问题确实存在，建议有关部门设立学术著作出版基金，专款专用，为学术著作的出版创造条件。

（郭有声　张明亮）

【WHO 书刊翻译和出版合作中心成立】

经世界卫生组织与我国政府磋商，于 1990 年 10 月 17 日正式确认人民卫生出版社为世界卫生组织书刊翻译和出版合作中心（WHO Collaborating Centre for the Promotion and translation of

WHO Publications)，该社社长董绵国同志为中心主任。

该社与世界卫生组织的合作始于1980年。10年来，双方合作不断加强和扩大。最初，双方只固定合作出版《世界卫生组织月报》及临时选择部分图书。自1984年起，根据我国卫生事业建设与医学科学发展的需要，该社开始有计划地选择WHO总部出版的部分期刊、图书进行翻译，并在国内出版。除了指定的期刊《世界卫生论坛》和《世界卫生组织通报》外，每年平均出版近20种技术专著和技术报告丛书等类图书。截至到1990年底共出版期刊、图书217种。

（刘秀珍）

【人民卫生出版社开展与台湾合作出版工作】

随着海峡两岸关系的发展，人民卫生出版社与台湾出版界交往日益增多。1988年以来，相继与台湾十几家出版社进行接触、交往和业务洽谈，并陆续与台湾多家出版社签订了医学图书合作出版协议。截止到1990年底共签订了在台出版发行42种图书的出版协议，有17种已在台湾出版。其中多数为中国传统医学图书，也有少量西医学名著，如《实用内科学》和《实用儿科学》。与台湾知音出版公司合作出版一套（共20卷）高等中医研究参考丛书，现已出版发行12卷，其中，有的已被台湾中医学院选为教材使用。

（林　靖）

【《中国本草图录》出版发行】

植物药专家肖培根教授主编的中草药彩色图谱《中国本草图录》，由人民卫生出版社和商务印书馆（香港）有限公司合作在香港出版，全书共10卷，从1988年10月开始出版第1卷，迄至1990年11月出版第10卷，是目前世界上介绍中国药用植物、动物与矿物品种最多的大型工具书。全书收载中草药和民族药5000种，每种药物均分别列明学名、科属来源、药用部分、形态特征、生态分布、采收加工、有效成分、性味功效、用途和用法、附注、文献等项，每个品种均附生态的彩色图片，以供鉴别。全书除正文10卷外，还附总索引一卷，编制有中文名索引、学名索引、科属分类索引等以方便读者检索。

（孙祖基）

【1990年全国卫生医药类图书统计表】

序号	出版社	合计	教材	工具书	参考书 中文	参考书 译著	中医著作	中医古籍	民族医药	科普书	法规标准	图谱	索引	其它
1	人民卫生出版社	214	15	11	87	16	33	19		28		5		
2	上海科学技术出版社	81	2	10	30		14	8		14		3		
3	科学技术文献重庆分社	40			7	2	13			18				
4	江苏科技出版社	30	1	2	16		2			9				
5	人民军医出版社	25			12	3	2			7		1		
6	河北科学技术出版社	24			9		9			6				
7	甘肃科学技术出版社	24			10		11			3				
8	湖南科学技术出版社	23	4		12		5			1		1		
9	辽宁科学技术出版社	19	1		9		1	1		6		1		
10	上海医科大学出版社	18			13	2	1			2				
11	上海科学技术文献出版社	18			6	1	5			5				1
12	黑龙江科学技术出版社	18			7	1	9			1				

序号	出版社	合计	教材	工具书	参考书 中文	参考书 译著	中医著作	中医古籍	民族医药	科普书	法规标准	图谱	索引	其它
13	科学出版社	17			7	3	2			4		1		
14	广东科技出版社	17		1	6		5			5				
15	华夏出版社	16	1	1	2		4	1		7				
16	江西科技出版社	16		1	5		4	1		4				
17	福建科技出版社	16			1		6			9				
18	北京科学技术出版社	15		2	3	1	4			5				
19	上海中医学院出版社	14		1			8	3		2				
20	中国科学技术出版社	14			1		1			12				
21	青岛出版社	14		1	10		2			1				
22	广西民族出版社	14			2		5	1	1	4				1
23	天津科学技术出版社	13		1	7		2			3				
24	科学普及出版社	13			3	1	1			8				
25	山西科学教育出版社	13		1	2		5			5				
26	科学技术文献出版社	12	1	1	3	2	3			2				
27	人民体育出版社	12				1	1			10				
28	北京出版社	11	2			1	2			5				1
29	四川科学技术出版社	11		1	3	1	2			4				
30	上海古籍出版社	10					1	9						
31	化学工业出版社	10	8	1	1									
32	上海翻译出版公司	9			1	6	1			1				
33	云南科学技术出版社	9	2		7									
34	科学普及广州分社	9			1		1			7				
35	重庆出版社	9			3		5			1				
36	内蒙古人民出版社	9			4	1	1			3				
37	学苑出版社	8			2		1			5				
38	高等教育出版社	7	3		2		1			1				
39	广西科学技术出版社	7	1		2		3			1				
40	同济大学出版社	6				1	1			3				1
41	新华出版社	6			1					5				
42	黑龙江人民出版社	6			4	1				1				
43	东南大学出版社	6			4					2				
44	文汇出版社	5			1		3			1				
45	上海科学教育出版社	5		1	3		1							
46	学术期刊出版社	5	2	1	2									
47	轻工业出版社	5			1		2			2				
48	甘肃人民出版社	5			2					3				
49	长春出版社	5			2		2			1				
50	浙江科技出版社	5			2			1		2				
51	河南科技出版社	5			1		2			2				

序号	出版社	合计	教材	工具书	参考书 中文	参考书 译著	中医著作	中医古籍	民族医药	科普书	法规标准	图谱	索引	其它
52	江苏广陵古籍刻印社	5						5						
53	山东大学出版社	5			4		1							
54	上海交通大学出版社	4			1	1	1			1				
55	百家出版社	4			2					2				
56	原子能出版社	4			1	2				1				
57	北京师范大学出版社	4								4				
58	国际文化出版公司	4								4				
59	中国经济出版社	4			1					3				
60	中国财经出版社	4			3					1				
61	湖南大学出版社	4			4									
62	云南民族出版社	4			2				2					
63	陕西科技出版社	4			3		1							
64	山西人民出版社	4						1		3				
65	海天出版社	4	1		2					1				
66	巴蜀书社	4					1			3				
67	吉林人民出版社	4			1					3				
68	兰州大学出版社	4			1					3				
69	沈阳出版社	4			1					3				
70	中原农民出版社	4			1		2			1				
71	广东高等教育出版社	4			2		1			1				
72	重庆大学出版社	4			1		2			1				
73	四川教育出版社	4			1					3				
74	上海人民出版社	3			1					2				
75	上海科学普及出版社	3					1			2				
76	天津翻译出版公司	3		2	1									
77	中国商业出版社	3	1			1				1				
78	中国青年出版社	3			1		1			1				
79	中国食品出版社	3		1	1					1				
80	知识出版社	3		1			2							
81	北京理工大学出版社	3					1			2				
82	民族出版社	3								3				
83	新时代出版社	3			1					2				
84	武汉出版社	3								2				1
85	浙江大学出版社	3			2									1
86	辽宁人民出版社	3		1		1				1				
87	陕西人民出版社	3								3				
88	新疆人民出版社	3			2		1							
89	厦门大学出版社	3			1		1			1				
90	浙江人民出版社	3								3				

序号	出版社	合计	教材	工具书	参考书		中医著作	中医古籍	民族医药	科普书	法规标准	图谱	索引	其它
					中文	译著								
91	青海人民出版社	3			2					1				
92	贵州人民出版社	3			2					1				
93	湖南教育出版社	3								3				
94	上海文化出版社	2								2				
95	上海三联出版社	2								2				
96	上海教育出版社	2								2				
97	天津人民出版社	2			1					1				
98	天津教育出版社	2								2				
99	劳动人事出版社	2			1					1				
100	中国林业出版社	2			1					1				
101	农业出版社	2				1				1				
102	社会科学文献出版社	2				1	1							
103	农村读物出版社	2			1					1				
104	中国计量出版社	2			1					1				
105	中国人大出版社	2								2				
106	长征出版社	2			1									1
107	对外贸易教育出版社	2					1							1
108	工人出版社	2				1				1				
109	金盾出版社	2								2				
110	文津出版社	2			2									
111	天则出版社	2												2
112	华中师范大学出版社	2			2									
113	江苏人民出版社	2				1				1				
114	湖北人民出版社	2			1		1							
115	武汉工业大学出版社	2								2				
116	世界图书出版公司	2			2									
117	四川人民出版社	2								2				
118	河北人民出版社	2								2				
119	吉林科技出版社	2	1							1				
120	湖南少年儿童出版社	2								2				
121	西南交通大学出版社	2			1					1				
122	鹭江出版社	2								2				
123	三秦出版社	2					1			1				
124	宁夏人民出版社	2			1					1				
125	湖北科学技术出版社	2			2									
126	上海少年儿童出版社	1								1				
127	华东师范大学出版社	1								1				
128	上海音乐出版社	1								1				
129	新蕾出版社	1			1									

序号	出版社	合计	教材	工具书	参考书 中文	参考书 译著	中医著作	中医古籍	民族医药	科普书	法规标准	图谱	索引	其它
130	天津大学出版社	1			1									
131	机械工业出版社	1			1									
132	中国人口出版社	1								1				
133	中国铁道出版社	1								1				
134	中国少年儿童出版社	1								1				
135	煤炭工业出版社	1								1				
136	经济科学出版社	1												1
137	中国社会科学出版社	1					1							
138	宇航出版社	1					1							
139	电子工业出版社	1								1				
140	地震出版社	1								1				
141	北京工业大学出版社	1					1							
142	求实出版社	1								1				
143	北京体育学院出版社	1				1								
144	中国标准出版社	1					1							
145	地质出版社	1								1				
146	世界知识出版社	1								1				
147	军事科学出版社	1			1									
148	团结出版社	1			1									
149	海洋出版社	1				1								
150	军事译文出版社	1								1				
151	中国科技大学出版社	1			1									
152	宝文堂	1								1				
153	解放军出版社	1				1								
154	华东工学院出版社	1								1				
155	安徽科技	1			1									
156	东北工学院出版社	1												1
157	湖北少年儿童出版社	1								1				
158	新疆大学出版社	1			1									
159	南京出版社	1			1									
160	西安交通大学出版社	1				1								
161	广西师范大学出版社	2			1					1				
162	北方妇女出版社	1			1									
163	山东人民出版社	1								1				
164	福建人民出版社	1								1				
165	延边大学出版社	1								1				
166	广西人民出版社	1								1				
167	北方妇女儿童出版社	1								1				
168	花城出版社	1								1				

序号	出版社	合计	教材	工具书	参考书 中文	参考书 译著	中医著作	中医古籍	民族医药	科普书	法规标准	图谱	索引	其它
169	黑龙江少年儿童出版社	1								1				
170	四川少年儿童出版社	1								1				
171	山东教育出版社	1								1				
172	山东科技出版社	1					1							
173	辽宁大学出版社	1			1									
174	云南教育出版社	1					1							
175	江苏教育出版社	1					1							
176	山东文艺出版社	1					1							
177	吉林文史出版社	1												
178	云南人民出版社	1					1							
179	贵州人民出版社	1	1											
180	成都电讯工学院出版社	1					1							
181	海峡文艺出版社	1								1				
182	新疆人民卫生出版社	1	1											
183	延边人民出版社	1								1				
184	西北工业大学出版社	1				1								
185	黑龙江教育出版社	1								1				
186	浙江大学出版社	1			1									
187	西北大学出版社	1			1									
188	石油大学出版社	1								1				
189	南海出版公司	1			1									
190	青岛海洋大学	1			1									
191	白山出版社	1			1									
192	中山大学出版社	1			1									
193	辽宁教育出版社	1			1									
194	中国矿业大学出版社	1			1									
195	南京大学出版社	1			1									
196	甘肃少年儿童出版社	1								1				
197	华东师范大学出版社	1					1							
198	华南理工大学出版社	1												
199	江苏美术出版社	1								1				
	总计	1212	48	42	404	58	217	50	3	365		12		13

此表根据《全国新书目》统计。

【1990年度全国医药卫生新书书目】

经络电冲击疗法文集：第三届全国经络电冲击疗法学术讨论会资料/中国经络电子医疗保健研究会编　山西科学教育出版社　3.60元

医学电子学/胡国虎主编　重庆大学出版社　3.11元

激光治疗/李世经编著　辽宁科学技术出版社　4.45元

实用心电向量图/田嘉泰，哈文懿编著　科学出版社　(精装)：23.00元

超声心动图基础、临床解剖学/（　）David J. Sahn，Fred Anderson 著；王志刚，李增高编译　四川科学技术出版社　6.20元

简明切面超声心动图学/苗兴禾，姜龙雨主编　黑龙江科学技术出版社　8.55元

核医学在临床各科的应用/（　）M. N. 梅赛等主编；沈钰如编译　上海翻译出版公司　（当代主治医师丛书）．7.95元

抗日战争时期——五师暨山东部队卫生防病概况/济南军区后勤部卫生部《新中国预防医学历史经验》编写组编　人民军医出版社　4.00元

核磁共振 CT/罗时葆编著　中国东南大学出版社　8.60元

实用激光医疗/麦嘉秉编著　科学普及出版社广州分社　3.00元

过量受照人员临床医学/孙世则主编　原子能出版社　12.30元

核医学仪器及其应用/黄宗祺等编著　人民卫生出版社　17.50元

核医学中患者的防护：国际放射防护委员会第3专门委员会工作小组报告/李树德译　原子能出版社　1.55元

介入放射学/陈星荣等主编　上海医科大学出版社　(精装)：15.00元

介人性放射学/吴恩惠主译　人民卫生出版社　(精装)：22.55元

临床X线诊断手册/孔庆德主编　上海科学技术出版社　(精装)：10.90元

胃肠道双对比造影术/高育璈，高元桂主编　人民卫生出版社　14.65元

周围血管疾病X线诊断及治疗/徐惊伯主编　上海科学技术出版社　19.55元

X线摄影及暗室技术手册：世界卫生组织基本放射系统　下册/（瑞典）T. Holm 等编；王汉卿，王建民译　人民卫生出版社　15.70元

探伤用射线防护技术/石磊主编　机械工业出版社　9.70元

医学超声原理与仪器/郑德连编著　上海交通大学出版社　高等学校教材　2.15元

第二次世界大战美军战伤救治经验：外科各卷摘译/吴公良，盛志勇主译　解放军出版社　(精装)

核医学/周申主编；王浩丹等编　人民卫生出版社　高等医药院校教材：供基础、预防、临床、口腔医学类专业用　2.85元

X线物理与防护/马延洪主编　人民卫生出版社　全国中等卫生学校教材：供放射医士、放射技士专业用　3.25元

实用激光医学/唐建民等主编　科学技术文献出版社重庆分社　3.50元

胃肠电研究进展：全国第一届胃肠电（运动）研究讨论会　张经济主编　甘肃科学技术出版社　6.60元

临床检验基础实验/石自明，陈林立主编　湖南大学出版社　供医学检验专业用　3.55元

临床检验正常参考值常用药物/苏镜波编　浙江大学出版社　(精装)：2.70元

医学检验多选题集：3570 题/王鸿利主编　上海科学技术出版社　6.40元

临床检验基础/李涤生主编　人民卫生出版社　高等医药院校教材：供临床医学类医学检验专业用　4.80元

临床生化超微量检验法/韩明伦主编　长征出版社　5.20元

医学细胞生物学/崔学增主编　河北科学技术出版社　5.50元

医用高分子/凤兆玄，戚国荣编　浙江大学出版社　3.50元

实用临床微循环学　上册/田牛等主编　军事科学出版社　7.50元

基础医学概论　上册/严明仁主编　山东大学出版社　高等卫生管理院校系列教材　8.80元

基础医学概论　下册/严明仁主编　山东大学出版社　高等卫生管理院校系列教材　9.50元

染色体病/夏家辉，李麓芸著　科学出版社　4.50元

血液学研究检查法/（日）青木延雄等编；孙素莲等译　科学出版社　(精装)：34.80元

血液流变学及其临床应用/陈槐卿著　四川教育出版社　（生物医学工程丛书；I/康振黄主编）(精装)：5.48元

医用实验动物学/施新猷编著　陕西科学技术出版社　11.80元

血液病造血组织病理学图谱/张志宏，杨崇礼主编　湖南科学技术出版社　(精装)：30.00元

人类疾病动物模型/(美) J. C. Jones主编；程鸿主译　上海医科大学出版社　4.85元

血型血清学及物证检验/吴梅筠主编；孙光云等编　云南民族出版社　9.80元

血液流变学/王天佑主编　新疆人民卫生出版社　高等医学院校选修课教材　2.30元

人体解剖图谱/高士濂，于频主编　修订本　上海科学技术出版社　(精装)：18.30元

系统解剖学/张朝佑主编　人民卫生出版社　7.60元

人体组织解剖学/北京师大等编　2版　高等教育出版社　高等学校教材　4.80元

人体解剖学及组织胚胎学、生理学、生物学/云南省卫生厅科教处编　云南科技出版社　乡村医生教材　13.00元

解剖学及组织胚胎学考题集/陈咨夔主编　人民卫生出版社　全国中等卫生学校教学参考书　4.00元

人体解剖生理学/隋顺霞，吕连升主编　山东大学出版社　高等学校试用教材　6.75元

临床神经解剖学/(挪威) 布劳德 (Brodal, A.) 著；韩风岳等译　科学出版社　(精装)：38.70元

人体解剖学/王根本，王云祥主编　修订本　吉林科学技术出版社　高等医学院校试用教材：供医学、儿科、口腔、卫生专业试用　6.60元

人体解剖生理学/北京师范大学等编　2版　高等教育出版社　高等学校教材　3.50元

人骨骼图解：解剖学部分/张家瑜绘讲　百家出版社　4.00元

英汉人体解剖学词汇/冯殿英编　辽宁人民出版社　2.05元

生理学辅导及题解/钱自强，杨杰主编　上海科学技术出版社　中等卫校自学指导用书　2.85元

青藏高原人体生理参值/谢成范编著；蔡英年译　人民卫生出版社　3.15元

心律失常与临床心脏电生理学/陈家天编著　厦门大学出版社　5.00元

生理学/卫生部护理中心组织编写，徐宁善主编　化学工业出版社　成人护理专修科教材　5.30元

航天医学与生理学/顾定等编译　人民军医出版社　4.90元

现代催眠术/(美) 莱斯利·库恩，萨尔瓦托雷·拉萨编；李云寿等译　浙江人民出版社　3.40元

男女人体器官自述录/(美) J. D. 拉特克利夫著；贺天同译　四川科学技术出版社　2.30元

人体生理趣闻/歆韶，瑾瑛编著　学苑出版社　2.80元

生理/李昆华，华大慰主编　人民卫生出版社 (护士晋升自学丛书；3).4.35元

生医热力学/谢仲华编　浙江大学出版社　2.05元

疗养心理学/伍后胜，陈孔斌编著　江西科学技术出版社　2.70元

消化道生理学与临床/梅懋华等编著　人民卫生出版社　11.50元

病理学/赫明昌主编　人民卫生出版社　中国乡村医生教材　3.10元

医学分子病毒学/闻玉梅主编　人民卫生出版社　10.00元

病理生理学实习指导参考用书/张希贤主编　科学技术文献出版社　3.60元

病理生理学/卫生部护理中心组织编写；董超仁，金美香主编　化学工业出版社　成人护理专修科教材　3.20元

病理学：总论与各论/(联邦德国) U. N. 里德，H. 魏纳著；武忠弼主译　人民卫生出版社　(精装)：37.50元

生物医学信号处理/杨福生，高上凯编　高等教育出版社　高等学校试用教材　5.85元

生物医学工程的基础与临床/虞颂庭，翁铭庆主编　天津科学技术出版社　(精装)：26.25元

生物医学中的遥测技术/王保华编著　科学出版社　14.90元

厌氧菌及其感染/陈聪敏，王文风编著　上海医科大学出版社　3.70元

医用生物数学/周怀梧主编　人民卫生出版社　17.50元

放射性生物微球技术：微循环研究中的应用/王景贤等著　天津科学技术出版社　2.50元

生物医学数学模型/青义学编著　湖南科学技术出版社　4.35元

医学细胞生物学实验指导/蒋左庶，王肖鹏编著　上海科学技术出版社　2.20元

骨科生物力学/王以进，王介麟编著　人民军医出版社　9.85元

医学微生物学·人体寄生虫学题解/金德华，刘玉

国主编　辽宁科学技术出版社　2.50元

基因工程技术在基础与临床医学中的应用/蔡良琬主编　人民卫生出版社　6.80元

医学遗传学基础/杜传书主编　人民卫生出版社　高等医药院校选修教材：供基础、预防、临床、口腔医学类专业用　2.30元

医学遗传学/李璞主编；刘权章等编　人民卫生出版社　7.50元

医学遗传学/李志道等主编　辽宁科学技术出版社　成人高等医学院校教材　4.80元

医用物理实验/谭耀东，相德有主编　学术期刊出版社　高等医药院校教材　3.60元

医用物理学实验/张汉谋等主编　青岛出版社　供医药学各专业使用　2.70元

医检有机化学/王惠宁，王丽平主编　上海医科大学出版社　9.50元

毒物的毒理与毒物分析/李树林编　人民卫生出版社　18.15元

妇女儿童保健学/王积珊，闵品醇主编　湖南科学技术出版社　中等卫生职业技术学校教材：供乡村医士专业用　9.65元

预防医学/顾学箕主编　人民卫生出版社　高等医药院校教材：供基础、临床，口腔医学类专业用　5.35元

流行病学研究统计方法实例/章扬熙编著　沈阳出版社　3.85元

医院卫生学/陈焕梅主编　科学技术文献出版社重庆分社　4.35元

预防接种概论/江建荣等编著；赵胜利，洪佳慈绘画　科学普及出版社广州分社　2.20元

卫生防疫工作手册：消毒除害分册/都康平等主编　上海科学技术出版社　3.55元

中国南方鼠害防治/詹绍琛主编　江西科学技术出版社　2.30元

实用农村卫生防疫手册/宋中兴主编；李浩等编　湖南科学技术出版社　6.30元

实用计划免疫手册/张忠诚等编著　学术期刊出版社　3.60元

医学免疫学及微生物学/卫生部护理中心组织编写，陈仁主编　化学工业出版社　成人护理专修科教材　5.20元

计划免疫/赵善龙，周世义主编　科学技术文献出版社重庆分社　1.60元

免疫组织化学/刘彦仿主编　人民卫生出版社　11.50元

食品从业人员必读/胡景然，王文元主编　河北科学技术出版社　2.30元

饮食营养大全/武星户主编　中国青年出版社　9.30元

食物与营养百科全书/（美）A. H. 恩斯明格等著；王淮洲等译　农业出版社　65.00元

食物、营养和农业教科书·教师用书·学生作业/(　) L. J. Harper 编著；朱寿民，于志深译　辽宁人民出版社

食品生产经营人员食品卫生培训教材/中华人民共和国卫生部卫生监督司编　人民卫生出版社　2.85元

粮油食品营养与卫生/白满英，孙彦芳编著　中国食品出版社　3.55元

饮食营养指南：预防医学问答/彭恕生，李珏声主编　人民卫生出版社　7.25元

实用营养与代谢支持手册/岳茂兴，杨忠瑾编　华夏出版社　5.70元

肉蛋乳鱼类食品卫生指南/王彦学等编　甘肃科学技术出版社　3.35元

营养及食品卫生/庞文贞主编；王笃圣等编写　人民卫生出版社（护士晋升自学丛书；9/林菊英等编）　5.00元

食品卫生教育指导/白光大主编　长春出版社　2.90元

石油工业劳动卫生与职业性危害/杨荫森等编著　人民卫生出版社　5.20元

化学性肝损害/周炯亮编著　人民卫生出版社（职业中毒丛书/任引津主编）　2.90元

现代实验室安全与劳动保护手册　上册/姚守拙主编　化学工业出版社　10.00元

乡镇工业职业危害防治/陈家震主编　江苏科学技术出版社　5.00元

职业卫生流行病学/(　) M. Karvonen, M. I. Mikheev 主编；吴炽煦主译　人民卫生出版社（欧洲丛书，第20辑）　7.70元

乡镇企业职业危害控制手册/邵强，彭泰瑶编著　劳动人事出版社（全国星火计划丛书）　6.50元

全身振动对人体的影响/（德）H. Dupuis, G. Zerlett著；杨延虎译　西安交通大学出版社　3.95

元

公共场所卫生/吴尧成编著　华中师范大学出版社　3.30元

食物营养成分测定法/中国预防医学科学院营养与食品卫生研究所编著　3版　人民卫生出版社　4.10元

儿童营养食谱大全/洪业等编著　新蕾出版社　3.85元

公共卫生管理与疾病控制/马骏，杜殿军主编　学苑出版社　5.00元

工伤事故和职业病的调查、统计、分析与对策/宋大成主编；劳动部劳动保护科学研究所编译　中国林业出版社　7.00元

实用工业卫生工作手册/刚葆琪主编；王兴邦等编　人民卫生出版社　11.30元

冶金工人营养与保健/齐书谦，刘铁夫主编　辽宁科学技术出版社　5.10元

预防医学问答：儿童少年卫生学分册/张国栋主编　人民卫生出版社　12.40元

婴儿与母亲/(美)贝利·布拉泽尔顿著；张佩琪，陈帼眉译　北京科学技术出版社　4.30元

儿童保健学/刘湘云等主编　江苏科学技术出版社　10.20元

实用少儿保健手册/房洪太主编　黑龙江少年儿童出版社　4.15元

儿童发育与安全/陆文民，胡伯渊编著；周闻绘图　上海科学技术出版社　1.95元

儿童饮食保健手册/李书良编著　广西师范大学出版社　1.60元

临床实用流行病学/周崑主编　黑龙江人民出版社　4.90元

实用流行病学/《实用流行病学》编委会编　甘肃科学技术出版社　25.00元；(精装)：28.20元

传染病学及流行病学/高沁昌主编　广西科学技术出版社　中等卫生职业学校教材：供医士专业用　5.85元

传染病与流行病学/刘庆成主编　人民卫生出版社　中国乡村医生教材　2.50元

传染病防治法规知识/王滋民主编　辽宁大学出版社　(卫生防疫法规知识丛书)　3.00元

人体寄生虫学多选题/陈佩惠主编　人民卫生出版社　5.00元

护理统计学与科研设计/梅祖懿编著　天津科学技术出版社　2.75元

生物检定统计/孙瑞元，宋建国编著　人民卫生出版社　(卫生统计应用丛书)　1.40元

数理统计方法在计划免疫中的应用/章扬熙编著　人民卫生出版社　(卫生统计应用丛书)　1.40元

医药应用概率统计/周怀梧主编　百家出版社　6.00元

医用多元分析/史秉璋，杨琦编著　人民卫生出版社　(卫生统计应用丛书)　2.65元

寿命表编制方法及应用/王仁安，陈育德编著　人民卫生出版社　(卫生统计应用丛书)　3.05元

袖珍内科手册/杨福钧等编　河北科学技术出版社　2.30元

心血管疾病综合征/魏淑莲，邵静莲编著　黑龙江人民出版社　2.10元

地方病知识问答/戴瑞庭主编　北京科学技术出版社　3.50元

内科疾病的肺部表现/许学受主编　人民卫生出版社　10.20元

临床医师手册：内科分册/宋善俊主编　上海科学技术出版社　4.40元

内科学/李立铭主编　2版　人民卫生出版社　全国医学专科学校教材：供医学专业用　5.65元

内科学/严秉智等主编　人民卫生出版社　中国乡村医生教材　6.10元

临床胰腺病学/张志宏，徐克成主编　江苏科学技术出版社　11.00元

病态窦房结综合征/龙怡道等编著　江西科学技术出版社　2.00元

腹部疾病B型超声诊断：临床医生手册/姜良进等编著　中山大学出版社　3.00元

高血压在中国/邝安堃，龚兰生主编　湖南科学技术出版社　(中国中西医现代研究丛书　4.20元

老年医学在中国/陈阿冀主编　湖南科学技术出版社　(中国中西医现代研究丛书；第一辑/邝安堃总主编)　6.95元　(精装本)：8.60元

老年与抗衰老医学/白家祥，郭仓主编　学苑出版社　4.75元

临床传染病专辑/向居正，胡仕琦主编　科学技术文献出版社重庆分社　4.95元

临床内科危象/许我先，都本洁主编　人民卫生出版社　6.10元

糖尿病在中国/邝安堃主编　湖南科学技术出版

社（中国中西医现代研究丛书）（精装）：7.80元（平装本）：6.15元

现代血液病学：贫血及红细胞系疾病分册/郁知非编著　浙江科学技术出版社（精装）：10.00元

中国人畜狂犬病/崔君兆，史丕裕主编　新疆人民出版社　1.05元

性功能失常的临床处理/（美）梅厄（Meyer, J. K.）等主编；安世源等译　上海翻译出版公司（当代主治医师丛书）5.65元

布鲁氏菌病学/刘秉阳主编　人民卫生出版社　17.50元

老年病学手册/（美）甘伯特·S. R. 著；朱莉等译　人民军医出版社　5.40元

临床内分泌手册/蔡万春等编著　宁夏人民出版社　3.20元

临床糖尿病学/钟学礼主编　上海科学技术出版社　9.65元

实用传染病学/李梦东主编　科学技术文献出版社重庆分社　7.20元

实用内科急症诊治图览/刘成福主编　河北科学技术出版社　14.00元

男性病实验诊断手册/黄宇烽主编　东南大学出版社　2.50元

心血管疾病诊断治疗手册/（美）阿尔伯特（Alpert, J. S.），里佩（Rippe, J. M.）著；王礼振等译科学技术文献出版社　6.00元

肝炎治疗指南/曾庆通，刘世煊编著　重庆大学出版社　1.25元

高血压病的防治/袁湘芷，王荣杰编著　河北科学技术出版社　4.50元

现代临床心脏病学指南/余宗法，黄新平编著　云南科技出版社　5.90元

心脏急症手册/司明勋主编　科学技术文献出版社重庆分社（急救医学丛书之六）1.95元

心血管疾病药物治疗学/郑明祺，黄钺华主编　人民卫生出版社　8.10元

心脏血管急诊/龚兰生主编　上海科学技术出版社　6.30元

肺结核及其它肺病误诊剖析/王宠林主编　重庆出版社　3.20元

高血压：病理·诊断·治疗进展/李培编著　贵州人民出版社　4.80元

包虫病的病原与诊断/张彦博等编著　青海人民出版社（照片；16开）　4.80元

高血压的治疗：内科医师及卫生保健工作者指南/（ ）F. Gross 等著；傅世英译　黑龙江人民出版社　1.10元

心血管健康指南/姚易健编著　湖南科学技术出版社　2.50元

消化系内镜治疗术/高河元，周形海主编；何利平等编著　人民军医出版社　5.60元

心脏内科诊疗新技术/马淑坤等主编　西北大学出版社　4.50元

临床心电生理学：心律失常的诊断和治疗/方圻，吴宁主编　贵州人民出版社　7.50元

医护心理学/安之璧等编　上海科学技术文献出版社　1.30元

猝死的急救：心肺脑复苏/陈亦玑，陈良光编著　内蒙古人民出版社　3.30元

器官衰竭的现代救治/岳茂兴等编著　人民军医出版社　6.80元

彩色多普勒血流显象图谱/侯传举，邓东安主编　辽宁科学技术出版社（精装）：134.00元

艾滋病防治理论与实践/程违主编　上海科学技术出版社　4.55元

病毒性肝炎防治指南/胡肇椿，陈光明编著　科学普及出版社广州分社　4.00元

常见内科疾病的中西医结合诊疗/孔文新主编　广西民族出版社　7.20元

耳穴变阻点电冲击治疗胆石症/张育西等编著　山西科学教育出版社　3.10元

肥胖的防治/吕维善编著　广东科技出版社　2.80元

老年内科疾病/成其迅主编　青岛海洋大学出版社　5.60元

内科学/白希和主编　北京出版社　中国农村智力开发函授学校试用教材　5.35元

临床消化病的营养与食疗学/（ ）弗洛赫（Floch, M. H.）著；陆汉明等译　上海翻译出版公司（当代主治医生丛书）11.10元

人工心脏起搏知识问答/张清华，何振山编　河北科学技术出版社　2.70元

遗传性心血管疾病/张开滋等编著　科学出版社（医学遗传学丛书）．8.60元

中国人体寄生虫病文献提要：1949～1986/毛守白主编　人民卫生出版社（精装）：80.00元

中西医结合实用消化病学/王冠庭主编　上海科技教育出版社　4.90元

周围血管病/韩志河主编　河北科学技术出版社　2.50元

新编内科急症手册/廖二元，赵水平编著　湖南科学技术出版社　（精装）：8.50元

血吸虫病防治手册/中华人民共和国卫生部地方病防治司编　上海科学技术出版社　3.20元

老年病急症/邓长生，李凤翥主编　湖北科学技术出版社　4.50元

男子性功能障碍与不育/樊中州编著　科学普及出版社　5.90元

人胎脏器移植进展/崔莳等主编　黑龙江科学技术出版社　3.80元

实用内科临床问答/王树德主编　黑龙江科学技术出版社　（临床医师晋级丛书）　4.80元

斯塔的那维亚胃肠病学杂志：中文版：1990(1)/江绍基主编　上海科学技术文献出版社

糖尿病的防治及自我护理/池芝盛编著　上海科学技术出版社　3.60元

现代老年心脏病学/金春和等编著　白山出版社　（精装）：13.10元

病毒性肝炎/姚希贤编著　河北科学技术出版社　6.50元

辅助循环与心脏置换/叶椿秀，高晓东主编　上海科学技术出版社　（精装）：11.40元

实用物理诊断方法手册/杨志寅主编　黑龙江科学技术出版社　7.50元

实用感染性疾病手册/罗振辉，吴道权主编　上海科技教育出版社　4.25元

烧伤理论与实践/方之杨等主编　辽宁科学技术出版社　20.90元

手术失误及处理：骨科/李鸿儒主编　云南科技出版社　（精装）：10.55元

显微外科手术解剖学/刘牧之主编　人民卫生出版社　（精装）：15.75元

整形外科学/汪良能，高学书主编　人民卫生出版社　（精装）：42.60元

脾脏外科/冉瑞图等编著　学术期刊出版社　5.80元

气管切开手术学/秦廷权，刘玉秀编著　2版　人民卫生出版社　4.45元

男性性功能障碍防治大全/赵錡主编　科学出版社　4.50元

男性生殖系外科/韩振藩，师其智主编　人民卫生出版社　17.40元

临床骨科学　(4)：骨病/郭巨灵主编　人民卫生出版社　24.50元

泌尿外科诊断学/缪中良，章仁安等编著　上海翻译出版公司　6.50元

外科手术学实验指导：汉英对照/敖定椿，刘用楫编著　学术期刊出版社　高等医学院校教材　2.80元

胸腹结合部外科/陈文庆主编　甘肃科学技术出版社　8.10元

骨科急诊手册/卢传新主编　北京科学技术出版社　2.75元

功能性及立体定向神经外科学/陈炳桓主编　内蒙古人民出版社　（精装）：23.00元

老年骨与关节病的防治/郑守瑾等著　大津科学技术出版社　3.75元

踝关节损伤和治疗/陆宸照，周泰仁编著　上海科学技术文献出版社　4.10元

烧伤医学在中国/史济湘主编　湖南科学技术出版社　4.00元

实用现场救护/南宁市红十字会主编　广西科学技术出版社　0.91元

外科学/吕树寿主编　湖南科学技术出版社　中等卫生职业技术学校教材：供乡村医士专业用　10.35元

现代整容美容手术学/赵秉志著　广西师范大学出版社　4.80元

腰背痛/周秉文主编　人民卫生出版社　10.55元

外科决策/（美）诺顿（Norton, L. W.），艾斯曼（Eiseman, B.）主编；李嘉惠等译　科学技术文献出版社　12.80元

骨科病人康复指导/王育才主编　学苑出版社　3.10元

代谢性骨病学/朱宪彝主编　天津科学技术出版社　（精装）：28.05元

传染科急救手册/孙宝鑫，石树祺主编　科学技术文献出版社重庆分社　2.55元

骨关节病康复学/孙本修主编；王纪湘等编著　中国矿业大学出版社　10.40元

实用普通外科手术学/沈魁，何三光主编　辽宁教育出版社　（精装）：22.00元

应用解剖学/卫生部护理中心组织编写；张宝琳主编　化学工业出版社　成人护理专修科教材　5.80元

烧伤医学在中国/史济湘主编　湖南科学技术出版社　(精装)：6.40元

手术失误及处理：骨科/李鸿儒主编　云南科技出版社　8.95元

实用骨科封闭疗法/于虎著　科学出版社　1.90元

常用胆道外科疾病诊疗手册/郭学仁等编著　甘肃科学技术出版社　2.20元

实用美容外科学/张涤生主编　上海科学技术出版社　6.40元

外科体征和综合征手册/(苏)И. M. 马佳申等编；余忠江译　人民军医出版社　4.10元

创伤骨科临床必备/冯守诚，张格主编　甘肃科学技术出版社　4.00元

腹部外科复杂问题的处理/张秋月等编译　湖南科学技术出版社　6.20元

骨科新技术/张之虎主编　文津出版社　4.50元

淋巴造影术/刘定益主编；巢志复等编著　江苏科学技术出版社　5.20元

美的塑造：手术美容浅谈/周孝麟编著　轻工业出版社　6.50元

软组织损伤学/董亦明，宋一同主编　人民卫生出版社　16.85元

食管外科/(英)亨耐赛 (Hennessy, TPJ) 等著；秦文瀚编译　人民军医出版社　(精装)：15.00元

外科手术学/顾明辉主编　湖南科学技术出版社　高等医学院校试用教材．6.95元

现代泌尿外科/俞天麟主编　甘肃科学技术出版社　13.50元

白血病/林果为主编　上海科学技术文献出版社　7.50元

肺癌/谢大业，许道功主编　上海科学技术文献出版社　5.00元

肿瘤预防与护理/舒耀荣主编　上海科学技术出版社　3.45元

国际疾病分类肿瘤学专辑：汉英对照/世界卫生组织编；崔梅芳等译　人民卫生出版社　11.30元

腹部肿瘤超声诊断/邹贤华主编　重庆出版社　7.00元

癌症预防大全/(美)亨利·德雷赫尔著；胡乃贵等译军事译文出版社　(美国最新畅销科普读物)　4.50元

中西医结合肿瘤学/陈义文主编　新华出版社　49.50元

甲状腺和乳腺肿瘤/韩书恩著　兰州大学出版社　1.36元

恶性肿瘤的化学治疗与免疫治疗/李振主编；王化洲等编　人民卫生出版社　8.45元

计划生育实用统计/萧振禹主编　北方妇女儿童出版社　4.40元

节育手术并发症的诊断与防治/梁济民主编　湖南科学技术出版社　1.20元

人口与计划生育基础知识/广州市计划生育委员会科技处，广州市计划生育宣传技术指导所编　科学普及出版社广州分社　1.00元

计划生育信访干部必读/雷正先主编　武汉工业大学出版社　3.40元

生育基础与节育方法/高岳生主编　江苏科学技术出版社　3.95元

计划生育知识基础读物/金其洪，李珩主编　中国人口出版社　2.50元

人口与计划生育通俗知识/潘洪增等编写　山东人民出版社　4.95元

计划生育基础知识与实践/苗霞主编　甘肃科学技术出版社　5.90元

妇产科超声诊断图谱/吕恩范，高淑华编　人民卫生出版社　(精装)：13.75元

产科决断/郑毓秀，成应玮编译　湖南科学技术出版社　2.40元

妇产科学/巴景阳主编　人民卫生出版社　中国乡村医生教材　3.50元

妇科病的鉴别诊断与治疗/(美)Carl J. Pauerstein 著；黄良娟主译　上海翻译出版公司　6.75元

各种胎位分娩图解/宋伯来编著　人民军医出版社　2.50元

妇产科疾病诊断治愈标准/罗惠文编著　甘肃科学技术出版社　2.20元

孕妇及婴幼儿用药指南/张安年主编　科学技术文献出版社　3.80元

临床医师手册：儿科分册/宋善俊主编　上海科学技术出版社　2.95元

临床新生儿学/官希吉主编　广东高等教育出版社　7.80元

儿科学/李永昶主编　人民卫生出版社　中国乡村医生教材　2.65元

实用新生儿学/孙晓春编著　南京大学出版社　2.60元

微量元素与小儿疾病/孔祥和,尹洪臣主编　人民卫生出版社　5.95元

袖珍儿科手册/刘筱坤,朱保权编　甘肃科学技术出版社　(塑套):2.30元

中西医结合临床儿科/叶孝礼主编　福建科学技术出版社　3.20元

小儿结缔组织病/桑毓枚等主编　人民卫生出版社　5.35元

小儿腹泻良方/罗民昌编　重庆大学出版社　1.10元

小儿急症家庭救护/王天雍编著　人民卫生出版社　(妇儿保健丛书)　0.90元

基层医院儿童呼吸道感染处理手册/世界卫生组织编;倪若愚译　人民卫生出版社　0.65元

实用儿科手册/杨思源主编;陆际晨等编写　上海科技教育出版社　5.35元

儿科急症手册/焦富勇编译　科学技术文献出版社重庆分社　2.50元

小儿血液病临床手册/黄绍良编著　人民卫生出版社　13.80元

影象诊断在儿科的合理应用/世界卫生组织编;王汉卿,王建民译　人民卫生出版社　1.30元

现代儿科学新进展/黄裕昌主编译　山西科学教育出版社　6.20元

儿科疾病的临床检验/魏书珍主编;丛志强等编著　人民卫生出版社　(精装):28.30元

儿童支气管哮喘/孙芸琴等主编　人民卫生出版社　4.80元

青光眼的诊断与治疗:现代概念与临床实践/李国彦,魏厚仁主编　湖北科学技术出版社　4.80元

常见眼病防治知识问答/邢灿潮编著　广东科技出版社　3.20元

眼睛常见疾病防治问答/杨树立著　河北科学技术出版社　3.20元

眼科急症/周道伐编著　人民卫生出版社　(精装):8.30元

视网膜电图学/吴乐正,吴德正主编　科学出版社　12.10元

儿童弱视的诊断与防治/陈林义编著　中国科学技术大学出版社　1.70元

色觉与色盲/芠彊编著　人民卫生出版社　8.15元

保护视力100问/程秀芹等编著　河北科学技术出版社　1.15元

防盲治盲手册/中华人民共和国卫生部医政司主编;石正琦等编著　山西科学教育出版社　2.45元

眼的先天异常/李凤鸣,罗成仁编著　人民卫生出版社　(精装):5.65元

中西医结合常见眼病的诊断与治疗/马肇荣等编著　中原农民出版社　4.00元

临床低视力学/孙葆忱主编　青岛出版社　8.05元

耳鼻咽喉与全身疾病/石义生主编　科学技术文献出版社重庆分社　6.00元

五官科学/吴景天等编　人民卫生出版社　中国乡村医生教材.　3.20元

耳显微外科/王正敏编著　上海科学技术文献出版社　7.50元

耳鼻咽喉科诊断学/郑中立主编　人民卫生出版社　(精装):21.20元

临床音声学/王鹏万著　上海医科大学出版社　0.65元

实用口腔颌面外科学/张永福主编　江西科学技术出版社　11.00元

牙周病的现代治疗/王为箴,曾焕隆编著　江苏科学技术出版社　1.65元

可见光固化复合树脂在口腔科的应用/任煜光,周耀皓著　广东科技出版社　2.80元

口腔生理学基础/查元坤等编译　西北工业大学出版社　2.50元

实用耳鼻喉科手册/王正敏主编上海:上海科技教育出版社　3.75元

实用口腔固定正畸学/严开仁,王邦康著　人民卫生出版社　(精装):13.30元

牙颌外科正畸手术/张道珍等编著　江苏科学技术出版社　2.00元

口腔正畸方丝弓细丝弓矫治技术/傅民魁等编著　人民卫生出版社　6.00元

职业性及环境性皮肤病:临床与防治/王侠生主编　上海科学技术文献出版社　4.15元

中西医结合防治老年皮肤病/张志礼主编　人民卫生出版社　(中西医结合防治老年病丛书)　3.00元

麻风防治手册/马海德主编　江苏科学技术出版社　(精装)：11.90元

麻风手册/(英) W. H. Jopling 著；李志文等译　黑龙江科学技术出版社　1.45元

皮肤病理诊断指南/潘伯平，陆惠生编著　江苏科学技术出版社　3.70元

性传播疾病的防治/世界卫生组织编；李志文等译　人民卫生出版社　2.55元

性病防治/袁兆庄著　科学普及出版社　0.86元

性·性传播疾病/殷致宇，褚小玲编著　世界图书出版公司　3.50元

性与性病知识问答/周国泰，张晓宇编写　中国青年出版社　3.75元

警惕，性病在悄悄蔓延：性病防治通俗画册/全国性病防治研究中心供稿；韩国柱，杨凭执笔　江苏美术出版社　1.25元

性病防治手册/中华人民共和国卫生部卫生防疫司编　江苏科学技术出版社　1.80元

神经疾病综合征/王培泽编著　河北科学技术出版社　7.80元

神经内科疾病的诊断与治疗/李树林编　黑龙江科学技术出版社　4.95元

实用精神医学急诊手册/徐声汉，郭莲舫编著　上海科技教育出版社　2.40元

脑血管疾病/(美) Toole, J. F. 著；重庆医科大学神经疾病研究室译　重庆出版社　6.45元

森田心理疗法实践：顺应自然的人生学/(日)高良武久著；康成俊，商斌译　人民卫生出版社　2.70元

当代神经疾病摘萃/刘澄中，郑启云主编　辽宁科学技术出版社　6.00元

国际疾病分类：神经病学分册 ICD-NA：试用本/世界卫生组织编；刘阿力等译　人民卫生出版社　7.45元

精神医学进修讲座/夏镇夷等主编　上海医科大学出版社　5.00元

三叉神经痛/刘学宽主编　青岛出版社　3.00元

多巴胺能系统/(　) B. Halász 等著；陈其才译　华中师范大学出版社　1.80元

实用精神病学/陈传曾，马登岱主编　青岛出版社　6.00元

实用精神医学/夏镇夷等编著　上海科学技术出版社　(精装)：13.95元

精神病学/沈渔邨主编　2版　人民卫生出版社　(精装)：21.10元

心理治疗指南/车文博主编　吉林人民出版社　(精装)：15.50元

颅内感染性疾病/赵明伦主编　王振忠等编　青岛出版社　5.00元

活血化瘀文摘专集：1949～1986/唐文华主编　上海医科大学出版社　18.00元

痰证论/侯天印，王春华编著　人民军医出版社　5.20元

温病名著精华/盛增秀等编著　科学技术文献出版社重庆分社　3.60元

温热求新/黄星垣，郭铭信著　重庆出版社　(当代中医丛书/董建华等主编)　2.20元

温疫萃言/(清) 林之翰纂述；宋立人点校　上海科学技术出版社　2.85元

吴中医集：温病类/《吴中医集》编写组编　江苏科学技术出版社　10.95元

叶天士《外感温热篇》浅释/林可华等编著　福建科学技术出版社　2.20元

中医百家谈/卢祥之等编　科学技术文献出版社重庆分社　6.40元

中医全息论/宋为民，吴昌国著　重庆出版社　(当代中医丛书/董建华等主编)　2.75元

中医问题研究/侯占元编著　重庆出版社　(当代中医丛书/董建华等主编)　1.95元

按摩推拿手法萃锦/李茂林编著　人民卫生出版社　5.30元

折叠式经穴层次解剖图解：中英穴名对照/严振国主编　上海科学技术出版社　0.45元

乡村医生中医临床顾问/张奇文，朱鸿铭编著　山东科学技术出版社　3.00元

典要仲景学说的尤怡/徐凌云，高荣林编著　中国科学技术出版社　(中国历代名医学术经验荟萃丛书)　1.05元

倡火热论的刘完素/徐岩春，傅景华编　中国科学技术出版社　(中国历代名医学术经验荟萃丛书)　1.10元

理伤续断方/(唐) 蔺道人撰；王育学点校　辽宁科学技术出版社　0.82元

手法治疗骨折彩色图谱/袁方编著 人民卫生出版社 （精装）：76.80元

外科证治全生：点校本/（清）王维德著；孟然点校 人民卫生出版社 （中医古籍整理丛书） 1.80元

洋金花治疗银屑病的临床应用/刘刚编著 黑龙江科学技术出版社 0.78元

《医宗金鉴·外科心法要诀》新释/李世忠等编著 北京科学技术出版社 4.40元

中国骨伤科学 卷四：整骨手法学/李同生，李国衡主编 广西科学技术出版社 4.75元

桂枝汤类方证应用研究/江尔逊，龙治平主编 四川科学技术出版社 2.90元

内经讲义/郭湉编著 人民卫生出版社 10.25元

内经虚词用法简表/申鸿砚编著 河北科学技术出版社 1.80元

实用中医肾脏病学/陈贤编著 科学普及出版社广州分社 3.65元

王孟英医案/（清）王士雄撰；陆芷青，刘时觉校点 上海科学技术出版社 2.10元

问斋医案：点校本/（清）蒋宝素撰；黄初贵，覃业姣点校 人民卫生出版社 （中国古籍整理丛书） 3.40元

中医急症手册/邹学熹等编著 四川科学技术出版社 4.25元

金针拔障术大师黄庭镜/高健生编 中国科学技术出版社 （中国历代名医学术经验荟萃丛书） 1.20元

阳萎早泄证治及验方/孙文奇编著 湖南大学出版社 0.90元

疏通经络点穴法/徐裕才，黄为民编著 科学出版社 2.50元

微针疗法/郭长青等编著 重庆出版社 （当代中医丛书/董建华等主编） 2.60元

小宽针针刺综合疗法/黄荣发，黄东平编 河南科学技术出版社 2.10元

穴位药物注射疗法/刘建洪，何冬梅编著 江西科学技术出版社 2.20元

枝川注射疗法：体壁内脏相关论的临床应用/（日）枝川直义著；黄菊花，任竞学译 北京科学技术出版社 10.00元

针灸防治肾及输尿管结石/朱中义编 上海翻译出版公司 2.00元

丁甘仁医案续编/丁甘仁著 上海科学技术出版社 6.60元

丁氏痔科学/丁泽民等著 上海科学技术出版社 （精装）：7.50元

近代中医珍本集：妇科分册/陆拯主编 浙江科学技术出版社 （精装）：15.00元

屈光不正与中医疗法/李纪源编著 人民卫生出版社 1.45元

实用中医血液病学/焦中华，张天芳编著 青岛出版社 7.00元

外科正宗/（明）陈实功著；裘钦豪等点校 上海科学技术出版社 4.85元

喉科指掌：点校本/（清）张宗良著；熊大经点校人民卫生出版社 （中医古籍整理丛书） 1.60元

恽铁樵遗著选：见智录续篇·读金匮翼/董其圣，潘文奎编注 上海科学技术文献出版社 1.75元

中医外科秘传/王润清献；王庆文等整理 山西科学教育出版社 1.15元

中医自学丛书 第13分册：五官科/杨医亚主编 河北科学技术出版社 3.25元

中医学三百题/《中医学三百题》编委会编 上海古籍出版社 （精装）：10.30元

中医学概要/宋桂琴，初航主编 人民卫生出版社 中国乡村医生教材 4.40元

痔瘘疾病临床指南/徐元庚编著 云南人民出版社 3.50元

当代中医经验选粹：内科分册/何松林等编 福建科学技术出版社 3.85元

王孟英温病证治精萃/张之文主编 科学技术文献出版社重庆分社 2.55元

血瘀证的诊断和治疗/俞芝江编著 上海中医学院出版社 1.60元

医学噎膈集成/（清）吴静峰原著；赵旭初校点·**噎膈医案选集**/赵旭初辑注 上海中医学院出版社 1.30元

中医儿科诊治要诀/陈宣根著 福建科学技术出版社 1.43元

儿科按摩学/吴振廷编写 华夏出版社 全国盲人按摩专业统编教材。1.85元

妇科按摩学/刘冠玮等编写 华夏出版社 全国盲人按摩专业统编教材 1.95元

简明中国针灸/潘朝曦，张铭编著 同济大学出版社 3.80元

内科按摩学/杨永谦编写　华夏出版社　全国盲人按摩专业统编教材　3.90元

伤科按摩学/郁国民编写　华夏出版社　全国盲人按摩专业统编教材　6.55元

实验针灸学实验指导/林文注主编　上海中医学院出版社　2.25元

实用耳穴诊疗法/杨传礼编　对外贸易教育出版社　2.50元

中医耳鼻喉口腔科临床手册/何宗德等编　上海科学技术出版社　3.60元

推拿速成手册/潘崇海等编　上海科学技术出版社　3.85元

穴位按摩美容法/金义成等编著　上海中医学院出版社　1.40元

穴位磁场疗法/侯升魁编著　宇航出版社　1.00元

针灸腧穴学/杨甲三主编　上海科学技术出版社　20.80元

针灸学理论与实践/孙永沛编著　黑龙江科学技术出版社　6.30元

中医药物贴脐疗法/谭支绍编著　广西科学技术出版社　3.40元

中医基础理论　上册/张恩勤主编　上海中医学院出版社　（英汉对照实用中医文库）　9.00元

中医基础理论纲要/朱宗元，聂耀编　甘肃科学技术出版社　（高等医学教育自学考试中医专业指导丛书）　1.80元

中医基础理论现代研究/陈达理，周立红编　上海中医学院出版社　2.60元

中医现代化研究/张士舜主编　黑龙江科学技术出版社　5.50元

韩氏医通/（明）韩悉著；丁光迪点校　人民卫生出版社　（中医古籍整理丛书）　1.35元

卫济宝书/（宋）东轩居士撰 · **集验背疽方**/（宋）李迅撰　人民卫生出版社　（中医古籍整理丛书）　2.60元

医中百误歌浅说/马有度主编　人民卫生出版社　3.05元

按摩学基础/刘成编写　华夏出版社　全国盲人按摩专业统编教材　2.80元

点穴按摩与时间治疗/狄建新编著；段生根整理　甘肃科学技术出版社　0.96元

糖尿病饮食治疗及食品交换图/俞茂华编著　上海科学技术文献出版社　3.20元

1990（**庚午闰**）**年养生历书**/曹道明等编　广西民族出版社　1.55元

观手识人：体质·心理·遗传·保健/吴更伟，郝东方编著　河北科学技术出版社　3.50元

《辨证奇闻》评注/王洪耀编著　上海科学普及出版社　5.50元

辨证录/（清）陈士铎著；王永谦点校　人民卫生出版社　（精装）：31.45元

黄帝内经灵枢校注语译/郭霭春编著　天津科学技术出版社　25.40元（精装本）：29.40元

金匮要略浅释/张之亮编著　甘肃科学技术出版社　3.20元

西方子明堂灸经、灸膏肓俞穴法/（宋）庄绰编；李鼎，吴自东校注　上海中医学院出版社　1.95元

医古文注译解析/吴正中，于淮仁主编　甘肃科学技术出版社　4.00元

针灸经络生物物理学：中国第一大发明的科学验证/祝总骧，郝金凯主编　北京出版社　（精装）：44.50元

中医病理研究/匡调元著　2版　上海科学技术出版社　8.70元

痹病论治学/路志正等主编　人民卫生出版社　8.90元

温病学/孟澍江主编　人民卫生出版社　（高等中医院校教学参考丛书）　20.60元

中医内科症状辨治手册/方文贤等编著　中国标准出版社　5.50元

实用中医保健学/张奇文主编　人民卫生出版社（精装）：25.00元

中国传统养生法/袁立人等编　河北科学技术出版社　3.50元

新编中医学三字经/沈舫钦，段亚亭编著　科学技术文献出版社重庆分社　2.25元

崇尚温补的赵献可/项祺编著　中国科学技术出版社　（中国历代名医学术经验荟萃丛书）　1.25元

丹道养生功：中国传统生命哲学/李锡堃传授；丹道养生功研究组编；陈冠华执笔　北京出版社　2.05元

甲乙经原文出处考/张涛清等编　甘肃科学技术出版社　8.10元

金匮玉函经二注/（明）赵以德衍义；（清）周扬俊补注；王旭东，周衡点校　人民卫生出版社（中医古籍整理丛书）　10.00元

外科精义/（元）齐德之著；裘钦豪点校　人民卫生出版社　（中医古籍整理丛书）　2.50元

温病教学一得/林可华编著　人民卫生出版社　5.00元

温病名著精华选析/沈炎南主编　广东科技出版社　2.10元

中医内科学/白淑仪主编　江苏科学技术出版社　全国中等中医药学校教材：供中医士专业用　4.00元

仲景方在急难重病中的运用/上海市中医文献馆编　上海中医学院出版社　2.30元

杨希贤疗伤手法/陈新民，杨幼怀整理　福建科学技术出版社　2.40元

养生月览/（宋）周守忠编撰；薛凤奎，李文彬点校　人民卫生出版社　（中医古籍整理丛书）　2.50元

中和集/（元）李道纯撰·**金丹大城集**/（元）肖廷芝撰　上海古籍出版社　（气功·养生丛书/马济人主编）　2.95元

钟吕传道集/（唐）施肩吾撰　上海古籍出版社（气功·养生丛书/马济人主编）　2.00元

中医自学丛书　第15分册：医古文/刘振永，周惠如编著　河北科学技术出版社　5.80元

中医自学丛书　第16分册：中国医学史/杨医亚等编著　河北科学技术出版社　3.20元

中药学　方剂学　中医内科学/贺又舜等编　湖南科学技术出版社　（高等教育·中医专业自考指导丛书）　6.70元

中医美学/王旭东著　东南大学出版社　（唯象中医学丛书）．3.40元

按摩正骨歌诀实践/杜纯鸿著　三秦出版社　3.20元

陈树森医疗经验集粹/陈树森编著　人民军医出版社　6.50元

秘传证治要诀及类方/（明）戴原礼撰，沈凤阁点校　人民卫生出版社　（中医古籍整理丛书）　5.10元

针具针法/贺普仁编著　科学技术文献出版社　5.95元

碎玉篇/（清）薛雪著·**莲舫秘旨**/（清）陈莲舫著；吴仁山整理；吴鸿洲点校　上海科学技术出版社　3.40元

童蒙止观；六妙法门/（隋）智𫖮撰　上海古籍出版社　（气功·养生丛书/马济人主编）　1.45元

悟真篇集注/（宋）张伯端撰；（清）仇兆鳌集注　上海古籍出版社　（气功·养生丛书/马济人主编）　4.45元

性命圭旨/（明）尹真人弟子撰　上海古籍出版社（气功·养生丛书/马济人主编）　4.35元

修真辩难参证/（清）刘一明撰；闵一得参证·**尹真人东华正脉皇极阖辟证道仙经**/（明）尹真人传；（清）闵一得订正　上海古籍出版社　（气功·养生丛书/马济人主编）　2.50元

眼病妙方精选/潘开明编　科学技术文献出版社重庆分社　2.95元

常见腰腿痛病与推拿疗法/栾长业，李冬生编著　人民卫生出版社　2.75元

赤凤髓/（明）周履靖编集　上海古籍出版社　（气功·养生丛书/马济人主编）　2.30元

鲧山草堂医案/（清）何书田原著；钱晓云点校　上海中医学院出版社　1.55元

古本周易参同契集注/（东汉）魏伯阳撰；（清）仇兆鳌集注　上海古籍出版社　（气功·养生丛书/马济人主编）　4.75元

规中指南/（元）陈冲素撰·**金丹大要**/（元）陈致虚撰　上海古籍出版社　（气功·养生丛书/马济人主编）　2.35元

气功新功法功理详解/北京气功研究会编　社会科学文献出版社　6.40元

《奇经八脉考》校注/（明）李时珍撰辑；王罗珍，李鼎校注　上海科学技术出版社　1.85元

十四经脉穴位歌诀/吴平生编著　科学技术文献出版社重庆分社　2.40元

古医籍词义辨别法/段逸山编著　上海科学技术出版社　1.75元

中医年鉴：1988/上海中医学院主编　人民卫生出版社　（精装）：20.00元

针灸腧穴图谱/陆瘦燕，朱汝功原著；关绍德等修订　2版（修订版）　上海科学技术出版社　9.75元

杂病治疗大法/左季云著　天津科学技术出版社　5.90元

中医妇科学/肖成悰主编；皇甫夏等编写　贵州人民出版社　高等中医药专业自学考试教材　5.35元

中医自学丛书　第十分册：外科/杨医亚主编　河北科学技术出版社　6.20元

新编西方子明堂灸经/（　）西方子撰；方吉庆等

点校　人民卫生出版社　（中医古籍整理丛书）　2.45元

针灸歌赋处方集解/施震编著　江苏教育出版社　5.25元

中国古代养生文化/郝勤著　巴蜀书社　1.74元

骨科生物力学基础/唐显钦主编　河南科学技术出版社　高等中医药院校骨伤科系列教材：供骨伤专业用　4.55元

中医自学丛书　第六分册：伤寒/杨医亚主编　河北科学技术出版社　6.95元

中医自学丛书　第九分册：内科/杨医亚主编；王云凯等著　河北科学技术出版社　8.20元

参同直指　悟真直指/（清）刘一民著；程文俊，智文标点　山西人民出版社　3.25元

类风湿性关节炎的中医综合疗法/荆金诚编著　中原农民出版社　1.50元

男女更年期综合症的中医治疗/陈家杨编著　甘肃科学技术出版社　1.75元

医学方法概论/常青，邓平修主编　广东科技出版社　6.50元

医学五千年：中医部分/赵友琴编著　原子能出版社　5.50元

实用子午流注针法、灵龟八法手册/郑士钢著　中原农民出版社　2.20元

调燮类编/（　）不著撰人著；张珍玉等点校　人民卫生出版社　（中医古籍整理丛书）　3.20元

林如高正骨经验荟萃/林子顺，王和鸣主编　人民卫生出版社　（精装）：23.80元

血瘀证与活血化瘀研究/陈可冀等主编　上海科学技术出版社　（中西医结合研究丛书）　10.60元

中医口腔科学概要/凤存安主编　人民卫生出版社　8.00元

中医康复学/张子游，高鹤亭主编　上海科学技术出版社　高等医学院校选用教材　7.25元

中藏经语译/李聪甫主编　人民卫生出版社　（中医古籍整理丛书）　3.00元

赵文魁医案选/赵绍琴整理　人民卫生出版社　3.00元

禽畜类药膳/叶学锋等编著　福建科学技术出版社　1.45元

名医珍言录/孟景春主编　上海科学技术出版社　2.00元

常见眼病针刺疗法/曹仁方编著　人民卫生出版社　2.50元

路志正医林集腋/路志正编著　人民卫生出版社　5.90元

古今医鉴/（明）龚信纂辑；龚廷贤续编；王立等校注　江西科学技术出版社　（精装）：9.00元

常见病民间传统外治法/苏广洵编著　广西民族出版社　6.50元

中医计算机模拟及专家系统概论/秦笃烈，鲍亦万主编　人民卫生出版社　（中国科学院希望高级电脑技术公司高技术丛书）　15.00元

经方使用标准/王克穷编著　甘肃科学技术出版社　2.45元

气血论/李德新主编　辽宁科学技术出版社　19.10元

伤寒论语译/刘渡舟主编；毛雨泽等编　人民卫生出版社　（中医古籍整理丛书）　6.00元

运气学说的研究与考察/王琦等著　知识出版社　3.70元

中医古籍典故/方文辉编　广东科技出版社　6.00元

中医儿科证治/周天心著　广东科技出版社　2.50元

中医外感三部六经说：《伤寒论》医理探源/田合禄著　山西科学教育出版社　1.80元

温疫论/（明）吴有性著；孟树江，杨进点校　人民卫生出版社　（中医古籍整理丛书）　3.15元

中医防治学总论/王自强主编　上海科学技术出版社　中医基础系列教材之九　2.80元

中医护理/彭佳珍主编　人民卫生出版社　（护士晋升自学丛书；20）　5.80元

中医护理学/周平安主编　北京出版社　中国农村智力开发函授学院试用教材　3.40元

理伤续断方点校/（唐）蔺道人撰；韦以宗点校　广西民族出版社　1.26元

人体生命数字信息手印　第1辑/石凤芝著　天津大学出版社　6.90元

针灸歌赋集成/张应泰编　甘肃科学技术出版社　2.10元

刺激神经疗法/柏锺扩著　海天出版社　（插图，大32开）　7.80元

中西医结合防治老年心血管病/陈可冀主编　人民卫生出版社　（中西医结合防治老年病丛书/侯灿，卓大宏主编）　5.35元

中医骨病学/蒋位庄，王和鸣主编　人民卫生出版社　高等中医药院校教材：供骨伤专业用　5.00元

中医生育知识/贝润浦著　知识出版社　4.00元

中医外科学·中医伤科学·中医妇科学·针灸学/湖南中医学院自考办公室主编；尹志远等写编　湖南科学技术出版社　（湖南省高等教育·中医专业自考指导丛书）　7.30元

著名中医治疗癌症方药及实例/卢祥之，张年顺编　科学技术文献出版社重庆分社　3.95元

上海地区名老中医临床特色经验集（Ⅰ）/金明渊，张骏主编　上海科技教育出版社　1.70元

现代名医医案选析/马继松等编著　内蒙古人民出版社　3.55元

医略/（清）蒋宝素著；李永福校刊　影印本　江苏广陵古籍刻印社　（线装）：31.00元

愿体医话良方/（清）史典著　影印本　江苏广陵古籍刻印社　（线装）：7.10元

广陵医案：附太乙神鍼·金疮铁扇散方/（清）汪廷元等著　影印本　江苏广陵古籍刻印社　（线装）：9.80元

理瀹外治方要/（清）吴尚先著　影印本　江苏广陵古籍刻印社　（线装）：17.00元

实验针灸学/刘元亮主编　云南教育出版社　针灸专业用　3.90元

中国秘藏点穴术：独门失传秘法/施以德编著　黑龙江科学技术出版社　1.95元

中国实用刺血疗法/谭德福等编著　科学技术文献出版社重庆分社　3.40元

常用穴位解剖基础：针灸必读/严振国主编　上海中医学院出版社　3.80元

金匮临证备要/李敬孝等编著　黑龙江科学技术出版社　2.50元

经络考辨/孙永显编著　青岛出版社　（精装）：17.00元

内经五运六气学：中医时间气象医学/徐振林编著　上海科学技术文献出版社　5.00元

症因脉治/（明）秦景明著；冷方南，王齐南点校　上海科学技术出版社　5.70元

中医脾胃通论/李树楷编著　甘肃科学技术出版社　4.70元

人体全息诊疗学/张奇文，刘龙云主编　山东大学出版社　5.50元

首创温补的薛己/李林，李玉铃编著　中国科学技术出版社　（中国历代名医学术经验荟萃丛书）　1.05元

宋代名医许叔微/陈克正编著　中国科学技术出版社　（中国历代名医学术经验荟萃丛书）　1.50元

外科名医王维德与高秉钧/金铃，程昭寰编著　中国科学技术出版社　（中国历代名医学术经验荟萃丛书）　1.00元

易水学派宗师张元素/白兆芝编著　中国科学技术出版社　（中国历代名医学术经验荟萃丛书）　1.50元

医经余论：附杏林余兴/（清）罗浩，（日）今邨亮著　影印本　江苏广陵古籍刻印社　（线装）：15.50元

精于辨证的徐灵胎/高铎编著　中国科学技术出版社　（中国历代名医学术经验荟萃丛书）　1.20元

明代针灸学家杨继洲/纪晓平，郜树义编著　中国科学技术出版社　（中国历代名医学术经验荟萃丛书）　0.95元

脾胃学说大师李东垣/胡荫奇，赵佐仁编著　中国科学技术出版社　（中国历代名医学术经验荟萃丛书）　1.40元

蒲辅周研究/李兴培主编　新疆人民出版社　4.00元

中西医结合诊疗浅说/韩加馗编著　黑龙江科学技术出版社　3.95元

重订伤寒的临床家喻嘉言/张崇，王立编著　中国科学技术出版社　（中国历代名医学术经验荟萃丛书　1.20元

导引养生功全书：答疑卷（七）/张广德编著　山东文艺出版社　3.25元

耳穴诊断学/《耳穴诊断学》编委会著　人民卫生出版社　4.35元

儿科宗师钱仲阳/俞景茂编著　中国科学技术出版社　（中国历代名医学术经验荟萃丛书）　1.00元

《红楼梦》医林漫话/徐泽等编著　兰州大学出版社　1.60元

灵妙三十六无上至尊道引术/鲁海星著　中国青年出版社　3.15元

中医药入门/刘启友等编写　江西科学技术出版社　5.90元

现代实用方剂/郚启惠等编著　上海科学技术文献出版社　4.30元

历代中药文献精华/尚志钧等著　科学技术文献出版社　6.60元

本草纲目选译/杨孝麒编著　湖南科学技术出版社　3.80元

中草药中毒急救/赵棣华主编　成都电讯工程学院出版社　5.40元

中药现代化/岳凤先，陈晶岩著　重庆出版社（当代中医丛书/董建华等主编）　2.10元

中国秘方全书/周洪范编著　科学技术文献出版社（精装）：13.00元

医方集宜/（明）丁凤辑　上海科学技术出版社（中国医学珍本丛书）（精装）：5.45元

现代名医百病良方/麻能评等编　广西科学技术出版社　2.40元

百病良方　第5集/贾河先，赵鸿鸣编著　科学技术文献出版社重庆分社　1.95元

中药商品知识　中册/《中药商品知识》编写组编　广东科技出版社　5.20元

中药文献检索与应用/施顺清主编　上海科学技术出版社　全国高等医药院校选用教材：供中药专业用　3.50元

中药组织鉴别彩色图谱/王玉玺主编　人民军医出版社（精装）：29.00元

中药方剂近代研究及临床应用/谢远明等编著　陕西科学技术出版社　6.40元

治法与方剂/高体三，尚炽昌著　人民卫生出版社　5.00元

历代中药炮制法汇典：现代部分/王孝涛主编　江西科学技术出版社（精装）：6.80元

本草纲目导读/唐明邦著　巴蜀书社（中华文化要籍导读丛书/蔡尚思主编）　3.95元

今古秘方精选/韦青云等编著　广西民族出版社　2.50元

临床奇效新方/赖天松主编　北京科学技术出版社　5.60元

上海中医药指南/孟宪益主编　上海科学技术出版社　4.05元

中国民间小单方/刘少林，刘光琼编著　2版　科学技术文献出版社重庆分社　3.50元

中国中医秘方大全　上册：内科分卷/胡熙明主编　文汇出版社（精装）：20.00元

中国中医秘方大全　中册：外科分卷，伤骨科分卷/胡熙明主编　文汇出版社（精装）：20.00元

中国中医秘方大全　下册：妇产科分卷，儿科分卷，肿瘤科分卷/胡熙明主编　文汇出版社（精装）：20.00元

中药的应用/范崔生主编　人民卫生出版社　8.50元

中药形态名词术语图释/周光治，阮耕夫编著　人民卫生出版社（精装）：19.85元

本草分经：明清中医珍善孤本精选(4)/(清）姚澜撰；陈熠编选　上海科学技术出版社　3.25元

广西多来源药材及混杂品种的调查与考证/叶强编著　广西科学技术出版社（广西中药资源普查丛书）　6.00元

百病良方：第1集/贾河先编著　3版　科学技术文献出版社重庆分社　2.75元

海内外中医秘方良方选/马邦海等编　广西民族出版社　3.60元

中国本草图录　卷三/严仲铠主编　商务印书馆香港有限公司　人民卫生出版社（精装）

中国本草图录　卷四/严仲铠主编　商务印书馆香港有限公司　人民卫生出版社（精装）

中国本草图录　卷五/高士贤主编　商务印书馆香港有限公司　人民卫生出版社（精装）

中国本草图录　卷六/高士贤主编　商务印书的香港有限公司　人民卫生出版社（精装）

中药药理/黄正良主编　甘肃科学技术出版社　3.15元

秘方偏方治百病/孙立波编著　长春出版社　2.90元

现代中药著作内容检索/陈馥馨主编　人民卫生出版社　18.85元

中国药酒/吴富秋编　浙江科学技术出版社　2.80元

中国道地药材/胡世林主编　黑龙江科学技术出版社（精装）：38.00元

百毒解方/宋卫平，刘建民编著　广西民族出版社　1.80元

东北药用植物/朱有昌主编　黑龙江科学技术出版社（精装）：43.00元

商品药材/王迪，李钊编著　黑龙江科学技术出版社　7.30元

中药大全/崔树德主编　黑龙江科学技术出版社（精装）：36.50元

龙门石窟药方：珍贵中医原始文献/贾志宏，任邦定校注　河南科学技术出版社　1.44元

妙手灵方/谭梅芳编著　黑龙江科学技术出版社

1.80元

中医用药护理指南/焦素英等主编　人民卫生出版社　18.50元

山西中药资源/李开写，李承志主编　山西科学教育出版社　6.70元

中药鉴定学/孙火玉主编　江苏科学技术出版社　全国中等中医药学校教材：供中药士专业用　7.00元

方剂学/陈伟，路一平主编　上海中医学院出版社　8.50元

国内外大黄研究论文题录/王翘楚等编　上海科学技术文献出版社　1.70元

朱良春用药经验/朱步先等整理　上海中医学院出版社　2.00元

现代日本汉方处方手册/日本厚生省药务局监修；顾旭平译　上海中医学院出版社　3.20元

医方考：附《脉语》/（明）吴崑著；傅衍魁等点校　人民卫生出版社　10.00元

本草从新/（清）吴仪洛辑；窦钦鸿，曲京峰点校　人民卫生出版社　5.50元

本草衍义/（宋）寇宗奭撰；颜正华等点校　人民卫生出版社　5.00元

常用方歌阐释/何炎燊编著　广东高等教育出版社　3.80元

民间验方精选/梅虎，陈树章编著　科学技术文献出版社重庆分社　2.60元

日本·台湾·港澳中医验方选/潘文昭等编著　广西民族出版社　4.00元

中国民族药志　第二卷/中国药品生物制品检定所等编　人民卫生出版社　（精装）：40.00元

中药配伍文献集要/叶显纯，陶御风编著　人民卫生出版社　8.05元

牛黄培育新技术/许义由等编著　农业出版社　0.90元

中药外贴治百病/王笈等编著　科学技术文献出版社重庆分社　2.75元

本草经义疏/王大观主编　人民卫生出版社　（精装）：21.00元

方剂学/李飞主编　上海科学技术出版社　中医基础系列教材之八　5.45元

古传中医名方新用/刘坚等编著　广西民族出版社　3.00元

古今偏方精选520例/赵明志，王淑媛选编　山西科学教育出版社　2.80元

骨伤方剂学/黄荣宗主编　人民卫生出版社　高等中医药院校教材：供骨伤专业用　2.40元

偏方妙用/赵志春编著　山西科学教育出版社　2.20元

世医得效方/（元）危亦林撰；王育学点校　人民卫生出版社　（精装）：38.00元

中成药分析/孟宪纾，陈发奎编著　人民卫生出版社　25.00元

中药学/黄雅锵主编　上海科学技术出版社　中医基础系列教材之七　5.40元

中药与免疫：祛痰平喘类药/骆和生编著　广东科技出版社　1.50元

古傣医验方译释：汉文、西双版纳傣文对照/周兆奎，赵世望主编　云南民族出版社　2.20元

中国佤族医药：佤文、汉文对照/郭绍荣等编著　云南民族出版社　3.30元

大兴安岭药用植物/李永江编著　内蒙古人民出版社　14.75元

良方集腋/（清）谢元庆编；张志华，沈舒文点校　人民卫生出版社　2.85元

中药新用　第二集/王辉武等编著　科学技术文献出版社重庆分社　3.20元

中医膏方经验选/胡建华著　人民卫生出版社　1.60元

祖传秘方大全/李德斯等编著　北京科学技术出版社　5.60元

凡人神功：记著名气功大师赵学忠/黄旭等编　新时代出版社　4.00元

气功入门/张六通主编　科学普及出版社　4.00元

实用耳穴诊治学手册/古励，周立群编著　山西科学教育出版社　2.25元

太上清静真功：功法图解/尹耀奎著　北京出版社　2.30元

先天一元气功：中国道家古气功功法/陈炎烽等著　广东科技出版社　2.50元

藏密气功/中国气功科学研究会藏密气功研究会编　求实出版社　2.70元

子午流注传真/王立早编著　江西科学技术出版社　2.30元

中国气功学术发展史：中国气功养生学　第一分卷/王卜雄，周世荣著　湖南科学技术出版社　8.20元

中国气功萃义/吉良晨著　学苑出版社　2.50元

开智功/袁海龙编　陕西人民出版社　（青少年气功系列读物）　2.00元

明目功/袁海龙编　陕西人民出版社　（青少年气功系列读物）　2.00元

气功疗法集锦　(4)/陶秉福，杨卫和编　人民卫生出版社　4.65元

气功效率手册/庚先等著　华夏出版社　2.50元

太子六通长寿气功：海灯法师真传/宿德编　科学技术文献出版社　1.80元

武当气功述真/裴锡荣编著　三联书店上海分店　3.05元

中国气功处方百法/董刚昭编著　广东高等教育出版社　3.95元

中华气功精选　(1)/吕凤刚主编　轻工业出版社　5.00元

中华气功精选　(2)/吕凤刚主编　轻工业出版社　5.70元

中国气功心理学/王极盛著　中国社会科学出版社　4.30元

明堂浅义：气功经络学浅说/廖厚泽，吉贵宝编　上海科学技术文献出版社　1.50元

气功导论/曹建主编　高等教育出版社　3.45元

气功新十三式/吴兆祥著　人民体育出版社　1.20元

气功自控快速疗法/张明武编著　2版　民族出版社　2.40元

人体气觉——Y法/姚贞香著　华夏出版社　（中国气功丛书/张震寰主编）　2.60元

少林内气外放功/姜立中，林舜容编著　同济大学出版社　1.80元

实用气功疗法问答/赵宝峰编著　河北科学技术出版社　3.00元

保健气功/薛文智，唐世林编　中国人民大学出版社　2.40元

中华益智气功/陈永灿编著　江苏科学技术出版社　2.90元

医学气功入门/王若水等编著　上海科学技术出版社　2.80元

悟真篇三家注/（宋）张伯端著；（清）董德宁等注；史平点校　华夏出版社　（中国气功丛书/张震寰主编）　4.65元

中国元极功法　卷1/张志祥编著　科学出版社（精装）：5.95元

中老年简易气功图解/袁子府编　江苏科学技术出版社　0.55元

八分钟练功法/司徒杰著　上海中医学院出版社　1.10元

传统气功与医疗保健/李少蓉编　厦门大学出版社　1.45元

道家养生原著五种/马金兰标点　山西人民出版社　1.50元

简易气功强身法/郑霄阳，赵怀庆编　鹭江出版社　2.80元

实用医学气功辞典/马济人著　上海科学技术出版社　（精装）：9.00元

玉蟾功/张云麟编著　学苑出版社　1.50元

万苏建八卦循导功/万苏建等编著　人民军医出版社　2.75元

中国气功学术发展史：中国气功养生学　第1分卷王卜雄，周世荣著　湖南科学技术出版社　（精装）：9.80元

中国医用气功学/高鹤亭主编　人民卫生出版社　16.25元

百症练功指南：养生功练习法/孙真主编　人民军医出版社　2.30元

二十世纪指玄功/舒玉璜，舒大均著　辽宁科学技术出版社　2.75元

健美减肥气功/周士渊著　上海人民出版社　2.40元

实用潘启气功/傅殷著　科学普及出版社广州分社　3.00元

气功学基础/吕光荣，刘楚玉编著　人民卫生出版社　5.80元

气功原理与应用/钱存泽编著　上海交通大学出版社　4.50元

身体腾空特异功能修持秘法/（日）麻原彰晃著；朴飘，静空编译　北京体育学院出版社　1.50元

站桩养生法/于永年编著　地震出版社　3.70元

中华武功体疗法入门和释疑/奚潘良著　华东师范大学出版社　1.90元

保健气功推拿/黄玉培编著　上海科学技术文献出版社　1.20元

家庭气功/《健康之友》杂志编　浙江人民出版社　2.00元

经络辨证概论/刘孔藤主编　厦门大学出版社

3.75元

气功科学文集 第Ⅱ辑/胡海昌，吴祈耀主编 北京理工大学出版社 5.50元

气功养生入门/续恩岚编著 山西科学教育出版社 1.65元

祛病回春功/何仲编 沈阳出版社 2.15元

严新气功/前新，培金编著 人民体育出版社 5.00元

智力气功/武华文编著 北京理工大学出版社 1.95元

中国气功的史、理、法/王松龄著 华夏出版社 6.50元

庞鹤鸣气功精华/庞鹤鸣著 吉林文史出版社 （精装）：3.20元

气功入静之门：附入脉飘化功/刘天君著 人民体育出版社 3.50元

气功问答/马济人编著 上海科学技术出版社 2.05元

覃氏三元九转玄功/覃剑虹，韦明波阐释 广西民族出版社 3.85元

医疗气功精粹/刘文清著 人民体育出版社 4.00元

增订真气运行法/李少波著 2版 甘肃人民出版社 2.95元

慧通丹田气功及其遥感治病原理/张玉磊著 北京工业大学出版社 6.50元

中华百子元神功/王树伯著 三秦出版社 1.80元

气功奇趣珍闻/张春平编著 广西民族出版社 3.80元

药物相互作用变化机理/祝肇庆等编 上海科学技术出版社 （附转盘） 4.00元

药学经济学/（苏）戈林阔夫（Гореньков, В. Ф.）著；陈文选，刘秀芝译 人民卫生出版社 7.80元

中华人民共和国省、自治区、直辖市药品标准品种汇编：西药部分/付俊一等责任汇编 陕西科学技术出版社 （精装）：26.85元

新药评价概论/秦伯益主编 人民卫生出版社 11.80元

台湾名医百病谈/范立今，致远编 新华出版社 4.20元

疑难病案分析方法及例解/肖瑞崇著 云南科技出版社 4.80元

诊断学基础/申玉璋等主编 人民卫生出版社 中国乡村医生教材 4.85元

诊断学基础/张汉鹏主编 2版 人民卫生出版社 全国医学专科学校教材：供医学专业用 6.50元

临床药物治疗学/曲钧庆主编 青岛出版社 4.00元

临床医嘱手册/季寿琪，何家声主编 江苏科学技术出版社 4.45元

老年运动医学与运动处方/徐倬主编 河南科学技术出版社 2.65元

临床实验诊断学 （上）/叶应妩等主编 人民卫生出版社 （精装）：42.50元

药物的基础测试/世界卫生组织编；郑华美等译 人民卫生出版社 7.00元

心血管药理学/陈修主编 人民卫生出版社 11.50元

药理学/郭希夷，阙克清主编 湖南科学技术出版社 中等卫生职业技术学校教材：供乡村医士专业用 6.30元

药理学/王建华主编 海天出版社 全国高等中医药院校教材 5.70元

药理学/张家铨主编 人民卫生出版社 全国医学专科学校教材：供医学专业用 5.70元

药理学/张克义主编 人民卫生出版社 中国乡村医生教材 5.00元

药理学总论/杨藻宸主编 人民卫生出版社 （精装）：41.30元

抗心律失常临床药理学/林曙光编著 广东高等教育出版社 3.50元

临床药理学/徐叔云主编 人民卫生出版社 高等医药院校选修教材：供基础、预防、临床、口腔医学类专业用 4.05元

药理学/卫生部护理中心组织编写，胡文铎主编 化学工业出版社 成人护理专修科教材 7.30元

药理学纲要/吕培开，王士才编写 文津出版社 供医士、护士、妇幼医士，口腔医士等专业使用 1.65元

药理学实习教程/林志彬，金有豫主编 世界图书出版公司 2.90元

药理学试题与答案/王开贞主编 青岛出版社 2.50元

微型计算机在临床药理中的应用/杨友春编著 江苏科学技术出版社 （微型计算机技术应用丛书/

孙钟秀主编） 3.50元

卫生部国家医学考试中心基础医学多选题：药理学/孙家钧，金正均主编 人民卫生出版社 供高等医学院校本科生自学用 7.00元

药品检定方法原理/毛文仁主编 西南交通大学出版社 9.50元

新药安全性预测和合理用药/楼凤昌，王尔华编写 人民卫生出版社 4.40元

补药手册/江克明编 上海科学技术出版社 2.40元

新编实用中西成药/杨志贤等主编 四川科学技术出版社 5.85元

药物合成手册/卢玉华，张良纯编译 人民卫生出版社 （精装）：62.75元

老药新用110种/苏开仲等主编 福建科学技术出版社 3.50元

生药学/苏中武，乔传卓主编 上海医科大学出版社 （供药学、中药专业用） 10.00元

生药学实验指导/施大文主编 上海医科大学出版社 1.85元

时方的临床应用/陈宝田编著 广东科技出版社 2.00元

B-内酰胺抗生素/陈肖庆等主编 上海科学技术文献出版社 15.30元

治疗药物监测/吴莱文主编 人民卫生出版社 26.25元

药学问答：第3分册/《药学问答》编辑委员会编著 人民卫生出版社 10.00元

临床用药必读/张安年主编 北京科学技术出版社 2.80元

合理用药/谢惠民主编 2版 人民卫生出版社 11.00元

微循环障碍与莨菪类药的临床应用/杨国栋等主编 人民卫生出版社 7.60元

临床药物治疗学/罗德诚，陈文彬主编 人民卫生出版社 18.75元

矿物药/刘玉琴编著 内蒙古人民出版社 2.10元

生化药知识/李良铸著 科学普及出版社 2.40元

血浆代用品研究与应用/谈一中编著 上海科学技术出版社 2.00元

最新药物制剂开发与应用/顾时娴等编译 天津科学技术出版社 2.30元

小儿老人用药指南/丁培贤，曹华棣编著 江苏科学技术出版社 2.35元

中国内科年鉴：1988/《中国内科年鉴》编辑委员会编 人民卫生出版社 （精装）：35.00元

袖珍英汉护士医学词典/卫生部护理中心组编 华夏出版社 3.30元

英汉妇产科词典/曹泽毅主编 四川科学技术出版社 6.90元

中国医籍字典/上海中医学院中医文献研究所编 江西科学技术出版社 （精装）：8.90元

日英汉药名词汇/徐达华等编 广东科技出版社 12.00元

简明方剂辞典/江克明，包明蕙编著 上海科学技术出版社 （精装）：6.65元

中国口腔医学年鉴：1988/《中国口腔医学年鉴》编辑委员会编 人民卫生出版社 （精装）：15.35元

实用妇产科手册/浙江医科大学编 浙江科学技术出版社 （精装）：8.90元

中国医学百科全书： 中医基础理论/任应秋主编 上海科学技术出版社 7.60元

中国科学百科全书： 生物医学工程学/罗致诚主编 上海科学技术出版社 6.50元

中国医学百科全书： 针灸学/王雪苔主编 上海科学技术出版社 6.70元

中国医学百科全书： 分子生物学/梁植权主编 上海科学技术出版社 5.40元

中国医学百科全书： 免疫性疾病/张孝骞主编 上海科学技术出版社 3.80元

中国医学百科全书： 普通外科学/曾宪九，裘法祖主编 上海科学技术出版社 6.45元

中国医学百科全书： 战时内科学/张学庸主编 上海科学技术出版社 5.75元

中国医学百科全书： 中医内科学/黄文东主编 上海科学技术出版社 7.20元

医用拉丁语/宋清茂，彭泽来编著 湖南大学出版社 2.40元

俄汉医学词汇/王重稼等编（修订本） 人民卫生出版社 （精装）：50.40元

现代英汉医学词汇/南京医学院主编 人民卫生出版社 （精装）：15.90元

英汉康复医学词汇/王懿等编 北京科学技术出

版社　4.40元

上海医疗器械实用手册/薛伯卿主编　文汇出版社　(精装)：15.00元

中国药学年鉴：1987/《中国药学年鉴》编辑委员会编　人民卫生出版社(精装)：18.90元

初级卫生保健管理词语简释/祁纯瑞编　天津科学技术出版社　3.15元

简明医用拉丁语/高学渊等编著　华中师范大学出版社　0.95元

日英汉药学词汇/纪有恒主编　化学工业出版社(精装)：28.60元

英汉医学检验缩略语小辞典/焦连亭，许家相主编　天津科技翻译出版公司　2.10元

医学法定计量单位换算辞典/刘军，姚磊编　科学技术文献出版社　(精装)：14.90元

汉法常用医学词汇/孙良生编　人民卫生出版社(精装)：10.00元

康　复医学词典/卓大宏主编　人民卫生出版社(精装)：3.35元

新编中医诊断要诀/秦天才编　甘肃科学技术出版社　1.35元

实用针灸辞典/《实用针灸辞典》编委会编　知识出版社　19.00元

江苏卫生年鉴：1989/《江苏卫生年鉴》编辑委员会编　江苏科学技术出版社(精装)：20.80元

中国卫生年鉴：1989/《中国卫生年鉴》编辑委员会编　人民卫生出版社　(精装)：20.00元

现代英汉医学、药学、卫生学略语词典/王懿，曹金盛主编　北京科学技术出版社　(精装)：23.40元

英中医学辞海/王贤才主编　青岛出版社　(精装)：100.00元

实用医学词典 /中国医科大学主编　人民卫生出版社　(精装)：29.70元

成人病与长寿/(日)八木俊一著；黄爱耕译　江西科学技术出版社　1.95元

儿童健康饮食/苏惠康编著　轻工业出版社　5.20元

日本专家谈饮食与健美延寿/(日)小池五郎，福场博保主编；周奇文编译　中国食品出版社　2.05元

家庭医生/卢祥之，张玉芬编著　科学技术文献出版社重庆分社　1.50元

现代生活方式与健康长寿：现代生活方式病的防治/张宪安编著　人民军医出版社　3.65元

避孕自我测定法/戴齐章，贺昌海编　上海翻译出版公司　2.60元

甜蜜的明天/张红裳等著　江苏人民出版社　(优生、优育、优教系列知识读本)　3.40元

性与生育/卢祥之，张玉芬编著　科学技术文献出版社重庆分社　1.55元

性知识与性病防治/隋邦森，徐辉编著　新华出版社　2.00元

优生·优育·优教/钱信忠主编　科学普及出版社　(当代农村文库/王郁昭，吴象主编)　5.00元

优生优教心理学：写给未婚和已婚的青年男女/李镜流，李树珍著　天津教育出版社　2.45元

晚年从医一点通/王道坤，尹婉如编　甘肃人民出版社　4.00元

面部健美按摩/(美)M. J. 莎芬著；唐薰译　2版　湖南科学技术出版社　1.30元

自我保健按摩/石禾，迺清编　湖南科学技术出版社　1.20元

心肌梗塞指南/(美)J. S. 艾尔伯特著，林秉正译　科学普及出版社广州分社　2.50元

人畜共患的传染病/刘立等编著　人民卫生出版社　(健康小丛书/黄树则主编)　0.99元

人的耳朵/彭吉人，王恩莉编著　人民卫生出版社(健康小丛书).　0.80元

肿瘤病知识/申文江编著　人民卫生出版社　(健康小丛书)　1.75元

常见皮肤病知识/范廉洁，徐参编著　人民卫生出版社　(健康小丛书)　0.90元

皮肤病知识/严规良编　2版　上海科学技术出版社　(卫生知识丛书)　2.10元

谈谈月经病/傅兴生，冯先芳编著　人民卫生出版社　(妇儿保健丛书)　0.80元

斜视弱视与近视的防治/陈晓仲编著　湖南教育出版社　(保健教育丛书)　0.78元

癌的自查和防治/闵志廉编译　同济大学出版社　2.60元

愿您更美——美容整形知识/丁芷林等编著　新时代出版社　4.20元

生活卫生大全/张揆一主编　上海科学技术出版社　6.30元

家庭简易推拿/金义成著　福建科学技术出版社

1.70元

益寿谚语/滕越，刘志碧编 四川人民出版社 1.80元

中老年人关节保健/傅维同等编著 福建科学技术出版社 0.80元

老年养生之道/赵继承编著 福建人民出版社 2.20元

幸福晚年/《老人报》编辑部主编 广东科技出版社 4.90元

吸烟与人生/铁道部爱国卫生运动委员会编 中国铁道出版社 1.90元

田间疾病防治/腾绍禹编 人民卫生出版社 1.20元

气功美容法/吴真谛著 民族出版社 1.55元

中医美容方法荟萃/刘国晖，张毅编著 四川科学技术出版社 1.95元

男女回春秘诀/竺晓兰编 鹭江出版社 1.90元

美容与减肥/杨树文编著 高等教育出版社 1.45元

中风病的家庭康复/邓禄清，温羡香编著 华南理工大学出版社 8.50元

牙痛/呼云之编著 人民卫生出版社 （健康小丛书） 0.73元

脑性瘫痪儿童家庭运动康复训练问答/韩伟成著 上海科学普及出版社 （精装）：2.75元

孕妇之友：郑医生信箱/郑雪琴等编 上海科学技术出版社 1.45元

家庭常用成药/蓝太富等编 2版 四川科学技术出版社 2.25元

家庭常用偏方精选/杜惠芳编著 科学技术文献出版社重庆分社 1.55元

自我催眠术/（美）莱斯利·勒克龙著；然吟等译 新华出版社 2.90元

精神卫生知识/郝伟编写 湖南教育出版社 （保健教育丛书） 0.72元

癌症康复者谈抗癌：写给患癌朋友/高文彬著 金盾出版社 2.60元

康复：癌症的心理治疗和预防/（美）奥·卡尔·西蒙顿等著；孙恂等译 华夏出版社 2.40元

乳癌自检与早期诊治/武正炎编 东南大学出版社 1.75元

乳房疾病/晏仲舒编著 人民卫生出版社 （健康小丛书） 1.05元

中风/周冠虹编著 人民卫生出版社 （健康小丛书） 0.82元

尘与肺/史志澄编著 人民卫生出版社 （健康小丛书） 0.80元

前列腺肥大与肿瘤/宋宗禄编著 人民卫生出版社 （健康小丛书/黄树则主编） 0.42元

饮食疗法/韩文领等编著 宁夏人民出版社 2.25元

咽唾养生/周荣基著 巴蜀书社 1.05元

养生与长寿：中外健康长寿经验集锦/石一仁编 民族出版社 2.95元

体质食疗学/匡调元著 上海科学技术出版社 1.15元

简易健身功法/黄民杰等编著 福建科学技术出版社 2.90元

简明饮食治疗手册/王慕同主编 中国食品出版社 5.60元

家庭食疗便方/洪明远等编 福建科学技术出版社 2.80元

防癌食品知识介绍/卢云峰编著 华夏出版社 1.55元

古代养生杂谈/曲祖贻编著 北京出版社 1.85元

小儿家庭护理/缪兴中等编译 河南科学技术出版社 1.60元

音乐与健康/石峰编著 中国计量出版社 1.80元

婴幼儿科学养育常识/杨勇编 武汉工业大学出版社 3.70元

癌症≠死亡/柯岩著；顾平旦编 华夏出版社 1.90元

青少年性教育指南/王新如主编 天津人民出版社 4.20元

健身术/李振玺著 延边大学出版社 2.15元

女子减肥术/（日）娜塔沙·斯达鲁尔著；李钟岩，董丽译 北方妇女儿童出版社 1.40元

青少年健身指南/夏思永，周安平编 西南交通大学出版社 1.75元

开刀病人必读/杨军著 上海科学技术出版社 1.80元

健美之道/从余主编 陕西人民出版社 （美国《读者文摘》菁华译丛） 3.10元

婚前教育/杭州市民政局等编 浙江科学技术出

版社　1.30 元

吃的选择/赵法伋，郭俊生编著　上海科学技术出版社　4.00 元

海洋蔬菜：保健海藻指南/(日) 大房刚著；刘思俭，李竹青译　农业出版社　1.55 元

催眠术/马维祥编著　科学普及出版社　(实用心理学丛书/林传鼎主编)　2.30 元

家庭医药的学问/《生活学问小丛书》编辑组编　兰州大学出版社　2.66 元

家庭用药必备/ 王永雁等主编　上海文化出版社　4.70 元

肩痛的快速康复 /雷亨朗等编　北京科学技术出版社　1.10 元

最常见慢性病疗养问答/李传良，金培珍编著　北京科学技术出版社　3.00 元

类风湿性关节炎的家庭自疗/ 娄玉钤等编著　江西科学技术出版社　2.85 元

家用偏方1000则/ 石光华编著　湖北人民出版社　2.00 元

人体探秘/乡桥，佳翔编　天津教育出版社　(中学生求知丛书)　1.75 元

人体之谜/邹光忠编著　新华出版社　1.85 元

怎样活到一百岁：古今养生秘要/ 杜毓忠编　甘肃科学技术出版社　1.70 元

终身保健之友/(日) 恩赐财团济生会编；贾福水等译　新华出版社　1.40 元

中外名人长寿秘诀/潘文昭，林中昌编　广西人民出版社　附中医长寿验方　3.80 元

孕产妇营养指导/ 邵玉芬等编著　上海科学技术出版社　(新婚礼书)　2.35 元

怎样生育健康聪明的子女/ 冯坦升编著　广西民族出版社　3.00 元

中老年历书/郝桂彦等编　河北人民出版社　2.60 元

养育前后/姚德鸿，唐建华编　上海科学技术出版社　(新婚礼书)　2.60 元

饮食心理学/王洪宝著　中国财政经济出版社　3.20 元

伤寒防治60问/贝菊佩，王东胜编　江苏科学技术出版社　(健康咨询小丛书)　0.90元

性格与健康/施毅著　福建科学技术出版社　1.25 元

我是怎样长寿的：55 位百岁老人的回答/沈定，沈国祥编　文汇出版社　1.70 元

形形色色的现代文明病/ 朱庄升等编　江苏科学技术出版社　(健康咨询小丛书)　0.42 元

性的教育/洪嘉禾等著　上海人民出版社　6.60 元

生长发育与健康长寿/ 黄绍勤等编著　四川教育出版社　3.00 元

实用健美知识手册/(法) S. 法斯特，D. 德威尔著；陈燕芳，张菊娣编译　国际文化出版公司　2.50 元

实用营养膳食手册/ 冯蔼兰等编著　轻工业出版社　9.30 元

简易健身法/王镜瀛编著　吉林人民出版社　1.60 元

健脑强身法/郭庆芳述　宝文堂书店　1.60 元

快乐减肥法/(日) 中村钫一著；盛欣，弓海旺译　国际文化出版公司　1.75 元

青少年生理心理健康指南/阎瑞珍，李培芳编著　学术期刊出版社　5.90 元

保健美容/李树莱，张超英编著　上海科学技术出版社　2.30 元

防病妙法一百则/马有度，王辉武主编　科学技术文献出版社重庆分社　1.95 元

健康与长寿知识问答/李昶亮主编；王斌等编　天津科学技术出版社　4.50 元

脱发防法/曾雄光，何荣耀编著　科学普及出版社广州分社　2.50 元

未雨绸缪话性病/ 韩国柱等编著　江苏科学技术出版社　(健康咨询小丛书)　1.15 元

性传播疾病及防治/曹兴午，李家宏编著　贵州人民出版社　2.00 元

性病与艾滋病防治问答/郭华章，赵敬忠主编　河北科学技术出版社　1.20 元

妇科肿瘤/石一复编著　人民卫生出版社　(健康小丛书)　0.82 元

腰痛的自我预防与自我治疗/(美) P. C. 威廉斯原著；张善华编译　同济大学出版社　0.70 元

世界七大超人/ (日) 中冈俊哉著；黄北雁译　湖南少年儿童出版社　1.50 元

特效食疗法/(美) 莫里森著；周岐才编译　人民体育出版社　3.00 元

巧食果菜祛百病/申俊军著　沈阳出版社　2.90 元

养生长寿的学问/《生活学问小丛书》编辑组编　兰州大学出版社　2.15元

医林漫步100问/吴德清编著　内蒙古人民出版社　1.15元

胎婴幼益智秘诀/(日)野末源一，稻垣武著；韩军译　东南大学出版社　2.35元

吸烟危害与戒烟新法/郭双喜编　甘肃科学技术出版社　1.65元

蜜蜂产品与健康长寿/瞿守睦，徐静兰编写　中国林业出版社　1.55元

你想有个聪明孩子吗？/(日)野末源一，稻垣武著；许中天译　上海科学技术文献出版社　2.25元

女性妩媚的一生/李碧杏编著　武汉出版社　1.80元

口齿的卫生与保健/陈德元，罗政著　福建科学技术出版社　1.20元

老年口腔保健知识/侯润之，张裕珠编著　人民卫生出版社　(健康小丛书)　0.82元

生殖与胎儿：不育夫妇指南/杨志华，赵珩编译　科学普及出版社　0.80元

胎儿自述/(丹麦)威廉·勃莱因霍尔斯托著；谢宜鹏译　上海科学技术文献出版社　1.50元

胎教和育婴/(日)高桥悦二郎著；卜国钧译　上海科学技术文献出版社　1.80元

老年病与饮食疗法：饮食与健康/(日)落合敏著；于泽民等译　工人出版社　1.95元

身体素质锻炼手册/(美)陆军总部著；叶路，秦楠编译　科学普及出版社　2.50元

断奶方法和食谱/(日)落合敏原著；张羽静编译　上海科学普及出版社　1.80元

假伪食品与疾病/腾瑞涛，赵家宝编著　人民卫生出版社　(健康小丛书)　0.86元

老年养生妙术/吕维善主编　北京出版社　5.65元

美容验方/裴培，李旸编著　学苑出版社　1.75元

儿童口腔保健与美容/孟秀英主编　内蒙古人民出版社　1.40元

眼睛保健知识/褚仁远编著　上海教育出版社　(中学生文库)　1.45元

血吸虫病问答/江苏省人民政府血吸虫地方病防治领导小组办公室编　江苏科学技术出版社　0.80元

小儿保健指南/白守成，李德琼编著　武汉出版社　2.20元

饮食之道/(英)玛格丽特·桑纳著；陈祥友等译　江苏人民出版社　1.95元

婴幼儿喂养与卫生保健/余庆云，史美峰编　人民军医出版社　2.20元

婴幼儿营养食谱：0～12个月/中国福利会国际和平妇幼保健院编写　少年儿童出版社　0.97元

自然美容保健法/(美)玛丽·安·格兰肖著；李韦扬译　上海交通大学出版社　1.20元

美容健身经穴按摩/卜义长主编　劳动人事出版社　2.35元

情感育婴秘诀/(日)内滕寿七郎著；郑伯林译　湖南少年儿童出版社　1.20元

生育与避孕/阮芳赋编著　人民卫生出版社　(妇儿保健丛书/高淑芬主编)　0.64元

十月怀胎：孕产妇必读/(日)雨森良彦著；顾江萍译　花城出版社　2.30元

现代家庭按摩与保健/郑莉丽，任力群编　电子工业出版社　2.20元

新婚孕育知识指南/胡香荣编译　天津科技翻译出版公司　3.60元

性生活与健康/(苏)云达(Юнда，И．Ф．)著；范占岭等译　社会科学文献出版社　2.40元

眼科疾病/黄佩刚编　湖南教育出版社　0.68元

用药须防药害/思润宇主编　科学普及出版社　3.80元

中风病的防治与康复/卢尚岭等编著　青岛出版社　2.00元

心理健美操/谢天振等编译　浙江人民出版社　2.00元

非凡的你/(美)帕特里克·L．米斯切尔著；赵伟，唐怀芳译　中国经济出版社　2.10元

婴幼儿饮食与营养/魏承生，孙逢万编著　上海科学技术出版社　2.35元

饮食与营养/胡珍珠编著　人民卫生出版社　(健康小丛书/黄树则主编)　0.80元

中青年女性之友——健康妇女的更年期/(日)野末悦子著；叶桂蓉译　煤炭工业出版社　2.40元

延年益寿知识问答/黄继坤，冷建国主编　广东科技出版社　2.20元

糖尿病的防治/池芝盛等编著　人民卫生出版社　(健康小丛书/黄树则主编)　0.69元

白带与疾病/郑顺娇，黄维新编著　人民卫生出版社　（妇儿保健丛书/高淑芬主编）　0.79元

常见职业中毒/王世俊，董家惠编著　人民卫生出版社　（健康小丛书/黄树则主编）　0.68元

妇女自我保健问答/夏美琼编著　福建科学技术出版社　0.95元

幼儿疾病与智力开发/唐泽媛，李炜如编著　四川人民出版社　（《智力开发工程》丛书/黎华白主编）2.00元

世界疯人/黄展等编　学苑出版社　3.10元

警惕！性传播疾病/龙振华编著　人民卫生出版社　2.35元

睡眠术：根据大脑生理学分析睡眠的机理/（日）长谷川和夫著；孙铁斋译　海峡文艺出版社　1.95元

药性诗歌/韩景曾撰　科学普及出版社　2.60元

家庭实用百病良方/朱亚楼，朱砂编著　长春出版社　3.20元

常用中药禁忌手册/李松龄编著　重庆大学出版社　2.10元

食物保健大全/蔡铁勇编著　河北人民出版社　6.00元

烟瘾·酒嗜·茶趣/元郎，谭红编著　巴蜀书社　2.62元

实用消毒手册/王振忠，丁洪基编　青岛出版社　2.50元

人间八十最风流/常敏毅编译　中国商业出版社　3.50元

宝宝养育手册/包英第编著　华东化工学院出版社　1.20元

妈妈是最好的医生/（日）小池麒一郎著；冯宛兰等编译　长春出版社　2.90元

健康长寿的民谚/温长路编著　吉林人民出版社　3.85元

生活中的医学/《家庭医师丛书》编委会编　科学普及出版社广州分社　2.60元

婚育知识读本/国家计划生育委员会宣教司主编　黑龙江人民出版社　2.20元

青春期的奥秘/李培芳等编著　科学出版社　3.00元

人生保健500忌/石云凤编　中国人民大学出版社　2.65元

实用优生问答/滔家增，张雪珍编　科学出版社　1.00元

口腔疾病知识/王筱村著　内蒙古人民出版社　0.95元

青少年牙齿的保护与美容/俞志贤编著　北京理工大学出版社　2.00元

怀孕养育300问/（新加坡）Y. M. 塞尔门，唐新林著；辛海，洪波译　江西科学技术出版社　2.30元

生殖系统疾病自我诊断与治疗/周宜强，胡佩兰编著　中原农民出版社　1.15元

食治本草：家庭饮食疗法1700方/姜卿云编　地质出版社　3.90元

家用小偏方/白云升，苏学明编著　吉林人民出版社　1.80元

奇难杂症食疗便方/陆书诚，黄瑾明编著　广西民族出版社　1.35元

中医之最/汪佩琴，周长发编著　人民卫生出版社　1.95元

百万人的家庭中医：自己的健康自己维护/赵蕴坤，张文钊编译　山西科学教育出版社　3.50元

婴幼儿健身操/盛晓德，刘明诚编译；邓荣宝摄影　中国少年儿童出版社　1.00元

怎样看医院的化验和检查报告/沈钧堂，叶于丰编　上海科学技术文献出版社　1.45元

1周30分钟健身之道/（美）莫尔斯（Morehouse, L. E.）；格斯（Gross, L.）；秦必斌译　海天出版社　2.50元

实用健美知识手册/（法）S. 法斯特，D. 德威尔著；陈燕芳，张菊娣编译　国际文化出版公司　2.50元

吸烟与健康/田本淳编著　人民卫生出版社　0.87元

一分钟健身法/（日）铃木弘文等著；张来舜译　人民体育出版社　1.20元

愿你容貌更漂亮：谈谈儿童与成人的五官保健/刘秉寿编　人民军医出版社　1.60元

怎样防衰老保持旺盛生命力：中老年营养之道/范文洵主编　北京师范大学出版社　（中国营养丛书/于若木主编）　2.50元

怎样防治疾病免除虫害/陈旭主编；邵善书等编　人民军医出版社　3.20元

怎样使宝宝根固苗壮：和妈妈谈胎婴儿营养（一）/胡亚美主编　北京师范大学出版社　（中国营养丛

书/于若木主编） 1.75元

怎样使孩子高大健美/（日）大塚正八郎著；张力实，邹原译 人民体育出版社 2.80元

怎样使你永葆健美青春：青壮年营养指南/关桂梧主编 北京师范大学出版社 （中国营养丛书/于若木主编） 4.25元

怎样使幼儿茁壮成长：学前儿童的科学营养/宋圃菊主编 北京师范大学出版社 （中国营养丛书/于若木主编） 2.45元

自然避孕法指导/（美）基普里（Kippley, J.），基普里（Kippley, S.）著；戴齐章等编译 上海翻译出版公司 2.95元

夫妻·孕育：家庭保健大全系列/范正祥，骆勤方主编；王亚平等撰写 人民体育出版社 3.90元

婚孕育儿保健/张德旗主编 农村读物出版社 1.30元

如何愉快地渡过更年期/（日）仓智敬一著；王鲁奇，李亚平译 国际文化出版公司 1.45元

吃能致病/王仲举等编著 科学技术文献出版社重庆分社 3.25元

独生子女的保健与抚养/陈隆英编著 国际文化出版公司 1.55元

自我催眠术/（日）平井富雄著；黄燕鹏译 甘肃少年儿童出版社 2.20元

用药与饮食/吴玉成编著 人民卫生出版社 （健康小丛书/黄树则主编） 0.57元

吃能治病：续/惠芳等编著 科学技术文献出版社重庆分社 2.95元

心理的自我调节：做你想做的人/（美）杰里·格林伍德著；刘建军等译 同济大学出版社 2.70元

腹泻与便秘/李世俊，江汉才编著 人民卫生出版社 （健康小丛书/黄树则主编） 0.64元

黄疸/全国爱国卫生运动委员会，中华人民共和国卫生部主编；田庚善编著 人民卫生出版社 （健康小丛书/黄树则主编） 0.71元

人人实用按摩术/施峰等编著 上海文化出版社 3.50元

推拿问答/严隽陶等编著 上海科学技术出版社 2.55元

家常药膳/上海电视台国际部编 百家出版社 1.60元

老年营养食疗/骆勤方主编；夕逸等撰稿 人民体育出版社 3.20元

常见病针灸疗法/阮少南等编著 福建科学技术出版社 1.95元

肿瘤病知识/申文江编著 人民卫生出版社 （健康小丛书） 1.75元

中医常见病自疗指南/华良才，温丽芬编 甘肃科学技术出版社 1.50元

婴幼儿腹泻的饮食防治/谢连云，徐星编译 河北科学技术出版社 0.55元

育儿按摩妙方：一种替代药物的治疗/（美）奥克特（Auckett, A. D.）著；晓曼译 中国工人出版社 2.65元

小儿推拿保健术/金义成编著 上海三联书店 1.30元

蔬菜水果食用指导/李之桂等编译 中国经济出版社 2.00元

家庭保健按摩/潘崇海主编 百家出版社 电视系列讲座 2.70元

家庭保健按摩术/王中衡等编著 科学技术文献出版社重庆分社 2.50元

气功健身八法保健按摩/赵仲毅编著 山西科学教育出版社 1.65元

前后六十四式大雁气功/杨梅君编著 人民体育出版社 1.50元

婴幼儿保健/上海市15所医院联合编写 科学技术文献出版社 1.70元

婴幼儿保健新知/（日）松田道雄著；齐东明，申光译 吉林科学技术出版社 2.10元

向中老年发出健康黄牌警告/（日）吉川博通著；李志等编译 中国经济出版社 2.00元

少年身心健康顾问/柳英萍主编；陈德荣等编著 四川少年儿童出版社 1.77元

断奶期喂养指导/世界卫生组织编；孟昭美译 人民卫生出版社 0.68元

健身长寿术/薛清源编著 山西人民出版社 2.40元

老年生活卫生/骆勤方主编 人民体育出版社 2.95元

海味营养与药用指南/何一骏编著 广东科技出版社 2.20元

机动车驾驶员自我保健手册/张家栋等主编 辽宁科学技术出版社 3.90元

家庭急救/梅虎，郭继玲编著 科学技术文献出版社重庆分社 （家庭保健丛书；3/卢祥之，梅虎

主编） 1.92元

健美之友：容貌体态的保健与矫治/《健康之友》编辑部编 科学出版社 2.80元

精子·不育·优教/《家庭医师丛书》编委会编 科学普及出版社广州分社 1.90元

抗老延寿/阎熙丰，崔岩编 辽宁科学技术出版社 2.70元

强身健脑饮食宝典/温桐，石戈编著 长春出版社 3.90元

趣谈疾病与免疫/金慰鄂，夏泽民编 北京科学技术出版社 0.70元

茶的保健功能与药用便方/刘强编著 金盾出版社 1.30元

家用偏方/刘建中，刘银萍编著 科学技术文献出版社重庆分社 （家庭保健丛书；2/卢祥之，梅虎主编） 1.97元

家用偏方选萃/程宝书，高润生编著 北京科学技术出版社 1.50元

老年病护理/徐玉梅，陈武玲主编 黑龙江科学技术出版社 3.70元

在您即将当妈妈的时候：分娩知识与分娩训练/吴白涛编著 科学技术文献出版社重庆分社 1.65元

消化系统疾病问答/陈敏章主编 科学普及出版社 （家庭医学顾问丛书；11） 3.20元

今日怪谈：生命与人体科学之谜/小魔编译 北京出版社 5.00元

人类肤色为何有深浅之别/鲁易，诗境主编 沈阳出版社 1.35元

人可貌像：您的心理、生理、病理/宋乃光，张年顺编著 科学技术文献出版社重庆分社 2.60元

家庭食疗/王仲举等编著 科学技术文献出版社重庆分社 （家庭保健丛书；4/卢祥之，梅虎主编） 1.93元

现代家庭养花与长寿/周百宜，黄天本编著 江西科学技术出版社 3.50元

吃能治病/杨国财，杨承编著 科学技术文献出版社重庆分社 2.75元

实用求医指南/舒眉，柏英编著 对外贸易教育出版社 2.25元

乡村医生必读/周标，肖敬民主编 江西科学技术出版社 6.20元

疑难病新解/（日）木村繁著；牛建昭，王德福译 科学普及出版社 2.90元

临床医学与科学/艾钢阳主编 中国科学技术出版社 5.80元

临床医师影象诊断手册/邹建中等编译 科学技术文献出版社重庆分社 1.85元

实用诊断酶学/王坤等编著 科学技术文献出版社重庆分社 7.40元

超声导向穿刺诊断与治疗/曹海根主编 人民卫生出版社 7.75元

腹部超声诊断/（丹麦）H. K. R. 佩德森，H. J. G. 史密斯著；邹贤华等译 人民卫生出版社 （精装）：13.00元

高压氧治疗/卢毅等编译 人民军医出版社 4.90元

临床检查结果判解/卞志强主编 人民卫生出版社 （精装）：27.00元

临床输血/夏玉光编著 人民军医出版社

激素封闭疗法/曾纪葵，孙月玲编著 海天出版社 3.00元

应急急救手册/（日）德田虎雄著；周景春，高天亮译 内蒙古人民出版社 1.50元

音乐治疗/（英）阿尔文（Alvin, J.）著；高天，黄欣编译 上海音乐出版社 3.40元

超声医学/周永昌，郭万学主编 科学技术文献出版社 （精装）：35.00元

医学图象处理/吕维雪编 高等教育出版社 高等学校试用教材 4.30元

环境急症手册/靳小青等编译 海洋出版社 7.80元

临床穿刺手册/傅家山编 山东大学出版社 3.20元

今日治疗/余瑛等主编 人民卫生出版社 5.30元

药外功夫/李珍等编著 广西民族出版社 1.60元

电疗与光疗/缪鸿石编著 2版 上海科学技术出版社 17.20元

急救医学临床诊断和治疗/甄国才，王今达主编 天津科技翻译出版公司 8.00元

治疗性血液单采：全国首届治疗性血液单采会议论文集/中国输血协会学术委员会兰州中心血站编 甘肃人民出版社 1.75元

临床认识方法概论/肖进主编 人民军医出版社 5.30元

康复技术全书/(日) 服部一郎等著；周天健主译 北京出版社 (精装)：36.00元 (平装)：31.00元

选择性血管造影/陈星荣主编 上海科学技术出版社 (图) (精装)：46.40元

症状与临床检查指南/许国瑄，阎佩珩主编 辽宁科学技术出版社 8.80元

现代物理与临床医学/傅昌余等编著 重庆大学出版社 1.44元

临床化学分析仪导论/韩志钧，郭兑山主编 辽宁科学技术出版社 9.50元

实用护理美学/黎正良等主编 四川科学技术出版社 2.50元

护理伦理学/李本富，丁蕙孙主编 科学出版社 4.10元

老年人家庭护理/江西老同志大学编 甘肃人民出版社 老年大学试用教材 3.30元

实习护士手册/王玲娣主编 上海科学技术出版社 (精装)：9.70元

护理精神病学/张文秀主编 东南大学出版社 3.50元

儿科护理学/卫生部护理中心组织编写；郑桂兰主编 化学工业出版社 成人护理专修科教材 6.30元

内科护理学/卫生部护理中心组织编写，陈家伟主编 化学工业出版社 成人护理专修科教材 8.50元

实用护理美学/马文元，彭庆星主编 天津科学技术出版社 2.95元

护理学综论/卫生部护理中心组织编写；陈淑坚主编 化学工业出版社 成人护理专修科教材 3.00元

护士手册/王筱敏等主编 人民卫生出版社 (精装)：14.70元

医疗护理技术常规：妇产科/吴葆桢等主编 科学出版社 (精装)：7.00元

急救·护理：家庭保健大全系列/范正祥，骆勤方主编；王亚平等撰稿 人民体育出版社 3.30元

常见病家庭护理/王廷珍主编；倪郁芝等编 人民军医出版社 4.95元

护理失误、意外与防范/靳士英，高万良主编；靳士英等编 人民军医出版社 3.25元

眼科护理/秦爱龄主编 人民卫生出版社 (护士晋升自学丛书；17) 2.80元

诊疗护理技术/张子文主编 人民卫生出版社 (护士晋升自学丛书；10) 6.80元

护理管理/周宗顺主编 人民卫生出版社 (护士晋升自学丛书；23) 3.65元

护理学基础/灵爱真，傅宗莹主编 北京出版社 中国农村智力开发函授学院试用教材 3.00元

锦州医学院科技志/锦州医学院科学技术志编纂委员会编 东北工学院出版社 5.65元

在改革中奋进/北京市卫生局卫生防疫处编 北京出版社 (北京市卫生防疫工作丛书) 2.00元

医德修养/但功高主编 甘肃人民出版社 1.80元

医学新技术及其应用/杨在春，高恩显主编 人民军医出版社 15.20元

上海特色门诊就医指南/众林编 同济大学出版社 2.10元

病案管理学/李国威编著 新疆人民出版社 5.95元

中国医学史纲/孔健民著 人民卫生出版社 8.10元

潜力的炸弹：特异功能/(美) 茜拉·奥丝特朗德，琳恩·司洛黛著；段建昆等译 辽宁人民出版社 乡村医生教材 6.50元

医学情报利用基础/宋余庆等编著 高等教育出版社 2.70元

病历示范/楼方岑主编 江苏科学技术出版社 6.10元

预防医学指南 (7)：卫生防疫站科学管理分册/周广恕主编 陕西科学技术出版社 12.80元

创建人体科学 (1)/钱学森等著 四川教育出版社 (人体科学丛书) 10.00元

模糊数学与医学/粟载福等编著 科学技术文献出版社重庆分社 4.00元

为人类健康的四十年：1948～1988/顾学箕，陈龙主编 上海医科大学出版社 1.70元

医学科研管理实用手册/崔以泰主编 天津科技翻译出版公司 3.00元

北京看病指南/练性乾等编著 经济科学出版社 (海外文摘丛书) 3.80元

世界卫生论坛：1989年 第10卷 第1期/世界卫生组织编 人民卫生出版社 4.40元

湖北中医学院院史：1959～1986 / 湖北中医学院编志办公室编　武汉出版社　4.65元

近代中西医论争史/赵洪钧编著　安徽科学技术出版社　4.00元

黎锦熙卫生志著述/赵石麟等编　天则出版社（陕西卫生志丛书）　1.90元

陕西医学史志文集　第1辑/赵石麟等主编　天则出版社　（陕西卫生志丛书）　6.80元

世界卫生组织通报：选译：1989年　第1期/世界卫生组织编　人民卫生出版社　4.40元

初级卫生保健/郭清主编　广东科技出版社　3.40元

高校保健医疗导引/徐苏恩主编　上海医科大学出版社　3.90元

卫生标准进展/梁友信，顾祖维主编　上海医科大学出版社　1.75元

卫生管理学基础知识/梁浩材主编　上海科学技术出版社　6.20元

人体生命节律的开发与应用/郭宏魁，黄娴如编著　山西人民出版社　7.60元

人体特异功能研究和运用/（美）希拉·奥斯特兰德，林恩·施罗德著；钟松青等译　世界知识出版社　3.95元

输血与血库专业知识问答/华玲琳，岳树森编著　辽宁科学技术出版社　3.25元

云南中医学院院史：1960～1988/张德厚主编　云南科技出版社　6.00元

现代医学导论/白正林主编　河北科学技术出版社　4.20元

医学科普作家与作品/河南卫生报编辑部，《医学科普作家与作品》编委会编　江苏科学技术出版社　4.50元

最新医学信息荟萃/罗书练编译　新疆大学出版社　1.80元

场效应治疗仪的研究与应用/程天保编　江苏科学技术出版社　0.60元

人天观初探/叶峻主编　四川教育出版社　（人体科学丛书）　5.00元

死后见闻：150名死后复生者的自述/（美）富蒙德·穆迪著；朱晓平，孙延敏编译　黑龙江教育出版社　1.80元

中国现代医学：1988：中英对照/《中国现代医学》编委会主编　人民卫生出版社　10.65元

社会主义初级阶段医德概论/黄延东，顾忠会编著　广西科学技术出版社　1.55元

新余市卫生志/陈荣华编　江西科学技术出版社（新余市地方志丛书）　2.80元

医疗成本/王锡增等著　中国经济出版社　3.70元

医院会计/宋连仲等编著　中国财政经济出版社　4.20元

医学现场调查研究工作手册/王天根等编著　人民卫生出版社　2.40元

中国口腔医学史：年表/李刚等编著　天津科学技术出版社　1.50元

常用医疗计量器具原理与检定/孙发勇编著　中国计量出版社　5.00元

卫生事业经济活动分析/卫生部计划财务司组织编写　中国财政经济出版社　4.00元

卫生行政管理学/陈海峰主编　上海科学技术出版社　5.45元

防毒之道：中毒100例/高云升等编　中国商业出版社　2.50元

辐射屏蔽与剂量学/（美）普罗菲奥（Protio, A. E.）著；顾俊仁等译　原子能出版社　16.45元

医学伦理学/邱世昌等编著　上海科学技术出版社（上海市住院医师培养指导丛书）　1.60元

当代医学伦理学/曹开宾主编　上海人民出版社　3.80元

江苏省预防医学历史经验/盛立等主编　江苏科学技术出版社　（精装）：12.20元

计划生育服务站管理/刘庆生主编　湖北人民出版社　2.95元

卫生经济学概论/曹培文等主编　科学技术文献出版社　3.60元

现代医疗与保健/李玉山，傅正恺编　云南科技出版社　1.60元

现代医学概论/傅荫宇主编　湖南大学出版社　2.00元

医学科研方法与管理/张青林，咸日金主编　人民卫生出版社　9.70元

心身医学与心身疾病/余展飞著　华夏出版社　5.20元

古代医药史精华录/张知寒著　山东教育出版社（中国文化史知识丛书/王绍曾，罗青主编）　1.22元

人类疾病动物模型/(　) J. C. Jones主编；程鸿主译　上海医科大学出版社　(精装)：8.20 元

人体之谜/张三齐，林云编著　青海人民出版社　2.50 元

实用心身医学/刘涛主编　农村读物出版社　8.25 元

世界卫生组织通报：选译　1989 年第 2 期/世界卫生组织总部编　人民卫生出版社　4.40 元

医学美学/丁蕙孙主编　上海医科大学出版社　1.15 元

医学伦理学/李珠江，胡忠明主编　人民军医出版社　5.50 元

医学奇观/陈清森，黄建民编著　湖北少年儿童出版社　(少年科学瞭望台丛书)　1.95 元

现代医学道德/陈力行等主编　南京出版社　3.80 元

老年心理卫生/牛德福编著　人民卫生出版社　2.15 元

人的生命历程/邵慧珍，吕卫编　上海教育出版社　(中学生文库)　1.15 元

《大众医学》1989年合订本/上海科学技术出版社编　上海科学技术出版社　9.80 元

国内外中医药科技进展：1990 /国家中医药管理局科学技术司，上海市医学科学技术情报研究所主编　上海科学技术出版社　5.80 元

社会医学/杨建伯，董情主编　人民卫生出版社　7.50 元

医学考试的理论与实践/梅人朗，李春昌主编　上海医科大学出版社　2.90 元

健康教育计划设计—PRECEDE模式/(美) Lawrence W. Green等著；李新正等译　上海医科大学出版社　4.10 元

初级卫生保健工作手册/李仁，刘忠德主编　辽宁科学技术出版社　4.60 元

萧山卫生志/萧山市卫生局编　浙江大学出版社　(精装)：33.00 元

健康教育读本/黄荣魁主编　上海医科大学出版社　3.70 元

医学心理学/徐俊冕等编写　上海医科大学出版社　3.05 元

医学心理学研究方法/许淑莲编著　团结出版社　3.20 元

特异心理学纵横谈/王雷泉等编译　华夏出版社　(中国气功丛书/张震寰主编)　3.90 元

住院病人300问/韩绍安主编　辽宁科学技术出版社　(就医教育丛书)　3.50 元

医院会计习题及解答/刘维华，张由龙主编　中国财政经济出版社　3.85 元

医院卫生学管理/段继承等编著　江苏科学技术出版社　4.90 元

实用医院管理手册/阎惠中，朱名媛主编　北京科学技术出版社　3.00 元

大理卫生四十年/李文泰主编；大理白族自治州卫生局编　云南民族出版社

军中寻医指南：西南分册/解放军报社军工科技信息咨询服务部编　长征出版社　2.30 元

国际合作与交流

【1990 年卫生外事工作】

1990 年，卫生外事工作继续认真贯彻执行改革开放政策和独立自主的和平外交政策，积极开展官方、民间、双边、多边的对外合作与交流，在引进人才、资金、设备、信息等方面取得了较明显的效果。一年来，积极开展多边外交，广交朋友，扩大影响。陈敏章部长率团参加世界卫生组织第 43 届大会，作为上届大会主席，顺利完成了与本届大会主席的交接工作。加强双边往来，积极拓宽国际交流合作的渠道。打破西方国家的制裁，加强民间交往，扭转“六·四”风波给外事工作造成的暂时困难局面。加强调研工作，增进服务意识，重点支持医务界知名专家教授和中青年知识分子对外合作交流。派出第 1 个由司、处两级领导组成的外

事调研工作组，赴广东、海南两省沿海经济特区了解情况，帮助他们内引外联、搭桥铺路，解决困难。卫生部医疗卫生国际交流中心成立理事会，聘请27名医药卫生专家担任理事，促进民间对外交流工作。同时，建立了促进医疗卫生对外交流基金，在经费上支持他们对外开展工作。发展与第三世界国家的友好合作关系，努力做好援外医疗队宏观管理工作。筹建出国医疗队办公室，以加强政策上指导，建立健全规章制度，逐步理顺关系。1990年，卫生部系统派赴国外考察访问、讲学和参加国际学术会议2 342人次；接待来华访问、讲学和参加专业会议1 683人次，轮换医疗队员697人次。有1 300名医疗队员分布在西亚、非洲的39个国家和地区、95个医疗点上，为第三世界国家人民防病治病服务。

（李万山）

【中国医疗队工作】

1990年援外医疗队在外总数由1989年42个减至39个。鉴于我国政府中断了同几内亚比绍的外交关系，援该国医疗队19人于6月23日撤离回国；由于伊拉克武装侵占科威特，第7批援科威特医疗队10人于8月26日回国；第4批赴利比亚医疗队9人亦因利方锐减年薪及人员问题而停止派出。

1990年我国共派出轮换医疗队员697人次。年终在国外的医疗队员共计1 182人，分布在西亚、非洲的37个国家的95个医疗点上工作。

为进一步加强援外医疗队的管理工作，6月5～8日中国医疗卫生对外技术合作公司在杭州召开了全国出国医疗队管理工作座谈会。全国27个有承派医疗队任务的省、自治区、直辖市卫生厅（局）的有关人员共80人参加了会议。会议中心议题是：总结近几年医疗队国内外管理工作，沟通情况，交流经验，商讨改进工作的意见。

为使援外医疗队管理工作逐步走向规范化、制度化、科学化，加强了规章制度的建设：3月份经部领导批准，下发了《援外医疗队人员选派工作的暂行规定》和《援外医疗队员守则》。5月汇编了《援外医疗队工作文件选编》，还编印了《援外医疗队管理人员工作手册》。11月又编印了《援外医疗队队长必读》。年底完成了《援外医疗队员手册》，并会同上海、天津完成了《药械供应目录》的定稿。

加强调查研究工作。10月2～18日，胡熙明副部长率卫生部工作组一行5人赴乍得、中非和喀麦隆访问，调查研究医疗队工作。全年共派出10个工作组33人去有关国家进行实地考察，解决医疗队在国外的具体困难。为更好地了解掌握所在国的医药卫生情况，到1990年底止已有37个医疗队就地收集资料编写了所在国的《医药卫生概况》和医疗队所在地的《医疗点情况》。1990年将援外医疗队自1963年始至1989年年底的10项有关资料和数据输入电子计算机。

继续采取多种形式培训人员。1990年有16名阿拉伯语学员在北京外国语学院学习两年后结业，缓解了援阿拉伯语国家医疗队翻译不足的问题。10月，召开了由7个省、市参加的援外医疗队外语培训工作座谈会。会上研究制订了英、法、阿、西、葡5种语言的《援外医疗队外语培训教学大纲》草案。同时召开了26个省、市援外医疗队财会工作会议。11月14～24日在北京举办了第1期援外医疗队队（组）长培训班。

在开展对外活动方面，一些医疗队敢于创新、勇于开拓，积极参加在当地举行的国际会议。许多医疗队在以往工作的基础上积极开展新的医疗业务，受到所在国政府和人民的赞扬。1990年第7批援马达加斯加医疗队队长和3名队员分别获得马方颁发的军官勋章和骑士勋章。第7批援布基纳法索医疗队16人获布政府颁发的集体勋章。第8批援扎伊尔医疗队队长和2名队员获得扎国家骑士勋章。尼日尔卫生部长代表总统向我第8批援尼日尔医疗队29人颁发了银质奖章。

（钱君琦）

【中国与外国重要卫生代表团互访】

1990年，我国卫生部负责人率团访问了伊朗、苏联、墨西哥、古巴、中非、乍得、喀麦隆、日本、斐济、法国、意大利和尼加拉瓜等国家。朝鲜、冈比亚、日本、古巴、加拿大和毛里塔尼亚等国卫生部负责人率团访问了我国（详见表1～2）。

表1 1990年中国卫生部负责人出访情况

出访负责人	日期	访问国别（地区）	访问概况
顾英奇	2月24日～3月5日	墨西哥、古巴	顾副部长分别与墨西哥和古巴卫生部部长进行座谈，交换意见，并参观了医疗机构和研究所
陈敏章	4月22～28日	尼加拉瓜	参加总统查莫罗夫人就职仪式
陈敏章	4月30日～5月5日 5月14～19日	伊朗、苏联	陈部长在苏期间与苏卫生部长杰尼索夫签署了两国卫生合作协议
顾英奇	9月14～19日	斐济	顾副部长出席在马尼拉召开的世界卫生组织会议后顺访斐济。与斐卫生部长交换了今后合作的意见
胡熙明	10月2～24日	中非、乍得、喀麦隆、日本	赴非洲3国看望医疗队员。考察医疗队工作。顺道去日本参加第6届国际东洋医学大会
何界生	11月26日～12月5日	日本	应日本日中医学协会邀请，与日厚生省等部门进行接触，并作关于我国预防医学工作现状的报告
胡熙明	12月2～16日	法国、意大利	出席第2届世界针联大会（以针联主席身分），会后访问意大利。与意大利拉苇市市长道立苛尼就建立中医学院事进一步磋商

表2 1990年外国卫生部负责人访华情况

来访负责人	日期	访问概况
朝鲜保健部长李钟律	3月20～30日	在京期间国务委员李铁映会见了李钟律。与中国卫生部商签了中朝卫生合作协定1990～1991年度执行计划
冈比亚卫生部长恩吉女士	8月13～25日	访问了北京、广东、上海。与陈敏章部长进行了会谈。人大常委会副委员长周谷城会见了恩吉部长一行
日本厚生省事务次官坂本龙彦	9月24～29日	出席中日医学教育中心附属医院奠基典礼
古巴卫生部长胡利奥·特哈	10月31～11月5日	在京期间参观了医院、研究所。出席中古"人人享有卫生保健"研讨会和医疗仪器展览会开幕式。国务委员李铁映会见了特哈部长
加拿大卫生部副部长卡尔森女士	11月11～17日	卡尔森女士访问了广州、西安、北京。钱正英会见了卡尔森女士
毛里塔尼亚卫生部部长莫瓦内	11月26日～12月4日	与陈敏章部长座谈探讨加强两国医疗卫生合作的可能性赴哈尔滨看望原援毛医疗队队员并参观

（慕英英）

【朱杰副局长率团访问保加利亚、罗马尼亚】

应保加利亚共和国卫生部和罗马尼亚共和国卫生部的邀请，国家中医药管理局副局长朱杰率团一行4人于1990年10月29日～11月11日分别访问了保加利亚和罗马尼亚。

访保期间，主要与保卫生部副部长鲍勃夫医师和有关司局负责人商谈了传统医药领域内的双边合作事项，并参观访问了保加利亚一些民间医药的医疗和科研机构。中国代表团向保医药界专家学者做了关于中医药医、教、研方面的情况报告。就在索非亚建立保中传统医药合作中心及双方今后在传统医药医、教、研领域内的合作，达成一致意见并签署了协议。这是国家中医药管理局与外国政府卫生部签署的第1个政府间的有关中医药合作协议。该协议中写入了保卫生部承认中国的中医师在保行医和使用中药治病的合法性的有关条文。这是第1个欧洲国家政府卫生主管部门承认中医药的合法地位。

访罗期间，中国代表团先后与罗卫生部部长及外事司、医政司和计财司负责人进行了会谈，并参观了布加勒斯特的针灸研究所和康斯坦察海滨康复疗养院，拜会了康斯坦察市市长和卫生局长，并就派中国针灸专家赴该市讲学及指导工作达成了口头协议。

（沙凤桐）

【加拿大卫生代表团访华】

应卫生部邀请，由加拿大卫生和福利部副部长玛格丽特·卡特蕾—卡尔森女士率领的加拿大卫生代表团一行104人，于1990年11月10～17日访问我国。在华期间，全国政协副主席钱正英会见了代表团，卫生部部长陈敏章宴请了代表团。在该团访问期间，我国又有7所儿童医院与加拿大的儿童医院结成姐妹医院。至此，我国共有12所儿童医院和加拿大的儿童医院结成了姐妹医院。

（袁本立）

【中苏两国卫生经济学者首次交流】

应中国卫生经济学会会长郭子恒和中国卫生经济研究所所长魏颖的邀请，由苏联社会卫生、卫生经济及管理研究所副所长B. П. 柯尔察狄和研究员Ю. M. 伊夫舒柯夫、国际卫生问题研究室主任M. H. 萨维列也夫组成的代表团于1990年11月20～27日来我国访问，并进行了学术交流。代表团在京期间，以“苏联卫生事业领域内的经济改革”、“苏联医学教育的经费问题”和“现代卫生事业及其发展趋势”为题举办了3次学术报告，并同中国卫生经济学会和卫生经济研究所的有关人员进行了座谈。中方学者也向苏联代表团简要介绍了中国改革开放以来，特别是近10年来卫生经济研究的进展。双方还就今后相互间开展学术交流问题交换了意见。11月24～26日，苏联代表团赴哈尔滨市，与黑龙江省卫生经济学会和中国卫生经济杂志社的有关人员进行学术交流。

（赵竹岩）

【笹川医学奖学金项目执行情况】

根据1986年8月我国卫生部和日本（财）笹川纪念保健协力财团及（财）日中医学协会签定的笹川医学奖学金协议及其实施计划，迄今为止，卫生部已向日本派出7期笹川医学奖学金进修生350人。其中250人已学成归国。

笹川医学奖学金进修生是经全国各省、自治区、直辖市推荐，全国外语统考合格，并具有一定实际工作经验的优秀医务工作者。他们分散在日本的各医、教、研单位，进行为期1年的进修学习。进修生在日本学习期间，刻苦勤奋，赢得了有关单位及同行的好评。在已归国的进修生中，部分特别优秀的进修人员应邀再次赴日进修，分别获得了硕士、博士学位。他们归国后正在利用在国外学习、掌握的科研、医疗知识，活跃地工作在我国各医疗、科研、教育的第一线。达到了培养我国优秀的医务工作者，为祖国人民健康服务的目的。

现在，在中日两国政府、有关部门、医学机构及民间医学团体的支持下，笹川医学奖学金项目的执行正在顺利进行。

（胡晓濛）

【陈敏章部长率团参加第43届世界卫生大会】

第43届世界卫生大会于1990年5月7～17日在瑞士日内瓦举行。参加会议的有世界卫生组织159个会员国的代表团。陈敏章部长率领中国代表团出席了会议。津巴布韦总统罗伯特·穆加贝和意大利内阁总理朱利奥·安德烈奥蒂专程到会，就世界经济与卫生发展的关系发表演讲。大会选举厄瓜多尔卫生部长普鲁塔科·纳兰乔博士为本届大会主席。

本届大会各议程进展顺利，在一些重要问题上有关各方比较克制。大会共通过26

项决议和13项决定。中国代表团以积极的姿态出席了大会，顺利完成了陈部长作为上届大会主席的交接工作。陈部长在大会一般性辩论发言中，肯定了世界卫生组织的工作，强调了环境与健康的关系。会议期间，代表团还开展了多边和双边外交工作。

（亓庆东）

【中国代表团参加世界卫生组织西太平洋区委员会第41届会议】

世界卫生组织西太平洋区委员会第41届会议于1990年9月10～14日在菲律宾马尼拉召开。出席这届会议的有该区22个成员国的代表，以及联合国系统其它专门机构、非政府组织的代表共100多人。香港政府根据中国和英国政府的协议，并经上届委员会会议同意，第1次派代表团以“香港”名义与会。世界卫生组织总干事中岛宏博士参加了会议并作了重要讲话。顾英奇副部长率中国代表团参加了会议。本会议的主要议题是审议地区主任的年度报告、讨论并通过1992～1993年度规划预算。技术议题主要有卫生立法、艾滋病和其它性行为传播疾病、消灭脊髓灰质炎、救灾工作中的卫生问题等。会议共通过16个决议案，同意区主任提出的1992～1993年本区规划活动和资金分配。在这个双年度规划内，该区的正规预算将达到63 901 400美元，其中用于中国的有8 136 000美元，比1990～1991双年度增加了674 200美元。

中岛宏指出，世界卫生组织在90年代的主要工作是加强卫生机构的建设，培养卫生人员，促进健康和防治疾病，以及应付各种自然灾害。世界卫生组织将从全球和区域间规划中削减2%的经费，用于向最不发达国家和经济最困难的国家提供技术和经济援助。

（李清修）

【世界卫生组织区域间初级卫生保健质量保障会议在上海举行】

世界卫生组织区域间初级卫生保健质量保障会议于1990年10月8～12日在上海举行，这是世界卫生组织第1次就初级卫生保健质量保障问题召开的专门会议。西太区主任韩相泰博士、世界卫生组织总部加强卫生服务司司长塔里木博士、我国卫生部部长陈敏章出席了会议。来自世界卫生组织总部和6个地区的官员、代表共25人出席了会议。上海市市长朱镕基、常务副市长黄菊出席了开幕式。中国有3名代表和4名观察员参加了会议。会议的目的是：①明确初级卫生保健质量保障的概念和基本理论；②交流各国当前开展初级卫生保健活动的经验和教训；③向世界各国推荐关于初级卫生保健质量保障的战略和途径；④促进世界卫生组织和其它国际机构在方法和途径方面加强对各国的支持。卫生部医政司副司长在会上作了题为“中国卫生体制和农村实现2000年人人享有卫生保健战略”的报告。与会代表考察了上海市嘉定县的初级卫生保健和农村三级医疗预防保健网。

（王　羽）

【世界卫生组织副总干事访华】

应陈敏章部长邀请，世界卫生组织副总干事阿卜杜勒莫门博士偕夫人，在西太区规划管理主任陪同下，于10月21日～11月2日来华访问，陈敏章部长同他进行了会谈。阿卜杜勒莫门博士是“六·四”风波以来第1位来华访问的世界卫生组织总部的高层官员。于1975年曾以阿尔及尔卫生代表团负责人的身份访问过中国。他高度赞扬了中国对阿尔及利亚卫生事业的帮助和支持。认为中国和世界卫生组织西太区的技术合作十分顺利、成功，希望世界卫生组织总部和中国的合作包括技术上和政治上的合作关系也进一步发展。他感谢陈敏章部长以智慧、耐心和经验完成了在42届世界卫生大会上担任主席这一重要而艰巨的任务。

在华期间，阿卜杜勒莫门博士还在北

京、天津、广州、上海等地参观了医学院校、研究所、情报所、地方病防治网及医院等，每到一地他都提出了中肯而坦率的意见，提出要用全球和长远的观点看待卫生问题。

（张　惠）

【1990年确认的世界卫生组织合作中心】

经我国卫生部与世界卫生组织协商审议，1990年又确任了6个单位为世界卫生组织合作中心。这6个合作中心是：

世界卫生组织城市初级卫生保健发展合作中心——上海市虹口区卫生局

世界卫生组织人类生殖研究合作中心——四川省计划生育科学研究所

世界卫生组织康复研究和培训合作中心——同济医科大学康复医学教研室

世界卫生组织湖区血吸虫病防治研究合作中心——湖南省寄生虫病防治研究所

世界卫生组织结核病化疗研究合作中心——北京全国结核病防治研究中心

世界卫生组织书刊翻译和出版合作中心——人民卫生出版社

截止到1990年11月止，我国已有59个世界卫生组织合作中心。

1990年度的中国/世界卫生组织合作中心主任会议，4月在山东泰安举行。54个合作中心的主任参加了会议。世界卫生组织西太区主任韩相泰博士、驻华代表基恩博士、西太区负责合作中心管理工作的施瑞医生出席会议。卫生部副部长顾英奇，山东省副省长宋法棠出席会议并讲了话。

顾英奇副部长在总结中肯定了各合作中心根据世界卫生组织确定的职能，结合中国卫生工作的实际，做了大量工作，取得了较好的成绩，要求各合作中心继续坚持改革开放的方针，重视自身建设，加强管理；围绕防治危害人民健康的严重疾病和农村卫生工作开展工作。韩相泰博士在讲话中提出了世界卫生组织今后6项工作重点，强调了年度报告的重要性。

7个合作中心的代表在会上介绍了他们开展对外合作交流，对内发挥示范作用的情况和做法。会议对每一个合作中心1989年度的报告，逐一进行了审评，评选出北京红十字朝阳医院等18个合作中心的年度报告为合格的年度报告。59个合作中心的工作情况，已汇编成册。

（刘俊立）

【联合国召开禁毒特别联大会议】

根据联合国大会决议，联合国于1990年2月20～23日在纽约召开了禁毒特别联大会议。以中国麻醉药品管理和禁毒协调会议主持人、卫生部副部长顾英奇为首的中国代表团参加了会议。

出席本届会议的有158个国家的代表，111个国家的代表在一般性辩论中发言。他们在对当前毒品形势的估计，加强国际禁毒合作的必要性以及强调生产国、消费国和过境国对禁毒斗争有共同责任等问题上表现了广泛的一致性。会议一致通过了有关禁毒的《政治宣言》和《全球行动纲领》。上述宣言强调了在国际合作中严格尊重各国主权和领土完整，不得干涉内政的原则；在强调生产国消除非法种植和为过境国提供援助的同时，特别强调消除非法需求。本着上述基本原则，《全球行动纲领》在减少非法需求、生产和供应，禁止贩运和分销，防止非法资金的流动和洗钱，以及治疗、康复，资源、结构和法规等方面，提出了要求国际社会和联合国有关机构采取具体行动的建议及具体措施。由于事先经过多次磋商，上述两个文件内照顾了各方的观点和利益，因此这两个文件在会上得以顺利通过。

在与会期间，积极开展工作，受到各方重视。代表团团长顾英奇在大会发言中强调，在禁毒合作中必须尊重国家主权，不得干涉别国内政。在制订上述两个文件的讨论过程中，针对所谓“人权和个人尊严”等问题，提出修改意见加以抵消或降调，均为会议所接受。

（朱丽琴）

【联合国麻醉药品委员会第11届特别会议在维也纳召开】

联合国麻醉药品委员会第11届特别会议于1990年1月29日～2月2日在维也纳召开。出席本届会议的有98个国家和23个国际组织的代表、观察员共500余人。中国代表团由卫生部、外交部、公安部和海关总署等有关部门的人员组成。

会议审议了关于执行国际麻醉品管制条约的紧急事项，《1988年公约》（又称《禁止非法贩运麻醉药品和精神药物公约》）的生效和临时适用等5个议题，并通过了提交特别联大的报告。

会议一致认为，国际麻醉品滥用和非法贩运形势的恶化，以及随之而来的犯罪与恐怖集团相结合进行暴力活动的明显增多，给许多国家的社会安定和经济发展带来直接威胁。尽管国际社会采取了一系列反击措施，联合国平均每10年制定一项公约，以打击麻醉品滥用和非法贩运活动，但是世界毒品形势仍在继续恶化，各国普遍表现出加强国际合作及区域间合作的强烈愿望。

尽快执行《1988年公约》是本届会议十分关注的问题之一。会议通报了有关《1988年公约》的批准情况，已有89个国家签署了《1988年公约》，4个国家批准了该公约。与会国高度评价《1988年公约》，一致呼吁各国政府尽早批准该公约，使之尽早生效。会议敦请各国就适用该公约采取行政措施，早日执行管制与毒品有关的化学品。

呼吁减少麻醉品非法需求是本次会议提出的突出问题。与会国普遍认为，改善整个麻醉品非法贩运形势的关键在于减少非法需求。为此，奥地利政府代表团呼吁国际社会制定一项减少非法需求的国际公约，英国代表倡议1990年4月在伦敦召开一次减少需求，打击可卡因威胁的世界部长级高级会议。

（朱丽琴）

【第15届亚太地区禁毒执法机构负责官员会议】

联合国第15届亚太地区禁毒执法机构负责官员会议于1990年10月15～19日在北京召开。该会议由联合国麻醉药品司主持。会议的目的是交流麻醉品管理和缉毒执法方面的工作经验，加强亚太地区各国在禁毒斗争中的国际合作。亚太地区各国、地区和其它地区有关国家，以及联合国有关机构和国际组织的代表和观察员100多人参加了会议。中国代表团由卫生部、外交部、公安部、海关总署等有关部门人员组成。中国代表团团长、中国麻醉药品管理和禁毒协调会议主持人顾英奇当选为本届会议主席。

国务委员王芳参加了会议的开幕式并讲话。10月18日，国务院总理李鹏会见了参加会议的各个国家和地区的代表团团长和联合国有关机构及国际组织的代表。李鹏在会见时指出：毒品问题是国际社会的一大公害，它危害人民健康，败坏社会风气，发展下去还会影响社会安定。要在全球内扫除毒品祸害，必须加强地区间各国的合作。今后，中国将采取立法、执法等有关措施，坚决打击贩毒犯罪活动。发动群众，形成一个社会监督环境，并加强国际合作和地区间合作，为在全球消除毒品祸害，为人类的文明进步和社会繁荣的发展做出自己的贡献。

中国麻醉药品管理和禁毒协调会议主持人顾英奇在10月19日举行的记者招待会上公布，我国目前吸毒人数已达7万人，吸毒者主要分布在云南、贵州、四川、陕西、甘肃、内蒙古等省、自治区的一些市、县。1989年我国公安、海关缉获海洛因559公斤，鸦片289公斤，均为1987年缉获毒品量的11倍。

（杨会新）

【世界针灸学会联合会第2届会员大会暨第2届世界针灸学术大会召开】

1990年12月4～8日，世界针灸学会联合会（简称世界针联）第2届会员大会暨第2届世界针灸学术大会在法国巴黎召开。

卫生部副部长胡熙明、中国针灸学会副会长王雪苔、陈佑邦等分别以世界针联官员和中国代表的身份参加了12月4日召开的会员大会。来自世界45个针灸团体和国际组织的90多名会员代表和20多名列席代表及观察员出席了大会。世界针联主席胡熙明主持开幕式，世界卫生组织代表阿克瑞拉先生在开幕式上讲话。会员大会通过了由世界针联秘书长王雪苔代表第1届执行委员会做的工作报告和司库陈佑邦的财务报告。大会接纳了越南、南斯拉夫、马来西亚、葡萄牙、香港等11个国家和地区的12个针灸组织为世界针联会员。大会选举产生了世界针联第2届执行委员会。中国针灸学会副会长王雪苔当选为第2届世界针联执委会主席，中国中医研究院针灸研究所所长邓良月当选为秘书长。6名副主席分别由日本的山村秀夫、美国的洪伯荣、埃及的果戈里、加拿大的张金达、澳大利亚的克里斯蒂·伯利、法国的开斯比当选。

由世界针联与世界卫生组织共同发起的第2届世界针灸学术大会于12月5日举行开幕式。世界卫生组织总干事中岛宏博士，联合国教科文组织代表，以及法国政府卫生部代表出席开幕式并讲话。来自45个国家和地区的近800名代表参加了学术大会，其中有30多名是中国针灸专家和针灸工作者。大会交流针灸理论、临床科研等方面的学术论文400多篇，其中中国交流134篇。

（麻　颖）

【加强中国基层妇幼卫生·计划生育服务项目开始执行】

“加强中国基层妇幼卫生·计划生育服务”项目是1990～1994年期间我国政府与联合国儿童基金会、联合国人口基金共同合作的卫生项目之一。其特点是：①由两个国际组织——联合国儿童基金会和联合国人口基金合作提供援助，受到众多国际组织的关注。②是1990～1994年期间我国医疗卫生系统规模最大的合作项目之一，国际组织投入总额为2 050万美元，其中联合国儿童基金会提供1 100万美元，联合国人口基金提供950万美元。③项目涉及面广：包括分布在27个省、自治区的300个“老少边穷”县，其总人口为1.2亿；项目县的分布是以边远、少数民族地区为主；及已经或即将建立妇幼卫生专业的6所部属医科大学(北京、白求恩、同济、上海、西安、华西医科大学）等。④该项目旨在通过建立健全三级妇幼卫生保健网，开展以基层最急需的妇幼卫生知识为主要内容的逐级培训、推广妇幼卫生适宜技术、普及妇幼卫生知识等各项活动，提高妇幼卫生队伍的素质和工作质量，从而提高300个项目县妇幼卫生服务能力，以达到降低婴幼儿、孕产妇的死亡率和发病率，提高儿童和妇女健康水平的目的。

（韩晓明）

【召开妇幼卫生项目县县长会议】

卫生部妇幼司与联合国儿童基金会、联合国人口基金于1990年4月～5月分别在成都、桂林、泰安、拉萨举办了6期妇幼卫生合作项目县县长会议。参与合作项目的300个县的主管县长、卫生局长、部分专员（州、市长）和省（区）卫生厅领导、妇幼处长及各区域性专家组负责人和有关专家共769人参加了会议。何界生副部长出席了第5期会议，并发表了书面讲话。

会议介绍了项目工作概况，聘请有关专家作了专题报告，介绍了安徽金寨、吉林磐石、广西兴安3县开展妇幼保健和计划生育技术服务的经验，并组织与会人员参观了基层妇幼保健网点。

会议期间讨论了合作项目各级协调领导

小组的职责，使与会的政府官员增进了对项目工作及大卫生观念的了解，明确了各级政府对项目工作应承担的责任，也奠定了卫生行政部门同政府领导和专家密切配合的基础。

（陈宏章）

【卫生部医疗卫生国际交流中心理事会成立】

1990年3月13日，卫生部医疗卫生国际交流中心理事会成立大会在北京举行，卫生部部长陈敏章，副部长何界生，顾英奇以及全国卫生厅局长会议的部分代表，首都医药卫生界、新闻界、驻京国际组织、外国经贸机构的代表等中外来宾250人出席了成立大会。

首届理事会在成立大会之前举行了第1次理事会会议。会议讨论和修改了理事会章程，一致推举前卫生部部长钱信忠博士为名誉理事长，中国科协副主席、中国医学科学院名誉院长、泌尿外科专家吴阶平教授为理事长，首届理事会成员27人，他们当中有卫生部有关司局领导，全国有名望的中、西医药专家。

（蔡栋强）

【古巴医疗仪器及药品展览会暨学术交流会在京、穗举行】

经中国、古巴两国卫生部商定，1990年11月1～10日先后在北京、广州两地举办了“中国—古巴人人享有卫生保健”医疗仪器药品展览会暨学术交流会。这是中古建交30年以来双方在医药卫生方面第1次合作举行的活动。双方对此均十分重视。古巴总理菲德尔·卡斯特罗派出古巴卫生部长胡利奥·特哈及两位副部长等12名高级官员组成的卫生代表团来华参加活动，同时古巴还有40多名专家教授、技术人员和经贸人员与会。双方卫生部长出席了开幕式。

展览会在北京中日友好医院举行，古巴展出了古巴近几年来生产的较先进的医疗仪器、药品和生物制品。首都医药卫生界，外国驻华外交、经贸界人士约3 000多人参观了展览会。

与会其间，古方就生物遗传工程、肿瘤、免疫、心血管、整形外科、艾滋病、初级卫生保健、家庭卫生、精神卫生等17个专题作了学术报告。

（于雁南）

【举办国际口腔材料、器械标准化会议】

1990年9月17～22日，由国家医药管理局负责承办的国际标准化组织口腔材料、器械和设备标准化技术委员会（即ISO/TC 106）第26届年会在北京科学会堂举行。这是我国医疗器械行业举办的第1个国际标准化工作会议，也是ISO/TC106自1962年成立以来第1次在发展中国家召开的工作会议。承办本次会议的目的是：进一步提高中国在国际标准化工作领域中的地位，让更多的科技人员直接参加、接触和了解国际标准化组织的工作，进一步提高中国医药行业标准化工作的水平。参加本届会议的有美国、英国、德国、日本、中国和香港等16个国家和地区的149名代表。国家医药管理局局长齐谋甲到会，并向大会致词。会议期间还召开了牙科充填修复材料、矫形材料、植入材料、名词术语和口腔科器械、设备等6个分技术委员会会议，以及有关的24个专题工作组会议。会议主要讨论了义齿基托树脂、合成树脂牙、银汞调合器、复合树脂光固化器、牙科椅、牙科综合治疗机等国际标准或国际标准草案，并就120项议题做出决议，形成本届会议的工作文件。通过会议，中国代表了解到有关的国际标准、国外产品的发展动向及技术指标的变化。

（炼红文）

【食物、营养与社会经济发展国际研讨会】

1990年6月5～8日，中国预防医学科学院、中国农业科学院和国家自然科学基金会在北京联合举办了食物、营养与社会经济发展国际研讨会。我国卫生、农业、商业、食品工业等方面的有关专家，以及来自美国、法国、日本、菲律宾、澳大利亚、南朝鲜、印度、英国等国的40名学者，共120余人参加了会议。国务院副秘书长李昌安、卫生部部长陈敏章、农业部副部长王连铮等领导人，以及联合国粮农组织、世界卫生组织、国际农经学会的代表出席了会议。

会议主要就膳食与营养政策，食物的生产、消费和流通等问题开展了学术讨论。中国预防医学科学院院长陈春明概述了近十年我国人民营养改善情况：按1987年资料计算，食物可提供的热能为每人每天2803千卡，蛋白质为75.8克，分别达到了推荐供给标准的117%和108%。她提出了我国人民2000年食物消费的目标及“理想膳食构成”评价法。中国农业科学院副院长刘志澄着重从发展生产的角度提出2000年调整食物结构的目标和战略。

会议对我国食物生产的发展、人民营养状况的改善给予肯定。但同时指出，随着人口增长，中国面临着食物需求不断增长、人均耕地等自然资源相对不足的严重挑战，同时又存在着营养不平衡、膳食不合理、营养性疾病发病率增长的威胁。进一步发展以粮食为基础的食物生产，制订和完善食物消费和营养政策，充分开发利用食物资源，成为当前和长远的紧迫问题。这些仅靠各部门单独行动是无法解决的。建议在国务院直接领导下，由计划、农业、卫生、财政、商业、食品加工、科技、教育、外贸等部门的领导，组成国家食物与营养委员会。其主要任务是：进行跨部门的组织协调、草拟食物与营养工作的发展战略、规划、政策与法规，提出决策性建议。与此同时，组织有关部门的专家组成专家委员会参谋与咨询有关问题。会议通过了《关于建立中国国家食物与营养委员会的呼吁》书。

（葛可佑　刘康迈）

【首批赴阿曼针灸按摩组派出】

1986年，阿曼苏丹国和我国有关部门负责人就邀请中国针灸按摩组赴阿曼工作进行了会谈。此后，双方对有关问题进行了多次磋商，并于1990年4月签署了《阿曼苏丹国亚洲门诊部与中国卫生部医疗卫生国际交流中心关于中国向阿曼派遣针灸按摩组的协议书》。第1批人员，即1名针灸医师和1名按摩医师已于1990年11月7日派出，其他人员也将陆续派出。

（黄　妫）

【东方日语培训中心成立】

1990年9月1日，卫生部北京医院东方日语培训中心首届学员培训班开学典礼在北京医院举行。卫生部副部长顾英奇，中日友好协会会长孙平化、日本东方金融公司代表阿达哲雄社长以及中日有关方面的来宾400人出席了开学典礼。

东方日语培训中心是北京医院和日本东方金融公司合作举办的，日方为该中心提供了现代化的视听教学设备、教材和教学参考资料、办学经费等，中方为该中心提供了教学用房、管理人员和聘请教师。首届学员共计44人，他们来自北京各医药卫生单位。

日本在华专家高野广海夫妇，卫生部医政司、卫生部国际交流中心，以及其他有关单位对培训中心的建设给予了支持。

（原晋林）

【卫生部派出国际先进医疗设备招展团】

以卫生部办公厅主任曹荣桂为团长的国际先进医疗设备招展团一行6人于1990年9月9日～10月6日分别对日本、美国、德国和香港地区进行了访问和考察。访问期间，该团分别与上述国家20多个研究、生产和经营先进医疗设备和仪器的厂商、贸易组织进行了接触和交流。它们对进一步搞好我国医疗设备技术的引进工作有重要的参考价值。在访问期间还就卫生部将于1991年5月在北京举办首届国际先进医疗设备展览会暨技术交流会事与有关厂商交换了意见。

10月3日，招展团与香港世界会展有限公司合作，在香港举办了关于中国医疗卫生事业和1991年展览会情况介绍会，得到了新华社香港分社、华润集团、香港医学界和经贸界的大力支持，曹团长向与会的香港各界人士和各国驻港经贸机构代表100多人介绍了中国卫生事业发展的成就、前景以及卫生部1991年拟将举办的展览会的情况。

（蔡栋强）

【世界银行贷款农村供水项目】

世界银行贷款农村供水项目已经执行5年，项目即将全面完成。1990年9月以张孝绛女士为团长的世界银行监督团赴四川省进行了项目考察，并与卫生部国外贷款办公室及全国爱卫会办公室进行了会谈。世界银行监督团认为：该项目为农村提供了方便、安全和充足的饮用水，项目的实际受益人口数将超过计划人数。

1990年10月根据项目执行情况，中国政府与世界银行对信贷协定作了如下修改：①项目完成日期由1990年6月30日改为1991年6月30日；②调整了信贷开支类别。

配合世界银行贷款农村供水项目的执行，德国为培训有关人员提供的无偿援助项目和世界粮食计划署提供的粮食无偿援助项目亦相继完成。这两个无偿援助项目对世界银行项目的顺利执行起到了十分重要的作用。

（聂　建）

【世界银行贷款生物制品项目开始执行】

世界银行贷款农村卫生和预防医学项目即卫生Ⅱ项目中的生物制品部分经过近4年的准备、招标、评标和合同谈判后，于1990年元月15日正式与荷兰DHV工程管理公司和荷兰国立生物制品和环境保护研究所（RIVM），签定了工程服务和技术转让合同，这一合同将实施7年。整个项目投资（包括合同价在内）计约4亿元人民币，其中外资包括4 500万美元的世界银行贷款和经世界银行努力获得的1 500万美元赠款。项目将完成对上海生物制品研究所和兰州生物制品研究所各一条麻疹疫苗生产线，百白破三联疫苗生产线和破伤风类毒素生产线的技术改造，和为昆明医学生物学研究所的脊髓灰质炎疫苗生产线，引进VERO细胞生产疫苗的最新技术。因此，整个技术改造将包括7条疫苗生产线，建成后，其制品质量要求达到世界卫生组织的技术规程，其生产过程要求达到欧洲共同体规定的GMP。其制品的数量要求是：年生产规模，上海、兰州生物制品研究所各生产麻疹疫苗2 000万剂量，百白破混合制剂1万剂量，破伤风类毒素4 000万剂量；昆明医学生物学研究所生产脊髓灰质炎活疫苗1亿剂量。项目的完成将满足我国近2亿儿童对这5种生物制品的需求量。本项目得到了国家计委和财政部支持，也受到世界银行的关注。1990年12月世界银行派监督团对项目进行考察时，对迄今已取得的进展表示满意。

（赵鸿雯）

【世界银行贷款综合性区域卫生发展项目（执行情况）】

1990年1月世界银行贷款综合性区域卫生发展项目，即卫生Ⅲ项目正式生效。贷款总规模为5 200万美元。2月，卫生部贷款办组织召开了卫生Ⅲ项目基建工程招标工作会议，设计了该项目基建工程招标文件的框架及原则，基建工程开始上马。卫生部卫生统计信息中心，连续举办了2次卫生统计信息讲习班，为项目的计划评价打下了基础。4月，世界银行与卫生部联合组成了卫生Ⅲ项目第2次监督团，对3个项目地区的项目执行情况进行了实地考察和监督，并提出了改进建议，监督团并审议了3个项目地区的1990年度计划。

卫生部国外贷款办公室组织了第4次国际招标和第1次国内招标，3个项目地区购买了1989、1990年度计划中的部分设备。

随着项目的执行，成本效益、部门协调及统筹规划的原则、综合性区域卫生发展的方针越来越得到人们的重视。根据项目要求，各有关司局参与了该项目的指导和监督活动。在11月份的项目年度计划评审中，卫生部各业务司局人员起了主要的作用，使项目地区1991年年度计划得以顺利通过。

（王跃明）

军队卫生工作

【1990年军队卫生工作】

1990年，全军卫生工作认真贯彻中央军委扩大会议和全军后勤工作会议的精神，突出了为基层服务，为提高部队战斗力服务的主题。

一、坚持面向基层，全面加强部队卫生建设

一是在巩固师、旅、团卫生单位整顿建设成果的基础上，重点加强了营、连和干休所卫生建设。各大单位执行总部制定的营、连平时药材供应管理办法，结合实际提出了营、连卫生建设标准，有46%的营卫生所和连卫生室已经达到整顿建设要求。在对789个干休所卫生所调查研究的基础上，印发了《中国人民解放军干休所（室）主要医疗器材装备标准》试行草案，总部和各大单位分别投资500万元和177万元，改善了干休所的医疗设备条件。部队医疗卫生机构的业务技术建设有了进一步加强。全军94%以上的师医院、87%以上的旅、团卫生队能够完成本级救治任务，其中25%的师医院、15%的旅、团卫生队达到上一级医疗机构的救治水平，部队伤病员后送率明显降低。

二是对《全军“七五”除害灭病规划》（以下简称《规划》）执行情况进行检查验收。全军80%以上的连队和基层单位达到了《规划》要求的主要指标。部队卫生防疫机构和防疫队伍建设得到加强，防疫人员缺编和不稳定等问题有所缓解。据对9个大单位调查，93%以上的师、旅、团防疫人员基本配齐，在位率达80%以上。80%的师、旅、团能够开展卫生检验工作，95%的炊事管理、饮食服务人员能够每年进行两次健康体检。全军昼夜发病率和传染病发病率均控制在规定的指标以内，未发生烈性传染病和大的疫病流行。

三是深入基层调查研究，为部队解决实际问题。1990年，在经费十分紧张的情况下，总部投资1 850万元，为部分师、旅装备了主要医疗设备。各级还筹措4 151.9万元，为基层部队解决实际困难。为缓解基层卫生干部不足的矛盾，全军招收中专医士班学员610名，比1989年增加了440名。在部队推广中医实用技术，受到普遍欢迎。兽医卫生检验、军马疾病防治、牲畜五号病防治、畜禽疫病普查等方面取得良好成绩。计划生育工作在各方面都巩固了以往的好成绩。

二、继续抓好医疗卫生机构的整顿建

设，更好地为部队官兵服务

一是医疗卫生工作秩序整顿成果得到进一步巩固发展，军队医疗卫生单位“姓军”的意识不断增强。各单位加强政治思想工作和职业道德教育，建立健全院内约束与院外监督机制，从政策导向、制度法规、服务态度、医德医风等方面确保为部队服务，受到了部队官兵的普遍欢迎。整顿验收结果表明，医疗卫生工作秩序混乱的状况已经基本扭转，反映服务方向和医疗秩序问题的群众信访比整顿前减少了2/3。

二是进一步加强学科建设，提高了医院技术建设水平。在总结“七五”期间军队医院改革、建设经验的基础上，拟定了《二〇〇〇年前全军医院建设发展纲要》，对医院中、长期建设发展目标、新学科与医学专科中心建设布局等进行了全面规划。总后卫生部重点投资380万元，加强了14个学科的专业实验室建设。

三是加强了疗养院的建设和管理。1990年6月在大连召开的全军疗养院工作会议，进一步明确了新形势下疗养院工作的地位、作用、职能和任务。继1989年为疗养院解决910万元医疗装备费后，又投资200万元为疗养院添置了一批急需的医疗装备，提高了疗养院的保障能力。

四是药材工作有了新起色。全军药政工作会议总结了10年来的军队药材供应、管理工作，研究了改进药材工作、加强药材管理的对策和措施。1990年，除上级拨给的专项经费外，各级共筹集5 169.8万元购置医疗设备。全军年度药材订购计划落实了12 952万元，占订购计划的90%以上，基本满足了部队和临床、教学、科研的需要。军队医药产品展销会成交额达4 478万元，为搞活军内药材供应进行了有益的尝试。制剂室、血站整顿成效显著，全年共投入4 522万元，进一步加强了制剂室和血站建设。通过对1076个制剂室的验收抽查表明，全军制剂室建设进步较大，总体上继续处于国内领先水平。全军11个供血站中，有10个被国家批准为第一批定点生产血液制品单位。

三、卫生改革不断深化，进一步提高了保障效益

在济南战区网络型划区医疗保障体制改革试点的基础上，根据总后勤部的统一部署，又在沈阳战区全面推广了济南战区的经验，解决了该战区174个单位、77 524人的就近医疗问题。各大单位按照“划片医疗，择优就近”的原则，打破三军医院界限，就近就便统一收治部队伤病员，解决专科病人后送难问题，受到了部队官兵的普遍欢迎。

医疗设备区域性网络型维修保障试点，在济南战区3所医院全面展开，并召开现场会推广经验。目前，全军已建立12个区域性医疗设备维修站，收到了较好的效果。

在全军9所不同类型医院进行的分级管理试点进展顺利，验证了分级管理的办法和标准，摸索了在军队医院进行分级管理的具体步骤和实施方法，促进了试点医院的全面管理和建设，为在全军大范围内推广医院分级管理打下了初步基础。

部队健康教育试点和医疗、预防、保健工作一体化试点也都取得了较好的成果。

四、医学科研取得丰硕成果，在职训练取得新的成绩

1990年，全军有213项医药科研成果获国家和军队的科技奖励。其中获国家自然科学奖二等奖1项；国家科学技术进步奖23项（一等奖1项，二等奖5项，三等奖17项），高于1989年获奖数。获国家发明奖10项（一等奖1项，三等奖4项，四等奖5项）；军队科学技术进步奖179项（一等奖14项，二等奖165项）。在全国医药卫生科技成果展览会上，全军有500余项成果参展，占全部参展项目的1/5，共获金杯3项（占总数的1/4），银杯3项，铜杯4项，优秀杯15项。对腰腿痛、高山病、训练伤、疲劳综合征等部队常见病、多发病的研究，取得了新的进展。总后卫生部组织完成的自动化总体论证方案，经专家评审，达到国内先进水平。制订颁发了一批关于指战员卫生条件监督管理的国家军用标准。拟订了《1991～2000年军队医学科学技术发展战略》和《1991～1995年全军医学科研规划纲要》。

基层卫生训练和在职教育进一步加强。随着广州军区继续教育学分制的推广，调动了基层卫生人员在职学习的积极性。为基层委托代培、进修和举办短训班，都比往年有明显增加。1990 年在职培训的一个显著特点，是勤务与技术紧密结合，普遍开展群众性的岗位练兵活动。广州军区和海军分别进行了战伤救治技术竞赛和卫勤机动力量演练，促进了基层卫勤保障技术水平的提高。

通过第四批学位授予单位复审，全军医学院校和科研单位新增博士点 13 个，通过率为 25%；新增硕士点 22 个，通过率为 42.3%。

（郭　进）

【全军疗养院工作会议】

全军疗养院工作会议于 1990 年 6 月 22～26 日在大连召开。各军区、军兵种、国防科工委后勤部卫生部的领导和医疗处、保健领导小组办公室、总政老干部局、总后财务部、总后基建营房部、总后管理局等有关部门的代表共 100 人参加了会议。沈阳军区后勤部、大连市委和国家卫生部医政司有关领导应邀出席会议并讲了话。总后勤部副部长刘明璞同志到会并作了题为“充分认识新形势下疗养院的地位、作用、职能、任务，采取有效措施发展军队疗养事业，为保持部队稳定和提高战斗力做出新的贡献”的重要讲话。总后卫生部部长张立平同志主持会议并作了题为“认清形势，明确任务，努力把我军疗养院建设提高到新水平”的工作报告。

这次会议主要是贯彻新时期军队卫生工作方针，落实全军干部医疗保健工作座谈会议和总后勤部《关于整顿军队医疗卫生工作秩序的通知》精神，总结近年来我军疗养院改革建设的新经验，进一步明确新时期军队疗养院工作的指导思想、奋斗目标和任务要求。

会议认为，军队疗养院经过多年的建设，已经形成了能够担负军队干部和特殊军兵种疗养康复任务的、较完善的工作体系。特别是党的十一届三中全会以来，军队疗养院的建设迈出了较大的步伐。全军疗养院在贯彻落实军队卫生工作方针，提高干部健康水平和做好老干部康复保健等方面，都取得了显著的成绩。10 个单位在会上作了典型发言，18 份材料作了书面交流，播放了 11 部录相，各个疗养院从不同角度介绍了许多有益的经验。

会议通过了修改后的《中国人民解放军疗养院疗养和康复工作规则》、《中国人民解放军疗养院各级医务人员职责》和《全军疗养院技术建设规划》。

（杜玉奎）

【军队计划生育宣传教育工作】

在开展计划生育工作中，全军各部队抓住搞好宣传教育这一中心环节，发挥我军政治工作优势，在各有关部门的配合和支持下，计划生育宣传教育搞得生动活泼、扎实有效，取得了成绩。1990 年 7 月 19～21 日在烟台警备区召开了全军计划生育宣传教育工作会议，对这一工作进行了总结。

编制下发有说服力、感染力的宣传材料。全军统一组织编印的计划生育、优生优育科普知识黑板报宣传材料，发行 40 多万册；组织制作了人口理论、优生优育、文艺演出等 3 套录相片，复印下发 2 000 本。各大单位共编写各种科普书籍 164 种，下发 144 万多册。拍摄计划生育录相 145 部，下发 7 440 本。

运用演讲、演出、知识竞赛和图片展览等各种形式，进行计划生育宣传。几年来，各部队共组织大型演讲和文艺演出3 350多场，观众达620多万人。其中成都军区组织的“落实国策演讲团”，足迹遍布西南四省区，行程2万公里，演讲198场，听众达23.5万人；北京军区后勤八分部的“人口国情”展览吸引了军内外观众近20万；济南军区歌舞团，先后编排了121个计划生育宣传文艺节目，演出226场，观众达15万多人；浙江省军区计划生育演讲演出小分队为全区5省1市部队巡回演出23场，观众达3万多人。为普及计划生育、优生优育方面的科学知识，各部队组织了上千场(次)的知识竞赛，参加人数近百万。各部队重视运用图片和展览，向指战员进行宣传。据各大单位统计，仅军以上单位，举办展览340多个，参观人数达300余万人。

宣传活动与为群众办实事、办好事相结合，增强宣传效果。几年来，全军共派出技术服务队5 000多次，建立的6 000多个计划生育、优生优育技术指导室（站），为近百万指战员和家属咨询、答疑、查体、治病，为基层计划生育宣传服务增添了光彩。

（徐嘉祥）

【全军药政工作会议】

全军药政工作会议于1990年7月2～6日在北京召开。这次会议的主要任务是：总结交流10年来军队药材工作经验；表彰先进单位和先进个人；研究90年代军队药材工作任务。

10年来，军队药材工作在改革与建设、供应与管理、立法与执法等方面都取得了显著成绩。

1. 加强管理，完善制度，开始进入以法管药的新阶段。《药品管理法》颁布后，全军先后制定了8个加强药品管理与监督的法规，聘任了240多名专职和兼职药品监督员，初步形成了三级药品监督网；经过几次整顿，全军医疗单位制剂条件有了明显改善，制剂质量有了显著提高，确保了用药安全有效。

2. 面向基层，坚持改革，有效地保障了部队药材供应。针对商品经济发展给部队药材供应带来的新情况，进行了以下改革：一是改革药材供应办法，由以实物供应为主改为以经费供应为主；二是调整基层、高原、边防用药品种、剂型，对基层部队用药实行倾斜政策；三是改革库存药材管理，实行定额储存和限量周转，提高了资金使用率和库存周转次数；四是改革进口药品订货方法，变进口制剂为主为进口原料与制剂相结合，缓解了供需矛盾。

3. 统筹兼顾，重点发展，医疗设备有了很大改善。采取多种渠道筹措资金，医疗仪器设备以每年近1亿元的速度递增，总医院一级医院已陆续装备了一批具有80年代先进水平的仪器设备；中心、驻军医院的医疗设备也有了改善。同时注重管理和维修，建立了区域性医疗设备维修站。

4. 平战结合，常备不懈，药材供应经受了局部战争和突发事件的考验。根据军委确定的新时期战略方针，战备药材紧紧围绕我军的根本职能，调整战略、战役药材储备布局和数量，改变战常材储备方法，坚持平战结合、军民结合，较好地保障了对越自卫还击作战、抢险救灾和首都戒严部队的药材需要。

5. 培养人才，发展科技，药材机构自身建设有了较大发展。近10年共培训4 200多名药学人员，培养了27名博士生和162名硕士生，举办330多期新业务、新技术学习班，建立了19个临床药理基地。形成了一支政治坚定、技术优良、热心部队医药事业的专业队伍和比较配套的药材机构，为军队医药事业的发展创造了条件。

会议以总政治部、总后勤部的名义，联合通报表彰了为全军药材工作做出突出成绩的30个先进单位和40名先进个人。

（杨永岐）

【全军畜禽疫病普查工作】

根据国家农业部（1986）农（牧）字第58号《关于开展畜禽疫病普查的通知》要求，和总后勤部(1988)后卫字第237号文件精神，由总后军需部、卫生部、生产管理部共同组织，全军自1988年3月至1990年6月进行了首次畜禽疫病普查。

普查范围：种畜禽为100%；商品畜禽为500头以上的猪场；千头以上的畜牧场；万只以上的鸡场；为了兼顾地区性，对部分小型饲养场也进行了普查。共普查307个单位，采集11种动物的检验样品23 705头份。

普查方法：除进行现场调查外，主要采取病原分离、染色镜检及多种血清学试验等实验室方法。

普查结果：对89种疫病进行了实验室检查，检出疫病（包括阳性反应）78种。其中检出马病10种，牛病18种，羊病6种，猪病22种，鸡病17种，其它畜禽病5种。

通过普查，查清了一些疫病的感染情况、流行趋势和范围；显示出针对某些疫病注射疫苗的效果，也发现了免疫工作存在的问题。从检出的疾病来看，有危害较严重、对人体健康威胁较大的人畜共患病，如猪弓形虫阳性率达30.02%，鸡衣原体病达20.38%，还有布氏杆菌病、囊虫病、登革热等；有危害畜禽、严重影响饲养业发展的疫病，如猪瘟阳性率为10.91%，鸡球虫病为62.24%，鸡马立克氏病为44.94%；还有一些过去少有的，如牛羊蓝舌病、羊梅迪病和马登革热等。此外，还在现场发现了3种未见报道的疫病，暂定名为“褐牛脓疱病”、“犊牛白血病”和“鸡烂头病”，这些都为今后的防治和科研提供了线索。

（巩怀俊）

【全军兽医卫生检验技术考核竞赛】

1990年8月，全军首次兽医卫生检验技术考核竞赛在长春市中国人民解放军兽医大学举行。29名从基层部队选拔出来的选手参加了终场角逐。竞赛采取笔试、口试和检验技术操作等多种形式；对参赛人员的基础理论、动物胴体及其产品的感观检验、实验室理化检验和微生物检验技能做了全面考核。

自1982年军队开展动物性食品兽医卫生检验工作以来，全军已有各类小型肉品兽医卫生检验站（化验室）314个，屠宰检验生猪15万余头，检出病猪上万头，检验牛羊禽及外购肉、蛋、乳、水产品等近千万公斤，有效地保证了食品的安全卫生。

为搞好竞赛活动，总后卫生部下发了通知和复习考核提纲，各大单位根据总后勤部颁发的《军队兽医卫生检验工作暂行规定》和总后卫生部下发的《动物性食品兽医卫生检验实验室技术操作规程（试行）》，以检验程序、检验项目、检验操作的规范化和标准化为重点，对基层兽医卫生检验人员普遍进行了技术培训，并组织了军区、军兵种范围的技术考核竞赛。

（张荣生）

【中医实用技术在部队基层推广应用】

遵照中央军委以军事训练为中心、以提高部队战斗力为标准、认真抓好基层建设的指示精神，总后卫生部于1990年先后下发了《关于开展向部队推广中医实用技术的通知》、《关于举办治脊学习班的通知》和《关于为部队培训中医正骨技术骨干的通知》；有计划地推广了已获军队科技进步奖和治疗部队常见病、多发病疗效显著的中医、中西医结合实用技术60余项次；先后组织了7个中医专家组深入到北京、沈阳、济南、兰州、南京、成都军区的部分全训部队，为7 000余名参训官兵进行了体检，为600余名训练伤伤员和近2 000余名患常见、多发病的官兵进行了治疗；举办了6期中医实用技术学习班和12个专题讲座，建立了3个中医正骨技术教学基地，共培训了300余名技术骨干，使他们初步掌握了应用中医实用技术防治部队训练伤和常见病、多发病的本领。如对训练所致的腰、膝、踝等部位的软组织损伤、关节损伤、韧带损伤，以往常以理疗为主要治疗手段，不仅周期长、见效慢，且由于部队基层条件所限，难以落实治疗措施；现运用按、推、拉、旋等中医正骨手法治疗，见效快、时间短、疗效好，并不受条件限制，深受部队卫生人员和广大官兵的欢迎，充分显示了中医实用技术在基层推广应用的良好前景。

（罗　军）

【全军执行《“七五”全军除害灭病规划》成绩显著】

“七五”期间，全军部队认真执行中央军委批转的《“七五”全军除害灭病规划》（以下简称《规划》）和三总部《关于加强军队爱国卫生工作的决定》，深入开展以除害灭病为中心，以提高环境质量和生活质量为重点的爱国卫生工作，取得显著成绩。1990年全军对《规划》执行情况进行了验收，80%以上的连队和基层单位达到了指标要求，部队的整体健康水平有了新的提高。

一、营区环境质量明显提高。5年来，全军部队结合营房整治，普遍加强了生活卫生设施配套建设。现已有2 300多个营完成了营房整治，使饮水、伙房、厕所、洗澡、取暖、照明等条件都有了很大改善，生活卫生设施配套率达70%。对重点污染源进行了有效治理，基本完成了医用X线机的防护改造任务，现已有80%以上的医用X线机达到国家规定的放射防护标准。各部队注重按照卫生、环保、绿化“一体化”的要求，进行环境的优化改造，营区环境正在向净化、绿化、美化的方向发展。全军有12个师以上单位被授予“全国卫生先进单位”称号，1 800多个团以上单位的营院被地方授予“文明卫生单位”或“园林式营院”。

二、部队生活质量有较大改善。为改善部队饮水卫生，全军选择80多个不同地区、类型和规模的水源，采用不同的净化技术和设备、设施进行了改水试点，使改造后的水源水质基本达到国家生活饮用水卫生标准，为今后全军改水摸索了经验。为了更好地贯彻《食品卫生法》，提高饮食卫生质量，全军对900多个伙食单位进行了食品卫生调查研究，基本摸清了全军饮食卫生现状，有针对性地加强了饮食卫生管理，有效地把住了食品卫生关。据全军抽查万余份食品样本的结果表明，食品卫生检验合格率为75.3%。

三、“四害”密度明显降低。各部队广泛开展了争创“灭鼠先进单位”的活动，有效地防止了鼠媒传染病的传入。营区鼠密度大都控制在3%以下，海军的军港和机场均达到“无鼠害标准”。全军共创建师以上无鼠害先进单位360多个。营区的蚊蝇密度也得到有效控制，70%的连队达到室内基本无蚊蝇。

四、官兵的自我保健能力进一步增强。全军成立了健康教育协会，有组织地创作下发卫生科教作品140多万件（套）。《解放军健康》卫生科普杂志发行100多万册，曾在1990年连续两次于全国期刊评比中获奖。各部队大都落实了卫生课制度，到课率在90%以上。有的单位还开展了卫生知识竞赛、健康教育文艺调演和开展不吸烟、不酗酒的“两不”活动。开展健康教育试点，有力地促进了官兵健康意识的养成，据抽考3 600余名官兵，卫生行为好转率为80%。

五、疾病控制成绩突出。全军部队坚持预防为主，认真贯彻《传染病防治法》，积极开展预防工作，成功地抵御了疫病的侵袭。5年来，全军整体发病态势稳中有降，未发生传染病暴发流行，各项发病指标都控制在军队规定的指标以内。卫生防病工作经受住了重大疫情、突发事件和局部战争的严峻考验，有效地保障了部队各项任务的顺利完成。

（李春明）

【总后卫生部验收确认首批16个临床药理

基地】

为加强临床研究力量，保证临床研究的结果可靠，总后卫生部在1987年决定对全军技术、设备条件较好的解放军总医院、各大单位总医院、军医大学的部分附属医院及三〇七医院，按临床药理基地的7条任务拨专款进行建设。在1987年底，全军第1届药品审评委员会开会期间试点验收了解放军总医院临床药理基地后，1988年委托三〇七医院举办了临床药理基地学习班，培训了人才。从1989年开始，总后卫生部组织专家逐个对各基地建设情况进行了验收。验收中，按临床药理基地的7条任务，对每个医院的技术素质、仪器设备、已开展过的药物临床研究情况、专科实验室情况、临床药理实验科（或室）建设情况及领导重视程度等进行了详细调查了解。通过验收，掌握了临床药理基地建设情况。16所医院已通过验收，其中尤以南京军区南京总医院、第二军医大学长海医院、第三军医大学新桥医院及广州军区武汉总医院临床药理基地建设得更好。1990年总后卫生部对这些临床药理基地予以确认，并根据各自条件，分别规定了承担的任务。还有几个医院的临床药理基地正在继续建设中。

（喻维新）

【1990年军队医学科技成果获奖情况】

1990年全军有213项医药卫生科学技术研究，获国家和军队的科技奖励（详见附表）。其中获国家自然科学奖二等奖1项；国家科学技术进步奖23项（一等奖1项，二等奖5项，三等奖17项）；国家发明奖10项（一等奖1项，三等奖4项，四等奖5项）；军队科学技术进步奖179项（一等奖14项，二等奖165项）。

1990年军队医药卫生科技成果获国家自然科学奖项目

序号	项目名称	主要完成单位	获奖等级
1	中国蚤类的研究	军事医学科学院、贵阳医学院、福建医学院	2

1990年全军医药卫生科技成果获国家发明奖项目

序号	项目名称	主要完成单位	获奖等级
1	疟疾治疗新药本芴醇及其亚油酸胶丸制剂	军事医学科学院微生物流行病研究所	1
2	活动书写卡片X射线投照暗盒装置	南京军区卫生学校	3
3	2—吡啶基—N—氧化物异硫脲氢溴盐(PM)防霉防腐剂的合成及其应用	第二军医大学、上海市工业微生物研究所	3
4	FLX—1型防雷鞋	第三军医大学野战外科研究所、重庆市利华橡胶厂、中国科学院力学研究所	3
5	外科用滤色清创眼镜	解放军三〇四医院、第三军医大学野战外科研究所	3
6	钛铸型铸造钛铸件的工艺方法	沈阳军区总医院	4
7	新型CAPD灭菌——闭式灭菌接头(cbc)	南京军区福州总医院肾内科	4
8	肺癌早期诊断双相立体定位仪及立体定位方法	南京军区八一医院	4
9	双眼影像不等检查图	中国人民解放军海军总医院	4
10	咽鼓管通气功能检测仪	空军南京医院、空军九江疗养院	4

1990年全军医药卫生科技成果获国家科学技术进步奖项目（公布21项）

序号	项目名称	主要完成单位	获奖等级
1	严重性环枢椎脱位合并四肢瘫痪新术式的研究	广州军区广州总医院二外科、第一军医大学解剖教研室	2
2	盐酸二氢埃托啡的研制及推广应用	军事医学科学院毒物药物研究所	2
3	免疫球蛋白增殖病的研究和临床应用	第二军医大学长征医院诊断科	2
4	胃癌鼠和人单克隆抗体系列的制备及临床应用的研究	第四军医大学西京医院	2
5	冰点渗量计	南京军区南京总医院	3
6	液电效应治疗创伤性尿道梗阻的实验和临床应用的研究	成都军区成都总医院	3
7	四肢晚期战伤修复与功能重建的研究（附420例报告）	成都军区昆明总医院、解放军总医院	3
8	局部大脑血流量测定方法与系统的研制	海军医学研究所	3
9	海上救护直升机改装及救生、药材装备供应标准	海军医学研究所、海军特种飞机论证研究所	3
10	生物反馈抗荷训练器及训练方法	空军第四研究所	3
11	云南前线皮肤真菌病病原学的研究及临床应用	空军总医院、军事医学科学院微生物流行病研究所、解放军总医院、第四军医大学唐都医院、成都军区昆明总医院	3
12	骨髓型急性放射病人体模型研究	军事医学科学院附属医院	3
13	吲哚美辛搽剂的研究	军事医学科学院毒物药物研究所	3
14	细菌DNA G+C含量测定和核酸杂交方法建立及推广应用	军事医学科学院	3
15	ME8605 防霉抗菌药物配方的研究及其应用	军事医学科学院微生物流行病研究所、空军昆明医院、吉林省辽源市第二针织厂、河北省遵化针织总厂	3
16	中国石松目植物的研究	军事医学科学院毒物药物研究所	3
17	我国莱姆病首次发现和研究	军事医学科学院微生物流行病研究所、黑龙江省牡丹江林管局卫生防疫站、黑龙江省海林林业局卫生防疫站	3
18	耳神经学的临床与实验研究	第一军医大学珠江医院	3
19	聚丙烯线无损伤缝合针的研究	第二军医大学长海医院、上海合成纤维研究所、上海医用缝合针厂	3
20	烧伤感染的研究	第三军医大学第一附属医院烧伤研究所	3
21	管内段视神经间接损伤诊断和治疗的临床研究	解放军第三〇四医院眼科、解放军第三〇四医院耳鼻喉科、总后直属分部卫生处门诊部	3

1990年全军医药卫生科技成果获军队科学技术进步奖项目（公布178项）

序号	项目名称	主要完成单位	获奖等级
1	轴型瓣（血管蒂组织瓣）的开发与临床应用研究	沈阳军区总医院、第二军医大学、第一军医大学	1
2	甲肝病人血白细胞中甲肝病毒抗原的发现及甲肝病毒的分离和增殖的实验研究	南京军区后勤部军事医学研究所	1
3	小儿断手指再植研究	济南军区八九医院	1

序号	项目名称	主要完成单位	获奖等级
4	350米氦氧模拟饱和—370米巡回潜水实验研究	海军医学研究所、海军司令部航保部防险救生研究室、海军四一一医院	1
5	系列化前庭功能检查计算机处理和评定系统	空军第四研究所	1
6	投射物所致直接和间接损伤效应	军事医学科学院放射医学研究所、合肥炮兵学院弹道研究所、机电部轻武器研究所	1
7	珍珠面钴铬钼合金人工髋关节的研制、动物实验及临床应用	解放军总医院、北京钢铁研究总院	1
8	泪液学临床和实验研究	第一军医大学第二附属医院	1
9	上消化道纤维内镜临床应用研究	第二军医大学长海医院	1
10	中国脑血管病流行病学研究	全军脑血管病流行病学研究协作组	1
11	BST—11型生物激波管的研制及其应用	第三军医大学野战外科研究所、中国科学院力学研究所	1
12	骨形成蛋白及其单克隆抗体的研制与临床应用的综合研究	第四军医大学口腔医学院、第四军医大学西京医院、第四军医大学校中心实验室	1
13	增殖性玻璃体视网膜病变发病机理的研究	第四军医大学第一附属医院	1
14	新型肛肠系列器械的研究	北京军区二九一医院	2
15	图形视网膜电图和图形视诱发电位技术的应用研究	北京军区白求恩国际和平医院	2
16	神经疾病定位诊断研究	北京军区总医院神经科	2
17	上颌窦癌和喉癌的临床研究	北京军区白求恩国际和平医院	2
18	老中医刘绍武的医疗经验整理研究及其三部六病综合诊疗系统的研制	北京军区二八二医院、总参三部四局六处	2
19	新型麻醉器械——多功能喉镜、硬膜外穿刺定位器	北京军区二五三医院	2
20	医用Co60放射治疗机微型计算机控制系统	北京军区总医院	2
21	基因工程重组乙肝病毒e抗原及免疫检测盒的研制	北京军区总医院肝病研究所	2
22	缺血性与出血性脑血管病外科治疗的临床研究	北京军区二六六医院	2
23	电子客观视力检测仪	北京军区二七一医院	2
24	中药浸泡治疗骨髓炎的临床研究	北京军区炮兵卫生所、北京军区骨髓炎研治所	2
25	自动熔蜡热聚合机的研制及临床应用	北京军区三二二医院	2
26	活血通脉胶囊的研制及临床疗效观察	北京军区二六四医院	2
27	健脾灵片治疗慢性溃疡性结肠炎的临床与实验研究	沈阳军区二一一医院	2
28	疣状胃炎的病因与治疗研究	沈阳军区二一一医院	2
29	“123”新型消毒剂过氧戊二酸的研制	沈阳军区后勤部卫生防疫队、抚顺师范学校、沈阳军区后勤部军事医学研究所	2
30	Y型宫腔微波辐射器与微波止孕的研究	沈阳军区二〇二医院	2
31	核酸杂交技术在腺病毒快速诊断中的应用	沈阳军区二〇二医院	2
32	造血干细胞系列实验研究	沈阳军区总医院	2
33	脑出血的部位诊断及基础研究	沈阳军区总医院	2
34	三种复杂先天性心脏病的外科治疗	沈阳军区总医院	2

序号	项 目 名 称	主要完成单位	获奖等级
35	应用球囊探测代替X线造影行经皮动脉导管栓塞术	南京军区一一七医院	2
36	狼疮性肾炎诊断治疗的研究	南京军区南京总医院	2
37	卫生杀虫窗纱研制和应用	南京军区后勤部军事医学研究所	2
38	慢性小脑刺激治疗癫痫	南京军区南京总医院	2
39	香菇多糖注射液的研制	南京军区福州总医院、福州梅峰制药厂	2
40	肺癌早期诊断双相立体定位仪及立体定位方法	南京军区八一医院	2
41	WKHJ型微机控制快速换片机	南京军区一〇一医院、江苏省无锡市第二医疗器械厂	2
42	W-88型系列给水净化设施	南京军区后勤部军事医学研究所	2
43	新型CAPD灭菌装置——透析液紫外线灭菌器和闭式灭菌接头的研制及临床应用	南京军区福州总医院	2
44	人体非肝硬化肝癌及家鸭肝癌病理学和病因学的研究	广州军区广州总医院、佛山兽医专科学校、广州军区第一七七医院	2
45	中西医结合对慢性胃炎的系列研究	广州军区一五七医院	2
46	WCB型系列水深度净化消毒机	广州军区后勤部净水研究所、沈阳军区后勤部军事医学研究所、第二军医大学、第一军医大学、第三军医大学	2
47	蛛网膜下腔注氧治疗脑血管意外后遗症临床研究	广州军区一六九医院	2
48	人血白蛋白制品中污染热原的去除工艺	广州军区后勤部武汉供血站	2
49	厌氧菌ARB—ID系列研究及应用	广州军区一八一医院	2
50	PC88—I型程控神经肌肉诊疗仪研制及应用	广州军区一八一医院、桂林空军高炮学院	2
51	针刺对体温调节中枢的调整作用及脑内某些体液物质在针刺降温机理中的作用	兰州军区卫生学校	2
52	J88系列电动骨科手术器械的研制与应用	济南军区八八医院	2
53	便携式胸肋骨牵引固定器	济南军区一四八医院、第三军医大学第三附属医院胸外科	2
54	肝、腔静脉阻塞症的病因、病理与外科治疗研究（附110例报告）	济南军区一〇六医院	2
55	吻合血管的游离皮瓣移植在创伤整复外科中应用	济南军区八九医院	2
56	采用带旋髂深血管髂骨为支撑体的阴茎再造	济南军区一五三中心医院	2
57	扒钉式颌骨骨折固定器研制与临床应用	济南军区一四五医院	2
58	食管曲张静脉出血的预报及治疗研究	济南军区总医院、上海第二医科大学附属新华医院	2
59	筋膜条重建股圆韧带术的实验研究和临床应用	济南军区八八医院、泰安医学院	2
60	云南省沙螨（恙螨）70新种（亚种）（包括2新属及2新亚属）的发现	成都军区后勤军事医学研究所、上海第一医学院	2
61	腹部内镜外科治疗技术的研究	成都军区成都总医院	2
62	火器伤下颌骨缺损一期修复的研究	成都军区昆明总医院、第一军医大学训练部、成都军区军医学校	2

序号	项目名称	主要完成单位	获奖等级
63	复方排石冲剂治疗泌尿系结石的实验研究及临床应用	西藏军区驻川办事处、成都军区总医院、第四军医大学、成都军区后勤部卫生部、西藏军区肖家河干休所	2
64	XPD—C型X线机程序数字四用仪的研制及应用	成都军区卫生学校、中国测试技术研究院实验工厂	2
65	尖吻蝮蛇毒去纤酶治疗闭塞性血管病的实验研究及临床应用	成都军区昆明总医院	2
66	西藏地区高原红细胞增多症的临床应用研究	成都军区西藏军区总医院	2
67	200 米潜水装具的研制	海军医学研究所、中国船舶总公司国营四八七厂	2
68	SOD复合酶的提取及工艺流程的研究	海军抗衰老研究中心	2
69	潜水耳气压损伤的机制研究	海军总医院、海军医学研究所	2
70	高速逆流层析分离中草药有效成分新方法的研究	海军四一一医院、北京市新技术应用研究所	2
71	《立体视觉检查图》在全国推广应用	海军总医院	2
72	JDY型镜片顶点屈光度测量仪	海军四三〇六工厂	2
73	骨超声脱钙方法及装置	海军四〇一医院	2
74	水面舰艇远航食品	海军医学研究所	2
75	核潜艇外照射剂量防护监测与评价技术的研究	海军医学研究所	2
76	针刺过程中中脑中缝核群上行性影响的研究	海军医学专科学校	2
77	潜艇舱室空气45种组分检测方法	海军医学研究所、中国船舶总公司七一八研究所	2
78	中药秦皮原植物研究	空军医学专科学校	2
79	歼强机夏季低空飞行时座舱热负荷强度及其对人体影响的系列研究	空军第四研究所	2
80	紧张调息增压动作抗荷效果的实验研究	空军第四研究所	2
81	飞行对飞行员内分泌系统免疫环苷酸等物质影响的研究	空军兰州医院	2
82	骨折软器材缝合内固定	空军西安医院	2
83	KNY—咽鼓管通气功能检测仪	空军南京医院	2
84	ZWF4型注射液微粒分析仪	空军天津医院	2
85	空军第二代野战系列口粮	空军第四研究所、上海益民食品四厂、北京食品工业研究所	2
86	水、空气中微量偏二甲肼检测方法的研究和检测箱的研制	二炮防护防疫环境监测队、军事医学科学院毒物药物研究所	2
87	哮喘发病机理的受体平衡失调学说	军事医学科学院基础医学研究所	2
88	胃肠道辐射损伤和修复规律及其发病机理	军事医学科学院放射医学研究所	2
89	城市鼠害防治方法	军事医学科学院微生物流行病研究所、丹东市爱国卫生运动委员会、丹东市卫生局	2
90	"军用激光器危害的控制和防护"标准	军事医学科学院放射医学研究所	2
91	全国野菜图谱的编绘	军事医学科学院卫生学环境医学研究所、中国科学院植物研究所	2
92	基因转移法修补DNA修复基因缺陷的哺乳动物细胞	军事医学科学院放射医学研究所	2

序号	项目名称	主要完成单位	获奖等级
93	全军食品卫生调查研究	军事医学科学院卫生学环境医学研究所、广州军区后勤部卫生防疫队、济南军区军事医学研究所、成都军区军事医学研究所、南京军区卫生防疫队	2
94	JFJ—1光导热塑全息记录仪和特有记录方法的研究	军事医学科学院放射医学研究所	2
95	用单克隆抗体技术研究乙酰胆碱酯酶的活性区域	军事医学科学院毒物药物研究所、军事医学科学院微生物流行病研究所	2
96	苯二氮䓬受体与α 2受体偶联关系的研究	军事医学科学院毒物药物研究所	2
97	季铵和叔胺型胆碱酯酶重活化剂的量子药物化学理论研究	军事医学科学院毒物药物研究所、北京师范大学化学系	2
98	抗精神病新药盐酸麦普替林	军事医学科学院毒物药物研究所	2
99	中国猪屎豆属植物的分类及资源调查	军事医学科学院毒物药物研究所	2
100	碘散及其应用研究	军事医学科学院毒物药物研究所	2
101	APAAP桥联酶标技术的建立及应用	军事医学科学院基础医学研究所	2
102	英军MK 1型 1 号化学战剂残余蒸气侦检包中试剂的剖析	军事医学科学院毒物药物研究所	2
103	疟原虫红内期和蚊期超微结构以及袋殖子入侵红细胞的电镜研究	军事医学科学院微生物流行病研究所	2
104	临界死亡剂量Y线照射后造血干细胞阈值和性能的研究	军事医学科学院放射医学研究所	2
105	全军食物定量标准研究	军事医学科学院卫生学环境医学研究所、空军军事医学研究所、海军军事医学研究所、总后军事经济学院军需系	2
106	谷胱甘肽S—转移酶提取、纯化和生化特性及其肿瘤的诊断中的应用	军事医学科学院基础医学研究所	2
107	造血干细胞发生学研究	军事医学科学院基础医学研究所	2
108	88型水质细菌学检验箱的研究	军事医学科学院卫生学环境医学研究所	2
109	过热机体的病理学研究	军事医学科学院卫生学环境医学研究所	2
110	检测两种DNA交联的碱洗脱法及在治癌药物机理研究中的应用	军事医学科学院放射医学研究所	2
111	淋巴因子激活的杀伤细胞(LAK)治疗恶性肿瘤的应用基础研究	军事医学科学院基础医学研究所	2
112	丘脑肿瘤的外科治疗研究	解放军总医院	2
113	胆碱受体的生化药理性质及在医药研究中的应用	解放军总医院、军事医学科学院毒物药物研究所	2
114	癫痫及抗癫痫药物的基础理论及临床实验研究	解放军总医院神经内科、中国科学院心理研究所、北京市儿童医院、中国科学院化学研究所	2
115	肺癌的病理学研究	解放军总医院	2
116	中国成人二维、多普勒及彩色多普勒超声心动图的正常值及其临床应用	解放军总医院	2
117	胃肠道双对比造影方法及其对早期癌和微小病变的诊断	解放军总医院	2
118	带血管蒂的髂骨骨膜移位治疗陈旧性股骨颈骨折的实验研究及临床应用	解放军总医院	2
119	实验性肾炎免疫发病机理及治疗的研究	解放军总医院	2

序号	项 目 名 称	主要完成单位	获奖等级
120	诱导成骨系列研究	第一军医大学第一附属医院	2
121	基本呼吸节律发生部位和发生机制的实验研究	第一军医大学训练部	2
122	大肠杆菌不耐热肠毒素基因探针的研制及应用研究	第一军医大学训练部	2
123	肺、脑、胃肠肿瘤细胞学基础研究及其诊断应用	第一军医大学训练部	2
124	原发性肝癌的再次手术治疗的临床治疗	第二军医大学长海医院	2
125	细菌内毒素的结构与功能	第二军医大学训练部	2
126	ELISA快速诊断隐球菌性脑膜炎及中国致病性新型隐球菌血清型的研究	第二军医大学附属长征医院	2
127	下丘脑腹内侧核与迷走神经对胃生长抑素调节的研究	第二军医大学训练部	2
128	蝶窦解剖的研究及其临床应用	第二军医大学附属长征医院	2
129	PM防霉防腐剂的合成工艺及其应用	第二军医大学药学院、上海市工业微生物研究所、第二军医大学训练部	2
130	经尿道微波照射加电切治疗前列腺增生症	第二军医大学长海医院、第二军医大学长海医院理疗科	2
131	海风藤的原植物研究	第二军医大学药学院、南京军区卫生学校	2
132	烧伤休克的研究	第二军医大学烧伤研究协作组	2
133	BJ—8型心率失常趋势监护仪（微机型）研制及临床应用	第二军医大学、上海医用仪表厂	2
134	双气囊三腔管在门脉高压症大出血的应用，三腔管固定器的研制和临床应用	第二军医大学长海医院	2
135	中国药用植物彩色照片和彩色幻灯片的摄制研究	第二军医大学药学院、中国植物学会	2
136	C—L侧倾标准碟瓣的研究	第二军医大学长海医院、兰州炭素厂、兰州飞控仪器总厂	2
137	关于上颈椎损伤、畸形及其不稳的临床研究	第二军医大学长征医院	2
138	甾体激素膜受体的研究——糖皮质激素对神经元快速作用的非基因机制	第二军医大学训练部	2
139	肝癌复合糖和某些相关大分子的变化及其临床意义	第二军医大学长海医院	2
140	人血和尿中脂蛋白各组分酶联免疫吸附试验及其临床应用的研究	第二军医大学长海医院、上海医学测试中心	2
141	人补体分子单克隆抗体的研究	第三军医大学训练部	2
142	加压外固定结合肢体延长治疗下肢短缩的骨不连与骨缺损	第三军医大学第一附属医院	2
143	磷烧伤实验研究	第三军医大学训练部、第三军医大学烧伤研究所	2
144	老山战区若干卫生问题及防护措施研究	第三军医大学卫防系、北京军区后勤部卫生防疫队	2
145	胃粘膜不同类型肠化与胃癌关系的研究	第三军医大学第一附属医院	2
146	甲胎蛋白为主的肝癌标志物对原发性肝癌诊断与普查的系列研究	第三军医大学第一附属医院	2
147	尿道损伤及外伤性尿道狭窄的临床治疗	第三军医大学第一附属医院	2
148	肝胆管结石严重并发症的防治研究	第三军医大学第一附属医院	2

序号	项目名称	主要完成单位	获奖等级
149	前庭疾病的临床及实验研究	第三军医大学第三附属医院	2
150	挤压性急性肾衰综合征发病机制的研究	第三军医大学第三附属医院	2
151	过氧化物消毒剂杀菌机理的研究	第三军医大学卫防系	2
152	原发性肝细胞CT 及其有关病理基础的研究	第四军医大学第一附属医院	2
153	重建颌面组织缺损的实验和临床研究	第四军医大学口腔医学院	2
154	定量心肌缺血时的病理生理变化及机理分析	第四军医大学训练部	2
155	哮喘和支气管高反应性的诊断和机理研究	第四军医大学第一附属医院	2
156	西京——87型鼓泡式氧合器（人工肺）的研制	第四军医大学第一附属医院	2
157	脊神经节和脊髓的免疫组化研究	第四军医大学训练部	2
158	口腔粘膜白斑病的研究	第四军医大学口腔医学院	2
159	人表皮细胞的培养与移植	第四军医大学第一附属医院	2
160	三叉神经领域本体感觉中枢通路的形态学发现	第四军医大学解剖学教研室	2
161	内脏器官肽能神经的形态学研究	第四军医大学训练部	2
162	脑立体定向技术的研究和临床应用	第四军医大学第一附属医院	2
163	晚期周围神经损伤治疗的研究	第四军医大学第一附属医院	2
164	地高辛中毒及抗体解毒的机理研究	第四军医大学第二附属医院、第四军医大学训练部	2
165	前庭器形态学观察和爆震性前庭损伤的实验研究	第四军医大学第一附属医院、第四军医大学电镜室	2
166	细胞因子(TGF β、IL3、IL4)对杀伤细胞功能的调节作用	第四军医大学训练部	2
167	犬细小病毒自然弱毒株的分离、鉴定和免疫研究	解放军兽医大学军事兽医研究所、公安部南昌警犬繁殖训练基地	2
168	特种武器伤害的兽医防护	解放军兽医大学军事兽医研究所	2
169	熊胆粉药学特性与药用价值的研究	解放军兽医大学训练部	2
170	吉林麦饭石对鸡生产效能的作用及其机理的研究	解放军兽医大学训练部	2
171	利用单宁防治鸡、水貂、狐狸等动物食癖症的研究	解放军兽医大学军事兽医研究所	2
172	复合微量元素添加剂促进猪生长肥育的试验研究及肉质的评价	解放军兽医大学	2
173	声带息肉吸割器的研制及临床应用	总后基地指挥部一六一医院	2
174	中国重要媒介蜱类研究	解放军三〇二医院、军事医学科学院微生物流行病研究所	2
175	小儿乙型肝炎病毒（HBV）感染的临床与实验研究	解放军三〇二医院	2
176	抗酸分枝杆菌L（变异）型生物学特性及临床诊断的研究	解放军三〇九医院	2
177	生物组织氧耗测量系统的研究	解放军三〇四医院、航天医学工程研究所	2
178	放射病出血机制的研究	军事医学科学院放射医学研究所	3

（王玉明）

【军队预防、医疗、保健一体化试点工作】

根据我军卫生系统的现状、军队卫生工作的特点和基层卫生与健康保健的需求，总后卫生部提出了军队预防、医疗、保健一体化的军队卫生工作新模式。其主要依据和意义：一是以提高战斗力为根本标准，部队卫生工作更好地保护和增进官兵身心健康；二是贯彻预防为主的方针，从组织形式到工作内容和服务范围上实行防治结合；三是依据医学模式的转变，在整个军队卫生系统转变单纯生物医学模式，逐步地向生物、心理、社会医学模式过渡，不断扩大预防功能；四是从当前军队卫生系统编制体制与部队预防保健任务不相适应的现实出发，充分发挥现有卫勤力量的作用，不仅要依靠现有卫生防疫机构，而且要开发各级各类医疗卫生机构的功能，调动各方面的积极性，使军队卫生系统在预防、医疗、保健工作中发挥出整体优势，增强综合卫生保障能力，更好地为提高部队战斗力服务。

“一体化”的实施，主要采取先行试点、逐步推开、不断完善的方式进行。在明确指导思想、目标任务的基础上，提出实施方案，制定各级职责和考评标准。其组织形式，是在区域性分级保障的前提下，实施医院与部队帮带责任制。医院在现行编制体制不变的情况下，重点放在如何扩大预防保健功能上，积极开展卫生与疾病监督监测，加强部队卫生防病技术指导，同时在医院建立相应的预防保健组织，从而适应“一体化”新体制的发展趋势。

1990年，总后卫生部在广州、济南军区的部队分别进行了“一体化”试点，取得初步成效。①预防为主的意识不断强化，预防保健工作得到了重视和加强，试点单位的各级防保组织都得以充实加强，防疫人员满编在位；②各级各类卫生人员的岗位职责进一步明确，促进了预防保健工作的落实，官兵的预防接种率和体检率都在95%以上，卫生课到课率为97%；③医院的优势得到了充分发挥，扩大了服务功能，定期派出专职人员深入体系部队主动服务，不仅开医疗处方医伤治病，而且开社会预防大处方，积极开展卫生防保指导和卫生监督监测；④营以下卫生员全都配齐，加强了连队卫生管理，各项卫生制度得到很好落实，促进了基层卫生建设，部队整体健康水平明显提高，没有发生传染病流行和食物中毒，各项发病率都控制在规定的指标之内，训练伤发生率下降了50%，有效地保证了部队各项任务的顺利完成。

（李春明）

【全军医疗设备维修保障体制改革试点工作】

根据军委新时期的军事战略要求及总后勤部关于后勤保障体制改革的总目标，在网络型划区医疗保障体制改革试点取得成绩与经验的基础上，为充分发挥战区内维修技术力量的整体优势，增强区域卫生系统的整体保障能力，为提高部队战斗力服务，总后卫生部组织实施了区域性医疗设备维修体制改革试点工作，即在战区内建立区域性医疗设备维修站。维修站的建立，使军队维修工作打破了三军界限，现行体制由“分散封闭式”向“网络开发型”体制转变，部队基层单位医疗设备维修实现了“划区保障，就近维修”，方便了部队，提高了设备的使用效益，有效地解决了部队维修难的问题。同时，也为地方医疗单位提供了维修技术服务。

多年来，由于诸军兵种的维修保障自成体系，形成了“分散封闭式”维修体制，致使战区内维修技术力量得不到纵向协作和横向联合，部队基层单位医疗设备不能就近就便维修，只能按体系送修，造成了“舍近求远”的状况，维修难的问题一直困扰着部队基层医疗单位。总后卫生部于1989年初，在济南战区组织实施了区域性维修体制改革试点工作。在战区内选择维修技术力量强、维修设施条件好、地理位置适中、交通条件方便的中心医院，建立区域性维修站。其任务是担负区域内三军部队基层单位医疗设备的维修、安装调试、使用管理的技术检查指导、报废设备的技术鉴定和新购设备的技术咨询，并为地方单位开展有偿技术服务。

在运行中，各站采取了送修与巡修相结合的方法，为体系单位维修设备。为提高部队对常规设备的正确使用和自修能力，各站还利用进修和办训练班的形式，为部队培训骨干。如在济南战区建立的青岛海军401医院维修站、郑州153医院维修站和洛阳150医院维修站，分别担负着青岛、豫中南和豫西地区160多个部队单位的维修任务。两年来，各站已为136个单位上门检修设备268次，计383台(件)，各单位送修设备386台(件)，修复率达98%以上。据统计，该区域内部队医疗设备的平均完好率由建站前的68.7%提高到92.6%。

在总结经验的基础上，这一改革已向全军各战区推广。目前，在全军已推广建立了12个维修站。

(马友谦)

【人民军医出版社建社40周年】

1990年10月30日，是人民军医出版社建社暨《人民军医》创刊40周年纪念日。人民军医出版社创建于1950年10月，是建国后最早成立的出版社之一。40年来，该社为宣传党、国家和军队的卫生工作方针、政策，报道军队最新医药科技成果，加强军事医学科学研究，普及和推广军事医学知识，提高军队的医学科技水平和积累战伤救治及防病治病经验，为提高部队的战斗力作出了应有的贡献，受到领导机关和广大读者的好评。朱德总司令题写刊名的《人民军医》杂志，已编辑出版371期，印刷发行1855万册，经中国人民解放军总政治部批准，从1990年起在国内外公开发行。陈毅元帅题写刊名的《解放军医学杂志》，及时报道我军最新医学科研成果和新鲜经验，已编辑出版15卷83期，并与罗马尼亚、南斯拉夫、英、法等国的军事医学杂志建立了交换关系。编辑出版军事医学和医学专著或译著580种，800万册，其中《实用消毒学》和《现代疗养学》分别获第4届、第5届全国优秀图书二等奖；《治疗药物监测》获第4届全国优秀图书奖。在第1届全军优秀图书评选中，按规定上报的10种图书中有7种分获一、二、三等奖。

(黄榈兵)

省、自治区、直辖市卫生工作

北京市

基本情况　1990年，北京市有各级各类卫生事业机构4953个，比1989年增加555个，其中，各级医院净增加42个。床位数59036张，比1989年增加3413张，增长幅度为6.1%，其中医院床位数55474张，增加了597张，比1989年增长6.9%；平均每千人口拥有医院床位5.37张，比1989年增加0.29张。有卫生技术人员111614人，比1989年增加3506人，增长3.2%；平均每千人口拥有医生数4.93人，护士3.35人。

治理整顿主要做法有：

1. 加强行业作风建设。确定廉政建设第一阶段的两个重点；解决少数医务人员利用行医之便向患者及家属索要收受钱物的问题；对社会办和私人办医疗机构进行整顿。各单位针对本单位实际情况，制定相应措施。在廉政建设中，强化医德医风教育，组织了全市性的以"学白求恩精神，为亚运会奉献"为主题的演讲、宣传卫生系统模范人物先进事例的第3届电视专题片汇映和"健康卫生杯"、"白衣天使杯"双杯竞赛活动。

2. 完善内部制约机制和社会监督评价网络。各种廉洁行医规定、职业道德规范，内容日趋完备，各种行之有效的业务管理制度，在执行中得到完善。卫生执法单位实行了工作程序、工作规范、收费标准三公开和申报审批、发证、日常监督三公开等制度。成立社会监督委员会；市、区、县卫生行政部门采取了设立群众监督电话、举报箱，实行挂牌服务等措施。市、区、县卫生局坚持向各级人大代表、政协委员汇报工作制度。

3. 整顿医疗收费，加强物体管理。1990年，各级各类医院普遍实行了医疗收费明码标价；加强物价监督检查和管理，形成局、院、科3级物价管理体系；对50家市级以上医院物价管理工作进行检查验收，90%的单位物价管理工作达标或基本达标；对10所不同类型医院的物价违纪问题进行了查处，累计上缴违纪金额31万元。对不按标准收费或错收费的均向患者退回多收费用。

4. 强化管理，增强公费医疗宏观控制能力。制定了《北京市公费医疗管理办法》恢复成立了公费医疗管理委员会。据东城等5个区的抽查统计，不合理的大处方由1989年的2%左右下降到1%以下。1990年，查处违纪案件45起，上缴罚没款金额36.4万元。

5. 全面整顿社会和私人办医疗院所。制定了《北京市社会办医疗机构暂行管理办法》。对全市300多家尚未纳入行政管理的社会办医疗机构进行了审核验收，并为其中167家发放了执业许可证。对全市私人开办的医疗院所重新进行审核发照。增设行医监督员，对社会办医实行联审制度。全年，市、区、县共进行监督检查近百次，其中全市性大检查3次，查处违法违纪200多起，罚没款近40万元；取缔违法行医单位4家；停业整顿1家；查处游医药贩100多起；24家因各种原因自行停业。私人和社会办医疗院所现已拥有固定资产2160多万元，比1988年增长40%；卫生技术人员所占比例已达80%以上，医务人员的结构趋于合理化。

预防保健 1990年北京市传染病总发病率连续第9年下降。计划免疫"四种"疫苗接种合格率为98.84%，比1989年提高0.54%；食物中毒发病率比1989年下降27.5%；地方性甲状腺肿患病率低于国家控制标准；结核病发病率在全国最低。食品生产经营单位卫生合格率为84.3%，比1989年提高2.6%，公共场所卫生合格率为95%，与1989年持平。城市自来水厂水质全部符合卫生标准，农村改水的村数和受益人口分别为总数的87%和89%，均比1989年有所提高。北京进行全国"十佳卫生城市"行列。市政府拨专款200万元，改善了预防保健机构的设施条件，完成了加强重点区县防疫机构建设的任务。

农村基层妇幼保健网络日趋健全，村妇幼保健员由1270人发展到1807人，增加42.3%；对上千名农村接生员进行培训考核，配备了必要的物品器械。广泛运用新技术、新设备开展孕产妇和围产儿保健，孕产妇死亡率和围产儿死亡率两项指标已接近发达国家水平。

医疗工作 1990年，全市125所医院完成诊疗总额3767.3万人次，收治住院病人49.8万人次。亚运会期间，在全市范围内开展了优质医疗服务活动，开展了有中央、部队、厂矿、市、区、县所属医疗卫生单位，以及部分民办医疗机构和个体开业人员参加的多种形式的卫生咨询宣传和义诊服务活动，全市医务界共向亚运会捐款38.8万元。

加强对医疗质量的宏观管理，开展了对76种疾病单病种的质量分析，组织了对医疗护理质量的检查和指导。据市属医院统计，1990年平均住院天数为28.16天，比1989年减少0.31天；危重病人抢救成功率为88.2%，比1989年提高1.7%；76种疾病单病种的平均住院天数达标率为67%，比1989年上升1%；平均治愈率达标率为63%，比1989年上升3%；平均病死率达标率为75%，比1989年上升5%。急救通讯网络条件得到根本改善，市拨款100万元，改建了"120"通讯设备，通讯半径由10余公里扩展到50公里，急救网络已辐射到多数远郊区县。

医学教育和科研工作 完成了1990年大专、中专以及成人教育的招生工作。根据实际需求，中专招生规模比往年有所下降。医学教育初步形成基础教育、毕业后教育和继续教育相结合，能培养多学科、多层次卫生人才的教育体系。1990年，市属医学院毕业本科生343人，中专生2408人，14 441人接受了在职培训。制定了《北京市中等医学专业学校初步调整方案》，根据方案，13所中等医学学校1991年继续招生办学，10所学校暂停招生。开展了多层次、多环节的教学教育评估工作。成立了北京市中等医学教育研究室，召开了首届中等护理教育改革研讨会。加强了住院医师的毕业后教育，制订了《临床住院医师培训试行办法》和管理细则。制订了《北京市乡村医生教育规划》。筹建中的北京卫生职工电教中专首届正式招生1741人。

继续推行科技体制改革。1990年，其获各组成果奖259项，其中国家级科技成果奖3项，卫生部科技成果奖4项，市级成果奖58项，局级成果奖194项。其中“北京市结核病控制技术政策的研究”，使北京市10年间其减少4万新传染源的产生；“乙型肝炎疫苗大范围应用研究”，取得了对国产乙型肝炎疫苗纳入计划免疫的一整套最佳免疫策略，达到国际先进水平；钛镍合金矫正器和钛镍矫正技术”为北京市1990年重大科技成果推广项目，已在全国27个省、市推广、281所院校和医疗单位开始应用；国产钛镍弓丝打入国际市场，每年创汇20万美元，累积创汇50万美元。

1990年7月，10个单位的23项重大卫生科技成果参加了卫生部等主办的全国医药卫生科技成果展览；在首届全国留学回国人员科技成果展览会上，北京市卫生局系统10个单位的16项成果参展并受到好评。

初级卫生保健 全市卫生基建投资累计完成8417万元，其中20.86%用于基层。到1990年，远郊区县的县级医疗卫生机构达到29个，每个县都有了中医机构、防疫站和妇幼保健所；全市有中心卫生院46个，一般乡卫生院217个，农村卫生室4835个，村卫生室覆盖率保持在96%左右，合格乡卫生院为65.8%，比1989年增加30%，合格村卫生室为68%。县级医院增加了一批大型医疗和检验设备，中心卫生院消灭了危房，基本配齐了200毫安X光机和B型超声波等设备，一般乡卫生院和村卫生室增添了一部分简单器械。市财政拨款150万元，为贫困乡卫生院添置急需的医疗设备。为街道医院和乡卫生院培训500多名短线专业人员，促进了基层医院技术水平的提高。1990年又有2000多人考核合格，获得乡村医生合格证书，领证人数已达乡村医生总数的70%左右。

中医工作 市政府拨款200万元用于发展中医事业。顺义、密云、昌平、朝阳等区县的中医医院，有的正在兴建，有的已投入使用。有计划地进行老中医经验继承工作，为40位老中医配备了53名徒弟助手，并开始确认一批新的中医和中西医结合专家工作。开展了全市中医一技之长人员的复核、复审工作。加强了对气功医疗的管理，对108名医师（士）以上职称、在医疗卫生部门工作，从事气功医疗活动的人员进行了登记；停办了社会上“气功门诊部、气功研究所”进行的非法气功医疗活动。为发展中医教育事业，成立了北京市中医学校临床教学委员会，下达了《中医住院医师学分制暂行办法》；举办中医专业证书班，有200人参加学习，均已结业。全市承担中医科研课题88项，70项完成，获科研成果奖43项。研究并起草了“八五”期间北京市中医科技发展规划，对今后五年科技工作制定了有关政策，并制定下达了“北京市‘八五’期间中医科技成果推广计划”。

（白莹 江镜波）

天 津 市

基本情况 1990年，全市卫生机构发展到3 392个。有医院床位33 382张，比1989年增长3.6%。其中县及县以上医院床位数27 427张，比1989年增长2.8%；口腔科增长35.8%，中医科和眼科，分别增长29.1%、10.5%。全市卫生专业人员有87 422人，比1989年增长2.8%。其中中级以上职称的人员增长1%，初级职称的人员增长9.6%。全市郊县的3 870个自然村中，有93.6%的村设置医疗点4 304个。有乡村医生和卫生人员7 738人，比1989年增长1.15%，平均每个村有乡村医生和卫生员2人。农村甲级卫生所数达到81%。

预防保健 计划免疫"四苗"接种完成250.9万人次，接种率为95.6%。经世界卫生组织、儿童基金会、卫生部联合审评，结果表明，天津市1990年以区县为单位，"四苗"全程接种率达到91.43～100%，实现了第2个85%的目标。1990年传染病发病率比1989年下降23.2%，病毒性肝炎发病率下降50.8%，没有发生霍乱、副霍乱。食物中毒起数比1989年下降61.5%，中毒人数下降76.4%。非传染病"四病"防治已进入人群防治干预阶段，成为世界卫生组织关注的项目。妇幼卫生方面加强了责任制管理，实行新法接生和围产保健，加强计划生育手术管理，开展为0～7岁儿童健康查体和对6个月～3岁婴幼儿贫血预防投药。

1990年，全市医院、卫生院共完成门诊量3 779.4万人次，其中县及县以上医院完成2 513.9万人次；比1989年提高1.7%。县及县以上医院开放病床数268 786张，比1989年增加0.4%，病床实际占用日为871.8万天，比1989年提高4%。卫生部门平均病床使用率为91.3%。住院病死率由1989年的1.9%下降到1.8%，急诊抢救成功率由1989年的94.7%上升到95%。病种质量管理范围达到280种，家庭病床继续完成6万张次计划，使每千人口家庭病床数达到7.8张。

初级卫生保健 成立了市初级卫生保健委员会，在市卫生局设立了初级卫生保健办公室。全市18个区、县政府和138个乡镇(占全市乡、镇总数的79%)、36个街道居民委员会(占全市街道居民委员会总数的31%)亦成立了初级卫生保健委员会。并成立了以专家、教授为主体的初级卫生保健咨询委员会。举办了2期以区、县长、卫生局长、防疫站长参加的初级卫生保健培训班，共有300多人参加学习。创办了《初级卫生保健通讯》。在市卫生防病中心建立了市初级卫生保健信息统计中心。

加强城乡初级卫生保健网的建设。在农村，已有81.7%的村卫生所达甲级标准，有乡村医生6 243人，占村卫生所人员总数的84.9%。在城市，各居委会设卫生保健站，聘用离退休医务人员从事初级卫生保健工作，组织、宣传群众。

全市从事初级卫生保健工作试点的18个街、乡，围绕13项指标，逐步研究落实。农村各乡完成11～12项任务。

纠正行业不正之风，加强卫生行业管理 1990年4月，天津市卫生局在全行业开展整顿医风工作。成立了整顿办公室。在天津市卫生行业整顿医风动员大会上，市卫生局提出了整顿医风的3个目标和11项工作措施。至1990年底基本实现了3个整顿目标：服务态度明显改善；基本刹住了吃请受礼不正之风；不合理的医疗消费得到初步控制。

1990年4月4日，天津市政府发布《关于加强天津市卫生行业管理的通知》。天津市卫生局发布《天津市卫生行业管理暂行办法》，对卫生行业加强管理。

科技工作 1990年，科研机构发展到21个研究所、45个研究室(不含中央、部队驻津科研机构)，较十年前增长了66.7%。科研课题从过去的平衡计划管理改革为招标，引进了竞争机制。从1985年到1990年，获得部、市级以上科技进步奖、国家发明奖共157项。推广、应用了一批科技成果，其中技术更新895项。10年中全市研究机构科技人员由1979年的613人，发展到1989年的2 986人，占市属卫生部门科技人员总数的7.6%，其中有高级职称的占26.4%，中级职称的占30%。10年中发表学术论文7 501篇，撰写学术专著137部。

在与国外合作的11个科技项目中，非传染"四病"(高血压、冠心病、脑卒中、恶性肿瘤)预防与控制工作，已经同有关国家合作研究。近5年来，在天津市召开了国际针灸临床学术会议、第二届国际小儿外科学术会议等国际学术会议共10次，天津市有147人次参加。1990年12月召开了天津市卫生系统科技工作会议。

法制建设 市卫生局设立了法规处，主管地方卫生立法协调、卫生执法监督、诉讼与复议协调、基层法制建设指导等工作。市卫生局成立了行政复议委员会，制定了《行政复议工作细则》，部分区（县）卫生局也设立了复议机构。举办了为期1周的卫生系统行政诉讼代理人培训班；组织了2次全市范围的宣传咨询活动；分别举办了食品、药品、劳动卫生等专业执法人员和监督员学习班；与医药管理局联合举办了药品生产、经营企业法人代表学习班。

在贯彻《食品卫生法》（试行）和《传染病防治法》中，市政府颁发了《关于疫情报告的有关规定》、《犬类管理办法》，市卫生局颁发了《传染病疫情报告实施细则》，《关于艾滋病诊断及疫情报告的几项规定》等配套文件；建立了传染病防治监督员队伍。在贯彻《放射防护条例》等行政法规中，培训了专业队伍，有5个区建立了放射卫生科，制定了《天津市放射卫生监督监测程序（草案）》。对58家企业核发了化妆品生产卫生许可证。《药品管理法》实施5年来，全市区（县）级药政、药检人员发展到66人，药品监督员为1 310人，初步实现监督管理网络化。

（刘道安）

加强公费医疗和劳保医疗的管理

为加强天津市公费医疗和劳保医疗的管理，天津市政府决定自1990年10月1日起实行新的管理措施，主要内容如下：

1. 实行划片定点医疗。本着就近就医的原则，单位和医院建立协议关系。享受人员持证就医，退离休职工除在单位定点医院就诊外，也可在居住地附近医院或卫生院就诊。急诊病人不受定点医疗限制。对需要做大型医疗设备检查的，严格审批手续。对专科医疗和转诊做了相应的规定。

2. 加强医疗单位的管理。各级医疗单位必须严格执行全市统一收费标准，实行明码标价。对门诊患者，实行“双处方”制度；对住院患者结算时应提供明细清单。对医院使用贵重药品的数量以及病人门诊、住院平均费用实行指标控制。继续对社会力量办医和联合办医进行检查整顿。如承担公费、劳保医疗任务，须经卫生部门审查批准。

3. 加强药品的产、销管理。各级医药部门要提供高效、安全、档次合理的药品。市医药、药材公司实行责任市场，对医疗机构实行计划供应，签订“四包”合同（包品种、数量、质量、送货上门）。严格执行药品价格分级管理的规定，控制药价上调幅度，药品价格调整时，医药部门应及时公布。

4. 加强对公费医疗、劳保医疗的单位和个人的管理。市、区（县）公费医疗部门对公费医疗单位可继续实行医药费包干办法，从1991年起，停止发给个人医疗包干费，实行劳保医疗的单位原则上也照此执行。各单位要严格执行公费医疗和劳保医疗的有关规定，不准擅自变更医疗费报销范围，严格单据审查。凡有条件的单位，都要建立保健站，人数较少的单位可由上级部门组织联片保健站。挂钩医疗机构要从技术上扶持保健站做好职工保健工作。单位要建立医疗保健管理组织，加强民主管理和群众监督。

5. 加强公费医疗、劳保医疗的领导。天津市成立了公费医疗、劳保医疗领导小组，下设办公室。各区、县、局也建立必要的组织机构，负责本地区、本系统的医疗保健管理工作。

到1990年底，全市基本完成划片定点医疗、凭证就医工作。

（刘道安）

河北省

基本情况　1990年，河北省医疗卫生机构发展到10 586个，病床发展到146 011张，专业卫生人员发展到219 376人。

治理整顿和纠正行业不正之风　1990年，省卫生厅制定下发了《进一步加强医疗机构治理整顿深化改革的决定》、《关于纠正行业不正之风的暂行规定》等10个文件。医疗单位普遍采取明码标价，公开收费标准的办法，并建立举报制度。省级医疗单位从社会上聘请了110多名义务监督员，以加强社会监督。卫生系统治理整，纠正行业不正之风取得了明显成绩。

医疗秩序明显改善。1990年3月对12所省属医院调查，收费差错率降至2.69%，其中少收部分占0.5%，多收部分占2.19%。12月份全省财税物价大检查，省级医疗单位未发现突出问题。由于加强了业余服务的管理，执行了奖金审批制度，滥发奖金现象也基本消除。

社会上“乱办医、办医乱”的局面得到控制。到1990年底，共清理整顿社会办医37 668家，停业整顿2 204家，吊销执照2 277家，取缔无证行医3 377家，罚款2 401起，104.2万元，没收药品折款25.3万元、医疗器械共1 754件，收缴非法宣传品75 354件。

整顿了医药市场。卫生厅与省医药总公司、省工商联共同下发了《河北省整顿医药市场实施意见》，对全省药品经营单位进行了全面登记、审查，对无证经营、超越范围、不具备经营条件以及其他违法经营的单位和人员按法律及有关规定进行了查处。取缔非法经营单位318家，占批发企业总数的37%，关闭147家，查处假劣药品案件307起。

农村卫生工作　当前农村医疗卫生工作的现状和问题：①经费不足，财政投资比例逐年减少，影响卫生事业的发展。②医疗设备陈旧落后。③技术人员匮乏，水平低，素质差。在调查的685所乡卫生院中，无学历人员占84%，大专学历人员占1.8%，有30%的人为临时人员。④房屋破旧，年久失修，有相当一部分已无法使用，危房约占⅓。⑤个体办的村级卫生组织占比重较大，预防保健工作难以落到实处。

采取的措施：①研究制定了《关于加强农村卫生工作的决定》。制定初级卫生保健最低标准，并进行试点。召开了加强农村基层卫生组织建设推动初级保健工作会议，目前多数市、县建立了初级卫生保健领导组织和办事机构。②采取多种途径，加强乡镇卫生院建设。邯郸地区广泛动员社会力量集资建设乡卫生院，到1990年底已集资1128万元，有134个卫生院已动工修建。廊坊市采取三级（市、县、乡）、五方（市卫生局、县财政局、县卫生局、乡财政、卫生院）集资的办法建设卫生院，到1990年底，重建、扩建了90所乡、镇卫生院，占卫生院总数的58.4%。

预防保健工作　计划免疫有新进展，全省儿童“四苗”接种率达到98.01%。为了实现第2个85%（以县为单位）的目标，1990年初对30个县进行了抽查，“四苗”覆盖率均在94%以上，预计可如期实现第2个85%的目标。

降低了一些传染病、地方病的发病率。1990年1～10月份18种传染病的发病人数比1989年同期下降30.79%。地方病降氟改水完成“山老边穷”地区530处工程，年受益人口为21万人。控制了地方性甲状腺肿病、克汀病新患发生，布氏杆菌病疫情开始下降。开展了母子保健保偿责任制和孕产妇、儿童保健系统管理工作，加强了妇女儿童疾病的防治工作。

开展卫生达标、竞赛活动，创建卫生城。石家庄市被全国爱国卫生运动委员会评为“卫生城市”，秦皇岛、辛集市分别评为地、县级“先进卫生城市”。灭鼠工作再次巩固了“一役达标”成果。农村改水提前完成国家“七五”计划要求，5年（1986～1990年）共投资8亿元，全省农村改水受益人口为4 119万人，占农村人口的88.83%。

中医工作 加强中医机构的建设。1990年在国家和各级政府的支持下，共投资604万元，完成了11所县（市）中医院建设和配套工程，已交付使用，共完成建筑面积17 660平方米，增加病床620张。还有10所县中医院正在建设中，可望今年投入使用。

加强中医专科专病建设。目前全省已有50%的中医院具有自己的优势和专科特长。如河北中医学院附属医院治疗萎缩性胃炎，廊坊市中医院治疗血液病，唐山市中医院治疗冠心病，新乐县中医院治疗骨髓突，滦县中医院治疗脉管突等。

加强中医人才培养。重视成人教育，进行在职培养和岗位培训。委托河北中医学院开办了大专层次的中医自学考试、中医函授和中医专业证书班。中医自学考试全省共有考生4 000多人，1990年已考完了6门课（应考12门课）。 （赵学诚）

山 西 省

基本情况 1990年，山西省各级各类卫生机构发展到6 108个，比1989年增长0.37%，其中各级医院（含卫生院）2 573个（其中县及县以上医院613个），疗养院、所15个，门诊部（所） 3 020个，卫生防疫站141个，专科防治机构10个，妇幼保健院（所、站） 133个，药品检验所（室） 47个，医学科学研究机构23个，高等医学院校5所，中等医药卫生学校15所，县卫生进修学校65所，其它卫生事业机构136个。全省卫生专业人员发展到153 726名，其中卫生技术人员128 465名，比1989年增长2.55%，平均每千人口4.47名。县级医疗卫生机构中大专毕业生占10.6%，中专生占17.93%，无学历的达58.3%；乡镇卫生院中具有大专学历的占3.96%，无学历的达78.11%。病床总数105 324张，其中医院床位98 142张，比1989年分别增长1.89%和2.68%，平均每千人口有医院病床3.41张。此外，在全省3 230个行政村中，设有医疗点的村有29 390个，占行政村总数的91%，其中村或群众集体办的有19 263个，占医疗点总数的65.54%；乡村医生或卫生员联合办的有3 430个，占11.67%；乡卫生院设点830个，占2.82%；个体办4 821个，占16.4%；其它形式的有1 046个，占3.56%。共有乡村医生32 430名，卫生员16 322名，农村接生员21 886名。

治理整顿 根据国家物价局、卫生部联合下发的《关于检查清理医疗收费的通知》精神，对医疗收费进行了整顿：未得到有关方面批准、自行涨价的收费，要降到应收水平；擅自增加收费项目及巧立名目多收费、分解收费的项目立即取消；收费偏低的项目、参照临省同类项目作适当调整。共清理医疗收费1295项，其中维持现行收费标准的485项；已被先进技术取代而应取消相应收费的项目202项；自定标准过高作适当降低的项目608项。另外，取消调整了省级医院60项不合理收费。同时制定了新的收费标准1 323项，将于1991年3月1日出台。

整顿社会办医和个体行医。协同省公安、财政、税务、物价、审计等6个厅局联合下发了《山西省社会办医和个体行医实施细则》，在各地自检整顿的基础上，组织200多人深入35个县（市、区） 80多个乡镇，对已注册、登记、发证的社会办医和个体行医进行了抽查，查处社会办医78个，个体行医

205个，取缔无证及游医34个。对160多起伪劣药品案进行了查处，依法给予经济罚款10万多元。

职业道德教育 在全省卫生系统广泛开展学习雷锋、做白求恩式的白衣战士，创优质服务竞赛活动。全省各级卫生部门，普遍召开动员会，成立竞赛领导组和办公室，制定计划、制度和措施，通过板报、墙报、标语、广播、"致患者公开信"等形式进行宣传；采取便民措施，为病人排忧解难；在门诊设立"导医护士"，在病房开展"文明护理站"评比活动，增加门诊、挂号、划价、收费、取药窗口；加强社会监督，严格管理制度；实行住院费、手术费、检查费、药费"四公开"；加强业余、兼职服务和医疗联合体"四统一"（统一组织、管理、收费、分配）管理；省卫生厅从全省选拔了13名先进个人组成医德医风巡回报告团，分赴12个地、市宣讲14场。

农村卫生工作 1990年全省医疗卫生工作的重点在农村。①建设村级卫生所。到1990年底，有91%的行政村重建和恢复了卫生所，其中⅓的农村卫生所推行了妇婴系列保健保偿制，13.43%的行政村实行了集资医疗制度。翼城县按人口集资医疗面达40%左右，12月初卫生部专家委员会在该县召开了中国农村医疗保健制度研究课题报告暨经验交流会；②在乡镇卫生院推行多种形式的综合承包责任制。通过内部挖掘潜力、扩大服务、"伸腿办医"、开展新技术、突出专科建设、兴办第三产业等措施，增强了乡镇卫生院的自我补偿和自我维持的能力，使90%的乡镇卫生院基本达到收支平衡，有近400所（占全省乡镇卫生院总数的⅕）做到略有节余；③大力推行初级卫生保健。全省12个地、市中有10个成立了初级卫生保健领导组和办事机构，示范县由13个增加到29个。长治市、晋城市所辖的19个县（区）全部实施初级卫生保健，并基本达标。运城地区农村口腔卫生保健工作被WHO列为全球示范地区。长治县、霍州市被评为全国无盲先进县（市）。省级7所医疗卫生单位同13个初级卫生保健示范县的16个县级卫生单位签订了为期3年的技术挂钩协议。组织全省各地开展评选初级卫生保健先进单位和先进个人活动，共评出地、市、县、乡、村各级政府领导人37名，卫生行政部门66人，评出先进政府29个、卫生行政单位25个。健康教育。全省有300万农民接受了系统保健知识教育。榆次市、绛县、稷山县成为全国农民健康教育的先进县，被WHO列为合作项目县。全省4.8万多名乡村医生进行了职称考试考核和聘任工作。④实行政策倾斜，把人、财、物的投入重点转向农村。50%的卫生事业基本建设投资和80%的专项设备款用于县一级医疗卫生单位，⅓的县级医疗卫生单位的房舍条件得到改善，⅓正在改造，力争"八五"期间全部改造完毕。重点抓农村卫生技术人才的培养，制定了10年规划；投资200万元，改善中等卫生学校教学设备条件；扩大定向招生比例；通过在职脱产培训、函授、专业证书班、短期培训班等形式，提高农村卫生人员的业务素质。

预防保健 继续巩固与发展计划免疫。对全省以县为单位"四苗"接种率完成第2个85%的目标，组织了全省自查审评和完善工作。贯彻《传染病防治法》，通过群防群治，全省传染病总发病率比1989年下降了19.58%。开展了寄生虫分布和第3次结核病流行病学调查。设寄生虫调查点100个、调查了55 490人，查出寄生虫阳性者30 431人，总感染率为54.8%；有27个虫种，其中原虫15种，蠕虫12种；有13种为新发现。开设结核病调查点34处，调查5万多人，其中活动性结核病患病率为443/10万，结核菌痰涂片阳性率为131/10万，同1979年结核病流行病学调查资料相比较，分别下降55/10万和4/10万。妇幼工作。确定了12个县为"加强中国基层妇幼卫生计划生育服务项目县”，在基本完成配套工作的同时，对12个县的104万人口作了基础调查。完成了卫生部妇幼司和联合国儿童基金会在山西省进行的儿童生长监测评审工作，共对6个县、12个乡、25个村的992名儿童的生长发育情况进行了评审。防治地方病。着重抓了防氟改水工程，投资98万元，开工63处，大部分工程已见成效。农村改水受益人口为1 641.5万人，占全省农村人口总数的72%。

科研工作 评出科技著作奖29项，引进新技术奖111项，应用性成果25项，理论性成果11项。省人民医院研制的“输卵管可复性栓堵节育法”，经国内外专家论证，认为可在全国推广。

（李振川）

运城地区全面开展初级口腔保健

山西省运城地区从1979年开始实施初级口腔保健，现已取得明显成效。

1. 采用3个层次培训办法，培养了一批中、初级和业余口腔保健人员：①在原运城卫生学校口腔医士班的基础上创办了山西省运城地区口腔卫生学校，招收高、初中毕业生，学制3～4年，为县、乡两级医疗机构培养口腔专业人才。②在口腔卫生学校中，附设初级口腔职业班，由目标地区推荐本地的高、初中毕业生参加学习，培养中心村牙病防治站的口腔保健人员。③举办短训班，为中、小学和幼儿园培训口腔保健校医和生理卫生教师。他们采取上述措施，几年来，共为全区培训口腔保健人员572名，与全区总人口之比为1:8 000。其中分在地区机构中的有128名占22.4%；县级机构中有101名，占19.2%；乡（镇）级口腔机构中有147名，占24.8%；村级有196名，占34.3%。

2. 建立县、乡、村牙病防治机构。县（市）医院设立口腔科，配备口腔医师（士）、技士及保健人员5～10人，以及配备相应装备，负责制订本县（市）牙病防治工作计划并组织实施，对乡（镇）、村两级防治机构进行业务指导和管理；乡（镇）卫生院设立口腔科，配备3～5人，以及配备相应设备，防治常见口腔病及对村级牙病防治站进行业务管理和指导；中心村卫生所设立牙病防治站，配备1～2名口腔保健员，以及配备相应设备，服务范围为2～5公里5 000～6 000人口的地区，主要进行口腔保健教育，定期牙病普查和对牙病患者的简单治疗。目前全区13个县（市），211个乡（镇），3 275个行政村中，已建立县医院口腔科13个，乡（镇）卫生院口腔科66个，村级牙病防治站169个，乡、村两级组织的服务覆盖面为80万人，占全区人口总数的20.5%。为了加强三级防治网的领导和管理，地区还建立了口腔疾病防治中心。

3. 采用国家、集体、个人三结合的办法筹集发展口腔保健事业资金。共筹资近千万元，其中各级政府拨款占48%，集体投资占32%，个人集资占10%，国际援助占10%。

4. 面向农村居民，开展三级口腔卫生保健。①以预防龋齿和牙龈炎为主，进行口腔自我保健和口腔健康教育；②定期进行普查，建立口腔保健档案；③各级防治网点开展牙齿修复业务。

5. 制定全区中、小学生及幼儿园口腔卫生保健目标，并在部分地区实施。在130所中、小学和幼儿园中有29 000名学生和幼儿进行了定点口腔卫生知识教育和牙病普查普治。在30所中、小学实行了口腔健康保险，参加保险的有12 000多人。通过上述措施，城镇少儿补牙率由原来的3.18%上升到30.37%，15岁年龄组牙龈炎发病率由原来的 99.67%下降到 63%，牙结石检出率由原来的 85%下降到 43%，刷牙率达到 97.13%。

（李振川）

内蒙古自治区

基本情况 1990 年全自治区（以下简称“全区”）卫生机构共5 161个，其中医院1 856所、疗养院(所)12个、门诊部(所)2 787个、专科防治所（站） 64个、卫生防疫站 153个、妇幼保健站（所）122个、药品检验所（室）46个、医学科学研究机构11个、高等医学院校 3 所、中等医药学校17所、其它卫生事业机构90个。全区专业卫生人员121 443人，其中卫生技术人员 96 734 人。全区床位总数 60 727 张，其中医院病床 57 558张。

治理整顿工作 治理整顿医疗卫生秩序、进一步深化卫生改革是全区 1990 年卫生工作的中心任务。自治区政府颁布了《内蒙古自治区个体开业医生和联合医疗机构管理办法》，卫生厅颁发了《内蒙古自治区中医师、士管理条例》及《内蒙古自治区中蒙医医疗机构管理条例》。各地对本地区个体开业医和联合医疗机构，以及向社会开放的机关、团体、部队和企事业单位兴办的医疗机构重新办理了申请、登记、审批和换证手续，重点抓住办医条件和行医资格两个环节，进行严格审定。取缔了一批不合格的开业人员和不符合规定、设备简陋的诊所。据统计，全区第 1 批批准的开业人员共 1 073 人，是整顿前的 40%。

根据《药品管理法》和《药品管理法实施细则》的有关规定，卫生厅会同有关部门对全区医用药品生产、销售、使用各环节进行了全面整顿，重点是核发“三证”（药品生产企业许可证、药品经营企业许可证、医疗单位制剂许可证）、药品质量监督监测和打击制售假药、劣药的违法行为。截至 1990 年底，全区药品检验抽检率为70%，合格率75%，基层检查覆盖率为85%。

全区对医疗卫生秩序和医疗收费进一步进行整顿。各地对医疗卫生单位或个人开展业余服务和兼职活动实行统一组织、统一收费和统一分配的管理办法，并对服务范围和时间进行限制；制定了《内蒙古自治区卫生防疫监督监测分级管理暂行办法》，明确了有偿和无偿服务的范围，加强了收费管理。

在医德医风整顿方面，各地采取措施，对一些单位和卫生人员中存在的纪律涣散，服务态度恶劣以及利用职务之便受礼、索要患者钱物等腐败风气进行整顿，许多单位建立了医务人员医德医风档案，设立医德医风监督电话和举报箱。

继续坚持“公有制为主，国家、集体、个人一起上”的办医方针，扩大卫生投入；对院（站、所）长负责制和综合目标管理责任制不断加以完善，加强党对卫生工作的领导，充分发挥党组织的政治核心作用；强化民主监督和约束机制等，是全区深化改革的内容。

农牧区卫生工作 农牧区是1990年全区卫生工作的重点，全区围绕改善农牧区医疗卫生状况突出抓了两个方面的工作：①继续抓紧旗县卫生机构和中心卫生院的匹配投资建设工作。截至1990年底，全区当年计划投资额共1 500 万元，其中盟市投资 900 万元，自治区投资600万元。②推进初级卫生保健。1990 年，全区按照有计划、有步骤、分阶段实施初级卫生保健的要求，重点抓了 14 个试点旗县的有关工作，成立了全区初级卫生保健委员会和办事机构，下发了《内蒙古自治区 2000 年人人享有卫生保健规划目标》。举办了初级卫生保健培训班，培训专业人员，并开始了全面调查和制订具体指标规划工作。

卫生防病工作 全区爱国卫生运动城市

以环境卫生和窗口单位为重点，农村以改水为重点。包头钢铁工业公司运输部等6个单位被授予“全国爱国卫生先进单位”称号，赤峰市、通辽市分别进入全国地区和县级“十佳卫生城市”行列；全年新建、扩建改水工程96处，建成手压井100眼，新增改水受益人口9万余人。

1990年，法定传染病总报告发病率为205.68/10万，死亡率为0.53/10万，分别比1989年下降24.45%和8.62%；计划免疫“四苗”全程接种率为92.22%，其中小儿麻痹糖丸为94.88%、百白破为94.36%、麻疹为95.30%、卡介苗为98.80%。全区食品从业人员体检率为98.5%，食品卫生监测覆盖率为85%。

妇幼保健方面加强了系统管理。全区孕产妇死亡率控制在7/万以下，婴儿死亡率控制在37.87‰以内，集体和散居儿童体检率分别为98%和20%，全区旗县以上城镇和农牧区18%的乡、苏木开展了儿童保健系统管理。

1990年全区卫生行业有10项医学科研工作获得1990年度自治区科技进步奖，其中二等奖2项，三等奖8项。

（乔建东）

辽 宁 省

基本情况 1990年末，全省医院病床总数为17.4万张，超出规划指标2.3%；每千人口有病床4.39张，卫生技术人员总数为21.7万人，每千人口拥有医师1.7人。预防保健支出占卫生事业经费支出的16.2%，比“六五”期间上升18%，1990年全省卫生防疫经费由1989年的5 400万增加到6 170万，增长14.26%，专业设备、固定资产和房屋面积比1989年分别增长15.6%、30%和35%；1990年全省中医事业经费为3 000万元，房屋建筑面积达到近50万平方米，固定资产总值为1.2亿元，专业设备总值为4 000万元。

治理整顿和卫生改革 全省卫生部门重点治理了“两乱两差”（乱办医、乱收费和服务态度差、医疗质量差）。对25 570个医疗机构重新进行了审核登记，对存在各类问题的1 626所医疗机构作了行政处理，停办了478所不具备开业条件的个体和联合诊所。经过对1 100家联合体的重点整顿，停办了200个管理混乱、条件不具备的联合体。对专家门诊、业余服务活动场所进行了审查和整顿，由原来的560处，减少到120处。对全省各类疗养院和气功诊所进行了清理整顿和重新登记工作。通过治理整顿，医疗卫生服务收费中的混乱现象得到进一步治理，在诊察治疗中一些不必要的检查、用药明显减少，全省1990年公费医疗支出为2.2亿元，其增长幅度已由1989年的27.8%下降到17%左右，人均增长速度也从20.5%降到16%左右。同时，对36种偏低的和新增医疗服务项目的医疗卫生收费标准进行了调整。各级卫生行政部门在治理整顿中突出解决两大难点问题：①明确综合目标责任制，坚持把社会效益作为最高准则，合理协调和处理国家、集体、职工和患者四方利益关系。②完善院、站、所长负责制，处理好党政关系，做到党组织充分发挥政治核心作用和保证监督职能，院长放手工作，大胆行使职权。

纠正行业不正之风和廉政建设 省卫生厅下发了《关于纠正卫生部门行业不正之风的规定》，各级各类卫生单位开展了各种形式的思想教育和学习雷锋、白求恩的活动。锦州市卫生局狠抓卫生系统小环境建设，促进全市医德医风稳步提高。各地在聘请社会监督员、建立内外监督机制、建立医德档案等方面进行了尝试。省卫生厅和省文教工会对在开展向白求恩学习竞赛活动中涌现出的29名先进个人，授予“医德高尚医务工作者”称号，并对在纠正行业不正之风工作中成绩突出的单位与个人进行了表彰。

卫生工作 全省共发生18种法定报告传染病，总发病人数为90 744人，比1989年下降32.44%，儿童计划免疫接种率继以省为单位达到85%之后，又以县区为单位提前两年实现85%的目标。结核病、麻风病、性病等慢性传染病防治取得成绩，性病发病率近年来首次呈下降趋势。卫生监督体制得到加强，食品卫生、公共场所卫生、化妆品卫生、放射卫生、劳动卫生和学校卫生监督监测水平进一步提高。8种地方病的防治成果得以巩固，大骨节病和克山病实现了全省防治达标，经农业部、卫生部组织验收，确认辽宁是全国第1个达到布氏杆菌病控制标准的省份。爱国卫生工作进一步深入，城乡健康教育普遍展开，开始实施《辽宁省城乡健康教育三年达标规划》，在国家组织的城市卫生评比中，大连市、丹东市分别获得全国省会、计划单列城市和中等城市"十佳卫生城市"称号。以优生优育为中心的妇女儿童系列保健进一步展开，妇幼卫生示范县和扩展县合作项目进展顺利。

农村卫生建设 营口市针对农村卫生人才流失问题，在全省率先制定了稳定农村卫生技术队伍的优惠政策。抚顺市、盘锦市分别就农村乡镇卫生院事业建设、人才培养和城市支援农村作出具体安排。全省农村卫生工作出现了以加强乡镇卫生院为建设重点、以实现初级卫生保健为奋斗目标的新格局。全省大部分地区对村级卫生组织进行整顿，目前已有部分地区基本达到村村有集体办的卫生所，建所也达到了规定标准，丹东市东沟县全县集体办医的村卫生所达到98.36%。

金州、长海、海城、苏家屯、凤城、北票6个农村初级卫生保健试点县（市、区）通过中期评价，其中金州、海城、苏家屯基本达到国家规定标准。

城市支援农村工作普遍展开，据不完全统计，全省共派出医疗队168个，下派人员2 100多人，共支援农村医疗仪器设备2 200余台(件)。

卫生法制 为适应《行政诉讼法》实施的需要，各级卫生行政部门开展了清理规范性文件等工作，省、市两级卫生行政部门建立了复议机构，以开展行政应诉工作。全省贯彻了《食品卫生法》、《药品管理法》、《传染病防治法》等国家颁发的卫生法规以及地方制定的卫生法规，同时进行了地方卫生立法工作。辽宁省人大审议通过了《辽宁省防止劣生条例》，从1990年7月1日起在全省施行；11月颁发了《辽宁省医疗机构管理条例》，将从1991年4月1日起实施。省政府发布了《辽宁省婚前健康检查管理办法》。1990年，辽宁省初步理顺了省级预防卫生监督体制，确定了全省卫生监督体制改革实施方案，建立健全了传染病防治、化妆品卫生、公共场所卫生等专业监督员队伍。依据《药品管理法》，从严治理了医药市场，重新核发药品生产企业许可证219个，药品经营企业许可证203个，医院制剂室许可证216个，共查处假劣药品案件1054起。

（韩明惠）

吉 林 省

基本情况 1990年底，吉林省共有各类卫生机构14889个，其中医院1 354所，疗养院31所，门诊部2 616个，专科防治所、站59个，妇幼保健所、站77个，卫生防疫站91个，药品检验所53个，高等医学院校4所，卫生管理干部学院1所，乡(镇)卫生院871个，中级卫生学校11个，县卫生学校41所，医学科学研究机构5所，村卫生所9 675个，其中村或群众集体办的5 581个，乡村医生联合办的736个，个体开业2 999个，乡卫生院设点203个，其他156个。全省共有卫生技术人员120 029人，病床83 241张，乡村医生13 792人，卫生员

7 304人。

卫生改革 全省各级医疗单位继续实行综合承包责任制，完善承包的指标体系，加强考核评价。对已经出台的改革措施，如专家门诊、业余服务、预防保健（以下简称"防保"）工作有偿服务、医疗协作联合体、集资医疗、医疗保险等，采取进一步稳定的政策，强化制约措施。在领导体制改革中，要求增强各级领导班子的凝聚力与战斗力。全省95%以上的乡镇建立了相对独立或独立的防保站，按规定标准配备了防保人员。全省以乡镇（街道）为单位实行儿童计划免疫或母婴保偿责任制的保偿面分别为70%和60%以上。浑江、辽源两市的乡镇卫生院已全部下放给乡政府管理，其他6个市、地、州本着成熟一个下放一个的原则，逐步扩大试点面，使基层卫生组织日趋巩固完善。

治理整顿 全省个体诊所由整顿前的3 590个减少到2 999个。取缔、停业不合条件的诊所591个。加强食品市场的卫生管理和整顿，扩大监督范围，使食品卫生状况有所改善。完成全省137家药品生产企业和3 133家药品经营企业的验收发证工作。健全药品监督体系，全年共打击非法游医药贩和查处各类违法案件805起，累计罚款1 316 858元。整顿专家门诊。对专家资格审查、出诊时间安排、培养青年医生、从事科研工作等，都做了具体规定。

农村卫生 成立了吉林省初级卫生保健委员会，制定了全省初级卫生保健总体规划。全省有50个县（区）成立了初级卫生保健委员会，大多数乡镇成立了相应机构。经过中期评价，初级卫生保健有4个县基本达标，2个县接近达标。

各地贯彻《吉林省村卫生所管理办法》，进行村卫生所的整顿建设。全省集体办所的比例由1989年的30%上升到60%。四平市村卫生所建所率达到96.5%。全省共有158所县以上医院对口支援农村162所中心卫生院，促进了中心卫生院"三配套"建设的发展。全省县以上医院派出医疗队到"老少边穷"地区巡回医疗272次，派出人员2 421人次。

有⅓的县（市）初步建成区域性医疗保健指导中心和人才培训基地。高等医学院校本科定向招生占招生总数的50%，中专定向招生占招生总数的43%。县级卫生学校和乡镇卫生院普遍开展村级卫生人员的系统培训。全省统一组织了村级卫生人员技术职称的晋级考试。

爱国卫生运动 全省以创建文明卫生城市为重点，开展地域和行业的爱国卫生运动达标竞赛。1990年全省有1个市、6个县成为灭鼠达标先进市（县）。吉林市灭蚊、灭蟑、灭臭虫达到国家标准，成为全国第1个百万以上人口城市"除四害"达标市。

卫生防疫 以防治病毒性肝炎为重点，加强各种传染病的防治工作。各地普遍采取加强防病知识宣传，加强食品卫生管理，搞好医院消毒隔离，强化血源管理及时处理疫区等措施，使肝炎发病得到控制。霍乱、流行性出血热、狂犬病、性病的防治取得进展。

妇幼卫生工作 加强人员培训，全省共办妇幼人员学习班539期，受训人员为21 346人次。加强婴幼儿系统管理，集居儿童系统管理率为80%以上，散居儿童为50%以上。孕产妇系统管理率城市为65%，农村为50%以上。各地重点抓了高危孕妇的管理，全省孕产妇死亡率降到4.5/万以下，婴儿死亡率降到26‰以下。

地方病防治 全年共灭黄鼠103万只，15个鼠疫县（市）中有14个达到稳定控制标准。全省共投资800万元用于防病改水，共建防病改水工程228处，1990年又有11万人受益。

中医工作 全面开展中医基本功大赛，

是1990年中医工作的重点。全省参赛人员占中医人员的90%以上。大赛采取实际操作、理论考试、口试3种形式。

加强中医专科建设，在县县都有中医院的基础上，使中医机构的结构、布局、功能得到进一步完善。中医医、教、研体系已经形成。

科学管理 全省卫生工作实现全方位、分层次、一体化的目标责任制管理。以目标制定、考核、评价、奖惩为关键环节，形成完整的目标管理体系。全省8个地区全部达标，有3个地区成为优秀单位。

全省县以上医院推行全面质量管理，部分中心卫生院开展试点工作。省卫生厅下发了医院工作120条规范要点，使医院管理初步纳入科学化、规范化管理轨道。

（朱玉璋）

加强廉政建设促进行业风气好转

1990年吉林省卫生厅把建立良好的行业作风作为卫生工作的中心任务。主要做法是：

1．省卫生厅作出《关于认真贯彻〈中共中央关于加强党同人民群众联系的决定〉精神，加强卫生行业作风建设的若干规定》；召开了全省卫生系统领导干部会议，制定目标；成立巡视组，分赴8个地区检查落实情况；以长春市6所大医院为重点端正行业作风，开展白求恩杯竞赛活动；召开全省卫生行业作风建设现场经验交流会。

2．把解决干部、群众的思想认识问题贯穿于行业作风建设的全过程。思想认识问题主要有：满足现状的差不多思想；左顾右盼的攀比心理；无所作为的依赖思想；认为与已无关；认为回天无术；认为搞整顿是自讨苦吃；认为会影响业务技术工作；认为会影响医院经济效益等等。

3．坚持不懈地搞好思想教育，在提高卫生队伍素质上下功夫。主要做了4个方面的工作：①培训1500余名科级以上干部，学习马列主义基本理论，坚定社会主义信念；②对全体医疗卫生人员进行文明语言、文明行为的规范化、制度化教育，促进服务态度的好转；③抓典型教育，组织先进人物报告团，使3万多人直接受到教育；④建立职业道德档案，经常性考核，与奖惩挂钩。

4．建立并完善内外监督制度。全省共聘任10 000名社会监督员，设举报电话、举报信箱700个，向社会发征询信2万封。各单位建立了质量控制机构，定期进行自查、互查，并同奖惩挂钩。

（朱玉璋）

黑龙江省

基本情况 1990年，全省有各级各类卫生机构8 945个；医院1 654个，其中：综合医院566个、中医医院82个、传染病院11个、精神病院21个、结核病院12个、妇幼保健院14个、儿童医院1个、肿瘤医院2个、口腔医院4个、农村乡卫生院838个；疗养院、所60个、门诊部、所6405个，专科防治所站146个，卫生防疫站243个，妇幼保健所188个。1990年全省病床总数为122 328张，其中医院病床为110 056张，全省每千人口拥有医院病床3.13张。1990年全省共有卫生人员227 008人，其中卫生技术人员172 821人，医生数为72 232人，全省每千人口拥有卫生技术人员4.91人，拥有医生数2.05人。全省共有乡村医生29 054人。

卫生防病 1990年，继续抓改水和灭鼠工作。全省农村改水受益总人口为1 700万人，总普及率达85%，其中自来水受益总人口为640万人，总普及率达32%，鸡西市、北安市达到省级农村自来水先进市、县标准。全省居室平均鼠密度降到2.8%以下，创建鸡西市、黑河市、肇东市、密山市等灭鼠先进市、县11个。

创建卫生城市 哈尔滨市被评为省会市全国十佳“卫生城市”，佳木斯市被评为地级市全国“卫生城市”，绥芬河市获得全国县级市灭鼠单项奖。据不完全统计，1990年为创建卫生城市，全省城市共投资（集资）2.8亿元，铺设道路1 790多条，修建公共厕所2000多座（其中水冲式公厕120座），增设垃圾箱、果皮箱3600多个，兴建垃圾粪便处理场79处，增加清扫保洁人员1200多名，增添环卫保洁车辆100多台。

健康教育 95%以上的县（市）卫生防疫站设立了健康教育科；全省配备了近300名专职健康教育人员；中、小学校健康教育开课率为5%以上，家庭主妇健康教育率为20%，饮食从业人员卫生知识培训率为95%；有12个市、县开展了保健气象预报，传播卫生知识，提高群众自我保健能力。

改革乡镇预防保健体制，强化计划免疫工作。已达到国家提出的以省和县为单位计划免疫实现两个85%的目标。WHO和卫生部联合验收评审组。验收评审，以县为单位“四苗”接种率为96.83%。急性传染病报告发病率由1989年的234.19/10万下降到200.12/10万以下。结核病患病率控制在595/10万以下。完善和推广孕产妇和儿童保健保偿制，儿童保健保偿率为50%，孕产妇参加保健保偿覆盖面为72%。孕产妇死亡率和婴儿死亡率分别从1989年的4.10/万、33.20‰下降到3.97/万、30.80‰以下。

地方病防治 鼠疫病区黄鼠密度控制在1只/10公顷以下，无鼠间鼠疫发生，杜绝了人间鼠疫。通过大面积服硒、食用硒碘盐、换粮、改水等综合防治措施，全省缺硒病区3～16岁儿童服硒率达到85%，大骨节病、碘缺乏病和急型克山病得到有效控制。全省有12个大骨节病区县达到国家规定的基本控制标准。

卫生工作 劳动卫生经常性卫生监督率为35%；粉尘与常见毒物监测率为40%；中、小学生近视矫治率为60%。

医学教育和医药科研 1990年，国家教育委员会、卫生部在黑龙江省卫生系统开展成人考试科目改革试点，增加了解剖学、生理学两门医学基础课。继续完善正规招生、毕业生分配制度的改革，本科、专科、中专定向招生全部实行“供需见面”，定向分配，并签定合同。1990年国家首次批准在18个边境县（市）农村招收本科保送生25人、专科定向保送生30人，同时招收中心乡卫生院在职专科边境保送生30人，全部纳入国家计划，经费由国家负责。从1986年开始实行“四定”招生，到1990年止，毕业回到单位服务的“四定”学生达4 896名。1990年本科招生1 064人，其中定向招生304人；专科招生540人，其中定向到县、乡以下招生407人；普通中等专业卫生学校招生1 176人，其中定向招生556人。

在职教育方面，成人高等医学院校招收在职专科生420人；普通高等医学院校招收夜大本科生24人、专科生165人、函授生1800人。护士自学考试截止1990年末共有毕业生6 300人。

医药卫生科研 1990年，评出卫生科技成果奖22项，其中二等奖4项、三等奖10项、四等奖8项。1990年参加全国卫生科技成果展览会的“联合抗过敏疗法治疗流行性出血热”项目荣获展会铜牌奖。在全省范围内推广了“硝普纳加多巴胺治疗和抢救急性心肌梗塞”先进技术，降低了心肌梗塞病人的死亡率。

卫生执法立法 1990年，全省以宣传贯彻《行政诉讼法》为主，继续贯彻《食品卫生法》、《药品管理法》、《传染病防治法》等国家和地方卫生法规，广泛进行卫生法制宣传教育，培训行政执法人员，加强卫生法规配套建设，加强卫生行政执法的监督检查工作。卫生厅组织编印了“行政诉讼法应诉代理人培训讲义”向全省卫生系统发行。组织举办了3期行政诉讼法及应诉代理人培训班，共培训了210多人。据不完全统计，全省2 103名食品卫生、公共卫生等5大卫生监督员，全部经过培训。1990年依法查处违反《食品卫生法》案件49 124件，吊销卫生许可证303个，停业整顿饮食店4 859户，罚款487 300余元，没收销毁有害变质食品134 400多公斤。在查处的违反案件中，由法院强制执行的案件10余起，与医药、公安、工商等部门配合，对全省药品、化妆品生产和销售企业和厂家进行监督检查。在贯彻《药品管理法》的执法活动中，共查处违法案件511件，其中万元以上的案件16件，查出假药、伪劣中药饮片257 575公斤，中成药1 661 900余丸、针剂422 000余支，片剂284 900余片，散剂420余公斤，总计价值2 373 000多元。

初级卫生保健 1990年，经国家验收，按照WHO规定的初级卫生保健13项指标和37项附加指标，勃利县在全国检查评比的30个县中荣获第2名。省卫生厅制定了全省2000年初级卫生保健示范县达标活动方案，并根据各市县基础条件，提出分3批达标要求。计划第1批达标的勃利、绥化、富锦、宁安、北安、穆棱、阿城7个县(市)，经省内检查，有6个县（市）中期评价全部达标。

农村卫生工作 1990年，继续巩固农村集体办卫生所，目前集体办卫生所为86.99%；对全省2.9万名乡村医生进行晋级考试，晋升乡村主治医师2 754名、乡村医师6 262名、乡村医士1 452名。加强中心乡卫生院建设，全省314个中心乡卫生院已有⅓实现了人员、房屋、设备3配套。到1990年底10个贷款县，共接受世界银行贷款引进的仪器设备114个品目1 778台件。1990年继续配套装备了15个县（区）卫生防疫站。联合国儿童基金会和世界人口基金会与我方合作，装备了肇州等8个县的妇幼保健机构。

开展卫生支农工作 1990年，全省组织40个省、市级医院，支援70个县（市）级医院。城市医院共有650余名正、副主任医师和高龄主治医师到县（市)进行技术指导，参加会诊和抢救重危病人1万多人次，讲学920次，推行新技术210项。据不完全统计，全省组成医疗队124个，抽调医务人员1 028人次，深入到40多个县（市）、210多个乡镇，开展防病治病，共诊疗病人17 592人次，抢救危重病人120人次，做疑难手术100余例，其中免费医疗3 428人次，免费金额近万元。省卫生厅、省红十字会联合组织省级医院的医疗骨干，组成4支医疗队，带着2万元的药品，分赴部分重灾县免费送医送药。

对外医学合作交流 1990年接待了来自日本、美国、苏联、世界银行和世界卫生组织等13个国家和组织共计37个团（组）139人，来黑龙江省进行专业考察、友好访问和技术交流；向日本、苏联、美国、加拿大等国家派出留学、研修、考察和参加国际会议计31个团（组）73人次。

省中医药传统医学接待了来自日本、苏联、匈牙利等国家22个团（组）99人次的考察、技术交流和培训；派出中医药专家62人次到苏联、匈牙利等国家进行传统医药学技术合作。

1990年6月9日，省红十字会与苏联伯利边区红十字会签定在苏哈巴罗夫斯克建立中医诊室的合同书。

选派了27名援助毛里塔尼亚医疗队员与上批进行轮换。

纠正行业不正之风，整顿医疗秩序 第一，坚持正面教育。第二，加强制度建设。

第三，定期检查，及时总结。第四，查处典型案例。在治“三乱”方面，省卫生厅成立了治“三乱”办公室。要求300张病床以上的医疗单位设专职物价员，其它医疗单位配备专职物价员，各单位把主要项目的收费标准公布于众；制定下发治“三乱”工作实施方案，分阶段、按要求在全省卫生系统，对“三乱”进行全面清理。清理整顿重点：①审查执业基本条件、服务范围及科目、医疗机构名称、医疗广告；②取缔无照行医，不够执业条件的医疗机构和滥设的分院、分门诊，不符合条件建立的医疗协作联合体和专家业余门诊；③查处违反财经物价政策及药品管理法的案件。自1990年5月份以来，全省共取缔各类不符合条件的医疗卫生机构1 006所，其中个体和联合医疗机构760所，分院、分门诊43所，工企医疗机构97所，无照行医点113所；撤销不符合条件的医疗协作联合体医院36所。据不完全统计，全省各级卫生行政部门对不符合有关规定的990所医疗机构重新命名，拆除滥挂牌匾683块，查处违价单位233所。

中医事业 1990年，全省中医机构达到82所。在全省西医院中90%设立了中医科，中西医结合医疗机构发展到3所，中医病床达到7 165张，中医药人员发展到3 716人，提前完成了国家中医事业“七五”发展规划指标。1990年在中医药治疗冠心病、肾病、妇科疾病、骨伤疾病、血液病，以及中药剂型改革、中药抗病毒的研究等领域，达到了国内先进水平。

表1 1990年医疗卫生机构基本情况

	机构数（个）	床位数（张）	卫生工作人员数（人）	卫生技术人员数（人）	其中		
					中医师	西医师	医士
总计	8945	122328	227003	172821	9543	44626	18962
一、医院	1654	110056	164058	123718	6597	30498	9161
其中：综合医院	566	70006	107185	80173	2144	22465	5005
中医医院	82	7165	12127	9610	2003	907	891
传染病院	11	2137	2418	1558	28	385	26
精神病院	21	4155	4024	2659	35	481	91
结核病院	12	3189	3348	2074	20	488	37
妇幼保健院	14	1071	1677	1296	20	379	54
儿童医院	1	437	718	497	11	165	—
肿瘤医院	2	700	882	624	9	230	—
口腔医院	4	59	191	163	—	61	12
农村乡卫生院	838	13221	18938	15489	1717	2143	2665
二、疗养院、所	60	9626	3472	1750	67	290	69
三、门诊部、所	6405	1546	29941	26689	1355	6476	5064
四、专科防治所、站	146	178	2898	2357	46	674	264
五、卫生防疫站	243	—	8053	6604	93	2465	1505
六、妇幼保健所	188	541	3494	2892	34	1023	511
七、个体开业人员	—	—	3996	3996	900	1287	503

表2 "七五"期间（1986～1990年）医疗卫生事业基本情况

	单位	1986年	1987年	1988年	1989年	1990年
医疗机构总计	个	8927	8862	8721	9002	8945
其中：医院	个	1611	1615	1639	1647	1654
其中：县及县以上医院	个	711	708	718	730	738
疗养院、所	个	70	70	64	60	60
门诊部、所	个	6471	6385	6218	6488	6405
其他	个	862	792	800	886	898
医院床位总计	万张	10.96	11.23	11.71	12.09	12.23
其中：医院	万张	9.74	10.01	10.51	10.89	11.01
其中：县及县以上医院	万张	8.23	8.49	8.92	9.33	9.50
疗养院、所	万张	1.04	1.02	1.10	0.96	0.96
其他	万张	0.22	0.20	0.19	0.29	0.30
医疗卫生技术人员总计	万人	15.50	16.09	16.60	17.04	22.70
其中：中医师	万人	0.55	0.59	0.82	0.91	0.95
西医师	万人	2.73	2.88	3.74	4.30	4.46
医士	万人	2.36	2.43	1.75	1.68	1.32
护师、护士	万人	3.27	3.51	3.06	3.55	4.90

表3 "七五"期间（1986～1990年）卫生机构各类人员表

	1986年	1987年	1988年	1989年	1990年
总计	205847	212061	216150	221525	227003
卫生技术人员	155041	160959	166023	170366	172821
其他技术人员	1655	1933	2758	3019	4302
管理人员	18177	17605	17092	17607	19077
工勤人员	30974	31564	30277	30533	30808
在卫生技术人员中：					
中医师	5509	28755	8154	9109	9543
西医师	27255	226	37401	42983	44626
中西医结合高级医师	185	4168	343	323	238
护师	3344	1011	4280	18976	21433
中药师	884	2053	2171	2620	2923
西药师	1845	1254	5154	5360	5754
检验师	1134	1264	2634	3295	3582
其他技师	1046	5220	2600	3216	3680
中医士	5176	19120	2834	2302	1922
西医士	18389	30917	14623	14483	17040
护士	29334	540	26321	26547	27683
其他中医人员	590	—	629	583	555

表4 "七五"期间（1986～1990年）平均每万人口拥有医疗床位和卫生技术人员情况

年份	全部医疗床位（张）	医院	全部卫生技术人员（人）	医生
1986	33.01	29.32	46.68	17.19
1987	33.54	29.89	48.08	17.85
1988	34.62	31.07	49.07	18.92
1989	35.13	31.63	49.49	20.10
1990	34.74	31.25	49.08	15.38

（田国华　周延生）

上　海　市

基本情况　1990年，上海市人口1 283.35万，人口出生率10.25‰，人口死亡率6.74‰，人口自然增长率3.51‰，人均期望寿命75.46岁。全市共有医疗卫生机构7 690个，比1989年增加140个，增长1.85%；其中医院462个，医学科研机构17个，高、中等医学院校33所，卫生防疫站33个，妇幼保健所23个，药品检验所20个。全市卫生人员总数158535人，其中卫生技术人员118 441人。每千人口医师数为3.32人。全市病床69 636张，每千人口病床数为5.43张。全年完成诊疗总次数9 000多万人次，出院总人数95.1万人，县以上医院进行手术的病人为19.3万人。

精神文明建设　把文明行医、优质服务作为年度精神文明建设的重点，主要抓了4项工作：①开展学习白求恩活动，各单位开展义务咨询服务，加强便民利民措施；②组织学习徐汇区中心医院管理经验；③加强廉政建设，各级卫生行政部门成立了纠正行业不正之风领导小组和办事机构；④继续抓好创建文明单位工作，评选出1989～1990年度市、区、县文明单位168个。

治理整顿与深化改革　1990年继续加强对社会办医、协作病房、个体行医的治理整顿和药械、医疗收费的管理：①对重新申报的107家社会医疗机构进行集体会审，对其中符合办医条件的14所医院、30所门诊部发证同意续办。②市卫生局制订了《上海市医院间联办协作病房管理办法的补充规定》，并进行初步整顿。③对符合条件继续开业的871个个体医生，分别颁发了"开业许可证"或"行医证明书"；会同工商、公安、税务部门对无证行医者进行取缔。④对1 532个药品生产、经营企业、医疗单位制剂室进行全面审核，对符合《药品管理法》和验收标准的1 396家单位换发了"许可证"。加强大型医疗仪器设备的管理，实行提取基金、合理布局、适度发展、统一审核的管理措施，开展了非规范计量器具的改制工作。⑤清理下发了198项医疗收费项目和58种以行政性收费为主的收费项目，审批了500余项新项目收费标准，取消了63项不合理收费项目；全市实行了收费许可证和明码标价制度。市卫生局成立了收费管理处和医疗卫生收费监督检查组。

卫生改革：①调整医疗收费。适当提高挂号费、化验费标准，CT、核磁共振、肾胆碎石等诊断治疗项目实行降价。②组织实施医院分级管理的筹备工作。成立了市医院分级管理筹备组，制订了《上海市医院分级管理实施细则（试行草案）》、《上海市医院评审委员会章程（草案）》和《关于制订上海市医院分级管理标准的若干意见》。组织了5批250人参加的学习研讨班。③巩固和发展有利于医疗事业发展的改革成果：继续促进家庭病床的发展，全年累计开设家庭病床3.84万张次，评选出12个家庭病床工作先进集体和23名先进个人；开通了"120"救护电话，在院前急救系统开展了"廉洁救护、文明服务"竞赛活动，6个救护分站受到表彰；实行了70周岁以上老年病人就医凭证优先挂号、优先就诊、优先检查、优先收费等一条龙服务；卫生、财政、人事、物价、税务5局联合向市政府上报了贯彻国务院（1989）10号文件的实施意见。

爱国卫生与预防保健 编写出版了《健康教育读本》，在全市21个乡镇、街道进行系统教育试点。新建了336个村的自来水工程，增加受益人数46.6万。城市灭鼠工作通过国家鉴定。已连续12年未发现新感染的血吸虫病病人和病牛。全市计划免疫"四苗"全程接种率为97.9%，捕杀违章犬6.5万条。1990年急性传染病总发病率为356/10万，除病毒性肝炎外，其他传染病发病率比1989年有所下降。性病报告发病数在连续几年以2～3倍速度增长后，开始趋向平缓。艾滋病监测近3万人次，未发现本市居民感染者。结核病登记患病率已从1985年的2.6‰下降到0.57‰，麻风病达到基本消灭的标准。全市孕产妇死亡率为23.76/10万，围产儿死亡率为11.28‰，比1989年分别下降21.97%和17.48%。儿童保健除进一步做好小儿生长发育监测、提高儿童保健门诊质量外，开展了小儿弱视、弱听的筛查。加强对计划生育技术的管理，逐步做到装备规范化、工作标准化、操作正规化、记录规格化，并对全市328个手术点按照上述标准进行了检查。

初级卫生保健 市卫生局编制了规划，明确了"八五"期间本市郊县实施初级卫生保健工作的目标、指标、步骤和主要措施，提出成立"市初级卫生保健委员会"的方案。市郊农村坚持集体办医的原则，2 987个行政村中有2 774个村实行了合作医疗或医疗保险等；有549个村卫生室达到文明村卫生室的标准，有2 500名乡村医生获得乡村医士的职称。市区选择了嘉兴、延中、龙门、打浦4街道开展了社区医疗保健试点。在虹口区成立了世界卫生组织城市初级卫生保健发展合作中心。市政府批转了《关于进一步加强本市居委会红十字卫生站建设的请示》，解决了红十字卫生站的归口管理、编制经费、业务用房、基本建设等问题。

中医工作 成立了黄浦区中医医院、附设性的上海市中医药科技情报研究所和齐贤乡蛇咬伤专科医院，迁建了普陀区中医医院，实现了"七五"期间各区、县都有中医机构的目标。加强老中医药专家学术经验的继承工作，确定26名老中医药专家作为第1批指导老师，选拔配备了46名讲师、主治医（药）师作为继承人。组织了中医、中西医结合科研课题的招投标工作，中标项目56个。有10项成果获得国家中医药管理局1990年度成果奖。

医学教育和医学科研 全市中等专业卫生护士学校共招收学生2 292名。加强重点学校、专业化学校的内部建设。护士专业、检验士专业4年制教改取得成效，注重了学生实践操作能力的培养。成人教育以岗位培训和职业后教育为重点，继续实行《上海市住院医师培养制度试行条例》的试点工作，并制订出非临床科室医技师培养制度试行条例及实施细则。加强了成人高等专业证书教育的制度化建设，全年共举办各种培训班683个，其中参加学习的卫生管理干部2 580人，卫生技术人员36 835人。进行了技术工人等级培训，有175人经考核(试)合格被授予4～6级技术等级证书。

加强对医学科研机构的管理，开展了效益评价工作。通过对36个研究室的考核，214项科研课题按全国进度已完成198项其中115项科技成果通过技术鉴定。1990年成立研究所1个、研究中心3个和2个附设性研究所，共获得科研经费1 106.18万元，获得年度成果奖38项，其中国家级10项，部级12项、市级16项。

卫生法制建设 清理了建国以来市人大、市政府及市卫生局颁布的卫生法规、规章和规范性文件337件，其中需要继续贯彻执行的210件，需要修改或完善的50余件、无效的70余件。制订了《上海市尘肺病防治实施暂行办法》、《上海市劳动卫生监督与管理办法》和《上海市环境卫生监督办法》等3个规范性文件。完成了"上海市卫生监督体系研究"课题，并通过了专家鉴定。

对外交流与合作 全年共接待外宾113批714人次，出国及赴港进修考察、参加国际会议206人。举办了世界卫生组织区域间初级卫生保健质量保障会议、第3届国际医学讲习班等4个国际性学术会议。成立了上海市医疗卫生国际交流中心。日本JICA项目正在市第六人民医院实施，利用奥地利政府贷款改建市第一人民医院分院的工作进展顺利。组织了有23名医务人员的医疗队赴摩洛哥，发送了援外物资计人民币141万元。

（张 钢）

虹口区城市初级卫生保健发展合作中心成立

1990年10月9日，世界卫生组织上海市虹口区城市初级卫生保健发展合作中心在沪正式成立。该区在初级卫生保健方面所取得的成绩有：

1. 巩固和完善了三级医疗预防保健网。全区共有33家医疗卫生单位，其中市属医院2家、区级（企业）医院9家、街道医院13家、防治站所6家、卫生学校、药品检验所、健康教育所各1家；另有工厂保健站314个，居委会红十字卫生站333个，组成区——街道——居委会（工厂）的三级医疗预防保健网。区级综合性医院以医疗为中心扩大预防，街道医院以预防为主、防治结合，各自承担所辖区域内的居民、职工、学生、儿童的医疗保健任务。卫生防疫站、精神病防治院、结核病防治所、眼病防治所和牙病防治所作为区预防保健的专业技术指导中心，通过工厂保健站、居委会红十字卫生站来完成相应专业的预防保健任务。

2. 强化健康教育、加强疾病防治。该区1989年成立了区健康教育所，每年组织8～10次全区性群众卫生宣传活动，通过各种形式宣传计划免疫、优生优育、吸烟的危害及传染病防治等内容，以增强人民群众的健康意识和自我保健能力。进一步消灭和控制传染病，"四苗"覆盖率为98%以上，对儿童全面开展乙型肝炎疫苗接种，加强了传染病报告和对各类传染病的监测，建立了食品卫生监督监测网络和执法队伍。全区传染病发病率已由1985年的554.01/10万下降到1990年的286.45/10万。1986年在区防疫站成立了慢性病防治科，建立了慢性病防治保健网；区MONICA小组从1984年起对2个街道10万人群进行为期10年的心血管疾病连续监测。

3. 做好社区保健。①开展老年人健康监护。政府颁布了老年人保护条例，各街道医院设立老年门诊，开展老年人医疗保健咨询，举办老年人培训班，对80岁以上老人定期进行体检，全区每年为老年患者开设家庭病床3000余张。②加强妇幼保健。开展"五期"保健，婚前检查率已由80年代初的2.3%提高到1990年的100%以上。对孕产妇和幼儿实行系统管理，围产儿死亡率和新生儿死亡率均有所下降。

每隔2～3年对40岁以上的妇女开展以防癌为中心的妇女病普查。③建立精神病防治三级看护网和患者档案资料库。在14个街道设立了工疗班，收治了143位病情较稳定、有一定劳动能力的精神病人。④眼科病防治。1988～1989年有315位青光眼、白内障患者经手术后复明。⑤在加兴街道开展社区康复试点。

4. 成立领导机构、制订规划标准。1990年，全区已成立由区委、区政府所属的26个部门组成的虹口区城市初级卫生保健委员会，并根据本区的实际情况，制定了“八五”规划、评价标准和管理程序。此外，区政府从1990年起每年从卫生事业经费中拨出200万元用作预防保健经费，同时增拨15万元用作初级卫生保健专款。

（张 钢 王立义）

上海市郊县试行农民健康保险

从1988年起，南汇县下沙、惠南、坦直、盐仓4个乡，开展了农民自办健康保险的试点。具体做法：

1. 投保对象。以乡常住居民为投保对象，乡（村）企业以单位投保，务农居民为个人投保。投保人员的单位（村、厂）造册登记，每人1卡（健康卡）。4乡共有95462人，投保82574人，投保率为86.7%。

2. 集资方式。每人年基金以村为单位，按人均年收入的1～1.5%计算，其中：农民平均9元左右，村企业职工25元左右，乡企业职工40元左右；个人自负基金部分，年初1次付清。总基金中5%为管理费，10%为风险费，10%为预防保健经费，75%为医药费。

3. 资金管理。资金统一由乡卫生院代管。年终有结余，乡卫生院可得结余部分的50%；如超支，则承担超支部分的50%。

4. 补偿比例及范围。根据各乡基金的多少和“保两头带中间”的原则分别制订补偿比例（见附表）。挂号费、床位费自付，没有转诊证明外出就诊不能报销。

农民自办健康保险的效益评估：

1. 有利于促进初级卫生保健的实施。①在管理体制上建立了以分管乡长为主任的管理委员会，健康保险和卫生防病列入了乡政府的议事日程；行政村均建立了健康保险小组；②86.5%的村民参加健康保险，解决了农民因病致贫的后顾之忧；③总基金中明确10%为预防保健经费，为计划免疫、传染病管理、妇幼保健、粪水管理、健康教育等项目的达标提供了经费保证。

2. 有利于调整病人的合理流向。农民健康保险制度，规定4级转诊制。到1990年，4个乡已做到83%的农民在村卫生室门诊，61%的农民在乡卫生院住院。

3. 有利于巩固乡、村两级卫生机构。由于乡、村两级医疗机构既是健康保险的组织管理者，又是医疗、预防服务的提供者，因此，为合理使用好投保资金，乡、村卫生机构必须加强预防保健力量，落实防病措施，切实做好预防保健工作，以降低疾病的发病率，同时，要努力引进设备和技术力量，扩大服务项目，提高医疗质量。如下沙镇卫生院近两年开展了外科手术，增设了口腔、超声、骨科、五官科门诊，添置了200 mAX光机、B超、心电图机等医疗仪器。由于村卫生室服务利用大幅度增加，卫生人员的劳务收入相应增加，稳定了乡村医生队伍，促

附表 南汇县4乡医药费补偿比例（%）

单位	门诊				住院		
	村	乡	县	市	乡	县	市
下沙	90	70	60	50	70	60	100
坦直	80	50	40	40	50	60	80
惠南	100	100	100	100	100	100	100
盐仓	80	40	30	30	40	30	70

进了村卫生室的建设，4个乡的村卫生室全部达到合格标准，其中90%达到甲级村卫生室标准。

4. 有利于减轻务农村民的负担。据1989年统计，4个乡的乡村企业筹集资金110.5万元，占总基金的69.4%，使人均基金达到19.3元（务农村民人均9.3元），使务农村民人均增加了10元卫生经费。

（张 钢）

上海市开展卫生监督体系研究

从1989年8月起，上海市卫生局组织开展了上海市卫生监督体系研究。

研究工作主要包括8个方面的内容：上海市卫生监督工作现况调查分析；国内外卫生监督管理情况分析；有关行政法制理论和实践的研究；建立健全卫生监督体系的设想及方案的可行性论证；卫生监督机构的职责权限划分；卫生监督体系的机构职能及运行机制研究；基层卫生监督网络建设；有关改革措施及资源保障研究等。

研究结果表明，①目前卫生行政机关的机构设置和人员配备与执法任务不相适应；②现行卫生监督队伍多头执法，缺乏统一管理；③目前主要承担卫生监督任务的各级卫生防疫站，集监督、监测、科研等多种职能于一身，既影响技术服务的开展和专业学科的发展，也不利于对权利的制约，影响了卫生执法的公正性。

课题研究认为，卫生监督体制改革，必须遵循和体现如下原则：①符合法制原则。针对现行监督体制中存在的问题，着重做好现行卫生监督机构之间的业务协调，实行行政执法；在卫生监督机构设置、职权划分和运行机制等方面体现出“公正原则”，将监督、监测职能合理分开。②统一、高效、精干原则。把“统一监督、综合执行”作为改革的方向，改变目前“一法一支队伍”的状况，以强化卫生监督职能；③适合国情原则。进一步贯彻“预防为主”方针，将理顺卫生监督体制同有利于促进卫生行政管理体制改革结合起来，统盘考虑。

（陈建平）

上海市实现基本消灭麻风病的目标

1990年，经卫生部专家组考核验收确认，上海市以县（区）为单位均达到卫生部规定的基本消灭麻风病的标准，成为我国第一个以省（区、市）为单位基本消灭麻风病的城市。

一、主要防治措施

1. 采取各种方式发现病人。市区，主要通过各级医疗机构门诊，一旦发现麻风患者立即转市遵义医院（麻风专科防治院）门诊部，统一负责治疗和管理；郊县，主要由市遵义医院组织医务人员会同基层医务人员，进行普查和线索调查，以及通过宣传教育发动群众自报、互报，发现病人。

2. 治疗病人，控制传染源。坚持规则治疗。治疗形式为多菌病人一般以住院治疗为主，少菌型病人则由门诊或医务人员送药上门进行治疗。用利福平、氯苯酚嗪和氨苯砜联合化疗，治疗了152例现症病人和893例复治病人，经过5年监测，至今无一例复发。

3. 加强对密切接触者的医学观察。对患者家属，定期进行健康检查。对儿童采取接种卡介苗或口服氨苯砜或者利福平进行预防性服药。

4. 开展康复工作。除教育和指导病人加强自我保护和功能锻炼外，还结合工疗和理疗等治疗措施。对1100余例畸残患者施行了手术，以改善和恢复病人功能。

5. 开展科学研究，提高防治水平。对麻风病的症状学和诊断学进行研究，对氨苯吩嗪、利福平等药物的治疗反应与疗效开展研究，从而提高了对麻风病的诊断和治疗水平。近年来还采用显微外科技术开展多种类型带血管蒂皮瓣和肌肉皮瓣修复巨大足底溃疡获得成功。

二、体会

1. 加强领导。党和各级政府重视麻风病防治工作，卫生行政部门对麻风病防治工作有具体措施。

2. 健全组织。全市建立了一所专门负责防治、康复、科研和人员培训的麻风病防治机构，设480张病床；有4个县设立了麻风病防治院，共有病床200余张；有4个县和1个城乡一体化的区在卫生防疫站内设有麻风病防治专职或兼职医师；各流行乡(镇)卫生院内有1名兼职医师负责麻风病防治工作，全市形成市、县、乡三级麻风病防治网络。

3. 有一支热爱麻防工作和具有无私奉献精神的专业队伍。

4. 开展宣传教育。如市遵义医院结合各种学术活动及举办进修班，婚前保健班，对全市各级医疗机构的有关皮肤科、神经科医务人员进行培训，印发《麻风防治》2万册，培训人数近万人次。

（叶　新）

江　苏　省

基本情况　1990年末，全省总人口6 766.9万人。人口出生率为20.54‰；死亡率为6.53‰，自然增长率为14.01‰。全省有各类卫生机构12 366个，比1989年增加41个。其中，县及县以上医院483个，乡镇卫生院1 981个，疗养院、所35个，门诊部、所9 178个，专科防治所、站108个，卫生防疫站135个，妇幼保健院、所、站114个，药品检验所73个，医学科研机构16个，高等医学院校9所，中等医药学校20所。全省拥有病床16.45万张，其中医院病床14.54万张，比1989年增加0.32万张。卫生队伍发展到27.58万人，其中，专业卫生技术人员21.35万人，比1989年增长2.9%。其中医生9.94万人，增长2.8%；护师、护士5.34万人，增长5.5%。专业防疫人员10 595人，比1989年增长5.8%。

卫生改革　整顿社会办医。拟订了《江苏省社会医疗机构暂行管理办法》、对社会医疗机构和个体开业医进行清理，重新核发行医许可证。明确规定业余服务、兼职服务由单位统一组织，有计划、有领导地进行，对服务时间、服务方式、服务项目、服务收费等作出了具体规定。整顿医疗收费。会同物价部门重点检查了南京、常州、南通、徐州4市27个医疗卫生单位，并联合下发了关于清理整顿医疗收费有关问题的补充通知和手术费分类计价办法。整顿有偿服务。对卫生防疫，妇幼保健有偿服务以及计划生育手术收费标准进行调查，提出加强管理意见。整顿医学类社会办学。制定了《江苏省中等卫校校外办学点暂行规定》，加强对县级卫生学校办学点的管理，对12所中等卫生学校教学质量进行检查。改革乡镇卫生院管理体制。继续推行乡镇卫生院实行县、乡分级管理，多渠道集资建设乡镇卫生院。提倡和鼓励卫生院利用富余人员办厂办店，以工以商助医，增强乡镇卫生院的自我发展能力。发展多种形式的医疗联合体，加强专科建设，扩大服务范围，促进农村卫生事业的发展。医疗单位以治“乱”治“差”为重点，改善服务态度，提高服务质量，进一步完善综合目标管理责任制，建立健全各项规章制度，县以上医疗卫生单位有30%实行院（站、所）长负责制，医疗卫生机构实行多种形式的岗位责任制，奖金浮动制。全省普遍推行多种形式的预防保健保偿制度，推动了儿童计划免疫和妇幼卫生工作。中等卫校继续推行部分自费、定向招生、定向分配的招生制度，面向农村的高等医学专科招生数有所增长，农村卫生技术人员的补充基本得到保证。工矿企业医疗机构实行对社会开放，发展联合体，增设家庭病床。加强公费医疗的管理和改革，制定了《江苏省公费医疗管理实施细则》。许多市县按照当地医疗单位的布局和参加公费医疗的人员情况，实行先定点医疗，后与个人、单位适当挂钩，有效地遏制了公费医疗中的浪费现象。开展卫生支农，组织省人民医院、省中医院等8个部属、省属医疗单位派出10支医疗队分赴灌南、句容等8个县，重点支持苏北贫困地区和革命老区的医疗卫生工作。医疗队实行定期轮换，一定两年，形成制度，长期坚持。

初级卫生保健 完成了初级卫生保健试点工作。制定了《江苏省农村“2000年人人享有卫生保健”规划目标》，提出了13项指标和分期达标要求。卫生部在江苏省召开现场会，总结推广了金坛县初级卫生保健试点工作经验。太仓等6个县通过省级考核验收，其中丹阳市经卫生部考核验收达到国家标准。加强乡村卫生组织的整顿建设。拟订了《农村卫生室管理办法》、《乡镇卫生院县、乡分级管理暂行办法》。省政府召开了全省卫生工作会议，提出加强卫生工作4个方面的政策措施。逐步健全农村三级卫生网。村卫生室发展到35 239个，其中甲级卫生室为27.2%，合作医疗实行合医合药的占20.8%。乡村保健医生为70 059人，经省、市、县三级考核，84.6%取得乡村保健医生和保健员证书。95%的乡镇卫生院实行了县乡分级管理、以乡为主的管理体制。乡镇政府在增加卫生院投入5 000万元的同时，发动社会各方面力量，为乡镇卫生院筹集建设资金，苏南地区不少乡镇卫生院已基本实现“一无四有”（无危房，有门诊、病房、食堂、基本医疗设备）。

卫生防病 1990年，以防治肠道传染病为重点，突出抓好伤寒、肝炎、副霍乱、痢疾、脊髓灰质炎、血吸虫病、性病的防治工作，强化了计划免疫规范化管理。全年法定传染病总发病率比1989年下降4.3%，其中伤寒下降8.03%、肝炎下降4.3%、副霍乱下降90.35%。计划免疫工作，组织2万多名工作人员，深入36个重点县（市），完成262万名0～4岁儿童的脊髓灰质炎预防性应急服苗，使全年脊髓灰质炎报告病例比1989年下降65%。血吸虫防治工作，全省51个疫区市县组织22万查螺人员，投工1 262万个，查出有螺面积7 480万平方米，完成灭螺土方220万方，灭螺3791万平方米。完成查病38万人，查治病人1413人，血吸虫急性感染病人比1989年同期下降78%。全省10个地方性甲状腺肿病重点县经考核验收，达到了国家规定的基本控制标准。妇幼卫生工作加强了计划生育技术指导和婚姻保健工作。全年完成各项节育手术2 790 857人次，婚前检查275 808人次。加强出生缺陷监测，在无锡市、徐州市分别建立了苏南、苏北片遗传医学诊断中心。全省孕产妇死亡率下降到5.02/万。完成了无锡县妇幼卫生示范县的周期结束评审工作和丰县、淮阴、滨海、阜宁、响水等5个项目县的基础调查工作。

爱国卫生 运用多种形式普及卫生科学知识，提高群众自我保健意识和能力，养成文明健康的生活方式。全省拆除违章建筑8 000余处，新建改建水冲式公厕2 253座、大型储粪池22座、垃圾中转站和垃圾箱9 845个，新建改建大型垃圾处理场23座。全省25个城市用于卫生基础设施建设的投入资金为1.48亿元。经全国卫生城市检查评比，南京市、苏州市、江阴市被命名为“卫生城市”，其中南京市、江阴市分别被评为全国省会所在市和县级市“十佳卫生城市”。宜兴市汽车站和张家港市灭鼠获得全国单项先进奖。经全省卫生城市检查评比，省辖市无锡、扬州、徐州市和县级市丹阳、东台、仪征、张家港、宜兴市被命名为“省级卫生城市”，镇江市、常州市等7个市分别获得单项先进奖。南京、无锡、扬州市灭鼠工作经考核达到无鼠害标准。农村改水工作，新增自来水受益人口211万人。

卫生法制 制定下发了《江苏省传染病暴发疫情调查处理暂行办法》等3个法规文件，组织食品卫生大检查，制定了《公共场所卫生管理条例》和《化妆品卫生监督条例》，对166家化妆品生产企业按规定换发了许可证，经卫生部考核验收，金坛、射阳县分别获得全国食品卫生、学校卫生示范县称号。制定了《尘肺病防治条例实施办法》，完成了全省尘肺病流行病学调查，进一步健全完善了职业病报告制度。贯彻《放射性同位素与射线装置放射防护条例》，对同位素使用单位和大型射线装置单位进行了安全检查。贯彻《药品管理法》。对全省272个药品生产企业，2 329个药品经营企业，340个医院制剂室分别审核换发了许可证。进行了全省药品质量大检查，查处制售伪劣药品案件87起，罚款14.82万元，没收非法所得34.45万元，销毁伪劣药品价值21.47万元。制定了《江苏省加强药品质量监督检验规定》，加强了药品抽验和同品种考核，全年抽验药品35 716件，合格率为90.3%，比1989年同期提高3.4个百分点。对275个中成药和部分西药疗效进行了再评价，淘汰了疗效不确定毒副作用大的药品。做好《行政诉讼法》实施前的准备工作。举办卫生局长、机关处室负责人和执法人员培训班，系统地学习《行政诉讼法》，对现行的卫生行政法规、规章进行了全面的清理，修订了《江苏省食品卫生许可证发放暂行办法》等4个规范性文件，使卫生管理工作逐步走向法制化轨道。

医学教育和科研 全省中等卫生学校招生4 441人，其中面向农村定向招生1147人，卫生职工中专招生1 618人，其中乡村保健医生函授550人，委托医学院校举办专业证书班招生8个专题640人。医学科技工作加强了科研项目管理，全年立项课题65项。获省政府科技进步奖22项，其中二等奖1项、三等奖5项、四等奖16项；获卫生厅科技进步奖22项，其中一等奖8项、二等奖14项；有23项科研成果参加了全国医药卫生科技成果展览。

中医工作 贯彻省政府关于振兴中医事业的决定，全省实现“县县有中医医院”的目标。进一步加强了机构内部的配套建设，提高了整体服务功能，制定了针灸、骨伤等5个中医专科的基础设置标准，并拨出专款重点扶持22个专科建设示范点。中医院按照部颁标准配备了人员和设备，改善了条件，明确了技术规范，医疗质量和技术水平明显提高。多种形式培养人才，在南京、苏州、无锡、常州市中医院举办了中医痔科、骨伤科、喉科、儿科班，南京中医学院和连云港中药学校分别举办了内科专业证书班和中药剂理论培训班，中医管理局组织了中医管理干部培训。会同有关部门对全省中医机构性质、发展方向、建设规模等进行广泛的研究。组织力量对80多个中医机构的发展、规划进行了论证。

精神文明建设 在全省开展了“学雷锋、学白求恩，讲理想，比奉献”活动，全省卫生系统评选出13个“双学”先进集体和24名先进个人，80所医院被评为1989～1990年度省文明医院。全省卫生系统组织了模范护士报告会和“双学”先进模范事迹报告会，并将事迹编印成册，摄制成录像片。各地开展了“白求恩杯”、“战高温创优质服务”、“满意在医院”等竞赛活动。据20所医院患者问卷调查，84%的病人认为服务质量有提高，81%的病人认为服务态度明显好转。医德医风问卷调查，好的和比较好的占94.7%。

对外合作与交流 卫生外事工作，重点放在友好省、洲的合作和交流。全年接待外宾60批，298人次，共派出国人员30批45人，出席国际学术交流会11人。考察了日本爱知县的卫生事业管理和医疗保健制度，法国的药政管理。完成了援桑给巴尔医疗队第14队的组建工作，受卫生部委托摄制了《医生英语》教学录像片。

（郭兴华　褚瑞明　纪国富）

落实应急预防服苗措施有效控制脊髓灰质炎疫情

1989年江苏省邳县发生了脊髓灰质炎（以下简称'脊灰'）的局部暴发流行，1990年初毗邻邳县的苏北地区出现散在脊灰病例。为控制疫情流行，减少发病，省卫生厅在紧急增拨防治经费和药品，落实综合防治措施的同时，决定于1990年4月中下旬，在苏北36个重点县（市、区），让0～4周岁的儿童应急普服脊灰疫苗，有效地遏制了脊灰的暴发流行。1990年全省发病数比1989年下降了83.1%。

在进行普服脊灰疫苗工作中，省、市、县（区）卫生部门共抽调负责干部和各级卫生技术人员31 000多人，深入村村户户、进行宣传发动。36个县（市、区）新登记未服过疫苗的0～4周岁儿童（含超生子女、流动人口）566 743人，共登记0～4周岁儿童2 685 100人，服苗率为97.83%。为确保应急服苗质量，有关县（市、区）实行领导责任制，层层签订任务质量合同书，在人力、物力、财力上作了周密安排。

（周世观　褚瑞明）

浙　江　省

基本情况　1990年，浙江省各级各类医疗卫生机构发展到8 917个，比1989年增加51个。其中县及县以上医院315个；区乡（镇）卫生院3 302个；门诊部(所)、疗养院5 093个；卫生防疫站102个；妇幼保健院（所）90个；药品检验所77个；医学科学研究机构5个；高等医学院校3个；中等医药卫生学校19个。全省拥有床位97 114张，其中医院床位88 055张，比1989年增加2 520张，增长2.86%；专业卫生人员160 927人，比1989年增加6 172人，增长3.84%，其中卫生技术人员130 928人，比1989年增加5 072人，增长3.87%。全省总人口为4 238万，平均每千人口有医院床位2.07张，有卫生技术人员3.08人。私人开业诊所（门诊部）15个，个体医11 134人。全省43 286个行政村中，有村卫生室的29 944个，其中集体办的4 979个，占16.63%；乡村医生联办的2 053个，占6.86%；乡卫生院在村设点的1 334个，占4.45%；个体办的20 389个，占68.09%。有乡村医生20 855人。

治理整顿　1990年，各级卫生部门围绕医疗作风、医疗卫生秩序和经济秩序、医药市场，采取了4项整顿治理措施：

1.加强医德医风建设。开展“学先进，争双优，上等级，创文明”活动。省政府授予4位同志“白求恩式医务人员”称号，并组成巡回讲用团，1.2万医务人员听取报告。全省280余家县以上医院开展了以“优质服务、优质医疗”为内容的双优百日竞赛活动。省卫生厅规定：凡要求上等级的医院必须达到省级文明医院”标准。萧山市党山卫生院等67所区乡卫生院获得文明卫生院称号。

2.整顿医药市场。按《浙江省社会办医管理暂行办法》规定，对1989年登记的27所社会医疗机构、5 838所个体诊所（医）、192所门诊部进行了整顿，取缔个体诊所（医）281家、门诊部3家；限期整顿的个体诊所（医）166家、门诊部27家、社会医疗机构6家；警告罚款的个体诊所（医）84家。各地查处了一批游医和假冒个体医，没收了一批伪劣药品。对制售伪劣药品的单位和个人进行严肃查处，有1 690家（户）中西药经营企业被撤销合并；136家生产企业核发了许可证；5家药品生产企业被取消许可证。共查获假药材829种，价值31万元。

3. 整顿医疗卫生秩序。1990年7月，由省卫生厅、财政厅、物价局联合下达了《浙江省医疗收费标准》，对2 300多项医疗服务项目实行了统一收费。同时，降低了碎石机、CT等一批过高的收费项目；取消加液费等13项不合理的收费项目。制定了《浙江省医疗收费管理办法》，规定主要医疗收费项目要明码标价、张榜公布、统一划价窗口、配备专兼职物价监督员等。在收入分配上，为了保证有更多的资金用于发展卫生事业，省卫生厅、财政厅、劳动人事厅联合下发了《关于医疗卫生单位奖金、超额劳动和业余服务收入分配若干具体规定》。

4. 整顿经济秩序。1990年进行了两次较大规模的财务物价检查。重点检查医疗收费执行情况；消费基金控制情况；不应设的银行帐号和"小金库"清理情况。通过检查，撤消了22个不应设立的银行开户帐号，上缴或结转的"小金库"资金78万元。落实了加强货币资金、收入管理，严格控制奖金发放，建立和健全审计制度等3项措施。

城乡卫生 据24个城市统计，由于充实了环卫队伍，改善了环卫设施，新建、扩建了一批垃圾场、垃圾机械化中转站和储粪池，垃圾和粪便的日总清运处理率已分别达到73～90%。城市现有的1 300多座公共厕所，水冲式比例已提高到61%，其中宁波市为100%；杭州、嘉兴市均超过了90%。在全国城市卫生检查评比中，萧山市荣获全国县级"十佳卫生城市"称号；杭州市的环境保护工作、宁波市的港口卫生和灭鼠工作获单项奖；杭州市小营巷和嘉兴民丰造纸厂被全国爱国卫生运动委员会评为全国卫生先进单位。湖州、绍兴、嘉兴和萧山、余姚、奉化分别取得省、地级市和县级市卫生检查前3名。

全省已有2 017万农村人口饮用上自来水，占农村人口的54.9%，比1989年新增农村人口129万。加上其它改水形式，全省已有86.27%的农村人口饮用上清洁卫生水。28 000多座农村水厂普遍建立了水质检查技术档案，管理制度逐步完善。有30多个县（市区）开展了农村粪管改厕试点工作，共建立卫生厕所示范户3 000多个。节水型水冲式厕所进入了农家楼房。

疾病防治 1990年，全省共报告急性传染病164 542例，发病率为392.52/10万，比1989年下降21.8%，其中病毒性肝炎下降31.7%；痢疾下降10.4%；流行性脑脊髓膜炎下降54.3%；钩端螺旋体病下降59.5%。发病率上升的有伤寒、淋病、脊髓灰质炎等。全省实现基本消灭丝虫病、血吸虫病后，继续巩固和扩大防治成果。1990年查出钉螺面积82.8万平方米，灭螺面积333万平方米，治疗病人2 000余人。经考核，有55个县达到基本消灭疟疾标准；有46个县达到基本消灭麻风病标准，全省剩下的165例麻风病患者全部隔离接受联合化疗。计划免疫"四苗"接种率继1986年提前2年实现以省为单位达到85%的目标后，1990年又实现了以县为单位的第2个85%的目标。

妇幼保健网络日趋完善，防治工作进一步加强。全省新法接生率为98.9%；产妇住院分娩率为89.4%；城乡孕产妇和0～3岁儿童系统保健覆盖率分别为89%和76.8%。孕产妇死亡率控制在4.5/万以下，婴儿死亡率控制在25‰以下，计划生育节育率达90%以上。

由于疾病防治工作的加强，全省人口平

均期望寿命农村为70岁，城市为74岁。

卫生监督 全省已有食品、化妆品、公共场所等专兼职监督员1 200余名。1990年，食品卫生监督监测268 659户次，给予警告并限期改进或罚款的2 176户次，罚款505 457元；消毁没收不合卫生要求的食品339 323公斤。食品卫生合格率为81.4%。厂矿企业生产环境中有毒有害因素监测点合格率为50%以上。放射性同位素使用许可率为100%；医用诊断X机使用许可率为90%以上。全省食品、公共场所卫生监督监测覆盖率为90%以上。有162家化妆品生产企业领取了卫生许可证。

中医工作 1990年全省有县及县以上中医医疗机构82所，基本上实现了县县有中医医疗机构的目标。有27所集体所有制的市县级中医院转为全民所有制。中医床位已达7 212张；有中医药技术人员19 341人。为43位名老中医配备了63名助手。制定了《浙江省关于加强气功医疗管理的若干规定(试行)的实施细则》，成立了省气功医疗人员资格考评小组，并通过了首批气功医疗人员的资格考评。

1990年中医科技获国家级二等奖1项、三等奖3项；获省级二等奖1项、四等奖2项。有24项研究课题按计划完成，并通过鉴定。其中"一次性手法复位治疗腰突症的研究"；"肾益宁治疗肾病激素撤退肾阳虚症的研究"及"慢性肝炎病毒复制与中医辩证分型关系的研究"等课题达到国内先进水平。赴北京参加首届中国中医药文化博览会的16个科技项目，有5项获神农杯优秀奖。省中医院的"三尖杉有效成分治疗急非淋白血病的研究"荣获神农杯金奖。

医教科研 向省内招收中等卫生学校学生3 148名，占全省中专招生数的15%。其中国家任务2 413名；委托代培生645名；自费生90名。完成医士、护士中专自学考试43 285人次。首届中专护士自学考试毕业生564人获得中专学历。为培养乡村医生，建立了浙江省乡村医生函授分校，录取首批学员1 505名，下设16个辅导站，建立了完整的教学管理条例及规章制度。为培训在职人员，杭州、温州、丽水、台州、衢州设立了住院医师毕业后教育点，有1 500余人参加受训。1990年，杭州护士学校被确定为全国护理教育改革试点。

按照医学科技面向基层、面向农村的要求，1990年确定科研基金项目51项；青年基金项目38项；归国科技人员启动基金项目2项。其中，获得卫生部奖励1项；省政府奖励22项。

对外开放 1978年以来，公派出国留学、进修的382人，大部分已陆续回国；接待并安排国外、海外专家、学者在省内讲学和交流300多场次；引进贷款3 280多万美元，接受捐款和物资2 600多万美元。仅1990年，接受台资援助款1 100多万美元，占全省总投资援助款额的64%。此外，派往中非、马里医疗队8批118人次。

卫生支农 1990年，共下基层的医疗队有758批，3 992人，占全省县以上医院卫生技术人员数的9.31%。为农村诊疗病人34万多人次，手术5 650人次，抢救重危病人2 101人次，示范手术1 203人次，为基层培养医疗骨干1 171人。帮助基层开展新技术、新项目398项，学术讲座950次。

(沈家贤)

安徽省

基本情况 1990年，全省总人口56 607 078人，各级各类卫生机构7 336个，医院床位95 769张，卫生技术人员135 698人。与1989年相比，卫生机构减少86个，下降1.16%；医院床位增加1 532张，上升1.63%；卫生技术人员增加3 065人，上升1.87%。

治理整顿

1．整顿社会办医和个体行医。根据省政府颁发的《安徽省社会办医和个体行医管理办法》，省卫生厅相继制定5个配套文件。与工商、财政、物价部门联合下发了《安徽省行医和药品广告管理试行办法》，建立近千人的管理检查队伍。据对50个县（市）的不完全统计，共取缔社会办医机构88家、个体开业行医2 810人，责令2 071名个体行医者停业整顿，清除虚假广告20 000余份。

2．整顿医疗秩序。①制定《加强专家门诊管理规定》，着重在审查资格、改善条件、限制数量、保证质量等方面加强管理；②加强医院基础建设，恢复病历质量检查、三级查房、急诊抢救、交接班、术前及疑难病例讨论等制度；③编印《护理质量管理标准》，举办县、市医院护理部主任培训班；④对10所医院院内感染进行监测。

3．整顿医疗收费。①对1 000多个新医疗收费项目进行调查，对部分项目进行成本核算，与物价、财政部门共同制定《安徽省新医疗项目收费标准》；②制定下发了《安徽省卫生防疫防治机构暂行收费标准》等9个收费项目标准；③在13个地、市和57个县（市）建立了公费医疗管理机构，省级医院和机关门诊试行公费医疗复写处方的办法；④制定《关于清理整顿医疗收费的意见》，提高挂号费、住院费和手术费，适当降低偏高项目的收费标准，初步解决常规项目收费和劳务价格偏低的问题；⑤实施新会计制度，多次开展财务、物价检查，制止巧立名目、分解收费等变相涨价做法。

4．严格卫生执法，加强法制监督。对128家药品生产企业、2 848家经营企业和165家医院制剂室重新验收发证。对医药系统7 986名从业人员进行培训和考试。对110多名药政、药检人员进行培训。审批450个品种的中西药品，完成5个品种的新药初审工作。进一步宣传贯彻《食品卫生法》和《传染病管理法》。《行政诉讼法》实施前夕，省卫生厅举办3期县以上卫生执法人员学习班，培训卫生执法单位领导干部和执法人员500余人。

廉政廉医　全省卫生系统广泛开展学雷锋、学白求恩、创优质服务百日竞赛活动，全省评出10个最佳单位和部分较差单位。各地把开展“两学一创”活动与加强思想政治工作和科学管理结合起来，强化岗位责任制，提高管理水平。

国务院和卫生部召开关于纠正行业不正之风电话会议后，省卫生厅下发了《关于加强医德医风教育，纠正医院行业不正之风若干规定》、《厅机关廉政建设规定》等，并成立“廉政建设、纠正行业不正之风、治理三乱”领导小组及办公室，机关各处室建立廉政登记制度。各级医院普遍采取公布监督电话、设举报箱、公开收费标准、聘请社会监督员等多项措施。

农村卫生　省卫生厅组织对第1批6个初级卫生保健试点县进行中期评估，并确定9个县为第2批试点县。举办了试点县卫生局长、初级卫生保健办公室主任、防疫站站长、保健所所长学习班。

为全面实施妇幼卫生合作项目，组织培训省、地、市有关人员11 600人次，对11个项目县的社会经济、卫生资源、健康状况及妇幼保健现状进行调查，组织专家对《安徽省加强基层妇幼卫生、计划生育服务合作项目基础调查报告》、《妇幼合作项目实施方案》进行论证。

为进一步加强农村中心卫生院和村卫生室的规范化管理，省卫生厅制定了《安徽省农村中心卫生院建设标准》和《安徽省农村合格卫生室标准》。各地、市卫生局对所辖中心卫生院进行考评和评比。各地广泛开展了创合格卫生室活动。据不完全统计，农村集体办的卫生室达6 384个，占卫生室总数44 904个的14.2%。

预防疾病　全年发生法定传染病15种，发病人数197 937例，比1989年下降6.31%。其中，脊髓灰质炎、麻疹、百日咳、痢疾、伤寒、流行性脑脊髓膜炎、狂犬病、疟疾等传染病发病率下降明显，病毒性肝炎、乙型脑炎、钩端螺旋体病、流行性出血热等传染病发病率略有上升。恶性疟疾重病区喷洒灭蚊药物80吨，基本控制发病。丝虫病防治取得新进展，1990年又对26个县、市进行考核验收，其中17个县达基本消灭标准。结核病流行病学抽样调查通过考核验收。

为确保实现计划免疫第2个85%的目标，省政府再次召开电话会议，成立计划免疫审评领导小组，省卫生厅组织抽查了23个县、市计划免疫工作情况，对全省108个县（市、区）进行预审评，大部分地、市、县组织计划免疫工作队深入到基层，省卫生厅也组织12个组到全省各地检查指导。预审评结果为：卡介苗接种率为97.19%，脊髓灰质炎糖丸苗为95.9%，百白破疫苗为95.93%，麻疹疫苗为95.93%，"四苗"全程接种率为93.18%。

贯彻国务院关于加强血吸虫病防治工作的决定，广泛发动群众，开展综合治理。实际灭螺5 510万平方米，查病183.27万人，治疗111 940人，发生急性感染1 725例。在32个县、市对耕牛进行查治。

在开展创建卫生城市活动中，改建水冲式公厕89个，维修2 441个，新建和改建垃圾场9个，粪便处理厂6个，增添垃圾箱、果皮箱785个，改造街巷178条。合肥、蚌埠、马鞍山3市达到卫生城市标准。全省16个市、县和单位被评为灭鼠先进"。全年农村改水受益人口为279万人，其中自来水受益人口184.5万人，全省饮用自来水的农村人口累计占受益人口14.9%，饮用安全卫生水的累计占农村人口80.1%。

全年发生食物中毒38起，中毒711人，死亡14人，与1989年相比，中毒起数下降47.22%，中毒人数下降61.48%，死亡人数下降75%。共监测17大类食品20 457份，合格15 221份，合格率为74.4%，比1989年下降1.18%。完成公共场所本底资料调查，在考核的20 124个公共场所中发放卫生许可证19 075个，经国家教育委员会、卫生部考核验收，怀远县为全国农村学校卫生示范县。根据国务院和卫生部有关规定，省卫生厅制定了《放射防护监督员管理规定》和《放射工作人员健康管理规定》。根据卫生部要求，开展尘肺流行病学调查，建立了尘肺数据库，获卫生部尘肺流行病学调查全优奖。

医教科研　16所中等卫生学校招生1 666人，毕业1 632人，70%以上分配到县及县以下单位工作。举办各种专修班35个，组织省内进修6 000余人，职工中专班毕业620人。组织对7所中等卫生学校进行评估，以促进学校的规范化建设。制定了地、市以上医院住院医师培训办法。省卫生厅与省教育委员会联合下发了《关于加强医学教育管理的通知》，重点是加强社会办学的管理。

为加强科研管理，举办了科研管理干部培训班，对国家"七五"攻关项目、卫生部课题、青年基金课题，厅中标课题34项进行全面检查。获省科技进步奖19项，其中，三等奖3项，四等奖16项。获省卫生厅科技进步奖5项，其中，二等奖1项，三等奖2项，四等奖2项。

外事交往　省卫生厅全年共接待日、美、英、法、德、苏、奥、南朝鲜、丹麦等10个国家和地区的26名医学专家考察和学术交流。通过联合国儿童基金会、世界卫生组织、日本笹川财团、世界银行等渠道，争取到部分设备援助和科技合作项目。出国进行医学交流、考察访问9人，组派出国医疗队56人赴也门帮助工作。

（费勤福）

安徽省立医院骨髓移植水平进入国内先进行列

安徽省立医院开展的二次异基因骨髓移植治疗白血病研究，于1990年5月8日通过了鉴定委员会鉴定，专家们一致认为，安徽省立医院骨髓移植水平已进入国内先进行列。

通常认为白血病患者骨髓移植后，一旦白血病复发，往往致死。国外采用二次骨髓移植治疗白血病患者早见于1976年，但效果始终很差，死于移植有关的并发症者高达84～100%。国内能开展同种异基因骨髓移植仅有数家医院，安徽省立医院进行的二次异基因骨髓移植治疗白血病复发在国内尚属首例。该院成功地对一位慢性粒细胞白血病患者进行了二次异基因骨髓移植（患者曾在其他医院进行过骨髓移植，没有成功），经红细胞同功酶、性染色体、DNA 指纹谱等测定，均证明供体骨髓已经替代了病人的骨髓。鉴定委员会认为：这例移植充分吸收了国内外先进经验，合理设计了联合化疗替代全身照射的预处理方案，为国内骨髓移植提供了新经验，有较好的推广价值。

（费勤福）

开展"两学一创"活动 弘扬奉献精神

为贯彻卫生部《关于广泛开展向国际共产主义战士白求恩学习的通知》和安徽省委《关于深入开展学雷锋、树新风活动的通知》精神，安徽省卫生厅从1990年3月开始，组织全省卫生系统广泛开展"学习雷锋、白求恩，创优质服务（简称"两学一创"）竞赛活动。取得以下成效：

1．增强了医务人员优质服务观念，促进了医疗卫生单位的精神文明建设。广大医务人员自觉以雷锋、白求恩为榜样，主动热情地为病人排忧解难。

2．弘扬无私奉献精神，医德医风明显好转。许多医务人员不为名，不为利，不怕苦，不怕累，不吃请，不受礼，争创一流服务。

3．实行便民服务，密切病患关系。各单位采取提前上班，缓解门诊高峰；增设服务窗口，减少排队；增加检查班次，缩短预约时间；加强服务台工作，扩大服务项目等措施，方便病人就诊。一些医疗单位组织医务人员深入农村，走上街头开展义诊、体检和咨询服务。合肥市精神病医院开设了危机干预电话，开展心理咨询服务。铜陵市医院开设"电话医生"，实行24小时值班，负责解答电话咨询。芜湖市第三人民医院对老、弱、残、重病人实行从挂号到检查、治疗的"全程服务"。

4．加强质量控制，提高医疗服务质量。各单位采取的主要措施：①制定质量标准，增强医务人员质量意识；②完善调控体系，开展质量监督；③组织医务人员开展业务学习、岗位练兵、技术竞赛，努力提高诊疗能力和技术水平；④安排高级技术人员轮流到门诊，帮助解决疑难问题；⑤增强医务人员对病员高度负责的工作责任感，以保证医疗质量各项有效措施的落实。

5．建立社会监督机制，促进行业作风好转。许多医院采取实行挂牌服务，公布监督电话，设立举报台、意见箱，配置导医员、监督员，规定院长接待日，设立病员接待室等措施。

6．促进了医院的治理整顿，深化了医院改革。①治脏治乱，院容院貌明显改观，更新了基础设施，改善了医疗环境。②清理整顿医疗收费，做到主要医疗收费项目明码标价。③加强业余服务和医疗协作联合体管理。

（钱元太　严威）

福建省

基本情况 1990年底福建省人口总数为3037万人，出生率为24.44‰，死亡率为6.7‰，自然增长率为17.74‰。有各类卫生机构4 895个。其中：医院1 198个，门诊部（所）3 334个，疗养院（所）14个，专科防治所（站）30个，医学科研机构13个，药品检验所（室）40个，高等医学院校2个，中等医药学校22个，卫生防疫站91个，妇幼保健所（站）62个，其他卫生事业机构79个。经调整，机构总数比1989年减少174个。全省共有各类病床68 073张，比1989年增加1 373张，其中医院病床60664张，比1989年增加1 412张。全省共有各类卫生专业人员10 4164人，比1989年增加2 475人，其中卫生技术人员86 772人，比1989年增加2 341人。全省有14 204个行政村建立了卫生所，占行政村总数的95.6%。有乡村医生14 111人，卫生员15 214人，农村接生员15 015人，个体开业医生66 59人。1990年全省卫生事业经费决算2.36亿元，比1989年增长12.4%。卫生基建投资6247.5万元，其中省计划内投资1 427万元，占全省基建投资总额的5.6%。全省县及县以上各级各类医院门诊2410.01万人次，比1989年增长2.49%，住院91.62万人次，比1989年增长6.41%。

卫生改革与治理整顿 1990年，全省75%的地、市、县（区）制定了完善卫生改革的政策和措施，63%的县及县以上医疗卫生单位实行院（所、站）长负责制；90%的医疗卫生单位继续实行综合承包（目标管理）责任制，并与上级主管部门签订了合同。制定了《全省医疗卫生单位综合承包（目标管理）责任制若干规定和考评标准》，实行了综合效益评价。

1990年福建省治理整顿以改善服务态度，提高服务质量为重点。

1. 制止乱收费。采取4个步骤：①自查自纠；②检查落实；③重点抽查；④张榜公布。

2. 整顿医疗卫生秩序。共清理整顿各种医疗联合体419个，撤销不具备条件的67个；对全省个体开业医进行重新考核发证5 223人，发给临时开业证514人，占个体开业医总数的86.25%。有效地控制了个体医和联合体盲目发展的趋势。坚决查处了持假证明、假行医执照流窜全国诈骗行医分子。

3. 加强医药市场管理。卫生部门与医药、工商、公安、司法等部门配合，1990年全省查处假片仔癀案件30多起，收缴销毁假片仔癀17万多粒，价值250多万元，收审案犯44人。同时继续抓好药品生产、销售、经营企业和医院制剂室的整顿，全省重新核发药品生产《许可证》1 334份。药品质量检查和监督管理工作进一步加强，共查出伪劣药品案件645起计4 538种，价值323.62万元，取缔无证、无照经营药品单位242个。

4. 纠正行业不正之风。1990年，全省开展了廉政、廉医，学雷锋、学白求恩活动。在各级卫生部门和单位普遍成立了领导小组，制定了“两公开一监督”措施，开展创优秀岗位、优质服务、优良秩序和优美环境的“创四优”竞赛。省卫生厅开展了全省性的大检查。

初级卫生保健 1990年，全省有70%的地、市、县（区）召开了初级卫生保健会议，层层培训领导干部；36%的地、市、县（区）建立了由政府主要领导同志牵头，有关部门负责同志参加的初级卫生保健委员会或协调小组；全省20个试点县、187个试点乡镇制定了初级卫生保健最低限标准、管理程序和评价标准。省卫生厅对建瓯、宁化、闽候3

个县进行了初级卫生保健中期考评，除集资医疗和改厕两项外，其余11项均已达标。三明市28个试点乡镇，有9个乡镇，117个村基本达标。健全乡、村两级卫生组织为加强初级卫生保健工作的重要内容。全省95.6%的行政村建立了卫生所，其中45%为集体办。集资医疗制度得到恢复和发展。全省实行集资医疗的村有799个，其中实行合作医疗的村有183个。1990年，福建省、地、市组织10多个调查组对100所乡镇卫生院的人员、设备、房屋、经济状况和业务工作现状进行抽样调查，制定了《福建省农村卫生院建设标准》和《福建省关于加强农村卫生工作的意见》，同时开展创建文明卫生院、所活动，评出文明卫生院192所，文明卫生所298所。卫生支农是加强初级卫生保健的一项措施。近年来各级政府对初级卫生保健的财政投入达1 000多万元。1990年省及各地拨出专款200多万元购置医疗设备装备乡镇卫生院。全省共组派医疗队376个，计3 000多名专家和技术骨干到农村举办专科学习班653期，培训各类卫生技术人员26 120多人。县及县以下单位派出短期或半年以下进修卫生技术人员4 600人。各地复训乡村医生2 500多人。制定颁发了《福建省村级卫生技术人员职称评定实施办法》，对村集体办卫生所从事卫生技术工作的乡村医生、卫生员和接生员评定初、中级职称。50%的县建立了乡村医生退休基金制。

抗灾防病 1990年福建各地连续遭受风、涝灾害。省卫生厅及各地、市、县卫生部门组织灾后卫生防病、治病工作。调剂下拨防病专款80万元，调拨漂白粉60吨以及大量敌敌畏、溴氰菊酯等消毒杀虫药品。由于加强了防治工作，福建省在大灾之年没有发生疫病大流行。1990年全省法定报告的18种甲、乙类传染病发病率为257.35/10万，比1989年上升0.97%；死亡率为0.91/10万，比1989年下降9.9%；病死率为0.35%，比1989年下降12.5%。在18种传染病中疫情上升的有麻疹、乙型脑炎和病毒性肝炎、其余15种传染病均有不同程度的下降，下降幅度在10.3～94.6%之间。其中脊髓灰质炎下降94.6%，流行性脑脊髓膜炎下降66.1%，白喉下降66%。龙海县、漳州市芗城区宣布为基本控制地方性甲状腺肿的县（区），至此全省共有24个县达到了基本控制地方性甲状腺肿的目标。建宁、泰宁、将乐、建阳、邵武、龙岩、长汀、德化、古田等9个县、市达到基本消灭麻风病的标准，累计全省有25个县实现了基本消灭麻风病的目标。1990年全省疟疾发病709人，比1989年下降12.5%。完成了全省人体寄生虫分布的调查，共查53 240人，发现人体寄生虫42种，感染人数43 318人，感染率为81.36%。

计划免疫 1990年，全省实现了以县为单位儿童计划免疫接种率达到85%的第2个目标。白喉、脊髓灰质炎、百日咳、麻疹等4种传染病的发病率分别为0.06/10万、0.18/10万、3.73/10万和22.66/10万。进行了第3次结核病流行病学调查，患病率为351.9/10万，比1979年下降了61.32%，比1985年下降49.51%；涂阳患病率为132.4/10万，比1979年下降57.6%，比1985年下降46.2%。世界卫生组织、联合国儿童基金会及卫生部对福建省1个城市、9个县(市)、9个乡镇消灭脊髓灰质炎工作进行了审评，全省病例数1990年比1989年下降94.6%。

卫生监督监测工作 1990年，省卫生厅对全省各类卫生监督人员进行了重新审核和换发证件、证章的工作。全省共有各类卫生监督人员1 838人，其中传染病管理监督员477人，食品卫生监督员527人，公共场所卫生监督员408人，化妆品卫生监督员150人，放射卫生监督员276人。省政府与各地、市签订了含6项劳动卫生指标(粉尘、毒物、物理高温、噪音、射线装置、放射性同位素和放射性仪表)在内的安全生产责任书，以推动全省劳动卫生工作的开展与落实。全省有37家化妆品生产企业领取了化妆品生产企业卫生许可证。全省开展了放射防护卫生许可证的发放工作，确定以南平地区为试点，开展全国放射性监督管理示范点工作，已完成了人员培训。1990年全省共培训消毒人员396人，其中防疫系统104人、医疗单位187人，工矿企业和消毒器械生产单位105人。1990年，全省食品卫生抽检合格率为78.7%，比1989年上升1.5个百分点。举办各类食品培训班899期，受训人数53 109人，合格人数47 861人，合格率为90.1%。全年平均各类食品卫生监测合格率为80.1%。全省中学卫生课开课率为54.64%，小学为8.54%。开展中、小学生常见病查治工作，全省共调查864 358人次，患病率为15.74%并进行了治疗。

创建卫生城市 ①加强城市卫生基础设施的建设与管理，改造公厕，处理粪便垃圾等；②进一步落实“门前三包”等卫生责任制；③加强对食品行业和公共场所的卫生管理与监督。三明市和永安市在全国卫生城市检查中，分别被国家评为地级市和县级市的“十佳”卫生城市。

优生优育与妇幼保健 ①加强婚前健康检查，1987～1990年，全省接受婚前健康检查的男女青年有13.9万人，查出患有各种疾病的16 194人。其中影响婚育的有757人。②是加强围产保健工作。到1990年，省、地市、县各级均已成立围产保健协作组。全省管理孕产妇16.69万人，从中筛查出高危孕产妇18 576人。③是加强儿童系统保健工作。1990年继续推进了14所示范性托儿所工作，对2 579所托幼机构进行卫生保健指导，全省有924个乡的5 800个行政村(占全省行政村总数的37%)开展了儿童系统保健管理、管理儿童48.21万人。其中体弱儿童27 295人，专案管理24 861人，转为正常的22 234人。对72.89万儿童进行了体检，有疾病的36.42万人，矫治31.80万人，矫治率为87%。

医学教育与科研 1990年，全省高 中等医学院校共招生2 991人，毕业3 281人。成人医学教育，委托高校办大专层次的医疗、妇幼专业证书班，卫生管理专业证书函授班，分别招生162人和324人。有17 534人次参加了医学类自学考试，其中中医大专6 626人次，中专医士、护士10 908人次。3 956名学员参加英语广播进修班第1次结业考试。全省县卫生进修学校达到28所，校舍建筑面积为30 021平方米，教职员工229人。省级进修培训基地有25个，地(市)级17个，年培训能力为7 000人。

1990年有52项成果获得省医药卫生科技进步奖，其中一等奖20项，二等奖32项。其中“急性白血病出血原因的系统研究”和“维生素D及其制剂含量测定法研究”获得国家卫生部1990年度医药卫生科技进步奖。有33项科研成果参加了全国医药卫生科技成果展览会。

中医工作 1990年中医事业费为1224.68万元，占全省卫生事业费的9.2%，比1989年增长1.3个百分点。省财政拨中医专款317万元，比1989年增长13.2%。泉州、福州、厦门等市华侨捐资240万元用于充实中医机构建设，添置医疗仪器设备，全省共举办各类中医进修班、培训班20期，培训了400多人。在全省范围内推选了16名主任级老中医药专家带徒。1990年全省有中医药人员14 922人，其中中医师以上职称的5 626人，中药师以上职称的1 016人，中西医结合高级医师125人。平均每千人口拥有中医师(士)0.27人，中药师(士)0.12人。

国际合作与交流 1990年，派出第8批

表1 1990年福建省城乡居民前10位死因、死亡率及构成比

位次	城市			农村		
	死因	死亡率(1/10万)	构成比(%)	死因	死亡率(1/10万)	构成比(%)
1	恶性肿瘤	145.56	26.64	呼吸系病	131.41	22.92
2	脑血管病	104.17	19.06	恶性肿瘤	97.12	16.94
3	呼吸系病	75.20	13.76	脑血管病	83.03	14.48
4	心脏病	69.26	12.68	损伤中毒	82.82	14.45
5	损伤中毒	33.17	6.07	消化系病	36.93	6.44
6	消化系病	21.13	3.87	心脏病	34.23	5.97
7	肺结核	9.97	1.83	新生儿病	21.04	3.67
8	精神病	8.63	1.58	传染病	12.77	2.23
9	内分泌病	7.52	1.38	肺结核	11.55	2.01
10	泌尿系病	7.28	1.33	泌尿系病	9.11	1.59

表2 1990年10种主要恶性肿瘤死亡率及构成比

位次	城市			农村		
	肿瘤名称	死亡率(1/10万)	构成比(%)	肿瘤名称	死亡率(1/10万)	构成比(%)
1	胃癌	37.76	25.94	胃癌	31.37	32.30
2	肝癌	34.43	23.65	肝癌	20.93	21.55
3	肺癌	20.42	14.03	食管癌	12.19	12.55
4	食管癌	14.25	9.79	肺癌	9.22	9.49
5	肠癌	10.36	7.12	肠癌	5.78	5.95
6	白血病	4.35	2.99	白血病	3.71	3.82
7	女性乳腺癌	3.80	2.61	鼻咽癌	2.60	2.67
8	鼻咽癌	3.56	2.45	宫颈癌	1.59	1.64
9	宫颈癌	1.98	1.35	女性乳腺癌	0.74	0.76
10	膀胱癌	1.03	0.71	膀胱癌	0.26	0.27

援塞内加尔医疗队，塞内加尔总统授予第7批医疗队17名队员国家级勋章。完成了第6批援博茨瓦纳医疗队的筹组工作。省直医疗卫生单位组团出国访问9批19人，参加国际学术会议或出国进修28人次。1990年完成了接待世界银行Ⅳ项目贷款准备团的工作，此项贷款意向给5个省，每省2 000万美元。

城乡居民死因统计 1990年，福建省卫生防疫站在福州、三明、厦门市区和沙县、宁化、长泰、永定、将乐、长乐等县开展了常住居民病伤死亡统计工作。统计结果，1990年福建省城市居民总死亡率为5.46%，婴儿死亡率为10.07‰，平均寿命男72.56岁，女77.80岁，农村居民总死亡率为5.73‰，婴儿死亡率为34.83‰，平均寿命男68.03岁，女71.64岁（见表1、2）。死因统计，城市从高到低的顺位是恶性肿瘤、脑血管病、呼吸系病、心脏病、损伤中毒、消化系病；农村是呼吸系病、恶性肿瘤、脑血管病、损伤中毒、消化系病和心脏病。

（原寿基）

江 西 省

基本情况 1990年全省有卫生机构5 632个，比1989年增加19个，增长0.34%；有床位92 274张，比1989年增加80张，增长0.09%，其中医院病床82 601张，比1989年增加5 42张，增长0.66%；全省每千人口拥有床位2.42张，其中医院病床2.17张；全省有卫生人员144 583人，比1989年增加2 996人，增长2.11%，其中卫生技术人员116 786人，比1989年增加2 384人，增长2.08%；全省每千人口拥有卫生人员3.79人，其中卫生技术人员3.06人；全省有卫生防疫站120所，妇幼保健所、站113所，专科防治所、站124所，医学科研机构9所。高等医学院校5所，中等卫生学校12所，县卫生进修学校43所，药品检验所（室）89所，乡镇卫生院1 682个，其中中心卫生院365个。

卫生改革 重点做了以下几项工作：①进一步完善综合目标管理责任制。较好地处理了医疗业务指标、精神文明建设、人才培养和经济管理4者之间的关系。全省各级卫生部门已全面完成了省政府下达的15项和省卫生厅分解下达的50项卫生工作目标任务，其中有36项指标超额完成，占全部定量目标的81.8%，据全省8个地市和省直医疗卫生单位的不完全统计，共有198所县及县以上医疗卫生单位实行了综合目标管理责任制，其中有191所正式签定了"责任书"，占96.47%；②稳步推行预防保健保偿合同制。明确规定了保偿服务的范围和职责。同时加强了对无偿服务工作数量、质量和效益的计划、管理和考评，有效地防止了有偿服务的某些弊端。据8个地市统计，全省有60个县市推行了儿童计划免疫保偿合同制和妇幼系统保健保偿合同制，入保率为60.25%；③进行医学教育和科研工作的改革，依靠人才和科技进步发展卫生事业。省卫生厅召开了全省医药卫生科技工作会议，全面总结了1978年以来，特别是1988年以来的医药卫生科技工作成绩，作出了《关于推动医药卫生科技进步的决定》，提出今后一个时期的医学科技改革思路和战略是：以引进、消化、吸收新技术为主导，重点支持创新项目，缩短推广见效周期，优先发展普及实用型技术；④进行财务内审联审制度的改革，使有限的医疗保健资源最大限度地发挥社会效益。逐步建立宏观调控，强化收支管理，上下配合，联合审计的工作程序，保证了《医院财务管理办法》和《医院会计制度》的实施。1990年省直共审计16个医疗卫生单位，总审计金额1.27亿元，查出违纪和错列收支科目金额173.4万元。

治理整顿与卫生执法 1990年，全省有32 644个医疗机构（含个体行医）进行了登记，其中17 118个医疗机构经审批发证，取缔社会医疗机构6个，停业整顿214个，有9 733名个体医领到《执业许可证》，取缔个体医1 681人。各级卫生部门重点加强了业余服务、兼职服务、医疗联合体、专家门诊、家庭病床的管理工作；强化劳动纪律，建立健全各种医疗制度。在强化医疗收费管理的基础上，理顺了2 000个医疗收费项目，制定医疗收费标准463项。在卫生执法工作中，对2 090个药品生产、经营企业以及医院制剂室进行了初审检查。抽调药政药检干部和药品监督员对6 657个药品产、供、销单位进行了药品质量检查，查处假劣药品价值48万元，查处违法案件29起，取缔游医药贩172个。对全省84个化妆品生产厂家进行了卫生达标审查，对其中45家发放了卫生许可证。对近30个饮食服务行业和个体经营人员进行了卫生监督。

纠正行业不正之风 省卫生厅制定下发了《关于加强廉政廉医建设，纠正行业不正之风的若干规定》。全省各级医疗卫生单位普遍实行了《医疗会计制度》，其中有1 752

个乡卫生院也已全面实行。省卫生厅与省财政厅共同制订下发了《医院财务管理办法实施细则》和医院业余服务提成的有关规定。省卫生厅与省物价局联合在全省医疗单位开展了“收费信得过单位”评选活动。在全省范围内开展了（学雷锋、学白求恩）的“双学”活动，省卫生厅表彰了150名省级模范卫生工作者。

农村卫生工作 省卫生厅制定下发了《1990年全省血防工作计划》，将重点防治范围由12个县扩大到17个县。省直医疗单位抽调85名高、中级医务人员组成25个为时3个月的血防医疗队分两批赴重疫区抢治晚期血吸虫病人，各疫区地市也同时抽调400余名医务人员深入疫区治疗病人。组织了800名专业技术人员对36个疫区县进行晚期病人普查，立档建卡8 822份，首批确定晚期血吸虫病人2 134人。按照《鄱阳湖区大区域控制血吸虫病第一年度实施方案》，大区域控制范围内的12个县全部完成了查、灭、治任务。全年共灭螺102 157亩，完成年度任务的143%，血吸虫病急性感染病人数比1989年下降41%。省政府确定200名指标，专门用于解决基层血防人员农转非问题。全省有7个地市150个乡镇建立了乡防保站，其中有53个乡镇建立了相对独立的防疫站。1990年全省法定报告传染病发病率下降为220.46/10万，其中霍乱未发生，脊髓灰质炎、流行性脑脊髓膜炎、狂犬病分别比1989年同期下降83.47%、49.25%、34.09%。经卫生部验收全省已基本消灭丝虫病。完成了12个妇幼卫生项目县的基础调查工作，各县正在逐步落实配套条件。1990年继续对全省12个初级卫生保健试点县进行达标指导和帮助，各试点县已基本完成初级卫生保健前期调查，其集资医疗为70%。全省又有20所中心卫生院达到建设标准，累计已有182所中心卫生院达标；有1 021个村卫生所达标，累计有20 420个村卫生所达到建设标准，占行政村总数的75%。又有250万农民饮上了安全卫生水，累计已有2 459万农民饮上了安全卫生水，占全省农村人口的81.69%。城市支援农村。全省县及县以上医院共向“老少穷”地区派遣医疗队230个，900余名医务人员。据不完全统计，仅省直医疗队提供门诊服务20 000余人次，急诊抢救2 000余人次，手术1 000余人次，授课2 000多人次。1990年，省级进修基地减免费培训县、乡两级卫生技术人员，共免费培训学员54人，减半收费培训学员30人，共培训基层卫生人员1 399人次。省直医疗卫生单位有近500项实用型技术向基层推广。

学术交流 1990年中华医学会江西分会等学术团体的工作实行了目标管理，促使各项学术活动更加有秩序地进行。各学会分别邀请美国、日本、法国、苏联等国家数10名学者教授来赣进行学术交流，并派出近百名学生学者到国外学习、进修和交流。援外医疗队普遍受到所在国人民的赞扬。江西省红十字会在不断加强省内外合作交流的同时，注意了内涵建设。1990年全省各地(市)县（区）都建立了红十字会组织，在学校、厂矿、街道、部队、农村共建立1 645个红十字会小组，培训了交通、公安、旅游、铁路、学校红十字急救员27 581人次，组织公民义务献血23 032人次。受理海峡两岸寻找亲人、遗产事务359宗，查实结果173宗。亚运会前夕，组织全省医药卫生界1 500名专家教授上街义诊，为亚运会筹集资金4.9万元。

（陈远志　管东长）

切实加强农村卫生工作

在农村卫生工作方面，近年来，江西省主要抓了以下几个方面：

一、强化领导职责，把农村卫生工作纳入各级政府的责任目标。① 要求各级政府把农村卫生工作纳入当地经济和社会发展总体规划，切实解决好农村群众防病治病问题，并将农村卫生工作的主要指标列入各级政府的目标管理，作为考核政府工作政绩的一项重要内容。同时，规定了32个政府部门在农村初级卫生保健工作中的职责，实行部门分工负责制；② 各级政府将抓好农村卫生工作作为密切党和群众联系要办的实事之一，从政策、经费等方面支持卫生工作；③ 乡镇卫生院实行县乡两级、乡管为主的管理体制，以调动乡镇政府和群众办医的积极性。

二、以初级卫生保健为总体目标，以预防保健为重点，全面开展农村卫生工作。省政府作出了《加强预防保健工作的决定》，制定了《江西省农村实现2 000年人人享有卫生保健的规划目标》，按照不同经济水平，制定了13项初级卫生保健指标。突出抓预防保健工作，进行基层防保体制改革试点，实行一网多用，强化农村防保组织和职能，推行儿童计划免疫保偿合同制和母子系统保健合同制。全省配备了32 100名女乡村医生和接生员，聘任了15 000多名村级防疫人员。省政府安排1991年17项血防灭螺工程，落实经费1 250万元，并决定每年增拨血防专款300万元用于晚期血吸虫病人的查治。省政府每年拨出100万元专款用于农村改水，全省已有2 459万人饮用上卫生水，占农村人口的81.69%。农村改厕工作已开始起步，1990年11月在高安县召开了全省初级卫生保健现场会，推广高安县农村改厕经验。1990年省政府批转了省爱卫会、省卫生厅《关于加强健康宣传教育的意见》，有17个地、市、县成立了健康教育机构，编写出版了农民健康教育读本10万册。

三、整顿乡、村卫生组织，农村三级医疗卫生网进一步健全。①重点建设中心卫生院。有182个中心卫生院达到建设标准，占全省中心卫生院总数的50%；②优先扶持贫困卫生院；③按照集体办医为主的原则整顿村级卫生组织。全省有20 420个村卫生所达到省颁标准，占行政村总数的75%。对乡村医生和个体医生全面进行登记、考核考试和发证工作。

四、多方集资，拓宽农村卫生资源。① 以县、乡政府为主筹集资金1 000多万元，完成了182个中心卫生院的配套建设；② 调整卫生经费分配比例。吉安、抚州、宜春等地区卫生局将每年设备专款的80%用于农村卫生院，其他地市也从卫生事业费中调剂一定经费为乡镇卫生院购置适用医疗器械，按计划统一装备。中医、防疫、妇幼等专项经费分配，也优先考虑农村基层需要；③ 依靠社会和群众力量共同建设农村卫生事业。省卫生厅与省老区建设办公室共同投资770万元，重点建设87个老区特困乡卫生院，新建房屋面积54 805平方米，添置医疗设备175台（件）；④ 接受国际援助项目11个，援助总额200多万美元。九江区域卫生发展项目贷款1 700万美元。香港爱国人士在赣南老区投资83万元，建设项目5个。

五、采取多层次多形式办学，加速农村卫生技术人才培养。高、中等医学院校实行“三定”政策，每年为县和县以下卫生单位输送高、中等医学院校毕业生3 000多人，在办好本科医学教育的同时，注重发展专科医学教育。全省医学专科招生数由1978年的200多人，增加到1990年的1 250人，并根据农村需要，各地、市卫生学校增设了放射、检验、口腔、中药等急需专业，每年为农村培养中等卫生技术人员1 500多人。17所县卫生职业技术学校每年招收乡、村卫生人员2 000多人。全省建立了110多个省、地、县级进修基地，每年培训县及县以下卫生人员5 000多人次。为减轻农村卫生院负担，省卫生厅规定县及县以上医院每年免费为贫困地区卫生院培训人才，并纳入年度卫生工作目标管理。县以下农村卫生技术人员已占全省卫生技术人员总数的56.2%。

六、组织城市医疗卫生单位支援农村卫生工作。1990年全省组派了230个医疗队900多名医务人员分赴老区和贫困地区乡卫生院工作。为支援疫区血防工作，县以上医院抽调了500多名医务人员组成血防医疗队分赴疫区查病治病，抢治晚期血吸虫病人2 134名。省直医院分别与35个老区县挂钩，进行技术指导，共做大小手术8 000多例，抢救病人5 000多人次，培训技术骨干400余人。省医药学会组织专家、教授到农村开展业务讲课，疑难病症会诊及技术咨询等活动。

（管东长）

山 东 省

基本情况 与1989年相比，1990年山东省有各类卫生事业机构11 040个，增加333个，增长3.11%；医院病床159 556张，增加4 260张，增长2.74%；专业卫生人员306 509人，增加10 282人，增长3.47%；卫生技术人员240 955人，增加6 842人，增长2.92%。

治理整顿和深化改革 1990年，省政府印发了《山东省人民政府批转省卫生厅关于卫生工作治理整顿和深化改革的意见的通知》；省长办公会议确定了“要继续完善和推广即墨县卫生改革经验”等5点意见；召开了由16个市、地政府、行署秘书长参加的全省卫生工作会议。具体措施有：

1．保持卫生改革政策的稳定性和持续性。1990年全省医疗卫生单位的领导体制、管理体制保持不变，并加以完善。尽管如此，但所有医疗卫生单位都重视了发挥党组织的核心领导作用，及其对行政业务的监督保证作用。原实行综合承包责任制的单位，进一步改善服务态度，提高服务质量，建立了严格的考核监控制度。体现社会效益第一。业余服务、兼职服务、有偿与无偿服务、横向联合、专家门诊等政策措施，都在继续执行中得到了完善。

2．纠正办医乱、乱办医现象。省卫生厅颁发了《山东省个体开业医管理办法》。全省共取缔非法个体医1 924家，查处游医药贩3 011人次。

3．加强医疗收费管理。省卫生厅宣布取消33个滥收费项目。各单位对合理收费的项目，明码标价、张榜公布；对住院病人的费用，实行结算单制度。省物价、财政、卫生部门配合，调整出台了1 524个新项目的收费标准。

4．加强药品管理工作。对全省的药品生产、经营企业和医疗单位制剂室进行检查验收。其中208个药品生产企业、652个药品经营企业、347个医疗单位制剂室，分别领取了《药品生产企业许可证》、《药品经营企业许可证》、《制剂许可证》。未获得“许可证”的，从1991年1月1日起，一律停止活动。依法查处了山东省立医院、齐鲁制药厂制售假干扰素案，共没收非法所得37万元。

5．重视依法行政。全省各级卫生行政部门和执法单位加强了法制工作。省卫生厅组织学习《行政诉讼法》，重点培训执法骨干。据统计，省和市、地共有4 904名卫生监督员参加有关行政诉讼的短期培训；有300多名负责卫生监督工作的领导干部，参加了法律知识培训班。卫生厅和部分市、地卫生局成立了行政复议委员会，指定了应诉代理人。目前全省有各类药品、卫生监督员15 000多人，比1983年增加了10倍。

疾病防治

1．传染病防治。1990年7～9月，山东部分地区遭受了近百年来罕见的洪涝灾害，水源污染严重，随时可发生传染病暴发流行。

省卫生厅派出了由山东省立医院、山东医科大学附属医院、山东省千佛山医院、山东省卫生防疫站组成的3个救灾防病医疗队，到重灾区参加防病治病工作。各地也采取了防治措施。使灾区大灾之后无大疫。全省传染病总发病率下降。截止10月底，19种传染病总发病率比1989年同期下降19.61%，痢疾、伤寒、脊髓灰质炎、流行性出血热、狂犬病等重点传染病的发病率下降幅度均在40%以上，其中痢疾下降84.47%。

2. 儿童计划免疫。围绕第2个85%的目标，各级政府卫生行政部门和防疫机构层层实行了目标责任制，加强了计划免疫专业队伍建设，继续实行儿童计划免疫保偿制。据全省各地自行考核结果统计，在全省134个县（市区）中，已有130个达到第2个85%的目标要求。

3. 卫生工作。食品卫生：强化了监督执法，开展创建食品卫生达标县活动。1990年监督检查食品生产、经营者49万多户次，处罚违法者26万多户次，罚款46万余元。经省考核验收，海阳等9个县达到了食品卫生县的标准。据监测，全省食品卫生合格率为81.44%，比1989年提高了2.7个百分点。

劳动卫生：进行了尘肺病现状调查，并通过了国家验收。山东获5个全优奖省市的第1名。

妇幼卫生：继续开展甲级妇幼保健站达标活动。蓬莱、莱西、平度、胶南等18个县的妇幼保健站达到了标准；全省累计，已有48个达标的县级站。婚前健康检查于1990年进行试点，有29 022人受检，查出疾病患者2 252例。省家庭优生优育知识竞赛代表队在北京举行的全国比赛中荣获一等奖。

4. 爱国卫生运动。1990年，济南、青岛、烟台、海阳等18个城市和县（市、区）达到了省级卫生城市、县城标准。目前，已有35个城市和县城达到省级标准。威海市荣获全国第1个国家卫生城市称号。泰安市泰山被命名为全国第1个文明卫生山。烟台市所辖11个县（市、区）全部达到了省级卫生城市、县城标准。在全国城市卫生检查评比中，济南市被评为全国“十佳卫生城市”，青岛市被评为卫生城市；烟台市、枣庄市被评为地市级卫生城市；莱州市、滨州市被评为县级卫生城市。

1990年又有8个市、地通过省级灭鼠达标鉴定，至此，全省已有16个市地灭鼠达标。

截至10月底，东营、泰安、枣庄、潍坊、淄博5市已完成或超额完成省分配的农村自来水建设任务；济南、惠民、菏泽、聊城4市、地已接近完成；青岛、临沂、烟台、日照4市、地完成了任务数的一半以上。1990年，有624个村完成了防氟改水工作，使40万病区人民吃上了低氟卫生水。

初级卫生保健

1. 各级政府重视。省政府印发了《山东省卫生工作协调委员会成员单位职责》、《山东省农村实现2000年人人享有卫生保健规划目标》，召开了全省农村初级卫生保健工作会议，并和有关的副市长、副专员签定了实施初级卫生保健目标责任书。青岛市政府确定，按农民人均收入的3‰筹集农村卫生基金，1995年前实现县级卫生事业经费占年度财政支出8%的指标，市财政每年拨款100万元，连续3年，用于中心卫生院建设。枣庄市卫生局抽调了398名干部协助85个乡镇政府制定实施初级卫生保健规划。莱州市的初级卫生保健工作已经过卫生部中期评估，是全国第1个达到最低限标准的市（县级市）。

2. 加强基层卫生机构建设。省政府确定，从1990年到1992年，全省要建设好300处中心卫生院，使之在人员、设备、房屋、管理上达到四配套，能防能治，充分发挥区域性初级卫生保健技术指导中心的作用；省每年拿出500万元用来购买中心卫生院所需的医疗设备，其他三方按比例投资，自定数额。潍坊市寿光县各乡镇政府近两年内，从乡镇企业、集体企业和农民个人收入中筹集资金918万元，为乡镇卫生院新建和改建房屋24 150平方米，购买大、中型仪器设备269台件。青岛市辖平度市近4年来共筹集农村卫生基金400万元、乡镇卫生院建设专项基金560万元。到1990年底，全省有1 933处乡镇卫生院（占卫生院总数的90%）划归乡镇政府管理，乡镇政府几年来累计投资超过1.2亿元，使45%的卫生院改变了面貌。地方各级政府重视行政村卫生室建设莒南县投资400多万元，使80%的行政村重建集体办卫生室。枣庄市在半年内新建和恢复村卫生室167个；由个体办转为集体办的卫生室有861个；1 122个卫生室建立健全了管理制度；全市由村集体办的卫生室占村总数的93%。目前全省行政村为89 510个，有97%的行政村建立了卫生室，其中坚持村集体办的占80.64%，达到甲级卫生室标准的占集体办卫生室总数的43.72%。近12万名乡村医生经过职称评定考核后，有60 467人取得乡村医师职称，42 412人获乡村医士职称。

医学教育与科研 1990年，全省中等卫生学校招生6 679人，共有在校生19 183人；招收职工中专生2 000人，共有在校生近6 000人；招收职业中专生3 000人左右，共有在校生12 000人。高等医学院校招生2 792人，共有在校生11 837人。为提高基层卫生技术人员的业务素质，共举办培训班、学习班48个，培训了2 500人次。举办大专专业证书班13个，参加学习的802人。安排到省级医院临床进修的为500多人。

1990年，新上科研项目49个。59项获省科委科技进步奖（一等奖1项，二等奖15项，三等奖43项）；80项获省卫生厅奖（一等奖3项，二等奖25项，三等奖52项）；1项获卫生部科技进步三等奖。

中医工作 省政府作出《关于加强中医工作的决定》。全省已基本实现县县有中医院或门诊部的目标要求。全省选出中医药专家16人带徒。全年共完成科研计划课题32个，其中已通过鉴定的28个。获国家科技进步奖1项，省科技进步奖7项。有21项成果参加了全国科技成果展览和全国首届中医药文化博览会。

思想政治工作 卫生系统开展了学雷锋、学白求恩、学共和国卫士，创优质服务、创文明单位、创四有队伍活动。省思想政治工作研究会在全国卫生系统思想政治工作研究会第2届年会上荣获“优秀研究会”称号；在中国职工思想政治工作研究会第6次年会上荣获“全国优秀研究会工作奖”。省卫生厅制定下发了《关于纠正行业不正之风的若干规定》。有5 678名干部和职工被各级评为先进工作者。

（张忠田）

招远县在改革中完善和发展合作医疗制度

山东省招远县有16个乡镇、729个行政村，实行乡镇、村两级合作医疗制度。全县有622个村实行村级合作医疗，占行政村总数的85.3%；有694个村参加乡镇级合作医疗，占行政村总数的95.2%。全县有51万农民享受合作医疗保健服务，占农民总人数的96.9%。

招远县对原有合作医疗制度进行了改革：①在所有制上，改单一模式为多种形式。各乡镇、村根据不同情况和群众意愿，可搞村办、乡镇办或乡镇、村两级联办。②在资金筹集上，改集体为“三个一点”，即乡镇政府、村集体、农民个人各拿一点。③在费用报销上，改实报实销为分级按比例报销。一般做法是：实行村级合作医疗，在村卫生所看病的，报销其医疗费用的30～70%；参加乡镇级合作医疗、在本乡镇卫生院住院治疗的，报销50%左右；经卫生院介绍到上级医院住院治疗的，报销30%左右。特殊情况，由乡镇、村两级合作医疗领导小组另行确定报销比例。④在合作范围上，改医疗单项合作为预防、医疗、保健、康复全面合作。在参加合作医疗的51万农民中，有8.7万人同时参加了计划免疫保偿；1万多人参加了母婴保健保偿；1.8万多残疾人同时享受社区康复服务。⑤在经费管理上，改单纯经验管理为科学管理和民主监督。已建立的规章制度有：专账专户制度、“一支笔”审批报销、单据制度、办事公开制度、监督和检查制度等。

招远县之所以能坚持改革，不断完善和发展合作医疗制度，最根本的原因有两条：①县领导关心农民群众的疾苦，重视农村合作医疗的建设。1990年，县政府召开了全县卫生工作会议、电话会议，要求各乡镇政府、村民委员会办好合作医疗；制定下发了《关于巩固发展农村卫生组织和合作医疗制度的意见》、《关于颁发〈招远县农村合作医疗章程〉的通知》、《关于颁发〈招远县农村合作医疗评价标准〉的通知》等文件。②不断优化合作医疗的大环境。首先加强乡镇卫生院建设，使之能胜任乡镇、村两级合作医疗的管理工作。1990年，县和乡镇为5个卫生院投资195万元用于改造房屋，66万元用于更新设备。其次坚持村集体办卫生所，建设一支结构合理、思想过硬、技术熟练的乡村医生队伍。目前该县村村都有村集体办的卫生所。自1985年以来，村集体向卫生所累计投资130万元，用于建设房屋、购买设备。全县有乡村医生1 053人，其中主治医师94人，医师522人，医士311人。

（张忠田）

河南省

基本情况 1990年底，全省有卫生机构8 676个，床位182 122张，卫生人员270 573人，其中卫生技术人员222 771人；与1989年相比，机构减少4.5%，床位增加1.43%，人员增加2.16%；主要卫生机构有：县及县以上医院765所，区、乡（镇）卫生院2 035所（其中中心卫生院557所），疗养院所12个，门诊部所5 142个，专科防治所、站45个，卫生防疫站189个，妇幼保健所、站138个、药品检验所131个，医学科研机构8个，高等医药院校7所，中等医药学校42所（含24所职业中专），县级卫生学校83所。

卫生改革和治理整顿 1990年，河南卫生部门主要抓了治理整顿医疗卫生秩序，纠正行业不正之风的工作。

贯彻了省政府颁布的《河南省医务人员个体开业暂行管理办法》和卫生厅《关于清理整顿医疗机构若干问题的实施意见》。取缔无证行医和不合格的社会办医疗机构891家、个体开业医13 044个，处理了一批游医药贩。

在医疗卫生机构内部，进一步完善了目标管理责任制和综合承包责任制，改进了专家门诊、业余服务、医疗联合体的管理，推行了医疗质量否决权制度，强化了约束机制。在纠正行业不正之风中，以治“乱”、治“差”为重点，建立了明码标价、开门评院和群众监督制度，查处一批违纪案件。省卫生厅组织力量对重点县卫生事业建设等5项资金使用情况进行了检查。

为解决医疗收费标准过低问题，河南物价、卫生部门本着有升有降、合理定价的原则，1990年对医疗收费标准作了较大调整，使医疗收费项目从1 300项增加到2 600多项，同时取消了一些不合理的收费项目。

农村初级卫生保健 各市、地、县贯彻了省政府《关于加强农村卫生工作的决定》和初级卫生保健会议精神，层层建立了由政府牵头、各有关部门参加的初级卫生保健委员会。淮阳、伊川、清丰、密县等21个试点县工作顺利开展。

继续加强县、乡、村三级医疗卫生网的整顿建设。有关方面共投资700余万元，对30个县防疫站、17个县妇幼保健所、17个县药品检验所进行了重点配套装备，并资助20个县医院解决了病人取暖锅炉问题。省和市、地投资500万元，新安排了100所农村中心卫生院的建设，至此，河南省政府关于“七五”期间建设500所中心卫生院的计划已经全面落实。省卫生厅制定了《农村卫生所管理办法》，坚持以集体办医为主，多种形式并存，一村一所或一所多室的原则，开展了创办甲级卫生所活动。村办或群众集体办的卫生所已从1988年的11 700个增加到21 866个，增加86.89%，同时还有乡村医生集体办的村卫生所6 977个。实行合作医疗、集资医疗减免医药费的村也从1988年的88个恢复发展到470个。据1990年底统计，全省农村共有乡村医生103 994人，卫生员33 629人，接生员33 532人，共设医疗点80 669个，平均每个行政村有医疗点1.7个。

省、市、地级医院和300张床位以上企业医院开展了卫生支农活动，与县、乡医疗单位实行挂钩支援。1990年有1 000多名医务人员到农村服务。

卫生防病 以综合防治肠道传染病为重点，开展了农村改厕、改水和计划免疫等工作。1990年全省共报告甲、乙类传染病200 943例，发病率234.99/10万，比1989年下降26.49%，其中痢疾下降43.62%，伤寒下降31.91%，疟疾下降56.3%；本年又有19个县达到基本消灭疟疾的标准，全省先后已有103个县、市基本消灭疟疾。对689万名中、小学生进行了驱治肠寄生虫病工作。但部分地区出现了乙型脑炎暴发流行，发病9 511例；脊髓灰质炎也在局部地区流行，发病984例。性病仍在继续蔓延，全年共发现淋病1 859例，其它性病31例。

农村推广“双瓮漏斗式”厕所工作由点到面逐步展开。全省已有69万多农户用上了这种新厕。新增改水受益人口466万，其中自来水受益人口318万；至此，全省农村累计改水受益人口已达6 423万，占农村总人口的86.28%；其中自来水受益人口2 250万，占农村总人口的30.23%。

计划免疫集中力量实现以县（市）为单位的第2个85%的目标。全年增加脊髓灰质炎糖丸疫苗1 480万人份。

全省有24个城市参加了创建国家卫生城市的活动。南阳市被评为全国县级市“卫生城市”十佳之一，洛阳市获得“卫生城市”称号。洛阳市进入全国“灭蚊先进城市”、郑州市进入全国“灭鼠先进城市”行列。

卫生监督执法。全省已有传染病管理监督员、食品卫生监督员、公共场所卫生监督员4 000多名。食品卫生监督覆盖率不断扩大，食物中毒起数、人数分别比1989年下降49.03%和30.46%。完成了尘肺流行病学抽样调查工作开展了乡镇工业职业卫生服务需求与对策的研究。

地方病防治。全年共完成降氟改水工程321处，受益人口28.3万；全省已累计完成降氟改水工程4 165处，受益人口358万余人。对碘缺乏引起的地方性甲状腺肿，重点加强了碘盐的产、供、销各个环节的管理和碘盐质量的监测。全省727个病区乡、镇中，有434个实行了塑料袋小包装供应碘盐。经过检测，全省地方性甲状腺肿病情基本稳定，大骨节病、克山病发病率也呈稳定下降趋势。

结核病防治。除普遍开展卡介苗接种外，全省有114个县、市推行了统一化疗方案，1990年正规治疗管理肺结核病人27 617例。

第3次流行病学抽样调查结果表明，本省结核病患病率比1985年下降 26.57%，结核菌痰涂片阳性率下降30.11%。

学校卫生工作。防治近视、龋齿、肠寄生虫病工作取得进展。

中医工作 投资2 640万元的省中医院已基本竣工并试开诊。省中医管理局直接投资110万元为28所中医院增添了大型设备；拨款128万元对15所中医院进行了重点资助；使17所县中医院达到国家规定的建设标准，全省县中医院累计达标总数达到54所。召开了全省中医院管理研讨会，提出了今后3年各级中医院的奋斗目标。制定了《中医护理系列文书书写规范（试行）》及《中医院护理质量考核标准》。举办了胆石症中医疗法、中医儿科、中医护理师资等专科专病学习班，促进了中医院专科建设。委托河南中医学院举办的中医《专业证书》教学班，共培训在职中医药人员1 160人。高等教育中医专业自学考试全面展开，共有14 712人报考。加强了中医科研工作，共获得中医科研进步奖11项，其中部（局）级1项，厅（局）级10项。选报16位老中医作为全国名老中医药专家，将选定中年助手跟师继承。

妇幼卫生 加强城乡孕产妇和围产儿的保健，城市孕产妇系统保健覆盖面为60%以上，农村为40%以上；7岁以下儿童系统保健覆盖面城市为50%以上，农村为30%以上。新法接生住院分娩率为65%。孕产妇死亡率、婴儿死亡率在原有基础上均有所下降。成立了河南省优生优育协会，开展了优生优育宣传和技术指导。全年共完成节育手术454万例。

医学教育 围绕开发农村卫生人力问题，组织专人对40个县、200个乡、200个村的农村卫生人力现状进行了调查研究。省政府批准成立的省卫生函授中等专业学校已在各市、地建立17个管理站，选定38所县卫生学校作为分校，而向农村首次招生4 000名。18所中等卫生学校招生3 943人，24所卫生职业中专招生1 949人，扩大了农村“三定”比例，并根据人才需求变化，适当调整了专业，加强了师资队伍和实验室的建设。

药品监督管理 完成了对全省药品生产、经营企业和医院制剂室的审核发证工作，先后核发《药品生产企业许可证》182个、《药品经营企业许可证》1 305个、医院《制剂室许可证》204个。同医药、工商管理部门配合，整顿了医药市场，依法取缔、关闭药品经营企业1 309家。

思想政治工作 在卫生人员中进一步加强了社会主义、爱国主义和集体主义教育，开展了以学习雷锋、白求恩和焦裕禄为主要内容的“三学一送”（为病人送温暖）、“三学一竞赛”、“双佳测评”等活动。评选出全省卫生文明先进单位200个、先进工作者800名。在全省卫生系统组织了先进模范事迹报告活动。卫生系统思想政治工作研究会和医学伦理道德研究会开展了工作。录制了医德教育录像片。

（曾繁玉）

逐步推广“双瓮漏斗式”厕所

1989年10月初，河南省爱国卫生运动委员会在虞城县总结推广“双瓮漏斗式”厕所的经验后，引起了各级党政领导和有关部门的重视。国务委员李铁映同志在看到新华社记者有关河南改厕的报道后，批示“这个发明很有启发，能推广，特别在血防地区能否推广，请研究。”3月16～18日，全国爱卫会副主任、卫生部长陈敏章率领爱卫办、农业部、建设部有关负责同志和南方12省、区卫生厅长，到河南虞城、扶沟考察了“双瓮漏斗式”厕所，给予了肯定，并要求一切有条件的地区学习推广。

不少县、乡政府都把改厕管粪作为农业增产和卫生文明的一项重点工作来抓。濮阳市政府到清丰县农村搞了试点，并召开了现场会推广试点经验，使改厕工作迅速展开。到1990年底，全省已有65万农户用上了这种新厕。推广较快的如扶沟县，已有76 500户改用新厕，占农户总数60.4%；清丰县改厕农户达48.24%；伊川达46.4%，于城达32.5%，郸城达36.4%。厕所的结构和材料亦有新发展，如虞城县原使用“三合土”夯瓮、水泥预制漏斗，现已有工厂预制陶瓷或塑料的漏斗和贮粪瓮。

（曾繁玉）

农村中心卫生院建设

为加强农村卫生工作，河南省政府于1985年底作出决定，由省拨出专款，资助各地在“七五”期间分期分批建设500所农村中心卫生院，使每个县都有三五所中心卫生院，成为农村区域性的医疗卫生技术指导中心，方便农民就近防病治病。

从1986年起，省每年投资400万元，市、地配套资金100万元，资助100所中心卫生院建设，有关县、乡也筹集了必要资金。到1990年底，这一计划已基本完成。省和市（地）、县、乡共投资4 450万元，改建或新建卫生院用房33万平方米，增添了价值1 350多万元的医疗器械设备，使这些中心卫生院的房屋设备条件明显改善。

省和各级卫生部门注意优先为中心卫生院分配适用人才，并培养在职卫生技术人员。省卫生厅还专门为其培训短缺的放射专业人员500名，检验专业人员500名。

通过以上努力，农村中心卫生院的整体防病治病能力有了明显提高，成为当地区域性技术指导中心。绝大多数中心卫生院装备了200 mAX线机，开展了X线诊断和生化检验，能进行“三衰”（心、肾、呼吸）抢救、中毒抢救、下腹部手术和一般难产处理。

（曾繁玉）

湖 北 省

基本情况 与1985年相比，1990年全省卫生机构增加到10 472个，增长5.94%；医院病床增加到131 579张，增长14.22%；卫生专业人员发展到267 584人，增长13.46%；其中，卫生技术人员发展到209 153人，增长13.17%；其他技术人员发展到5 935人，增加1.71倍；行政管理和工勤人员发展到52 460人，增长9.13%。私人开业人员降到2 910人。

全省农村有卫生室的村占行政村的比重，由1985年的89.02%下降到1990年的83.90%；乡村医生和卫生员由64 819人减少到59 760人，降低7.81%；其中乡村医生由29 504人增加到33 429人，增长13.30%。

全省卫生事业费预算执行数由1985年的19 083.26万元、人均3.87元，增加到1990年的35 982.9万元、人均6.69元；卫生部门实际完成基本建设投资由8 495.64万元上升到11 248万元，上升32.4%。

1990年底，湖北总人口为5 396.92万人，出生率为24.32‰，死亡率为6.84‰，自然增长率为17.48‰。全省平均每千人口拥有医院病床2.44张，卫生技术人员3.88人，医生1.61人，医师1.23人。人口期望寿命城市为72.37岁、农村为68.97岁。

整治“三乱”纠正行业不正之风 1990年省卫生系统重点整治“乱收费”、“乱办医”、“办医乱”。省卫生厅成立了整治“三乱”领导小组，下发的《关于制止和纠正医疗乱收费的通知》中，取消了14项不合理、不合法的医疗收费。省卫生厅会同省物价局、财政厅联合制定了《关于切实整顿医疗收费和加强医疗收费管理的通知》，整顿、取消不合法的收费20余项；降低CT、B超、体外震波碎石机的收费标准；提高挂号费、住院费、注射费、三大常规检查费4项标准；增设病室综合处置治疗费、手术材料费2项收费项目。同时，整顿专家门诊收费，药品作价差率；新技术、新设备开展的新医疗项目，可以按成本（不含工资）计收费用。各地普遍建立和实行了"两公开一监督"制度，把医疗收费管理纳入综合目标管理责任制，与单位领导和职工的奖金挂钩；设立物价、审计机构，配备物价监督员；对药品、医疗服务项目集中统一划价、统一收费；实行明码标价，并设立举报箱、举报电话，聘请社会监督员，接受群众监督。各医疗卫生单位发放奖金和业余服务收入补贴，一律由上级卫生主管部门审批发放。

维护正常医疗秩序，整治社会"乱办医、办医乱"的问题。省卫生厅、工商行政管理局、物价局、财政厅联合颁发了《湖北省社会医疗机构管理暂行办法》，对社会办医开业条件、审批手续、归口管理及奖惩等作出了具体规定。各地对现有3 978个个体行医进行整顿，没收伪劣药品7 239种，价值86.4万元，罚款9.74万元。

在"创建文明医院"活动中，坚持开展医德医风教育，规定新成员上岗前必须进行医德教育，并建立医德考核考评制度。不断完善内部监督机制，建立和完善各级质量控制机构，全面推进医疗质量管理。严格贯彻执行《湖北省医疗事故处理实施细则》。

卫生工作 1990年卫生工作重点是推行和发展农村合作医疗制度，推进农村初级卫生保健。全省农村实行合作医疗制度的村占行政村总数的9.4%。枝江县经卫生部组织的全国初级卫生保健试点县中期考评组检查基本达标。随州市、恩施市成立了初级卫生保健委员会。

继续坚持进行重点县（市）卫生事业整顿建设。1990年，对谷城、江陵、竹山、远安、嘉鱼5县投资总额为1 823.7万元，其中各县自筹982.8万元，省投资840.9万元。世界银行农村卫生项目贷款的11个县（市），利用贷款购置国内外医疗设备54个品目740台件，达334万多美元。同时培训各层次卫生技术人员13 174人次。被纳入我国与联合国儿童基金会、人口基金合作的"发展中国基层妇幼卫生、计划生育技术指导"项目的英山、鹤峰、利川、竹山、竹溪、长阳、通城、谷城8个贫困县，基本完成了项目基础调查以及逐级培训2 200余人次，并由省、地、县鉴定了项目配套资金使用方案，其中省1次落实配套资金210万元。建立了湖北省遗传医学中心和15个片遗传室。

1990年，全省分级下派1 070名卫生技术人员到基层工作。中等卫生学校招生6 280人，输送毕业生5 783名；职工中等卫生学校招生约4000人，毕业生3 000名。省级卫生进修基地举办各类专科班43期，培训2 150人。有计划地集中资金，对16个县级妇幼保健所（院）、17个县（市）卫生防疫站、36个中心卫生院及1个县分院的医疗器械进行装备。

加强重点传染病防治工作，防止了甲类传染病的发生，报告乙类传染病17种总发病数比1989年有所上升，但流行性脑脊髓膜炎等传染病发病呈下降趋势。乙型脑炎、脊髓灰质炎局部暴发流行，因及时采取措施，控制了疫情蔓延。在全国城市卫生检查评比中，武汉市被评为"卫生城市"、沙市和老河口市被评为"十佳卫生城市"。农村改水受益人数为60%，1990年新增改水受益人口2 600余万人。农村改建降氟炉灶3.2万户，增加受益人口13万人。

全省连续10年达到国家规定的普及新法接生标准，住院分娩率提高到42%，孕产妇系统管理率为31.73%、孕产妇死亡率为13/万。婴幼儿系统管理率为15%，婴儿死亡率50‰。普查妇女病123万人次，儿童健康体检为122万人次，首次开展了0～5岁儿童死因调查。

1990年，完成医学科研成果鉴定114项（包括中医、中西医结合科研成果13项），其中达到国际领先水平1项、国际先进水平12项、国内领先水平45项（其中国内首创3项），国内先进水平55项。获省科技进步奖二等奖7项，三等奖16项。省中医药研究院“抗风湿新药——雷公藤片”，获全国医药卫生科技成果优秀奖；湖北中医学院附属医院的“医用文字信息处理系统”，获中国中医药文化博览会银奖。

血吸虫病防治工作 1990年湖北省血吸虫病的病情位居全国第一，螺情列居全国第二。现有疫区人口846万人，耕牛26万多头，据抽样调查推算，病人有50多万，病牛有3万多头，钉螺面积114万亩（其中垸外75万亩，垸内39万亩）。省委、省政府下发了《关于加强血吸虫病防治工作的意见》增拨血防经费达1 150万元。1990年，全省灭螺覆盖面积为38万亩，病人治疗和扩大化疗40多万人。经考核，荆门市达到消灭血吸虫病标准。

国际交往与合作 1990年，省卫生厅派赴美国、德国、日本、苏联、泰国等国家和地区考察、访问、进修培训及参加国际学术会议的团组和个人共29批计56人。接待来自欧、美、日本等国的学者及国际卫生组织官员12批共45人。连续27年向阿尔及利亚派出医疗队，1990年派出轮换队员3批共98人。10月，省卫生厅会同省贸易促进会在武汉举办了国际先进医疗器械技术展览会，参展的中外厂商有16家，参观人数达1万多人次，展览会期间成交150多万美元。

（孙连明）

武穴市坚持合作医疗30年

到1990年，武穴市坚持合作医疗30年，目前这个市有303个村实行合作医疗，占352个行政村的93%；有51万人参加合作医疗，占54万农村人口的94%。全市村村设有卫生室（所），有乡村医生323人，卫生员306人，接生员255人。平均每村有医务人员2.4人。近几年，武穴市把合作医疗同实施初级卫生保健结合起来抓，目前该市已有8项指标基本达到或超过部颁标准，三项接近标准，均基本接近卫生部规定的阶段目标。武穴市的成功经验：①领导重视，常抓不懈；②坚持改革，完善制度；③因地制宜，群众办医；④注重建设，稳定队伍。

（孙连明）

湖南省

基本情况 1990年，全省有卫生机构10 552个，比1989年增加60个，其中卫生部门1 681个，工业及其他部门5 599个，集体所有制3 272个。机构总数中，医院4 191个，其中县及县以上医院597个；疗养院18个；专科防治站（所）75人；卫生防疫站145个；妇幼保健站（所）138个；药品检验所（室）112个；医学科研机构5个；高等医学院校4所；中级卫生学校13所。有卫生工作人员214 468人，比1989年增加4 701人，其中卫生技术人员176 384人，比1989年增加3 663人。卫生技术人员中，主治医师以上的中、高级卫生技术人员43 037人，占卫生技术人员总数的24.37%。全省共有病床146 758张，比1989年增加2 498张，其中卫生部门83 941张，工业及其他部门31 939张，集体所有制30 878张。

治理整顿与改革开放

1. 整顿内部管理工作，重点解决医疗卫生单位不合理的检查、用药、收费问题。主要采取4条措施。①推行全面质量管理，控制不合理检查和用药。全省已有1 233所医院实行了全面管理，有977所医院建立健全了质量监督体系，配备了3 960名质量监督员，聘请了1 300多名行政管理人员担任医政监督员。②接受群众监督，控制不合理收费。在全省县以上医疗卫生单位普遍设立了监督电话、举报箱和意见箱，聘请了一批社会监督员。有2 944个单位建立了药品价格、医疗收费标准和住院结算公开制度。③开展医疗收费自查自纠活动。全省有4 507个卫生单位全面开展了医疗收费的自清自查工作，占卫生单位总数的91%。自查出违纪单位676个，违纪收费项目60多个，违纪金额70多万元；停止收费项目30多个，处理违纪金额40多万元。④从政策上引导合理检查与合理收费。省卫生厅会同省物价局，降低了CT扫描及体外震波碎石等12个项目的收费标准，调高了住院费，增列了手术材料费。据8月份对省直10所医院的检查统计，与1989年同期相比，每门诊人次费用下降7%，每住院病人床日费用下降12%。

2. 治理外部环境，进一步纠正社会、个体办医、办药和办医学教育的混乱现象。全省共清理社会医疗机构6 222个，个体开业行医7 709个，医疗机构的分院和联合体1 359个；整顿不合格药店702个，取缔无照药品经营单位和个人1 311家，整顿不合格药品生产单位142个；全省各级药政部门严格执行《药品管理法》，取缔非法经营549家，停业整顿或吊销许可证480家，对829个单位实行罚款，罚款金额为53万元；取缔乱办学13所，乱办班21个，控制了无计划招生，中等卫生学校自费生招生控制在总数的14%以内；全省统一组织对5 850名个体开业行医人员和18 072名中药从业人员进行了两次考试，淘汰了约⅓。

3. 稳定改革政策，促进卫生事业的健康发展。主要采取了两条措施：①完善卫生体制改革。对移交乡镇政府主管的乡镇卫生院，采取完善、巩固、提高的措施。继续发展以开发和扩散技术为中心的医疗联合体，提倡工矿企业、部队及其他部门的医疗机构向社会开放。建立健全院（所、站）长负责制和技术经济责任制。②推进卫生事业运行机制的改革。全省县以上医疗卫生单位坚持开展有偿服务，总收入达1 093万元；有122个单位开办了与卫生服务有关的第三产业和工副业，总产值达610万元。

4. 坚持对外开放，吸引外资。1990年，湖南省被确定为世界银行农村改水贷款项目省，19个县为农村改水项目县。湖南还被确定为世界银行血吸虫病防治、结核病防治贷款项目省。郴州地区卫生学校争取到华夏基金会资助10万美元，以加强检验专业实验室建设；省寄生虫病防治研究所加强了对外科技交流与合作，1990年中获得世界卫生组织等国外科技交流与课题合作经费和设备经费100余万元。

农村卫生 全省初级卫生保健试点县发展到20个，67个乡被确定为试点乡。全年集资976万元，对79个农村区（中心）卫生院进行了重点建设，新建房屋5.4万平方米，购置设备974台件，有300所区（中心）卫生院达标；共投资759万元建设了203所乡卫生院，建房7.6万平方米。全省现有村卫生室40 786个，占行政村总数的86.7%，其中达到“六有”建设标准的26 370个，占村卫生室数的64.6%。全省有乡村医生35 147人，卫生员24 863人，接生员44 496人。全省有336个村实行了医疗保险制度，1 411个村实行了劳保医疗制度，830个村实行了合作医疗或集资医疗制度，享受合作医疗或集资医疗的农民为120多万人。1113个乡继续推行妇幼保健基金制和保偿制。

衡阳医学院、湖南中医学校、湖南医科大学分别开办了农村医疗大专班，各招收学员60名。湖南电视大学分校和职工中等专业学校开设大、中专医疗、护士等专业，共招收在职学员4 000余人。13所中等卫生学校加强了短缺专业的建设。为农村培养乡村医生的46所县卫生职业技术学校已基本完成配套建设任务，有近万名在校生，5 000余名毕业生中有35%已安排到农村基层卫生机构从事医疗预防保健工作。医学夜大、函大、自学考试为农村在职医务人员提供了学习机会，开办的专业有医疗、高等护理、药剂、检验、放射、口腔、统计学等，就读学生达1万多人。

医药科技工作。确立了省科委“八五”攻关课题47项，通过鉴定的科研成果64项，其中达到国际水平的2项，国内先进水平53项，省内先进水平9项。重点开展了面向农村的科研成果推广工作，建立了科技成果推广网络，在全省完成了6项科技成果推广工作，共举办全省性成果推广学习班22期，培训学员1 579人。

预防保健 1990年，共投资1 151万元，为79个卫生防疫站建房4.65万平方米，购置设备494台件，共投资729万元为46个妇幼保健站建房2.6万平方米，购置设备407台件。全省139个地、县妇幼机构中有56个设备基本配套，62个有了业务或生活用房。6月14日，成立了中华人民共和国长沙检疫所。桃源、望城等17个县、市(区)计划免疫工作达标，累计已有5个地、市、101个县、市（区）计划免疫达标，占全省县、市（区）80%。1990年，湖南省有30个县、市遭到洪涝和干旱灾害，灾区一些地方发生了肝炎、伤寒、痢疾和乙型脑炎局部暴发流行。省卫生厅共下拨了价值50多万元的防治和消杀药品；全省各级卫生部门共派出100支、680多人参加的巡回医疗队和防疫小分队深入灾区和疫区开展防治工作。又有18个县疟疾防治工作达标，累计全省已有6个地、市，52个县（市）疟疾工作达标。69个地方性甲状腺肿病疫区县（市）已达到部颁“基本控制和消灭地甲病”标准。全省发现结核菌痰涂片阳性病人8 053人，对其中7 711人进行了治疗并管理；完成全国第3次结核病流行病学调查的34个点55 390人的现场调查任务。疟疾发病率下降27.26%；流行性脑脊髓膜炎下降22.28%；猩红热下降22.73%。对全省2 185例麻风病人实施了联合化疗。食品卫生合格率为81.7%；全省公共场所卫生监测覆盖率为45.98%，合格率为86.73%。宣传贯彻《学校卫生工作条例》，重点抓了农村学校常见病多发病防治工作的试点，获卫生部、国家教育委员会考核验收的小组第一和全国第二。香港至长沙直航飞机开通后，长沙卫生检疫所开展了出入境人员健康体检、签证，长沙口岸卫生检疫查验，进口食品监督检验等项工作。

血防工作。1990年1月，省政府发出了《关于加强血防工作的通知》；3月，省政府在岳阳市召开了全省血防工作会议；5月，省政府组织了省直21个单位100人参加的血防检查团检查督促全省的血防工作。9月，省人大组织了血防执法情况大检查。全省各级共新增血防经费1 150多万元。2 243个疫区乡镇以上政府成立了血防领导小组，县以上设立了办公室；疫区有1 212人从事血吸虫病预防工作，占专业人口总数的56%。急性血吸虫病发病数由1989年的2 122例下降到833例，比1989年同期下降254.74%；灭螺30.4万亩；治疗病人5.7万人，其中收治晚期病人5 578人；对家畜进行化疗8.7万头。

妇幼卫生以保健为中心，基层为重点，扩大妇幼卫生服务范围。全省全年实际接产63.2万人次，活产62.5万人次，全省新法接生率为97.13%，孕产妇住院分娩率为32.12%，孕产妇死亡率控制到5.45/万。

爱国卫生运动重点抓了改水、灭鼠、创建卫生城市工作。全省共筹集改水经费近4 000万元，解决了300万人饮用清洁卫生水问题，其中解决饮用自来水人数160万。累计全省已有3 900万农村居民饮水卫生条件得到改善，其中饮用自来水的人数为880万人。湘潭、衡阳、株洲达到基本无鼠害标准，被评为全省灭鼠先进城市。15个城市卫生达标，岳阳、长沙、益阳、洪江、汨罗5市被授予“全省卫生红旗市”称号，其中，岳阳市被全国爱卫会授予地市级“十佳卫生城市”称号。长沙市、湘潭市新建了健康教育机构。县级健康教育机构开展了健康教育达标活动，通过验收评比，有18个县（区）基本达到了县级考核的6条标准，累计全省有56个县（区）健康教育达标。《大众卫生报》全年发行16.2万份，成为健康教育的主要工具。电化教育与省电视台举办周末九点《健康话坛》节目，完成播出任务43期。

中医工作 主要抓了中医机构基础设施建设、科技兴院、中医带徒、法制建设等项工作。全省共投资1 236万元，为24个中医医院建房4.7万平方米，添置设备659台件。共筹集180多万元，重点支持了一部分中医职业技术学校的基础设施建设。在全省开展了中医医院急诊科室、供应室和中药汤剂室的达标建设，经检查验收，全省有22家急诊室、19家供应室、30家中药汤剂室达到了规定的建设标准。举办了全省性各种类型的科技成果推广班3个，推广中医、中西结合科技成果43项；面向全省推广中医药科技成果126项；举办中医骨科、外科、肛肠科等7个新技术学习班，共培训学员436人。1990年，全省中医医院新开专科门诊72个，增设专科病床320张，与1989年同期相比，门诊人次平均增长14.85%，住院人次平均增长14.84%。1990年，为名老中医招收学徒120名。1990年10月，省人大审议颁布了《湖南省中医管理条例》。

思想政治工作与医德医风建设 省卫生厅向全省发出了《关于切实加强卫生系统思想政治工作的通知》，召开了全省卫生系统思想政治工作会议，并成立了全省卫生系统思想政治研究会。各地（州）市卫生局也发出了相应的文件，召开了卫生系统思想政治工作会议。湘西自治州、怀化、邵阳、零陵等地、市组织了卫生系统社教工作队，开展卫生支农工作。省卫生厅结合行业特点制定了医德医风考核标准，并在全省建立了医德医风档案，作为今后职称评定、奖励升级的依据。各地、县卫生局开展了学白求恩、学雷锋活动，有重点地组织开展了各种形式的上街下乡（厂）义诊、义检和各种义务健康咨询活动。

（何汉文）

湖南省各级中医医院开展“科技兴院”活动

1990年湖南省中医管理局作出了《关于加强中医医院“科技兴院”工作的意见》，要求各级中医医院把医院工作的重点转移到“科技兴院”的轨道上来。“科技兴院”的基本内容包括两个方面：①依靠本院科技人员开展科学研究取得科研成果，以及挖掘、开发本院具有特色和优势的诊疗经验；②引进、移植院外的科技成果和诊疗经验为我所用。要求地（州）、市、县级中医医院把重点放在引进院外科技成果、诊疗经验上，并以引进那些具有中医诊疗特色、投资少、周期短、效益好、安全方便的项目为主。并要求各级中医医院的每个临床、医技科室每年至少要引进一项新技术、新成果或者开展一项新业务，而且每年要从业务总收入中提取1～2%的经费，用于引进科技成果、培训科技人员、添置诊疗设备、购买科技图书资料和开展科研工作。

省中医管理局选定岳阳市中医医院、华容县中医医院、衡阳市中医医院、浏阳县中医医院、衡阳市中西医结合医院作为联系点，召开试点医院工作会议，研究和布置搞好试点和总结经验以点带面，促进全面开展的具体措施。通过举办新技术新成果学习班、请专家审定项目、各级中医医院自行联系，以及省中医专业刊物推荐等多种形式，面向全省推广中医药科技成果共126项。省中医学会、中西医结合研究会围绕各级中医医院"科技兴院"活动开展了各种形式活动20余次、收到论文近1 000篇、参加学术交流近千人。衡阳市所属12所中医、中西医结合医院在"科技兴院"活动中，仅1990年上半年就引进开展新技术、新成果146项，投入经费60多万元。一部分中医医院根据医院专科建设的长远规划，结合本地实际，挖掘、开发了一批民间诊疗经验和技术。《湖南中医药信息》及时报道了各地中医药科技成果引进推广项目的方法和效益情况，加强了全省各级中医医院"科技兴院"工作的信息与交流。

9月，湖南省中医管理局主持召开了全省中医药科技成果推广工作会议。进一步明确了各级中医医院科技成果引进、推广工作应围绕保持和发扬中医特色来进行；围绕解决常见病、多发病的诊治来进行；要与挖掘开发本地独特诊疗经验结合起来；以及切实加强对中医医院"科技兴院"工作的领导。

据不完全统计，1990年，全省中医医院新开专科门诊80余个、增设专科病床320张、与1989年同期比较，门诊人次平均增长15%，住院人次平均增长14.84%，业务收入平均增加20%左右。

（胡国荣）

广东省

基本情况 1990年广东省有6 324.98万人口。全省共有卫生机构8 989个，比1989年增加41个，其中卫生部门增加22个，工业及其他部门增加19个。在卫生机构中，医院1 885个，疗养院（所）50个，门诊部（所） 6 353个，专科防治所（站）152个，卫生防疫站149个，妇幼保健所63个，药品检验所95个，医学科研机构17个，高等医药院校7个，中等医药学校31个，市县办卫生进修学校48个，其他卫生事业机构139个。全省共有病床总数124015张，其中医院床位114 056张，比1989年增加2%。城市医院的床位数增长了13.69%，中医医院的床位数增长了4.64%。全省共有卫生人员244 039人，比1989年净增3 458人，增长1.44%。其中卫生技术人员194771人，全省平均每千人口拥有卫生技术人员3.1人。在卫生技术人员中，私人开业医生有8 605人，比1989年减少554人。全省每村设医疗点1.4个，有乡村医生1人，卫生员0.7人，接生员1.1人。但分布不平衡，仍有1 711个村无医疗点，4 969个村无乡村医生。

清理收费 1990年，省卫生厅组织6个工作组，下到各市和厅直属单位检查督促清理医疗收费工作。印发了《广东省医疗卫生收费管理办法》、《关于纠正和取消不合理医疗收费项目的通知》，拟订了《广东省医疗收费统一项目目录》。对英德县中医院严重违反公费医疗管理规定，开人情方的错误行为进行了通报批评。深圳市卫生局对私分检验物品、收受病人钱物、开假化验单的严重违纪的医务人员给予党纪、政纪处分。1990年全省取消不合理收费和自定项目150多项，降低收费标准110多项。

整顿医风 贯彻国务院和卫生部电话会议精神，加强廉政建设，纠正卫生行业不正之风。卫生厅成立了领导小组，对全省医疗卫生人员提出"五不"要求：不冷、硬、顶和推诿病人及其家属；不索取和接受"红包"、"回扣"；不开人情处方、假证明和滥检查；不出医疗责任事故；不巧立名目乱收费。在全省表彰了187名白求恩式先进工作者、16个文明建设先进单位。

整顿医药市场 组织全省个体开业医生理论考试，有5 000多人参加，合格者占70%。全省共取缔无证行医者和药贩1 272人，销毁伪劣假药价值约142.6万元。表彰了34个药政工作先进单位和60名先进个人。有152个医疗单位制剂室、87个药品生产企业和214个药品经营企业办理了换证工作。

初级卫生保健 召开了全省初级卫生保健试点县工作会议，举办了初级卫生保健学习班，开展了试点县本底调查，完成了试点规划目标的进度和效果的中期评价工作。6月8日，省政府批准成立了省初级卫生保健委员会，印发了《广东省农村2000年人人享有卫生保健发展规划》，召开了有主管市长参加的省初级卫生保健委员会扩大会议。全省有11个市成立了初级保健委员会。全省各地开展了对乡镇卫生院和村卫生站的整顿建设工作。有72%的乡镇卫生院实行了县、镇两级领导，以镇为主的新领导体系。继续以省、市、县、乡镇四个一点的办法筹集资金，以加强卫生院的基本建设。有40%的卫生院做到自收自支略有结余；在国家补贴下可以维持的卫生院占42%；在国家补助下仍不能维持的为18%。健全市一级健康教育机构，开展计划免疫、戒烟及防治狂犬病、艾滋病、性病等宣传教育，与广东电视台创办了《环境·人口·健康》专题节目，《广东卫生报》由周刊改为半月刊。

防病保健 9月中旬，全省在南海县进行以县为单位计划免疫达标的预审工作，经审评全部达到目标要求。在全省范围内对7岁以下儿童全面进行小儿麻痹症糖丸疫苗的补服工作。麻风病患病率下降至0.035‰，比1985年下降了49.3%，达到基本控制标准的县（区）由37个增加到56个，达到基本消灭标准的县（区）由6个增加到18个。狂犬病疫情比1989年下降了56%。血吸虫病防治、鼠疫防治和消灭地方性甲状腺肿病、丝虫病的成果得到进一步巩固。全省婚前健康检查约20万对，城市围产期保健覆盖率比1989年增加10%，达到55%，农村孕产妇系统管理覆盖率为30%，儿童保健系统管理从1989年的10%提高到20%，约有50万名儿童得到监测管理。对计划生育手术人员进行培训、考核发证，全年共完成节育4种手术200万例，未发生重大事故。

爱国卫生 对19个城市卫生进行了检查评比。广州、深圳被评为“十佳卫生城市”，佛山、珠海获地区级“十佳卫生城市”，广州机场和湛江港获单项奖。农村改水提前1年完成国家“七五”规划指标，至1990年底止，全省农村饮用清洁水的人口为2 630万，占农村总人口的79%，其中饮用自来水的人口有2 570万，占农村人口的47.5%。

急救医疗 全省把急救医疗作为重点专科建设，县和县以上医院普遍建立了急诊科。广州市政府计划从1989～1991年3年内拨专款1 700万元，目前已拨1200万元，建设市急救医疗指挥中心和市属医院急诊科；省政府拨款100万元建设省人民医院急诊科，建立了广州“120”电话急救医疗指挥中心和25个医院中心急救站。1990年指挥调度救护车11 474次，指挥调度了“三三〇”火车站爆炸事件、“五一一”特大车祸和“一〇二”民航劫机事件及其他突发事件的救护工作。

（冯鎏祥）

潮安医院严格执行物价政策

广东省潮州市潮安医院，采取内部控制与外部监督相结合的办法，严格按标准收费，诊断医疗用药保质保量。近3年来，潮州市卫生局、物价局4次到该医院进行物价检查，共抽查中西药处方各400张，划价准确率分别为98.25%、99.5%；抽查中药72剂，秤量准确率为98.1%；抽查中药库97个中药品种，作价准确率为100%；历次检查均未发现伪劣、变质、失效药品，以及巧立名目，乱收费、乱抬价等现象。

该院经常进行物价政策教育。他们结合法制教育、质量教育和医德医风教育，利用各种会议，院刊和墙报等形式，向职工宣传执行物价政策的重要性。

该院实行价格标准化管理。做到：①统一作价标准。各种医疗服务收费价格一律以当地物价局、卫生局颁布的价格为标准；西药（包括制剂室生产的合格产品）以当地药品公司现行牌价为标准，加成率为15%；中药原药总成本价为进货价加运杂费和仓储损耗，加成率按国家规定的15～35%；②制订执价质量评价标准。规定西药每张处方划价和中药每剂划价误差在0.02元以上均为不合格，中西药百张处方划价准确率应≥98%，中药3剂总重量误差在5%以上为不合格，百剂秤量准确率应≥95%；③定员划价、调价、作价。中西药处方由各药房指定专人划价，临床科室医疗服务由当班护士及经治医师划价登记；④制订价格质量保证公约，共同遵守和监督。公约的内容包括：不准巧立名目乱收费或分解收费，不准个人或科室擅自收费，院部收费凭证一律实行三联单，医疗收费标准公开，不准任意作价或抬价，不准向私人或非法供销部门购进药品，不进不售变质、失效、伪劣药品。

院部设立了由财务、医务、药剂等部门领导组成的物价管理组，由一名副院长任组长，经常检查督促各科室对物价政策的执行情况。每季度组织1次价格自查、互查和药物盘点，评价执行收费标准和药品质量管理情况，及时纠正收费偏差和处理变质失效药品。并根据检查评价结果，奖励或扣除责任人考评分数。同时，把收费标准及主要药品价格公开张贴，向入院病人发送“评议卡”，设立举报信箱和意见簿，建立群众来信来访与接待制度。

（冯鎏祥）

广西壮族自治区

基本情况　1990年，全自治区（以下简称“全区”）人口为4241.6万人，出生率为20.20‰，死亡率为6.37‰，自然增长率为13.63‰。

全区有卫生事业单位5 791个；病床74 834张，平均每千人口有医院病床1.8张；卫生技术人员107 815人，平均每千人口有2.54名。

全区卫生事业经费支出决算22908.7万元，占财政支出决算的3.45%，人均有卫生事业经费5.40元。卫生基建投资完成额624万元。

清理整顿与深化改革　卫生厅继1989年底发布《广西壮族自治区个体开业医务人员和联合医疗机构管理暂行规定》之后，又制定了《社会医疗机构和个体开业医队伍清理整顿检查评价标准》及《社会办医院合格标准》，并与自治区教育委员会联合下发了《关于整顿社会办医学教育的意见》。各地全面开展了清理整顿工作，至1990年底，基本完成了对社会乱办医院（诊所）、乱办医学班、校及医疗卫生单位自订收费项目、医疗服务差的清理整顿任务。对符合条件的诊所、医院、医学班、校重新注册登记，发给开业执照，现全区有个体开业医13338人，社会办医院5个，社会办学20个。对医疗卫生单位加强了财务管理和审计监督及民主监督，纠正了自订项目及超标准收费的做法，对查出的违纪收费金额做出了处理。

各地加强了卫生宏观调控体系建设，实行了行业归口管理。如桂林市卫生局制订了宾馆饭店桑拿按摩单位的推拿按摩医疗保健服务管理、眼镜行业验光管理、气功医疗管理、刊登报道宣传医疗卫生信息和广告管理、个体开业医务人员和医疗联合体管理等项规定。

各医疗卫生单位普遍强化岗位的目标管理责任，完善措施，健全制度，开展医德医风建设，加强思想政治工作，促进医疗服务质量的提高。据梧州市统计，与1989年比较，查出并收归国家的违纪金额减少62%，违纪案件减少94%，医疗纠纷上访、信访率减少85%。卫生厅以社会评价方法对53所各级医院的9 891名病人与社会人群进行了调查，结果表明对医疗服务的满意率有明显提高。

农村卫生和预防保健工作 自治区人民政府批转了卫生厅《关于加强农村卫生工作的意见》和《卫生厅关于加强传染病防治工作的意见》，明确实施初级卫生保健是全区卫生工作的中心任务，确认了《广西实现“2000年人人享有卫生保健”规划目标的意见》，要求各级政府把这个规划目标纳入当地社会经济发展规划和政府的目标管理，作为考核政府政绩的一项具体内容，建立初级卫生保健委员会，下设办公室，配专职人员3～6人。提出了对在乡卫生院工作的卫生人员给予优惠等项政策措施。

卫生厅与财政厅联合下发《关于做好抢修我区乡（镇）卫生院危房工作的通知》，明确了资金筹集办法和在3～5年内消灭乡（镇）卫生院危房的期限。卫生厅从本级卫生事业费中安排了500万元补偿受灾害地区中50个乡卫生院的损失，使之尽快恢复工作。调整了100万元为基层无偿装备医疗器械。投资98万元，按计划重点装备了15个县卫生防疫站，投资70万元，装备了63个基层妇幼保健单位的医疗器械。

完成了16个妇幼卫生项目县和9个改水项目县的基本情况调查等项工作。

继续组织城市医院与农村医疗单位的对口支援活动，共派出支援人员68批、364人，基层受援专业135项，接收基层进修人员151人。成立了广西乡村医生培训中心，制订了《1991～2000年广西乡村医生培训规划》，召开了全区乡村医生教育工作会议，制订了乡村医生教育管理办法，开始了乡村医生系统培训工作。

召开了全区初级卫生保健试点工作会议，以推动农村初级卫生保健工作的实施。加强了农村救灾及医疗常见病、地方病的防治工作。据全区不完全统计，组派了70个医疗队342人到灾区山乡开展防病治病工作。卫生厅与水电厅联合下发了《关于做好血防灭螺工程维修工作的通知》。

工作进展 全区各级医院完成门、急诊医疗6159.9万人次，住院150万人次，出院145.9万人次。

1990年，全区发生法定报告传染病27种132 197例，死亡505例，与1989年比较，乙类传染病发病率上升22.22%，死亡率下降24.53%，发病较多的为肝炎、伤寒、痢疾等肠道传染病和脊髓灰质炎，占总发病数的88.35%。以县为单位全区“四苗”全程接种覆盖率94.68%。全区消灭血吸虫病的成果巩固。其它地方病，经自治区考核，有15个县达到消灭丝虫病标准，38个县达到消灭或基本消灭疟疾的标准，33个县达到消灭麻风病的标准，64个县达到控制地方性甲状腺肿的标准。

全区新法接生率为94.66%，住院分娩率为30.61%、新生儿破伤风发病率为2.31‰，产妇死亡率为5.38/万。

全区农村人口有60%的人用上了较清洁水，其中30%的人用上了简易自来水。

全区中等医药学校招收新生3 731名（普通中专2 847名，成人中专884名），高等医学院校招收新生1390名（普通高等医学院1122名，电大及卫生管理干部学院等招收成人生268名）。医学科研获科技进步奖项。

经自治区验收合格，82个单位获得“药品生产企业许可证”，1 955个单位获得“药品经营企业许可证”、81 个单位获得“医院制剂许可证”。全区抽检药品样品 3 552 件，合格率为 86.1%。抽检食品 23 315 份，合格率为 73.3%。

全区新建县级中医院 5 个，中医拜师带徒12名。

卫生厅印发了《中共广西卫生厅党组关于加强卫生系统思想政治工作的意见》。

（叶传城）

广西已控制疟疾流行

1990 年 10 月，卫生部派出疟疾专家组对广西疟疾防治工作进行了考察。全自治区累计有 36 个县达到基本消灭疟疾标准，2 个县达到消灭疟疾标准。1990 年全区血检 214 万多人，疟疾发病人数 1 456 人，发病率 0.34/万，居民原虫率0.06%。全区以县为单位，年发病率 5/万以下 9 个县，1/万以下67个县，没有疟疾发生的12个县。

广西疟疾流行历史悠久，疫情严重。经流行病学调查证实：广西媒介按蚊有 30 多种，主要传播疟疾的蚊媒为微小、中华、日月潭、嗜血等 4 种按蚊。疟原虫有恶性疟、间日疟、三日疟等 3 种。前两种流行较为普遍。

广西疟疾防治工作大体分为两个时期：

一、攻击期（1980 年前），此期主要分为 3 个阶段进行。

第一阶段（1958年前），主要针对传染源开展现症病人的防治工作；在一些高疟区对两年内有疟史者、带虫者和脾肿大者进行抗复发治疗。使年发病率、居民原虫率分别从 1954 年的 297.6/万与 18.93%，降至 1957 年的 124.6/万与 7.71%。

第二阶段（1958～1967 年），主要采取了对高疟区室内喷洒灭蚊；两年内有疟史者、带虫者、脾肿大者进行抗复发治疗；重点人群预防服药等综合措施，使年发病率和原虫率分别从 1957 年的 124.6/万与 7.71%，降至 1967 年的 7.2/万与 1.4%。

第三阶段（1968～1980 年），1968～1971 年，疟疾疫情出现回升。1972 年起主要采用了“三根治（疟疾流行低潮期、高峰前期和现症病人）、一预防（疟疾流行高峰期）和两喷洒（一年两次）”的综合措施，使年发病率和原虫率分别从 1971 年的 50.3/万与 7.10%，降至 1980 年的 4.76/万与 2.47%。

二、灭疟后期（1981～1990 年）。全区在健全基层三级（县、乡、村）管理与监测体系基础上，以自然村为单位，主要采取 4 项措施：①采取全面开展以血检发热病人为主，辅以重点村屯、病灶点的居民血检、间接荧光抗体试验的“查源拔灶”措施；②加强流动人口的管理与监测；③建立与加强灭疟联防工作；④采取重点攻克恶性疟及抗氯喹株疟疾的防治等综合防制措施。

（谢平　叶传城）

海 南 省

基本情况　1990 年海南省共有卫生机构 3 167 个，比 1989 年增加 256 个，增长 8.79%，其中卫生部门 471 个（含集体所有制 179 个），工业及其他部门 2 696 个。床位总数 21 620 张，比 1989 年增加 787 张，增长 3.78%，其中卫生部门 11 711 张（含集体所有制 2 669 张），工业及其他部门 9 909 张。卫生专业人员总数36 290人，其中卫生技术人员 29 225 人，比 1989 年增加 1 096 人，增长 3.90%。人员总数中，卫生部门为17 975 人（含集体所有制 4 229 人），其中技术人员 14 165 人（含集体所有制 3 540 人）；工业及其他部门为 17 125 人，其中卫生技术人员 13 870 人；个体医生 1 190 人。有乡村医生 1 720 人，卫生员 2 020 人，接生员 3 049 人。

预防保健　海南省政府转发了省卫生厅《加强领导做好儿童计划免疫工作的意见》

和《做好灾后卫生防病工作》的两个文件。省财税厅预拨150万元防病经费，作为购置疫苗、药械，调查、培训，以及基层卫生人员劳务费的开支。各级卫生防疫部门开展了对霍乱病查源灭源的监测工作，对腹泻病人做到“逢泻必检，逢泻必治”。检查外环境、重点人群和腹泻病人标本16 340份，均为阴性。省政府召开了全省计划免疫工作会议，对以市、县为单位实现第2个85%的计划免疫目标作出具体安排，并实行“双轨”责任制，做到“一包二查三落实”，即任务承包，反复检查督促，抓好经费和措施的落实。按照《海南省疟疾防治工作方案》，在山区开展了春秋两季灭疟活动，加强了联防和对重点地区传疟媒介的控制，推广用溴氰菊酯浸泡蚊帐防蚊，对室内外环境采取药物喷洒，对发热病人采血镜检。在7个市、县28个乡、镇开展登革热媒介控制工作，布雷图指数明显下降，全省没有登革热病例出现。全国第3次结核病流行病学抽样调查工作按期完成。全省10个艾滋病筛选实验室监测采样检查5 649人，均为阴性。据全省疫情不完全统计，1990年共发生法定报告传染病17种，发病总数和死亡例数比1989年同期分别下降41.07%和34.09%。

各级妇幼保健部门开展了妇科病普查和儿童健康检查，普查已婚妇女77 128人，患病22 081人；儿童体检100 879人，患病3205人，都得到了及时治疗。

爱国卫生 海南省为迎接第11届亚运会南端点火活动，开展了以治理整顿市、镇环境卫生脏乱差和防制“四害”为主要内容的爱国卫生活动。省爱国卫生运动委员会、省精神文明建设领导小组联合发出《关于开展1990年爱国卫生活动月的通知》，省爱卫会召开全省爱国卫生活动电话会议，省人民政府发出《关于认真抓好当前社会大卫生工作的通知》，并组成检查组。为防止“四害”孳生繁殖，省内5个气候区即海口、三亚、加积、营根、八所5个城镇进行蚊蝇季节消长监测的科研工作。购进广谱灭蚊幼乳剂24吨、超低容量电动喷雾器39台，灭鼠药300公斤，价值30多万元，免费或部分减免费拨给市、县使用。海口市获得全国城市“环境保护”奖。

省政府成立了省农村改水办公室。全年农村改水受益人数136.6万人，累计改水受益人数384.98万多人，占农村总人口73.7%。编印防治霍乱、疟疾、登革热和小儿麻痹症的宣传资料12万份，并在“计划免疫接种日”、“世界无烟日”、“全国母乳喂养日”等专题活动中，组织医务人员上街设咨询点，同时利用电视、广播、报刊等宣传工具，开展健康教育。

治理整顿 省卫生厅颁发了《海南省医疗市场管理暂行规定》、《海南省个体和联合医疗机构管理暂行规定》和《海南省中医个体开业整顿办法》，出动检查监督人员800多人次，对1 190个个体和联合医疗机构进行检查。组织检查人员171人次，检查1 352个医药单位，检查覆盖面为83.7%，查出假劣药品738种次，价值30 579元，取缔无证经营药品20个、游医药贩36个，查处假劣药案6宗，制止了伪劣药品流入市场。并根据《药品管理法》及其实施办法，对药品经营企业、制药厂和医院制剂室审查换发了《许可证》。公费医疗通过治理整顿，强化制度管理，控制了医疗费开支增长过猛的势头。

农村卫生 省卫生厅作出了《关于城乡医院实行挂钩对口支援的决定》，在全省范围内实行县以上医院卫生技术人员定期轮流到农村乡、镇医疗卫生机构服务的制度。省人民医院派出眼科手术队到琼山县农村开展查盲治盲工作，为60名盲人手术，使他们重见光明。海南医学院附属医院与乐东县英歌海卫生院、陵水县新村卫生院，省农垦三亚医院与乐东县黄流卫生院进行技术合作，派出医疗队为农民防病治病，培训医护人员。

海口市人民医院派出5批60多人次的医疗队到市郊长流卫生院，开展对口支援活动。省中医院与屯昌县中医院对口挂钩，举办联合医疗服务中心，设中医专家门诊和中医内科、骨伤科联合医疗综合病区，改善了该县农民看病就医的条件。省卫生厅在琼海县和白沙县开展初级卫生保健试点工作。

集资办医 由香港同胞捐赠港币400万元、省政府拨款和医院银行贷款800万元兴建的省人民医院九层门诊大楼已竣工。北京中日友好医院和省人民医院各投资300万元，兴建康复中心，设病床113张，已开诊。省农垦总局医院、省工人医院与美国国际健康技术交流中心正在联合筹建海南国际医疗中心。文昌县旅外华侨、港澳同胞捐赠300多万元，为家乡投资新建和扩建了锦山、潭牛、翁田、公坡、会文、文教、抱罗、罗豆、东阁等9所乡镇卫生院。澄迈县房地产开发总公司投资800多万元，兴建了一所科室齐全、有病床120张、设备较先进的江南医院。经省政府批准并授权省财税厅委托省信贷投资公司发行的“公共建设彩票”和“爱岛建设大彩券”所筹集的社会奖金，赠款1 675万元，用于兴建省中医院和市、县人民医院、中医院门诊大楼和综合病房。

医学教育 实行“三定向”招生制度，完成了中等卫生学校秋季招生工作任务，共计招生1 127名。采取多渠道、多形式加速培养实用型人才。与华西医科大学合作举办3期卫生管理干部培训班，每期1个月，参加培训人员有市、县卫生局长、医院院长、防疫站站长、保健院院（所、站）长、卫生学校校长等共119人。举办卫生管理函授学院、中国乡村医生函授学校、光明中医函授大学等院校的函授学习班、海南医学院医学检验《专业证书》班和出国留学人员外语辅导班等，有学员782名。

中医事业 组建专病专科。省中医院新增设中医男科、中医妇科；琼山县引进中医结核病专科；琼海县移植了中医“九针”医疗；儋县中医院增设中医痔瘘科；海口市中医院同部队合办了骨质增生诊疗门诊；乐东县中医院同陕西中医学院联合开设中医眼科等。

医学科研 成立省医疗卫生和医药专业科技评审小组。省人民医院的登革出血热/登革休克综合征发病机理研究，膝关节病关节液生物化学、免疫学和病原学研究和海南珊瑚作为人工代用骨的实验研究等3项，在国家自然科学基金评审中中标，获资助经费7.5万元。12项医药科研成果获全省首届科技进步奖，其中省热带病研究所的《海南斑氏丝虫病防治措施的研究——全省基本消灭丝虫病》获一等奖，省人民医院的《膝关节镜的检查与治疗》、省农垦三亚医院的《海南岛风湿热调查和风心病一级预防》获二等奖，获三等奖2项，四等奖7项。

（杨才绩）

四 川 省

基本情况 1990年，全省有卫生机构20 304个，比1989年增加191个，增长率为0.94%；有床位240 711张，增加14 135张，增长率为1.72%；有卫生人员383 166人，增加25 265人，增长率为6.59%；每千人口拥有卫生人员3.5人，床位2.2张。

治理整顿 整顿社会办医、医疗服务秩序、药品质量管理，基本完成对社会办医的审查、考试考核和发证工作，全省共发集体办医许可证1 480个单位、个体开业行医证15 790人。不符合办医条件、不服从管理或违法行医的410个单位和6 570名个体人员，吊销了行医执照。对80%的药品生产企业和药品经营企业、60%的药品制剂单位进行检查验收，核发了许可证。各级医疗单位在整顿医疗服务秩序中，公开医疗收费标准。部分医院对住院病人采取“记帐信用卡”办法，使患者知道自己每天所花的医疗费用金额。

农村卫生

1．制订农村卫生工作的经济政策措施。省委、省政府下发了《关于加强农村卫生工作的意见》，主要政策措施为：①县财政补助乡卫生院集体人员工资的60%，专项列支；②省、市(地、州)、县3级财政，分别按农业人口每人人民币5分至1角拨款给卫生行政部门统一掌握使用，用于乡卫生院的危房改造、医疗器械装备和人才培养；③从农民交纳的村、社集体提留或统筹费中按上年人均纯收入0.1～0.3%的额度提取款额，用于发展村卫生事业。

2．支援农村基层医疗卫生单位。省卫生厅拨专款690万元，装备了B超、心电图、X光机等100多个品种、7 085个台(件)的医疗设备,改善了200多个单位的医疗条件，提高了诊治水平。各市（地、州）县为重点区、乡卫生院装备了一批急需的医疗器械。

3．多数市、县拨出经费帮助乡卫生院改造危房。自贡市政府由市、县、乡三级财政拿出90多万元，为11个乡卫生院完成了危房改造。资阳、简阳两县聚集财政局、卫生局、乡卫生院3方财力，集资110万元，为23个乡卫生院改造危房面积8 440平方米。

4．医疗单位开展卫生支农活动。阿坝藏族自治州及所属各县，组织医务人员下乡巡回医疗5 024天，为分散居住的游牧藏民治病近2万人次。射洪县、安县派出医疗队30多个、近400名医务人员到边远山区的乡卫生院讲学、辅导、会诊，帮助当地卫生人员提高技术水平。省卫生厅下派5名干部到承担的扶贫对象彭水县驻县扶贫，并从省级卫生系统调剂出200多个台(件)、价值5万多元的医疗设备支援该县。

初级卫生保健　经省政府批准的试点县已由1989年的10个扩展到29个，试点乡200多个。开展此项工作的县、乡制定了工作发展规划，逐级完成了组织建设和乡卫生院、村卫生站（室）的整顿，在群众集资兴办的医疗保健、改水、改厕上做工作。绵竹、崇庆两县结合建沼气池大面积改厕；井研、丹棱、剑阁等县集资医疗保健已全面推开。省卫生厅组织专业人员对什邡、长寿、涪陵等5个初级卫生保健试点县（市）的工作进行中期评估，多数指标已经达到或接近达到标准。全省各县都把1990年儿童计划免疫达标作为初级卫生保健工作的重点，成立儿童计划免疫协调小组，依靠县、乡、村3级防保网，深入农村落实儿童计划免疫工作。在全国组织验收前，各县自查考核了成效，对薄弱地区进行了查漏补种，对冷链设备全面作了维修，省卫生厅装备冷链车42辆，从而保证了以县为单位，实现儿童计划免疫接种率达到85%的目标。

爱国卫生　在全省23个大、中、小城市开展了创建卫生城市活动。着重从垃圾、粪便的清运和处理，新建和改建公厕，维护市容整洁，增加公共卫生设施，保护环境，加强饮食、饮水卫生，加强防病工作，改进组织管理等8个方面进行整治。成都市被评为全国直辖市一级、万县市为县级市卫生城市，进入全国“十佳卫生城市”行列。农村把改水、灭鼠作为卫生运动的重点，到1990年底已完成“七五”改水规划任务的95%，有1 689万人口的饮水卫生条件得到改善。利用世界银行贷款的5个项目县(区)，第1周期的改水工程全部进入扫尾阶段。灭鼠工作由于坚持监测措施，准确掌握了鼠密度的消长情况，消杀及时，多数地方巩固了灭鼠成效。农田灭鼠已有50个县达到基本消灭标准。

医院管理　城乡医院实行分级管理。省卫生厅颁发了《四川省综合医院分级管理评审实施细则（试行草案)》，培训了186名评审骨干，组织从事管理、临床、医技、后勤的专家、学者50余名,分别对11个省、市、县医院和厂矿医院,按标准进行了试评审。各市（地、州）、县也组织人员试评审了首批达标的区、乡卫生院。通过评审表明，医院实行分级达标管理主要成效表现在：①促进了政府对医院的投资。如重庆市政府为市第三人民医院“上等达标”投资外汇100万美元、人民币300万元，添置了大批基础设施和部分高精医疗仪器。②推动了医院门诊、住院标准化、目标化管理措施进一步落实。据评审抽查，11所医院护理操作技术合格率为87.16%，病人满意率在1989年基础上普遍上升。③加强了医院内部建设。无论是工作条件、诊疗手段、技术水平和管理水平都有改善和提高，综合服务功能得到更好发挥。

1990年，全省医疗卫生单位按省卫生厅《关于向白求恩、南丁格尔学习，开展优质服务竞赛活动的通知》，广泛开展了以改善服务态度、提高医疗质量为内容的竞赛活动。大、中城市医院多数建立和完善了质量控制网，从组织管理、人员配备、基础设施建设、后勤保障方面开始进入全面质量管理程序。

（刘守权）

四川儿童抽样情况调查

四川省从1985到1989年，与联合国儿童基金会合作，用5年时间完成了全省儿童抽样情况调查，为政府制定有关儿童政策提供了大量有价值的科学依据。抽样调查的16个市、县中，有平原、丘陵、山区和藏、羌少数民族地区，保证了调查的科学性和代表性 。

省人民政府具体领导这次调查工作，组织省统计局、卫生厅、公安厅、民政厅、妇联、团省委负责人成立领导小组，下设办公室。参与这次调查的专家、学者及工作人员近3千人。

调查结果如下：

1．儿童占人口总数比重下降，独生子女比重增大，婴儿性比例基本正常，儿童构成发生了变化。全省抽查的16个市、县、161个村(居委会)，共调查42 644户、173 398人，其中0～14岁儿童47 249人，占人口的27.2%，比1982年人口普查的儿童数降低7.2个百分点。独生子女占儿童人口的24.2%，但城乡之间、农村贫富之间差别显著。抽查市的独生子女率高达53.4%，农村则为19.5%；经济较发达的绵竹县达50.5%，经济文化落后的山区茂汶县仅为4.1%。在调查的0～14岁儿童中，男性为24 639人，女性22 610人，性比例为109，基本处于正常状态。

2．家庭经济状况普遍好转，家庭结构稳定，社会环境改善，有利于儿童成长。1987年调查，城镇居民住户人均年收入869.2元，农村住户人均年收入为369.5元，扣除物价上涨因素，分别比1978年增长1.67倍和1.9倍。有91.5%的儿童同父母一起生活，残缺家庭儿童只占3.5%。儿童的教育和保健条件均有改善，在调查的161个村（居委会）中，68.5%的村设有完全小学，23.0%的村只有初级小学，无校村占11.2%；有医院或诊所的村（居委会）占28%，仅有乡村医生或卫生员的村占55.3%，既无医疗保健设施，又无卫生人员的村占16.7%。

3．城乡儿童教育工作均有发展，城市好于农村。被调查的0～6岁学龄前儿童中，入托率为14.7%，其中城市入托率为35.1%，农村为10.1%，分别比1983年高9.5个百分点和0.2个百分点。在调查的27 671名7～14岁儿童中，有22 841名儿童在中、小学读书，在校率为82.5%，比1983年增加1.6个百分点。

4．儿童健康状况好转。

⑴ 体格发育基本正常。从身高、体重两项指标分析，符合一般生长发育规律，但明显低于全国1985年调查的9个市的儿童体格发育水平。儿童体重在9个市的均值以下

者为 89.3%，身高在 9 个市均值以下者为 93.39%，矮小的原因主要与遗传、环境因素有关。

⑵ 多数身体健康。0～14 岁儿童贫血发生率为 37.6%，呼吸道感染和腹泻两种常见疾病患病率为19.2%，残疾儿童占1.86%，6～14 岁儿童龋患率为 43.7%，0～5 岁佝偻病患病率为 15.3%。除呼吸道、腹泻疾患率比全国重点调查的 9 省区高外，其余疾病患病率均低于 9 省区。

⑶ 喂养和保健情况良好。被调查的 6 791 名 0～1 岁婴儿中，在 4 个月前由母奶喂养的占 79.4%，比 9 省区的调查数高 10.6 个百分点，居全国第 1 位。母乳喂养率最高的是农、林、牧、渔业劳动者，占 83.8%。0～5 岁儿童种卡介苗的占 55.1%，注射麻疹疫苗的占 52.5%，注射百白破三联疫苗的占 33.6%，服小儿麻痹糖丸的占 21.2%。4 种疫苗接种率以 1 岁儿童最高，占 45.8%，2 岁为 44.3%，3 岁为 41.8%，4 岁为 36.6%，5 岁为 34%。

⑷ 死亡情况在全国居中间水平。对 1986 年 0～14 岁儿童死亡情况进行了回顾调查，抽查点中共死亡儿童 181 人，儿童死亡率为3.9%，比全国重点调查的 9 省区高 0.2 个千分点。5 岁以下儿童死亡率为 37.9%，其中不满周岁婴儿死亡率为 32.7%，分别比 9 省区低 4.8 和 1.3 个千分点。在死亡的 5 岁以下婴儿中，不满周岁婴儿占 86.2%。前 5 位婴儿死因依次为：肺炎占 28.2%、新生儿破伤风占 16.8%、早产占 16%、意外窒息占 7.6%，新生儿窒息占 6.9%，这 5 种死因占婴儿死亡的¾。

此次调查揭示儿童保健工作存在的主要问题：

1. 医疗保健设施不健全。这次调查的 161 个村（居委会）中，城市中半数以上居委会有医疗保健设施，而农村有设施的不足¼。在农村尚有¾的村无医疗保健设施或设施不全（只有乡村医生、卫生员）。农村儿童看病难的问题，仍较突出。

2. 儿童龋患率和贫血率高，先天畸形儿比重引人注目。这次调查，6 岁以上儿童中患龋齿的占 43.1%，其中城市儿童占 52.7%，较农村高 10.1 个百分点；独生子女龋患率高达 63.5%，较非独生子女高 22 个百分点。在 0～14 岁儿童中患贫血(血色素在 11 克以下)的占 37.6%，其中轻度贫血占 93.9%。先天畸形儿占体检儿童的 1.23%，较 9 省区平均水平高 0.12 个百分点。若按调查比例推算，全省约有先天畸形儿 35 万人，每年将有 2 万多异常胎儿降临人世。

3. 有¼的儿童营养不良。从程度看，多为轻度，严重营养不良者仅占 1%。从年龄特点看，营养不良好发年龄在半岁后的婴儿期以及青春期。

根据上述调查资料分析，对四川儿童卫生保健工作提出以下对策：①各级政府和有关部门需进一步关心儿童卫生保健工作。②增大儿童保健事业的投资。③儿童保健工作应坚持面向农村、面向幼小儿童。④积极应用联合国儿童基金会推荐的儿童保健措施。

（刘守权）

贵 州 省

基本情况 1990 年底，全省人口总数为 3 267.53 万人。有卫生机构 6 949 个，比 1989 年增加23个，增加 0.33%；床位59 031 张，其中医院床位 53 074 张，比 1989 年增加 1 011 张，增加 1.94%；专业卫生人员 103 235 人，其中卫生技术人员 86 120 人，比 1989 年增加 1 229 人，增加 1.45%，具有主任、副主任、主治（主管）医（药、护、技）师职务的人数分别为 213 人、1 942 人、12 353 人；有个体开业人员 6 181 人，比 1989 年减少 247 人，减少 3.84%。

农村卫生 省人大常委会作出《关于加强农村卫生组织建设、保护人民群众身体健康的决议》。省人民政府批准下达省卫生厅等5个部门拟定的《贵州省初级卫生保健规划目标及实施方案》。全省13个初级卫生保健试点县的工作进展顺利，其中黎平县经卫生部审评，已接近达标；福泉县通过了省的中期评审。各地把建设、巩固农村基层卫生组织作为实施初级卫生保健的重要措施，继续整顿区、乡卫生院，加强管理；省、地、县配套安排资金为乡卫生院增添医疗设备；省人事局等部门印发了集体所有制卫生事业单位工作人员调整工资的办法；按照《贵州省村卫生室管理办法》，因地制宜建设村卫生室，全省共重建和新建村卫生室1 213个，村卫生室覆盖率从1989年的36.2%上升到41%。城市医院继续采取多种形式支援农村卫生建设，省人民医院、遵义医学院附属医院、遵义地区医院等省、地级医院，组成医疗队到农村开展工作。完成了全省卫生部门房屋情况调查，到1988年止，全省卫生部门和集体所有制卫生机构共有房屋建筑面积3 513 520平方米，其中危房面积517 916平方米，占14.7%；集体所有制的乡卫生院危房比例为33.1%。

爱国卫生运动与预防保健 省人民政府两次召开市长座谈会，研究开展创建国家卫生城市活动。安顺市获得全国卫生城市（县级）称号。贵阳、六盘水、安顺、兴义4市鼠密度降至国家规定标准内；经全国爱卫会专家组考核鉴定，贵阳市鼠密度为1.03%，被全国爱卫会授予灭鼠先进市称号；有67个县在城镇统一开展灭鼠，其中24个县的城镇鼠密度降到国家规定标准。全省爱卫会系统共投入农村改水资金639万元，新增受益人口44万人。日本国无偿援助“贵州省农村饮水供应改善项目”正式执行，援助金额约合人民币4 600万元，计划建设310个水厂，可使86.6万农村人口的饮水卫生条件得到改善。此项目布点的安顺、黔南两地（州）的清镇、福泉等9县年内已有9个试点工程开始动工。

全年共报告传染病177 433例，发病率为550.05/10万，比1989年上升51.93%。传染病发病率高的主要原因是，部分地区持续干旱，水源受污染，以及基层卫生组织不健全、防治经费短缺。痢疾、伤寒、副伤寒、脊髓灰质炎等肠道传染病较大幅度上升，合计发病数为160 159例，比1989年上升63.37%，占各种传染病总发病数的90.26%，其中痢疾发病率高达339.26/10万，比1989年上升77.06%。全省疟疾态势稳定，年发病率比1989年下降29.64%，经省考核验收，石阡、印江、惠水、长顺4县达到部颁基本消灭疟疾标准。丝虫病防治后期观察有新的进展，经考核验收确认黔南州达到阻断丝虫病传播标准。至此，全省达到阻断丝虫病传播的县有31个，其中，26个马来丝虫病流行县已全部阻断传播。继续在全省城乡使用加碘食盐防治地方性甲状腺肿。在25个县设立病情监测点，检查中、小学生26 217人，甲状腺肿大率为17.1%；尿碘监测1 702人份，均值为122.7微克/升；碘盐监测794份，合格率为23.5%。监测结果表明，近两年由于碘盐质量下降，地方性甲状腺肿病在局部地区有回升趋势。在22个地方性氟中毒病区县对3 802户进行改灶降氟，并开展了地方性氟中毒病因介质本底调查。《贵州省工业企业劳动卫生管理条例》经省人大审议通过并开始实施。贵阳市白云区达到普及新法接生标准，全省计划内新法接生率达80.8%。与联合国儿童基金会、联合国人口基金合作发展基层妇幼卫生项目的20个县、全面开展了项目实施工作。

治理整顿 省人民政府成立了治理整顿医药市场领导小组，下发了进一步治理整顿医药市场的通知，明确治理的重点是药品流通领域，尤其是批发环节。开展了全省药品生产企业、经营企业、医院制剂换发《许可证》的工作，共有34家药品生产单位、158

家药品批发单位、112家医疗单位获得许可证。举办了全省实施《药品管理法》5周年，维护消费者合法权益展览，展出假中药材189种，假中西成药49种。继续对社会办医进行清理整顿和登记、审核发证工作，取缔一批无证行医、游医、药贩。省卫生厅、财政厅、人事局、物价局、税务局联合下发《关于贯彻国务院国发(1989)10号文件的通知》，对医疗卫生单位开展业余服务和兼职服务的组织、要求、收益分配等作了明确规定。对现行的1 700余项医疗收费标准进行调查、清理，拟订了《贵州省医疗收费标准(试行)》。省卫生厅作出坚持文明服务、纠正行业不正之风的10条规定，各地各单位结合实际制订相应措施，医疗卫生单位普遍开展职业道德教育和学习雷锋，白求恩活动。

(陈居毅　王蓓蓓)

加强中药真伪检定工作

根据《中华人民共和国药典》、《药品管理法》及省级卫生行政部门制订的《炮制规范》，贵州省各级卫生行政部门和药品检验机构加强了对中药材质量的监督管理和中药的真伪检定工作，对全省发现的有疑问的中药品种进行了全面清查和检定。查清了假中药品种共计210种，收集整理了中药假药样品186种、287瓶、件。为了使各地采集、收购、使用、检验、监督部门提高对中药材真品、伪品或混淆品的鉴别能力，及时区别真伪、查处制售假药案件，打击不法分子的违法活动，贵州省卫生厅委托省药品检验所，根据省内出现的中药伪品或混淆品情况，参考或综合国内有关鉴别资料进行整理，编写了《中药真伪检定指南》一书。《指南》共收载正品药材135种，曾经发现的伪品或混淆品280种。该书印发有关单位掌握使用。与此同时，还以该书为学习内容，举办了全省药品监督员培训班、医院药房主任培训班和中医院药房主任培训班进行中药真伪鉴别技术的专业培训，以提高其鉴别能力。为了适应《药品管理法》的有关规定，并使贵州省地方习惯用药材标准化、合法化，贵州省药品检验所组织有关药学专业人员，制订了《贵州省中药材质量标准(1988年版)》。该书共收载217种中药材，由贵州省标准计量管理局列为贵州省地方标准予以发布。为整顿提高中药饮片配方质量，省药品检验所编写了《贵州省中药饮片炮制规范(1986年版)》一书。该书收载中药品种566种，作为全省中药饮片加工炮制和配方的依据和检验中药饮片质量的标准。有关中药饮片加工单位配合该书制出中药合格饮片201种样品。

(李朝佐)

云南省

1990年是“七五”计划的最后一年。总结这5年的卫生工作，以下6个方面可反映出云南省的卫生工作概况。

一、基本情况　“七五”期间，全省卫生事业费由16 314万元增加到30 882万元，比1985年增长了89.2%。新增卫生机构366个、医院病床8 133张、卫生人员17 598名、卫生技术人员14 312名。其中，新增中医院39所，病床1 819张。至1990年，全省共有各类卫生机构6 671个，床位84 530张(其中医院病床76 145张)，卫生人员125 503名。个体开业医经整顿后已达8 713人。与1985年底相比，平均每千人口拥有卫生人员从3.17人增加到3.39人，床位从2张增加到2.06张。

二、卫生改革　县以上医疗卫生单位普遍实行了院(站、所、校)长负责制和任期目标责任制，推行多种形式的技术经济综合承包责任制。目前全省已有67%的医疗卫生单位实行了各种形式的综合承包责任制。预防保健工作实行有偿服务与无偿服务相结合，不少县、市开展了孕产妇围产期保健保偿制、母婴安康保险制和计划免疫保偿制等，防保有偿服务收入增加到1 000多万元。卫生事业补偿机制不断完善，卫生厅3次与物价部门共同核定、整顿了医疗收费标准，仅1987年就核定了2 512项医疗项目收费标准。同时允许医疗卫生人员开展业余服务和超额劳动服务。各医院挖掘潜力，增收节支，增设病床，开办专科门诊、夜门诊、分院等，业务收入逐年增加。全省医院固定资产已由1985年的35 537万元增加到1989年的69 790万元，引进了现代化设备，新建了工作用房和业务用房。在深化卫生改革中，各级医疗卫生机构注重业务建设，提高医学科技水平，"七五"期间共评出厅级科技成果86项，省级科技成果59项，国家级科技成果9项。

三、防病治病 全省法定报告传染病连续11年稳步下降，发病率降到了242.07/10万，1990年比1985年下降了84.66%。疟疾发病率已降至4.05/万以下。有10个县达到消灭或基本消灭血吸虫病标准。麻风病综合防治全面开展，累计病人数下降92.15%，现有病人联合化疗率为99.15%。克山病发病率连续20年下降，1989年底已有27个县、市达到基本控制标准。地方性氟中毒病、结核病等疾病防治也取得成效。1990年云南省鼠疫疫情严重，陇川、盈江、耿马先后发生人间鼠疫，由于处理及时、得当，疫情得到有效控制。艾滋病监测工作取得进展，从吸毒者中检出艾滋病病毒携带者389人。全省已建成3条冷链线，"四苗"接种率继全省达到85%目标后，1990年底已有124个县达到85%目标，计划免疫控制的"四病"发病率，除脊髓灰质炎外，其它3种疾病均在国家规定的控制标准以下。妇幼保健工作得到加强，新法接生率为87.26%，与"六五"期间相比提高了12.55%，有44个县达到基本普及新法接生，有119个县妇女两病查治工作达到卫生部部颁标准，累计5年共做节育手术5 160 295例。孕产妇系统管理率为28.22%，7岁以下儿童系统管理率为4.7%。全省食品卫生质量显著提高，食品卫生合格率达到74.4%，比1985年底提高了8.4%。爱国卫生运动持续、广泛开展，城乡卫生面貌有所改观，农村改水受益人口为1 236万人，占全省人口总数的38.6%。在全国城市卫生检查评比中，个旧市被评为县级卫生城市，昆明市已基本达到卫生城市标准。

四、农村卫生工作 乡卫生院实行所有权和经营权分离的改革，大部分乡卫生院已移交乡政府管理。全省推进初级卫生保健，抓试点工作。省政府下发了《云南省初级卫生保健实施方案》，组织了6个地、州政府的领导到省外参观学习，邀请各地、州、市分管卫生的领导参加全省初级卫生保健研讨会。已有9个地州市、17个试点县、2个试点乡成立了初级卫生保健委员会，制订了初级卫生保健规划，开展了试点工作。在实施初级卫生保健中，各地重视并加强基层卫生组织建设，开展了村卫生室的整顿工作，全省已有村卫生室16 753个，乡村医生和卫生员27 933人。玉溪行署要求各级政府把村卫生室真正办成农村集体卫生福利事业，做到人员、房屋、设备、垫本、报酬五落实，全区已有605个村卫生室恢复了集体办医，集体办医率为95%。昆明、曲靖、文山、中甸等一些试点地区开展了这项工作。为加速农村卫生人才培养，中级卫生学校普遍实行了定向招生、定向分配，5年间共培养9 981人。"七五"期间全省举办了卫生职业高中班120期，招生6 798名。省卫生厅下发了《培养农村卫生人员实施方案》和《关于对乡村医生实行资格证书(即绿卡)管理的通知》，编写了乡村医生教材，加强了乡村医生的培养和管理。各地还广泛开展了卫生支农活动，帮助农村提高医疗技术水平。

五、医纪医风 各地以整顿"乱办医、乱收费"为重点，普遍开展了治理整顿工作。

由政府出面组织有关部门对医药市场进行清理整顿，分别不同情况予以妥善处理。大多数医院正确引导超额、业余服务，把分院纳入正规管理，1990年省级医院取消名不副实的联合体27个。各地抓了药品市场的清理、整顿，坚决查处假劣药案件。各医疗单位强化了内部管理，完善自我约束机制，实行“两公开一监督（公开收费标准、公开服务项目、实行群众监督）”制度。通过整顿，省级5家医院违纪收费款数连续3年下降，1990年自查出3.97万元，占业务收入的0.04%，医疗收费划价准确率高达97%以上。

六、国际交流合作　“七五”期间云南省注重对外交流与合作，努力引进国外资金和技术。5年来，共接待外宾125批，1 229人次；派出100批，161人前往国外考察、学习和交流；派出32批，37人参加各种国际学术会议；并通过专门引进人才或利用外国专家来昆旅游、考察的机会请其讲学等方式，拓宽对外科技交流的渠道。“七五”期间，云南省派出援乌干达医疗队2批，24人，开展了对第三世界国家的合作交流。与联合国儿童基金会进行的计划免疫冷链合作，覆盖了全省127个县、市；进行了28个县的妇幼保健合作项目；1990年争取到世界银行贷款，确定7个县、市为农村供水项目县。5年间，引进了大量国外先进医疗设备，提高了云南省医疗技术水平。

（熊汝成）

西藏自治区

基本情况　1990年，西藏自治区有各类卫生机构1 110个，床位5 381张。有卫生技术人员7 498名，其中藏族等少数民族6 199名，占卫生技术人员总数的82.68%。乡村医生、卫生员3 355名。每千人口拥有床位2.47张，其中每千人口拥有医院床位数2.30张。

农牧区卫生工作

1. 逐步建立健全卫生院，稳定乡村医生队伍。西藏卫生工作的重点转向农牧区。拉萨市解决了全市近百个乡一级卫生院的房屋。日喀则地区财政局拨专款30万元，新建了133个乡卫生院，该地区半数以上的乡卫生院配备了1～3名医务人员。比如县招聘了10名乡村医生充实新建的乡卫生院。各地区采取国家、集体、个人拿一点的办法，将乡村医生的补助由过去的20～30元，提高到现在的60～130元，稳定了乡村医生队伍。达孜县根据按劳分配的原则，按医疗、预防、妇幼保健3项任务完成的情况，对全县46名乡村医生每月给予60～90元补贴。林芝地区试行将乡卫生院交乡政府主管，实行“县乡共管、职责分工、以乡为主”的管理体制，克服了过去条块不分，职责不明的状况，变卫生部门一个积极性为乡政府和卫生部门两个积极性。将免费医疗经费由暗补改为明补，加强了对免费医疗的管理。为农牧区培养人才继续采取“分级管理，层层负责”的原则。县级卫生部门主要负责本县乡村医生、卫生员、接生员的培训；地市以上卫生部门面向基层重点抓在职人员的培训。1990年自治区举办培训班8期，培训了251人。各地、市培训了新招聘的编外卫生技术人员868人，完成年度计划的108.5%。大部分县卫生部门举办了1～2期培训班，复训了一大批乡村医生、卫生员。西藏医学会围绕为基层培养人才这个中心任务，组织有关专家赴山南、日喀则、那曲巡回讲学。由瑞士红十字会和援助西藏发展基金会联合创办的边雄藏医学校于1990年11月在日喀则正式成立，来自农村牧区的40名学员学习6年后将全部返回原籍为藏族人民服务。

2. 初级卫生保健。成立了西藏自治区初级卫生保健协调领导小组。确定达孜县为西藏第1个初级卫生保健试点县，目前试点工作已全面展开。

预防保健工作　传染病防治管理。举办了1期传染病防治法学习班。聘任传染病监督管理人员203人。据统计，全区14种常见传染病发病率为686.53/10万，死亡率为5.42/10万，与1989年相比发病率下降61.37%，死亡率下降74.42%。其中麻疹、百日咳发病率与1989年比较，分别下降了92.98%和28.31%。完成了全区第二次结核病流行病学调查工作。1990年，藏北发生罕见雪灾。那曲地区和自治区向灾区组派医疗队，配合当地卫生人员救治伤病员5000余人次，灾情过后未发生疾病流行。计划免疫。1990年，自治区把计划免疫工作的重点放在了自然条件最艰苦的阿里、那曲两个地区及我国目前唯一不通公路的墨脱县。在财力、物力、人力等方面对上述两地一县采取倾斜政策，保证了计划免疫工作的顺利进行。地方病防治工作。在中国地方病防治中心和辽宁省卫生厅的支持下，经过半年的调查，摸清了昌都、林芝两地碘缺乏病情况。各地、市继续开展鼠间疫情监测和人间预防，1990年未发生人间鼠疫。卫生执法。举办了1期有40人参加的全区食品卫生监督员学习班。处理变质酥油14万公斤，被农药污染的大米7.2万公斤，变质冻肉3万公斤。对公共场所实施卫生监督，并重点对宾馆、理发馆、舞厅等服务行业人员进行体检，发放了健康证和卫生许可证。妇幼卫生。1990年是西藏自治区与联合国儿童基金会、联合国人口基金合作实施妇幼项目第2周期的第1年，自治区下达50万元用于6个项目县妇幼保健站的基本建设。组织翻译、编辑、印刷妇幼卫生教材7000余册。爱国卫生。开展以城镇为重点的群众性爱国卫生运动。

整顿医疗卫生秩序，开展文明优质服务活动　地、市以上医疗卫生单位重点抓规章制度的落实，开展学习雷锋、白求恩活动，创建文明单位、科室、个人，县及县以下重点抓规章制度的建立。全区卫生系统涌现出文明单位16个、文明科室40个、先进工作者59名、先进县8个。

（宋友明）

拉萨市重视加强基层卫生工作

拉萨市辖8个县（区），90个乡（镇），740个行政村，总面积为2.95万平方公里，人口37.5万余人，其中藏族占87.2%。近年来，全市各级政府和卫生部门把加强基层卫生工作作为卫生工作的首要任务，在基层卫生机构建设、人才培养、预防保健、发挥藏医藏药优势等各项工作中，取得成绩。

1. 加强基层卫生机构建设　针对基层卫生组织不健全的状况，市卫生部门1989、1990两年中，通过上级拨款、地方财政支持及自筹资金共集资300余万元，重点加强了各乡卫生院、县医院和县预防保健站的建设，至1990年底，全市建立了65个乡卫生院，占乡总数的72.2%，211个行政村建立了卫生室。各县医院配备了救护车，部分县预防保健站配备了计划免疫、妇幼保健车。为乡卫生院投资3万元配备了消毒锅、血压计、听诊器、产包、诊查床、病床等小型器械，部分乡配备了x光机、简易手术床等。投资10万元，为乡村医生配备了233辆自行车。乡卫生院所需药品由县卫生部门根据各乡人口多少和工作量大小等情况统一调配。

2. 培养人才　拉萨市于1985年投资400余万元，建成了设施齐全的卫生职工学校，开办了医士、防疫、护理、藏医、食品卫生等农牧区短缺专业的各类培训班10余期，培训乡村医生和在职人员600多人次，1990年系统培训乡村医生150名；开办妇幼保健专业班20多期，培训基层人员438人次；对全市妇幼保健人员全部轮训了1～2次。为稳定基层卫生队伍，采取各种方式提高乡村医生的待遇。堆龙德庆县政府拨专款把全县乡村医生的工资由原来国家每月补助的25元提高到了每月95元。当雄、达孜、曲水、林周、尼木、墨竹工卡等6县用国家投一点、集体出一点、群众集资一点筹集来的资金，部分用于乡村卫生机构的建设；部分用于购买药品，缓解农牧民“吃药难”的问题；部分则用于提高乡村医生的待遇，使乡村医生的月补助由25～30元提高到了每月60～140元。对原长期工作在乡村的162名编外卫生人员，采取考试考核、择优聘请的办法，调整充实到各乡卫生院工作。现在，各乡卫生院都基本配备了3～4名卫生人员。有500余名乡村医生、接生员活跃在农牧区防治工作第一线。

3. 预防保健工作得到落实　1989年全市以县为单位计划免疫覆盖率为86.59%。1990年儿童计划免疫建卡率为85.4%，“四苗”全程接种率达90%以上。1990年该市传染病总发病率比1989年下降了40%，无一例麻疹病人发生。制定了碘缺乏病防治方案，开展以投服碘油胶丸为主的防治措施，使地方性甲状腺肿患病率由1985年的17.2%下降到1990年的7.4%。对累计发现的61例麻风病人采取联合化疗措施，现已治愈60例。对尼木县开展鼠疫监测，控制了动物间疫情的流行，使疫情未波及人间。妇幼保健工作坚持“以保健为中心、临床为基地、培训为重点”的原则。加强了对基层妇幼和计划生育工作的技术指导。开展墨竹工卡、达孜、堆龙德庆县妇幼卫生项目工作，落实了国内配套资金，人员、房屋、设备基本解决。全市开展了妇幼健康状况的基础调查和妇幼常见病普查普治。1990年组派多批工作队赴乡村为农牧民免费开展节育手术。8县(区)孕妇建卡率达90.1%，产前检查3次率达57%，产后访视2次率达53.7%。农牧区新法接生率由1988年的40.2%，上升到1990年的46.4%。

4. 发挥藏医藏药优势　全市有藏医人员206人，全部分布在基层。各县医院设立了藏医科，开设藏医病床和家庭病床。藏医门诊量占医院总门诊量的30%以上，深入农牧区巡回医疗2万人次。为继承和发展藏医事业，鼓励和支持名老藏医带徒著书立说，发掘、整理遗产。落实有关政策，为藏医人员解决生活和工作上的实际困难。藏医人员充分利用当地丰富的藏药源优势，大力自采、自种藏草药，并运用传统藏药制作工艺技术，结合现代加工手段，自制了大量的藏成药。

（王健鹏）

陕 西 省

基本情况　1990年底，有卫生机构6 416个，其中县及县以上医院504个；有村卫生所(室)32 438个，覆盖面为88.6%。有病床85 491张，其中农村44 910张，占总数的52.5%。有卫生人员144 915人，其中卫生技术人员118 226人，占卫生人员总数的81.6%。全省每千人口拥有病床2.7张、卫生技术人员3.72人、医生1.85人。全省农村有不脱产卫生人员72 632人，其中，乡村医生27 539人，卫生员25 251人，接生员19·942人；每千农业人口拥有乡村医生1.1人、卫生员1.0人。人口出生率为23.49‰，死亡率为6.49‰，自然增长率为17‰。

治理整顿与卫生改革　卫生厅下发了《关于加强全省卫生系统廉政建设、纠正行业不正之风的意见》、《对当前卫生行业不正之风几个突出问题处理暂行办法》，以及有关检查验收标准等文件。阶段性检查验收了10个地、市的清理整顿工作。从抽查的73所医院、18所社会医疗机构、74户个体开业医情况看，94.37%的医院建立了监督检查制度和落实了监督检查措施，84.71%的医院建立了医德医风考核制度，98.50%的医院公布了医疗收费标准，95.77%的医院设立了专（兼)职物价监督员。对 96 个药品生产企业、46 个中药饮片加工厂、2 302 个药品经营企业和 307 个医院制剂室进行检查验收。总计有 95%的药品生产、加工、经营企业和制剂室符合标准，核发了许可证。

截至 1990 年底，实行院（所、校）长负责制的单位 2 021 个，其中县及县以上单位 623 个；实行承包经营责任制的单位 1 413 个，其中乡镇（地段）医院 1 343 个；实行租赁经营的单位 8 个。乡镇(地段)医院下交乡镇政府管理的 784 个，占总数的 39.8%。社会集资 1 475 352 元，68.1%用于乡卫生院建设。实行孕产妇保健保偿的县有 64 个，投保 121 944 人，占应投保人数的 94.2%。制定调整了本省医院挂号、住院收费标准方案，于 9 月 1 日实施。

农村卫生工作 继续抓好三级卫生保健网的建设。自 1989 年开始的第 4 批重点县建设基本结束。省、地（市)、县共投资 941 万元。已建工程中，完成工程 12 305 平方米。购置医疗设备 1 900 台（件),设备完好率为 93%，使用率 90%以上。第 5 批重点地段医院建设全部完成。卫生厅为榆林、延安、宝鸡、渭南、咸阳等地、市的 24 所地段医院装备了一批医疗器械设备。各地、市注重对农村卫生建设的投入。如延安地区行署决定每年拨出 230 万元，黄陵县政府拿出 119 万元，重点加强农村基层卫生机构建设；商洛地区行署决定给 150 个特困山区的每个乡卫生院投入 5 千元设备装备款，用 5 年时间加强农村卫生建设。村级卫生组织，坚持以集体办为主，力争消灭空白点。全省 32 915 个行政村，有村卫生室 32 438 个，覆盖面为88.6%。平均每村卫生所有卫生工作人员 1.5 人。在开展创甲级村卫生所活动中，渭南地区甲级村卫生所达 33%。10 个地、市和 19 个试点县的初级卫生保健机构逐步健全。渭南、延安、安康、宝鸡等地、市及大部分试点县用合同形式把初级卫生保健的任务和措施固定下来，纳入当地经济发展规划。延安、安康、商洛地区行署及 16 个试点县的人大常委会审议通过了本地区、本县的初级卫生保健规划，用法定程序，确保初级卫生保健规划的实施。

预防保健工作 重点开展传染病和地方病的防治工作。全省有 101 个县（区）开展了儿童计划免疫保偿工作，占全省总县数的 94%；入保儿童 2 772 764 人，入保率为 73.62%，其中，关中地区达 90%以上。常规接种 377 万人次，查漏补种 150 人，补种率为90%。抽查中，接种率脊髓灰质炎疫苗为 84.6～97.5%，麻疹疫苗为 85.9～98.76%，百、白、破三联制剂为 81.22～97.2%，卡介苗 90%以上；建卡率为 97%。计划免疫相应的传染病比 1989 年同期下降 65.38%。加强灭鼠工作，户县、坝桥区、宝鸡市、渭滨区、兰田县和未央区 6 县(区)、市达灭鼠指标，出血热发病率比1989年同期下降9.93%，其余县（区）发病率比 1989 年同期上升 19.33%。1990 年 1～ 11 月，全省共发生乙类法定传染病 19 种，发病人数 67 354 人，死亡 344 人，报告发病率为 205.34/10 万，死亡率为 1.05/10 万，与 1989 年同期相比，发病率下降 4.88%，死亡率持平。1988年至 1990年，新生儿接种乙型肝炎疫苗107 190人份，接种率为75%。乙型脑炎和流行性脑脊髓膜炎高危人群分别接种392 300 人和 35 932 人。国境卫生检疫接待出入境人员 21 099 人次，接种检疫传染病疫苗 3 389 人次。

地方病防治工作。在渭南、榆林、咸阳 3 地、市 15 个县安排自来水工程 9 处，安装大型除氟器 1 处，解决了 3.5 万人的降氟改水问题。组织 8 200 余群众，沿榆林与内蒙接壤处的 691 公里长、1 公里宽的灭鼠防护带开展大面积灭鼠活动。监测了 12 个县 43 个村的大骨节病情，检出率为 21.40%；地方性甲状腺肿病 87 个监测点，监测人群 88 958 人，患病率为 1.17%；克山病监测

5个县、3 100余人，查出潜伏性慢性克山病患者150余人。对永寿县大骨节病10年防治效果进行了全面考察，临床检查186个村、8 835人，患病率由10年前的44.33%下降到3.66%。

妇幼保健。城市继续推行围产期保健管理和孕产妇系统管理。西安、宝鸡、咸阳、汉中市城区围产期管理率为80%；计划内孕产妇系统管理率，平原县为50%以上，山区县为30%以上。山区县以普及新法接生为重点，新法接生率达85%以上。经考核，有5 000名从事计划生育手术人员领到手术合格证。省卫生厅组织160人，分60个组赴陕南、陕北16个市、县，做计划生育手术9 943例，诊治患者1 000余例。

爱国卫生。"爱国卫生月"中，全省（除西安市）改厕19 894个，改建水井6 933个。开展健康教育宣传，受教育302万余人，普及率为11.64%。为创建国家卫生城市，咸阳、铜川、汉中、宝鸡、商州市政府共投资16 700万余元进行市容建设。经评比，西安市被评为全国卫生城市，咸阳市被评为地市级卫生城市。继宝鸡市之后，西安市获"全国灭鼠先进城区"称号，铜川、咸阳市获"省级灭鼠先进城区"称号。

农村卫生人才培养 继续抓好大专层次的医学教育工作，省卫生厅会同有关院校对校外各医学大专班进行检查，保留大专班37个。有120名大专班毕业生定向分配到安康、汉中、宝鸡等地。安康地区10个山区县在近两年内每县均能分配到5名医学大专毕业生。商洛地区开办医学专业电大预科班，学生毕业后回原选送的乡卫生院。对9所中等卫生学校进行了专业调整。各地、市继续开办农村优秀青年医学培训班，招生340名。11所中等卫生学校的1 428名毕业生和25所职业卫生学校的1 076名毕业生已基本到岗。全省26个培训基地共培训卫生人员3 977名。2 139人在卫生系统自学考试中获单科合格证书。

思想政治工作 汉中地区开展"五教育"（医德医风、政治思想、医院方针、党性、廉政）活动；延安地区学习延安精神，以树立主人翁精神，树立自力更生艰苦奋斗精神为中心，提出"四破四立"；宝鸡市在卫生系统开展优质服务"金鸡杯"等竞赛活动中，评出10名最佳医生、优秀护士组成医德医风报告团，为全市82个医疗卫生单位的5 300余名医务工作者作了13场演讲报告；商洛地区考察7个县卫生系统的思想政治工作情况，在全区医德医风建设现场会上，提出进一步加强医德医风建设的意见和措施。省卫生厅在全省设立"白求恩精神奖"。

卫生执法工作 截止1990年底，有食品卫生监督检验机构118个，专兼职监督员720多名，检验专业人员430名，食品卫生检验人员2 200多名。药品执法监督体系基本形成，落实专职药品监督员115人，兼职药品监督员437人，2 604个乡镇聘任乡级药品检查员2 709人，占乡镇数的104%。全年共监测15类11 713件食品，合格率为79.3%；查处违法经营食品户11 419户，没收、销毁有毒有害食品89吨，处理食物中毒事件8起，其中中毒957人，死亡10人，中毒率和死亡率分别比1989年同期下降60.37%和持平。查处制、售假劣药品案件283起，查处、销毁假劣药品价值人民币115万元。各级药检部门作检品6 571件，不合格检品为30.6%。

中医工作 全省有中医机构117个，基本实现县县有中医院（中医门诊部）的目标。选择安康地区、三原县和岚皋县中医院进行实地模拟试评，对66所中医院的114名院长进行科学管理知识等方面的调查咨询，为中医院分级管理标准的实施打下基础。在中医学校统考中，表彰获奖集体2个，获奖个人21人。办农村优秀青年中医中专班2个，招生80人。有1 732人获中医自学考试单科合格证书。组织“陕西省振兴中医读书知识”竞赛，评出特等奖1名，一等奖2名，二等奖10名，三等奖50名。对“七五”期间的中医科研项目和正在执行的102个项目进行了综合分析和调整。确定10项中医药科研奖励项目，其中一等奖2项，二等奖2项，三等奖6项。有2项被国家中药医管理局评为科技进步奖，其中，“应用电子计算机整理中医古籍”被评为一等奖，列为1991年全国重点推广项目。在40年医药卫生科技成果展览中，1项成果获优秀奖。

医学科研与学术交流 1990年，选择资助13项青年科研基金研究课题，其中1项在卫生部中标。列入省科委第1批医药卫生攻关课题11个，第2批课题1个。组织16个项目参加全国医药科技成果展览会。有8项科研成果被评为省科技进步奖，5项评为厅级科技进步奖，1项评为国家发明奖。举办科技成果推广班12期。举办专题学术报告会171场次，11 755人次参加会议。共接待国外来访专家、学者共25批、36人，选拔第30批援苏丹医疗队30人。

（宾 捷）

陕西省坚持卫生支农

自1986年以来，每年由省、地（市）和在陕部属城市大医院组派50个卫生工作队，到陕南、陕北山区县，支援卫生事业建设。1987年省委、省政府《关于加强卫生工作的决定》中明确指出：“卫生人员晋升职称要把到农村基层医疗卫生单位工作一定年限作为一个重要条件”。陕西省医务人员下农村工作已形成一项制度。5年来，全省共派出卫生工作队250个，医务人员1 250多名，其中高、中级卫生技术人员485名，占38.8%。

卫生工作队的具体工作是：

1．培养人才，进行智力支援。卫生工作队始终把人才培养作为首要任务，采取缺什么、补什么、教什么的办法，一方面手把手地传帮带，另一方面把有培养前途的人员送到派出工作队的医院进修培养，为基层建立了一支永不走的卫生工作队。五年来，卫生工作队共举办各种学习班546期，培训卫生技术人员8 639人；开展学术活动3 277次，听课人数54 932人次；师带徒1 318人；免费、半免费送上级医院进修培训1 071人。

2．健全规章制度，提高管理水平。卫生工作队在帮助基层医院医务人员提高临床知识技能的同时，注重帮助健全工作制度，提高管理水平。如太白县医院病床使用率下降卫生工作队在开展医疗工作的同时协助建立健全了门诊挂号、急诊值班、病案讨论、查房、护理等规章制度，使门诊病人增加了1倍，住院病人增加了3倍，手术病人增加了7倍。吴旗县医院献、输血制度不健全，卫生工作队在当地有关部门的支持下，加强了对献血队伍的管理，保证了医疗安全；柞水县医院管理差、护理制度不健全以致影响了医疗质量，卫生工作队便协助该院制定护理工作计划和岗位职责，组织护理人员学习理论和基本操作知识，开展技术竞赛，使护理人员的素质和服务质量明显提高。

3．帮助开展新技术、新业务，提高医疗技术水平。5年来卫生工作队共开展新技术、新业务1 816项次。如帮助镇安县医院建立胃镜室；帮助甘泉县医院开展化验、超声、放射等方面的新技术，帮助吴旗县在只有1台200毫安X光机的条件下，开展输卵管造影、气钡双重造影；协助镇巴县开展了前列腺切除术、心脏起搏器安装等难度较大的手术；协助麟游县医院建立了五官科、口腔科、血库等。

4．提供医疗服务，解决技术难题。据不完全统计，5年来卫生工作队共诊治门诊病人516 555人次，收治住院病人50 368人次，健康检查50 989人次，手术18 709例，巡回医疗 192 018 人次，处理疑难病 8 823 例，抢救危重病人 9 879 人次，抢救成功率达 90.5%。

（任成旭　李创义）

各医疗卫生单位实行行业归口管理

1990 年 3 月，陕西省人民政府对全省各医疗卫生单位实行行业归口管理作出决定。凡在省境内的一切医疗卫生单位，在人、财、物隶属关系不变情况下，由各级地方卫生行政部门按照分级管理的原则，在医疗卫生业务上实行行业归口管理。

实行行业归口管理后，非地方所属的医疗卫生单位，在医疗卫生业务上由行政主管部门和地方卫生行政部门双重领导。各级地方卫生行政部门是实施医疗卫生行业管理的职能部门，主要职责是：贯彻执行国家卫生工作的法律、法规和方针、政策，制定所辖范围内医疗卫生工作的有关规章制度，组织贯彻实施和监督检查；制定和实施发展医疗卫生事业的总体规划，按权限对医疗卫生机构的布局、设置、规模及专业重点进行审批发证；组织医疗单位开展业务协作、技术培训、医德医风教育；参加抢险、救灾、扑灭疫情等紧急医疗任务；进行医疗卫生事故或事件的技术鉴定。凡驻陕单位、各级地方部门、个人在本省境内新建、改建、扩建医疗卫生单位（包括驻军医疗单位向社会开放），必须按照陕西省人民政府有关文件规定办理申请、审批、领证手续。

卫生部门所属医疗卫生单位管理级别不变。其它医疗单位的管理级别为：300 张床位以上的全民医疗卫生单位、各类专科医院以及 100 张床位以上的民办医疗机构，由省卫生厅管理或委托所在地、县代管（其中西安市属企、事业单位的医疗卫生机构及其举办的社会医疗卫生机构由西安市卫生局管理）；100～300 张床位的全民医疗卫生机构、50～100 张床位的民办医疗卫生机构，由所在地（市）卫生局管理；100 张床位以下或无床的全民医疗卫生机构、50 张床位以下或无床位的民办医疗卫生机构，由所在县（市、区）卫生局管理。

参加行业归口管理的各医疗卫生单位，可以根据卫生行政部门的安排，参加有关的卫生工作会议和学术交流；向卫生行政部门申请科研项目；向社会开展医疗卫生有偿服务；向医疗事故技术鉴定委员会申请鉴定医疗事故或事件；参加地方卫生行政部门统一组织的评选表彰先进集体和先进个人等活动；对地方卫生行政部门的工作提出批评、建议。并参加地方卫生行政部门组织的各项活动，承担抢险救灾、组派卫生工作队等社会性医疗卫生工作；执行“首诊医院负责制”等各项医院管理制度，承担所在地区的急诊、急救任务；执行地方卫生行政部门规定的各种传染病和食物中毒报告制度；执行国家统计、卫生部门和省卫生厅制定的统计报表制度。对不服从行业管理，不执行本决定单位，省政府亦作出有关处理决定。

（宾　捷）

甘 肃 省

基本情况　1990 年，全省共有卫生机构 4 132 个，比 1989 年减少 54 个，其中，县及县以上医院 313 个，乡镇卫生院 1 513 个，卫生防疫站 102 所，妇幼保健站 95 所，医学科研机构 6 个，专科防治所、站 29 个，药品检验所 42 个，高等医学院校 2 所，医学大专班 3 个，中等卫生学校 12 所，县卫生学校 36 所，卫生职业技术学校 16 所。有医院床位 45 811 张，比 1989 年增加 1 473 张。卫生人员 86 058 人，比 1989 年增加 2 007 人。全省共有农村卫生所及医疗点 15 822

个，占行政村总数的90.4%。

农村卫生工作 加强农村卫生工作是1990年工作的重点。年初，卫生厅报请省政府批转了《关于加强农村卫生工作的意见》（以下简称《意见》，提出了6个方面的政策和具体措施。1990年，农村卫生工作得到加强，表现在：

1. 统一了认识，强化了各级政府的领导和管理意识。全省14个地、市、州和大部分县、市、区党委、政府召开了卫生工作会议，研究贯彻落实《意见》的措施。省计划委员会、省卫生厅等5个部门制定了《甘肃省农村实现2000年人人享有卫生保健规划目标》，确定了17个试点县和2个示范县。试点县成立了初级卫生保健工作管理委员会或协调领导小组，制定了长远规划和年度目标。

2. 重点搞好乡镇卫生院建设。卫生厅集中550万元，各地县也拿出相应资金，投入到“七五”期间重点建设的300所中心卫生院和资助6个地区乡卫生院危房维修。从省级医疗卫生单位清理出149个品种、684台（件）医疗器械，调拨7个地、市、州和2个少数民族县的乡卫生院。到1990年底，300所中心卫生院基本建成达标，实现了房屋、人员、设备三配套。

3. 加速人才培养，开展卫生支农。在原招生计划的基础上，为10个少数民族县定向扩大招收中专生80名，这些学生毕业后到乡卫生院工作。继续为农村培养主治医师、外科、妇科医师和卫生院技术骨干。全年为农业县培训了106名相当主治医师水平的业务骨干。省级6所医院和兰州市第一人民医院与甘南藏族自治州7个民族县实行对口技术支援。

4. 加强卫生院管理工作。卫生厅下发了《关于加强乡镇卫生院管理工作的意见》，并拨出专款，资助各地分期分批举办卫生院院长管理学习班，14个地、州、市办了班。

5. 总结推广庆阳地区农村卫生工作经验。省政府召开了全省乡镇卫生院建设庆阳现场会议，实地考察了庆阳地区6个县（市）的30个卫生院（所）。会议提出从1991年起，集中人、财、物，3年整顿建设好全省乡镇卫生院。会上表彰奖励了41名优秀卫生院院长。会后，有9个地、州、市行署、政府或卫生处（局）分别召开乡镇卫生院建设现场会、工作会议，传达省政府会议精神，安排部署本地区工作。

6. 争取到农村供水与环境卫生项目贷款。确定了[illegible]个农村供水贷款县，初步拟定贷款1 800万美元，内配1 200万美元，建成后受益人口135万。

预防保健工作 至1990年底，全省86个县（市、区）全部达到计划免疫85%的目标，“四苗”覆盖率为94..36%，冷链覆盖率为98.96%。

地方病得到有效控制。1990年全省没有发生人间鼠疫。经考核，天祝县鼠疫区及夏河县两个疫区乡已达到“稳定控制”标准。有55个县达到了人畜布氏杆菌病“稳定控制区”标准。未发现疫情回升现象。大骨节病区新发病下降10%左右。麻风病防治有20个县经省级考核验收，达到基本消灭标准，165名现症病人得到了联合化疗，规则服药。

全省有79.8%的乡推行了妇幼保健合同制，1990年出生儿童入保率为55%。新婚夫妇入保率为54%。

卫生执法工作 1990年卫生厅对全省14个地、州、市，32个县市区的1 504个食品经营单位和个体摊贩进行了检查，共销毁各类变质食品11 955公斤，封存处理食品13 313公斤，依法处罚145户，罚款12 295元。对兰州、天水两市的17个集贸市场食品卫生工作进行了两次检查。全省全年共监督检查食品卫生174 383次，处罚11 666次，罚款172 563元。食品卫生合格率为83.59%。

开展药品质量大检查，共查出伪劣药品

6 793种，西药、中成药438 136瓶(盒)，中药材80 196公斤，总价值达530 651.50元。查处6起较重大的违法案件，共处罚没收款额17545.99元。

纠正行业不正之风 省卫生厅于9月14日发出《关于在卫生系统开展纠正行业不正之风工作的通知》，召开了兰州地区纠正卫生行业不正之风动员大会，要求医疗卫生单位加强领导，精心组织，突出重点，综合治理，坚决持久，抓出成效。省卫生厅及有关单位及时通过各种形式对先进典型进行宣传和表彰奖励。

其他工作 ①中医院基础建设和内涵建设。卫生厅拨出80万元，采取省、地、县各拿一点的办法，重点装备了16所地、县级中医院。新建和续建15所县级中医院。召开拜师大会，10名导师和16名中青年业务骨干结成师承关系。②组织开展了爱国卫生运动月活动和全国城市卫生检查评比活动。嘉峪关市、平凉市等8个城市达到“灭鼠先进市”标准。临夏市、平凉市、嘉峪关市在全国城市卫生检查评比中分获第一、二、三名。临夏市被授予全国县级卫生城市称号。③职称评聘走向正规。对厅属23个单位的专业技术人员职称评聘工作进行了考核、复查。参加考核的专业人员有4 909人，占专业人员总数的94.4%，其中，优良3 947人，合格932人，不合格30人。考核后续聘人员4 756人，占91.4%。全省共审批高、中级任职资格1 290人。④进一步扩大了国际交往与合作。全年派出进修、留学、考察人员46人，接待来甘肃访问、讲学的外国专家13批44人，选派了第8批援马达加斯加医疗队。

（乔公先）

计划免疫工作成效显著

甘肃省计划免疫工作取得进展，“四苗”覆盖率由1984年的4.68%提高到94.36%，全省86个县（市、区）全部达到计划免疫85%的目标。其主要做法是：

1. 深化认识，加强领导。各级政府和卫生行政部门把计划免疫工作作为全省卫生工作的重点。省、地（市、州）、县（区、市）均成立了计划免疫协调小组，把实现两个85%作为任期目标。省政府数次召开专门会议，对计划免疫工作进行部署，提出要求，并指示有关部门免征冷链车交通养路费和增拨平价汽油指标。5年间，省财政共拨款近千万元，用于购买冷链设备和疫苗，地、县两级共投资180万元，购置配套器械。1990年底，全省冷链系统基本健全，冷链覆盖率为98.96%。

2. 任务承包，责任到人。实行政府和卫生行政部门分别与下一级相应部门层层签订计划免疫工作任务责任书的“双轨制”。卫生行政部门除层层签订责任书外，并对计划免疫工作任务采取地区包县、县包乡、乡包村的办法，责任到人，定期考核，奖惩兑现。

3. 健全组织，加强培训。省、地、县防疫站均成立了计划免疫科（组），乡卫生院设防疫专职干部，并因地制宜，采取各种措施，解决乡村医生报酬。省财政对46个困难、干旱和少数民族县的乡村医生每月补助6～8元。1990年底，全省从事计划免疫工作的专兼职人员有21 000多人，计划免疫网络基本形成。各地重视培训工作，通过层层办班，提高专业人员的业务素质。据统计，仅县以上防疫部门，一年共办各种计划免疫学习班291期，培训12 674人次。

4. 加强管理，实行保偿。全省各地对计划免疫工作实行目标管理，分类指导，健全和完善了各项规章制度，制定了技术操作规范。甘南藏族自治州等，加强对儿童建卡和流动人口的管理，实行凭儿童预防接种证入托、入学和申报户口的制度。许多单位还与计划生育部门密切配合，使独生子女凭接种证享受免费入托、入学、医疗的待遇，进一步提高了建卡率和接种率。全省已有90%的县、75%的乡开展了免疫保偿制工作。1990年出生儿童入保率占55%。如清水县政府抽调40名工作人员，分17个组深入各乡、镇、村，抓儿童投保工作，投保率为91.9%，收取保偿金8.5万余元。

5. 广泛动员，协调作战。利用广播、电视、报纸、专栏、宣传材料和宣传车等多种形式，向群众宣传，普及计划免疫知识。如甘南藏族自治州宗教上层人士，协助卫生部门搞好计划免疫宣传。平凉地区妇联，配合卫生部门，从1988年以来，共举办妇女干部计划免疫培训班61期，2 000余人参加，印发各种宣传材料152万份，在2 523个行政村利用各种形式，对229万家长和群众进行了宣传。

（乔公先）

青 海 省

基本情况 1990年底，全省各类卫生机构1 218个，其中县及县以上医院157个，乡卫生院、所431个，各种门诊部、所486个，卫生防疫站58个，妇幼保健院、站51个，药品检所17个，高等医学院校1个，中等卫生学校7个，医学科研机构1个。全省病床15 698张，比1989年增长1.2%。全省卫生专业人员24 963人，其中专业技术人员19 893人，人员总数比1989年增长0.8%。

治理整顿 对西宁地区医疗单位设立的30个门诊部、诊疗所进行了全面整顿，对其中10个办医条件差、管理混乱、滥收费的门诊部、所，依照有关规定停业；对全省城镇702名个体行医者，重新考核，合格者占71.28%，重新发证。在医疗单位内部，着重整顿了“四室一房”，即制剂室、婴儿室、供应室、手术室和病房管理。

预防保健 以完成第2个85%目标为中心，推动预防保健工作全面开展。各级政府成立了计划免疫领导小组。采取在防疫部门建立联点责任制，签订任务议定书，完善冷链系统等一系列行政和技术措施。全省基本上如期达标。随着计划免疫工作的开展，各种传染病发病率比1989年下降32.4%。全省食品合格率提高到78.31%。食品卫生示范县、学校卫生试点县经国家教育委员会、卫生部验收业已达标。

继续推广孕产妇系统管理，在农村覆盖率为25%，农村孕产妇死亡率下降到180/10万。与此同时，对16个妇幼卫生项目县进行了基础调查，完成了项目规定的年度任务。

地方病防治的重点是加强鼠疫监测，1990年发生了1起人间鼠疫，因及时采取措施，疫情得到控制，没有发生人员死亡。又有2个布氏杆菌病病区县的防治达到控制标准。

农村卫生工作 农村、牧区3级医疗卫生网进一步加强，各县的农业区和牧业区交通沿线的县医院都增设了急诊科、室。县级医院病床数比1989年增加2.45%，专业人员增加1.8%。心电图、B型超声仪等医疗器械已在全省配齐。

乡卫生院的机构、床位、专业人员数有所增长。村级卫生机构的发展“七五”期间与“六五”相比，乡卫生院增长9.92%，村医疗室增长20.9%，乡村医生和乡卫生员增加29.7%。

从1990年起，在海晏、湟中、湟源、乐都、贵德等县开展初级卫生保健试点，已基本达标。

教育与科研 各医学院校对学校体制、专业设置进行了论证和调整。青海医学院划归卫生厅管理。职工教育从以学历教育为主改为岗位教育为主。全年由省统一组织的各种培训班22期，参加培训人员881人次，安排省内外进修284人次。

委托省卫生学校举办卫生职业高级中

学，重点培养乡村医士和妇幼医士，面向农村招生101名；海北、海南、海西3个自治州卫生学校继续招收乡村医士专业新生133人。1990年在校乡村医士专业学生达到473人。

中日联合组织实施了阿尼玛卿雪山医学科研考察。1990年完成的医学科研项目经过鉴定的有20项，完成了中澳（大利亚）合作对缺碘性疾病研究的全部设计课题。

中、藏医药事业 新建县藏医院2所，中医痔瘘科医院1所，1990年全省中医院达到12所，蒙藏医院达到24所。省卫生厅制定了《青海省藏、蒙医院建设标准（试行)》。为名老中、藏、蒙医配备了艺徒。在全省开办了中医专业大专自学考试，1990年有128人取得单科合格证书。

外事工作 1990年接待外宾5批21人，派出国外学习进修6人。同日本长野大学医学专家合作，进行了高山生理研究；同日本名古屋公众医学研究所的专家学者进行了学术交流；美国的眼科专家两次来青海讲学和进行手术示范。

省第2批援外医疗队在布隆迪期间，诊治门诊病人近10万余人次，收住治疗病人5 000余人次，实施各种手术3 500多例。第3批援外医疗队已于12月下旬到达布隆迪。

（刘丕承）

宁夏回族自治区

基本情况 1990年，宁夏全区总人口4 655 451人，有各类卫生机构1 165个，比1989年增加66个。其中，县及县以上医院82个，乡镇卫生院95个，疗养院（所）及门诊部（所）897个，专业防治所（站）8个，卫生防疫站29个，妇幼保健所(站) 27个，药品检验所2个，其它卫生机构20个，医学科研机构1个，高中等医学院校4所。工业及其它部门集体所有制的卫生机构27个。医院病床10 556张，比1989年增加285张，平均每千人口有医院病床2.16张。专业卫生人员23 915人，比1989年增加811人，其中卫生技术人员19 175人，平均每千人口有医师(士) 1.97人。

全区有村医疗站2 729个，乡村医生2 099人，卫生员2 118人，接生员6 424人。

治理整顿

1．“办医乱”和医药市场管理混乱的局面基本得到控制。全年整顿社会办医580个，其中停业整顿11个，依法取缔30个；整顿个体行医1 049人，重新核发行医执照516人，停业整顿211人，取销行医资格194人。开展了整顿药品市场的工作，对无证、无照生产、经营药品者进行查处。

2．医疗秩序好转。各医疗单位对业余服务、兼职服务、超额服务和专家门诊加强了管理，对超额服务和专家门诊作出具体规定，从而，稳定了医务人员的思想，保证了医院秩序的正常进行。

3．严格医疗收费标准。在医疗收费管理上，采取调管结合办法。一方面加强管理，制定制度，公布各种服务收费标准，接受群众监督，制止乱收费现象；另一方面会同物价、财政部门调整了部分项目的收费价格。

4．完善医疗卫生单位管理机制。许多单位实行了包括工作任务、技术质量、组织管理、精神文明建设、经济核算在内的综合目标管理责任制。

5．加强医德医风教育。各地深入开展医德医风教育，国务院、卫生部召开加强廉政建设，纠正行业不正之风电话会议以后，作出规定，采取有效措施，建立健全医德医风监督机制，开展医务人员医德医风评比活动，促进了医院风气的好转。

爱国卫生 各地坚持抓重点、讲实效、办实事的原则，开展了以搞好环境卫生为重点的爱国卫生运动。银川市政府投资近百万元，整修巷道、铺设排水管道，新建厕所234座，垃圾站（箱）780个，加强城镇卫生建设和公共卫生的基础设施。自治区政府决定，从1990年开始到1995年止，每年投资30万元，完成全区56个集镇小型自来水供水工程建设。1990年除自治区投资30万元外，市（县）和群众集资49.2万元，区投资79.2万元，在4个乡、镇建设了自来水小型工程。到年底，全区已经完成205.38万人的卫生改水任务，约占农村总人口的59.12%，基本实现“七五”规划目标。健康教育得到发展，组织了为期4个月的“人口与健康”科普电影汇演活动，扩大了健康教育覆盖面。全区各小学开设了健康教育课，小学生开始系统接受健康教育。

卫生防疫　1990年传染病报告发病率为279.2/10万，与1989年相比，除痢疾、肝炎、性病发病率有所上升外，其它传染病发病率均有所下降。计划免疫工作，加强了冷链建设，落实了预防接种任务，特别是薄弱地区、薄弱环节加强了督促检查和组织协作。据初步考核，自治区乡镇计划免疫接种率已达到85%的目标。组织了80多名专业技术人员，组成18个专业队，开展了第3次结核病流行病学调查，对3 037人进行抽样调查。结果表明，结核病患病率已由1985年的1 136/10万下降至711/10万。对前两年发现的8 000余例结核菌涂片阳性病人进行了系统治疗，初治阴转率达到90%以上。

地方病防治　鼠间疫情基本得到控制，防止了人间鼠疫发生。布氏杆菌病防治，经考核全区已达到基本控制标准。地方性甲状腺肿防治，由于防治措施落实，无新发病例发生。降氟改水工作稳步发展，全区累计已完成230个病区村降氟改水工作，受益人口25万人，分别占病区村总数的47.5%和病区人口的51.02%。

妇幼保健　普及新法接生，加强孕产妇系统管理，开展高危孕产妇筛查监测。在乡卫生院开设产科床位，使高危孕产妇住院分娩率有较大幅度的提高。为宁南山区8个县装备产包2 200个，培训接生员5 545人，新法接生率上升到72%左右。继续开展破伤风类毒素接种工作，全年共完成5万人份育龄妇女的破伤风类毒素基础免疫工作。开展了儿童保健管理，儿童保健覆盖面逐步扩大。

农村初级卫生保健　制定了《自治区2000年人人享有卫生保健规划》，4个试点市、县成立了县、乡两级初级卫生保健领导机构，并制定了相应的实施计划，签订了责任书，把初级卫生保健纳入当地政府的目标管理。其它各县确定了试点乡。村医疗站在整顿建设中发展。到年底，全区已有2 354个医疗站进行了整顿，医疗站工作秩序、站容站貌都有所好转，提高了服务能力。

中医工作　中医机构由1985年的8所增加到1990年的18所。目前，除彭阳、惠农和陶乐县外，实现了县县有中医机构。医院床位由1985年的406张增加到1990年的856张。全区有中医药人员2 203人，其中有高级职称中医药技术人员20人。发展了中医教育。宁夏医学院开设了中医系，在校中医本科生152人，委托上海中医学院、安徽中医学院培养本、专科生189人。中医机构内涵建设有一定发展，中医大内科状况有所改善，有的开设了中医内、妇、儿、针灸、骨伤、肛肠、推拿、按摩门诊或病床，发挥了中医在防治疾病工作中的重要作用。

医政工作　全区县以上医院继续开展创文明医院活动。据统计，全区38所医院门诊诊疗病人为43.5万人次，住院13.7万人次。病人“看病难”、“住院难”、检查治疗难”的状况有所缓解。在全区开展护理岗位技术新星竞赛活动，加强了护理人员基本理论、基本知识、基本技能训练，促进了医院护理质量的提高。为加强医院供应室正规化建设，制定了《医院消毒供应室的验收标准》，开展了供应室工作检查，经考核全区有21所县及县以上医院供应室达到管理标准。

医学教育与医学科研 完成了自治区4所高、中等医学院校招生任务和成人招生计划，举办了各种类型专业进修班19个，有786人次接受了培训。开展了乡村医疗函授教育，函授生达198人。科研工作重点抓了基础建设，建立了全区医学情报图书协作网，开展了医学情报检索。对1990年医学科研项目进行了筛选。有13项获自治区科技进步奖。

卫生监督与卫生执法 1990年继续贯彻执行《食品卫生法》、《药品管理法》和其它各项管理条例，开展了监督监测和检查工作。全区共监测各类食品6 944件，实施卫生监督29 410户次，行政处罚2 041户次。依法查处各种违反药品管理法的案件125起，罚没款达13.08万元。此外，还加强了学校卫生、环境卫生、劳动卫生、放射卫生的监督管理。

（曾晓林）

新疆维吾尔自治区

基本情况 1990年全区共有卫生机构3 944个，其中医院1 049个，疗养院5个，门诊部、所2 536个，专科防治所、站13个，卫生防疫站191个，妇幼保健站、所59个，药品检验所18个，医学科研机构3个，高等医学院校4个，中等卫生护士学校23个，其他卫生机构43个。有病床67 414张，其中医院病床60 797张。专业卫生人员102 053人，其中卫生技术人员79 853人，少数民族卫生人员31 347人（卫生技术人员25 068人）。乡村医生4 205人，卫生员5 668人，接生员3 758人。8 191个自然村设有医疗点7 676个，其中集体办的2 486个，占32.39%；乡村医生联合办的2 001个，占26.07%；乡卫生院设置的1 392个，占18.13%；个体办的1 198个，占15.61%，其他599个，占7.80%。

治理整顿与深化卫生改革 博尔塔拉自治州继续推行以院长负责制、科主任护士长聘任制、职工招聘制为主要内容的卫生改革。伊犁自治州奎屯医院对科以下干部实行聘任制，由科主任同院长签订优质服务任期目标责任书，实行任期目标责任制，对各项医疗指标实行目标管理，加强以岗位责任制为中心的制度化管理。新疆医学附属第一医院为加强对扩大医疗卫生服务的管理，制订了《关于院内、外技术服务咨询的若干规定》。在治理整顿中，卫生系统开展了反腐廉政，纠正行业不正之风的工作，大力宣传、弘扬无私奉献精神，严肃查处违纪问题，进行整章建制。自治区人民医院从内部及社会两个方面加强对医德医风的监督，严格执行物价政策，坚持合理用药、合理检查、合理收费。

农牧区卫生工作 采取主要依靠地方政府增加卫生投入、同时多方集资的办法加快发展农牧区的卫生事业。克孜勒苏自治州人民政府批准了州卫生局《克州农村医疗卫生事业五年发展规划》，决定每年拨款50万元，连续5年集中解决乡卫生院危房改建及增添设备，1990年已兑现55万元。洛浦县那瓦乡发动群众集资，并争取有关部门支持，共筹集8.5万元，修建乡卫生院。和田县1位农民专业户捐资13万元，修建了1所乡村医院。不少地方采取国家与乡村补助相结合的办法，解决乡村医生的报酬。吉木乃县由县、乡、村、村按50%、33%、17%的比例拨款，村委会按每人每年0.5元标准筹集乡村医生补助费，并依据责任合同进行考核、计发。各地继续推行合作医疗制度。和田地区参加合作医疗的人数占农村总人口的43.61%，吐鲁番市占75%，鄯善县占64.8%。为加速培养农牧区卫生人员，各地卫生学校开设了乡村医生班，已招收600

多名学生，并实行“三定”的招生分配制度。卫生厅承担了贫困县洛浦县的卫生对口支援任务。一些地、州、县医疗卫生单位派出医疗队到农牧区服务，并负责指导基层单位的业务建设，帮助培训基层卫生人员。各级卫生部门重视在职教育，自治区举办各类学习班33个，培训学员1 000多人；地、州、县承担分级培训任务，有3 000多人接受了培训。继续向农牧区推广应用适宜的医学技术，帮助基层人员提高技术水平。卫生厅举办了自治区首届医药卫生科技成果与新技术展览，以增强科技兴医意识。农村初级卫生保健工作取得进展。自治区成立了初级卫生保健领导小组，16个试点县都成立了相应的领导机构，半数以上的试点县已将初级卫生保健纳入政府工作目标和社会经济发展总体规划。鄯善县初级卫生保健试点工作经卫生部考评组评估，名列全国30个试点县中的第15名。其他15个试点县进行自我评估，约有⅓的县基本达标。

卫生防病 1990年，卫生厅分别召开了南疆、东疆片防病会议，及早安排了霍乱、肝炎防治工作。5月，成立了南疆防病指挥部，在喀什指挥防病工作。9月，吐鲁番地区发生戊型肝炎流行，卫生厅立即派出防治队前往疫区协助开展防治工作。1990年，发生霍乱病人45例，经救治无一死亡。吐鲁番地区肝炎流行累计发病2 972人，发病率为0.63%，死亡5人(其中孕妇3人)，病死率为0.17%；累计治愈2 802人，治愈率为94%。1990年，结核病患病率为0.67%，比1986年的1.19%下降了近50%，患病率从居全国之首下降到第8位。为提高基层卫生防疫工作管理水平，卫生厅在博乐市召开了基层卫生防疫站科学管理现场经验交流会，介绍推广博乐市防疫站的科学管理经验和温泉县推行计划免疫保偿制的经验。城乡爱国卫生运动进一步深入发展，1990年参加“爱国卫生月”活动的人数达265万多人次，出动车辆2万多车次，清运垃圾25 000多吨，改造厕所1 632个，疏通渠道130多万米。全区农村改水受益人口为600万人，约占农村人口的60%；自来水受益人口为25%左右，完成了“七五”农村改水任务。英吉莎和墨玉县的深层手动泵改水试点工作获得成功。妇幼卫生工作坚持以优生优育为中心，面向基层，围绕降低孕产妇、婴幼儿死亡率开展。

医政工作 各级医院结合文明医院建设、“三优一学”等活动，从完善各种规章制度入手，加强医疗质量管理。乌鲁木齐市各医院加强门急诊标准化管理；急救指挥中心无线电通讯网投付使用。新疆医学院附属第二医院实行质量控制下的目标管理责任制。卫生厅组织全区文明医院检查评比，表彰了文明医院41个及优秀院长30人、优秀护士78人。新疆医学院附属第一医院成功地进行了5例肾移植；动物心脏移植也获得成功。基层医院的医疗技术水平也有新的提高。如新源县医院已能开展颅脑手术、肺叶切除术；昭苏县医院开展了多发性腹腔包虫、肺、肝包虫摘除术等。中医、民族医医院在发扬特色上下功夫。在8月召开的全区中医民族医医院工作会议上讨论了《关于加强中医民族医院建设的意见》及检查评比标准。

药政管理 对全医药品生产、经营和医院制剂进行了全面检查、验收和核发许可证工作，自治区共查验98个单位，各地、州查验393个单位。开展药品检查活动，严厉查处伪劣药品案件。召开了纪念《药品管理法》颁布5周年大会，表彰了先进集体67个和先进工作者116人。自治区药品检验所完成954批次检品的检验，总合格率为75%，其中生产部门合格率为85.5%，供销部门合格率为67.5%，医疗部门合格率为60%。已完成280种维吾尔药材标准的起草任务，审定了150种。

（邓克中）

和田县巴格其镇的合作医疗

新疆和田县巴格其镇坚持合作医疗已有24年。农村经济体制改革后，该镇从1981年起对合作医疗管理体制及集资办法进行了相应的改革。成立合作医疗管理监督委员会，形成村办乡管的集体领导体制。在集资方式上，将个人付款改为集体承包付款，即以村民小组为单位，根据人口和应交经费额，划出相应数量的土地、果园，交由一户或几户农民承包并签订合同，将其收入作为该村民小组的合作医疗经费；按合同交付合作医疗经费后的超额收入部分归承包户所有。一些较为富裕的村，则由村委会从村办企业收入或集体公益金中提取支付合作医疗费。目前采取承包土地支付合作医疗费的村占48%，承包果园支付的村占20%，集体出资的村占32%。为了鼓励承包户按期如数交纳合作医疗费的积极性，镇政府每年都拿出一定的款额，用以奖励交得早、交得齐的承包户。

随着农民医疗保健需求的提高和医疗材料的提价，该镇对合作医疗费标准进行了相应的调整，由原来每人每年1.20元，逐步调整为5元。经过调整，保证了收支平衡并能略有节余。合作医疗经费由村委会筹集，镇政府合作医疗管理监督委员会管理及分配。其中55%拨归镇卫生院使用，30%拨归村卫生室使用，15%留作转院费用。针对不同疾病及病情程度，规定治疗费、医药费等的支付标准。治疗用药超过限额的，须经卫生院院长审批。病人转院视家庭经济条件分为3个档次，条件好的，报销70%；中等的，报销80%；困难户、五保户予以全部报销。卫生院每月对合作医疗经费使用情况进行核算，并向镇政府汇报，张榜公布，接受群众监督。在合作医疗经费基本满足需求的情况下，镇卫生院采取各种措施，开源节流，发挥现有技术和设备作用，努力扩大服务。1985年以来，每年门诊病人约在6万人次以上，住院病人在2 000人次以上。至1989年，卫生院流动资金为29.7万元，固定资金为22.5万元，职工人均奖金由1985年的82元增加到370多元。

为了巩固、发展合作医疗，镇党委和政府十分重视镇卫生院、村卫生室和乡村医生队伍的建设。几年来帮助卫生院修建了病房、门诊部、宿舍，劳力与建筑材料等折合人民币6.8万元。镇卫生院现有建筑面积为1 300多平方米，有病床76张，并配置了X光机、心电图机、冰箱及化验器械设备等。一直坚持集体办的村卫生室由村委会划出地皮并投资建设。村卫生室一般设有诊断室、药房、注射室及简易病床，备有常规诊疗设备和100种左右的常用药品。对乡村医生，一方面注意加强培训，提高其业务水平，另一方面注意合理解决他们的报酬。现规定乡村医生报酬由村委会支付，并免除义务工，其收入一般相当于或略高于村干部水平；乡村医生的录用、解聘，必须经镇党委、县卫生局共同研究决定。镇卫生院与村卫生室及乡村医生签订业务合同，并规定，在保证质量完成工作量的前提下，超过上交款额的挂号、注射、住院费的80%归乡村医生所得。在检查评比中，医疗、防保任务各占50%的比重，严格实行奖优罚劣。

（邓克中）

学术团体和群众团体

【中华医学会】

学会改革　1990年3月16～18日，召开全国分会秘书长会议，讨论制订了学会深化改革的6项原则：①学术活动要贯彻科技工作面向经济建设的方针，围绕卫生工作的重点进行；②坚持学会宗旨，在以学术活动为中心，以社会效益为准则的前提下，开展科技咨询，增强学会自我活力；③适应国家机关职能转变，发挥学会优势，拓宽职能，在学术上起参政议政作用；④科技咨询开发工作要以推动医学科学技术进步，使科研成果尽快转化为生产力为主；⑤结合学会特点，运用学会所长，在国家法令和政策允许的范围内，开展医药卫生技术、新产品的开发、咨询、服务、转让，维护学会的声誉；⑥加强学会机关建设，提高学会干部素质，坚持物质文明和精神文明建设一起抓，发扬"献身、创新、求实、协作"的精神。

8月7～10日，召开20届7次常务理事会议，审议通过了《中华医学会关于参政议政的实施方案》和《中华医学会关于会员管理的暂行规定》。该方案规定，中华医学会要在学术交流、卫生支农、人才培养和继续教育、医学期刊、科技成果鉴定评审和科技咨询开发、国际医学学术交流、医学科技的普及推广以及精神文明建设等八个方面，积极发挥参政议政的作用。该规定对会员的权利等作了具体规定，以增强学会对会员的凝聚力。

组织建设　新成立4个专科学会：创伤学会，5月28日在重庆成立，主任委员黎鳌；视听教育学会，6月13日在成都成立，主任委员吴志澄；行为医学及生物反馈学会，10月24日在天津成立，主任委员沈家麒；医学美学与美容学会，11月14日在武汉成立，主任委员张其亮。皮肤科、医学遗传、麻醉、内分泌、肿瘤、急诊医学、内科、小儿外科、医院管理、科普等专科学会结合学术会议进行了换届选举。

中华医学会肿瘤学会于5月24日在汕头成立了华明肿瘤医药开发研究会，其宗旨是以科研及临床应用为先导，生产及开发高效、低毒药物，提高我国抗肿瘤医药水平。日本明治制果株式会社金子健二先生任该研究会名誉顾问。

10月成立了中华医学会科技咨询开发联合体，以总会为龙头，全国各地医学分会为主体，网络医疗、科研、教学及企业等单位加入，促进医药、医工、医贸结合，促进科技成果转变成生产力，为我国经济建设服务，为提高、发展、普及我国医学科技成果服务，为人类健康服务。

为了更好地发挥学会图书馆书籍及交换来的上千种国外医学杂志的作用，加强学会传递信息的职能，为学术活动，为培养人才服务，经卫生部同意，于10月成立了中华医学会图书信息中心。

学术交流　举办全国性学术会议63个，其中18个由总会直接主持召开，其余由有关专科学会及其学组组织召开（见表1）。其特点是：①学术论文水平普遍比过去提高，不少已接近或达到世界先进水平；②学术会议与培养人才相结合，根据学科进展，在会前或会后举办学习班，请有专长的与会教授学者讲课，学员可同时列席学术会议；③促进学科发展，开展前瞻性学术交流；④会风端正，会议期间不宴请、不照相、不组织旅游。海峡两岸的学术交流日益扩大，全年接待台湾医生代表团4批68人，派出3名专家到台湾进行了讲学交流。

编辑出版　主办的47种医学期刊继续保持了先进水平，国家级、卫生部级医药卫生科学技术成果，90%以上都先期在各种杂志上刊出。

47种杂志中，除19种由总会直接编辑出版外，其余28种委托有关医院、医学院校、科研院所及地方医学分会编辑出版。为加强对委托杂志的管理，提高办刊水平，确保杂志质量，于11月6～8日在北京召开了委托杂志工作会议，讨论制订了《中华医学会委托杂志管理办法》，并经常务理事会审议通过实施。该办法规定，中华医学会委托有关单位编辑出版的医学专业杂志，为中华医学会所属的全国性刊物，刊出稿件应面向全国，处理好刊稿工作中受托单位与外单位的关系。

继续教育　重点召开了两次会议。继续教育研讨会于8月在长春举行，收到论文500余篇，其中大会发言39篇，书面交流60篇，以经验介绍为重点，探讨了中国式的继续医学教育模式。代表们对《继续医学教育条例》和《临床住院医师培训试行办法》进行了讨论和修改，并建议尽快由卫生部和人事部联合颁发实施。会议认为．在试点的基础上，我国继续医学教育工作已具备在全国开展的条件。

第2届医学视听教材汇展评奖大会于10月在青岛举行，送展片143部，其中录像片132部，幻灯片11部，经全体代表评审，选出优秀教学片49部。会议表明，我国已经初步建立起一支医学视听专业队伍，视听软件的质量有较大提高，节目的选题、构思、美工、灯光、编辑、配音等各个技术环节都有显著的进步。

对外交流　一年来，派出国21批43人次，其中8批18人次为出席双边或多边国际性医学学术会议；接待国外来访37批763人次，其中6批353人次为出席中华医学会主办的双边或多边国际性医学学术会议（表2）。中美艾滋病对策研讨会由中华医学会和美国国际人民交流协会艾滋病对策代表团于11月8～9日在北京共同主持召开，美国145名、我国200名有关专家学者与会。会议围绕艾滋病的预防和治疗进行了深入研讨。卫生部部长、中华医学会会长陈敏章，中国科学技术协会副主席、中华医学会名誉会长吴阶平到会并发表演讲。卫生部副部长何界生在会上报告了我国对艾滋病的对策，提出五个“加强”：①加强检测，防止扩散；②加强宣传教育；③加强有关部门、社会各界配合和法制建设，消除艾滋病发生和流行根源；④加强缉毒、戒毒，杜绝艾滋病经静脉注射扩散；⑤加强性病控制，防止艾滋病经性传播。

（陈清森）

【中国中西医结合学会】

根据中国中西医结合研究会第3届全国会员代表会议代表提议，经中国科协批准，中国中西医结合研究会更名为中国中西医结合学会。

1990年共召开全国性学术会议21次，其中重要的5次：第3届全国农村基层中西医结合学术及工作经验交流会、第3届全国活血化瘀研究学术经验交流会、第2届全国心血管疾病学术经验交流会、全国中西医结合第5次肺心病会议及第2次呼吸病学术交流会、第6次全国病毒性肝炎学术会议（与中华医学会联合召开）。

按照党中央、国务院提出的科技兴农方针以及卫生部提出的开展卫生支农的要求，1990年8月19～22日在哈尔滨市召开了第3届全国农村基层中西医结合学术及工作经验交流会，宣传、贯彻党的中西医结合方针，总结交流近年来农村基层中西医结合工作及学术经验，推动农村基层中西医结合工作和学术发展，提高农村基层医务人员防治疾病水平。会议收到论文400多篇。为适应农村基层卫生工作的需要，大会宣布正式成立中国中西医结合学会农村基层学会。中顾委委员、原卫生部长崔月犁，卫生部长陈敏章，副部长顾英奇等为大会题词，国家中医药管理局副局长朱杰为会议写了贺信。

在学会组织建设方面，经常务理事会批准，1990年成立了疮疡专业委员会、性医学专业委员会、中医英语专业委员会及肾病专业委员会等4个专业委员会。至此，中国中西医结合学会已有29个专业委员会。1990年还成立了中国中西医结合学会临床药学部（设在北京昌平医院制剂中心）；并开始发展团体会员。目前已有团体会员13个（其中11所中西医结合医院、1个中西医结合研究所、1个制药厂）。迄今全国会员总数已达27 000名。为加强学会管理，6月在四川召开了首届全国各分会专职干部管理工作经验交流会议，并在该次会议上正式成立了中国中西医结合学会管理专业学会管理学组。

在编辑出版工作方面，1990年发行了中西医结合系列丛书中的《血瘀证与活血化瘀研究》和《皮肤病研究》。由急救医学专业委员会主办的《危重病急救医学》杂志（天津），甘肃分会主办的《中西医结合研究》杂志，西安医科大学主办、西安医大中西医结合研究所编辑出版的《现代中医》，以及《中西医结合眼科杂志》（浙江），《实用中西医结合杂志》（山西）等6种期刊在今年内公开发行。

（周素云）

【中国药学会】

10月26～29日在北京召开了学会第18届理事会第2次全体理事会议和第5次常务理事会，回顾和总结学会两年来的工作，各分科学会就本学科国内外学术进展分别作了综述报告。

全年召开全国性学术会议19个（见附表），参加总人数约2 500人，收到论文4 900余篇，录用交流1 800多篇，编辑论文集15本（套）计500万字左右。为促进青年药学工作者（35岁以下）的成长，为他们提供学术讲坛交流科研成果，专门召开了青年药学工作者最新科研成果学术交流会，评选出31篇优秀获奖论文。生化药物和药学史两个分科学会结合学术会议进行了换届选举。成立了医院药学分科学会。还举办了薄层扫描、中药新药审批学习班。由于学科带头人和专家们认真把关，学术会议开得较好，交流的科技内容有不少是与药学当前的科研、教学、生产实际密切结合的，体现了科学技术为经济建设服务的思想。

学会主办的7种杂志，刊出论文的学术质量和编辑质量均有提高，加快了稿件处理的速度，扩大或保持了发行量。7种杂志年总发行量为72.3万余册。按照中国科协的统一部署，组织了《中国科技专家传略》药学分卷的编委会，对入传药学专家的传略进行了组稿、审稿工作。

经政府有关部门批准，学会成立医药科技咨询开发部，并已开展咨询服务工作。

在各地分会支持下，学会建立了副研究员以上职称的会员档案。据23个分会报送的资料统计，副研究员以上的会员共计4 810人。

接待日本、尼日利亚、南朝鲜等国药学界人士共6批，与美洲华人药学组织有关人士建立了联系，并邀请了一些药学界人士来访。多次与国际药联负责人进行接触，就解决药学会会籍问题交换了意见。

（韩凤　张天禄）

【中华护理学会】

学术工作　围绕护理学科的发展，结合当前实际工作的需要，召开了4个学术会议：第二届全国精神病护理学术会议于3月3～6日在成都召开，交流论文63篇，内容有精神科病房、家庭化护理、精神病病人康复护理等。第二届妇产科护理学术会议于4月24～29日在青岛召开，交流文章46篇，重点内容是围产期护理，新业务、新技术，以及产妇的心理护理等。中医护理病历书写研讨会于6月6～9日在济南召开，交流论文52篇。会议拟定了中医护理病历书写格式和项目，明确了辨证分析和辨证施护是书写中医护理病历的重要内容。第三届全国口腔护理学术会议于10月10～14日在成都召开，交流论文406篇，围绕口腔护理的专业特点，从护理管理、基础护理、防止交叉感染及护理科研等方面进行了探讨。

组织工作　成立了精神科护理专业委员会和口腔科护理专业委员会。

国际交往　林菊英理事长获得美国米苏里堪萨斯大学授予的人文科学荣誉博士称号，于5月12日出席了该大学举行的授奖仪式。应加拿大护士会邀请，学会派人于4月随卫生部护士注册及考试考察团，考察了加拿大护士毕业后注册考试等情况。学会领导人应日本看护协会邀请，参加了在神户召开的第22届国际助产士会议，并参观了日本看护协会及看护进修学校。

继续教育　为了加强护士队伍的在职教育，推广新业务新技术，举办了各种学习班6期，培训人员690人。

科普工作　第4届全国科普工作经验交流会于8月29～31日在呼和浩特市举行，会议代表130名，就做好医院科普工作、发挥护士在科普工作中的作用等专题进行了经验交流。会后，部分科普工作委员在伊克昭盟等地、县进行了科普支边讲学活动。

编辑出版　《中华护理杂志》编辑部于6月在南京召开首次优秀论文评选颁奖大会，评出优秀论文50篇，其中一等奖10篇，二等奖15篇，三等奖25篇。

中华护理学会于10月31日在人民大会堂隆重举行表彰林菊英理事长获美国米苏里堪萨斯大学人文科学荣誉博士称号大会。会议同时宣布邓颖超将不再担任中华护理学会名誉理事长。中华护理学会名誉理事长由人大常委会副委员长陈慕华接任。

（张双双）

【中国生理学会】

1990年召开了全国第2届应用生理学学术会议、第2届全国离子选择性微电极生物医学应用技术交流会和第二届全国神经内分泌学学术会议。参加会议的代表共395人。会议收的论文基本上反映了我国生理学研究的现状和今后发展方向，有些工作在国际上居于先进水平。在召开应用生理学学术会议的同时，举办了一次小型生理科学仪器展示会，有十几个厂家参展。

贯彻中国科协关于科普工作应面向农村、面向基层的精神，在暑期聘请高等院校的教授和各大医院的专家20余人组成科普支边小分队，赴北京延庆县，为当地青年教师和青年医师传授新知识、新技术。暑期还在北京大学举办了两期生理实验教学班，参加学员60余人，通过学习提高了动物实验能力。

10月底在长沙召开了常务理事会，总结1990年工作，讨论1991年学术活动计划。在长沙召开了首届全国各省市生理学会秘书长及学会干部工作会议，相互交流经验，建立联系。

学会申请加入亚太地区生理学会联合会已获批准。学会副理事长杨雄里教授出席了在印度新德里召开的会议，并当选为副主席，会议决定下一届大会在中国召开。学会接待了苏联生理学专家苏沃洛夫（全苏生理学会副理事长、列宁格勒巴甫洛夫生理研究所前所长）来华访问和讲学。台湾阳明医学院生理学名誉教授姜寿德先生和夫人来大陆探亲，与学会在京常务理事进行了座谈。

《生理通讯》在各地理事协助下调整了编委，扩大了通讯员队伍，增加了稿源，每期印数1 700余册，加强了与会员之间的联系。新发展会员100余人，壮大了学会队伍。

在全国自然科学名词审定委员会支持下，学会组织有关专家编纂了生理学名词，即将出版。

（肖　玲）

【中国解剖学会】

10月18～21日在上海市召开了第7届全国会员代表大会暨1990年学术年会，390名来自26个省、自治区、直辖市的138个教学和科研单位的代表出席了会议。代表大会审议通过了第8届理事会的工作报告。

会议选举产生了第9届理事会55名理事和13名常务理事；选举薛社普为理事长，钟世镇、宗书东、吴新智为副理事长，贲长恩为秘书长；还推举郑思竞为名誉理事长。本届新当选的理事有14人，占理事总数的25%；理事的平均年龄为61.71岁。新理事会组成后，调整了原有的8个工作委员会和4个专业委员会成员，并决定增设科技咨询和胚胎测量两个工作委员会。

学术年会收到的论文展示了解剖学科的最新研究成果，概括了本学科各专业的进展。

10月13～17日在上海举办了第2期显微照相讲习班。学员34名。

由体质调查工作委员会编写的《中国人体质调查》续集已由上海科学技术出版社出版。该书收集了1980～1988年中国解剖学工作者的有关文献共2 020篇，系统地补充了中国人的正常解剖学数值，反映了中国人的形态特征。

由学会主办的《解剖学杂志》自今年开始由季刊改为双月刊。

（房桂珍）

【中国生物医学工程学会】

1990年12月在北京召开了第4次全国生物医学工程学术会议，总结了学会成立10年来的工作。500名学者出席了大会，其中包括来自美国、日本等国和中国台湾地区的来宾23人。会议交流的内容覆盖了各个层次的生物医学工程领域。学会理事长顾方舟在大会上作了报告。

1990年7月，由卫生部、总后卫生部等5个部委在北京举办的全国医药卫生科技成果展览会上，中国生物医学工程学会展出了全国生物医学工程科技成果近百项。学会在展出期间举行了震波碎石、体外反搏、心脏起搏等4场学术报告活动。

1990年10月，国际医学生物工程联合会远东地区第1次生物医学工程学术会议在日本东京召开，我国代表团由26位专家组成。中国台北也派员出席了大会。海峡两岸的生物医学工程工作者一起座谈交流了情况。我国代表团在会上作了题为“生物医学工程在中国大陆的情况和发展”的报告。为表彰对远东地区生物医学工程学科发展的贡献，大会为中国生物医学工程学会秘书长杨子彬等4名专家颁发了荣誉奖状。大会还决定1993年的远东第2次生物医学工程学术会议在中国北京举行。

在学术活动方面，医学物理分科学会于1990年5月在北京举行了国际医用放射物理讨论会。生物力学分科学会于1990年7月在安徽歙县举行了全国第3次生物固体力学讨论会。会议主要交流的内容包括类骨的流变特性，骨的生长、愈合与应力的关联，临床骨力学，几种生物软组织的流变性质，人体多刚体力学模型等。1990年11月在广州举行第3届生物力学学术会议。涉及内容有生物流体力学、生物固体力学、运动生物力学三大方面的基础理论及应用研究；心脏起搏技术工程专业学组于1990年12月在广州举行第5次全国心脏起搏及电生理学术会议。来自全国30个省、自治区、直辖市的450名代表出席了会议，有10名美国、日本、菲律宾、香港等地的专家应邀出席会议，并作报告。

（王金新）

【中国防痨协会】

1990年3月召开五届三次常务理事会，审议并通过了1989年工作总结及1990年工作要点，研究并讨论了第16届东方地区防痨和呼吸病国际学术会议的筹备工作等。

10月国际防痨和肺病联合会第16届东方地区结核病和呼吸病学术会议在北京召开。会议收到24个国家和地区及我国各省（市）论文660余篇，国内外专家、学者共800余人出席会议。这是建国以来首次在我国举行防痨专业国际学术会议。会议期间还举行了国际痨联执委会会议及东方地区理事会。

11月上旬在杭州召开了全国防痨科普宣教工作经验交流会议，安排观摩了有关省市制作的12部录像，讨论了防痨科普工作发展方向与计划。

11月中旬在郑州召开了全国结核病临床细菌学研讨会，交流了近年来结核病细菌学新技术、新理论。

12月召开五届四次常务理事会，对第16届东方地区国际学术会议做了学术小结，并讨论了1991年工作要点。

继续发展国际防痨联合会个人会员，到年底共有497人参加。

经国家科委、中国科协批准，协会主办的《中国防痨通讯》自1991年更改刊名为《中国防痨杂志》，办刊宗旨与刊期不变。

（李秀英）

【中华预防医学会】

1．加强学会的组织建设。1990年6月29日召开了中华预防医学会第1届第8次常务理事会，会上传达了卫生部关于学会负责人变动的两个文件，审议了下半年工作计划确定以通讯会议形式召开第1届第2次全体理事会，增补了第1届理事会常务理事。10月5日召开了在京专科学会秘书长会，商讨学会工作。12月3～7日在太原召开了中华预防医学会第1届第2次分会秘书长、专科学会主任委员和第3次期刊杂志编辑部主任会议。12月29日召开了第9次（在京）常务理事会，听取了1990年工作汇报，讨论通过了1991年工作计划，到1990年底总会所属有22个专科学会，1个学组。

1990年山西、江西、湖北省和大连、成都、青岛市成立了分会。截止到年底，全国已有27个省、自治区、直辖市和10个经济计划单列市成立了中华预防医学会省、市级分会。有省属专科学会241个，市（地）级分会152个。部分县、区成立了学会。

2．学术交流。全年共召开全国性学术会议51次（详见表1），与会代表5 500余人，交流学术论文3 510篇，开展了优秀论文评选工作，颁发了论文证书。为纪念世界卫生日，4月2日邀请了部分环境卫生专家举行了环境与健康座谈会，专家们提出：环境污染对人体健康影响问题必须重视。4月24～27日在无锡召开了第1届全国预防医学情报交流会，成立了中华预防医学会预防医学情报学会。5月31日与儿少卫生学会和北京医科大学、儿少卫生研究所联合召开“世界无烟日”座谈会，会上介绍北京中学生吸烟率抽查结果：1981年10%、1986年18%、1990年46.2%，这一现状必须引起有关部门的重视。7月18日中华预防医学会媒介生物学及控制学会受全国爱国卫生运动委员会的委托，召开了灭鼠技术研讨会，国务委员、爱卫会主任李铁映到会，并就当前灭鼠工作的形势，今后任务和灭鼠药物的生产、流通管理等问题作了重要指示。受卫生部卫生监督司委托，8月28～30日在京召开了国产分析仪器质量论证会，为各级卫生防疫机构配备仪器提供信息。12月22～24日在沈阳召开了中华预防医学会第3届全国环境卫生学术会，进行了换届改选，王黎华教授当选为主任委员，对第2届委员卸任者颁发了荣誉证书。

3．技术培训工作。1990年，举办全国性学习班4期。主要内容是：医源性感染的控制，卫生法规和生物制品技术等。

在函授教育方面，继续派出2名工作人员参加北京医科大学预防医学函授部的办学工作。1990年初，按国家教委和卫生部文件要求，对入学注册的6 376名学员进行了全面清理整顿，重新注册登记，并协助第2届专（结）业证书班作了开班前的准备工作。各分会也举办各种学习班、培训干部。

4．国际间交往。今年共接待7批22人次国外学者来访。10月16日在北京召开了国际毒理学术会议有来自美国、日本、德国、芬兰等8个国家的29名外国专家和国内的202名代表出席了会议，交流论文121篇。11月，在上海召开医学寄生虫学学术会，出席会议的有世界卫生组织和12个国家的代表30人及国内代表134人，交流论文426篇，另有卫生检验学会和生物制品学会举办的专题会，也邀请了国外学者参加。

7月23日～8月1日，组织了预防医学考察组赴苏联访问了白俄罗斯加盟共和国的流行病与微生物研究所、卫生研究所、卫生防病中心等7个单位。

5．办好预防医学杂志。1990年，为加强杂志管理、提高质量，学会颁发了4个编辑业务规范。学会主办的《公共卫生管理杂志》、经国家科学技术委员会同意，更名为《中国公共卫生管理杂志》。吸收《预防医学文献索引》为学会刊物之一。1990年学会出版刊物21种，全年共发行94万册。

（李学成 张知德 范文立 王 芃）

【中国农村卫生协会】

一、积极参加农村卫生改革，推进初级卫生保健工作

山东、河南等省农村卫生协会发出《积极参与初级卫生保健的通知》，号召农村卫生协会会员踊跃参加初级卫生保健工作，做初级卫生保健的服务员、宣传员。四川省农村卫生协会受省卫生厅的委托，举办了初级卫生保健试点县座谈会和县长、卫生局长参加的初级卫生保健学习班，并从国外引进资金设立了农村基层卫生奖金，先后有3所乡卫生院获奖。黑龙江省农村卫生协会配合省卫生厅表彰了27名初级卫生保健工作的先进集体和122名先进个人，提供了4万元奖金。上海市农村卫生协会会同有关单位联合召开了初级卫生保健研讨会。

中国农村卫生协会提出了关于建立中国初级卫生保健基金会的建议。该建议经卫生部批准同意，已向中国人民银行申报。

二、配合有关部门整顿农村医药市场，加强个体开业医的管理。

各地农村卫生协会根据本省关于社会办医的有关规定，协助卫生行政部门对社会办医进行了登记、审查，审查合格者重新发给开业许可证，不合格者予以取缔。仅吉林省就取缔不符合开业条件的民办医院11家，诊所1 120个。

各地农村卫生协会在治理整顿中，充分发挥行业管理作用，配合卫生局会同公安、工商、城市管理等部门，对旅店、招待所、市场等公共场所的游医、巫医进行了打击，仅吉林市1～10月份共查处游医、巫医381人次，查获假证件44件。

三、举办专业学习班和管理学习班。为提高农村卫生协会干部的管理水平和交流有关经验，1990年6月10日～7月3日在上海市举办了第1期全国农村卫生协会干部学习研讨班。参加学习的有25个省、自治区、直辖市的农村卫生协会干部，其中省级有关机构的4人，地（市）级的18人，县（市）级的28人。由中国农村卫生协会及上海医科大学的专家、教授讲授了农村卫生协会的任务、卫生法概念、社会医学、医学模式转变、初级卫生保健、医疗制度等，全体学员参观了嘉定、金山两县的农村基层卫生组织。

此外，在北京还举办了1期内科新进展学习班，1期蛇伤防治学习班和1期日语学习班。

四、国际合作交流。1990年6月3日派出第3批赴日研修生14人，在日本农协所属11所医院，进行了为期3个月的专业进修。

（魏协辉）

【中国卫生经济学会】

一、8月14～17日在银川市首次召开各省、自治区、直辖市学会秘书长会议。总会会长郭子恒及副会长、顾问、副秘书长和北京、天津等26个省级学会秘书长等共40人出席。会议交流了开展学术活动、培养中青年卫生经济队伍、配合行政部进行专题调查研究以及开展咨询服务等方面的工作经验，集中讨论修改了“中国社会主义卫生经济科学研究纲要”（草稿）和“加强总会与各省、市、自治区学会、各大区协作组和总会各专题学组联系的意见”（草稿），还就《中国卫生经济》、《卫生经济研究》杂志的扩大发行和1991年学会换届选举问题提出了意见。

二、受卫生部计财司委托，于6月1～10日、6月24日～7月3日、9月13～22日，在北戴河举办了3期卫生财务管理干部讲习班，总计有1 348人参加，课程内容有卫生经济管理和当前治理整顿、深化改革的问题，卫生经济理论研究的问题，新会计制度和资金管理的问题。

三、对1989年中标的科研课题进行了督促检查，截至1990年底，学会已收到4个课题的科研成果报告，有两个课题有阶段性科研成果报告。

（办公室）

【中国卫生统计学会】

中国卫生统计学会现有总会会员764名，20个省、自治区、直辖市成立了省级卫生统计学会，省级学会会员有3 117名。1990年11月在珠海市召开第2届理事会第2次常务理事扩大会议。会上，传达了陈敏章部长在全国卫生统计工作会议上的讲话和全国统计科研会议精神。会议认为，要充分发挥学会智力资源的优势，培养和提高在职卫生统计人员的素质，树立卫生统计科学研究具有超前导向的观念，结合卫生改革实际，抓住卫生事业发展战略、指标体系、信息系统等方面热点，进行有突破性的研究。

6月在大连市召开了卫生资源利用分析与评价研讨会，与会代表对卫生资源利用的分析方法做了初步探讨。8月在厦门市举办了卫生统计学研究对象和中国卫生统计史专题讨论会。会议对卫生统计学的定义、研究过程以及与其他学科的联系做了广泛探讨。会议强调了组织编写中国卫生统计史的迫切性，代表们认为，中国卫生统计史的工作应以编写建国以来卫生统计大事记为起点。

中国卫生统计学会组织有关专家编写的卫生统计应用丛书第1批共9本，已由人民卫生出版社正式出版发行。

9月在承德市举办了1期卫生统计新知识培训班。150名学员参加了培训。

（陈　科）

【中国吸烟与健康协会在京成立】

中国吸烟与健康协会于1990年2月在北京成立。全国政协副主席钱正英任名誉会长，钱信忠、崔月犁、陈敏章任名誉副会长，吴阶平任会长，翁心植任常务副会长，张义芳、陈春明、贺松源、王如文、俞贵麟、郑旭任副会长，张义芳兼任秘书长，理事会由有关部委、社会团体，各省、自治区、直辖市、计划单列市推荐的百余人组成，办公室设在中国健康教育研究所。

该协会的成立，旨在广泛团结全国各系统、各部门、各行业中的热心人士，共同努力减少吸烟的危害，提高我国人民健康水平。

协会工作重点是加强宣传教育，切实抓好重点人群的控制吸烟工作，健全组织机构，争取广泛支持和加强国际合作。

协会下设5个工作委员会：基金委员会、组织委员会、学术委员会、宣教委员会、外事委员会。

（办公室）

表1　各学会召开的学术会议（1990）

中华医学会

会议名称	日期	地点	主要内容
全国健康道德学术讨论会	3月7～10日	上海	健康道德的概念、意义，健康道德与社会、自然环境等。
第3次全国脑血管病学术会议	3月11～14日	洛阳	脑血管病流行病学调查、预防、基础研究、临床诊断、治疗、康复等方面的新成果、新理论、新技术、新方法
第7次全国皮肤科学术会议	4月9～11日	洛阳	基础研究、银屑病、结缔组织病、大疱性皮肤病、变态反应性皮肤病、真菌病、职业性皮肤病、性病、麻风、肿瘤、中西医结合及治疗等
全国计划生育与人口问题学术讨论会	4月23～25日	武汉	女性避孕药、宫内节育器、人工流产、女性绝育和男性绝育、早孕诊断、免疫避孕、遗传优生等
首届全国心肺脑复苏研讨会	4月24～27日	洛阳	冠心病猝死、心肺脑复苏成功率及其影响因素、基础与临床研究、脑复苏中存在的问题及对策
第3次全国医学遗传学学术会议	5月9～11日	沈阳	细胞遗传学、群体遗传学、临床遗传学、分子与生化遗传学
第4届全国斜视与小儿眼科学术会议	5月6～9日	杭州	近两年来我国斜、弱视及儿童眼病的新发展及新技术成果
第6次全国病毒性肝炎学术会议	5月15～17日	上海	病原学和流行病学、发病机理及病理、检验诊断、治疗。小儿及老年人肝炎的实验研究、临床诊断、中西医结合治疗
全国医疗事故、纠纷的防范与处理研讨会	5月3～6日	洛阳	贯彻实施国务院《医疗事故处理办法》的问题、健全医疗事故处理法规问题、当前医疗事故和纠纷发生的特点问题、加强医疗事故的防范问题等
第2届全国儿科呼吸道疾病学术研讨会	5月7～9日	西安	急慢性呼吸道疾病及哮喘的基础和临床研究方面的新进展、新技术、新方法，哮喘的流行病学调查，非呼吸系疾病的肺部表现
全国医院麻醉科建设与科学管理研讨会	5月4～7日	扬州	就麻醉科建立、工作内容与任务、仪器装备及人员编制等向卫生部提出《进一步加强麻醉科建设与科学管理的意见》
第9届全国医史学术会议	5月16～19日	苏州	西医的传入和在中国的发展，中国传统医学的外传和影响，中西汇通和中西医结合，中外医学交流中有贡献的医学家、藏医学彩色挂图和《四部医典》在国外的流传及研究概况

会议名称	日期	地点	主要内容
形态计量与核酸原位杂交专题讨论会	6月18～21日	安徽屯溪	形态计量（使用图像分析仪、常规病理切片或照片、细胞学和病理组织学的形态计量）及核酸原位杂交技术
第5届全国医学视听教育会议	6月中旬	成都	医学视听教育现状，音像视听教育手段，电视考试片的应用，医学视听教材建设等
第3届全国小儿腹泻学术会议	6月12～15日	北京	病原学，流行病学调查，医院内交叉感染，慢性腹泻与糖原性腹泻，治疗和预防等
首届全国实验外科学术会议	6月13～15日	武昌	外科基础、胆道、器官移植、肝脾胰和胃肠等
全国耳鼻咽喉科基础专题讨论会	7月3～5日	北戴河	鼻科及免疫，喉科及头颈外科，耳科
第4次全国中青年医学伦理学术研讨会	8月18～21日	昆明	大卫生观与2000年人人享有卫生保健、与家庭健康责任、与健康道德之间的关系
全国继续医学教育研讨会	8月21～24日	长春	不同层次的继续医学教育理论、做法和经验，继续医学教育组织管理、培训方法和考试考核等
第3届全国医学病毒学学术会议	8月4～7日	沈阳	肝炎病毒、流行性出血热病毒、成人腹泻轮状病毒、虫媒病毒、流感病毒及其他呼吸道病毒、疱疹病毒等
第1届全国肿瘤标志学术会议	8月1～4日	北京	肿瘤标志研究的国内外进展和科研成果，基础研究和应用研究现况，检测的新技术和新方法
第3届全国医学科研管理学术年会	9月4～6日	乌鲁木齐	医学科研工作的评估，医学科研工作的预测与决策，科技人才流动与结构优化，社会主义有计划商品经济条件下的科研管理
全国肺部感染学术会议	9月6～8日	上海	肺部感染的病原诊断，病原体检测，肺部感染诊断新技术，院内肺部感染，免疫缺陷患者肺部感染，抗生素合理应用，老年人肺部感染，肺军团菌病
全国超声医学新技术进展学术研讨会	9月19～21日	无锡	心血管超声，腹部及胸部超声，超声工程，妇产、泌尿系及小器官的超声诊断和介入治疗研究
第3次全国内分泌学术会议	10月6～9日	南京	内分泌学的基础与临床方面的新技术、新进展
第2届全国显微外科学术会议	10月11～14日	杭州	我国显微外科基础研究、周围神经伤显微修复、皮瓣及肌皮瓣移植临床应用、骨与关节显微修复技术、显微外科在手外科的应用等方面的新进展
第5次全国病理学术会议	10月12～14日	成都	各系统病理研究，实验病理研究，病理新技术的开展和应用，病理教学方面的检验
类风湿关节炎强直性脊柱炎学术研讨会	10月17～20日	威海	两种疾病的流行病学、病因和发病机制、临床表现和诊断及治疗等
第3次全国口腔颌面外科学术交流会	10月17～20日	西安	基础研究、临床以及流行病学调查等
第5次全国麻醉学术会议	10月18～20日	北京	临床麻醉、重病监测、复苏及其他有关内容
全国第2届医学视听教材汇展评奖大会	10月19～23日	青岛	交流展评适合继续医学教育的各种视听教材，现场组织有偿转录
第6次全国内科学术会议	11月1～3日	郑州	内科各系统疾病的免疫问题，内科住院医师培养的经验及存在问题
1990年全国医学教育学术会议	11月1～4日	上海	10年医学教育改革的回顾及深化改革之对策
第4次全国小儿外科学术会议	11月2～5日	南昌	3年来各方面学术新成绩，重点为门诊外科与外科基础
第3次全国急诊医学学术会议	11月5～7日	杭州	院前急救、急诊科、ICU模式和建设，危重病、创伤、中毒急诊治疗，儿科急诊，实验研究等

会议名称	日期	地点	主要内容
医学美学与美容学术交流会	11月13～15日	武汉	基础美学理论、美学教育、美容外科、皮肤美容等
第3次全国医院管理学术会议	11月17～20日	北京	医院思想政治工作和医德医风建设，深化医院改革、加强医院管理，90年代我国医院管理展望
第2次全国儿童口腔医学学术会议	11月20～22日	上海	口腔疾病的治疗与预防，流行病学调查，卫生宣传教育及心理分析等
第1届全国行为医学及生物反馈学术会议	10月	天津	行为医学理论，技术行为，传统医学心、理气功、营养等在行为医学治疗中的地位，行为诊断、心身行为疾病的量表分析的实际应用，应激对人行为模型内外环境的影响，生物反馈与自我调节理论，生物反馈方法学、技术应用等在防治领域中的价值等
第4次全国肿瘤学术会议	12月3～5日	北京	1985年以来我国肿瘤研究的新成就，包括常见肿瘤和骨科、泌尿、小儿、神经、头颅及肿瘤放疗等专业
第4次全国医学科普会议	12月4～6日	广州	医学科普创作经验、体会、综述、建议，医学科普评论，医学科普队伍的现状、发展、展望，医学科普组织工作经验
第5次全国中青年医学学术交流会（普外）	12月9～11日	北京	普通外科基本问题，实验研究，临床研究、诊治经验和临床总结新技术新进展
激光医学在中国专题研讨会	12月16～18日	北京	激光医学发展与展望，激光医学理论、临床、技术研究与展望，激光医学医疗仪器的概况与发展方向等

（陈清森）

中国中西医结合学会

会议名称	日期	地点	主要内容
第4届全国蛇伤学术会议	4月19～22日	宁波	总结蛇伤防治基础及临床研究经验和成果。修定蛇伤诊断分型标准
第2届全国中西医结合骨感染学术研讨会	5月11～14日	太原	交流急慢性骨髓炎和开放性感染骨折的防治方法
第6次全国病毒性肝炎学术会议	5月14～17日	上海	交流各型肝炎中西医结合治疗及其机理的研究、辨证标准等
全国中西医结合虚证与老年医学研讨会	5月17～20日	福建邵武	交流近年来虚证与老年医学的研究现状
第3届中西医结合妇产科学术经验交流会	5月22～25日	西安	总结交流4年来妇产科中西医结合研究的新成果及新进展。专业委员会换届改选
学会管理学组成立暨学术讨论会	6月18～21日	四川	学会管理学组成立。交流学会管理经验
第3届全国农村基层中西医结合学术及工作经验交流会	8月19～22日	哈尔滨	交流农村基层中西医结合科研、临床经验及农村基层开展中西医结合工作经验
中西医结合急腹症实验研究学术会议	5月9～12日	大连	交流急腹症实验研究的新经验和动物模型的制作
全国中西医结合眩晕与噪音专题学术研讨会	9月1～5日	安庆	交流近年来眩晕、噪音中西医结合基础及临床研究的成果及进展
第3届中西医结合儿科学术经验交流会	9月12～16日	桂林	交流近几年中西医结合儿科经验。专业委员会换届改选
中西医结合基础理论研究新思路方法学术研讨会	10月3～9日	屯溪	交流基础理论研究新思路新进展。研讨动物模型、客观指标的选择及评价

会议名称	日期	地点	主要内容
第2届全国中西医结合心血管疾病学术经验交流会	10月15～19日	青岛	交流心血管疾病近几年来研究的新成果及新进展。修定冠心病中医辨证标准
中国中西医结合学会疮疡专业委员会成立暨学术交流会议	10月18～21日	天津	宣布成立。交流中西医结合治疗疮疡疾病的经验
第3届精神疾病学术经验讨论会	10月19～21日	襄樊	交流3年来科研、临床创新工作。修订5个诊断标准。研究气功与精神病的关系
第3届全国活血化瘀研究学术经验交流会	10月22～27日	庐山	交流近年来活血化瘀研究的新成果及新进展。专业委员会换届改选
全国中西医结合第5次肺心病会议及第2次呼吸病学术交流会	10月24～28日	长沙	交流慢性阻塞性肺病的中西医结合防治及中西医结合对肺心病抗感染及固本治疗的基础理论研究
全国中西医结合防治白内障及内眼病学术经验交流会	10月27～30日	成都	交流白内障及内眼病的中西医结合防治经验及成果
第4届中西医结合诊治胆道疾病学术交流会	11月1～5日	大庸	交流近几年中西医结合防治胆道疾病的基础实验与临床研究
全国中医方剂学术研究讨论会	11月3～6日	桂林	交流近几年来我国开展中医方剂和复方研究的进展和经验，并就今后深入开展方剂和复方的学术研究交换意见，提出建议
管理专业委员会第3届学术会议	11月6～9日	杭州	总结、交流和探讨中西医结合科室的建设与发展
全国首届中西医结合防治糖尿病学术会议	11月16～20日	天津	交流中西医结合防治糖尿病经验，及中西医结合防治糖尿病研究新进展

（周素云）

中国解剖学会

会议名称	日期	地点	主要内容
神经解剖学专业显微照相讲习班	10月13～17日	上海	请日本专家授课并指导显微镜光学原理及黑白和彩色照像的基本原理及实际操作
第7届全国会员代表大会暨1990年学术年会	10月18～21日	上海	①审议通过了第8届理事会的工作报告；②选举产生了第9届理事会；③新一届理事会聘任各工作委员会、专业委员会的主任及委员；④进行学术交流、宣读论文、学术讨论等

（房桂珍）

中华预防医学会

会议名称	日期	地点	主要内容
1.工程技术在生物制品中的应用研讨会	2月22～24日	北京	对新设备、仪器使用进行交流、研讨
2.中国2000年儿童青少年预防保健战略目标课题研讨会	4月11～13日	苏州	各省、地背景资料交流、讨论今后发展方向
3.第3次卫生检验学术会	4月24～26日	上海	微生物检验专题学术交流

会议名称	日期	地点	主　要　内　容
4.第1届全国预防医学情报交流会	4月24～27日	无锡	成立中华预防医学情报学会。进行预防医学情报交流
5.蝇类抗药性研讨会	4月28～30日	石家庄	我国蝇类抗药性现状和测定抗药性方法
6.肝炎消毒方法研讨会	4月30日～5月3日	上海	肝炎消毒的试验方法及应用
7.卫生防疫管理历史经验研讨会	5月5～7日	深圳	40年来卫生防疫管理成就历史经验与教训，发展战略与展望
8.劳动卫生管理学术交流会	5月8～11日	大连	劳动卫生管理学术交流，成立学组
9.生物制品冷冻、干燥学术讨论	5月8～11日	南京	生物制品的冷冻、干燥
10.杀虫抗药性测定研讨会	5月9～11日	北京	除虫菊类抗药性
11.蚊类、蝇类防治研讨会	5月9～11日	广州	综合防治及指标的制定
12.卫生防疫管理研讨会	5月9～13日	西安	历史经济讨论与改革开发成果
13.鼠害防制学术会议	5月11～13日	大庸	鼠害防制专题学术交流
14.钩端免疫学术讨论会	5月11～13日	成都	钩体疫苗免疫效果与钩体型别的关系
15.公共卫生教育第1次学术研讨会	5月11～14日	南京	讨论多层次、多形式办学经验，特别是3年制的教材内容和培养目标；探讨提高非预防医学专业的预防医学教育的教学质量问题
16.全国慢性病流行病学学术会议	5月22～25日	天津	慢性病流行病学防治对策研究方法
17.中国儿童保健研讨会	6月10～13日	北京	对儿童保健工作现状、发展深入讨论，并提出切实的指导、管理意见
18.妇女保健学术研讨会	6月14～16日	北京	妇女保健学科理论基础、常委会、筹备科研成果评审会
19.农村卫生管理学术交流会	6月19～22日	从化	农村实施初级卫生保健的评价程序和方法的探讨
20.杀虫药械研讨会	6月26～29日	泰安	制定"八五"科研建议项目，"七五"科研规划的完成情况、讨论杀虫药械专著的编写纲要
21.全国职业流行病学第1次学术交流会	7月10～16日	秦皇岛	职业流行病学术交流成立学组
22.灭鼠技术研讨会	7月18～19日	包头	灭鼠成果的巩固科研协作
23.流行病学应用的资料统计方法研讨会	8月8～11日	兰州	病例对照，Logistic 回归方法
24.蟑螂、臭虫防治交流会	8月10～11日	南宁	蟑螂、臭虫防治交流方法，制定防治达标计划
25.妇女保健研讨会	8月13～16日	唐山	学术研讨、科研成果评审
26.第4次全国职业病学术报告会	8月13～18日	沈阳	纪念吴执中教授逝世10周年论文报告。职业病流行病学、病因学、发病机理、诊断、治疗、预防措施
27.国境卫生检疫第2届年会	8月21～24日	秦皇岛	国际间传染病监测，国境口岸及交通工具媒介控制，国境卫生检疫、管理、法规
28.细菌性疾病预防制剂发展方向研讨会	8月28～31日	兰州	重点是伤寒、痢疾、霍乱流脑
29.全国疾病监测交流会	8月29日～9月1日	泉州	疾病监测
30.生物技术在生物制品中的应用研讨会	10月5～10日	武汉	新技术的应用
31.微生态学术会议	10月10～13日	承德	老年病和植物微生态的学术交流

会议名称	日期	地点	主要内容
32.全国少数民族地区卫生事业管理研讨会	10月11～14日	大理	探讨少数民族卫生事业的管理、改革发展方针
33.国际毒理学学术会	10月16～19日	北京	药物、环境、工业、食品毒理学交流
34.布氏、鼠疫、炭疽三病防治研讨会	10月16～20日	贵阳	从防治方法上进行探讨
35.首届老年微生态学术讨论会	10月17～20日	北京	采用微生态的观点和方法探讨老年现象的理论、预防和治疗
36.第2届全国医院感染学术交流会	10月22～25日	九江	医院感染学术交流、全国监控系统经验交流和表彰
37.全国第2次卫生防疫管理学术交流会	10月24～28日	上海	交流卫生防疫管理研究成果，深化卫生防疫战线的改革
38.全国第4次卫生检验学术会议	10月24～29日	西安	交流理化检验技术
39.全国食品卫生监督管理专题学术会	10月27～30日	九江	食品卫生监督管理技术及经验
40.第2次物理因素、职业危害、劳动生理及工效学术交流会	10月29日～11月1日	泰安	物理因素、职业危害、劳动生理及工效
41.儿童保健学术交流会	10月3日～11月3日	武汉	生长发育、儿童营养、基层儿童保健、心理、行为、早教、早见病防治健康教育
42.遗传流行病学学术交流会	11月16～24日	上海	遗传流行病学
43.1990年社会医学学术会议	11月20～23日	武汉	90年代面临的社会卫生问题、学科发展及教学研究
44.国际医学寄生虫学学术交流会	11月20～23日	上海	寄生虫病的防治，展望90年代科研防治前景
45.杀虫药械学术交流会	11月24～27日	南宁	杀虫药械学术交流，产品评价
46.第2届全国妇女劳动卫生学术会	12月5～7日	无锡	妇女劳动卫生、物理、化学因素对生殖机能的影响
47.医学线虫学学术会议	12月6～9日	海口	以钩虫、丝虫病为主，及旋毛虫、蛔虫、线虫
48.国际间传染病监测第2次交流会	12月2～5日	广州	入出境人员体检、国际间传染病监测
49.全国妇女保健讨论会	12月18～20日	天津	妇女卫生学科的定义、概念、内涵及学科体系
50.性教育研讨会	12月20～23日	北京	全国青少年性教育
51.第3届全国环境卫生学术交流会	12月22～24日	沈阳	空气、水、土、住宅、公共场所、化工品等环境卫生工作、经济效益。改选第3届环境卫生学会委员会

（李学成　张知德　范文立　王　芄）

表2　各学会中外学术交流活动（1990）

中华医学会

活动项目	日期	地点	主要内容
朝鲜医学会代表团	2月20～28日	北京等	友好访问
中华医学会小儿外科代表	3月25～29日	南朝鲜	参加亚洲小儿外科学术会议
中华医学会眼科代表	3月28日～4月1日	印度	参加国际眼科学术会议

活动项目	日期	地点	主 要 内 容
美国PTP儿童期残疾医学代表团	3月30日～4月11日	北京等	学术交流
中华医学会儿科代表	3月	日本	参加日本93届儿科学会年会
美国PTP应激治疗医学代表团	4月16～26日	北京等	学术交流
美国PTP风湿病医学代表团	4月25日～5月5日	北京等	学术交流
美国PTP神经病理医学代表团	4月30日～5月11日	北京等	学术交流
美国PTP心血管与干扰放射医学代表团	5月16～26日	北京等	学术交流
美国PTP残疾医学代表团	5月20～31日	北京等	学术交流
中华医学会代表	5月	美国	参加国际医学音像会议
美国PTP预防医学代表团	6月5～16日	北京等	学术交流
美国PTP职业疗法医学代表团	6月19～29日	北京等	学术交流
中华医学会代表	7月2～10日	日本	与日中医学协会举行工作会谈
中华医学会妇产科代表	7月31日～8月4日	朝鲜	参加朝鲜妇产科学术会议
美国医源职业病医学代表团	9月8～18日	北京等	学术交流
中华医学会航空医学代表团	9月9～14日	法国	参加第38届国际宇航医学学术会议
中华医学会代表	9月12～16日	比利时	出席国际糖尿病理事会
中华医学会老年医学代表	9月15～25日	朝鲜	参加朝鲜老年医学学术会议
美国PTP流行病学代表团	9月17～28日	北京等	学术交流
中华医学会肿瘤代表团	9月26～31日	日本	参加日本肿瘤学会年会
亚太多普勒超声学术会议	9月	北京	地区性学术交流
美国PTP麻醉医学代表团	10月1～13日	北京	学术交流
美国PTP小儿外科代表团	10月6～17日	北京等	学术交流
北京国际治疗内镜与消化学术会议	10月9～12日	北京	国际多边学术交流
美国PTP耳鼻咽喉科代表团	10月10～21日	北京等	学术交流
美国PTP肝脏病学代表团	10月14～26日	北京等	学术交流
美国PTP肾脏病学代表团	10月23日～11月2日	北京等	学术交流
美国PTP家庭医学代表团	10月30日～11月7日	北京等	学术交流
美国PTP精神病学代表团	11月3～16日	北京	学术交流
美国PTP艾滋病对策代表团	11月7～17日	北京	参加中美艾滋病对策研讨会
中华医学会代表	11月9～16日	朝鲜	应朝鲜医学协会邀请友好访问
香港医学会代表团	11月25～27日	北京	工作访问
中华医学会代表	11月	新西兰	参加世界糖尿病西太地区理事会
第2届中日皮肤科学术会议	11月	上海	中日双边学术交流
中日心血管病学术会议	12月	上海	中日双边学术交流
中日寄生虫病学术会议	12月	广州	中日双边学术交流

（陈清森）

中国红十字会

李鹏总理为中国红十字会第五次全国代表大会写的贺信

中国红十字会第五次全国代表大会：

值此中国红十字会第五次全国代表大会召开之际，我谨向大会表示热烈祝贺。

中国红十字会遵循人道主义宗旨，在救死扶伤、扶危济困、敬老助残、助人为乐等方面发挥了重要作用。替政府分忧，为群众解难，深受广大群众的欢迎。在国际红十字运动中，为维持世界和平和发展各国人民之间的友谊做出了贡献。

中国共产党和政府一直非常重视、支持红十字事业的发展。我希望中国红十字会在我国社会主义两个文明建设中发挥更重要的作用，为人类和平和进步事业做出更大贡献。

祝大会圆满成功。

李鹏

一九九〇年二月十二日

国务委员李铁映在中国红十字会第五次全国代表大会上的讲话（摘要）

（1990年2月17日）

一、中国红十字会是一个重要的群众团体。中国红十字会自1904年成立以来，走过近86年的历程，它是我国最早成立的群众组织之一。周恩来总理曾亲自为中国红十字会修改了章程。我国老一辈无产阶级革命家毛泽东、陈毅、乌兰夫、李先念、邓颖超等都参加过红十字会的活动。中国红十字会在建立健全各级红会组织，发展会员队伍；协助政府动员和组织群众性的卫生救护和社会福利工作；为社会主义建设和促进祖国和平统一；为增进同各国红十字会组织的交流与友谊、促进世界进步事业的发展等方面都做了很多有益的工作，成效是显著的。

二、中国红十字会作为国际红十字协会组织的一员，正在发挥重要作用。中国红十字会第四次代表大会之后，中国红十字会以广泛的国内工作为基础，跻身于国际红十字运动之中。继1985年被选为执行理事国之后，谭云鹤同志又于去年当选为副主席，中国红十字会的国际影响越来越大，许多国家通过中国红十字会越来越多地了解了中国，她将为发展我国的民间外交事业起到重要的作用。

三、红十字事业前景广阔、大有可为。中国是世界上人口最多、经济底子很薄的国家。党和政府不可能把所有的事情都包揽下来，不少事情需要充分发挥群众团体的作用。各级政府有责任积极支持红十字会的工作，为进一步开展红十字会活动创造必要的工作条件，使他们独立自主地开展工作。目前，全国已有850万会员，在各级政府的领导和支持下，红十字事业的前景是广阔的。红十字的无私奉献精神，在社会主义精神文明建设中是大有可为的。

中国红十字会会长陈敏章在中国红十字会第五次全国代表大会闭幕式上的讲话（摘要）

（1990年2月17日）

当前，我国正处在伟大的历史变革时期，党的十三届五中全会，在深刻总结经验的基础上，提出了进一步治理整顿，深化改革的战略措施，为我国沿着具有中国特色的社会主义道路继续前进指明了方向，也为红十字事业的进一步发展提供了更为良好的前景。这次代表大会通过的《工作报告》所提出的目标、方针和任务，是红十字会积极贯彻党的十三届五中全会精神的具体行动和内容，是今后一个时期红十字会各项工作的基本依据。各级红十字会领导机构应当认真地宣传和贯彻执行，并结合各地的实际情况，提出落实的规划。各分会应向当地党、政领导和有关部门汇报，召开会议传达贯彻。为了更好地贯彻这次大会精神，我们要切实改进领导作风和工作作风，经常深入实际调查研究，不断总结新的经验。红会是群众性团体。群众中蕴藏着丰富的智慧，各地基层红会和会员创造了不少好经验，需要我们去发现总结提炼推广。要勇于改革创新，提出和解决新形势下出现的新问题，把红十字会工作不断推向前进。

中国红十字会是政府领导的人民群众团体，我们应当发挥红十字会组织广泛联系群众的特点，积极配合政府有关部门的工作。我们既要善于搞好同各有关部门的协作又要注意充分调动各有关部门的积极性。理事会的广泛代表性，给我们提供了十分有利的条件。只要我们团结协作，共同努力，发扬脚踏实地多为群众办实事的精神，就一定能很好的开创红会工作的新局面。

目前不少红十字会挂靠在卫生部门，作为卫生部长，我希望各级卫生部门一定要积极支持红十字会的工作。这里既包括工作的支持，让其独立自主的开展工作，也包括人、财、物方面的必要支持。特别是红十字会的群众性卫生救护和输血、献血工作是整个卫生工作的一个重要组成部分，在这方面红十字会所做的工作，是卫生部门有力助手。

红十字事业是一项伟大而崇高的事业。红十字会的工作是社会主义精神文明建设的重要组成部分。今后，随着改革开放不断发展，人民生活水平的提高，我国红十字会将会在社会主义物质文明和精神文明建设中发挥更加重要和独特的积极作用。但是红十字事业仅靠红会一家努力是不够的，必须依靠各部门、社会各界的支持，积极主动的互相配合，才能取得更大的成绩。我们希望各有关部门、全社会都来关心和支持红十字事业，在力所能及的范围内，为我国红十字事业的发展多做贡献。

中国红十字会章程

（1990年2月17日中国红十字会第五次全国代表大会修改通过）

第一章　总　　则

第一条　中国红十字会是中华人民共和国全国性的人民卫生救护和社会福利团体。中国红十字会参加国际红十字组织。

第二条　中国红十字会以实行人道主义为宗旨。

第三条　中国红十字会总会和地方各级红十字会在中华人民共和国国务院和地方各级政府领导下，独立自主地开展工作。中国红十字会总会和地方各级红十字会具有社会团体的独立法人地位。

第四条　中国红十字会使用金黄色橄榄枝环绕的白底红十字标志作为会徽（红十字由五个红色正方形组成）。信奉伊斯兰教的地区可采用白底红新月标志。

第五条　中国红十字会总会指导全国各级红十字会的工作。

第六条　中国红十字会总会会址设在北京。

第二章　任　　务

第七条　中国红十字会的主要任务是遵循我国宪法和国家的有关方针、政策，协助政府动员和组织人民开展群众性的卫生救护和社会福利活动，为我国社会主义现代化建设和促进祖国统一服务；同时增进国际间红十字会（红新月会）及各国人民之间的友谊与合作，为世界和平和人类进步事业服务。

（一）宣传人道主义，做好有关人道主义的工作，协助政府履行日内瓦公约规定的有关条款；

（二）开展急救训练，进行群众性的卫生救护和卫生知识的宣传教育，参加意外伤害和自然灾害的救护工作，战时参加军民伤病员的救护活动；

（三）参加公民义务献血和无偿献血的宣传、动员、组织和其他有关献血、输血的工作；

（四）开展社会福利和社会服务活动；

（五）举办卫生保健和社会福利事业及经济实体；

（六）开展适合老、中、青、少年特点的红十字活动；

（七）开展有关的台湾事务服务工作；

（八）参与国内外救灾和救济工作；

（九）参加国际红十字运动，加强同红十字国际组织和各国红十字会（红新月会）的联系，积极进行国际间的友好合作和经验、技术交流；

（十）完成政府交办的其他工作。

第三章　组　　织

第八条　中国红十字会的组织原则是民主集中制。

第九条　中国红十字会的最高权力机关是全国代表大会。全国代表大会的职权：

（一）审议理事会的工作报告和工作规划；

（二）修改中国红十字会章程；

（三）选举中国红十字会理事会理事。

全国代表大会由中国红十字会总会和地方红十字会选出的代表，以及政府有关部门、军队有关部门和有关的全国性人民团体协商产生的代表组成。

全国代表大会由理事会召集，每五年召开一次，必要时，可提前或延期召开。

第十条　在全国代表大会闭会期间，由理事会负责执行全国代表大会的决议，指导全国红十字会的工作。

理事会的职权：

（一）审批常务理事会的工作报告；

（二）选举会长、常务副会长、副会长；

（三）根据会长提名，决定秘书长、副秘书长人选；

（四）制定中国红十字会的各种规章和条例；

（五）决定其他重大事项。

理事会会议由常务理事会每年召集一次。

理事出缺时，由理事出缺地区、单位提出继任人选，经常务理事会审议后提请理事会确认。

第十一条　在理事会闭会期间，由会长、常务副会长、副会长和正、副秘书长组成常务理事会。

常务理事会职权：

（一）审核年度工作报告，提交理事会审议通过；

（二）审核年度计划，提交理事会审定；

（三）负责执行代表大会和理事会的决议；

（四）审议调整理事成员，提交理事会确认；

（五）决定其他重大事项。

常务理事会会议由会长和常务副会长根据工作需要召开。

第十二条　中国红十字会总会机关由专职驻会常务副会长、副会长和正、副秘书长组成执行委员会，对常务理事会负责，主持日常工作。驻会常务副会长任执行委员会主任委员，其他专职驻会副会长和正、副秘书长为委员。

第十三条　中国红十字会推举名誉会长若干人。

第十四条　中国红十字会推举名誉理事若干人。

第十五条　中国红十字会聘请顾问若干人。

第十六条　中国红十字会吸收热心红十字事业的社会各界人士为志愿工作者，协助各级红十字会开展工作。

第十七条　省（自治区、直辖市）、地（市、州、盟、区）、县（市、旗、区、直辖市街道）建立的红十字会（红新月会），为中国红十字会的地方各级组织。

第十八条　街道、居民委员会，乡（镇）、村委会（村），学校（包括大专院校各系），机关、企事业单位等建立的红十字会为中国红十字会的基层组织。

第十九条　车间、科室、班级、居民组、自然村（屯）等建立的红十字会为红十字会员小组。会员人数超过五十人的，可建立红十字分会。

第二十条　中国红十字会的地方各级组织和基层组织在地名或单位名称后加“红十字会”为全称。

信奉伊斯兰教的地区和单位，可在地名

或单位名称后加“红新月会”或“红十字会与红新月会联合会”为全称。地方各级红十字会可在各系统成立工作委员会。

第二十一条 县（市、旗、区、直辖市街道）以上地区建立红十字会组织，设立办事机构，配备专职干部，应报请当地政府批准，并报上级红十字会认可。编制和经费由当地政府（与有关部门）审定，并报上级红十字会备案。

第四章 会 员

第二十二条 中华人民共和国公民，承认本章程，热心红十字事业，志愿参加红十字活动，按期交纳会费者，均可加入红十字会组织，成为红十字会会员。

大、中、小学的学生参加红十字会组织，为红十字青少年会员。

会员由本人自愿申请，基层红十字会组织批准，并登记注册，发给会员证，即确认其会员资格。

中华人民共和国的医药卫生、社会福利和其他有关团体单位，承认本章程，愿意参加红十字会举办的社会活动，按期交纳会费的，可加入红十字会组织，成为团体会员。团体会员由单位申请，当地红十字会批准，并登记备案，发给团体会员证，确认其团体会员单位资格。团体会员单位的所有成员均可成为红十字会会员。

第二十三条 会员的权利和义务

（一）有选举权、被选举权和表决权；

（二）有对各级红十字会工作提出批评和建议权；

（三）参加红十字会举办的活动；

（四）遵守中国红十字会章程；

（五）按时交纳会费；

（六）按时完成红十字组织交给的任务。

第二十四条 对红十字工作做出显著成绩或有模范事迹的会员和志愿工作者，各级红十字会组织应给予表彰和奖励。

第二十五条 对中国红十字事业有显著贡献的会员、志愿工作者和国内外人士，由中国红十字会总会或地方各级红十字会授予荣誉会员称号，并颁发荣誉会员证书及证章。

第五章 经 费

第二十六条 中国红十字会的经费主要来源：

（一）政府拨款；

（二）兴办事业及经济实体的收入；

（三）国内外捐助；

（四）会员交纳的会费。

第二十七条 总会和地方红十字会为发展红十字事业和进行救灾等工作，经政府批准，可开展募捐活动。有条件时，可建立基金会。

第二十八条 各级红十字会所办事业和经济实体以及进行救济、福利物资的采购和运输等工作时，可申请政府有关部门给予减免税或优惠待遇。

第六章 附 则

第二十九条 本章程的制订或修改，由中国红十字会全国代表大会通过，并报国务院备案。

第三十条 地方红十字会可依据本章程制定实施细则。

第三十一条 本章程解释权属中国红十字会总会。

【中国红十字会的国内工作】

中国红十字会第五次全国代表大会

1990年2月15～17日，中国红十字会第五次全国代表大会在北京召开。全国人大副委员长、中国红十字会名誉会长朱学范、全国政协副主席、中国红十字会名誉会长赵朴初出席了开幕式。国务院总理李鹏给大会发来贺信。国际红十字会与红新月会协会主席维拉罗尔·兰德尔和秘书长帕克·斯坦贝尔联名发来贺电。

谭云鹤副会长代表四届理事会向大会做了题为《振奋精神，群策群力，把建设具有中国特色的红十字事业继续推向前进》的报告。

国家主席杨尚昆、国务委员李铁映于17日接见全体代表并和大家合影留念。李铁映代表党中央和国务院发表了重要讲话。

大会选举产生了第五届理事会。在五届一次理事会上，推举朱学范、赵朴初、钱信忠、崔月犁为名誉会长；聘请谭云鹤为顾问；选举陈敏章为会长，顾英奇为常务副会长，张德江、邹时炎、郝长元为副会长，孙柏秋为专职副会长；经会长提名决定：韩长林任秘书长，曲折任副秘书长。

陈敏章会长在闭幕式上发表了讲话。

组织建设

1990年，中国红十字会各级组织认真贯彻第五次全国代表大会的精神，新发展会员300万人，会员累计已达1 150万人；新发展基层组织18 296个，累计已达89 438个；全国地（市）级和县（市）级红会组织的覆盖面分别达93%和62%。群众性卫生救护训练有了新的发展，新培训红十字卫生救护员120万人，他们在现场的初级卫生救护工作中发挥了重要作用。

海峡两岸查人转信工作

1990年，总会和各级红十字会受理台湾查寻大陆亲人的表格402宗（累计已达65 906宗），查有明确结果者达4 241宗（累计已达17 893宗）。受理大陆查寻台湾亲人表格3 999宗（累计已达54 424宗），查有明确结果者590宗（累计已达4 482宗）。

国际捐赠

1990年，中国红十字会共向24个国家和非统组织提供21万美元和价值190万人民币的物资援助；收到境外救灾款87万美元和其它物资援助，及时分送灾区。

表彰

1990年4月5日，经过全国各级红十字会组织推荐和评选，中国红十字会批准公布表彰1989年度全国先进集体190个，先进个人962名。

宣传工作

1990年6月3日，《保护儿童、妇女和老人》全国儿童画展在北京开幕，中国少年儿童活动基金会副主席荣高棠、中国红十字会名誉会长钱信忠、崔月犁参加了开幕式。陈敏章会长为开幕式剪彩并讲话。台湾红十字会会长徐亨、副秘书长常松茂等应邀出席开幕式。这次画展共收到全国各地作品近2 000件，从中评出一等奖10名、二等奖20名、三等奖30名。

1990年12月7～10日，首届中国红十字影视节在北京举行。参展影片65部，评出一、二、三等奖各2名，特别奖5名，鼓励奖10名。中顾委秘书长李力安、中国红十字会会长陈敏章和常务副会长顾英奇、专职副会长孙柏秋等出席闭幕式并为获奖者发奖。

1990年9月22日，“中国红十字展览”在意大利国际红十字博物馆开幕，原意大利议长夫人范范尼等300多人出席了开幕式。展览将持续到1991年6月结束。

海峡两岸红十字会有关海上遣返事宜达成协议

1990年9月中旬，海峡两岸红十字组织代表韩长林、陈长文等在金门就双方参与见证其主管部门执行海上遣返事宜举行工作商谈，经充分交换意见后，达成协议。

学术研讨

1990年10月19～23日，第一届国际红十字会人类白细胞抗原研讨会在北京举行。我国和来自美国、日本、加拿大等十几个国家和地区的80多名专家参加了研讨会。这次研讨会是在美国红十字会人类白细胞抗原研究室主任、著名科学家李政道博士倡议下召开的。卫生部部长、中国红十字会会长陈敏章、李政道博士出席会议并讲话。

1990年10月24～28日，中国红十字会工作研讨会在桂林市召开。来自全国28个省、市、自治区的代表200人出席了会议。这次研讨会征集论文200多篇，其中24篇在大会上宣读。中国红十字会常务副会长顾英奇出席会议并在会上发表讲话。

（熊世琦）

【中国红十字会的国际交往】

国际会议

中国红十字会顾问谭云鹤于1990年5月和10月2次出席了红十字会与红新月会协会执行理事会，并于1990年8月出席了协会主席副主席会议。此3次会议除例行议题外，还分别讨论了协会争取联大观察员席位、海湾局势和红十字会所能采取的行动等问题。

中国红十字会名誉理事龚普生于1990年5月和11月2次出席红十字国际委员会专家小组会议。

中国红十字会国际联络部长何竟于1990年11月出席了墨西哥红十字会主办的第二次红十字志愿工作者国际大会，会议讨论了志愿工作者队伍的现状、面临的问题和可能的解决办法。

出访

1990年5月，中国红十字会副会长孙柏秋率团访问了美国国际援助公司，与公司负责人探讨了进一步加强合作的可能性。

中国红十字会副秘书长曲折于1990年7月率团访问了蒙古人民共和国红十字会，两会负责人相互介绍了各自的工作，加强了相互了解，为今后的合作奠定了基础。

1990年10月，中国红十字会孙柏秋副会长率团考察了日本红十字会的血液事业，并同日本红十字会血液事业负责人研究了中日两国红十字会血液合作计划实施的具体办法。

中国红十字会秘书长韩长林率团于1990年12月访问了缅甸、泰国红十字会，同两会领导人交流了工作情况，并就可能开展的合作交换了意见。

来访

塞内加尔红十字会会长和秘书长于1990年6月来华访问，同中国红十字会领导人交流工作经验并寻求支持。中国红十字会向其提供急救箱、帐蓬和人体复苏模型等急救和训练器材。

朝鲜民主主义人民共和国红十字会代会长于1990年7月率团来访，与中国红十字会领导人共叙友谊，并就两会的合作深入交换了意见。

苏联红十字会与红新月会联合会会长率团于1990年8月来华访问，这是30多年来苏联红十字会第一次正式访问中国红十字会，两会领导人交流了工作经验，共同表示今后加强交往的意向，并探讨了开展合作的可能性。

美国国际援助公司于1990年8月派4人代表团来我国了解该公司提供的医疗器械使用情况，并就今后继续提供器械事宜同中国红十字会负责人交换了意见。

（何　竟）

人事与干部

各部、委、办机构设置与机构编制

【国家医药管理局机构变动情况】

1．国家机构编制委员会国机中编(1990)11号文，批准国家医药管理局调整司级机构，撤销装备司、经济协调司；设立企业与市场管理司、财务司。

2．企业与市场管理司，财务司主要职责。

企业与市场管理司的主要职责：

1）负责拟定医药行业企业管理、市场流通管理、设备及建筑物管理、环保管理、节能及综合利用管理、安全管理、商业储运及包装管理方面的方针、政策、规章，并组织实施和监督。

2）负责对医药市场流通进行调查研究，组织提出进行宏观调控的法令、手段及有关规定，促进医药市场正常运行和发展。

3）负责指导、推动企业管理现代化，组织制定企业管理规范、企业升级、企业类型划分及指导与协调企业管理工作。

4）负责组织制定行业设备综合管理规划、规章、标准及实施，组织专业化维修及培训，指导和推进行业设备管理现代化工作。

5）负责医药行业资源节约、综合利用、环保管理与技术进步的规划及标准的制定与监督实施，负责节能升级工作。

6）负责指导行业的安全管理；组织制定医药行业安全评价各项标准、规章，并监督实施。

7）负责编制医药包装政策、规划、标准并监督实施。负责提出医药包装基建、改造、引进、科研项目，负责包装质量管理及技术进步。

8）负责医药商品养护，运输计划及统计，运输包装标准及仓储管理。

财务司的主要职责：

1）贯彻执行国民经济和财政金融总方针和国家有关的法令、方针、政策、规定。组织拟定医药工商企业财务管理、会计核算、医药商品价格与国有资产管理等方面的方针、政策、制度和办法，并组织实施和监督管理。

2）负责拟定医药商品价格的调整和改革方案，医药市场物价管理措施，建立价格信息网络组织，各项物价规章制度及作价办法，运用价格杠杆，促进医药经济发展，稳定医药市场价格，指导全行业物价工作。

3）负责医药行业的财务管理、会计核算管理的指导、协调工作；负责与国家主管部门进行政策法规工作实施方案的协调、衔接与实施。

4）负责局直属企、事业单位的财务管理，企业利润的上交下拨工作，各种税务的缴纳工作；事业单位预算申报、审批下拨工作，以及会计决算的审批、报表汇总工作。

5）负责局直属单位的各种资金管理，核拨专项费用、资金并监督其使用。直属单位的基建决算的报批工作。

6）负责全行业财会电算化工作的组织指导、方案设计、实施总结推广、人才培训工作。

7）负责局直属企事业单位的审计和税收、财务、物价大检查工作的指导，综合汇总工作。

（刘坤霞）

【加强机构编制管理工作】

为了贯彻全国机构编制工作会议精神，根据国务院国发（1989)14号《国务院关于进一步加强机构编制管理的通知》和国家编委国机中编（1990）4号《关于中央国家机关所属事业单位清理和审批问题的通知》要求，卫生部于1990年8月29日召开了京内直属事业单位主管机构编制工作的领导及人事处长会议，陈敏章部长就加强机构编制管理工作讲了几点意见：

1．为了进一步加强机构编制管理，各单位应从大局出发，加强领导，对现有机构编制、结构比例等，认真清理整顿。凡违反国家规定，擅自调整、增设机构，提高机构规格和增加人员编制的，要予以纠正。

2．严格把好“进口”关。紧缩编制，控制人员膨胀，对可进可不进的非专业人员要严格控制。

3．各单位凡遇到关系不顺、任务增加等情况，要通过调整职能、理顺关系、改进工作方法和提高人员素质等途径来解决。今后确需要增设新机构、增加编制的，要经过正常渠道申报，按照程序进行审批。各单位的职能部门也要严格控制，不得任意增设，保持相对稳定。

4．对满编单位原则上不再进人，超编单位进人要严加控制，并逐年核减超编人员。

为了加强部属事业单位的机构编制管理工作，卫生部制定了《关于成立卫生部事业单位机构编制审定领导小组意见的通知》，对卫生部部属事业单位的机构，编制的审批范围，审批程序等作了详细规定。

（时之贤）

卫生界人物

卫生部系统

【卫生部部长、副部长】

部长　陈敏章

副部长　孙隆椿（1990年9月任）

1939年7月生，安徽省黟县人。1954年毕业于武汉市财政学校；1960年毕业于长春地质学院。1972年加入中国共产党。1988年获高级工程师任职资格。历任武汉市财政局办事员，湖北省地质队大队长，湖北省地质局局长，地质矿产部计划司司长，中共地质矿产部党组纪律检查组组长（副部级），中共地质矿产部直属机关党委书记，曾兼任中国地质技术经济研究会副理事长，地质矿产部职工思想政治工作研究会会长。现兼任中国职工思想政治工作研究会理事，卫生部直属机关党委书记，全国卫生系统思想政治工作研究会会长。在地质工作管理，经济管理，党务和思想政治工作方面有较深的造诣，曾在《中国地质》，《中国地质矿产报》等报刊上发表多篇文章。

孙隆椿

副部长　何界生（女）
副部长　顾英奇
副部长　胡熙明
副部长　曹泽毅（1990年9月免）

【卫生部正、副司（局）长、主任】

办公厅主任　曹荣桂
副主任　杨保华
　　张景霖（1990年4月任）
政策法规司司长　支峻波
副司长　蔡仁华
　　张景霖（1990年4月免）
人事司司长　王立忠
副司长　张万有
计划财务司司长　魏　颖
副司长　宋连仲
　　刘新明（1990年4月任）
医政司司长　张自宽（1990年12月离）
　　迟宝兰（女，1990年12月任）
副司长　陶意传（女）
卫生防疫司司长　戴志澄
副司长　王　钊
卫生监督司司长　阚学贵
地方病防治司司长　高淑芬（女）
副司长　傅　鑫
科技司司长　肖梓仁
副司长　刘海林
　　秦新华（女）
教育司司长　黄永昌（1990年1月任）
副司长　周东海
　　史以庆（1990年7月任）
卫生妇幼司司长　王凤兰（女）
副司长　施妈麟（1990年4月任）
药政管理局局长　潘学田
副局长　栗福民
　　陈寅卿
外事司司长　宋允孚
副司长　曹永林
　　赵同彬
驻卫生部监察局局长　张凤楼（1990年11月免）
　　杜玉侠（1990年11月任）
副局长　吴瑞璞
驻卫生部审计局局长　（暂缺）
副局长　武灌心
老干部局局长　（暂缺）
副局长　范毓璋
　　张荫亭
　　王逸山（1990年4月任）
保健局局长　王敏清（1990年4月离）
副局长　牟天培
　　宁　辉（女）
卫生统计信息中心主任　陈育德
国外贷款办公室　刘培龙

主任

副主任　　吴钟浩

【卫生部直属单位行政正、副职领导】

中国医学科学院院长　　顾方舟

副院长　　陈妙兰(女)
戴玉华(女)
修瑞娟(女)
陈同鉴
卢圣栋
钱昌年(兼)

顾问　　傅　莱

中国预防医学科学院院长　　陈春明(女)

副院长　　曾　毅
汪梅先(女)
汤双振
王有森
单承仕(兼)
王克安

北京医院院长　　蒋葆生

副院长　　陈曼丽(女)
栾文民
杨忠兴
刘元恕

中日友好医院院长　　耿德章

院长助理　　杨秉贤
徐　彤(女)
潘瑞芹
陈祖业

人民卫生出版社社长兼总编辑　　董绵国

副社长　　薛则亮(兼)
郭有声

副总编辑　　张元康

健康报社社长兼总编辑　　丁有和（1990年10月免）

总编辑　　白　筠（女，1990年10月任）

副总编辑　　余治平
沈明德
曾宝忠

副社长　　姜　华

中国药品生物制品检定所名誉所长　　李河民

所长　　周海钧

副所长　　汪开敏
李德富
邢文庭

北京生物制品研究所名誉所长　　陈正仁

所长　　赵　铠

副所长　　顾佩韦
房国盛
尹冠群

顾问　　王忠信

工业卫生实验所所长　　王作元

副所长　　尉可道
和顺福

中国协和医科大学校长　　顾方舟

副校长　　陈妙兰(女)
戴玉华(女)
修瑞娟(女)
陈同鉴
卢圣栋
钱昌年(兼)

顾问　　傅　莱

北京医科大学校长　　曲绵域

副校长　　嵇静德(女)
王德炳
杜嘉祺
程伯基

顾问　　米　勒

中华人民共和国卫生检疫总所

所长　曲绪禄

中国健康教育研究所所长　陈秉中

上海医科大学校长　汤钊猷

副校长　姚　泰

朱世能

林祥通（1990年12月辞职）

刘　俊

谢国荣（1990年9月任）

华西医科大学校长　杨光华

副校长　刘报晖

孔繁成

傅继樑

中山医科大学校长　彭文伟（1990年7月免）

卢光启（1990年7月任）

副校长　祝家镇（1990年7月免）

朱家恺

龚　诒

卓大宏（兼）

谭绪昌（1990年7月任）

古建辉（1990年7月任）

同济医科大学名誉校长　裘法祖

校长　吴在德

副校长　袁　琏

文历阳

孙洪顺

刘树茂（兼）

中国医科大学校长　李厚文

副校长　孙开来

何三光

金奎和

张伟东

湖南医科大学校长　罗嘉典

副校长　彭兴华（女）

杨德森

常显宜

陈服文

白求恩医科大学校长　刘树铮

副校长　钟国干

饶明俐（女）

李广生

吕美德

张英笠（女、兼）

山东医科大学名誉校长　方春望

校长　王廷础

副校长　赵庆茂

郭文茂

周　申

西安医科大学校长　任惠民

副校长　石大璞（1990年11月免）

高福庆

高振亚

李同良

房台生（1990年4月任）

上海生物制品研究所所长　贡文耀

副所长　陈寿阳

朱嘉庸

李玉英（女、兼）

武汉生物制品研究所所长　卢其才（1990年12月免）

周　坚（1990年12月任）

副所长　何德娟（女）

刘殿风

长春生物制品研究所所长　张权一（1990年4月免）

张嘉铭（1990年4月任）

副所长　李长太

廉锦章（1990年5月任）

成都生物制品研　周海清

究所所长

副所长	陈敏刚
顾问	朱绵忠
	陈廷祚(1990年7月离)
兰州生物制品研究所名誉所长	王成怀
所长	殷绥亚(1990年4月免)
	张国威(1990年4月任)
副所长	乔德俊
	洪明华
	周书全(1990年4月任)
	齐续昭(1990年4月任)

【各省、自治区、直辖市正、副卫生厅(局)长】

地区	卫生厅(局)长	副厅(局)长
北京市	刘俊田	栾荣生 高寿征 李世绰 李长明 佘靖(女、兼)
天津市	乔懋彬	甄国才 王继秋 曲学申 赵藕善(女) 杨大峥
河北省		王春然 陈巽昭(女) 胡景然 赵银海 赵文鹤 于生龙(1990年6月任)
山西省	俞益生	徐大毅 赵震寰 王芷芳(女，1990年9月任)
内蒙古自治区	杜凤华	刘广理 李少白 敖尔布 苏力
辽宁省	王滋民	王立业 李仁 刘忠德
吉林省	(暂缺)	鲁安平 董殿华(1990年4月免) 迟达明 沈萃远
黑龙江省	王崇一	刁文生 张金良 宋兆琴 冯喜英(1990年2月任)
上海市	王道民	林发雄 施杞 邵浩奇 袁惠章
江苏省	刘洪祺	陈萍(女)张国义 张华强 刘昕耀
浙江省	戴迪	吕世亭 庄炳瑾(女) 王绪鳌
安徽省	周维海	陆亚一 武从祥 张亚民 刘迺琰
福建省	计克良	张玉龙(1990年11月离) 陆世法 黄春源 曾昭鸿(1990年9月任)
江西省	周标	汪忠武 廖一祥 王鱼门 王士林
山东省	张青林	张奇文 高传堂 耿德祥 吕国恩(1990年9月免) 邢来田(1990年5月免)
河南省	杨龙鹤	刘全喜 许桂华(女)
湖北省	李清泉	张克文 王斌(女) 魏永信 雷吉初
湖南省	游沛	田文琴(女)王蔚文 朱杰(1990年4月免) 陈吉祥
广东省	黄光华	姜中舟 张权(1990年3月免) 厍文远 张衍浩
广西壮族自治区	蓝芳馨	王荣慈 张慕洁(女) 张如松 赵正宝
海南省	韦少成	刘通显 胡昌培
四川省	殷大奎	陈科文 邓明仲 钟友道(1990年10月任)
贵州省	乐志光	陶增厚 赵松 斯朗旺姆(女)
云南省	吴坤仪	鲁宗敏(1990年9月离)

		杨慈生	舒自尧
西藏自治区	次仁卓嘎(女)		
		阿　登	强巴赤列
		土　登	赵文鹤
陕西省	卢希谦	雷自申	刘爱梅(女)
		耿庆义	杨世兴
		(1990年9月任)	
甘肃省	王　颖	张秀礼(女)	洪惠民
		石国璧	王陇德
青海省	张彦博	庞世同	于丽璇(女)
		秦德奎	
宁夏回族自治区	马成义	牛　琦	徐彦振
		马玉章	
新疆维吾尔自治区	热合甫·阿巴斯		
		李国勇	买买提明·沙比尔

【各计划单列市卫生局长】

沈阳市	孙宝鑫
哈尔滨市	穆　瑞
大连市	李学文
南京市	朱庆生
宁波市	朱文卿
青岛市	刘镜如
武汉市	李恢樵
广州市	范孟浩
深圳市	栾　力
成都市	卓凯星
重庆市	张泽普（1990年6月任)
西安市	韩荣升
长春市	张宇舟
厦门市	朱玉珍(女)

全国爱国卫生运动委员会系统

【全国爱国卫生运动委员会主任、副主任，办公室正、副主任】

全国爱国卫生运动委员会主任	李铁映
副主任	陈敏章
	赵南起
	郝建秀(女)
	何　康
	叶如棠
全国爱国卫生运动委员会	
办公室主任	陈敏章
常务副主任	张义芳
副主任	韩长林(1990年3月免)
副主任	刘玉良(1990年12月任)

【各省、自治区、直辖市爱国卫生运动委员会主任】

地　区	爱国卫生运动委员会主任
北京市	何鲁丽（女)
天津市	钱其璈
河北省	王祖武
山西省	吴达才
内蒙古自治区	赵志宏
辽宁省	王文元
吉林省	张岳琦
黑龙江省	黄　枫
上海市	王文元
江苏省	吴锡军
浙江省	李德葆
安徽省	杜宜谨
福建省	陈明义
江西省	陈癸尊
山东省	宋法棠
河南省	于友先
湖北省	韩南鹏

湖南省	王向天
广东省	卢钟鹤
广西壮族自治区	李振潜
海南省	辛业江
四川省	韩邦彦
贵州省	张玉芹(女)
云南省	陈立英
西藏自治区	(暂缺)
陕西省	潘蓓蕾(女)
甘肃省	张学忠
青海省	班玛丹增
宁夏回族自治区	杨惠云
新疆维吾尔自治区	铁木尔·达瓦买提

(王远)

【各计划单列市爱国卫生运动委员会主任】

沈阳市	艾廷隽
哈尔滨市	李嘉廷
大连市	(暂缺)
南京市	沃丁柱
宁波市	陈守义
青岛市	程友新
武汉市	高顺龄
广州市	石安海
深圳市	郑良玉
成都市	贺大经
重庆市	张泽普
西安市	姜信真
长春市	尚振令
厦门市	蔡望怀

(郭晓强)

国家医药管理局系统

【国家医药管理局局长、副局长】

国家医药管理局局　长：齐谋甲

国家医药管理局副局长：刘永纲

金同珍

石　岨

【国家医药管理局(机关)司长、主任】

计划司	司　长	韩立新
政策法规司	司　长	马　丁
企业与市场管理司	司　长	沈登乐
科技教育司	司　长	任德权
质量管理司	司　长	臧君伟
财务司	司　长	(暂缺)
外事司	司　长	黄纪晔
人事劳动司	司　长	(暂缺)
办公室	主　任	吴正中
监察专员办公室	专　员	何则能
老干部司	司　长	(暂缺)

(刘坤霞)

【国家医药管理局直属单位行政正职领导】

中国医药工业公司	总经理	聂应凯
中国医疗器械工业公司	总经理	王国立
中国医药公司	总经理	杨万顺
中国医药对外贸易总公司	总经理	胡宝华
中国医药科技出版社	社　长	余传隆
中国医药研究开发中心	主　任	庄林根
国家医药管理局培训中心	主　任	尹德洲
中国医药报社	总编辑	董泰铎
中国医药物资供销总公司	总经理	(暂缺)
上海医药工业研究院	院　长	史炳照
上海医药设计院	院　长	黄咏雪
上海医疗器械专科学校	校　长	胡　琦
四川抗菌素工业研究所	所　长	陈曾湘
天津药物研究院	院　长	毕　楷
中国药科大学	校　长	徐　群
沈阳药学院	院　长	靳瑞征

(刘坤霞)

【各省、自治区、直辖市医药管理局(总公司)局长(经理)】

地区	医药管理局(总公司)局长(经理)
北京市	李舜年
天津市	张　宁
河北省	王佐卿
山西省	陈界新

内蒙古自治区	扎木苏
黑龙江省	王治安
吉林省	牛淑敏
辽宁省	刁友军
山东省	戴庆骏
江苏省	徐树林
浙江省	张承烈
安徽省	李映焕
江西省	黄成龙
福建省	（暂缺）
上海市	谢天寿
	吴登廷
	王　孟
河南省	（暂缺）
湖北省	徐瑞根
湖南省	（暂缺）
广东省	张训诚
广西壮族自治区	瞿德庆
海南省	余昌义
四川省	吴名智
云南省	阎保清
贵州省	王国栋
西藏自治区	扎西旺秋
陕西省	王长秋
甘肃省	安书林
青海省	杨向武
宁夏回族自治区	史绪哉
新疆维吾尔自治区	于连江
	陈在为
	都本年
	李景芳

【各计划单列市医药管理局（总公司）局长（经理）】

计划单列市	局长（经理）
西安市	姚联盟
哈尔滨市	阎喜绵
沈阳市	陈在为
大连市	都本年
青岛市	吴登廷
武汉市	郑福楚
深圳市	辜金生
广州市	车明纲
重庆市	张宗顺
成都市	朱锡甫
南京市	王　孟
宁波市	张清坤
长春市	李景芳

国家中医药管理局系统

【国家中医药管理局局长、副局长】

国家中医药管理局局长	（暂缺）
国家中医药管理局副局长	朱　杰
	张洪魁
	诸国本

【国家中医药管理局（机关）司长、主任】

办公室主任	王凤岐
政策法规司司长	邢思邵
综合计划司司长	宋文义
医政司司长	陈佑邦
人事教育司司长	（暂缺）
科学技术司司长	刘维栋
经济协调司司长	阎洪礼
质量司司长	李　力（女）
外事司司长	张小瑞（女）
监察审计室主任	李天泰

【国家中医药管理局直属单位行政正、副职领导】

中国中医研究院名誉院长	施奠邦
院长	傅世垣
副院长	唐由之　高　德
	李振吉　张殿璞
北京针灸骨伤学院院长	傅世垣（兼）
常务副院长	张殿璞（兼）
副院长	王　岱
	李同生
北京中医学院院长	高鹤亭
副院长	王永炎

高奎乃
龙致贤

广州中医学院院长　李任先
副院长　李国桥
邱和明

中国药材公司经理　张洪魁（兼）
副经理　秦双发
李　军
陈文定

中国中医药报社社长　（暂缺）
副社长　宋名玉

中国中医药出版社社长　吴大真
副社长　肖德馨　宋志恒

中国传统医药国际交流中心主任　（暂缺）

中国中医药科技开发交流中心主任　（暂缺）
副主任　王亨立（女）

【各省、自治区、直辖市中医药管理局局长】

地　区	中医药管理局局长
北京市	佘　靖（女）
河北省	李采瑞
吉林省	苗洪范
黑龙江省	张金良
江苏省	张华强
广东省	张孝娟
浙江省	于诗俊
安徽省	金树滋
山东省	蔡剑前
河南省	韩俊钦
湖南省	李　芳
四川省	邓明仲
陕西省	郑志文
宁夏回族自治区	蔡鼎华

注：部分自治区、市中医药管理局尚未成立；部分省中医药管理局局长暂缺。

【各计划单列市中医（药）管理局局长】

地　区	中医药管理局长
青岛市	刘镜如
成都市	文长青

注：部分计划单列市中医药管理局尚未成立；部分市中医药管理局局长暂缺。

（吴　刚）

军队卫生系统

【中国人民解放军总后勤部卫生部部长、副部长】

部长　张立平
副部长　林逢春

副部长　张文康　1940年出生于上海市南汇县。1957年考入上海第一医学院医疗系。1962年毕业后即报名参军，在第二军医大学海军医学系潜水生理教研室任教，先后任助教、讲师、副教授、室主任。1966年加入中国共产党。长期从事我国潜水医学，尤其是饱和潜水医学的教学和科学研究工作。1983年底被任命为第二军医大学副校长，其间曾兼训练部长。1988年被授予少将军衔。1990年任总后勤部卫生部副部长。在学术组织中的主要任职有，全军医学科学技术委员会科学研究管理学术委员会副主任委员；中华医学会上海分会理事；上海市航海医学会主任委员；中国卫生事业管理学会理事、上海市卫生管理学会副主任委员；上海市研究生教育学会常务理事等。

张　文　康

副部长　陆增祺　1941年出生于上海市松江县。1959年考入第四军医大学医疗系。1965年毕业后留校任教。曾从事放射医学专业教学、科研工作，任副教授。1970年加入中国共产党。历任第四军医大学教务处副处长、处长，训练部副部长、部长等职。1988年被授予大校军衔。1990年任总后勤部卫生部副部长。在学术组织中主要任职有：全国医学研究生学组成员，全军医学科学技术委员会副主任，全军医学科学技术委员会医学教育管理学术委员会主任委员，医学科研管理学术委员会主任委员，陕西省医学教育学会副主任委员。曾撰写过多篇医学教育和院校管理论文，在国家和军队有关杂志上发表。

陆增祺

【中国人民解放军总后勤部卫生部（机关）正、副处长，主任】

办公室副主任　王应征
计划财务处处长　傅　征
　副处长　袁永林
科技训练处处长　王　谦
　副处长　吴乐山
防疫处处长　王晋山
　副处长　唐德文
医疗处处长　黄茂辉
　副处长　王万水　刘继武
中医中药管理处处长　宫满库
兽医处副处长　张荣生
药材处处长　王赤才
　副处长　郭秀武
全军计划生育办公室
　副主任　林若青

【中国人民解放军总后勤部卫生部直属单位行政正、副职领导】

人民军医出版社社长　李超林
　副社长　罗子铭　李　晨
卫勤研究室主任　陈文亮
　副主任　祝世源
药品仪器检验所所长　周正祥
　副所长　马剑文　韩永国

【中国人民解放军总后勤部直属医疗卫生单位行政正、副职领导】

第一军医大学校长　陈景藻
　副校长　吴晓恒　杨根远
第二军医大学校长　卢乃禾
　副校长　吴孟超　王通喜
第三军医大学校长　李士友
　副校长　李希楷　严帮超
第四军医大学校长　鞠名达
　副校长　于光潮　李荟元
兽医大学校长　景在新
　副校长　王满洲　赖佛新
军事医学科学院院长　吴德昌
　副院长　李明耀　林炳湘
解放军总医院院长　廖文海
　副院长　冯　志　马承宣　赵毅刚
总后勤部医学专科学校校长　韩　悌
　副校长　张树勤　洪先本
三〇二医院院长　邬美娟
　副院长　张玲霞　王耀宗　车宝臣
三〇四医院院长　黎沾良
　副院长　陈淑江　王立怡
三〇九医院院长　庞忠玉
　副院长　赵济文　谭成锋

【各大军区、各军兵种后勤部卫生部正、副部长】

沈阳军区后勤部卫生部部长　杨荣科

副部长　周勤文
北京军区后勤部卫生部部长　林振堂
副部长　闫照荣
济南军区后勤部卫生部部长　王金义
副部长　王铭章
南京军区后勤部卫生部部长　李富荣
副部长　傅立根
广州军区后勤部卫生部部长　张志英
副部长　景家江
成都军区后勤部卫生部部长　李开兴
副部长　张先浩
兰州军区后勤部卫生部部长　王彦学
副部长　陈友亮
海军后勤部卫生部部长　沈晓辉
副部长　曹诚意
空军后勤部卫生部部长　李志刚
副部长　（暂缺）
第二炮兵后勤部卫生部部长　张庆宪
副部长　夏万全
国防科工委后勤部卫生部部长　李春辉
副部长　孙联众

（郭　进）

学术团体和群众团体

【中华医学会会长、副会长、秘书长】

名誉会长　吴阶平
会长　陈敏章
副会长　方　圻　王树岐　许文博　汤钊猷　吴孟超　吴咸中　陆道培　胡亚美（女）郭子恒　曹泽毅　彭文伟
秘书长　王树岐（兼）

【中华护理学会理事长、副理事长、秘书长】

名誉理事长　邓颖超（女、1990年10月辞）　陈慕华（女、1990年10月任）
荣誉理事长　王琇瑛（女）
理事长　林菊英（女）
副理事长　顾美仪（女）　赵静轩（女）　杨英华（女）　王　敏（女）　严渭然（女）
秘书长　杨英华（女、兼）

【中国生理学会理事长、副理事长、秘书长】

名誉理事长　蔡　翘（1990年7月29日逝世）　冯德培
理事长　陈孟勤
副理事长　卢振东　梅镇彤　陈孟勤　张镜如　杨雄里　蔡益鹏　陈宜张　徐有恒
秘书长　邓希贤

【中国解剖学会理事长、副理事长、秘书长】

理事长　薛社普
副理事长　吴希智　宗书东　钟世镇
秘书长　贲长恩

【中国生物医学工程学会理事长、副理事长、秘书长】

名誉理事长　钱信忠
理事长　顾方舟
副理事长　蒋大宇　江丕栋　康振黄
秘书长　杨子彬

【中国病理生理学会理事长、副理事长、秘书长】

理事长　伍贻经
副理事长　李楚杰　薛全福　金惠铭
秘书长　薛全福（兼）

【中国营养学会理事长、副理事长、秘书长】

名誉理事长　沈治平
理事长　顾景范
副理事长　陈孝曙　李珏声　彭恕生　陈吉棣
秘书长　陈孝曙（兼）

【中国药理学会理事长、副理事长、秘书长】

理事长　王振纲
副理事长　王建华　王浴生　李家泰　刘干中　金正钧　婿　彬　秦伯益　徐素云

秘书长 张均田

【中国防痨协会理事长、副理事长、秘书长】

名誉理事长 何穆 黄鼎臣

理事长 阙冠卿

副理事长 王德理 林发雄 李拯民 张立兴 宋孔章 汪钟贤

秘书长 马同倧

【中国麻风防治协会理事长、副理事长、秘书长】

名誉理事长 习仲勋

理事长 陈敏章

副理事长 叶干运 何达壎 李桓英 苏非 戴志澄

秘书长 何达壎（兼）

【中国心理卫生协会理事长、副理事长、秘书长】

名誉理事长 陆定一 周培源

理事长 陈学诗

副理事长 沈渔邨 李心天 龙耀先 李世绰

秘书长 温泉润

【中国抗癌协会理事长、副理事长、秘书长】

名誉理事长 金显宅

理事长 张天泽

副理事长 李光恒 张明和 徐光炜 许良中 张友会

秘书长 李树玲

【中国康复医学会会长、副会长、秘书长】

名誉会长 陈仲武

会长 顾英奇

副会长 付大为 耿德章 卓大宏 迟宝兰（女）

秘书长 郑英洲

【中国农村卫生协会会长、副会长、秘书长】

名誉会长 朱学范 费孝通 杜润生 林士笑

会长 顾英奇

副会长 张自宽 陆忠 彭瑞骢 赵福田（女）

秘书长 赵福田（女、兼）

名誉顾问 中岛宏（世界卫生组织总干事）

顾问 钱信忠 马海德

【中国输血协会理事长、副理事长、秘书长】

名誉理事长 钱信忠 顾英奇

理事长 肖星甫

副理事长 才生嘎 范雨田 江焕波 黄茂辉 杨成民 王培华 张钦辉

秘书长 杨成民（兼）

【中华预防医学会会长、副会长、秘书长】

会长 何界生（女）

副会长 刘世杰 陈春明（女） 王健 戴志澄 陈秉衡

秘书长 王健（兼）

【中国卫生经济学会会长、副会长、秘书长】

会长 郭子恒

副会长 何鸿明 张立平 司更生 赵竹岩 李永康 王斌 魏颖

秘书长 何鸿明（兼）

【中国卫生统计学会会长、副会长、秘书长】

名誉会长 何界生（女）

会长 何鸿明

副会长 陈育德 宋连仲 曹荣桂 司更生 田风调 杨树勤 刘洪祺 殷大奎

秘书长 田凤调（兼）

顾问 郭祖超

【中国健康教育协会主席、副主席、秘书长】

名誉主席 廖汉生 陈敏章

主席 黄树则

常务副主席 李九如

副主席 张义芳 林逢春 高运甲 扬伟沈 陈秉中 朱丰诚 梁浩才 黄敬亨

秘书长　　陈秉中（兼）

【中国优生优育协会会长、副会长、秘书长】

名誉会长　陈慕华　雷洁琼　钱信忠　周克玉

会　长　陈敏章

副会长　何鲁丽　何界生　曹泽毅　吴景春　邓朴方　林逢春　李　彦　邹时炎　范宝俊　康　冷

秘书长　秦新华

（郭晓强）

【中华全国中医学会会长、副会长、秘书长】

会长　崔月犁

副会长　胡熙明　施奠邦　刘志明　高辉远　王绵之　王永炎　李顺成　陈彤云　张镜人　王一章　凌一揆

秘书长　（暂缺）

【中国针灸学会会长、副会长、秘书长】

会　长　胡熙明

副会长　王雪苔　陈绍武　陈佑邦　陈汉平　贺普仁　曹小定　程莘农

秘书长　李维衡

【中国中西医结合学会理事长、副理事长、秘书长】

理事长　吴咸中

副理事长　田景福　唐由之　陈可冀　沈自尹　廖家桢

秘书长　董文成

（朱　桂）

中国红十字会

【中国红十字会会长、副会长、秘书长】

名誉会长　朱学范　赵朴初　钱信忠　崔月犁

会　　长　陈敏章

副会长　　顾英奇　张德江　邹时炎　郝长元　孙柏秋

秘书长　　韩长林

顾　问　　谭云鹤

（郭晓强）

全国表彰的先进人物

【荣获1990年“五一”劳动奖章的医药卫生工作者】

1990年4月27日，全国总工会在人民大会堂举行1990年全国“五一”劳动奖章、“五一”劳动奖状获得者表彰大会。全国医药卫生系统有50人获全国“五一”劳动奖章，2个单位、5个班组获全国“五一”劳动奖状。

1990年“五一”劳动奖章、奖状（医药卫生系统）获得者名单如下：

北京市

陈　宏　　　北京第二制药厂二车间主任

纪翠芳（女）通县民政局社会福利院医生

天津市

杨世平　　　天津市医院设备厂组长

杜梓伯（女）天津市中心妇产科医院主任医师

河北省

马保锁　　　石家庄市第一制药厂安全检查员

山西省

李洪琴（女）介休造纸厂职工医院护士长

高允旺　　　临汾地区医院中医科主任

沙　洛　　　山西省眼科医院院长

内蒙古自治区

马志广　　　满州里市第一医院院长

辽宁省

赵金铎　　　沈阳市劳动卫生职业病研究所所长

王初堂　　　抚顺市中心医院主任医师

吉林省

王玉山　　柳河县中药厂厂长

姜　忠　　公主岭红光制药厂厂长

黑龙江省

齐艳华（女）牡丹江社会福利院护理员

高治忠　　哈尔滨医科大学附属第二医院教授

上海市

焦东海　　上海市香山中医医院室主任

沈慧凤（女）上海医药工业研究院制剂室副主任

项坤三　　上海市第六人民医院主任

江苏省

沙蕴华（女）无锡市北塘人民医院科主任

浙江省

沈芸华（女）金华市人民医院妇产科主任

金敬德　　台州地区仙居制药厂厂长

安徽省

桂瑞林　　淮南市医药公司经理

陈树林　　黄山市人民医院干部

黄谷良　　蚌埠医学院教授

林元浩　　皖南医学院附属弋矶山医院院长

江西省

黄文楼　　乐平县人民医院副院长

山东省

卢信义　　济南市第二人民医院副院长

董　蔚（女）日照市人民医院妇产科主任

河南省

徐殿元　　河南省渑池县胆结石医院院长

湖北省

蔡斌臣　　武汉市按摩医院按摩二科副主任

方原超（女）黄冈县中医医院院长

戴宗晴　　第二汽车制造厂中心医院外科主任

湖南省

易辅屏　　湖南省长沙市第二医院耳鼻喉科主任

艾于勤　　湖南大庸市永定区卫生防疫站副站长

刘明汉　　湖南沅陵中医男性病医院院长

广东省

杨爱莲（女）广州市第一人民医院心外科主任

林楚卿（女）汕头市皮肤病性病防治院副护士长

陈雁云（女）广东省兴宁县制药厂工人

广西壮族自治区

胡炳辉　　柳州地区制药厂班长

夏树楹　　广西医学院附属医院内科主任

四川省

李　辉　　成都制药二厂工程师

杨尚元　　国营西南合成制药厂党委书记

贵州省

周琳业（女）贵州医学院预防医学系主任

云南省

朱兆康　　大理白族自治州中药制药厂厂长

李玉芳（女）宁蒗彝族自治县人民医院妇产科主任

蒋家雄　　昆明医学院院长助理

西藏自治区

单增西饶　　自治区高原科研所古藏医室副主任

益西央宗（女）西藏第一人民医院儿科副主任

铁路系统

赵晓燕（女）铁道部第十五工程局四处医院护士长

翟慧利　　沈阳铁路局通化分局集体企业管理分处慧利诊所中医师

全国先进集体

广西壮族自治区　　桂林制药厂

云南省　　云南制药厂

全国先进班组

山西运城地区人民医院神经外科护理组

东北制药总厂四车间成品组

吉林省药品检验所
浙江省杭州民生药厂102车间茶碱小组
四川省长征制药厂701车间利福定大组

【全国科技实业家创业奖在京颁奖】

第2届全国科技实业家创业奖颁奖大会于12月12日在北京人民大会堂举行。中共中央政治局常委李瑞环、人大常委会副委员长严济慈、国务院副总理田纪云、国务委员宋健等出席并向43位获奖者颁奖。43位获奖的科技实业家来自全国20多个省、自治区、直辖市，涉及医药、生物、化学、电子等15个行业。深圳南方制药厂厂长赵新先、长江生态科学院院长吴祖发、吉林省通化长白山药物研究所所长王振国、振华851生物工程研究开发总公司杨振华、中国医学科学院药用植物研究所药厂厂长孙载明等分获金、银奖。

【1990年经卫生部批准的有突出贡献的科学、技术、管理专家（20人）】

姓名 性别	工作单位
周　前（女）	中国医学科学院协和医院核医学科教授
赵知中	中国医学科学院药物研究所研究员
张致平	中国医学科学院医药生物技术研究所研究员
秦钰慧（女）	中国预防医学科学院环境卫生监测所副研究员
吕伯钦	中国预防医学科学院劳动卫生与职业病研究所研究员
陈春明（女）	中国预防医学科学院研究员
陈吉棣（女）	北京医科大学运动医学研究所研究员
傅民魁	北京医科大学口腔医院主任医师
张元芳	上海医科大学附属中山医院教授
杨英珍（女）	上海医科大学附属中山医院研究员
陈家祺	中山医科大学心血管病毒室主任医师
卢光琇（女）	湖南医科大学生殖工程研究所研究员
石佑恩	同济医科大学寄生虫病学教研室教授
杨同书	白求恩医科大学教授
孙逸平	中日友好医院临床医学研究所免疫学研究室副研究员
屈婉莹（女）	北京医院核医学科主任医师
刘秉文	华西医科大学基础医学院教授
刘　磊	山东医科大学生理教研室教授
赵　铠	卫生部北京生物制品研究所研究员
陈天培	卫生部上海生物制品研究所研究员

【全国“十佳卫生城市市长奖”获奖者】

1990年12月19日经全国爱国卫生运动委员会批准，30名同志荣获全国“十佳卫生城市市长奖”。获奖者名单如下：

深圳市	副市长	李传芳
大连市	副市长	吴明熹
北京市	副市长	何鲁丽（女）
上海市	副市长	谢丽娟（女）
广州市	常务副市长	石安海
天津市	市政府顾问	毛昌五
哈尔滨市	市长	张德邻
济南市	市长	翟永溥
南京市	副市长	沃丁柱
成都市	市长	刁金祥

【地级市全国“十佳卫生城市市长奖”获奖者】

烟台市	副市长	杨金镜
佛山市	市长	卢瑞华
三明市	市长	李立士
沙市市	副市长	刘承全
珠海市	市长	梁广大
马鞍山市	市长	周玉德
赤峰市	市长	高连元

丹东市	副市长	张　忠
秦皇岛市	市长	丁文斌
岳阳市	副市长	林子亮

【县级市全国"十佳卫生城市市长奖"获奖者】

莱州市	副市长	孙平山
江阴市	市长	吴新雄
通辽市	副市长	修国艾
永安市	副市长	马义英
南阳市	市长	李宝兴
滨州市	副市长	隆方同
辛集市	市长	李树程
萧山市	副市长	盛昌黎
老河口市	市委书记（前任市长）	孙楚寅
万县市	副市长	范正新

【卫生部召开学习林巧稚大夫无私奉献精神大会】

1990年10月10日卫生部在人民大会堂召开学习林巧稚无私奉献精神大会。全国人大常委会副委员长、全国妇联主席陈慕华、全国政协副主席钱正英、中顾委委员钱信忠以及有关部门的领导出席了会议。

会议宣读了党和国家领导人李鹏、李先念、邓颖超等人的题词。陈敏章部长在讲话中说：林巧稚大夫献身医学事业60余年，把毕生精力无私奉献给人民，她的高尚品德永远值得我们敬仰和学习。弘扬林巧稚大夫无私奉献精神，对当前卫生战线加强医德医风建设有着极其重要的现实意义。今天我们学习林巧稚大夫就是要继承和发扬林巧稚大夫爱国、爱党、爱社会主义、爱事业、爱人民的精神。

中国医学科学院院长、中国协和医科大学校长顾方舟介绍了林巧稚大夫的生平事迹。

（王家腾）

【组织有突出贡献的专家休假】

卫生部1990年8月5～12日首次组织部分有突出贡献的专家，赴山东烟台海滨作短期休假。他们是：曾连续两次获国家科委发明奖的药用植物学家徐锦堂研究员，曾获卫生部医药卫生科技成果甲级成果奖、国家医药卫生科技进步三等奖的眼科专家郭静秋研究员，曾获国家科委发明四等奖、卫生部医药卫生科技成果三等奖的骨科专家陈君长教授，曾获卫生部医药卫生科技成果甲级成果奖、国家科技进步一等奖的病毒学专家巩志立研究员，曾获国家科委发明三等奖、卫生部医药卫生科技成果甲级成果奖的耳鼻喉科专家王廷础教授，曾获国家科委发明三等奖、卫生部医药卫生科技成果甲级成果奖的显微外科专家顾玉东教授，曾获卫生部医药卫生科技成果甲级成果奖、国家科技进步三等奖的抗生素专家赵建西研究员，曾获国家科技进步三等奖、湖北省科技进步一等奖的超声诊断学家王新房教授，曾获山东省科技进步二等奖、卫生部医药卫生科技进步二等奖的孙克任副研究员及卫生部有突出贡献专家王善政副主任医师。

（宋　峻）

1990年逝世的医药卫生界人物

张树槐（1908～1990）　著名法医学家，因病于1990年3月19日在北京逝世，终年82岁。

张树槐教授，河北省正定县人，1933年从北平大学医学院毕业后，考入民国司法部法医研究所研究生，1935年被派往山东省高级法院任法医师，1940年应聘回母校执教，历任助教、讲师、副教授，1943年赴日本长崎医科大学法医学教研室深造，专攻法医血清学、指纹学及血型的研究，回国后即从事法医人证及物证检验和科学研究工作，解放后任法医教研室主任，并任北京市公安局法医学顾问兼公安部法医师，曾对国内有影响的重大案件做出科学的鉴定。他先后发表的论文有“法医学的损伤检验”、“法医学的中毒毒物研究”、“洗冤录对照研究”、“头部外伤之法医学”等。

土登次仁（1908～1990） 著名藏医学家，因病于1990年3月26日在拉萨逝世，终年83岁。

土登次仁主任医师，西藏山南人，14岁被孜措巴寺选派到拉萨药王山利众寺院学习藏医学，从师名藏医格桑次仁和一代大藏医学家、十三世达赖喇嘛的御医钦绕罗布。因学习成绩优异，被留在药王山，并开始行医，1962年进入医学星算院（今西藏自治区藏医院）。

土登次仁在藏医理论、临床及藏药炮制等方面都达到了精深的程度并培养了大批藏医人才。他撰写的“藏医治疗肾脏病经验”、“各种疾病治法综述”等学术论文，在藏医界有很大影响。他担任过《中华医学百科全书·藏医分卷》的主编。

土登次仁曾任西藏自治区政协常委、中华全国中医学会西藏中藏医分会副会长等职。

孟谦（1906～1990） 我国医药卫生工作优秀领导干部，因病于1990年3月27日在北京逝世，终年84岁。

孟谦，山东省东阿县人，1931年参加中国工农红军，1936年入党，参加过中央苏区第四、五次反“围剿”和二万五千里长征。亲手抢救了大批红军将士。抗日战争时期，他与白求恩在共同的战斗生活中结为亲密战友。他曾冒着生命危险，深入敌战区搜集部队急需的药品和器械。他为开创、发展晋绥根据地的卫生工作，为抗日战争的胜利做出了贡献。解放战争时期，先后参加了许多重大战役的医药后勤供应和医疗卫生救护的组织领导工作。通过举办各类培训班、卫生学校，培养了大批卫生技术干部。新中国成立后，孟谦历任中国医药总公司经理，卫生部药政管理局局长、中国红十字总会副会长等职。

许天禄（1906～1990） 著名组织胚胎学家，因病于1990年4月8日在广州逝世，终年84岁。

许天禄教授，福建闽候县人，1936年毕业于北京协和医学院并获博士学位。50多年来，他为发展我国的解剖学、组织胚胎学作贡献。

许天禄教授曾任岭南大学医学院院长、中国解剖学会理事、广东省解剖学会理事长、中山医科大学组织胚胎教研室主任、全国侨联第三届委员会委员、第三、四、五届省政协委员。

何穆（1905～1990） 医学科学家，因病于1990年4月11日在北京逝世，终年85岁。

何穆，上海市金山县人，1926年赴法国留学，1935年毕业于法国都鲁士医学院，同年回国。他早年在法国留学时已是一名防痨专家，1938年经周恩来介绍在延安参加革命。抗日战争时期他主要在延安中央医院担任领导工作，负责中央领导机关的干部保健和伤病员的救治工作。解放战争时期，他担任晋冀鲁豫军区及边区卫生部门的领导工作协调各战场前后方卫生工作。组织和领导了河北、河南、山西、山东等战区大量伤员的救治，为延安中央医院和晋冀鲁豫边区白求恩和平医院的建设付出大量心血。解放后，先后在山西和北京的医疗卫生单位担任领导工作，主持创建了北京市结核病研究所，他为新中国的防痨事业和人民卫生事业做出了贡献。

何穆同志曾历任延安中央医院院长，晋冀鲁豫军区卫生部副部长，晋冀鲁豫边区卫生局局长，山西省卫生厅厅长，北京结核病研究所所长，卫生部顾问及中国防痨协会秘书长、副会长，中华医学会常务理事，卫生部医学科学技术委员会委员，《中华结核病杂志》主编，《中国防痨》杂志主编等职。

周泽昭（1901～1990） 著名外科学家、

医学教育家，因病于1990年4月12日在成都逝世，终年89岁。

周泽昭教授，四川省江津县人，1925年毕业于广州中山大学医科并留校任教，专攻普外、骨科，曾留学德国。1944年，周泽昭参加革命，任延安中国医大外科教授和延安中央医院外科主任。在革命战争年代，他一直随党中央机关转战西北战场，从事战场抢救、中央领导人保健及医学教育等工作。1950年周泽昭任第一军医大学校长。1953年至1957年，周泽昭同志调任北京医院院长、外科主任，并任中南海保健处副处长，主要负责毛主席的保健工作。1958年至1977年周泽昭先后担任重庆医学院院长、兼任重庆外科医院院长、四川省卫生局副局长、四川省卫生局顾问。建国以来，他先后被选为一、二、三届全国人大代表，全国政协第五届特邀委员，中国科学院生物学学部委员、中华医学会常务理事、中华外科学会主任委员、国际外科学会会员。1978年由中央组织部和卫生部安排，调任广西壮族自治区卫生厅顾问直至1983年离休。

蔡翘（1897～1990） 著名生理学家和医学教育家。1990年7月29日因病在北京逝世，终年93岁。

蔡翘教授，广东揭阳县人。1919年留学美国，攻读心理学、生理学和神经学，获博士学位。国际神经解剖学界将其研究发现的脑内视觉与眼球运动功能中枢部位命名为“蔡氏区”。1925年秋回国，先后在复旦大学、中央大学医学院创建生物学科和生理学科并任教授，培养出我国早期的生理学工作者，包括冯德培、童弟周、徐丰彦、朱鹤年、陈世骧、沈霁春、吕运明等著名科学家。他首先提倡用祖国语言教学，并编著出版了我国第1本大学《生理学》教科书，后修订为《人类生理学》。他在神经生理、肝脏糖代谢、血液生理、航空航天医学、航海医学等方面的研究中，取得显著成就。

建国以来，先后任南京大学医学院院长、第五军医大学校长、军事医学科学院副院长，是中国科学院生物学部委员和中国生理学会理事长、名誉理事长。发表过100多篇学术论文出版了11本专著、教科书。

（军事医学科学院）

贡嘎平措（1906～1990） 著名藏医、天文历算学家，因病于1990年8月1日在拉萨逝世，终年85岁。

贡嘎平措主任医师，西藏贡嘎县人，1919年被当地僧院选送到拉萨“门孜康”学习藏医和藏历历算，是著名藏医学家、藏历历算学家、拉萨“门孜康”的创建人钦绕罗布（1881～1962）的亲传弟子。他在藏医理论、临床诊治、藏药炮制等方面都有很深的造诣。特别是对治疗神经系统、消化系统疾病有独到之处。

贡嘎平措曾任拉萨市藏医院副院长、全国政协委员，西藏自治区政协常委，中国科学技术协会委员，西藏中藏医学会名誉会长，西藏天文历算学会会长等职务。

张晓楼（1914～1990） 著名眼科学家，因病于1990年9月4日在北京逝世，终年76岁。

张晓楼教授，河北省正定县人，1940年毕业于协和医学院并获博士学位，相继担任过同仁医院眼科主任、副院长，北京市眼科研究所所长等职务。张晓楼教授从医50多年，经他亲手治疗的眼病患者数以万计。他曾经担任过毛泽东、周恩来、朱德、刘少奇等党和国家领导人的眼保健工作，为发展我国和世界的眼科学做出了重要贡献。1954年至1957年他和汤飞凡教授合作，在世界上首次成功分离出沙眼病原体（后定名为沙眼衣原体）。1981年他被授予国际防治沙眼金质奖章，1982年他荣获了国家自然科学二等奖，1984年美国视觉与眼科协会授予他荣誉会员称号。

张晓楼教授逝世后，依据他生前意愿，

他的角膜9月15日分别移植给两名失明的病人，使这两位病人重见光明。

施锡恩（1904～1990） 著名泌尿外科学家，因病于1990年9月11日在天津逝世，终年86岁。

施锡恩教授，江苏省苏州市人，1929年毕业于北京协和医学院，获医学博士学位，1933年赴美深造，1935年回国被聘为协和医院泌尿外科讲师，1936年被推选为国际泌尿科学会会员，1939年被推选为美国自然科学荣誉学会会员。

施锡恩教授近60年中在国内外许多杂志上用中英文发表了近百篇论文和专著。1963年他和著名的泌尿科专家吴阶平教授共同主编了我国第一部泌尿外科学专著《泌尿外科学》。1978年，他出席了全国科学大会。他编写的《泌尿外科学》和《新膀胱造影剂（二氧化锡）的试制及临床研究》获得全国科学大会奖。施锡恩教授历任天津市第一中心医院泌尿科主任，天津市第七、第八届人大常委会委员，第十一届全国人大代表，中华医学会理事，天津市外科学会主任委员、泌尿外科分会主任委员等职。

陈华（1902～1990） 著名口腔医学家，因病于1990年10月20日在西安逝世，终年88岁。

陈华教授，四川省成都市人，1930年毕业于成都华西协合大学牙医医院并留校任教，1945年赴美攻读正畸学，留学期间被吸收为国际牙医学会会员，1947年学成回国。建国后，先后在南京大学医学院、第五军医大学、第四军医大学任教。1950年他组建了我军迄今为止唯一的口腔医学系、口腔医院，并任系主任、医院院长。1979年，中央军委任命他为第四军医大学副校长。

陈华教授毕生致力于口腔医学教育，是我国口腔医学教育的主要创始人之一。他主编了我国第一批口腔医学教材，成功地主持研制了"成品总义齿"，率先在国内开展了正畸缩短疗程的研究，创造了"三联环圈簧"、"闭隙卡"、"内收弓簧"等。近年来，他又在矫治牙列拥挤、上颌前突方面取得了新进展。

陈华教授曾任全国第四、第五届政协委员、江苏省第一届、西安市第二、三届人民代表大会代表，中华医学会副主任委员，全军医学科学技术委员会委员兼口腔医学专业组组长，《中华口腔科学》等6种杂志的编委或主编等职。

卫生工作纪事

1990年大事记

1　月

5日　1989 年度陈嘉庚科学奖颁奖大会在北京举行。中国医学科学院协和医院宋鸿钊、吴葆桢、王元萼的“根治绒癌”等 3 项成果获奖。物理学家杨振宁教授向获奖者颁发了证书和奖金。江泽民总书记到会祝贺并讲话。

7日　全国中药质量工作会议在广州召开。

20日　马海德基金会在北京举行首届颁奖仪式，20 名先进麻风防治工作者和中国麻风防治研究奖的 6 篇优秀论文作者获奖。

24日　国务委员李铁映在北京平谷县与乡村计划生育干部座谈时说，要给计划生育工作更多的关心和支持。

30日　国务院总理李鹏为《中国卫生政策》杂志题词：“卫生事业要为人民健康服务”。卫生部长陈敏章为该杂志题词：“积极开展卫生政策研究，为提高我国卫生事业的科学管理水平作贡献”。

2　月

4日　卫生部批准医消灵等 20 种消毒药械生产和销售。

7日　卫生部召开新闻发布会宣布：我国累计报告的艾滋病病毒感染者已增至 194 例。

▲卫生部抽调 25 名干部组成 5 个调研小组，由陈敏章部长、何界生副部长及卫生部前领导徐运北等带队分赴中国医学科学院、北京医科大学、北京医院、预防医学会和北京市第六医院开展调查研究。

13日　江泽民总书记、李鹏总理致信出席全国计划生育委员会主任会议的同志，强调：严格控制人口增长是关系国家富强、民族繁荣、子孙后代幸福的根本大计。

▲国务委员李铁映视察了深圳皇岗国境卫生检疫所，并题词：“国门第一哨”。

15日　中国红十字会第五次全国代表大会在北京召开（15～17 日）。国务院总理李鹏写信表示祝贺。国际红十字会与红新月会协会主席维拉罗尔·兰德尔和秘书长斯坦贝克联名打来贺电。杨尚昆接见了各省、自治区、直辖市红十字会负责人，李铁映在大会闭幕式上讲话。大会推举朱学范、赵朴初、钱信忠、崔月犁为中国红十字会名誉会长，陈敏章为会长，顾英奇为常务副会长，张德江、邹时炎、郝长元为副会长，孙柏秋为专职副会长，韩长林为秘书长，并选出第五届理事88人。

18日 国务院任命朱杰为国家中医药管理局副局长，免去胡熙明兼任的国家中医药管理局局长职务。

21日 中国代表顾英奇在联合国大会禁毒特别会议上重申，中国政府将一如既往，坚持严厉禁毒的明确政策，加强缉毒戒毒的国际合作，为在全球消灭毒品祸害作出不懈的努力。

22日 卫生部电慰大连市卫生局，表彰医务人员在大连重型机器厂发生楼房坍塌特大事故中，使127名轻、重伤员及时得到治疗并全部脱险的事迹。

▲陈敏章部长在卫生部、国家中医药管理局直属单位监察工作会议上指出，要紧紧围绕卫生部门的中心任务和特点，开展行政监察工作。

27日 陈敏章部长赴泰国曼谷出席第四届世界儿童生存大会。

▲中国吸烟与健康协会在北京成立。全国政协副主席钱正英任名誉会长，钱信忠、崔月犁、陈敏章任名誉副会长，吴阶平和翁心植分别任会长和常务副会长。

▲海南省东方、昌江等13个市、县近万名中学生发生“流行性肢端疼痛症”。

3　月

1日 首都卫生界集会，纪念白求恩诞辰100周年。聂荣臻元帅为集会题词：“学习白求恩同志的无私奉献精神，搞好社会主义建设”。

▲1990～1992年中国艾滋病预防和控制国家中期规划第5次会议在北京召开。卫生部和国家艾滋病委员会向部分国际组织驻华机构和10余个国家驻华使馆的官员介绍了情况。

▲卫生部在北京召开全国整顿中成药品种工作会议，决定今后中成药品种一律实行“一名一方”制。

2日 《中国中医药报》载：中国中医研究院教授陈可冀、谢宗万、朱丽霞荣膺1989年度世界科学奖。

3日 国家医药管理局在深圳召开首届全国医药经济理论研讨会。

7日 卫生部召开贯彻《放射性同位素与射线装置放射防护条例》全国电话会议。

▲ 卫生部部属高等医学院校思想政治工作扩大会议在北京举行（7～9日）。会议主要研究如何在高等医学院校贯彻党的十三届四中全会和五中全会精神，加强思想政治工作，加强党的建设和政工队伍建设，并探讨解决问题的措施。陈敏章部长和何界生副部长分别在开幕式和闭幕式上做了报告。

10日 北京市人民政府、国家体育运动委员会、卫生部做出《关于嘉奖中国兴奋剂检测中心全体同志的决定》。该中心通过国际奥委会的资格考试，成为世界上第20家、亚洲第3家、发展中国家首家国际奥委会认可的兴奋剂检测机构。

11日 全国卫生厅局长会议在北京召开（11～14日）。会议的主要议题是：贯彻中共中央十三届五中全会精神，总结十年来的卫生改革经验，进一步治理整顿，深化改革；加强农村卫生组织建设；加强政治思想工作和精神文明建设。陈敏章部长和何界生副部长分别在开幕式和闭幕式上做了报告。

14日 国务院总理李鹏在中南海紫光阁接见出席全国卫生厅局长会议的全体代表。他代表党中央、国务院慰问卫生战线全体职工，勉励医务工作者向雷锋和白求恩学习，发扬革命人道主义精神，对工作极端负责，对技术精益求精，对人民极端热忱，百尺竿头更进一步。

▲国务委员李铁映听取了全国卫生厅局长们的汇报，并作了重要讲话。

15日 卫生部、国家计划委员会、农业部、国家环境保护局、全国爱国卫生运动委员会联合下发《我国农村实现“2000 年人人享有卫生保健”的规划目标》。

16日 12 省、市农村改厕现场会在河南召开，陈敏章部长到会。

▲卫生部卫生监督咨询委员会在北京成立，全国 71 位专家接受了为期 3 年的聘任。

19日 卫生部、国家保密局联合印发《卫生工作中国家秘密及其密级具体范围的规定》。

20日 应卫生部邀请，朝鲜保健部部长李钟律一行 4 人来我国进行友好访问，并签署了“中朝卫生合作协议执行计划”。

23日 国务院以国发（1990）18 号文做出《关于加强血吸虫病防治工作的决定》。

▲ 卫生部分别召开出席全国政协、全国人大七届三次会议的卫生界代表座谈会（23～26 日），就治理整顿、深化卫生改革，加强农村卫生建设和农村卫生人才培养工作，加强医德医风建设，以及改善医务人员待遇等问题听取了代表们的意见。陈敏章、何界生、顾英奇、胡熙明到会。

4 月

3日 陈敏章部长签署第 3 号中华人民共和国卫生部令，《放射防护监督员管理规定》发布施行。

7日 “世界卫生日”，主题是：环境与健康。陈敏章部长发表《保护环境，增进健康》的文章。

9日 国家医药管理局、中国石化工会委员会、中国医药企业管理协会在人民大会堂举行表彰大会，授予全国医药企业 50 个班组“全国医药企业先进班组”称号，50 名班组长“全国医药企业优秀班组长”称号。倪志福、陈慕华、刘忠德等接见了会议代表，并为他们颁奖。

11日 世界卫生组织在中国设立的合作中心主任会议在山东泰安市召开。卫生部副部长顾英奇、山东省副省长宋法棠、世界卫生组织西太区主任韩相泰等参加了会议。

▲卫生部原顾问、著名医学家何穆在北京逝世，享年 85 岁。

12日 卫生部、国家物价局印发《加强输血工作管理的若干规定》。

19日 全国健康教育工作会议在北京召开。陈敏章部长在会上强调把健康教育置于卫生发展战略地位。

21日 我国生理学家、北京医科大学韩济生教授应台湾大学蛇毒药理学家李振源教授之邀，赴台湾进行为期 8 天的学术交流和参观访问。这是大陆著名医学家首次到台湾进行学术交流。

24日 卫生部公布我国大陆儿童计划免疫接种率以省为单位已达到 90% 以上。

27日 全国“五一”劳动奖章颁奖大会在北京召开。全国医药卫生系统有 50 人获全国“五一”劳动奖章，[illegible] 位、5 个班组获全国“五一”劳动奖状。

28日 青海省兴海县 26 日发生 6.9 级地震后，中国医药公司立即组织白蛋白 200 支、注射器 300 支、X 光片 1000 盒、黄连素 200 万片、氯霉素 30 万片、红霉素 100 万片、糖酸钙针 2000 盒，紧急发往灾区。

5 月

5日 国务院以国发（1990）29 号文批转了国家医药管理局《关于进一步治理整顿医药市场意见的通知》。

7日 世界卫生组织第 43 届大会在日内瓦开幕。上届大会主席、中国卫生部部长陈敏章主持了开幕式。为期两周的会议讨论了保护儿童、防治艾滋病、加强对贫困国家援助等问题。

8日 卫生部药政局原局长、中国红十字会副会长孟谦同志追悼会在北京举行。李鹏、姚依林、李先念、王震等同志送了花圈，习仲勋、余秋里等同志参加遗体告别仪式。

▲首都医务界向亚运会捐款仪式在北京举行。捐赠资金共计38.8万元，是92家在京医院的医务人员义诊所得。

12日 首都举行纪念护士节暨全国模范护士先进事迹报告会。李铁映、陈慕华、钱正英出席。卫生部副部长胡熙明、顾英奇分别主持大会、发表讲话。康克清、陆定一、陈敏章分别写来贺信和题词。

▲南丁格尔奖章获得者、中华护理学会理事长、全国护理中心主任林菊英接受美国密苏里堪萨斯大学颁发的人文学科博士学位荣誉奖，成为我国护理界第一个获此殊荣者。

13日 《中国医药报》刊出李鹏总理为百万医药职工题词："发展医药事业保障人民健康"。

15日 国家医药管理局思想政治工作研究会，在中国职工思想政治工作研究会第6次年会上，被评为全国优秀职工思想政治工作研究会。

▲卫生部决定将"卫生部消毒专家咨询组"改为"卫生部消毒专家委员会"，并聘任了第2届25名委员。

▲全国卫生监督工作会议在北京召开，卫生部副部长何界生在会上做了重要讲话。

17日 国家中医药管理局与国家保密局联合下发了《中医药行业国家秘密及其密级具体范围的规定》。

19日 李鹏总理为首都医学院建院30周年题词："为社会主义祖国培养更多更优秀的医务人才而奋斗"。

20日 首届"中国学生营养日"大会在北京举行。王平、习仲勋、谷牧、吕正操、阿沛·阿旺晋美、雷洁琼、费孝通等领导出席会议，并向学生营养工作先进地区、学校授奖。

▲北京、上海、天津、成都等城市举行"全国母乳喂养宣传日"活动。

21日 《医药信息报》与《中国医学论坛报》合并为《医药信息论坛》。

25日 首次全国卫生统计工作会议在北京召开。卫生部陈敏章部长、顾英奇副部长，国家统计局孙竞新副局长，国家中医药管理局诸国本副局长到会并讲话。

▲台湾中医药学院董事长陈立夫，为大陆在台湾印刷出版的第1部中医临床专著《临证心语》题写书名，著作人施慧向云南省图书馆赠书，同时托人向国家中医药管理局和北京图书馆赠书。

28日 全国腹泻病控制规划会在北京召开。廖汉生、陈敏章和部分驻华使馆官员及世界卫生组织驻华办事处代表基恩出席了会议，世界卫生组织总部士洛克博士作了关于全球腹泻病控制规划进展报告。我国要求在五年间，年发病率降低20%。

29日 首都举行中国计划生育协会成立十周年纪念会。中共中央总书记江泽民、国务院总理李鹏给计划生育协会写来贺信。宋平、李铁映、王首道、廖汉生、杨静仁等领导同志出席纪念会。

31日 第3个"世界无烟日"，主题是：青少年不要吸烟。

▲中共中央在中南海怀仁堂召开儿童工作座谈会，李瑞环、李铁映、丁关根、陈慕华等出席，李铁映发表讲话。

▲李鹏总理为北京儿童医院新楼剪彩。

6　月

3日 国务院总理李鹏为首届全国医药卫生科技成果展览会题词："大力推广应用医药卫生新成果，努力攀登世界医学高峰"。

4日 由国务院批准，国家教育委员会、卫生部联合发布的《学校卫生工作条例》在全国正式施行。

6日 中国首届输血大会在北京召开。

7日 国家医药管理局召开全国治理整顿医药市场工作会议。国务委员李铁映、国务院秘书长刘忠德到会并作了讲话。

▲卫生部部长陈敏章、副部长何界生、水利部部长杨振环分别率领国务院血防工作检查组赴江苏、安徽、江西、湖南、湖北省检查工作。

12日 国务委员、国家科委主任宋健为首届全国医药卫生科技成果展览会题词："努力发展医学科学技术，为中华民族和全人类作出应有的贡献"。

13日 国家中医药管理局、人事部、卫生部联合下发了《关于采取紧急措施做好老中医药专家学术经验继承工作的决定》，这对抢救名老中医药专家独创的学术经验，发展中医药学术将起到积极的促进作用。

17日 全国创建国家卫生城市现场经验交流会在第1个国家卫生城市——山东省威海市召开。全国爱国卫生运动委员会主任李铁映发表了讲话。

26日 第3个"国际禁毒日"。卫生部、外交部、海关总署和公安部联合在北京举行座谈会，探讨在中国大地上加强对毒品查缉工作的对策。

7 月

1日 记叙我国革命斗争史上一代医务工作者奋斗历程的专著《红医将领》出版发行。徐向前题写书名，聂荣臻题词，陆定一作序。

▲《药品管理法》实施5周年，卫生部副部长顾英奇发表电视讲话。

▲陈敏章部长陪同吴学谦副总理在中南海会见台湾医药界知名人士访问团。

5日 国家中医药管理局在上海召开全国中医药科技进步工作会议。

6日 《黄祯祥论文集》在北京举行发行式。

10日 卫生部、农业部在四川成都联合召开三峡地区改灶降氟试点工作总结表彰大会。

14日 陕西省人民政府召开纪念毛主席"救死扶伤，实行革命人道主义"题词49周年大会。

16日 全国爱国卫生运动委员会、卫生部联合召开救灾防病电话会议。全国爱国卫生运动委员会副主任、卫生部部长陈敏章发表了讲话。

▲全国医药卫生科技成果展览会在北京开幕，李铁映、赵南起为展览会剪彩。

19日 国务委员、全国爱国卫生运动委员会主任李铁映出席全国灭鼠技术研讨会并讲话。

20日 李鹏总理参观全国医药卫生科技成果展览会。

21日 全国医药卫生科技成果展览颁奖大会在北京举行。2500项参展项目中有145项获奖，其中金奖10项，银奖18项，铜奖21项，优秀奖96项。

28日 陈敏章部长签署第4号卫生部令，《新资源食品卫生管理办法》、《新资源食品审批工作程序》发布施行。

8 月

3日 卫生部组织专家调查组赴河南省乙型脑炎流行区指导和处理乙型脑炎疫情。截止8月10日，全省共报告乙型脑炎病人5567例，死亡294例，发病年龄最大的为78岁，最小的出生3个月。

▲国家中医药管理局与国家技术监督局举行针灸经穴部位（国家标准）新闻发布会，宣布自1991年1月1日起实行该标准。

11日 卫生部召开有北京、天津、河北、内蒙古、辽宁、山东等省、自治区、直辖市及铁道、民航等有关部门参加的迎亚运防病联防会议，并制订出亚运会期间防病联防方案。

22日 全国首届民族医药图书情报工作会议在内蒙古呼和浩特市召开。

▲卫生部派出检疫人员赴约旦、伊拉克边境对从科威特回国人员实施检疫，共检疫各类疾病150余例。

25日 全国初级卫生保健合作中心、试点县工作会议在江苏省常州市召开，陈敏章部长到会讲话。

27日 由轻工业部、商业部、农业部、卫生部和中国科学技术协会联合召开的中国食品工业发展战略研讨会在北京召开（27～30日）。会议通过了《关于发展我国食品工业有关问题的建议》，并提交国务院。

29日 中国援助科威特、伊拉克的医务人员回到祖国，卫生部副部长顾英奇到首都机场迎接。

30日 经国务院批准，加强鼠疫防治工作电话会议在北京召开。20个省、自治区、直辖市地方病防治领导小组组长、卫生厅局长、地方病防治办公室主任和鼠疫防治专业所（站）长，以及国家有关部委，总后勤部分管卫生工作的负责同志参加了会议。胡熙明副部长主持会议，陈敏章部长讲话。

9 月

3日 卫生部颁发《医药卫生技术贸易管理暂行规定》。

5日 卫生部成立以顾英奇副部长为组长，12位司局领导同志为组员的加强廉政建设、纠正行业不正之风工作领导小组。

7日 首届国际医疗器材及药品展览会在北京开幕，国务委员李铁映为展览会剪彩，卫生部长陈敏章及国家对外经济贸易部、国家计划委员会、国家医药管理局的领导同志参加了开幕式。

▲预防和控制艾滋病专家委员会成立。

▲以卫生部副部长顾英奇为团长的中国代表团赴菲律宾出席世界卫生组织西太区委员会第41届会议。

10日 福建省遭受台风袭击，陈敏章部长致电慰问深入第一线救护伤员的医务人员。

11日 卫生部召开加强廉政建设，纠正行业不正之风电话会议，陈敏章部长做了重要讲话。

12日 中国中医药文化博览会在北京开幕，黄火青、杨成武、陈敏章、高占祥、何界生、胡熙明、朱杰等领导同志出席开幕式，并参观了展览。共有650家中医药医疗、科研、教育、生产、销售单位的1300个项目参展。

14日 卫生部陈敏章部长、北京市何鲁丽副市长视察亚运村医疗中心、健身中心。

16日 国家医药管理局局长齐谋甲会见了以黄明和为团长的台湾中医药考察团。双方表示将在学会和贸易等方面开展更为广泛的交流与合作。

25日 中日医学教育中心附属医院奠基典礼在沈阳举行。陈敏章部长、日本厚生省事务次官坂本龙彦等为该院奠基剪彩。

26日 全国政协主席李先念为湖北中医学院附属医院题词："振兴祖国医学事业，全心全意为人民服务"。

10 月

8日 全国尘肺流行病学调查总结大会在山西太原召开（8～10日）。

10日 经国务院批准，卫生部召开学习林巧稚大夫无私奉献精神大会，陈慕华、钱正英、陈敏章出席大会。

▲全国各国境卫生检疫所完成亚运期间的入出境检疫任务，共检疫飞机3725架次，人员51万人次。

14日 国务委员李铁映深入湖北荆州地区进行血吸虫疫区调查，同时强调：搞血防要动真感情，定硬措施，搞大动作。

16日 国际防痨和肺病联合会第16届东方地区学术会议在北京开幕。李鹏总理发来贺信，全国政协副主席钱正英致开幕词。

17日 卫生部通报我国首次在大陆居民中诊断2例艾滋病病例。

19日 1990年国家中医药管理局颁布科技进步奖奖励项目。46项成果荣获奖励，其中一等奖5项、二等奖16项、三等奖25项。

21日 国家中医药管理局在北京召开了全国继承老中医药专家学术经验拜师大会，500名老中医药专家喜收高徒。国务委员李铁映、卫生部长陈敏章到会祝贺。

24日 卫生部、北京市人民政府在北京召开第十一届亚运会卫生工作总结表彰大会。北京市卫生局、秦皇岛市卫生局、铁道部卫生保护司、国家体育运动委员会训练局医务处、中国兴奋剂检测中心、女性性别检查室等6个单位受到嘉奖。中日友好医院等76个单位受到表彰，177名先进工作者受到亚运会组委会医务部表彰。

31日 中华护理学会举行向邓颖超名誉理事长致谢仪式，同时宣布由陈慕华副委员长接任中华护理学会名誉理事长职务。仪式后对林菊英获美国米苏里堪萨斯大学人文学荣誉博士称号进行表彰。

11 月

1日 中共卫生部党组下发《关于加强卫生系统思想政治工作的几点意见》的文件，要求卫生系统结合各地实际情况认真贯彻执行。

2日 陈敏章部长签署第7号卫生部令《中华人民共和国国境卫生检疫行政处罚程序规则》发布施行。

13日 全国血吸虫病防治工作会议在武汉召开（13～17日）。国务院副秘书长徐志坚主持了会议，国务院秘书长李昌安在开幕式上发言。农业部长刘中一代表国务院发言；江西省省长吴官正代表湖区五省血防联防领导小组做工作报告。国务委员李铁映出席了大会并讲话。

15日 卫生部、外交部、公安部、海关总署在北京召开西太区禁毒执法官员会议（15～19日）。李鹏总理接见了部分与会中外代表。

19日 卫生部在北京召开全国医学教育、科技工作会议（19～24日）。中心议题是：教育—以农村为重点，加强县及县以下卫生技术人才的培养，为实现初级卫生保健培养适宜人才。科技—增强各级领导的科技意识，进一步树立"科技兴国"的思想，依靠科技进步，推动卫生事业的发展。

23日 国务院总理李鹏、中共中央政治局常委宋平等在人民大会堂会见了出席全国计划生育先进集体、劳动模范、先进个人表彰会暨全国计划生育基层工作经验交流会和中国计划生育协会第三次全国代表大会的代表，并和大家合影留念。

▲国务院第72次常务会议决定成立国家禁毒委员会，主任为国务委员兼公安部长王芳、副主任为公安部副部长林昉、国务院副秘书长席德华、卫生部副部长胡熙明、海关总署副署长钱冠林。

28日 国务委员、国家教委主任李铁映到全国卫生系统出国留学生管理工作会议驻地，看望出席会议的优秀归国留学人员代表，并与他们座谈。

12 月

1日 "世界艾滋病日"，主题是：妇女与艾滋病。国家预防控制艾滋病专家委员会发表致医务人员公开信：迎接挑战、充满爱心，控制艾滋病蔓延。

5日 世界针灸联合会第二届代表大会在巴黎举行，卫生部胡熙明副部长出席了大会。

9日 《健康报》载：国务委员李铁映视察河南农家厕所，称赞河南农村改厕工作搞得好。

12日 全国食品卫生工作会议在北京召开。何界生副部长到会讲话。会议指出：目前仍有20%的食品不符合卫生要求，"八五"期间要加快食品卫生法制建设步伐。会议表彰了24个食品卫生示范县及233名食品卫生优秀监督员。

13日 《健康报》载：医药卫生行业66项研究成果荣获1990年国家自然科学奖、国家科学技术进步奖和国家发明奖，占788项获奖总数的8.3%。

国务委员李铁映在卫生部长陈敏章陪同下，视察了北京协和医院，向在医疗第一线辛勤工作的医护人员表示慰问。

20日 进口食品卫生监督检验工作上划卫生部领导，由卫生检疫总所具体承担，交接工作已结束。

22日 全国城市卫生检查评比结束，共评出16个卫生城市。其中高分的10个城市列为"十佳卫生城"（以城市名称笔划为序）广州、大连、上海、天津、北京、成都、哈尔滨、南京、济南、深圳。同时评出地级市卫生城19个和县级卫生城16个。

▲全国药品监督管理工作会议在沈阳召开。胡熙明副部长到会讲话。会议指出，去年全国药品抽验合格率达90.8%。

27日 卫生部委托北京市卫生局牵头组织开展的全国30个省、自治区、直辖市247个监测点占近1亿人口孕产妇死亡监测和354万人口的孕产妇死亡漏报调查结束。

28日 卫生部邀请参加嘉雅·洛桑丹白坚赞活佛救治工作的专家和有关人员座谈，顾英奇副部长代表卫生部向医务工作者表示感谢，国务院办公厅领导同志到会对专家们表示问候。

（宗音）

卫生统计工作

卫生统计信息工作

【1990 年卫生统计信息工作】

1990 年卫生统计信息工作以提高统计数据质量，加强统计信息基础建设，提高统计服务水平为重点开展了一系列统计信息咨询服务。

1．改革和完善卫生统计体制，提高统计数据质量，加强卫生统计信息系统的基础建设　①年初向全国各省、自治区、直辖市卫生厅（局）布置了《1990 年全国卫生统计工作要点》。②5 月在北京召开了全国卫生统计工作会议。会议回顾了建国以来的卫生统计工作，总结交流了经验，表彰了先进，对《1991～2000 年全国卫生统计工作发展规划纲要（讨论稿）》进行了讨论。③1990 年全国卫生统计机构的建设得到加强。到 1990 年底，已有黑龙江、吉林、广东、湖北、河北、北京、江苏、陕西等省、市卫生厅（局）成立了综合卫生统计信息机构。④组织湖北、广西、贵州 3 省卫生厅和国家中医药管理局等有关部门对云南省的卫生统计工作质量进行了检查。⑤制订并修改了一批统计业务报表。⑥继续推广使用国际疾病分类法(ICD)。1990 年分别在上海和内蒙古召开了全国ICD死因统计协作组和医院统计协作组年度会议；举办了 2 期全国ICD师资培训班；向世界卫生组织提供了 1989 年我国部分地区按ICD—9 分类的死因统计资料。

2．提高统计服务水平，加强统计监督职能　①1990 年卫生统计信息中心向部领导及有关部门提供了一批统计信息数据和资料。主要有：1989 年全国卫生统计年报资料、1989 年中国卫生统计提要、1989 年卫生事业发展情况统计公报、医院改革问卷调查分析、1989 年全国 2902 所医院工作负荷和经费收支情况的分析报告、80 年代中国人民健康状况的分析等。对世界卫生组织的各国卫生概况中国数据库的资料进行审核和补充。从第 3 季度起编辑《卫生统计信息》简报，向有关部门发送。②提供统计咨询服务，参与有关卫生政策的制定，课题研究、专题调查的设计与数据汇总分析及有关项目管理信息系统的培训工作。如参加"加强中国基层妇幼卫生与计划生育"合作项目的管理信息系统建立和该项目基础调查方案的设计等工作；参与卫生事业'八五'计划和2000年规划的制定；参加卫生防疫需求与对策的研究和中国2000年预防保健战略目标研究；参加全国卫生机构房屋基础调查，并完成调查数据的处理分析；协助建立卫生监督统计年报及技术引进管理信息系统数据库；参加国家统计局主持的新的国民经济核算体系"非物质生产部门核算体系"课题研究；举办2期卫Ⅲ项目地区卫生管理统计信息系统讲习班。

3．加速统计自动化信息系统的建设 ①努力实施卫生系统计算机远程通讯联网。至1990年底全国已有19个省、自治区、直辖市和计划单列市的卫生厅（局）完成远程通讯联网的安装工作，并开始试运行；开通了经世界银行驻京办事处与世界银行总部的远程通讯；举办了全国卫生系统计算机远程通讯网讲习班。②推动卫生系统现有VAX机的开发利用。1990年签定了15万美元的VAX机维修合同；完成了22万美元的VAX机零配件购置；召开了第4次VAX机工作会议；举办了SAS软件培训班。③布置《卫生单位名称代码数据库》的检查、修改和维护工作。至1990年底已有⅔的省、自治区、直辖市完成了此项工作。④加强对卫生部内部微机网络的管理。

（陈育德 王端瑞）

【卫生统计工作检查】

1990年，卫生部组织有湖北、广西、贵州省卫生厅和国家中医药管理局参加的全国卫生统计工作检查组，于1990年9月对云南省部分地区卫生部门的统计工作进行了抽查。检查内容分为贯彻执行统计法规及有关方针、政策；统计领导；统计机构建设和人员配备；统计数字质量4个部分。统计数字质量检查的重点是传染病发病数、医院床位数和门诊诊疗人次数。检查组抽查了昆明市、玉溪地区、大理白族自治州、宜良、通海县的14个卫生行政部门和卫生事业机构。检查结果表明，这些单位领导对统计工作的重视与支持程度有所提高，统计力量正在逐步得到加强，统计队伍较为稳定。各单位能够自觉遵守统计法规，各项统计原始记录、基本统计数字较为准确。检查发现，一些单位的专职统计人员配备不足，个别单位的床位统计口径及卫生人员分类存在错误，有些单位统计资料的整理、汇编工作较差，多数单位的统计计算手段落后。

（毛嘉文）

【部分修改《全国卫生统计报表制度》】

1990年4月，卫生部在湖南省长沙市召开了有部分省、直辖市卫生厅（局）和国家中医药管理局参加的《全国卫生统计报表制度》修改会议。卫生部明确指出，修改后的《报表制度》将保持统计数据的连续性、稳定性和可比性，以便于同逐步完善的卫生统计指标体系相配套。《报表制度》修改的内容主要是新增加的专业统计报表，对综合统计报表暂不做大的变动，仅对其中某些指标的定义和统计口径作了修改。各省、自治区、直辖市卫生厅（局）将于1991年按照部分修改的《全国卫生统计报表制度》执行卫生统计调查任务。

（毛嘉文）

【医院国际疾病分类编码培训班】

为在全国各医院统一推广国际疾病分类（ICD—9）统计方法，逐步实现我国卫生统计分类标准化，1990年卫生部委托北京协和医院世界卫生组织疾病分类合作中心分别在甘肃、安徽省各举办了1期为期14天的医院国际疾病分类编码培训班，旨在为各地培养一批医院国际疾病分类编码师资力量。全国有20个省的106名学员参加了学习。

（薛 明）

【全国卫生系统首次计算机应用软件评优】

为了鼓励在计算机应用方面为卫生系统做出贡献的工程技术人员、统计工作者和医务卫生工作者，以进一步促进计算机在卫生系统的开发应用，根据卫生部软件管理办法，部计算机领导小组进行了一次全国性卫生系统计算机优秀软件评审工作。

根据《卫生系统软件评测标准》，根据功能性、可靠性、易用性、效率、可维护性、可移植性及社会效益 7 个特性对软件进行评审。结果，由地方和军队卫生系统共申报 237 项软件，大体分为医院管理信息系统、医学专家系统、防疫信息系统、医学图像处理、医学教育、医学情报检索及卫生统计系统等方面。经评审，有 59 项应用软件获奖，其中一等奖 2 项，二等奖 7 项，三等奖 50 项。

（李本增　姜新）

【VAX机开发应用的进展】

1987 年 6 月，卫生部利用世界银行贷款引进了 15 台VAX计算机，分别安装在卫生部卫生统计信息中心、10 所部直属院校、2 所科研单位和 2 所部属医院。卫生部计算机领导小组办公室对这批计算机的使用进行管理和监督。三年来的情况表明：这批计算机的引进，改善了我国卫生系统计算机的装备状况，推动了我国卫生系统计算机的应用。

中国医科大学，中山医科大学、广州中医学院等院校以VAX机为中心机，建立了本校的计算机网络和学校行政、教务管理信息系统，促进了学校行政、教务管理的现代化。白求恩医科大学利用VAX机建立的图书管理系统，具有医学专业的特点。山东医科大学、同济医科大学，湖南医科大学、西安医科大学等院校利用VAX机进行医学信号采集与处理的研究，多项成果通过了省、部级鉴定。华西医科大学、白求恩医科大学、上海医科大学等院校利用VAX机进行医学院校计算机教学方面的课题研究，提出了医学院校计算机教学的一整套方案，对提高教学质量，灵活安排教学，充分发挥人和物的潜力，起到了重要的作用，有的成果获得了校级和省级优秀教学成果奖。

卫生部统计信息中心利用VAX机进行了多项有关管理方面的科研课题的数据分析，为部领导决策提供了统计信息咨询服务；并且正在建立以该中心的VAX机为中心的全国卫生系统计算机网络及全国卫生信息系统。

中国预防医学科学院信息中心和寄生虫病研究所利用VAX机建立了全国卫生防疫系统计算机网络和信息系统，并进行了多项科研课题的数据处理。

安装在北京协和医院和北京东直门中医院的VAX机则成为这两所医院的计算机管理系统的中心机。

（蒋向东）

卫生统计

卫生基本情况统计

1990年全国卫生机构、床位、人员数和构成

	实有数			构成(%)		
	机构(个)	床位(张)	人员(人)	机构	床位	人员
总计	208 734	2 925 390	4 906 201	100.0	100.0	100.0
医院	62 454	2 624 086	3 465 994	29.9	89.7	70.6
县及县以上医院	13 489	1 847 072	2 512 405	21.6	70.4	72.5
乡卫生院	47 749	722 877	889 219	76.5	27.5	25.7
其他医院	1 216	54 137	64 370	1.9	2.1	1.9
疗养院、所	650	123 048	55 593	0.3	4.2	1.1
门诊部、所	129 332	94 454	606 084	62.0	3.2	12.4
专科防治所、站	1 781	30 977	55 724	0.9	1.1	1.1
卫生防疫站	3 618	1 129	179 498	1.7	0.0	3.7
妇幼保健所、站	2 820	14 263	65 375	1.4	0.5	1.3
药品检验所、室	1 892	—	20 979	0.9	—	0.4
其他卫生事业机构	5 164	27 703	91 053	2.5	0.9	1.9
医学科学研究机构	337	6 865	38 717	0.2	0.2	0.8
高等医药院、校	…	256	106 816	…	0.0	2.2
中等医药学校	…	2 494	60 901	…	0.1	1.2
个体开业人员	—	115	159 467	—	0.0	3.3

1990年全国卫生机构专业卫生人员数和构成

	人员数(人)	各类人员构成(%)			人员数(人)	各类人员构成(%)	
		占总人员	占卫生技术人员			占总人员	占卫生技术人员
总计	4 906 201	100.0	—	护士	542 999	11.1	13.9
卫生技术人员合计	3 897 921	79.4	100.0	助产士	58 397	1.2	1.5
高级卫生技术人员	2 046 583	41.7	52.5	药剂士	162 706	3.3	4.2
内：中医师	239 602	4.9	6.1	检验士	69 859	1.4	1.8
西医师	1 058 460	21.6	27.2	初级卫生技术人员	497 224	10.1	12.8
中西医结合医师	4 935	0.1	0.1	合计中：			
护师	431 542	8.8	11.1	医生	1 763 086	35.9	45.2
药师	163 302	3.3	4.2	内：医师	1 302 997	26.6	33.4
检验师	80 724	1.6	2.1	护师、士	974 541	19.9	25.0
中级卫生技术人员	1 354 114	27.6	34.7	其他技术人员	85 504	1.7	—
内：中医士	91 123	1.9	2.3	管理人员	396 694	8.1	—
西医士	331 229	6.8	8.5	工勤人员	526 082	10.7	—

注：医生包括中医师、西医师、中西医结合医师、中医士、西医士和其他中医；医师包括中医师、西医师和中西医结合医师。以下各表同。

1990年全国医院、疗养院（所）机构、床位、人员数

	机构数（个）	床位数（张）	人员数（人）
医院合计	62 454	2 624 086	3 465 994
县及县以上医院计	13 489	1 847 072	2 512 405
综合医院	9 760	1 343 146	1 848 181
中医医院	2 037	160 899	233 523
医学院校附属医院	192	98 038	175 055
中医医院	35	12 965	23 881
口腔医院	9	666	3 043
肿瘤医院	4	1 221	1 856
其他	144	83 186	146 275
传染病院	139	26 616	28 962
精神病院	444	86 737	63 885
结核病院	112	27 980	26 289
妇幼保健院	328	32 304	54 958
儿童医院	33	7 866	15 730
麻风病院	49	11 640	2 474
职业病院	45	5 885	6 357
肿瘤医院	44	11 538	15 997
康复医院	59	8 488	5 780
口腔医院	49	1 492	6 381
眼耳鼻喉科医院	21	2 241	2 718
骨科医院	51	5 210	5 132
中西医结合医院	26	6 436	9 169
其他专科医院	100	10 556	11 814
乡卫生院	47 749	722 877	889 219
其他医院	1 216	54 137	64 370
内：中医医院	43	1 791	1 676
疗养院、所	650	123 048	55 593

全国卫生机构、床位数

	单位	1949年	1957年	1965年	1975年	1978年	1980年	1985年	1990年
机构数总计	个	3 670	122 954	224 266	151 733	169 732	180 553	200 866	208 734
其中：									
医院	个	2 600	4 179	42 711	62 425	64 421	65 450	59 614	62 454
县及县以上医院	个	2 600	4 179	5 445	7 757	8 841	9 478	11 497	13 489
疗养院、所	个	30	835	887	297	389	470	640	650
门诊部、所	个	769	102 262	170 430	80 739	94 395	102 474	126 604	129 332
专科防治所、站	个	11	626	822	683	887	1 138	1 566	1 781
卫生防疫站	个	—	1 626	2 499	2 912	2 989	3 105	3 410	3 618
妇幼保健所、站	个	9	4 599	2 795	2 025	2 459	2 610	2 724	2 820
药品检验所、室	个	1	28	131	310	844	1 213	1 420	1 892
医学科学研究机构	个	3	38	94	141	219	282	323	337
床位数合计	张	84 625	461 802	1 033 305	1 764 329	2 041 681	2 184 423	2 487 086	2 925 390
内：医院	张	80 000	294 733	765 558	1 598 232	1 856 391	1 982 176	2 229 219	2 624 086
县及县以上医院	张	80 000	294 733	621 191	948 459	1 092 914	1 192 393	1 487 148	1 847 072
疗养院、所	张	3 900	68 860	98 388	37 158	50 864	67 941	106 192	123 048

全国卫生机构专业卫生人员数

	1949年	1957年	1965年	1975年	1978年	1980年	1985年	1990年
总　　计	541 240	1 254 372	1 872 335	2 593 517	3 105 572	3 534 707	4 313 011	4 906 201
其中：卫生技术人员合计	505 040	1 039 208	1 531 595	2 057 068	2 463 931	2 798 241	3 410 910	3 897 921
中医人员	276 000	337 022	321 430	228 635	251 088	262 185	336 224	368 462
中药人员	…	53 505	71 848	86 201	94 854	106 963	151 174	169 652
高级卫生技术人员	38 875	78 875	203 402	318 488	390 721	502 022	750 198	1 747 478
内：西医师	38 000	73 573	188 661	292 982	358 520	447 288	602 237	1 058 460
护　师	—	—	—	—	—	16 480	68 265	431 542
西药师	484	2 388	8 265	12 767	16 749	25 241	32 995	103 799
中级卫生技术人员	103 277	341 637	619 870	938 353	1 064 709	1174 435	1 339 488	1 153 003
内：西医士	49 400	135 701	252 713	356 099	423 410	443 761	472 784	331 229
护　士	32 800	128 174	234 546	379 545	406 649	449 318	568 709	542 999
助产士	13 900	35 774	45 639	64 875	70 552	70 843	75 571	58 397
西药剂士	2 873	18 407	37 201	57 205	67 633	83 901	89 685	90 455
初级卫生技术人员	86 888	228 169	315 045	485 391	662 559	752 636	833 826	459 326
合计中：医生	363 400	546 296	762 804	877 716	1 033 018	1 153 234	1 413 281	1 763 086

注：1.专业卫生人员数包括个体开业人员数（以下各表同）。2.1965年以后中医人数减少，主要是部分中医改为不脱产的赤脚医生，不再计入卫生技术人员中。3.高、中、初级卫生技术人员数内均不再包括中医和中药人员。

全国市、县医院床位数及专业卫生技术人员数

	单位	1949年	1957年	1965年	1975年	1978年	1980年	1985年	1990年
医院床位数	张	80 000	294 733	765 558	1 598 232	1 856 391	1 982 176	2 229 219	2 624 086
市	张	59 867	220 609	457 662	637 416	716 200	767 794	962 148	1 386 746
县	张	20 133	74 124	307 896	960 816	1 140 191	1 214 382	1 267 071	1 237 340
卫生技术人员数	人	505 040	1 039 208	1 531 595	2 057 068	2 463 931	2 798 241	3 410 910	3 897 921
市	人	176 764	381 889	651 538	957 263	1 142 483	1 313 493	1 677 260	2 185 285
县	人	328 276	657 319	880 057	1 099 805	1 321 448	1 484 748	1 733 650	1 712 636
医　生	人	363 400	546 296	762 804	877 716	1 033 018	1 153 234	1 413 281	1 763 086
市	人	65 980	138 120	268 758	367 368	442 413	526 828	709 280	977 635
县	人	297 420	408 176	494 046	510 348	590 605	626 406	704 001	785 451
护师、士	人	32 800	128 174	234 546	379 545	406 649	465 798	636 974	974 541
市	人	23 616	100 134	175 644	239 972	257 381	299 561	392 103	633 988
县	人	9 184	28 040	58 902	139 573	149 268	166 237	244 871	340 553

补充资料：1990年医师1302 997人，其中：市803 033人，县499 964人。

全国平均每千人口医院床位数及专业卫生技术人员数

	单位	1949年	1957年	1965年	1975年	1978年	1980年	1985年	1990年
医院床位数	张	0.15	0.46	1.06	1.74	1.94	2.02	2.14	2.32
市	张	0.63	2.08	3.78	4.61	4.85	4.70	4.54	4.18
县	张	0.05	0.14	0.51	1.23	1.41	1.48	1.53	1.55
卫生技术人员数	人	0.93	1.61	2.11	2.24	2.57	2.85	3.28	3.45
市	人	1.87	3.60	5.37	6.92	7.73	8.03	7.92	6.59
县	人	0.73	1.22	1.46	1.41	1.63	1.81	2.09	2.15
医　　生	人	0.67	0.84	1.05	0.95	1.08	1.17	1.36	1.56
市	人	0.70	1.30	2.22	2.66	2.99	3.22	3.35	2.95
县	人	0.66	0.76	0.82	0.65	0.73	0.76	0.85	0.98
医　　师	人	…	…	…	…	…	…	0.70	1.15
市	人	…	…	…	…	…	…	2.15	2.42
县	人	…	…	…	…	…	…	0.32	0.63
护师、士	人	0.06	0.20	0.32	0.41	0.42	0.47	0.61	0.86
市	人	0.25	0.94	1.45	1.74	1.74	1.83	1.85	1.91
县	人	0.02	0.05	0.10	0.18	0.19	0.20	0.30	0.43

注：1990年平均每千人口医院床位数及专业卫生技术人员数系以1990年人口普查数为分母计算的。

1990年全国按床位数分组的县及县以上医院数

	合　计	50张及以下	51～100张	101～150张	151～200张	201～300张	301～400张	401～500张	500张以上
县及县以上医院合计	13 489	4 585	3 202	1 802	1,070	1,250	751	388	441
综合医院	9 760	3 258	2 184	1 347	816	985	596	291	283
县医院	2 240	225	391	486	374	500	225	37	2
其　他	7 520	3 033	1 793	861	442	485	371	254	281
中医医院	2 037	927	644	237	105	85	28	9	2
医学院校附属医院	192	8	10	5	6	13	25	30	95
传染病院	139	13	23	31	21	33	10	6	2
精神病院	444	76	101	72	53	62	33	23	24
结核病院	112	12	16	19	14	12	20	5	14
妇幼保健院	328	144	88	33	23	23	13	1	3
儿童医院	33	3	7	3	3	6	6	3	2
麻风病院	49	8	9	7	8	8	2	4	3
职业病院	45	8	15	9	7	2	4	—	—
肿瘤医院	44	5	10	7	2	4	2	7	7
康复医院	59	18	22	7	2	3	4	1	2
口腔医院	49	43	5	1	—	—	—	—	—
中西医结合医院	26	1	5	4	3	5	2	4	2
其他专科医院	172	61	63	20	7	9	6	4	2

1990年全国专业卫生技术人员中获得中级及以上技术职称的人数

	总计	主任：合计	主任：中医师	主任：西医师	主任：中西医结合医师	主任：护师	主任：中药师	主任：西药师	主任：技师	副主任：合计	副主任：中医师
总计	729 070	11 792	1 079	9 380	420	116	96	371	330	91 778	8 556
卫生部门	444 653	7 801	546	6 308	278	73	60	265	271	62 801	5 844
内：医院	346 429	5 479	417	4 626	187	56	15	95	83	48 186	4 798
卫生防疫站	29 930	181	2	139	—	—	—	—	40	3 221	51
医学科学研究机构	8 337	663	46	377	83	11	25	36	85	2 298	196
高、中等医药院、校	18 401	1 116	56	990	4	5	8	45	8	4 580	522
工业及其他部门	223 659	3 029	296	2 467	63	28	29	96	50	25 035	1 849
内：医学科学研究机构	579	36	—	25	—	—	—	11	—	129	3
高、中等医药院、校	14 702	1 858	222	1 487	38	2	26	51	32	4 143	646
集体所有制	50 707	200	61	112	19	3	—	3	2	1 731	439
私人开业	7 238	380	87	270	10	5	1	1	6	1 465	313
其他	2 813	382	89	223	50	7	6	6	1	746	111

	副主任：西医师	副主任：中西医结合医师	副主任：护师	副主任：中药师	副主任：西药师	副主任：技师	主治（主管）：合计	主治（主管）：中医师	主治（主管）：西医师	主治（主管）：中西医结合医师	主治（主管）：护师	主治（主管）：中药师	主治（主管）：西药师	主治（主管）：技师
总计	72 187	1 596	1 640	677	3 497	3 625	625 500	77 655	379 302	2,073	91,664	12,437	27,252	35,117
卫生部门	48 658	1 181	1 256	479	2 516	2 867	374 051	43 339	215 828	1,382	61,374	8,539	17,337	26,252
内：医院	38 376	987	1 111	236	1 371	1 307	292 764	37 131	161 616	1,138	56,034	6,722	13,316	16,807
卫生防疫站	2 553	10	2	—	5	600	26 528	514	20 842	30	406	37	159	4,540
医学科学研究机构	1 352	98	12	74	192	374	5 376	665	2 340	105	434	240	291	1,301
高、中等医药院、校	3 433	54	75	36	225	235	12 705	1 773	8 148	25	942	235	540	1,042
工业及其他部门	20 847	301	274	156	914	694	195 595	15 027	134 731	485	27,108	1,847	8,819	7,578
内：医学科学研究机构	89	—	—	—	22	15	414	20	256	—	39	—	52	47
高、中等医药院、校	2 868	68	16	118	190	237	8 701	1 672	5 162	58	219	228	402	960
集体所有制	1 158	35	39	22	21	17	48 776	17 839	24 356	113	2,514	1,983	916	1,055
私人开业	1 053	36	24	6	14	19	5 393	1 296	3 578	55	228	36	68	132
其他	471	43	47	14	32	28	1 685	154	809	38	440	32	112	100

全国县及县以上医院分科床位数

	实有数（张）				构成（%）			
	1963年	1978年	1985年	1990年	1963年	1978年	1985年	1990年
合计	544 307	1 092 914	1 487 148	1 847 072	100.0	100.0	100.0	100.0
内科	153 089	314 781	421 865	501 985	28.1	28.8	28.4	27.2
外科	121 000	252 230	321 875	392 288	22.2	23.1	21.6	21.2
妇产科	59 204	91 310	142 934	174 230	10.9	8.4	9.6	9.4
儿科	42 394	71 485	97 730	118 673	7.8	6.5	6.6	6.4
眼科	14 365	13 360	21 220	29 633	2.6	1.2	1.4	1.6
耳鼻喉科		14 047	20 941	26 119		1.3	1.4	1.4
皮肤科	9 846	8 197	9 964	10 043	1.8	0.8	0.7	0.5
传染科	25 822	91 281	112 765	121 790	4.7	8.4	7.6	6.6
精神病科	18 776	45 269	71 984	93 471	3.5	4.1	4.9	5.1
结核科	29 169	35 056	34 907	36 211	5.4	3.2	2.3	2.0
口腔科	1 389	3 495	6 093	9 538	0.3	0.3	0.4	0.5
中医科	15 697	46 200	129 453	210 698	2.9	4.2	8.7	11.4
职业病科	…	10 234	8 946	10 781	…	0.9	0.6	0.6
肿瘤科	…	9 044	13 447	25 309	…	0.8	0.9	1.4
其他	53 556	86 925	72 994	86 303	9.8	8.0	4.9	4.7

注：1963年系按正规床位数分科，不包括简易床。

全国分科西医师人数

	实有数（人）					构成（%）				
	1952年	1963年	1978年	1985年	1990年	1952年	1963年	1978年	1985年	1990年
合计	51 736	142 640	358 520	602 237	1 058 460	100.0	100.0	100.0	100.0	100.0
公共卫生	532	6 428	10 855	23 909	63 236	1.0	4.5	3.0	4.0	6.0
内科	17 703	51 112	146 664	223 917	387 730	34.2	35.8	40.9	37.2	36.6
外科	5 129	20 489	56 093	89 467	154 715	9.9	14.4	15.7	14.8	14.6
妇产科	1 740	9 218	22 295	44 680	92 359	3.4	6.5	6.2	7.4	8.7
儿科	1 420	10 281	19 433	36 162	56 661	2.7	7.2	5.4	6.0	5.4
眼科	1 342	2 650	6 028	12 160	20 262	2.6	1.8	1.7	2.0	1.9
耳鼻喉科		2 321	5 870	10 553	17 619		1.6	1.6	1.8	1.7
皮肤科	170	1 085	2 294	5 435	10 752	0.3	0.8	0.6	0.9	1.0
传染科	…	2 041	6 112	14 447	22 954	…	1.4	1.7	2.4	2.2
精神病科	100	1 404	3 128	6 683	11 570	0.2	1.0	0.9	1.1	1.1
结核科	243	3 387	3 880	7 156	10 002	0.5	2.4	1.1	1.2	0.9
口腔科	656	3 106	5 741	11 044	23 725	1.3	2.2	1.6	1.8	2.2
放射科	…	2 640	6 978	14 411	32 397	…	1.8	2.0	2.4	3.1
理疗科	…	424	1 150	3 533	8 093	…	0.3	0.3	0.6	0.8
同位素科	…	…	610	1 326	1 855	…	…	0.2	0.2	0.2
职业病科	…	…	1 598	2 880	5 387	…	…	0.4	0.5	0.5
肿瘤科	…	…	2 159	3 678	6 950	…	…	0.6	0.6	0.7
其他	22 701	26 054	57 632	90 796	132 193	43.9	18.3	16.1	15.1	12.5

全国县医院机构、床位、人员数

	单位	1947年	1957年	1965年	1975年	1978年	1980年	1985年	1990年
实有数									
机构数	个	1 437	2 193	2 276	2 324	2 363	2 377	2 276	2 240
床位数	张	11 224	69 545	175 409	262 598	298 326	326 335	364 133	388 958
人员数	人	13 202	86 123	169 281	238 834	288 714	359 350	436 949	477 849
其中：卫生技术人员	人	11 000	61 348	131 033	179 654	221 778	277 428	341 278	376 433
内：医生	人	2 525	20 305	52 033	66 762	85 242	97 750	119 503	137 381
护师、士	人	3 192	13 415	37 246	50 169	55 815	71 111	101 461	139 452
平均每院床位、人员数									
床位数	张	7.8	31.7	77.1	113.0	126.2	137.3	160.0	173.6
人员数	人	9.2	39.3	74.4	102.8	122.2	151.2	192.0	213.3
其中：卫生技术人员	人	7.7	28.0	57.6	77.3	93.9	116.7	149.9	168.1
内：医生	人	1.8	9.3	22.9	28.7	36.1	41.1	52.5	61.3
护师、士	人	2.2	6.1	16.4	21.6	23.6	29.9	44.6	62.3

1990年全国按床位数分组的乡卫生院数

	合计	1～5张	6～10张	11～30张	31～50张	51～100张	100张以上
乡卫生院合计	47 749	14 613	11 704	15 977	3 956	1 364	135
中心卫生院	10 054	529	1 049	5 093	2 374	921	88
乡卫生院	37 695	14 084	10 655	10 884	1 582	443	47

全国农村乡卫生院机构、床位、人员数

	单位	1965年	1975年	1978年	1980年	1985年	1990年
实有数							
机构数	个	36 965	54 026	55 016	55 413	47 387	47 749
床位数	张	132 487	620 281	747 349	775 413	720 619	722 877
人员数	人	245 361	860 773	963 337	1 037 543	905 871	889 219
其中：卫生技术人员	人	214 427	749 912	837 852	900 400	784 070	776 925
内：医生	人	109 555	371 198	388 975	390 455	313 517	358 770
护师、士	人	13 096	69 698	67 566	66 237	74 731	115 884
平均每院床位、人员数							
床位数	张	3.6	11.5	13.6	14.0	15.2	15.1
人员数	人	6.6	15.9	17.5	18.7	19.1	18.6
其中：卫生技术人员	人	5.8	13.9	15.2	16.2	16.5	16.3
内：医生	人	3.0	6.9	7.1	7.0	6.6	7.5
护师、士	人	0.4	1.3	1.2	1.2	1.6	2.4

全国中医机构、床位、人员数

	单位	1952年	1957年	1963年	1975年	1978年	1980年	1985年	1990年
中医人数	人	306 000	337 022	339 291	228 635	251 088	262 185	336 224	368 462
中医医院机构数	个	19	257	124	160	447	678	1 455	2 115
其中：县及县以上医院	个	19	257	124	160	409	647	1 414	2 037
中医医院床位数	张	224	5 684	9 254	13 675	33 973	49 977	102 393	175 655
其中：县及县以上医院	张	224	5 684	9 254	13 675	32 366	49 151	101 418	160 899
中医药研究院、所数	个	—	16	33	29	36	47	54	55

补充资料：1990年中医人数中：民族医总人数5 526人（蒙医3 497人，藏医1 602人，维医427人）。

1990年全国分科中医师及中医医院床位数

	单位	合计	内科	外科	妇产科	儿科	针灸科	肛肠科	骨伤科	耳鼻喉科	皮肤疮疡科	眼科	按摩推拿科	其他
中医师数	人	239 602	150 140	13 219	8 025	6 374	11 438	3 318	9 580	965	1 591	1 526	4 459	28 967
县及县以上中医医院床位数	张	161 669	75 783	22 822	8 324	5 340	4 208	7 947	20 448	709	968	1 873	2 379	10 868

全国卫生防疫机构、人员数

	单位	1952年	1957年	1965年	1975年	1978年	1980年	1985年	1990年
机构数合计	**个**	**481**	**2 505**	**3 388**	**3 625**	**3 908**	**4 276**	**5 013**	**5 449**
卫生防疫站	个	147	1 626	2 499	2 912	2 989	3 105	3 410	3 618
专科防治所、站	个	188	626	822	683	887	1 138	1 566	1 781
国境卫生检疫所	个	20	21	26	30	32	33	37	50
防疫队	个	126	232	41	—	—	—	—	—
人员数合计	**人**	**20 504**	**57 436**	**77 179**	**93 025**	**116 490**	**138 575**	**193 588**	**237 769**
其中：卫生技术人员	人	15 750	45 806	63 879	71 746	89 235	106 903	150 832	187 835
内：医生	人	2 155	18 424	42 502	41 237	51 599	62 593	85 025	118 830
护师、士	人	1 030	4 338	3 337	5 049	5 546	6 007	8 307	11 721
平均每所、站人员	**人**	**42.6**	**25.3**	**22.4**	**25.7**	**29.8**	**32.4**	**38.6**	**43.6**
其中：卫生技术人员	人	32.7	20.2	18.5	19.8	22.8	25.0	30.1	34.5
内：医生	人	4.5	8.1	12.3	11.4	13.2	14.6	17.0	21.8
护师、士	人	2.1	1.9	1.0	1.4	1.4	1.4	1.7	2.2

补充资料：1990年有麻风村489个，人员数3 450人，其中卫生技术人员2 193人。

注：1952年仅有5个县卫生防疫站，故平均每所、站人员数较高。

全国妇幼卫生机构、床位、人员数

		单位	1949年	1957年	1965年	1975年	1978年	1980年	1985年	1990年
妇幼保健院	机构数	个	80	96	115	103	112	135	272	328
	床位数	张	1 762	6 794	9 233	8 307	8 993	11 013	24 443	32 304
儿童医院	机构数	个	5	16	28	23	23	24	26	33
	床位数	张	139	2 295	4 527	4 546	4 712	5 407	6 209	7 866
妇幼保健所、站		个	9	4 599	2 795	2 025	2 459	2 610	2 724	2 820
妇产科西医师		人	…	4 194	9 218	…	22 295	…	44 680	92 359
儿科西医师		人	…	4 539	10 281	…	19 433	…	36 162	56 661
助产士		人	13 900	35 774	45 639	64 875	70 552	70 843	75 517	58 397
农村接生员		人	…	657 335	685 740	615 184	743 498	634 858	513 977	470 982

注：1965年妇产科、儿科西医师系1963年数。

全国医学科学研究机构、人员数

	单位	1947年	1957年	1963年	1975年	1978年	1980年	1985年	1990年
实有数									
机构数	个	4	38	120	141	219	282	323	337
总人员	人	300	4 512	8 250	12 389	19 572	25 107	33 434	38 717
其中：科技人员	人	…	4 299	5 770	8 140	13 538	17 596	23 392	28 606
卫生技术人员	人	…	…	…	6 033	10 321	13 971	19 628	23 308
其他技术人员	人	…	…	…	2 107	3 217	3 625	3 764	5 298
平均每院、所人员数									
总人员	人	75.0	118.7	68.8	87.8	89.4	89.0	103.5	114.9
其中：科技人员	人	…	113.1	48.1	57.7	61.8	62.4	72.4	84.9
卫生技术人员	人	…	…	…	42.8	47.1	49.5	60.8	69.2
其他技术人员	人	…	…	…	14.9	14.7	12.9	11.7	15.7

注：1947年 4 个科学研究机构系指设在南京的中央卫生实验院和设在北京、沈阳、兰州的 3 个中央卫生实验分院。

全国民族自治地方卫生机构、床位、人员数

	单位	1949年	1957年	1965年	1975年	1978年	1980年	1985年	1990年
卫生机构总计	个	361	13 819	25 306	21 575	23 934	26 073	30 432	31 973
其中：医院	个	230	603	6 275	9 749	10 191	10 433	10 061	10 574
疗养院、所	个	2	17	43	25	30	34	47	48
医院、疗养院、所床位	张	3 310	22 050	93 229	194 158	224 409	245 997	294 945	338 217
卫生技术人员	人	3 531	65 649	156 889	232 218	279 387	324 300	423 733	488 661

补充资料：1990年全国民族自治地方卫生技术人员中，其中：少数民族卫生技术人员为141 448人。

1990年全国卫生部门按隶属关系分县及县以上
医院机构、床位、人员数

	机构数（个）	床位数（张）	人员数（人）
总　　计	6 947	1 254 541	1 702 823
卫生部属	48	26 932	56 845
省、自治区、直辖市属	317	147 226	236 826
直辖市区、省辖市、地区（自治州、盟）属	1 635	435 095	595 029
省辖市区、地辖市属	1 133	162 236	213 177
县（旗）属	3 814	483 052	600 946
综合医院合计	3 773	813 394	1 099 631
卫生部属	5	2 839	7 579
省、自治区、直辖市属	61	34 242	64 853
直辖市区、省辖市、地区（自治州、盟）属	715	261 369	383 942
省辖市区、地辖市属	706	123 366	161 991
县（旗）属	2 286	391 578	481 266
中医医院合计	1 827	145 402	212 089
卫生部属	2	980	2 019
省、自治区、直辖市属	18	4 675	7 950
直辖市区、省辖市、地区（自治州、盟）属	263	40 553	61 981
省辖市区、地辖市属	267	25 421	36 230
县（旗）属	1 277	73 773	103 909
其他各类医院合计	1 347	295 745	391 103
卫生部属	41	23 113	47 247
省、自治区、直辖市属	238	108 309	164 023
直辖市区、省辖市、地区（自治州、盟）属	657	133 173	149 106
省辖市区、地辖市属	160	13 449	14 956
县（旗）属	251	17 701	15 771

全国卫生部门县及县以上医院床位与人员、医护之比

	1952年	1957年	1965年	1975年	1978年	1980年	1985年	1990年
每张床位与人员总数之比								
县以上综合医院	1.06	1.28	1.23	1.28	1.38	1.50	1.54	1.46
县医院	1.22	1.24	0.97	0.91	0.97	1.10	1.20	1.23
医学院校附属医院	1.19	1.34	1.25	1.41	1.58	1.68	1.77	1.80
每名医生与护理人员之比								
县以上综合医院	2.28	1.84	1.35	1.28	1.10	1.17	1.12	1.12
县医院	1.45	1.19	0.98	0.99	0.87	1.07	1.15	1.11
医学院校附属医院	2.26	1.92	1.43	1.45	1.23	1.25	1.18	1.12
每名护理员与护师、士之比								
县以上综合医院	2.10	2.33	5.72	3.69	3.70	3.66	4.88	20.65
县医院	0.92	1.25	2.75	3.12	2.99	2.10	2.91	10.42
医学院校附属医院	2.88	3.24	9.18	8.81	9.53	8.06	9.97	44.43

全国工业及其他部门卫生机构、床位、人员数

	单位	1949年	1957年	1965年	1975年	1978年	1980年	1985年	1990年
机构数	**个**	404	19 725	44 561	74 161	96 764	105 498	118 187	123 388
医院	个	150	500	1 748	3 614	4 212	4 502	5 401	6 430
疗养院、所	个	5	691	692	214	297	393	553	567
门诊部、所	个	76	16 069	41 381	69 552	91 425	99 743	111 100	113 811
床位数	**张**	9 734	139 322	312 200	423 605	490 522	531 677	634 268	769 093
医院	张	9 000	48 119	157 849	310 992	360 417	384 978	458 115	560 310
疗养院、所	张	700	50 536	77 474	23 129	34 205	55 072	91 247	107 493
人员数	**人**	35 326	189 472	385 855	741 375	919 021	1 037 491	1 252 597	1 387 066
其中：卫生技术人员	人	25 880	142 972	294 301	592 470	745 557	840 527	998 983	1 096 423
内：医生	人	9 941	51 827	128 797	236 011	296 107	351 265	433 452	524 153
护师、士	人	10 791	42 986	72 156	125 430	134 742	150 781	194 883	292 887

全国农村村级卫生组织情况

年份	村数（个）		村设置的医疗点数（个）					
	合计	其中：有医疗点的村数	合计	村或群众集体办	乡村医生或卫生员联合办	乡卫生院设点	个体办	其他
1985	716 639	625 992	777 674	305 537	88 803	29 769	323 904	29 661
1986	738 139	647 850	795 963	298 042	86 016	28 969	349 792	33 144
1987	721 327	634 276	807 844	300 315	82 966	29 141	363 285	32 137
1988	734 095	641 076	806 497	287 586	78 873	29 845	369 209	40 984
1989	743 410	651 089	820 798	263 893	90 745	29 720	396 431	40 009
1990	749 963	646 529	803 956	266 137	87 149	29 963	381 844	38 863

1990年各地区卫生机构、床位数

地区	机构数				床位数	
	总计	其中			总计	其中：医院合计
		医院合计	卫生防疫站	妇幼保健所、站		
总计	208 734	62 454	3 618	2 820	2 925 390	2 624 086
北京	4 953	512	22	17	59 586	55 474
天津	3 392	293	24	18	35 581	33 382
河北	10 586	3 531	209	171	146 011	125 851
山西	6 108	2 573	141	123	105 324	98 142
内蒙古	5 161	1 856	153	122	60 727	57 558
辽宁	7 863	1 998	134	122	197 055	174 431
吉林	4 407	1 354	91	77	92 133	83 241
黑龙江	8 945	1 654	243	188	122 328	110 056
上海	7 690	462	33	23	69 636	62 069
江苏	12 366	2 491	135	114	164 475	145 359
浙江	8 917	3 351	102	90	97 114	88 055
安徽	7 336	3 128	126	110	107 817	95 769
福建	4 885	1 198	91	62	68 073	60 664
江西	5 632	2 305	120	113	92 274	82 601
山东	11 040	2 818	161	145	176 952	159 556
河南	8 676	2 824	189	138	182 122	163 594
湖北	10 472	2 024	120	96	163 395	131 579
湖南	10 552	4 191	145	130	146 758	133 591
广东	8 989	1 885	149	63	124 015	114 056
广西	5 791	1 496	115	87	74 843	69 005
海南	3 167	429	26	20	21 620	21 083
四川	20 304	8 373	249	219	240 711	215 475
贵州	6 949	3 721	106	88	59 013	53 074
云南	6 671	1 908	150	144	84 530	76 145
西藏	1 006	345	80	13	5 140	4 774
陕西	6 416	2 521	124	98	85 491	77 990
甘肃	4 132	1 541	102	95	48 998	45 811
青海	1 218	446	58	48	15 698	14 949
宁夏	1 165	177	29	27	10 556	10 045
新疆	3 945	1 049	191	59	67 414	60 707

1990年各地区按床位数分组的县及县以上综合医院数

	合 计	50张及以下	51～100张	101～150张	151～200张	201～300张	301～400张	401～500张	500张以上
总 计	9 760	3 258	2 184	1 347	816	985	596	291	283
北 京	140	33	35	13	7	19	11	7	15
天 津	74	12	20	5	4	6	17	6	4
河 北	517	173	98	91	65	50	21	10	9
山 西	435	133	112	91	43	29	9	10	8
内蒙古	281	106	77	39	26	14	9	7	3
辽 宁	645	233	166	63	35	42	45	28	33
吉 林	310	117	53	35	23	28	30	14	10
黑龙江	566	193	144	83	42	59	22	6	17
上 海	110	16	14	13	12	14	13	11	17
江 苏	297	71	64	37	17	42	36	12	18
浙 江	206	28	27	36	27	37	32	16	3
安 徽	248	53	59	30	25	47	13	10	11
福 建	203	55	36	29	24	35	12	8	4
江 西	432	207	69	51	35	33	21	7	9
山 东	577	214	121	45	48	75	41	16	17
河 南	532	137	135	59	42	85	41	17	16
湖 北	360	104	65	43	26	38	52	15	17
湖 南	437	156	81	53	33	66	27	10	11
广 东	331	92	73	47	25	44	24	9	17
广 西	240	73	35	37	26	30	19	13	7
海 南	140	55	45	16	8	9	3	1	3
四 川	771	290	160	96	67	84	37	23	14
贵 州	262	105	50	52	28	11	11	3	2
云 南	387	120	111	81	29	20	13	8	5
西 藏	85	72	2	8	1	1	—	1	—
陕 西	371	121	100	66	36	25	15	4	4
甘 肃	236	75	67	37	25	12	7	9	4
青 海	114	55	25	17	9	5	1	1	1
宁 夏	67	33	8	10	6	7	2	1	—
新 疆	386	126	132	64	22	18	12	8	4

1990年各地区卫生机构专业卫生人员数

	卫生人员	其中：卫生技术人员			
		合计	医生	医师	护师、士
总计	4 906 201	3 897 921	1 763 086	1 302 997	974 541
北京	156 304	111 614	50 934	43 942	34 565
天津	87 422	67 485	32 034	28 796	18 334
河北	219 376	180 549	87 319	66 430	38 874
山西	153 726	128 465	60 185	46 476	27 956
内蒙古	121 443	96 734	45 548	29 439	22 123
辽宁	297 080	222 946	86 180	66 972	73 610
吉林	157 692	120 029	50 289	37 860	34 323
黑龙江	227 008	172 821	72 232	54 405	49 116
上海	158 535	118 441	58 229	42 651	32 695
江苏	275 791	213 545	99 431	74 724	53 370
浙江	160 927	130 928	59 072	40 015	27 487
安徽	165 687	135 698	58 580	44 566	31 566
福建	104 164	86 772	35 696	24 011	22 430
江西	144 583	116 786	51 994	39 329	30 858
山东	306 509	241 064	107 138	88 224	61 822
河南	270 573	222 7[illegible]1	99 354	72 034	46 391
湖北	267 548	209 153	86 828	66 603	56 601
湖南	214 460	176 304	82 557	65 072	40 453
广东	244 039	194 771	81 067	55 332	48 454
广西	133 883	107 815	51 163	36 579	30 477
海南	36 290	29 225	11 247	6 520	7 059
四川	383 166	310 685	157 127	107 517	63 791
贵州	103 235	86 120	37 185	24 403	18 216
云南	125 503	101 649	53 029	36 972	25 749
西藏	9 353	7 333	4 354	2 983	1 715
陕西	144 915	118 226	59 142	40 255	27 240
甘肃	860 58	71 071	33 019	23 657	15 618
青海	24 963	19 893	9 285	6 414	5 322
宁夏	23 915	19 175	9 185	6 948	4 940
新疆	102 053	79 853	33 683	23 868	23 386

各地区农村村级卫生组织情况

	无医疗点村数比重（%）		村设置的医疗点数（个）		平均每村乡村医生和卫生员(人)		平均每千农业人口的乡村医生和卫生员（人）	
	1985	1990	1985	1990	1985	1990	1985	1989
总　　计	12.6	13.8	777 674	803 956	1.80	1.64	1.55	1.42
北　　京	10.4	8.8	4 589	4 835	1.74	1.57	1.88	1.81
天　　津	7.0	6.4	4 466	4 304	1.88	2.00	1.98	2.02
河　　北	7.6	5.2	64 700	65 048	2.10	1.90	2.15	1.94
山　　西	11.0	10.2	30 118	29 390	1.60	1.38	2.50	2.33
内 蒙 古	8.8	15.3	13 695	14 314	1.73	1.40	1.65	1.40
辽　　宁	3.0	2.8	17 790	18 985	2.10	1.76	1.50	1.30
吉　　林	2.8	7.6	10 284	9 675	2.07	2.05	1.38	1.52
黑 龙 江	5.0	3.9	14 365	14 159	2.02	1.91	1.44	1.40
上　　海	1.3	3.0	3 083	2 918	2.68	2.28	2.12	1.68
江　　苏	4.9	4.9	35 822	35 239	2.09	1.95	1.48	1.32
浙　　江	30.4	40.4	31 997	29 944	1.00	0.86	1.23	1.08
安　　徽	9.7	5.7	40 323	44 904	2.01	1.57	1.43	1.06
福　　建	5.7	4.1	17 837	22 170	2.04	1.97	1.28	1.26
江　　西	6.1	5.0	25 545	26 079	2.04	2.20	1.45	1.36
山　　东	5.0	3.4	97 480	96 867	1.66	1.51	2.15	2.07
河　　南	2.4	2.7	79 740	80 669	3.25	2.90	2.17	1.95
湖　　北	11.0	16.1	32 225	30 036	2.06	1.83	1.67	1.48
湖　　南	24.2	13.5	42 497	47 789	1.66	1.27	1.35	1.18
广　　东	8.1	7.8	30 977	29 815	1.89	1.72	0.79	0.83
海　　南	…	60.4	…	2 596	…	0.42	…	1.13
广　　西	6.8	3.7	21 183	26 015	2.45	2.70	1.05	0.78
四　　川	17.9	18.8	67 874	70 942	1.57	1.44	1.31	1.18
贵　　州	62.5	60.8	9 203	10 544	0.72	0.72	0.64	0.58
云　　南	4.2	3.6	16 436	16 753	2.33	2.20	1.00	0.91
西　　藏	4.4	82.2	1 899	1 982	1.42	0.33	1.62	1.83
陕　　西	15.0	11.4	31 030	32 438	1.71	1.60	2.22	1.98
甘　　肃	9.2	9.6	19 633	21 172	1.78	1.86	1.75	1.89
青　　海	24.4	13.8	3 282	3 969	1.20	1.48	1.60	1.94
宁　　夏	4.1	9.2	2 711	2 729	2.01	1.70	1.40	1.25
新　　疆	17.4	14.9	6 881	7 676	1.36	1.21	1.13	1.03

全国农村乡村医生和卫生员数

	单位	1985年	1986年	1987年	1988年	1989年	1990年
乡村医生和卫生员总数	人	1 293 094	1 279 935	1 278 499	1 247 045	1 241 275	1 231 510
乡村医生	人	643 022	694 718	723 799	731 653	753 686	776 859
卫生员	人	650 072	585 217	554 700	515 392	487 589	454 651
女乡村医生和卫生员数	人	341 972	341 783	342 903	309 515	321 730	321 225
农村接生员	人	513 977	507 538	481 630	466 974	444 791	470 982

注：乡村医生是指经过县级卫生行政部门考核，获得乡村医生证书的人员。

1990年各地区平均每千人口医院床位和专业卫生技术人员数

地区	医院床位	医生	医师	护师、士	地区	医院床位	医生	医师	护师、士
总　计	2.32	1.56	1.15	0.86	山　东	1.89	1.27	1.05	0.73
北　京	5.13	4.71	4.06	3.19	河　南	1.91	1.16	0.84	0.54
天　津	3.80	3.65	3.28	2.09	湖　北	2.44	1.61	1.23	1.05
河　北	2.06	1.43	1.09	0.64	湖　南	2.20	1.36	1.07	0.67
山　西	3.41	2.09	1.62	0.97	广　东	1.82	1.29	0.88	0.77
内蒙古	2.68	2.12	1.37	1.03	广　西	1.63	1.21	0.87	0.72
辽　宁	4.42	2.18	1.70	1.87	海　南	3.22	1.72	0.99	1.08
吉　林	3.38	2.04	1.54	1.39	四　川	2.01	1.47	1.00	0.59
黑龙江	3.13	2.05	1.54	1.39	贵　州	1.64	1.15	0.75	0.56
上　海	4.65	4.36	3.20	2.45	云　南	2.06	1.43	1.00	0.70
江　苏	2.17	1.48	1.11	0.80	西　藏	2.17	1.98	1.36	0.78
浙　江	2.12	1.43	0.97	0.66	陕　西	2.37	1.80	1.22	0.83
安　徽	1.70	1.04	0.79	0.56	甘　肃	2.05	1.48	1.06	0.70
福　建	2.02	1.19	0.80	0.75	青　海	3.35	2.08	1.44	1.19
江　西	2.19	1.38	1.04	0.82	宁　夏	2.16	1.97	1.49	1.06
					新　疆	4.01	2.22	1.57	1.54

医疗服务统计

1990年全国医院诊疗人次及入院人数

	诊疗人次数（亿次）		入院人数	每百诊次的入院人数	
	总计	其中：门、急诊	（万人）	总计	其中：门、急诊
总计	25.59	24.47	5 140	2.0	2.1
县及县以上医院	14.05	13.21	3 129	2.2	2.4
卫生部门	8.58	8.32	2 341	2.7	2.8
工业及其他部门	5.01	4.44	733	1.5	1.7
集体所有制	0.46	0.45	55	1.2	1.2
乡卫生院	10.65	10.41	1 958	1.8	1.9
中心卫生院	3.32	3.24	814	2.4	2.5
乡卫生院	7.33	7.17	1 144	1.6	1.6
其他医院	0.89	0.85	53	0.6	0.6

注：本表的全国医院诊疗人次及入院人数是推算的数字，不包括全国12.9万个门诊部、所（各种门诊机构）及80.4万个农村村卫生室和15.9万个体开业人员的诊疗人次数。

补充资料：1990年全国每万人口入院人数包括家庭病床为460.5人；不包括家庭病床为454.7人。

1990年全国医院病床使用情况

	病床使用率(%)	病床周转次数（次）	出院者平均住院（日）
县及县以上医院合计	80.9	17.6	15.9
卫生部门	85.6	19.2	15.5
综合医院	85.7	22.3	13.5
卫生部属	89.2	11.2	28.5
省、自治区、直辖市属	97.5	15.5	22.8
直辖市区、省辖市、地区（州、盟）属	94.6	19.3	17.5
省辖市区、地辖市属	81.8	21.4	13.5
县（旗）属	80.2	25.1	11.0
中医医院	73.6	13.9	18.0
医学院校附属医院	98.6	15.6	22.5
传染病院	83.4	8.7	34.1
精神病院	95.3	3.6	80.9
结核病院	86.3	4.6	67.0
妇幼保健院	79.0	34.6	8.1
儿童医院	88.1	28.5	11.1
职业病院	78.9	4.6	59.1
肿瘤医院	96.8	8.1	42.4
其他专科医院	78.7	10.6	25.2
工业及其他部门	69.8	13.8	17.0
集体所有制	69.5	13.8	16.9
乡卫生院合计	43.4	28.6	5.2
中心卫生院	48.4	28.7	5.8
乡卫生院	39.5	28.3	4.8
其他医院合计	68.5	10.0	22.1

注：出院者平均住院日：包括正常分娩及未产出院的产妇等全部出院人数。

全国卫生部门城市医院住院病人前十位疾病构成（ICD-9）

顺序	1987年		1990年	
	疾病种类	疾病构成（%）	疾病种类	疾病构成（%）
1	消化系病	19.89	消化系病	18.16
2	呼吸系病	16.58	呼吸系病	17.70
3	妊娠病、分娩病及产褥期并发症	10.59	损伤及中毒	11.37
4	损伤及中毒	8.50	妊娠病、分娩病及产褥期并发症	8.21
5	传染病和寄生虫病	6.25	传染病和寄生虫病	6.48
6	泌尿和生殖系病	6.23	泌尿和生殖系病	6.32
7	恶性肿瘤	4.67	心脏病	4.36
8	心脏病	4.08	恶性肿瘤	4.30
9	良性肿瘤	3.52	良性肿瘤	2.87
10	眼病	2.89	脑血管病	2.53
	十种疾病合计	83.20	十种疾病合计	82.30

全国卫生部门县医院住院病人前十位疾病构成（ICD-9）

顺序	1987年		1990年	
	疾病种类	疾病构成（%）	疾病种类	疾病构成（%）
1	消化系病	23.90	消化系病	21.51
2	呼吸系病	21.20	呼吸系病	19.12
3	损伤及中毒	10.74	损伤及中毒	14.09
4	传染病和寄生虫病	10.43	传染病和寄生虫病	9.84
5	妊娠病、分娩病及产褥期并发症	9.03	妊娠病、分娩病及产褥期并发症	8.11
6	泌尿和生殖系病	6.10	泌尿和生殖系病	5.35
7	心脏病	2.89	心脏病	3.24
8	恶性肿瘤	1.63	脑血管病	1.92
9	皮肤和皮下组织病	1.47	恶性肿瘤	1.91
10	良性肿瘤	1.19	良性肿瘤	1.52
	十种疾病合计	88.58	十种疾病合计	86.61

卫生部门综合医院社会及经济效益情况

	平均每所医院						平均每诊疗人次的医疗费用（元）		平均每一出院者住院医疗费用（元）		出院者平均每天住院医疗费用（元）	平均每一医生		药品卫生材料周转天数（天）	平均每床占用专业设备金额（元）
	业务收入（万元）			差额预算拨款（万元）	专项拨款（万元）	业务支出（万元）									
	合计	其中 门诊	其中 住院				合计	其中：药费	合计	其中：药费		每天担负的诊疗人次（人次）	每天担负的住院人数（人）		
医院总计	484.7	187.8	254.0	47.1	22.8	509.7	10.9	7.4	473.3	260.6	33.6	5.5	2.1	65	6 463.6
卫生部属	3 780.6	1 631.3	1 648.1	259.9	106.6	3 719.9	21.6	13.7	1 321.6	632.4	59.8	6.4	2.0	38	30 350.3
省、自治区、直辖市属	1 918.5	778.7	987.4	162.5	123.5	1 844.2	16.0	10.2	1 021.1	528.0	47.5	5.4	2.0	65	18 193.0
直辖市区、省辖市、地区（自治州、盟）属	869.4	330.3	463.4	78.5	36.2	1054.0	11.9	8.1	624.0	338.4	35.9	5.5	2.2	60	7 555.2
省辖市区、地辖市属	368.5	167.4	169.8	39.6	19.5	348.8	10.1	7.3	399.8	223.0	29.4	6.2	1.8	64	4 583.8
县（属旗）	256.9	89.4	144.2	28.5	11.4	248.7	8.1	5.5	309.9	180.1	27.7	5.2	2.1	74	2 817.1

统计范围：卫生部门县及县以上综合医院2,438个。以下三表同。

卫生部门综合医院部分病种住院医疗费用（一）

总计

疾病名称	医疗形式	出院病人平均住院日	平均住院医疗费（元）	疾病名称	医疗形式	出院病人平均住院日	平均住院医疗费（元）	疾病名称	医疗形式	出院病人平均住院日	平均住院医疗费（元）	疾病名称	医疗形式	出院病人平均住院日	平均住院医疗费（元）
病毒性肝炎	公费	31.4	936.4	急性胰腺炎	公费	15.9	581.4	胃及十二指肠溃疡	公费	20.6	787.9	卵巢囊肿	公费	17.7	568.3
	自费	21.3	554.2		自费	12.0	439.3		自费	15.6	554.2		自费	13.9	532.5
糖尿病	公费	37.7	1 218.6	急性肾小球肾炎	公费	24.8	539.3	急性阑尾炎	公费	10.6	355.2	剖腹产	公费	12.1	636.4
	自费	24.4	696.7		自费	16.4	367.0		自费	9.2	316.9		自费	10.8	502.6
急性心肌梗塞	公费	34.6	1 800.1	胃癌	公费	47.0	2 295.7	胆囊炎及胆石症	公费	20.9	807.0	小儿支气管肺炎	公费	8.8	179.4
	自费	21.6	861.0		自费	21.7	1 101.2		自费	16.8	580.7		自费	8.1	200.0
大叶性肺炎	公费	15.9	520.9	肺癌	公费	39.4	2 215.3	胫腓骨骨折	公费	37.1	880.6	婴儿腹泻	公费	3.4	55.5
	自费	12.0	340.2		自费	25.1	1 218.6		自费	28.6	650.6		自费	5.7	104.9
支气管肺炎	公费	16.6	481.6	甲状腺腺瘤	公费	20.2	506.8	宫颈癌	公费	24.0	857.8	急性肾小球肾炎（儿科）	公费	20.7	305.0
	自费	10.6	268.1		自费	13.0	376.1		自费	21.5	716.5		自费	15.3	265.0

注：公费包括劳保医疗。

卫生部门综合医院部分病种住院医疗费用（二）

卫生部属

疾病名称	医疗形式	出院病人平均住院日	平均住院医疗费（元）	疾病名称	医疗形式	出院病人平均住院日	平均住院医疗费（元）	疾病名称	医疗形式	出院病人平均住院日	平均住院医疗费（元）	疾病名称	医疗形式	出院病人平均住院日	平均住院医疗费（元）
病毒性肝	公费	33.4	2 137.1	急性胰腺	公费	22.5	1 235.6	胃及十二	公费	21.0	1 492.6	卵巢囊肿	公费	18.4	866.5
炎	自费	25.6	1 206.2	炎	自费	19.3	1 694.6	指肠溃疡	自费	19.7	1 520.5		自费	20.0	727.9
糖尿病	公费	39.2	1 414.8	急性肾小	公费	33.0	1 101.6	急性阑尾	公费	9.4	591.7	剖腹产	公费	11.7	778.4
	自费	31.3	912.7	球肾炎	自费	26.8	398.9	炎	自费	8.4	449.2		自费	11.4	643.9
急性心肌梗塞	公费	26.5	2 762.5	胃癌	公费	28.1	2 548.1	胆囊炎及	公费	25.3	1 620.2	小儿支气管肺炎	公费	13.4	544.2
	自费	21.0	2 334.5		自费	22.4	1 759.5	胆石症	自费	24.1	1 186.1		自费	10.7	336.7
大叶性肺炎	公费	20.7	1 056.2	肺癌	公费	35.1	2 841.4	胫腓骨骨	公费	35.6	1 973.5	婴儿腹泻	公费	8.0	293.4
	自费	17.4	1 233.5		自费	29.3	2 065.8	折	自费	28.3	1 275.6		自费	6.1	157.1
支气管肺炎	公费	15.0	774.3	甲状腺腺瘤	公费	15.4	650.0	宫颈癌	公费	23.0	1 331.5	急性肾小球肾炎（儿科）	公费	18.0	632.0
	自费	21.5	483.1		自费	14.8	558.7		自费	30.3	806.7		自费	20.2	355.1

注：公费包括劳保医疗。

卫生部门综合医院部分病种住院医疗费用（三）

省、自治区、直辖市属

疾病名称	医疗形式	出院病人平均住院日	平均住院医疗费（元）	疾病名称	医疗形式	出院病人平均住院日	平均住院医疗费（元）	疾病名称	医疗形式	出院病人平均住院日	平均住院医疗费（元）	疾病名称	医疗形式	出院病人平均住院日	平均住院医疗费（元）
病毒性肝	公费	44.6	1 781.4	急性胰腺	公费	21.4	1 175.8	胃及十二	公费	27.8	1 637.3	卵巢囊肿	公费	26.7	865.9
炎	自费	29.6	905.1	炎	自费	16.6	903.8	指肠溃疡	自费	23.9	1 037.0		自费	16.4	652.8
糖尿病	公费	43.7	1 497.7	急性肾小	公费	40.9	1 219.1	急性阑尾	公费	11.0	501.1	剖腹产	公费	11.9	780.1
	自费	28.4	1 241.7	球肾炎	自费	23.8	674.1	炎	自费	8.9	360.2		自费	11.0	584.4
急性心肌梗塞	公费	35.3	2 111.9	胃癌	公费	36.1	3 803.9	胆囊炎及	公费	26.7	1 349.5	小儿支气管肺炎	公费	10.6	328.2
	自费	24.4	1 134.1		自费	25.7	1 525.2	胆石症	自费	21.0	960.7		自费	9.8	250.8
大叶性肺炎	公费	25.9	1 157.1	肺癌	公费	45.8	3 100.8	胫腓骨骨	公费	39.9	1 337.7	婴儿腹泻	公费	6.8	187.4
	自费	18.1	640.6		自费	31.9	2 038.4	折	自费	34.6	948.6		自费	6.0	120.8
支气管肺炎	公费	42.4	1 610.2	甲状腺腺瘤	公费	17.4	619.8	宫颈癌	公费	35.8	1 732.7	急性肾小球肾炎（儿科）	公费	22.7	422.2
	自费	20.6	726.1		自费	14.9	439.6		自费	29.5	1 511.9		自费	21.6	340.5

注：公费包括劳保医疗。

1990年各地区县及县以上医院病床使用情况

地区	病床使用率（%）	病床周转次数（次）	平均住院日（日）	地区	病床使用率（%）	病床周转次数（次）	平均住院日（日）
总　计	80.9	17.6	15.9	山　东	84.2	19.4	15.1
北　京	87.5	13.4	22.5	河　南	75.4	16.0	15.4
天　津	88.7	13.1	23.4	湖　北	78.5	18.5	15.2
河　北	80.3	18.7	14.6	湖　南	80.3	16.6	17.0
山　西	70.1	14.2	16.3	广　东	82.3	20.1	14.4
内蒙古	72.5	16.7	15.0	广　西	88.2	22.9	13.6
辽　宁	82.0	14.1	19.1	海　南	73.9	18.9	13.1
吉　林	81.0	18.1	15.5	四　川	77.6	16.2	16.3
黑龙江	82.7	16.7	16.3	贵　州	79.6	18.4	15.1
上　海	90.4	13.4	23.7	云　南	81.3	20.0	14.2
江　苏	86.9	17.1	18.0	西　藏	67.4	13.0	17.4
浙　江	86.1	19.8	15.6	陕　西	79.7	18.1	15.5
安　徽	80.9	19.5	14.6	甘　肃	79.3	18.5	15.1
福　建	87.8	24.8	13.0	青　海	70.0	17.5	13.7
江　西	76.2	21.2	12.7	宁　夏	85.1	19.9	15.3
				新　疆	76.7	18.5	14.7

1990年各地区卫生部门县及县以上医院病床使用情况

地区	病床使用率（%）	病床周转次数（次）	平均住院日（日）	地区	病床使用率（%）	病床周转次数（次）	平均住院日（日）
总计	85.6	19.2	15.5	山　东	87.0	21.6	14.3
北　京	90.6	13.8	22.7	河　南	78.0	17.1	14.7
天　津	91.2	13.7	23.2	湖　北	82.8	20.2	14.6
河　北	83.8	20.5	14.1	湖　南	86.6	18.4	16.6
山　西	73.0	16.1	15.3	广　东	86.5	21.6	14.1
内蒙古	73.9	17.0	14.8	广　西	92.2	24.4	13.5
辽　宁	83.7	14.2	19.4	海　南	76.0	21.8	11.8
吉　林	83.7	19.3	15.5	四　川	85.7	19.2	15.5
黑龙江	84.5	16.5	16.7	贵　州	84.8	20.1	14.6
上　海	92.5	13.6	23.6	云　南	89.2	22.0	14.4
江　苏	92.2	18.7	17.6	西　藏	66.8	12.8	17.7
浙　江	88.9	20.8	15.4	陕　西	92.6	21.3	15.2
安　徽	83.6	21.0	14.0	甘　肃	84.2	20.2	14.7
福　建	91.0	24.8	13.6	青　海	81.4	20.6	13.6
江　西	81.3	23.2	12.4	宁　夏	88.0	20.8	15.1
				新　疆	89.9	21.4	15.0

1990年各地区工业及其他部门县及县以上医院病床使用情况

地区	病床使用率（%）	病床周转次数（次）	平均住院日（日）	地区	病床使用率（%）	病床周转次数（次）	平均住院日（日）
总　计	69.8	13.8	17.0	山　东	75.0	12.9	18.8
北　京	77.7	12.4	21.1	河　南	69.2	13.3	17.6
天　津	77.8	10.2	24.6	湖　北	68.9	14.6	16.8
河　北	72.1	14.5	16.3	湖　南	64.6	12.1	18.5
山　西	66.4	12.1	17.5	广　东	63.0	13.1	16.4
内蒙古	70.1	16.4	15.1	广　西	63.6	14.2	15.3
辽　宁	79.1	14.0	18.6	海　南	69.0	12.3	18.7
吉　林	76.1	16.1	15.7	四　川	62.9	11.0	18.3
黑龙江	81.3	17.1	15.8	贵　州	65.2	13.4	17.0
上　海	78.7	11.8	24.0	云　南	61.2	14.6	14.0
江　苏	69.6	12.1	19.5	西　藏	80.8	18.6	12.8
浙　江	57.8	9.0	21.7	陕　西	61.0	13.2	16.4
安　徽	72.9	13.9	18.4	甘　肃	68.5	14.7	16.6
福　建	61.7	13.9	13.9	青　海	49.9	12.1	13.9
江　西	57.0	13.8	14.4	宁　夏	65.6	13.9	16.5
				新　疆	65.6	16.2	14.1

1990年各地区农村乡卫生院病床使用情况

地区	病床使用率（%）	病床周转次数（次）	平均住院日（日）	地区	病床使用率（%）	病床周转次数（次）	平均住院日（日）
总　计	43.4	28.6	5.2	山　东	41.7	26.8	5.1
北　京	57.5	26.2	6.9	河　南	41.0	23.0	5.9
天　津	42.2	22.2	6.5	湖　北	43.3	25.9	5.6
河　北	42.8	26.1	5.6	湖　南	38.7	23.0	5.9
山　西	36.2	13.6	8.6	广　东	45.6	32.0	4.9
内蒙古	29.8	20.7	5.2	广　西	42.2	36.2	4.1
辽　宁	35.3	39.2	3.1	海　南	30.0	27.2	3.9
吉　林	42.6	40.8	3.3	四　川	38.7	26.5	5.0
黑龙江	45.7	39.8	3.8	贵　州	51.0	38.2	4.8
上　海	70.9	43.6	5.6	云　南	45.8	29.0	5.6
江　苏	58.0	29.8	6.7	西　藏	—	—	—
浙　江	52.6	30.9	6.1	陕　西	46.4	25.4	6.4
安　徽	40.2	39.7	3.6	甘　肃	45.9	30.1	5.7
福　建	51.1	57.1	3.0	青　海	41.7	19.9	7.2
江　西	39.8	34.4	4.1	宁　夏	—	—	—
				新　疆	55.1	24.9	7.5

1990年全国家庭病床工作情况

	诊疗人次数（万次）	全年开设总病床数（万张）	平均每张家庭病床开设床日数
总计	984.7	65.5	68.0
县及县以上医院	738.5	47.4	67.4
卫生部门	630.0	40.3	69.6
工业及其他部门	64.2	4.8	50.4
集体所有制	44.4	2.3	65.2
乡卫生院	42.9	7.8	18.9
其他医院	136.0	6.1	166.1
门诊部、所	58.2	3.8	55.7
其他卫生机构	9.0	0.4	90.9

注：门诊部、所不包括工业及其他部门的数字。

1990年各地区家庭病床工作情况

地区	全年开设总病床数	平均每张家庭病床开设床日数	地区	全年开设总病床数	平均每张家庭病床开设床日数
总　计	655 308	68.0	山　东	37 603	98.9
北　京	17 202	89.0	河　南	17 541	64.8
天　津	56 260	118.6	湖　北	41 231	32.7
河　北	47 733	29.5	湖　南	31 686	74.5
山　西	17 777	27.6	广　东	26 286	76.6
内蒙古	10 635	39.7	广　西	5 033	108.6
辽　宁	57 443	55.4	海　南	1 514	63.9
吉　林	37 810	37.3	四　川	28 979	47.1
黑龙江	54 645	32.9	贵　州	4 487	40.8
上　海	38 406	216.1	云　南	14 968	54.3
江　苏	23 932	138.1	西　藏	978	238.6
浙　江	16 257	93.8	陕　西	9 036	53.1
安　徽	9 936	69.9	甘　肃	18 889	32.9
福　建	12 032	64.5	青　海	1 461	123.1
江　西	8 359	64.3	宁　夏	977	97.2
			新　疆	6 212	71.7

人口自然变动及死亡原因统计

全国人口出生率、死亡率、自然增长率

单位：‰

年份	全国			市			县		
	出生率	死亡率	自然增长率	出生率	死亡率	自然增长率	出生率	死亡率	自然增长率
解放前	35.00	25.00	10.00	…	…	…	…	…	…
1949	36.00	20.00	16.00	…	…	…	…	…	…
1952	37.00	17.00	20.00	…	…	…	…	…	…
1957	34.03	10.80	23.23	44.48	8.47	36.01	32.81	11.07	21.74
1965	37.88	9.50	28.38	26.59	5.69	20.90	39.53	10.06	29.47
1975	23.01	7.32	15.69	14.71	5.39	9.32	24.17	7.59	16.58
1978	18.25	6.25	12.00	13.56	5.12	8.44	18.91	6.42	12.49
1980	18.21	6.34	11.87	14.17	5.48	8.69	18.82	6.47	12.35
1985	17.80	6.57	11.23	14.02	5.96	8.06	19.17	6.66	12.51
1986	20.77	6.69	14.08	17.39	5.75	11.64	21.94	6.74	15.20
1987	21.04	6.65	14.39	…	…	…	…	…	…
1988	20.78	6.58	14.20	…	…	…	…	…	…
1989	20.83	6.50	14.33	15.98	5.74	10.24	22.28	6.69	15.59
1990	20.98	6.28	14.70	…	…	…	…	…	…

资料来源：1989年及以前的数字摘自《中国统计年鉴·1990》，1990年系第四次人口普查的数字。

1990年部分市前十位主要疾病死亡专率及死亡原因构成

顺位	合计			男			女		
	死亡原因	死亡专率 1/10万	占死亡总人数的%	死亡原因	死亡专率 1/10万	占死亡总人数的%	死亡原因	死亡专率 1/10万	占死亡总人数的%
1	恶性肿瘤	128.03	21.88	恶性肿瘤	155.10	24.98	脑血管病	117.02	21.39
2	脑血管病	121.84	20.83	脑血管病	126.40	20.35	恶性肿瘤	99.38	18.16
3	心脏病	92.53	15.81	呼吸系病	93.55	15.06	心脏病	97.00	17.73
4	呼吸系病	92.18	15.76	心脏病	88.30	14.22	呼吸系病	90.74	16.59
5	损伤和中毒	40.43	6.91	损伤和中毒	47.07	7.58	损伤和中毒	33.42	6.11
6	消化系病	23.53	4.02	消化系病	26.13	4.21	消化系病	20.77	3.80
7	内分泌、营养和代谢及免疫疾病	10.19	1.74	*新生儿病	893.81	1.62	内分泌、营养和代谢及免疫疾病	12.60	2.30
8	泌尿、生殖系病	9.26	1.58	泌尿、生殖系病	9.65	1.55	泌尿、生殖系病	8.83	1.61
9	*新生儿病	761.44	1.51	肺结核	9.59	1.54	*新生儿病	655.18	1.36
10	肺结核	7.03	1.20	内分泌、营养和代谢及免疫疾病	7.90	1.27	精神病	7.34	1.34
十种死因合计			91.24	十种死因合计		92.38	十种死因合计		90.39

统计范围：包括北京等32个市全市或部分市区资料。

注：*新生儿病死亡专率系以每十万出生人数为分母计算的。下表同。

1990年部分县前十位主要疾病死亡专率及死亡原因构成

顺位	合计			男			女		
	死亡原因	死亡专率 1/10万	占死亡总人数的%	死亡原因	死亡专率 1/10万	占死亡总人数的%	死亡原因	死亡专率 1/10万	占死亡总人数的%
1	呼吸系病	159.67	24.82	呼吸系病	161.53	23.47	呼吸系病	157.75	26.43
2	恶性肿瘤	112.36	17.47	恶性肿瘤	140.41	20.41	脑血管病	103.81	17.39
3	脑血管病	103.93	16.16	脑血管病	104.04	15.12	恶性肿瘤	83.32	13.96
4	心脏病	69.60	10.82	损伤和中毒	77.56	11.27	心脏病	72.53	12.15
5	损伤和中毒	68.48	10.65	心脏病	66.77	9.70	损伤和中毒	59.09	9.90
6	消化系病	32.20	5.01	消化系病	36.75	5.34	消化系病	27.49	4.61
7	* 新生儿病	956.73	2.51	* 新生儿病	1 060.19	2.70	* 新生儿病	841.28	2.29
8	肺结核	11.88	1.85	肺结核	15.29	2.22	传染病（肺结核除外）	9.90	1.66
9	传染病（肺结核除外）	11.32	1.76	传染病（肺结核除外）	12.69	1.85	泌尿、生殖系病	8.57	1.44
10	泌尿、生殖系病	9.51	1.48	泌尿、生殖系病	10.42	1.51	肺结核	8.35	1.40
	十种死因合计		92.53	十种死因合计		93.59	十种死因合计		91.23

统计范围：包括北京等72个县的资料。

1990年部分市、县恶性肿瘤死亡率

单位：1/10万

	市			县		
	合　计	男	女	合　计	男	女
合　　计	128.03	155.10	99.38	112.36	140.41	83.32
其中：肺　癌	32.89	42.97	22.23	15.05	21.32	8.57
胃　癌	21.51	28.00	14.64	25.94	32.89	18.74
肝　癌	20.10	28.75	10.96	24.32	34.87	13.39
食管癌	9.70	13.23	5.96	20.78	25.77	15.62
肠　癌	8.25	8.40	8.08	5.41	5.68	5.14
白血病	3.65	3.95	3.33	3.46	3.81	3.10
乳腺癌	3.26	—	6.70	1.43	—	2.90

注：本表的统计范围与前面两个表一致。

传染病发病、死亡及计划免疫统计

1990年全国法定报告传染病的发病及死亡情况

病名	发病率(1/10万)	死亡率(1/10万)	病死率(%)	病名	发病率(1/10万)	死亡率(1/10万)	病死率(%)
总计	292.215	1.153	0.40	白喉	0.037	0.006	15.91
鼠疫	0.007	—	2.70	流脑	0.874	0.007	0.76
霍乱	0.057	—	0.78	猩红热	2.659	—	0.01
病毒性肝炎	115.583	0.156	0.14	出血热	3.596	0.098	2.73
痢疾	125.284	0.165	0.13	狂犬病	0.311	0.311	99.94
伤寒副伤寒	10.144	0.024	0.24	钩端螺旋体病	2.550	0.049	1.90
艾滋病	—	—	100.00	布病	0.070	—	0.13
淋病	6.837	—	—	炭疽	0.204	0.010	4.86
梅毒	0.093	—	0.19	斑疹伤寒	0.303	0.001	0.17
脊灰	0.450	0.009	2.02	乙脑	3.367	0.232	6.90
麻疹	7.587	0.017	0.22	黑热病	0.023	—	1.56
百日咳	1.763	0.003	0.17	疟疾	10.381	0.003	0.03
				登革热	0.033	—	—

全国法定报告传染病的发病及死亡情况

年份	发病率(1/10万)	死亡率(1/10万)	病死率(%)
1980	2 076.17	3.07	0.15
1985	872.33	2.00	0.23
1986	718.95	1.53	0.21
1987	556.88	1.28	0.23
1988	465.89	1.49	0.32
1989	337.71	0.76	0.23
1990	292.22	1.15	0.40

注：1989年及以前的报告传染病发病及死亡率包括鼠疫、副霍乱、白喉、流脑、百日咳、猩红热、麻疹、流感、痢疾、伤寒副伤寒、病毒性肝炎、乙脑、疟疾、黑热病、森林脑炎、恙虫病、出血热和钩端螺旋体病；1990 年包括的病种见上页。

全国1岁儿童计划免疫疫情发病及接种情况

	发病率（1/10万）				接种率（%）			
	白喉	百日咳	脊灰	麻疹	卡介苗	百白破	脊灰	麻苗
1980	1.00	62.82	0.76	114.88	…	…	…	…
1982	0.65	51.25	0.97	101.46	…	…	…	…
1985	0.14	14.22	0.15	40.37	…	…	…	…
1986	0.08	8.02	0.18	18.97	70	62	68	63
1987	0.04	5.61	0.18	9.38	85	74	78	77
1988	0.03	3.06	0.06	9.80	98	96	95	95
1989	0.03	2.46	0.42	7.77	…	…	…	…
1990	0.04	1.76	0.45	7.59	99	97	98	98

节育手术、新法接生统计

1971～1990年全国节育手术情况

年份	五种手术人次数合计	放置宫内节育器人次数	取出宫内节育器人次数	输精管结扎人数	输卵管结扎人数	人工流产例数
1971	13 051 123	6 172 889	…	1 223 480	1 744 644	3 910 110
1972	18 690 446	9 220 297	853 625	1 715 822	2 087 160	4 813 542
1973	25 075 557	13 949 569	1 126 756	1 933 210	2 955 617	5 110 405
1974	22 638 229	12 579 886	1 352 787	1 445 251	2 275 741	4 984 564
1975	29 462 861	16 743 693	1 702 213	2 652 653	3 280 042	5 084 260
1976	22 385 435	11 626 510	1 812 590	1 495 540	2 707 849	4 742 946
1977	25 539 086	12 974 313	1 941 880	2 616 876	2 776 448	5 229 569
1978	21 720 096	10 962 517	2 087 420	767 542	2 511 413	5 391 204
1979	30 581 114	13 472 392	2 288 670	1 673 947	5 289 518	7 856 587
1980	28 628 437	11 491 871	2 403 408	1 363 508	3 842 006	9 527 644
1981	22 760 305	10 344 537	1 513 376	649 476	1 555 971	8 696 945
1982	33 702 389	14 069 161	2 056 671	1 230 967	3 925 927	12 419 663
1983	58 205 572	17 755 736	5 323 354	4 359 261	16 398 378	14 371 843
1984	31 734 864	11 751 146	4 383 129	1 293 286	5 417 163	8 890 140
1985	25 646 972	9 576 980	2 278 892	575 564	2 283 971	10 931 565
1986	28 475 506	10 637 909	2 313 157	1 030 827	2 914 900	11 578 713
1987	34 597 082	13 448 332	2 411 389	1 752 598	4 407 755	10 489 412
1988	31 820 664	12 227 219	2 264 969	1 062 161	3 590 469	12 675 839
1989	29 031 912	10 854 752	2 066 723	1 509 294	4 221 717	10 379 426
1990	34 982 328	12 352 110	2 355 128	1 466 442	5 314 722	13 493 926

注：1989年缺辽宁、西藏、宁夏、新疆四省资料；1990年缺广东、新疆两省资料。

全国新法接生、住院分娩百分比

单位：%

年份	新法接生占接产总次数的比重			住院分娩率		
	总计	市	县	总计	市	县
1977	88.5	98.2	87.6	…	…	…
1978	88.9	97.9	87.9	…	…	…
1980	91.4	98.7	90.3	…	…	…
1983	93.9	98.8	92.9	…	…	…
1984	94.4	98.4	93.4	41.1	74.9	32.8
1985	94.5	98.7	93.5	43.7	73.6	36.4
1986	94.4	98.3	93.4	45.9	73.5	39.1
1987	95.2	98.7	94.2	48.2	75.0	40.9
1988	95.5	98.6	96.1	50.3	75.6	44.3
1989	95.7	…	…	51.5	…	…
1990	94.0	98.6	93.9	50.6	74.2	45.1

注：1989年缺西藏资料。

全国城市、农村孕产妇死亡情况

死因	全国			城市			农村		
	位次	死亡率(1/10万)	构成(%)	位次	死亡率(1/10万)	构成(%)	位次	死亡率(1/10万)	构成(%)
总计	…	94.7	100.0	…	49.9	100.0	…	114.9	100.0
其中：产科出血	1	36.3	49.1	1	13.5	36.7	1	50.6	52.1
妊高征	2	7.5	10.1	2	3.9	10.6	2	9.7	10.0
心脏病	3	6.6	8.9	2	3.9	10.6	3	8.3	8.5
产褥感染	4	4.4	5.9	6	1.2	3.4	4	6.4	6.6
羊水栓塞	5	4.0	5.4	3	3.2	8.7	6	4.5	4.6
其他感染	5	4.0	5.4	4	2.8	7.7	5	4.7	4.8
肝病	6	2.8	3.8	5	2.3	6.3		3.1	3.2

资料来源：《1989年孕产妇死亡调查》。
补充资料：解放前孕产妇死亡率为150/万。

医学教育统计

全国高、中等医药院、校数及在校学生数

	1949年	1957年	1965年	1975年	1978年	1980年	1985年	1990年
高等医药院、校（所）	22	37	92	88	98	109	116	122
在校学生数（人）	15 234	49 107	82 861	86 336	112 990	139 569	157 388	201 789
其中：中医学院数（所）	…	5	21	17	22	22	24	31
在校学生数（人）	…	1 020	10 155	13 538	18 825	25 282	28 450	34 048
中等医药学校（所）	…	182	298	480	520	555	515	563
在校学生数（人）	15 387	81 079	88 972	139 113	158 673	224 695	220 963	308 394

注：1.校数：包括中、西医药院、校，不包括未招生的筹建院校和其他院校所设的医学院、系。

2.中医学院是1956年开始建立的。

资料来源：摘自有关年份的教育统计资料。下表同。

全国高、中等医药院、校毕业人数

年份	毕业人数（人）	
	高等医药院、校	中等医药学校
1949	1 314	3 803
1950～1952	6 393	31 263
1953～1957	25 918	96 042
1958～1962	60 135	169 545
1963～1965	72 882	69 513
1966～1970	78 246	100 956
1971～1975	44 167	126 437
1976～1980	116 612	256 473
1981～1985	152 054	329 404
1986～1987	60 031	130 026
1988	38 153	85 653
1989	38 366	82 783
1990	42 881	94 175

卫生经费

全国各个时期的卫生事业费

	卫生事业费（亿元）	国家财政支出（亿元）	科教文卫事业费（亿元）	卫生事业费	
				占国家财政支出的%	占科教文卫事业费的%
恢复时期	5.59	366.56	29.05	1.52	19.24
一五时期	14.55	1 345.68	110.21	1.08	13.20
二五时期	23.34	2 288.67	193.54	1.02	12.16
调整时间	18.84	1 204.98	126.89	1.56	14.85
三五时期	44.50	2 518.60	225.82	1.76	19.71
四五时期	65.62	3 919.60	341.98	1.67	19.19
五五时期	113.64	5 247.35	566.73	2.17	20.05
其中：1978年	22.42	1 111.00	112.66	2.02	19.90
1980年	30.16	1 212.73	146.26	2.49	20.62
六五时期	215.35	6 951.96	1 171.73	3.10	18.38
其中：1982年	37.69	1 153.31	196.96	3.27	19.12
1985年	54.82	1 844.80	316.70	2.97	17.31
七五时期					
其中：1986年	64.28	2 330.80	379.93	2.76	16.92
1987年	64.05	2 448.50	402.75	2.62	15.90
1988年	71.86	2 706.60	486.10	2.65	14.78
1989年	74.40	3 014.60	558.68	2.47	13.32

注：本表均按当年价格计算。下表同。

资料来源：摘自历年《中国统计年鉴》。下表同。

全国各个时期的卫生基本建设投资

	卫生基建投资（亿元）	全国基建投资总额（亿元）	科教文卫和社会福利（亿元）	卫生基建投资	
				占全国基建投资总额%	占科教文卫和社会福利%
一五时期	6.48	588.47	44.56	1.10	6.88
二五时期	4.85	1 206.09	46.39	0.40	10.45
调整时期	2.67	421.89	24.05	0.63	11.10
三五时期	3.29	976.03	27.44	0.34	11.20
四五时期	9.00	1 763.95	55.45	0.51	16.23
五五时期	18.29	2 342.17	127.82	0.78	14.31
其中：1978年	3.21	500.99	21.77	0.64	14.75
1980年	5.78	558.89	44.29	1.03	13.05
六五时期	52.62	3 410.09	353.48	1.54	14.89
其中：1981年	6.25	442.91	43.63	1.41	14.33
1982年	7.98	555.53	50.81	1.44	15.71
1983年	9.09	594.13	59.44	1.53	15.29
1984年	11.20	743.15	78.79	1.51	14.22
1985年	18.10	1 074.37	120.81	1.68	14.98
七五时期					
其中：1986年	18.03	1 176.11	140.28	1.53	12.85
1987年	19.11	1 343.10	151.17	1.42	12.64
1988年	20.03	1 525.79	152.83	1.31	13.11
1989年	18.06	1 551.74	149.42	1.16	12.09

卫生部门、集体所有制卫生机构占地面积、建筑面积

	总占地面积（万平米）	总建筑面积（万平米）	建筑面积构成(%)			危房面积（万平米）
			工作用房	生活用房	其他用途	
总计	25 761.7	10 130.7	61.1	37.0	2.0	467.3
内：医院	18 170.2	8 228.5	62.1	36.1	5.8	385.3
乡卫生院	1 780.2	752.5	61.6	35.9	2.5	44.37
疗养院、所	344.8	88.6	60.4	35.0	4.5	3.7
门诊部、所	279.0	144.3	70.1	27.7	2.1	7.4
专科防治所、站	3 122.7	274.7	55.6	41.1	3.2	16.8
卫生防疫站	1 336.5	744.7	51.4	46.2	2.4	32.2
妇幼保健所、站	359.2	221.6	60.4	37.1	2.4	9.5
高等医药院、校	1 370.5	789.3	61.4	35.5	3.1	30.3
中等医药学校	1 941.3	760.5	66.9	29.7	3.4	36.1
医学科研机构	188.9	4.9	57.2	40.2	2.6	2.6

补充资料：在总建筑面积中：49年以前的建筑面积占4.0%，1950～1979年占45.2%，1980～1988年占50.9%。
资料来源：摘自《1988年全国卫生部门房屋建筑情况调查》。
调查范围：包括全国50张病床以上的乡镇卫生院在内的卫生部门和集体所有制的卫生机构。

附　录

台湾医疗卫生概况

人口　台湾地区人口近40年来增长很快，1990年人口总数为20 397 388人，较10年前增长24.64%，近10年来平均每年人口增长率为12.41%。其中，男性有10 624 278人，占本地区人口的52.09%，女性有9 773 110人，占本地区人口的47.91%。每平方公里人口密度为564人，较1980年增加66人。就地区分布而言，42.67%的人口集中在北部，东部地区人口比例仅占2.87%。

1947年台湾地区出生率为38.31‰，至1951年上升到49.97‰，1964年开始实行家庭计划（即计划生育）政策，到1989年下降为15.72‰；粗死亡率1947年为18.15‰，至1989年为5.15‰，人口自然增长率为10.58‰。

台湾地区人口中曾经就学的共16 854 552人，占总人口的80.63%，其中专科以上学历的占曾经就学人口的11.66%，残疾人占总人口的1.12%。

卫生指标　台湾地区近数十年来，公共卫生有良好的基础，群众健康水平也有较明显的提高。平均寿命1951年男性为53.10岁，女性为57.32岁；1978年男性为70.99岁，女性为76.21岁；1979年男性为71.10岁，女性为76.48岁。台湾地区1976年每万人口有病床数43.12张，医务人员42.57人，从业医师（含中医师）10137人。

台湾地区平均每人蛋白质摄取量由1956年的53.9克，增至1989年的89.8克。同期间每10万人法定传染病死亡人数，由2.5人减至0.01人。

医疗照顾　台湾有13种健康保险制度，归纳起来为公务员保险、劳工保险、农民健康保险等三大保险系统。公务员保险由台湾当局的"铨叙部"主管。并由财务部门所属的信托公司的公务人员保险处负责承保业务。劳工保险由台湾劳工委员会及地方行政当局承担保险业务。农民保险则由台湾当局"内政部"门及地方行政当局主管。这13种保险为：①劳工保险；②公务人员保险；③退休人员保险；④私立学校教职员保险；⑤公务人员眷属疾病保险；⑥退休公务人员疾病保险；⑦退休公务人员配偶疾病保险；⑧私立学校退休教职员疾病保险；⑨私立学校退休教职员配偶疾病保险；⑩农民健康保险；⑪台湾各级民意代表村里邻长健康保险；⑫私立学校教职员眷属疾病保险；⑬低收入户健康保险。每类承保制所主管的机关至1990年7月1日止，被保险人口占总人口的49%。目前，尚有半数居民未纳入保险体系，多数为儿童、老人等，他们的医疗费用高，承担保险能力弱，当前较难一次解决这批人的财务负担。

医疗设施与卫生人力　据1989年台湾公布的资料，共有私立医疗院所12267所。公立医院诊所部分含省、县（市）立医疗、学校附属医院，以及公办机构的医疗单位的卫生所（处）571所。其中，中医院94家、诊所477所。私立医院诊所含财团法人医院、私立学校附设医院、其他法人附设医院及私人医院诊所等计11696所，其中医院有771家、诊所为10925所。台湾地区医疗院所病床数共有86693张，其中一般病床53855张，治疗床（包括急诊观察床、手术恢复床、烧烫伤病床、肾透析床及婴儿床）9796张。慢性病床18012张，诊所床

5030 张。在所有医院的急慢性病床中，属公立医院病床 34412 张，占 42%，属私立医院病床为 47251 张，占 58%。

目前，台湾地区共有9所高等医学院校，12 所医事专校（相当于大陆的专科学校）和 15 所职校，每年约有 1200 余名医学系、400 名牙医系、500 余名医事检验技术学系(科)、1200 余名药学系及 5000 余名护理助产系（科）毕业生进入社会。学院学制不同：医学系及中医学系 7 年制（包括最后一年实习），牙医学系 6 年制(包括最后一年实习)，其他各学系均为 4 年制（但中国药学系为 5 年制），各系毕业生经考试合格者获学士学位证书。根据 1985 年资料，医学院共设立 43 个系，在校生总数 15797 人，毕业生 2323 人，专职教师 1825 人，兼职教师 799 人，学生与教师的比例为 9:1，现有 6 所护理，2 所药学，3 所医事技术学专科学校，共设有 27 科，学生总数为 18777 人。专任教师人数为 837 人，学生与教师的比例为 23:1。

截至 1989 年 12 月底统计：台湾地区各类医药卫生人员有 86 913 人。其中包括医师 18 529 人，中医师 3 353 人，牙医师 4 865 人，药师 9 883 人，医学检验师 2 869 人，医用放射线技师及技士 1 283 人，药剂生 8 135 人，镶牙生 140 人，医检生 347 人，营养师 267 人，助产士 1 821 人。按人口计算，每一位医师服务 1 085 人，每一中医师服务 5 997 人，每一牙医师服务 4 133 人（表 1)。

表 1　台湾地区卫生人力

(1989年12月)

类别	从业人员数	每一从业人员服务人口数	每万人口从业人员数
总计	86913	231	43.29
医师	18529	1 085	9.22
中医师	3353	5 997	1.67
牙医师	4865	4 133	2.42
镶牙生	140	143 625	0.07
药师	9883	1 116	8.95
药剂生	8135		
医检师	2869	6 252	1.60
医检生	347		
护理师	10299	568	17.60
护士	25122		
助产士	1821	11 042	0.91
医用放射线技师(士)	1283	15.672	0.64
营养师	267	75.309	0.13

台湾地区专科医师制度：台湾地区的专科医师制度与欧美许多国家制度相同，即大学毕业之后并经过住院医师训练完毕，再完成专科医师训练，训练后经主管卫生当局审查合格者发给专科医师证书。但上述工作是由主管卫生当局委托各专科医学会负责办理甄审。到 1989 年 12 月台湾地区共有专科医师 11647 人。台湾卫生署已公布实施的专科医师有 21 个学科。即：家庭医学科(全科医学)、外科、小儿科、妇产科、骨科、神经科、神经外科、泌尿科、耳鼻喉科、眼科、皮肤科、精神科、复健科（即康复科)、麻醉科、放射科（诊断)、放射科（肿瘤)、病理（解剖)、病理（临床)、核医学科、整形科。

台湾地区各专科学会及医学杂志见表 2。

表 2　各专科学会及医学杂志

学会	杂志	刊期
内科医学会	——	
外科医学会	外科医学杂志	月刊
小儿外科医学会	小儿外科医学杂志	双月刊
妇产科医学会	妇产科医学杂志	季刊
眼科医学会	眼科医学杂志	年刊
精神医学会	精神医学	季刊
神经学学会	神经医学杂志	年刊
耳鼻喉科学会	耳鼻喉科医学杂志	半年刊
病理学会	——	
微生物学会	微生物生物免疫杂志	季刊
医院行政协会	医院	季刊
消化系医学会	消化系医学会杂志	季刊
血液病学会	血液病学会会刊	季刊
复健医学会	复健医学会杂志	年刊
皮肤科医学会	皮肤科医学会杂志	年刊
骨科医学会	骨科医学杂志	月刊

学会	杂志	刊期
泌尿科医学会	——	
癌症医学会	癌症医学会杂志	季刊
老年医学会	——	
临床生化学会	生物医学及检验科学杂志	季刊
医事检验学会		
偻麻质医学会	——	
医用镭射学会	医用镭射学会会刊	季刊
医用超声波学会	超声波医学会杂志	季刊
肾脏病医学会	肾脏病医学会杂志	季刊
家庭医学医学会	家庭医学会会刊	半年刊
胸腔病医学会	胸腔病医学会会刊	季刊
移植医学会	——	
整形外科医学会	——	
消化系外科医学会	——	
大肠直肠外科学会	——	
小儿外科医学会	——	
围产医学会	——	
台湾医学会	台湾医学会杂志	月刊
遗传医学会	——	
感染症医学会	——	
义肢装具医学会	——	

中医与中医教育 自1958年成立一所私立中国医药学院外未见进展。该院自建院至1985年共培养出中医师728人。该院现有4个研究所7个学系。其中①医学系：学制为7年与其他私立医学院课程相近，所不同者就是增加了23学分的中医课程。②药学系：修业5年，除与一般药学院课程相同外（4年），另增加1年中药课程。③最近刚刚成立学士后中医学系。修业年限为5年（包括实习），大学相关专业毕业取得学士学位者方可报考。课程以基础医学及中医课程为主，临床实习只限中医方面。

根据1989年统计，现在中医师执业人员为3353人，中医医疗院所1735家，登记有中药贩卖权者6917家，中药制造业261家。目前，已建立全台湾地区中医师电脑资讯系统，辅导中医师的医疗业务并负责拟定“中医师进修实施辅导要点”及“中药从业人员在职教育实施要点”，以对执业中医师及中医师及中药从业人员施行再教育（表3）。

表3　台湾地区中医医疗机构概况（1989年12月）

	中医医院（所）	中医诊所（所）	合计（所）
台湾地区	78	1657	1735
台湾省	64	1239	1303
台北市	10	277	287
高雄市	4	141	145

（中国协和医科大学公卫系
王树岐供稿*）

1990年台湾重要卫生工作的进展

一、医政

(1) 推动筹建医疗网计划。为均衡医疗资源，实行分级医疗，将台湾地区划分为17个医疗区域，建立区域医疗体系。1989年前共建立6个示范医疗区域，于1989年增建了5个，其后于1990年再增加2个。计划1991年再增加4个，完成17个医疗区域的建设。各医疗区域均由指定的大医院进行指导。

(2) 加强偏远地区医疗保健服务。为了加强山地离岛医疗保健服务，已根据这些地区居民的医疗需求，制定了改善计划，以加强医护人力的培养，卫生所条件及设备的改善，以及提高卫生人员的待遇和加强卫生教育、防痨工作等等。此外，从1990年9月1日起，在20个山地偏远村庄试办通讯医疗计划，以解决这些地区交通不便和医疗资源缺乏

* 主要材料来源：
1. 台湾地区《公共卫生概况》，1989
2. 台北医师公会会刊
3. 台湾卫生统计：《生命统计》

问题。

(3) 促进精神病防治工作。为了使精神病人得到连续而完整的医疗照顾，将台湾地区划分为7个责任区域，以建立精神医疗保健服务体系。以便提供从疾病的预防、治疗直到康复的整套服务。此外，在省、市立医院开办精神病科门诊和日间住院部，并由8所教学医院试办精神病人社区康复工作，帮助出院病人重新适应正常社会生活，减少复发。

(4) 公费医师的培养及使用。台湾当局已于6所高等医学院校设立公费医师培养名额，培养医学系及学士后医学系公费医师。这些医师毕业后均被分配到省(市)、县（市）立医院、卫生所和群体医疗执业中心等基层医疗单位工作。至1990年9月底，已分配了868人，其中122人分配到卫生所及群体医疗执业中心。

(5) 制订法规。研制《医事技术人员法》草案，其中有医事检验师法、医事放射师法、物理治疗师法、职能治疗师法、齿模制作师法等五种草案。研制《紧急医疗救护法》以作为消防、卫生、国防、交通等单位划分权责、协调合作及执行紧急医疗救护工作的依据。

二、药政

对不法药品进行查处；加强药品、化妆品广告的管理，颁布了违规案件处罚原则；加强对安眠镇静类药品的管理。

台湾从1982年上半年开始实施《优良药品制造标准(GMP)》已于1988年底完成，1990年有232家药厂达标，现正进行后续性计划，计划每月对10～15家药厂进行追踪观察。

1994年将实行全民健康保险，为此成立了医药分业规划小组，规划医药分业事宜。

三、食品卫生

扩大食品工厂分等管理工作，从1989年起实施《食品GMP认证制度》后，到1990年已有41家工厂通过审核。同时加强了食品卫生的稽查检验，并建立了委托地方自行检验的制度。对市售食品的标示也加强了管理；从1990年7月起，规定有容器或包装的食品，其食品原料为两种或两种以上者，必须按其含量多寡由高到低标出。

四、防疫工作

登革热病人已逐年减少，至1990年9月底，确诊的病人仅3名，且均为境外移入。制定了《国小新生预防接种检查与补种试办计划》，于1990年7月起执行。国小新生必须接受预防接种记录卡的检查，缺漏的预防注射需补种。订立了《预防接种受害救济办法》，规定了受害救济金的给付、种类和对象。

截至1990年9月底，共检出HIV阳性者156例，其中有21名艾滋病患者。

对沙眼患病率高的滨海地区居民进行检查的结果表明，沙眼患病率为20.03%。

为了防治肝炎，加强了对孕妇的产前检验和婴儿免费乙型肝炎预防注射，从1989年7月到1990年6月底，共检验孕妇26万余人，有15608名高危新生儿接受了预防注射。规定1990年9月为“乙型肝炎防治宣传月”，通过电视和宣传手册广泛进行卫生教育，并建立了肝炎患者资讯系统等。

1989年开始对小学生进行的乙肝疫苗自费接种，到1990年接种率达80%。从1990年8月1日起，对未接受乙型肝炎疫苗预防注射或未完成全程四剂接种的国立小学一年级学生，以及全部一年级以下的婴幼儿进行扩大疫苗免费接种。

丙型肝炎正威胁着儿童，其阳性率比健康成人（0.95%）高。患非甲非乙型或新生儿肝炎的儿童中，有5～26%的丙型检验呈阳性反应。

研拟2000年卫生发展规划目标 提出到2000年台湾地区的婴儿死亡率预期达到9‰，平均寿命男性为74岁，女性为79岁。健康指标按年龄组分为5部分。第1部分为1岁以内的健康婴儿，目标是通过减少先天性缺陷新生儿的发生率、减少低体重儿及儿童事故伤害的发生率，使新生儿死亡率降低25%；第2部分为1～14岁的健康儿童，目标是减少事故伤害发生率，加强儿童生长与发育的指导工作，使儿童死亡率降低20%；第3部分为15～24岁的健康青少年，目标是减少致命的机动车交通死亡发生率，加强对青少年的心理辅导，减少吸烟率，使死亡率由现在的111/10万降至89/10万；第4部分为25～64岁的健康成人，目标是减少癌症的死亡率，心血管及脑血管疾病的发生率，以及意外事故的死亡率；第5部分是65岁以上的健康老年人，目标是增加能独立生活的老人数，减少老年人的住院日数。

提出“全民健康保险制度之规划” 台湾于当1990年6月26日提出“全民健康保险制度之规划”报告，内容大致分为3个主要部分，即基本目标、实施策略和基本结构。

基本目标有：① 提供全体人民适当的医疗保健服务，以增进人民的健康；②把医疗费用控制在合理范围内；③使医疗保健资源得到有效的利用。

实施策略包括：①将全地区的人民均纳入保险范围，以社会保险方式强制投保；以被保险人为单位收缴保险费；②总资源的分配以一固定比率为上限，用于医疗费用；③在"不浪费"、"不亏损"的原则下，医疗给付采取部分负担的办法；④在医疗给付方面采用单一制度，预设总额预算，使医疗费用可以控制在一合理范围内；提高医疗服务效率，减少浪费；⑤健康保险立法，并建立独立的、自给自足的财务制度，财务收支不平衡时，及时调高保险费以健全保险的财务基础；⑥加强转诊制度，充实偏远地区医疗设施；将医疗资源合理分配给预防保健、治疗和康复；⑦健全健康保险体制，使全民在自助互助精神下公平分摊患病的风险，增进行政管理效率；⑧ 加强宣传教育，使全民均有正确的认识。

基本结构包括：①保险对象；②保险给付；③部分负担；④保险财务；⑤支付制度；⑥保险体制；⑦医疗体系；⑧保险资讯；及⑨配合措施。

（中国医学科学院情报研究所
黎璧莹 供稿）

世界部分国家与地区卫生状况统计

基本指标

	5岁以下儿童死亡率(‰)		婴儿死亡率(‰)（1岁以下）		总人口（百万）	年出生数（千）	5岁以下儿童年死亡数(千)	人均国民生产总值（美元）	出生时的预期寿命（岁）
	1960	1989	1960	1989	1989	1989	1989	1988	1989
亚洲									
中国	203	43	150	31	1122.4	24580	1057	330	70
阿富汗	381	296	215	169	15.7	776	230	280	42
阿拉伯联合酋长国	239	31	145	25	1.5	33	1	15770	70
阿拉伯也门共和国	378	53	214	40	1.4	65	3	5000	65
阿曼	378	53	214	40	1.4	65	3	5000	65
巴基斯坦	276	162	163	106	118.8	5452	883	350	57
不丹	298	193	187	125	1.5	57	11	180	49
朝鲜	120	36	85	27	21.4	513	18	970	70
南朝鲜	120	31	85	24	42.4	639	20	3600	70
菲律宾	134	72	80	44	60.9	1980	143	630	64
柬埔寨	218	200	146	127	8.1	324	65	…	50
科威特	128	20	89	17	2.0	53	1	13400	73
老挝	233	156	155	106	4.0	181	28	180	49
黎巴嫩	91	57	68	45	2.7	87	5	2150	65
马来西亚	105	30	73	23	17.4	556	17	1940	70
蒙古	185	87	128	66	2.1	76	7	780	62
孟加拉国	262	184	156	116	112.5	4659	857	170	51
缅甸	230	91	153	67	40.8	1204	110	220	61
尼泊尔	298	193	187	125	18.7	721	139	180	52
日本	39	6	31	4	123.0	1341	8	21020	79
沙特阿拉伯	292	95	170	67	13.6	568	54	6200	64
斯里兰卡	114	36	71	27	17.0	360	13	420	71

	5岁以下儿童死亡率(‰)		婴儿死亡率(‰)(1岁以下)		总人口(百万)	年出生数(千)	5岁以下儿童年死亡数(千)	人均国民生产总值(美元)	出生时的预期寿命(岁)
	1960	1989	1960	1989	1989	1989	1989	1988	1989
泰国	149	35	103	27	54.9	1137	40	1000	66
土耳其	258	90	190	73	54.8	1566	141	1280	65
新加坡	49	12	36	8	2.7	49	1	9070	74
叙利亚	217	62	135	46	12.1	535	33	1140	66
也门民主共和国	378	192	214	116	11.3	587	113	600	51
伊拉克	222	89	139	65	18.3	770	69	2340	64
伊朗	254	64	169	50	53.4	1756	112	3530	67
以色列	39	12	33	10	4.5	100	1	8650	76
印度	282	145	165	96	835.6	26071	3780	340	59
印度尼西亚	225	100	139	73	180.8	4991	499	440	61
约旦	217	55	135	42	3.9	152	8	1500	67
越南	232	84	156	61	65.3	2016	169	240	62
非洲									
阿尔及利亚	270	102	168	70	24.3	826	84	2360	65
埃及	301	94	179	67	51.2	1737	163	660	60
埃塞俄比亚	294	226	175	133	47.9	2383	539	120	45
安哥拉	345	292	208	173	9.7	460	134	1130	45
贝宁	310	150	185	89	4.5	221	33	390	47
博茨瓦纳	173	87	119	64	1.3	61	5	1010	59
布基纳法索	363	232	205	135	8.8	412	96	210	48
布隆迪	260	196	153	116	5.3	254	50	240	48
多哥	305	150	182	92	3.4	153	23	370	54
刚果	241	112	143	71	2.2	102	11	930	53
几内亚	336	241	203	142	5.6	284	68	430	43
加纳	224	143	132	87	14.6	644	92	400	55
津巴布韦	181	90	110	63	9.4	389	35	650	59
喀麦隆	275	150	163	92	11.4	547	82	1010	53
科特迪瓦	264	139	165	93	11.6	575	80	770	53
肯尼亚	208	111	124	70	23.2	1062	118	370	59
莱索托	208	132	149	97	1.7	70	9	420	57
利比里亚	310	209	184	137	2.5	118	25	450	53
利比亚	269	116	160	78	4.4	191	22	5420	61
卢旺达	248	201	146	119	7.0	356	72	320	49
马拉维	366	258	207	147	8.4	475	123	170	48
马里	369	287	210	166	8.9	456	131	230	45
毛里求斯	104	29	70	22	1.1	19	1	1800	70

	5岁以下儿童死亡率(‰)		婴儿死亡率(‰)(1岁以下)		总人口(百万)	年出生数(千)	5岁以下儿童年死亡数(千)	人均国民生产总值(美元)	出生时的预期寿命(岁)
	1960	1989	1960	1989	1989	1989	1989	1988	1989
毛里塔尼亚	321	217	191	124	2.0	91	20	480	47
摩洛哥	265	116	163	78	24.4	855	99	830	61
莫桑比克	331	297	190	173	15.2	683	203	100	47
南非	192	91	135	69	34.5	1097	100	2290	61
尼日尔	321	225	191	132	7.5	387	87	300	45
尼日利亚	316	170	190	102	105.0	5083	864	290	51
塞拉利昂	385	261	219	151	4.0	195	51	240	42
塞内加尔	299	189	172	85	7.1	321	61	650	48
苏丹	292	175	170	105	24.5	1083	190	480	50
索马里	294	218	175	129	7.3	358	78	170	46
坦桑尼亚	249	173	147	103	26.3	1329	230	160	54
突尼斯	254	66	159	51	8.0	242	16	1230	66
乌干达	223	167	133	100	18.1	942	157	280	52
赞比亚	228	125	135	78	8.1	417	52	290	54
扎伊尔	269	132	158	81	34.5	1574	208	170	53
乍得	325	219	195	129	5.5	245	54	160	46
中非	308	219	183	129	3.0	134	29	380	49
欧洲									
阿尔巴尼亚	151	30	112	25	3.2	74	2	790	72
爱尔兰	36	11	31	9	3.7	65	1	7750	74
奥地利	43	10	37	8	7.6	86	1	15470	75
保加利亚	69	17	49	14	9.0	111	2	4150	72
比利时	35	12	31	10	9.8	116	1	14490	75
波兰	70	18	62	16	38.2	596	11	1860	72
丹麦	25	10	22	8	5.1	57	1	18450	76
联邦德国	39	10	33	8	61.3	668	7	18480	75
民主德国	45	9	38	8	16.3	204	2	7180	74
法国	34	9	29	8	56.0	761	7	16090	76
芬兰	28	7	22	6	5.0	61	0	18590	75
荷兰	21	8	18	7	14.9	192	2	14520	77
捷克斯洛伐克	33	13	27	11	15.6	214	3	5820	71
罗马尼亚	82	34	69	27	23.2	357	12	2560	70
南斯拉夫	113	27	92	24	23.7	339	9	2520	72
挪威	22	10	19	8	4.2	52	1	19990	77
葡萄牙	112	16	81	13	10.3	134	2	3650	74
瑞典	20	7	16	6	8.4	113	1	19300	77
瑞士	26	9	22	7	6.6	78	1	27500	77

	5岁以下儿童死亡率(‰)		婴儿死亡率(‰)(1岁以下)		总人口(百万)	年出生数(千)	5岁以下儿童年死亡数(千)	人均国民生产总值(美元)	出生时的预期寿命(岁)
	1960	1989	1960	1989	1989	1989	1989	1988	1989
苏联	53	35	38	25	286.5	5214	182	4550	71
西班牙	57	10	47	9	39.1	457	5	7740	77
希腊	64	12	53	11	10.0	114	1	4800	76
匈牙利	57	17	51	16	10.6	119	2	2460	70
意大利	50	11	44	10	57.1	554	6	13330	76
英国	27	10	23	8	57.1	788	8	12810	76
美洲									
阿根廷	75	36	61	31	31.9	667	24	2520	71
巴拉圭	134	61	86	41	4.2	143	9	1180	67
巴拿马	105	33	69	23	2.4	62	2	2120	72
巴西	159	85	116	61	147.4	4127	351	2160	65
秘鲁	233	119	142	84	21.1	633	75	1300	62
玻利维亚	282	165	167	105	7.1	302	50	570	54
多米尼加	199	80	125	63	7.0	215	17	720	66
厄瓜多尔	184	85	124	61	10.3	333	28	1120	66
哥伦比亚	157	50	99	39	32.3	870	44	1180	69
哥斯达黎加	121	22	84	18	2.9	81	2	1690	75
古巴	87	14	62	11	10.5	189	3	1170	76
海地	270	133	182	94	6.4	230	31	380	55
洪都拉斯	232	103	144	66	5.0	195	20	860	65
加拿大	33	9	28	7	26.3	363	3	16960	77
美国	29	12	26	10	247.3	3685	44	19840	76
墨西哥	140	51	92	41	86.7	2446	125	1760	69
尼加拉瓜	209	92	140	59	3.7	154	14	830	64
萨尔瓦多	207	90	143	61	5.1	184	17	940	64
特立尼达和多巴哥	67	18	54	15	1.3	33	1	3350	71
危地马拉	230	97	125	56	8.9	359	35	900	63
委内瑞拉	114	44	81	35	19.2	577	25	3250	70
乌拉圭	57	27	51	23	3.1	54	1	2470	72
智利	143	27	114	20	13.0	307	8	1510	72
牙买加	89	21	63	16	2.4	56	1	1070	73
大洋洲									
澳大利亚	25	9	21	8	16.7	246	2	12340	76
新西兰	26	12	23	10	3.4	55	1	10000	75

营养状况

	低出生体重婴儿的比重(%) 1980～1988	母乳喂养婴儿的比重(%) 1980～1988			营养不良儿童的比重(%) 1980～1989				人均粮食生产指数(1979～1981＝100) 1989	每人每天热卡摄取与所需之比(%) 1984～1986	家庭收入用于购买食品与谷类的比重(%) 1980～1985	
					低体重(0～4岁)		消瘦(12～23个月)中度和重度	发育迟缓(24～59个月)中度和重度				
		3个月	6个月	12个月	中度和重度	重度					食品	谷类
亚洲												
中国	9	65	55	…	21	3	8	41	129	111	61	…
阿富汗	20	…	…	…	…	…	…	…	…	94	…	…
阿拉伯联合酋长国	7	…	…	…	…	…	…	…	…	…	…	…
阿曼	7	75	55	20	…	…	…	…	…	…	…	…
巴基斯坦	25	87	74	51	52	10	17	42	105	97	54	17
不丹	…	90	90	90	38	…	4	56	121	…	…	…
朝鲜	…	…	…	…	…	…	…	…	108	135	…	…
南朝鲜	9	58	40	27	…	…	…	…	99	122	35	14
菲律宾	18	…	74	…	33	2	7	42	88	104	51	20
柬埔寨	…	[illegible]	93	72	20	3	…	…	145	98	…	…
科威特	7	47	32	12	6	…	2	14	…	…	…	…
老挝	39	…	99	93	37	…	20	44	120	104	…	…
黎巴嫩	10	50	40	15	…	…	…	…	…	125	…	…
马来西亚	10	88	…	…	…	…	…	…	153	121	30	…
蒙古	10	…	…	…	…	…	…	…	90	116	…	…
孟加拉国	28	91	86	82	71	31	28	70	98	83	59	36
缅甸	16	…	…	…	38	…	17	75	120	119	…	…
尼泊尔	…	92	92	82	…	…	…	…	106	93	57	38
日本	5	72	52	…	…	…	…	…	96	122	16	4
沙特阿拉伯	6	91	52	…	…	…	…	…	252	125	…	…
斯里兰卡	28	95	81	68	38	9	19	34	87	110	43	18
泰国	12	83	79	68	26	4	10	28	108	105	30	7
土耳其	7	99	91	51	12	1	…	…	92	125	40	8
新加坡	7	…	…	…	14	…	4	11	93	124	19	…
叙利亚	11	88	72	41	25	2	…	…	64	131	…	…
也门民主共和国	…	74	66	34	53	…	15	61	92	…	…	…
伊拉克	9	76	45	19	…	…	…	…	99	124	…	…
伊朗	5	…	…	…	43	…	23	55	80	138	37	10
以色列	7	…	…	…	…	…	…	…	102	118	22	…
印度	30	…	…	…	41	6	…	…	118	100	52	18
印度尼西亚	14	98	97	76	51	1	11	46	124	116	48	21
约旦	5	80	70	50	…	…	…	…	105	121	35	…
越南	18	…	…	…	42	14	12	60	113	105	…	…
非洲												
阿尔及利亚	9	…	…	…	10	…	4	14	93	112	…	…

	低出生体重婴儿的比重(%) 1980～1988	母乳喂养婴儿的比重(%) 1980～1988			营养不良儿童的比重(%) 1980～1989				人均粮食生产指数（1979～1981=100) 1989	每人每天热卡摄取与所需之比(%) 1984～1986	家庭收入用于购买食品与谷类的比重(%) 1980～1985	
		3个月	6个月	12个月	低体重(0～4岁) 中度和重度	重度	消瘦（12～23个月）中度和重度	发育迟缓（24～59个月）中度和重度			食品	谷类
埃及	5	90	87	81	13	3	2	32	107	132	50	10
埃塞俄比亚	…	…	97	95	38	…	19	43	91	71	50	24
安哥拉	17	…	…	…	…	…	…	…	80	82	…	…
贝宁	8	90	90	76	…	…	…	…	122	95	37	12
博茨瓦纳	8	96	93	73	15	…	19	51	69	96	35	13
布基纳法索	…	98	98	97	…	…	…	…	114	86	…	…
布隆迪	9	…	95	90	38	10	10	60	88	97	…	…
多哥	20	99	90	58	24	6	10	37	93	97	…	…
刚果	16	100	98	90	17	3	10	23	96	117	42	19
几内亚	…	100	90	85	…	…	…	…	88	77	…	…
加纳	17	91	90	72	27	6	15	39	111	76	50	…
津巴布韦	15	98	96	84	12	2	2	31	94	89	40	9
喀麦隆	13	92	90	77	17	…	2	43	95	88	24	8
科特迪瓦	14	87	84	78	12	2	17	20	92	110	40	14
肯尼亚	15	86	82	67	…	…	10	42	103	92	39	16
莱索托	11	…	87	…	16	2	7	23	72	101	…	…
利比里亚	…	96	92	70	…	…	…	…	92	102	…	…
利比亚	…	…	…	…	…	…	…	…	110	153	…	…
卢旺达	17	97	97	74	…	…	…	…	72	81	30	11
马拉维	20	…	…	96	24	…	8	61	86	102	55	28
马里	17	91	…	82	31	9	16	34	99	86	57	22
毛里求斯	9	79	55	40	24	…	16	22	94	121	24	7
毛里塔尼亚	11	91	86	67	31	…	24	37	87	92	…	…
摩洛哥	…	87	81	70	16	4	6	34	125	118	40	12
莫桑比克	20	99	96	…	57	8	…	…	82	69	…	…
南非	12	…	…	…	…	…	…	…	93	120	26	…
尼日尔	15	65	30	15	49	…	23	38	84	100	…	…
尼日利亚	20	98	80	60	…	…	21	…	95	90	52	18
塞拉利昂	17	99	98	92	23	2	14	…	87	81	56	22
塞内加尔	11	94	94	82	22	6	8	28	103	99	50	15
苏丹	…	91	86	72	41	8	13	…	83	88	60	…
索马里	…	92	78	54	…	…	…	…	97	90	…	…
坦桑尼亚	14	100	90	70	48	6	17	…	90	96	64	32
突尼斯	8	95	92	71	10	2	4	23	89	123	37	7
乌干达	…	85	70	20	23	5	4	25	85	95	…	…
赞比亚	14	…	…	93	28	…	…	…	96	92	37	8
扎伊尔	13	100	100	86	…	…	…	…	92	98	55	15
乍得	…	…	…	…	…	…	…	…	98	69	…	…
中非	15	…	…	…	…	…	…	…	90	86	…	…

	低出生体重婴儿的比重(%) 1980～1988	母乳喂养婴儿的比重(%) 1980～1988			营养不良儿童的比重(%) 1980～1989				人均粮食生产指数(1979～1981=100) 1989	每人每天热卡摄取与所需之比(%) 1984～1986	家庭收入用于购买食品与谷类的比重(%) 1980～1985	
		3个月	6个月	12个月	低体重(0～4岁) 中度和重度	低体重(0～4岁) 重度	消瘦(12～23个月)中度和重度	发育迟缓(24～59个月)中度和重度			食品	谷类
欧洲												
阿尔巴尼亚	7	…	…	…					96	114	…	…
爱尔兰	4	…	…	…					103	146	22	4
奥地利	6	41	…	…					106	130	16	2
保加利亚	6	…	…	…					102	145	…	…
比利时	5	…	…	…					118	146	15	2
波兰	8	32	25	…					106	126	29	…
丹麦	6	…	…	…					123	131	13	2
联邦德国	6	…	…	…					109	130	12	2
民主德国	6	…	…	…					113	145	…	…
法国	5	…	…	…					102	130	16	2
芬兰	4	…	7	…					110	113	16	3
荷兰	…	33	…	…					111	121	13	2
捷克斯洛伐克	6	…	…	…					122	141	…	…
罗马尼亚	6	…	…	…					107	127	…	…
南斯拉夫	7	…	…	…					97	139	27	…
挪威	4	…	…	…					111	120	15	2
葡萄牙	5	29	12	7					111	128	34	…
瑞典	4	47	23	…					98	113	13	2
瑞士	5	…	…	…					101	128	17	…
苏联	6	…	…	…					113	133	…	…
西班牙	1	…	…	…					109	137	24	3
希腊	6	…	…	…					102	147	30	…
匈牙利	10	86	…	…					113	135	25	…
意大利	7	…	…	…					100	139	19	2
英国	7	26	22	…					104	128	12	2
美洲												
阿根廷	…	66	36	14	…	…	…	…	85	136	35	4
巴拉圭	7	80	70	45	32	1	…	…	120	123	30	6
巴拿马	8	62	53	…	16	…	7	24	88	107	38	7
巴西	8	66	58	34	5	…	2	31	117	111	35	9
秘鲁	9	82	71	55	13	2	3	43	98	93	35	8
玻利维亚	12	…	…	…	13	3	2	51	100	89	33	…
多米尼加	16	…	…	…	13	2	3	26	99	109	46	13
厄瓜多尔	11	86	74	48	17	0	4	39	109	89	30	…
哥伦比亚	8	80	55	36	12	2	1	27	105	110	29	…
哥斯达黎加	10	61	38	22	6	…	3	8	89	124	33	8
古巴	8	…	…	…	…	…	1	…	108	135	…	…

	低出生体重婴儿的比重(%) 1980～1988	母乳喂养婴儿的比重(%) 1980～1988			营养不良儿童的比重(%) 1980～1989				人均粮食生产指数 (1979～1981＝100) 1989	每人每天热卡摄取与所需之比(%) 1984～1986	家庭收入用于购买食品与谷类的比重(%) 1980～1985	
		3个月	6个月	12个月	低体重(0～4岁) 中度和重度	低体重(0～4岁) 重度	消瘦(12～23个月)中度和重度	发育迟缓(24～59个月)中度和重度			食品	谷类
海地	17	…	92	80*	37	3	17	51	89	84	…	…
洪都拉斯	20	83	55	…	21	4	2	34	89	92	39	…
加拿大	6	53	30	…	…	…	…	…	103	129	11	2
美国	7	33	24	…	…	…	…	…	95	138	13	2
墨西哥	15	62	52	36	…	…	…	…	100	135	35	…
尼加拉瓜	15	…	…	71	11	1	…	22	59	110	…	…
萨尔瓦多	15	84	77	55	15	…	…	…	87	94	33	12
特立尼达和多巴哥	…	59	50	14	7	0	5	4	96	126	…	…
危地马拉	14	97	93	83	34	8	3	68	104	105	36	10
委内瑞拉	9	50	40	30	6	…	4	7	78	102	38	…
乌拉圭	8	50	43	…	7	2	…	16	113	100	31	7
智利	7	81	57	20	3	…	1	10	111	106	29	7
牙买加	8	95	82	43	7	1	6	7	81	116	39	…
大洋洲												
澳大利亚	6	56	40	10	…	…	…	…	96	125	13	2
新西兰	5	…	…	…	…	…	…	…	103	129	12	2

卫生状况

	享有安全饮用水的人口比重(%) 1985～1988			享有医疗保健服务的人口比重(%) 1985～1988			完成全程免疫的百分比 1981/1988～1989					口服补液疗法使用率(%) 1987～1988
							1岁儿童				孕妇破伤风免疫	
	总计	城市	农村	总计	城市	农村	卡介苗	百白破	小儿麻痹	麻疹疫苗		
亚洲												
中国	…	85	…	…	…	…	…/98	…/95	…/96	…/95	…	30
阿富汗	21	38	17	29	80	17	8/38	3/33	3/33	6/22	3/20	11
阿拉伯联合酋长国	…	…	…	90	…	…	18/92	45/84	45/84	42/66	…	13
阿曼	53	90	49	91	100	90	49/92	9/96	9/96	6/94	27/70	19
巴基斯坦	44	83	27	55	99	35	11/78	3/73	3/73	2/64	1/31	42
不丹	…	…	19	65	…	…	36/86	13/70	11/76	21/36	…/42	40
朝鲜	…	…	…	…	…	…	52/99	52/94	51/96	31/97	…	52
南朝鲜	77	90	48	93	97	86	42/86	61/86	62/87	5/96	…	…
菲律宾	52	49	54	…	…	…	61/89	51/79	44/78	…/83	37/43	14
柬埔寨	3	10	2	53	80	50	…/42	…/22	…/22	…/20	…/22	6
科威特	…	97	…	100	…	…	…/3	54/92	76/92	66/93	30/…	4
老挝	21	28	20	67	…	…	4/29	7/21	7/22	7/20	2/4	30
黎巴嫩	93	95	85	…	…	…	…	…	…	…	…	10

	享有安全饮用水的人口比重(%)1985～1988			享有医疗保健服务的人口比重(%)1985～1988			完成全程免疫的百分比1981/1988～1989					口服补液疗法使用率(%)1987～1988
							1岁儿童				孕妇破伤风免疫	
	总计	城市	农村	总计	城市	农村	卡介苗	百白破	小儿麻痹	麻疹疫苗		
马来西亚	84	96	76	…	…	…	91/99	54/72	61/72	…/50	20/54	20
蒙古	…	…	…	…	…	…	53/92	99/84	99/85	…/86	…/…	59
孟加拉国	46	24	49	45	…	…	1/89	1/49	1/49	…/52	1/57	32
缅甸	27	36	24	33	100	11	15/66	5/50	…/45	…/50	6/42	21
日本	…	…	…	…	…	…	85/85	…/83	…	…/73	…	…
沙特阿拉伯	97	100	88	97	100	88	49/97	53/96	52/96	12/86	…/50	32
斯里兰卡	40	82	29	93	…	…	58/97	45/89	49/87	…/81	48/39	77
泰国	64	56	66	70	85	80	71/98	52/84	22/84	…/66	27/70	30
土耳其	78	95	63	…	…	…	42/16	64/74	69/74	52/67	…/15	…
叙利亚	75	98	54	75	92	60	36/93	14/93	14/93	14/86	3/93	31
也门民主共和国	45	97	26	38	…	…	14/71	21/53	21/53	33/45	…/8	7
伊拉克	87	100	54	93	97	78	76/94	13/83	16/83	33/82	4/56	51
伊朗	76	95	55	80	95	65	6/90	29/88	47/89	48/89	2/56	38
以色列	…	…	…	…	…	…	70/…	84/87	91/93	69/86	…	…
印度	57	76	50	…	…	…	12/89	31/83	7/82	…/69	24/69	23
印度尼西亚	38	43	36	80	…	…	55/85	…/75	…/77	…/68	10/41	56
约旦	96	100	88	97	98	95	…	81/94	87/94	40/84	2/26	53
越南	46	70	39	80	100	75	…/80	…/68	…/68	…/71	…	17
非洲												
阿尔及利亚	68	85	55	85	100	80	59/96	33/81	30/81	17/73	…	16
埃及	73	92	56	…	…	…	71/75	82/81	84/81	65/83	10/58	83
埃塞俄比亚	16	69	9	46	…	…	10/44	6/26	7/26	7/23	…/24	38
安哥拉	30	87	15	30	…	…	…/46	…/18	…/19	…/42	…/23	12
贝宁	52	80	34	18	…	…	…/74	…/42	…/42	…/41	…/60	26
博茨瓦纳	54	84	46	89	100	85*	80/99	64/89	71/88	68/80	32/79	64
布基纳法索	67	43	69	49	51	48*	16/83	2/49	2/49	23/72	11/51	16
布隆迪	26	98	21	61	…	…	65/99	38/82	6/82	30/73	25/80	30
多哥	55	99	41	61	…	…	44/91	9/55	9/55	47/62	57/63	21
刚果	21	42	7	83	97	70	92/90	42/79	42/79	49/75	…/47	6
几内亚	19	41	12	47	100	40	4/31	…/16	…/16	15/27	5/6	1
加纳	56	93	39	60	92	45	67/99	22/51	25/51	23/65	11/19	21
津巴布韦	…	…	32	71	100	62	64/80	39/76	38/75	56/70	…/58	26
喀麦隆	33	43	24	41	44	39	8/69	5/53	5/51	16/48	…/32	24
科特迪瓦	19	30	10	30	61	11	70/47	42/42	34/42	28/41	25/34	16
肯尼亚	30	61	21	…	…	…	…/90	…/77	…/78	…/65	…/62	54
莱索托	36	65	30	80	…	…	81/78	56/77	54/81	49/75	…	68
利比里亚	55	100	23	39	50	30	87/62	39/28	26/28	99/55	60/20	9
利比亚	97	100	90	…	…	…	55/90	55/84	55/84	57/70	6/9	60

	享有安全饮用水的人口比重(%) 1985～1988			享有医疗保健服务的人口比重(%) 1985～1988			完成全程免疫的百分比 1981/1988～1989					口服补液疗法使用率(%) 1987～1988
							1岁儿童				孕妇破伤风免疫	
	总计	城市	农村	总计	城市	农村	卡介苗	百白破	小儿麻痹	麻疹疫苗		
卢旺达	50	79	48	27	60	25	51/92	17/84	15/83	42/83	5/87	24
马拉维	56	97	50	80	…	…	86/96	66/90	68/89	65/84	…/72	14
马里	17	46	10	15	…	…	19/85	…/26	…/26	…/40	1/38	3
毛里求斯	100	100	100	100	100	100	87/90	82/87	82/88	…/82	1/63	7
毛里塔尼亚	…	73	100	30	…	10	57/79	18/28	18/28	45/45	1/21	23
摩洛哥	60	100	25	70	100	50	…/91	43/79	45/79	…/82	…/45	45
莫桑比克	16	38	9	39	100	30	46/51	56/39	32/39	32/48	…/43	14
尼日尔	47	35	49	41	99	30	28/25	6/12	6/11	19/12	3/18	35
尼日利亚	46	100	20	40	75	30	23/72	24/58	24/57	55/59	11/21	35
塞拉利昂	25	68	7	…	…	…	35/74	15/34	13/34	28/37	10/79	31
塞内加尔	53	79	38	40	…	…	…/85	…/47	…/53	…/48	…/37	27
苏丹	21	60	10	51	90	40	3/65	1/52	1/52	1/43	1/32	25
索马里	34	58	22	27	50	15	3/31	2/18	2/18	3/30	5/21	12
坦桑尼亚	56	90	42	76	99	72	78/93	58/85	49/82	76/83	36/48	14
突尼斯	68	100	31	90	100	80	65/82	36/93	37/93	65/92	2/32	48
乌干达	20	37	18	61	90	57	18/77	9/40	8/41	22/49	20/14	14
赞比亚	59	76	41	75	100	50	72/92	44/83	77/81	21/80	…/45	59
扎伊尔	33	52	21	26	40	17	34/54	18/38	18/38	23/40	…/24	18
乍得	…	…	…	30	…	…	…/59	…/20	…/20	…/32	…/42	2
中非	…	13	…	45	…	…	…/91	…/59	…/56	…/62	…/40	15
欧洲												
阿尔巴尼亚							93/94	94/96	92/94	90/96		
爱尔兰							…/80	36/43	76/72	…/68		
奥地利							90/90	90/90	90/90	90/60		
保加利亚							97/99	97/99	98/99	98/99		
比利时							…	95/80	99/95	50/75		
波兰							95/95	95/98	95/99	65/96		
丹麦							95/…	85/88	97/100	…/80		
联邦德国							40/79	50/94	80/94	35/47		
民主德国							95/99	80/95	90/97	95/98		
法国							80/80	79/95	80/95	…/60		
芬兰							90/91	92/90	90/90	70/95		
荷兰							…	97/94	97/94	93/93		
捷克斯洛伐克							95/99	95/99	95/99	95/91		
罗马尼亚							…/95	…/96	…/95	…/79		
南斯拉夫							99/89	90/91	95/92	95/93		
挪威							…	…/87	…/84	…/84		
葡萄牙							74/86	75/91	16/92	70/100		
瑞典							…/14	99/99	99/98	56/94		
瑞士							…/90	…/90	…/98	…/90		

	享有安全饮用水的人口比重(%) 1985～1988			享有医疗保健服务的人口比重(%) 1985～1988			完成全程免疫的百分比 1981/1988～1989					口服补液疗法使用率(%) 1987～1988
							1岁儿童				孕妇破伤风免疫	
	总计	城市	农村	总计	城市	农村	卡介苗	百白破	小儿麻痹	麻疹疫苗		
苏联							…/93	95/79	95/80	95/79		
西班牙							…	…/73	…/73	…/84		
希腊							95/…	95/83	95/98	…/82		
匈牙利							99/99	99/99	98/99	99/99		
意大利							…/30	…/85	…/85	…/50		
英国							…/75	44/75	71/87	52/80		
美洲												
阿根廷	56	63	17	71	80	21	63/93	46/74	38/81	73/78	…	…
巴拉圭	29	53	8	60	90	38	42/58	28/67	26/71	16/58	6/54	…
巴拿马	83	100	64	80	95	64	77/90	49/71	50/71	53/75	…/27	41
巴西	78	85	56	…	…	…	62/70	47/54	99/97	73/58	…	39
秘鲁	55	73	17	60	…	…	63/61	18/58	18/59	24/52	4/12	10
玻利维亚	44	75	13	63	90	36	30/70	13/40	15/50	17/70	…/20	26
多米尼加	63	85	33	80	…	…	34/40	27/46	42/75	17/46	26/24	51
厄瓜多尔	58	81	31	75	92	40	82/91	26/54	19/63	31/56	4/5	24
哥伦比亚	92	100	76	60	…	…	57/90	20/75	22/92	26/73	6/40	12
哥斯达黎加	91	100	83	80	100	63	81/87	83/88	85/91	71/88	…/90	78
古巴	…	…	…	…	…	…	97/96	67/94	82/94	49/97	…	75
海地	38	59	30	50	…	…	60/40	14/50	3/50	…/31	…/15	35
洪都拉斯	50	56	45	73	85	65	46/75	38/77	37/83	38/86	11/16	66
加拿大	…	…	…	…	…	…	…	…/85	…/85	…/85	…	…
美国	…	…	…	…	…	…	…	…/97	…/97	96/98	…	…
墨西哥	77	89	47	45	…	…	41/80	41/65	85/96	33/85	…	72
尼加拉瓜	49	76	11	83	100	60	65/90	23/64	52/82	20/61	…/25	38
萨尔瓦多	52	68	40	56	80	40	47/62	42/64	38/72	44/73	20/19	45
特立尼达和多巴哥	98	100	95	99	…	…	…	52/77	55/77	…/59	…/60	60
危地马拉	38	72	14	34	47	25	29/38	42/51	42/57	8/52	1/18	17
委内瑞拉	90	93	65	…	…	…	77/68	54/55	75/67	43/49	…	30
乌拉圭	85	95	27	82	…	…	76/97	57/82	58/82	95/75	18/13	40
智利	94	98	71	97	…	…	100/95	97/95	96/95	93/91	…	…
牙买加	96	99	93	90	…	…	…/100	39/85	37/84	…/71	50/50	15
大洋洲												
澳大利亚							…	…	…	…/68	…	…
新西兰							…	…/97	…/97	96/98	…	…

妇 女 状 况

	女性预期寿命与男性预期寿命之比(男性=100) 1987	妇女采用避孕措施的比重(%) 1980～1988	孕妇接种破伤风疫苗的比重(%) 1988～1989	由保健人员接生的新生儿比重(%) 1983～1988	孕妇死亡率(1/万) 1980～1988
亚洲					
中国	105.9	74	…	…	44
阿富汗	102.4	2	20	8	690
阿拉伯联合酋长国	105.8	…	…	96	…
阿曼	104.7	…	70	60	…
巴基斯坦	100.0	8	31	24	500
不丹	98.0	…	42	7	1710
朝鲜	109.0	…	…	65	41
南朝鲜	109.0	70	…	70	26
菲律宾	106.5	45	43	57	93
柬埔寨	104.1	…	22	47	…
科威特	105.6	…	…	99	6
老挝	106.3	…	4	…	…
黎巴嫩	106.3	…	…	…	…
马来西亚	105.9	51	54	82	59
蒙古	103.3	…	…	99	100
孟加拉国	98.1	25	57	5	600
缅甸	106.8	5	42	57	140
尼泊尔	98.1	14	26	6	830
日本	107.9	64	…	100	16
沙特阿拉伯	106.5	…	50	74	…
斯里兰卡	105.8	62	39	87	60
泰国	106.3	66	70	40	50
土耳其	106.3	51	15	78	210
新加坡	108.5	74	90	100	5
叙利亚	106.3	20	93	37	280
也门民主共和国	100.0	…	8	…	…
伊拉克	103.2	…	58	69	480
伊朗	98.5	23	56	82	120
以色列	105.4	…	…	100	5
印度	101.7	34	69	33	340
印度尼西亚	105.0	48	41	31	450
约旦	104.6	26	26	83	…
越南	106.7	20	…	…	140
非洲					
阿尔及利亚	103.1	7	…	15	130

	女性预期寿命与男性预期寿命之比（男性＝100）1987	妇女采用避孕措施的比重(％)1980～1988	孕妇接种破伤风疫苗的比重(％)1988～1989	由保健人员接生的新生儿比重(％)1983～1988	孕妇死亡率(1/万)1980～1988
埃及	103.4	38	58	47	320
埃塞俄比亚	106.8	2	24	14	…
安哥拉	106.8	1	23	15	…
贝宁	106.7	9	60	45	…
博茨瓦纳	110.7	33	79	77	250
布基纳法索	108.7	1	51	30	810
布隆迪	106.4	7	80	21	…
多哥	107.7	12	63	15	…
刚果	109.8	…	47	…	900
几内亚	102.3	1	6	25	…
加纳	105.7	13	19	40	1000
津巴布韦	107.0	43	58	69	480
喀麦隆	105.8	2	32	…	300
科特迪瓦	107.8	3	34	20	…
肯尼亚	107.0	27	62	28	170
莱索托	117.3	5	…	40	…
利比里亚	101.9	6	20	87	…
利比亚	105.0	…	9	76	80
卢旺达	106.3	10	87	22	210
马拉维	102.1	7	72	45	100
马里	107.0	3	38	27	…
毛里求斯	107.5	75	63	85	100
毛里塔尼亚	106.7	1	21	20	…
摩洛哥	105.0	36	45	29	300
莫桑比克	106.5	4	43	28	300
南非	110.3	48	…	…	83
尼日尔	106.8	1	18	47	420
尼日利亚	108.2	6	21	40	800
塞拉利昂	107.5	…	79	25	450
塞内加尔	104.3	5	37	50	600
苏丹	106.1	9	32	20	660
索马里	106.8	…	21	2	1100
坦桑尼亚	105.8	1	48	60	340
突尼斯	101.5	50	32	68	310
乌干达	106.0	5	14	45	300
赞比亚	103.8	1	45	…	150
扎伊尔	105.9	1	24	…	…

	女性预期寿命与男性预期寿命之比（男性＝100）1987	妇女采用避孕措施的比重（%）1980～1988	孕妇接种破伤风疫苗的比重（%）1988～1989	由保健人员接生的新生儿比重（%）1983～1988	孕妇死亡率（1/万）1980～1988
乍得	106.7	1	42	24	960
中非	110.6	…	40	66	600
欧洲					
阿尔巴尼亚	107.1	…	…	…	…
爱尔兰	106.9	…	…	…	12
奥地利	109.9	71	…	…	7
保加利亚	108.7	76	…	100	13
比利时	108.3	95	…	100	9
波兰	111.8	75	…	100	11
丹麦	108.2	…	…	100	11
联邦德国	108.3	78	…	100	11
民主德国	108.5	…	…	99	16
法国	111.1	79	…	99	14
芬兰	111.3	80	…	100	6
荷兰	108.1	76	…	100	5
捷克斯洛伐克	110.3	95	…	100	10
罗马尼亚	107.4	58	…	100	150
南斯拉夫	108.7	55	…	86	22
挪威	108.1	71	…	100	2
葡萄牙	110.0	66	…	87	12
瑞典	108.1	78	…	100	5
瑞士	109.5	71	…	99	5
苏联	113.6	…	…	98	48
西班牙	108.1	59	…	96	11
希腊	105.4	…	…	97	9
匈牙利	110.4	73	…	99	26
意大利	108.2	78	…	100	10
英国	106.8	83	…	100*	9
美洲					
阿根廷	108.8	74	…	…	44
巴拉圭	106.2	45	54	22	380
巴拿马	105.7	58	27	89	57
巴西	107.9	66	…	95	120
秘鲁	106.7	46	12	44	88
玻利维亚	107.7	30	20	36	480
多米尼加	107.8	50	24	57	74
厄瓜多尔	106.3	44	5	27	190

	女性预期寿命与男性预期寿命之比（男性＝100）1987	妇女采用避孕措施的比重(%) 1980～1988	孕妇接种破伤风疫苗的比重（%）1988～1989	由保健人员接生的新生儿比重(%) 1983～1988	孕妇死亡率（1/万）1980～1988
哥伦比亚	107.6	65	40	51	110
哥斯达黎加	105.5	70	90	96	36
古巴	104.1	60	…	…	29
海地	105.6	7	5	40	230
洪都拉斯	108.1	35	16	50	50
加拿大	109.5	73	…	99	3
美国	109.7	68	…	99	8
墨西哥	110.6	53	…	94	82
尼加拉瓜	104.8	27	25	41	47
萨尔瓦多	111.7	47	19	35	70
特立尼达和多巴哥	107.2	53	60	98	54
危地马拉	106.6	23	18	34	110
委内瑞拉	109.0	49	…	82*	59
乌拉圭	110.1	…	13	97	38
智利	110.3	43	…	98	47
牙买加	105.6	52	50	89	110
大洋洲					
澳大利亚	109.6	…	…	99	8
新西兰	108.3	70	…	99	6

卫生事业第八个五年计划及2000年规划设想（摘要）

（草　　案）

一、规划背景

1. 健康水平

人口出生、死亡情况　人口出生率由1949年的36‰，下降到1989年的20.83‰，死亡率由20‰，下降到6.50‰，自然增长率由16‰，下降到14.33‰。逐步由高出生、高死亡向低出生、低死亡、低增长率转变。

平均期望寿命　由解放前的35岁提高到1985年的69岁，接近发达国家水平。

婴幼儿死亡率　婴儿死亡率，由解放前的200‰左右，下降到1981年的34.7‰，(有关方面估计80年代实际值为40‰)，大大低于发展中国家平均水平。1～4岁儿童死亡率由70年代中期的9.1‰，下降到1987年的2.5‰。

孕产妇死亡率　由解放前的15‰，下降到0.5‰（有关方面估计实际值约为1‰），也大大低于发展中国家平均水平。

医疗需求　据城、乡卫生服务调查，我国居民两周每千人口患病日数、卧床人数，城市略高于

WHO7 国 12 地区70年代中期平均水平，农村低于该平均水平（由于对疾病认识和健康意识的差别，该指标与发达国家不完全可比）。

疾病 传染病、营养不良性疾病发病、死亡率大幅度下降，19 种主要传染病报告发病率由 1980 年的 20.8‰下降到 1989 年的 3.4‰，某些疾病得到基本控制或消灭。疾病构成也发生了较大变化，城市疾病死因构成与发达国家接近。

营养 居民营养及青少年、儿童生长发育状况有相当改善。全国居民每人每天热量、蛋白质摄入量，1982 年与 1959 年相比，分别提高了 21% 和 18%。青少年、儿童各年龄组身高 1985 年同 1979 年相比，增高 1～4 厘米；体重也有明显增加。

2. 卫生服务及资源利用

卫生政策 我国宪法规定了国家发展卫生事业的基本政策，并在实践中形成一整套发展卫生事业、开展卫生工作的具体方针政策。

卫生服务网 城乡已初步形成卫生保健服务网络。

卫生设施 各类医疗、预防、保健、教学、科研等机构设施初具规模。千人口医院病床 2.3 张，其中城市 4.2 张，农村 1.6 张。

卫生人力 有了较大发展。千人口卫生技术人员 3.5 人，其中城市 6.7 人，农村 2.1 人；千人口医师 1.14 人，城市 2.5 人，农村 0.6 人。

卫生服务利用 我国人民平均每人每年看病 5 次，其中在医院就诊 2.5 次，平均每千人口年住院 47.3 人次。与部分发达国家 70 年代中期水平相比，人均就诊次数持平，千人住院人次偏低。

计划免疫 "四苗"接种率以省为单位已达到 85%，相应传染病发病率大幅度下降。

饮水卫生 农村 60%以上人口的饮水条件得到不同程度地改善，其中饮用自来水人口占 30% 以上。

卫生总费用 测算 1987 年，我国卫生总费用为 357 亿元，相当当年国民生产总值的 3.2%。我国人均卫生总费用按美元折算的投入水平与一般发展中国家持平，与发达国家差距甚大。1988 年，卫生事业费占财政总支出的 2.7% 左右，卫生基本建设投资占国家基本建设投资总额的 1.4%左右。

二、战略目标及主要指标

我国政府提出，90 年代至本世纪末，国民生产总值再翻一番，人民物质文化生活达到小康水平。围绕这一战略目标，卫生工作和卫生事业发展的总目标是：

到2000 年，全体人民都能获得基本的卫生保健服务，总体上达到与小康水平相适应的健康水平，实现人人享有卫生保健。

指标 1：平均期望寿命　到 2000 年，在 1990 年基础上提高两岁。男性 66～70 岁，女性 73～74 岁。农村 70～71 岁，城市 72～73 岁。

指标 2：婴儿死亡率　1～4 岁儿童死亡率1995 年，婴儿死亡率在1990年基础上下降10～15%，2000 年，再下降 10～15%，发达地区和城市分别下降5～10%，经济不发达的农村分别下降 15～20%。1～4 岁儿童死亡率，到 1995 年和 2000 年分别下降 20% 和 10%。

指标3：孕产妇死亡率　1995 年在 1990 年基础上下降 20%，2000 年再下降 15～20%，发达地区和城市分别下降 10%左右，经济不发达的农村分别下降 25～30%。

为上述总目标服务，90 年代卫生事业发展、建设及卫生工作的基本目标是：

（一）全国形成以初级卫生保健为基础、不同层次、布局合理，具有综合功能的地区卫生保健网，城乡人民都能就近获得最基本的卫生保健服务。

指标4：95% 以上的行政村建有卫生室，有掌握适宜技术的专业卫生人员，有治疗常见伤病及地方性流行病的常用药物及开展社区综合卫生保健的基本条件。

指标5：90%县、乡卫生机构健全，具备开展业务工作的基本条件，技术力量配套，能够全面开展初级卫生保健各项业务。

指标6：省会城市形成医疗、预防、保健、教学、科研配套、技术比较先进的卫生服务和技术指导中心。县与省之间，形成以中、小城市为依托，向基层、农村辐射的技术服务网络。

（二）积极稳妥地逐步建立起适合我国国情的多种形式的健康保障制度。完善现有公费、劳保医疗制度，扩大互助合作和健康保偿、保险等各种医疗保健形式覆盖面。人民群众承担疾病风险的能力显著提高。

指标7：村卫生组织集体办医 1995 年达到 40% 以上，2000 年达到 80%，互助合作医疗覆盖率至 1995 年达到 50%，2000 年达到 70%以上。

指标8：1995年基本完成公费、劳保医疗制度改革的试点；到2000年，初步形成以保证基本医疗、合理利用资源、落实预防工作、费用由国家、集体、个人合理负担为特征的职工健康保障制度。

（三）基本控制已有有效预防和治疗手段的疾病。减轻传染病、地方病对人民健康的威胁。对慢性、非传染性疾病逐步开展针对危险因素的综合预防。

指标9：到1995年，主要传染病报告发病率比1990年下降20%，到2000年，再下降15%。控制艾滋病扩散。

指标10：1995年基本消灭小儿麻痹、丝虫病；2000年基本消灭麻风；控制疟疾、血吸虫病；结核病和肝炎发病率分别下降30%和20%。

指标11：1995年，受血吸虫病等主要地方病威胁人口下降20%，2000年，再下降20%。对于病因清楚、有预防手段的地方病，要积极采取措施，坚决控制其蔓延流行，到2000年，80%的县达到基本控制或消灭地方病标准。

指标12：显著提高心脑血管和恶性肿瘤的早期诊断、治疗率，降低死亡率；控制高血压患病率，1995年高血压高发区内高血压患者得到有效的管理。2000年高血压患病率下降10～15%，常见恶性肿瘤的五年生存率在原有水平上有所提高。

指标13：食品卫生合格率及县以上工业企业生产环境中有害因素监测点合格率到1995年和2000年在1990在基础上分别提高5%和10%，放射卫生、学校卫生、公共场所及化妆品卫生监督覆盖面及合格率有所提高。

（四）卫生知识基本普及，城乡居民有良好的卫生习惯；全体居民，特别是农村居民基本普及安全的饮水和环卫设备；所有儿童都能接受抗主要传染病的免疫接种；继续改善营养状况。

指标14：农村健康教育覆盖率1995年达到60%，2000年达到80%，其中边远地区达到50%以上。通过各种宣传媒介，教育人们改进生活方式、养成良好的生活习惯。

指标15：控制吸烟危害，到2000年，成年人吸烟率下降10～15%。

指标16：1995年，农村改水受益人口达到85%以上，其中饮用自来水的占35%；2000年85%的农村人口饮用水质量符合“农村饮水卫生标准”。

指标17：农村卫生厕所普及率1995年达到50%，2000年达到70～80%。积极倡导农村开展粪便无害化处理。

指标18：“八五”期间，继续巩固以县为单位计划免疫四苗接种率达到85%，2000年以乡为单位四苗覆盖率达到85%。

指标19：新生儿初生体重低于2500克比重1995年不超过7%，2000年不超过5%。

（五）基本普及妇女和儿童系统保健管理。提供安全、有效的计划生育技术指导。

指标20：孕产妇系统保健覆盖率1995年达到80%，2000年达到90%。

指标21：农村新法接生率2000年达到98%以上；并基本消灭新生儿破伤风。

指标22：儿童系统保健覆盖率1995年达到30%，2000年达到50%。

指标23：1995年，城市和⅔的县开展婚前保健工作；2000年，所有市县开展婚前保健工作。

指标24：节育手术并发症发生率到1995年控制在10/万以下，2000年控制在7/万以下。

（六）人民群众基本医疗需求得到保证，就诊、转诊方便，治疗及时。医疗服务效率显著提高。人口密集地区，群众急救条件得到改善，扩大康复医疗服务。

指标25：实行分层次、按功能、就近就医、逐级转诊的医院分级管理体系。2000年，95%以上的居民步行或乘交通工具半小时距离内可获得基本医疗或转诊服务。

指标26：每千人口医院病床数1995年达到2.5～2.7张。2000年达到2.8～3张，其中城市4.5～4.7张，农村2张左右。

指标27：卫生技术人员2000年每千人口达到3.8人，其中医师数达到1.3人。2000年每千人口医师数达到1.2～1.3人，其中城市2.6人，农村0.8人。

指标28：县及县以上医院平均住院日1995年比1989年减少两天，2000年再减少两天。

指标29：乡镇卫生院病床平均利用率1995年在1989年基础上提高5～10个百分点，2000年中心卫生院病床使用率达到70%以上。

指标30：2000年，8～10%的急诊病例得到院前急救服务。提高对重大危害、事故的应急医疗救护能力。

指标31：2000年，20%慢病、老年病、功能障碍患者可获得康复医疗服务。

指标32：2000年实现确保人人用上安全有效的基本药物，主要生物制品质量可达到WHO认可的国际标准，80%的药品生产车间达到GMP（最优生产程序）要求。

三、发展战略和指导方针

设想到2000年或更长一些时间，我国医疗卫生保健的基本模式将是：

全社会共同承担卫生保健责任，最大限度地调动和合理利用卫生资源，基本控制生存环境对健康的不良影响。全体人民在专业卫生队伍和卫生设施的指导下，积极参与自己及其家庭成员的卫生保健，并积极参与公共卫生行动。

以此为基点，90年代卫生发展战略为：

从国情和现有基础出发，以提高人民健康水平和卫生服务水平为主导，突出预防保健和农村卫生两个战略重点，保障人民群众最基本的医疗保健需求，在医学科研关键领域，追踪国际先进水平。政府负责、部门配合、群众参与，靠技术进步、人才培养、改革政策、挖掘潜力、完善管理和增加投入不断提高卫生资源利用和卫生服务综合效益，实现卫生事业与社会和国民经济协调发展。“八五”期间主要是立足现有基础，理顺关系、调整结构、整顿秩序、提高效益，走内涵与外延发展相结合、以内涵为主的发展道路。“九五”期间，力争创造条件，全面提高卫生设施条件和卫生服务素质，建立起具有中国特色，适合城乡经济发展和人民防病治病需要的卫生工作基础。

实现以上发展战略，应坚持以下指导方针：

1．坚持卫生事业的社会主义方向。坚持党对卫生工作的领导。坚持“救死扶伤”，全心全意为人民服务，以社会效益为最高准则的卫生工作宗旨。

2．全面贯彻预防为主，面向农村、面向基层，现代医药与传统医药协调发展，卫生工作与群众运动相结合的卫生工作方针。

3．增加卫生投资，多渠道开发和筹集卫生资源，完善以公有制为主体，多种所有制形式并存的卫生事业体制。

4．建立“大卫生”观点，把卫生工作的基点转移到转变人们的卫生观念，增进有益健康的行为方式，提高群众自我保健意识和对卫生工作参与程度，制约对健康的诸影响因素，以及与此相关的多部门协调配合方面来。

5．坚持和深化卫生改革，坚决而有秩序地推进卫生管理体制、管理运行机制、医疗保健制度的改革；强化调控、约束机制，不断提高科学管理水平。提高卫生服务综合效益。

6．依靠科学技术进步和人才培养，促进卫生事业发展。

7．分类指导、普及与提高相结合，从不同地区经济、文化、卫生发展不平衡的特点出发，因地制宜地规划发展目标，有针对性地制定政策措施。

8．卫生事业建设要坚持全面规划、综合平衡、量力而行、保证重点。在优先保证卫生工作的战略重点和人民群众最基本的卫生保健需求基础上，争取各条线协调发展。

四、主要对策措施

1．强化政府职责

随着经济和社会发展，人民群众对卫生保健事业的要求将不断增长。享受卫生保健服务是社会主义制度下每个公民的基本权利和基本需求。卫生工作直接关系到中华民族的素质和现代化建设进程，发展卫生事业，提高健康水平是全社会，特别是各级政府和广大卫生工作者所面临的迫切任务。按照我国现行计划、财政和行政管理体制，中央和地方都要对卫生保健事业负责，以地方为主。卫生工作要强化政府职责，各级政府要加强卫生意识。依靠政府领导、组织、协调、监督及相关部门的积极配合，共同努力，创造良好的增进健康及卫生事业发展的环境和条件，保证卫生事业与当地经济和社会事业协调发展。

“八五”期间争取制定和颁布《卫生法》，明确卫生工作与国民经济和社会发展的关系，以国家立法形式确定政府、部门和每个公民对卫生保健事业的责任、权利、义务。

1991年以国务院名义颁发《中国卫生发展与改革纲要》，进一步明确卫生工作战略目标和发展战略，规定基本政策、方针和措施，由中央、地方各级政府组织实施。

卫生事业发展计划主要任务要纳入国家和地方经济、社会发展计划，部门之间分工负责，重大政策措施由政府和政府有关部门给予必要的协调，重点工作任务和技术措施在计划内给予必要的条件保证。

各级卫生部门要主动争取政府对卫生工作的领导，主动开展与有关部门的配合、协调工作，争取各方面对卫生工作的支持。

2. 事业发展与治理整顿、深化改革密切结合

"八五"期间，卫生工作要继续贯彻治理整顿和深化改革方针，前三年要以建立良好的医疗卫生服务秩序为目标，突出地抓好行业内部的治理整顿，保证卫生工作和卫生改革沿着健康的轨道发展。

要在总结十年卫生改革经验和保持卫生改革政策连续、稳定性的基础上，坚定不移地继续完善、推进和深化卫生改革。

90年代卫生改革的方向是：建立起既有活力，又有强有力的宏观调控体系和较完善的内部约束机制的卫生事业体制和管理机制。

改革的重点是：在完善现有改革措施的同时，以保证战略重点和提高卫生服务综合效益为中心，探索对管理观念、体制和管理模式、政策重点和保证措施、服务方式、设施功能等进行结构性调整和改革。

改革的基本原则是：宗旨和目标要明确；重大问题系统研究、综合论证；步子要稳妥，改革或调整措施要先做好理论和舆论准备，选择好出台时机；卫生改革要与宏观经济、政治体制改革相衔接适应、配套进行。

3. 对卫生工作战略重点实行政策倾斜

全面加强预防保健工作，提高卫生部门乃至全民族的预防意识；向广大农民提供有效的卫生保健服务，逐步缩小城乡差别，是九十年代以及今后若干年卫生工作的战略重点。国家和卫生主管部门必须给予强有力的政策指导和切实的条件保证。

预防保健方面：

各项卫生工作都要树立和体现大卫生观念，全面贯彻"预防为主"的战略方针。把预防保健目标纳入政府规划和议事日程，使之成为全社会共同的战略思想和社会发展目标。

坚持"政府组织"，地方负责，部门协调，群众动手，科学治理，社会监督"的爱国卫生工作基本方针和工作方法。强化爱国卫生工作统一领导、统筹协调的作用，保证各项卫生工作任务落实。

随着经济、社会发展和人民文化素质提高，普及以讲究卫生、预防疾病、自我保健、社区参与为重点的健康教育，针对重点人群和突出卫生问题，大力加强诸如戒烟、营养、计划免疫、妇幼卫生、劳动卫生、以及地方病、慢性病、职业病、伤残等卫生宣教工作。把预防工作的基础建立在提高全社会和每一社会成员的健康生活方式上。要把健康教育和卫生宣传工作做为各级各类卫生单位的基本职能之一，并提出具体工作要求和考核监督标准。有计划地设置健康教育网络；利用各种宣传媒介，各有关部门密切配合、不断扩大卫生宣教覆盖面，动员全社会，最大限度地控制和消除影响人民身体健康的各种危险因素。

要通过卫生立法和严格执法，确保预防保健和农村初级卫生保健任务的落实。"八五"期间建立起相对比较完善的各类卫生监督、妇幼保健、主要疾病管理、初级卫生保健的法规、条例、标准、管理办法、工作和技术规范。

理顺预防保健管理体制，健全卫生监督执法体系，完善药品监督法制管理，重视和加强执法条件建设。

继续加强防保机构特别是基层综合性防保机构建设，到"八五"期末，使县及县以上卫生防保机构具备开展疾病常规监测、计划免疫、优生优育、妇幼系列保健服务、卫生监督监测及管理工作的基本条件。

"八五"期间，完成主要生物制品的生产技术改造，保证计划免疫所需生物制品的供应。

预防保健机构体制改革要以面向社会、面向群体、面向基层，发挥综合效益为中心。基层医疗机构要坚持防治结合、以防为主。县以上医院要逐步向医疗、预防、保健型转化，坚持以医疗为中心，扩大预防。

农村卫生方面：

"八五"期间要系统研究和制定新形势下加强农村卫生的指导方针和具体政策，以在广大农村建立起满足基本需求、人人能够得到、农民群众和地方政府都能负担得起的初级卫生保健制度为中心，把农村卫生工作重点放在巩固、完善、加强三级卫生网建设，提高初级卫生保健服务水平、改善农民享受医疗保健质量上。

初级卫生保健工作必须加强政府领导，必须坚持"人民卫生人民办，办好卫生为人民"的基本方针。"八五"期间，在争取国家和地方政府适当增加投入基础上，鼓励社会各部门、农村集体、群众个人集资举办卫生事业。

从实现“2000年人人享有卫生保健”基本目标和各地实际出发，对农村基层卫生组织的组织形式和卫生保健制度进行积极的政策指导，创造条件，扩大集体办医、互相合作医疗覆盖面，提高农民群众在医疗保健方面的社会保障和集体承担风险能力。

各地方要根据卫医字（90）1号文件、中央五部一委《关于我国农村实现2000年人人享有卫生保健的规划目标》要求，组织实施和分阶段落实目标要求，并不断总结经验。

高、中等和成人医学教育都要把为农村培养人才作为突出重点，医学科研和科研管理部门要组织好农村适宜技术的研究、推广、应用。这方面的需求应首先给予保证。同时，注意切实解决农村卫生人员的生活待遇。

“八五”期间建立起相对稳定的城市与农村、内地与老、少、边、穷地区对口支援的工作制度和卫生技术人员下基层定期服务制度。

4. 调整卫生资源分配，逐步增加卫生投人。理顺补偿机制

中央和各级地方政府都要逐步增加卫生事业的投入，不断满足卫生事业发展和开展卫生工作的需要。

要改革和完善卫生财力资源筹集、分配、管理体制，调整结构，提高资源综合利用效益。

力争实现全国卫生总费用占国民生产总值（GNP）比重1995年上升至3.5～4%，2000年上升至4.5～5%。

力争实现卫生事业费以高于国家财政支出递增速率增长。“八五”期间，全国卫生事业费占国家财政总支出比重达到3%以上，“九五”期间，达到4%左右。

力争实现防治防疫和妇幼保健支出以高于卫生事业费递增速率增长。

力争实现用于初级卫生保健的支出以高于卫生总费用递增率增长。

卫生资源分配要体现卫生政策，保证战略重点。各级卫生部门要与有关部门配合，在分析“七五”卫生资源分布变化和各类卫生设施经济形势基础上，调整卫生经费、投资的分配政策和分配比例，不失时机地向预防保健和农村倾斜。

建议“八五”期间，国家和各地方建立部分卫生专项资金，采取项目管理的方式，用于引导、协调和支持预防保健、农村卫生及老、少、边、穷地区卫生事业建设和发展，增强各级卫生部门贯彻国家卫生政策、保证战略重点、协调卫生发展的宏观调控能力。

建议国家建立必要的集资形式，适当集中社会资金，促进卫生事业发展。

建议国家明确，农村集体经济组织收取的集体提留（公积金、公益金、管理费）和农民负担的乡、镇统筹费要确定一定比例，用于基层卫生事业建设和开展初级卫生保健工作。

“八五”期间，要争取有关部门的支持配合，努力理顺医疗卫生服务收费政策和管理体制。“八五”前两年，在清理整顿基础上，统一收费管理办法和作价原则，形成地方性科学、合理、统一的收费管理规范和收费标准，并适当调整过低的收费项目，“八五”期末，医疗机构基本实现按不含工资的成本收费，理顺各类卫生机构收费管理体制和补偿、制约机制。

5. 加强医学教育

卫生人力资源开发是发展卫生事业的基础。90年代，医学教育工作要全面贯彻党的教育方针和卫生工作方针，改革完善教育体制，调整医学教育结构，提高办学效益。真正把培养卫生技术人才的重点放在农村。为90年代以至21世纪初培养和准备卫生人才。

要根据卫生事业发展的需要，全面规划医学教育事业发展。认真调整和安排好高、中级人才培养的层次结构、毕业生流向的分布结构、高中等院校专业结构以及学历教育、成人教育、继续教育等的比例关系。

90年代，高等医学教育要贯彻调整结构、强化管理、提高质量、稳步发展的方针，建议国家教委根据卫生事业发展对卫生人力的需求，统一规划高等医学教育的发展，逐步提高培养能力，优先办好重点院校。

有计划的调增定向招生、定向培养、定向分配比例，办好三年制高等专科教育。

适量培养博士、硕士研究生和学科骨干。

重点加强中等医学教育和以培养乡村医生为目标的卫生职业教育。争取在“八五”期间对乡村医生实施正规的函授轮训。

围绕医学模式转变及医学教育的服务方向和卫生人才培养目标，深化教育体制改革。调整和改进办学模式、课程设置、教学内容、教学方法、教学及临床实习组织管理等。建立在校生参加防病治病、社会实践制度，大力加强医学生在校期间的思想政治和职业道德教育。

“八五”期间，建立起专业卫生技术人员资格认可制度。通过适当的立法形式，严格控制非卫生技术人员流入卫生队伍。对现在在职卫生管理干部，应加强现代化管理科学知识的培训，提高管理素质。

建议国家制定鼓励专业技术人才到农村、边远地区定期服务的有关政策。

要优化教育环境，努力增加智力投资，优先保证改善办学条件、提高教学质量、为农村培养人才和成人教育的资源需求。卫生事业费、基建投资和卫生事业单位的经常性费用要适当增加中等专业学校和在职教育投入。

6．促进医学科技发展

全行业都要树立科学技术是第一生产力的观点，通过医药卫生科学技术进步和适宜技术推广，推动卫生事业发展，提高人民群众健康水平和卫生服务质量。

对基础研究，应用研究、开发研究要合理安排、合理布局。要以应用研究为主，力争在重大疾病防治、优生优育、药物及医药生物技术研究领域产生一批重大成果；要切实加强基础医学重大课题和学科前沿的研究工作，为21世纪医学科学和防病治病提供必要的科学技术储备；要重视高新技术研究及其产品和实用技术的开发。

要把提高人口素质和防治重大疾病的关键性科学技术问题作为医学科研重点，统一规划、加强领导、集中力量、协作攻关。

为配合卫生改革和实现管理、决策的科学化，要加强医药卫生软科学研究。

继续完善和深化科研管理体制改革、统筹协调科研力量，加强科研协作及医、教、研的横向联系，健全和完善科研基金制、有偿合同制、课题承包制。增加科技投入，理顺科研经费管理体制。

制定必要的管理措施，大力支持和促进科技成果向生产的转化，缩短成果应用、推广、普及的周期。“八五”期间争取每年有100项左右科技成果得到推广。

建立和健全科技发展的支持、服务体系，加强科技情报、实验动物、试剂、标准等方面的工作；“八五”期间新建一批国家级和部级重点实验室。对追踪国际水平和居国内学科领先地位的部分骨干科研机构，在科研力量配备、设施条件建设和资金投入上给予切实的保证。

7．改善和加强卫生事业宏观管理

90年代，要在总结历史经验，研究现代管理科学的基础上，逐步形成适合我国特点、科学的卫生事业宏观管理体制，努力建立持续、稳定、协调发展的机制。

加强卫生法制建设，“八五”期间，要建立一批带有根本性的卫生工作法规，到2000年初步形成相对完整、配套的卫生法规体系，把卫生工作和卫生事业发展建设纳入法制管理的轨道。

通过行政的、法规的手段，强化卫生全行业管理。

在试点基础上，逐步试行和推广以区域规划为主体的逐级卫生计划管理体制。在各级政府领导下，针对卫生问题，按照综合效益原则，统筹规划和利用卫生资源。强化卫生计划的宏观指导、综合协调和实施监督、反馈、评价职能。

建立卫生发展、管理的目标指标、工作指标、监督评价指标体系和定期的卫生服务总调查制度以及灵活的、反映及时、准确的综合卫生管理信息系统。

8．健全医疗保健服务体系，改善医疗保健条件

90年代，要控制城市医疗设施发展规模，按照合理布局和效益原则，统一调整配置城市现有卫生资源，重点加强综合医院的专科和城市基层医疗点建设。医疗力量相对饱和的地方，原则上不再增设新的医院和病床。

城市医院要以医疗为中心，扩大预防和卫生服务综合功能，开展以社区为基础的慢病防治和保健服务。

“八五”期间，形成医院分级管理和逐级转诊体系。按各级医院功能、任务和业务范围，调整服务方向、供求关系和病人流向，达到医疗资源合理利用。

在严格业务技术管理基础上，建立医疗机构服务效益和资源利用效率考核评价制度，保障社会效益和群众利益，促进医疗机构优化内涵，挖掘潜力、提高服务水平、扩大服务能力。城市医院要努力缩短平均住院日。“八五”期间，配合医疗制度改革，制定公费、劳保医疗《基本药物和用药规范》。

加强公费医疗管理。

加强对医疗技术装备政策的研究，重点发展和普及适宜技术，建立严格的医疗设施布局、规模、标准、装备的管理审批制度。控制一些地区高、精、尖技术装备的盲目发展。

中心城市逐步建立健全各种医疗保健配套设施，有计划地发展城市急救、康复、老年病防治体系和机构设施。

地方政府和卫生行政部门对城市基层卫生服务网建设要给予切实的重视、扶持和业务技术指导。

“八五”期间，各地方要继续集中部分财力，改善县医疗卫生机构和中心乡卫生院的设施条件，改造危房，添置必要设备，使之成为名符其实的初级卫生保健指导中心。

9. 坚持对外开放，加强国际交流与合作

继续贯彻党的外交路线、方针、政策，积极主动地开展卫生外事工作。加强与第三世界国家的技术合作与交流，认真抓好出国医疗队工作。

积极参与世界卫生组织等有关国际组织倡导的重大卫生活动，努力开展促进实现2000年人人享有卫生保健全球战略的国际交流。

根据我国卫生发展实际，积极扩大卫生领域的国际交流和合作，继续引进有利于我国卫生事业发展的适宜技术、人才、资金、信息和现代化管理知识，并注重消化、吸收及应用。

全面开展引进国外资金的项目可行性、项目执行过程的监督检查及执行结果的综合评价工作，努力做好贷款资金的管理、使用及国内配套工作，以逐步提高国外资金技术利用效益。

10. 继续加强全行业的精神文明建设

“八五”及今后十年，各级卫生部门要坚持物质文明和精神文明一起抓的方针，结合实际，不断加强和改进思想政治工作和职业道德教育。

要进一步提高对加强和改进思想和政治工作的重要性和必要性的认识，根据卫生部门特点，明确思想政治工作的任务、内容和重点，改进思想政治工作的方式、方法。卫生部门各级党政领导都要重视并切实做好思想政治工作。

切实加强党组织对思想政治工作的领导，加强基层党组织的自身建设，充分发挥政治核心作用。

要普遍进行马克思主义理论的再教育，继续开展坚持四项基本原则、反对资产阶级自由化教育和爱国主义、集体主义、社会主义民主与法治教育，以增强广大卫生工作者的政治素质、责任感和爱国热情，建立一支有理想、有道德、有文化、有纪律的干部职工队伍。

要通过国情教育，树立个人利益服从集体利益、集体利益服从国家利益、眼前利益服从长远利益的思想，正确处理社会效益与经济效益的关系。

坚持不懈地进行医德医风教育，把学习白求恩、学习雷锋、学习卫生系统先进模范人物，做为医德医风教育的重要内容。要求全体卫生工作者努力做到对工作极端负责任，对技术精益求精，对同志无比热忱，全心全意为人民服务。教育广大医务工作者树立高尚的医德、廉洁的医风，自觉抵制各种不正之风的侵蚀。真正把雷锋、白求恩精神变为卫生系统的“一种风范、一种楷模、一种准则、一种传统”。

继续开展精神文明评比表彰活动。

1991～2000年全国乡村医生教育规划(摘要)

为在我国农村实现“2000年人人享有卫生保健”的战略目标，亟需培养一支素质优良、数量充足的乡村医生队伍。转变乡村医生教育的指导思想，加强乡村医生教育工作，提高乡村医生的业务素质，把乡村医生教育逐步纳入正规化教育轨道，成为今后医学教育改革中的一项重要任务。为此，特制定1991～2000年全国乡村医生教育规划。规划的重点是在“八五”期间建立起我国乡村医生教育体系。

规划背景

培训村级卫生人员是我国的一项创举。从建国初期的农村卫生员、接生员短训班，60年代的“半农半医”训练班，70年代的县卫校“赤脚医生”学习班，直到80年代的中等卫生职业技术学校等，为我国农村培养了一大批村级卫生人员。1989年底，全国有乡村医生753，686人，卫生员42，798人，接生员

444,791人，他们承担着广大农民的卫生防疫、常见病诊治、妇幼保健、计划生育技术指导，健康教育以及基层卫生统计等各项任务，为农村卫生事业的发展做出了积极的贡献。没有这支队伍，我国农村卫生工作就难以开展，初级卫生保健任务就不能落实。因此，在相当长的时期内，这支队伍仍将是不可缺少的、是无可替代的。

41年来，全国已建立起相当数量的以县卫校为主体的乡村医生教育基地。1990年7月，全国有县卫校1047所，卫生职业技术学校235所，卫生职工中专220所，其它乡村医生培训机构187所。此外，许多县、乡医疗卫生单位也都开展了乡村医生培训工作。

战略目标和主要指标

一、战略目标

建立并逐步完善我国乡村医生教育体系，为我国农村培养一支素质优良，数量充足的乡村医生队伍。

实施这个目标，大体分为“八五”、“九五”两个阶段进行。“八五”期间，建立我国的乡村医生教育体系，对乡村医生开始实施系统化、正规化教育，同时继续开展多种形式的乡村医生培训；“九五”期间，逐渐完善乡村医生教育体系，在全国范围内开展乡村医生系统化、正规化教育。

二、主要指标

1. 1991年制定出全国乡村医生教育的指导性教学计划，教学大纲，出版全国乡村医生文字、音像教材。

2. 1995年，全国80%以上的地区开展对乡村医生系统化、正规化教育，初步形成全国乡村医生教育体系。

3. 1995年平均每行政村乡村医生数的最低限标准为1.2人，2000年达到1.5人（贫困、边远、人口密度小、行政村人口较多、地理环境复杂地区的标准，根据当地实际情况制定）。

4. 1995年在岗乡村医生接受正规化或系统化教育的比例达到50%，2000年达到80%。

5. 对没有条件接受系统化、正规化教育的在岗乡村医生，参照本文附件中“乡村医生各项业务知识和技能内容”的要求，逐项培训。1995年接受这种培训的乡村医生达到50%，2000年达到80%。

对策及措施

乡村医生教育是一项艰巨的工作，要实现上述规划目标，必须采取一系列对策和措施。

1. 各级卫生行政部门要重视乡村医生教育工作。制定切实可行的乡村医生教育规划，加强对乡村医生教育的宏观指导和管理。从政策、人力、财力等方面给予保障。

2. 乡村医生教育属地方性事业，要争取乡村医生教育机构得到教育部门的认可，将乡村医生教育纳入当地教育系列。

3. 继续进行乡村医生系统化、正规化教育的试点研究，及时总结经验，予以推广。

在统一的教学计划和教学大纲的指导下，各地乡村医生教育部门应因地制宜，针对当地卫生工作需求特点，开展教学。

四、全面开展乡村医生教育

1. 提高在岗乡村医生的业务水平，是现阶段乡村医生教育工作的主要任务。对在岗乡村医生以实施系统化教育为主，即按照乡村医生的工作规范和中专水平的教学要求，对他们系统地补充普通课、基础课和专业课。并针对在岗乡村医生的具体情况，结合当地实际条件，选择适宜的教学方式。

2. 对新增补的乡村医生进行正规化教育，即全脱产三年制专业教育。

3. 对没有条件接受系统化、正规化教育的乡村医生，按照本规划目标要求，采用多种形式，进行逐项培训。

4. 对达到中专水平的乡村医生提供继续医学教育。

五、制定配套政策和制度，稳定和发展乡村医生队伍

1. 在严格乡村医生教育组织管理，保证教学质量的前提下，积极争取国家和地方教育主管部门配合，合理解决乡村医生的学历问题。

2. 建立乡村医生考核制度。对在岗乡村医生定期考核。

3. 培训与使用、待遇挂钩。各地卫生主管部门要做好乡村医生需求预测，教育与用人部门密切协作，共同制定招生培训和使用计划，对培训合格者要妥善安排，严禁未经培训及培训不合格者从事乡村医生工作。

4. 切实解决乡村医生的待遇问题，使乡村医生队伍得到稳定和发展。

六、加强乡村医生教育机构的建设，适应系统化、正规化乡村医生教育的要求

1．现有乡村医生教育机构，要充分挖掘潜力，改善办学条件，提高教学质量。

缺乏乡村医生教育机构的地区，要根据当地实际情况，努力创造条件，采用多种形式，开展乡村医生教育。

2．培训提高师资水平，使其至少达到所从事专业的单科大专水平。

3．配置适宜的教学设备，改善教学手段，满足教学要求。

4．卫生主管部门要将有条件的县、区、乡、村卫生机构明确为乡村医生教学实习基地，为乡村医生实习提供基本的学习和生活条件。

七、鼓励普通中专卫校在完成国家招生计划的前提下开设乡村医生班，充分发挥现有教学资源的作用。

卫生部关于进一步加强农村卫生技术队伍建设的意见(摘要)

1991～2000年农村卫生技术队伍建设的目标与培养任务

今后十年，农村卫生技术队伍的建设，既要为实现“2000年人人享有卫生保健”的战略目标服务，又要面向21世纪，考虑更长一个时期内卫生事业发展和社会经济文化发展的前景，同时必须从我国国情出发，不能超越经济条件、文化基础和培养能力提出过高要求，必须结合卫生事业需求和可能制定医学教育规划。

我国幅员辽阔，不同地区经济、文化、卫生发展很不平衡，在制定医学教育规划和农村卫生队伍建设中，应分区规划，分类指导，从实际出发，因地制宜地确定发展目标。

（一）1991～2000年农村各级卫生机构和卫生技术队伍建设的目标

1．县及县以下各级卫生机构的主要任务：

县级卫生机构应能解决本县医疗、预防、保健工作较为疑难的问题，成为全县的医疗、预防、保健等项工作的技术指导中心和卫生技术人员培训基地。县医院要达到二级医院的标准，县中医院也要达到相应的标准。

中心卫生院应能承担所在区域医疗、预防、保健工作和部分卫生行政管理工作，协助县级医院解决一般性疑难病症，就近处理内、外、妇、儿急救和开展计划生育手术，成为所在区域各项卫生工作的技术指导中心，达到一级医院的标准。

乡卫生院以预防保健为主，防治结合。在完成本身医疗预防保健任务的同时，指导和监督所属村的初级卫生保健工作。

村卫生所要负责实施农村基层的初级卫生保健工作。

2．农村卫生技术队伍建设的目标：

⑴ 人员配备目标：在经济比较发达（小康）地区，县级卫生机构中的师级卫生技术人员（主要是临床医师、预防医师、公共卫生医师、药剂师以及部分医技科室的技师）应以本、专科毕业生为主，并有高级职称的学科带头人和学科梯队。中心卫生院中的师级卫生技术人员应以专科毕业生为主，并有少量本科毕业生。乡卫生院中的医生类卫生技术人员应以中专毕业生为主，并有1/3左右的专科毕业生。在经济发展更快一些的地区，应提前完成上述目标，并在新的基础上继续努力。

在经济中等发达（宽裕）地区，县级卫生机构中的师级卫生技术人员应以专科毕业生为主，并有1/3左右的本科毕业生。中心卫生院要求中专和大专毕业生各占一半。乡卫生院以中专毕业生为骨干并有少量的专科毕业生。

在经济不发达（贫困、温饱）地区，也要争取达到中等发达地区人员配备的水平，但实现时间可适当延长。

每个村级卫生机构，要求有1～2名具有中等专业水平的乡村医生。

⑵ 技术建设目标：

县级卫生机构中师级卫生技术人员应具有与本机构的功能相适应的医疗、预防、保健工作水平和教学科研能力，能够指导农村基层卫生工作。医师类人员达到二级医院的技术标准。

中心卫生院中师级卫生技术人员应胜任本地区医疗、预防、保健工作，独立从事各科常见病、多发病的预防、诊治和危重症的初步处理，具有指导初级卫生保健工作的能力，达到一级医院的技术标准。

乡卫生院的医生类卫生技术人员应成为能防能治、具有通科知识技术的“应用型”人才，并能承担初级卫生保健的组织管理工作。

乡村医生各项专业知识和基本技能应达到《1991～2000年全国乡村医生教育规划》确定的标准，同时应有一定的中医药知识和技术。

（二）各层、各类医学教育应担负的培养任务

高等医学教育根据现有培养能力和规划目标，在“八五”期间，年招生规模应稳定在4.5万人左右，其中，专科生约占⅓；“九五”期间培养能力适度增长，年招生数递增2～5%，预计十年内可培养高等卫生技术人才约47万人，其中为农村培养约20万人。

中等医学教育在“八五”期间，基本维持现有年招生规模，通过专业结构调整，扩大面向农村专业的培养能力，使面向农村的招生比例从目前的62%增加到65%以上；“九五”期间，中等医学教育培养能力应适度增长，年招生数递增2%。预计十年内可培养中级卫生技术人员约93万，其中为农村培养约60万人。到2000年我国高、中等医学教育可为卫生技术队伍输送137万人，其中为农村卫生技术队伍输送近80万人。

医学成人教育每年可培训在职卫生技术人员约20万人，其中，高等学历教育约1万人，到2000年经培训的高、中等卫生技术人员约180万人。

中医药卫生技术人才是农村卫生技术队伍中的一支重要力量，中医药院校应进一步加强为农村培养卫生技术人才的工作。

（三）培养目标与任务对各层次医学教育提出的具体要求

从总体来说，90年代我国医学教育工作的重心，是贯彻预防为主和为农村培养卫生技术人才。同时调整医学教育结构，逐步形成既符合我国卫生事业实际需要，又适应世界医学科学发展方向，分工合理、协调一致的医学教育体系。各层次和各类医学教育机构要立足于挖掘现有教学基地的培养潜力，发挥各自为农村培养人才的优势，并加强相互间的协调与配合。

高等医学教育在“八五”期间，稳定现有的办学规模，调整专业结构，充实办学条件，提高教学质量和办学效益。“九五”期间，在全国范围内，在医师人口比和招生能力低的省、自治区新建医学院校5～10所；逐步调整医学生的知识结构；增加面向农村和基层的定向培养比例，使本科生达到30%以上，专科生达到70%以上。

全国人口数

年份	实有数（万人）			比重(%)		性比例
	总计	男	女	男	女	
1949	54 167	28 145	26 022	52.0	48.0	108.2
1952	57 482	29 833	27 649	51.9	48.1	107.9
1957	64 653	33 469	31 184	51.8	48.2	107.3
1962	67 295	34 517	32 778	51.3	48.7	105.3
1965	72 538	37 128	35 410	51.2	48.8	104.9
1970	82 992	42 686	40 306	51.4	48.6	105.9
1975	92 420	47 564	44 856	51.5	48.5	106.0
1978	96 259	49 567	46 692	51.5	48.5	106.2
1980	98 705	50 785	47 920	51.5	48.5	106.0
1985	105 044	54 308	50 736	51.7	48.3	107.0
1989	111 191	57 314	53 877	51.5	48.5	106.4
1990	113 368	58 495	54 873	51.6	48.4	106.6

注：1.本表包括大陆30个省、直辖市、自治区人口数和现役军人数字。
　　2.1990年人口数系第四次人口普查数。

中等医学教育在进一步发挥其培养周期短、投资省、见效快，培养的人才农村用得上，留得住的特点与优势，继续坚持面向农村，面向基层的方向，切实加强面向农村的专业建设。“八五“期间，立足于稳定规模，调整结构，注重效益，提高质量，改善办学条件，走稳定发展的道路。通过专业调整与挖潜，扩大为农村培养人才的数量。与此同时，积极推动教育改革，调整中专“实用型”人才的知识结

1982、1990年各地区人口数

地区	总人口（人）		人口密度（人/km²）		1990年人口自然变动（‰）			1990年市人口占总口比重（%）
	1990年	1982年	1990年	1982年	出生率	死亡率	自然增长率	
总　计	1 133 682 501	1 008 175 288	118	105	20.98	6.28	14.70	26.23
北　京	10 819 407	9 230 687	644	549	13.35	5.43	7.92	73.08
天　津	8 785 402	7 764 141	777	687	15.50	5.98	9.52	68.65
河　北	61 082 439	53 005 875	325	282	19.66	5.76	13.90	19.08
山　西	28 759 014	25 291 389	184	162	22.31	6.25	16.06	28.72
内蒙古	21 456 798	19 274 279	18	16	20.12	5.79	14.33	36.12
辽　宁	39 459 697	35 721 693	270	245	15.60	6.01	9.59	50.86
吉　林	24 658 721	22 560 053	132	120	18.40	6.12	12.28	42.65
黑龙江	35 214 873	32 665 546	78	69	17.51	5.33	12.18	47.17
上　海	13 341 896	11 859 748	2 118	1,913	11.32	6.36	4.96	66.23
江　苏	67 056 519	60 521 114	654	590	20.54	6.07	14.47	21.24
浙　江	41 445 930	38 884 603	407	382	14.84	6.10	8.74	32.81
安　徽	56 180 813	49 665 724	404	356	25.04	5.79	19.25	17.90
福　建	30 048 224	25 873 259	248	213	23.45	5.70	17.75	21.36
江　西	37 710 281	33 184 827	226	199	24.47	6.59	17.88	20.40
山　东	84 392 827	74 419 054	539	486	18.86	6.25	12.61	27.34
河　南	85 509 535	74 422 739	512	446	24.03	6.18	17.85	15.52
湖　北	53 969 210	47 804 150	290	255	24.32	6.84	17.48	28.91
湖　南	60 659 754	54 008 851	286	257	24.03	7.07	16.96	18.23
广　东	62 829 236	53 631 551	353	301	21.96	5.34	16.62	36.77
广　西	42 245 765	36 420 960	178	158	20.71	5.96	14.75	15.10
海　南	6 557 482	5 667 669	193	167	22.95	5.22	17.73	24.05
四　川	107 218 173	99 713 310	188	176	17.78	7.06	10.72	20.25
贵　州	32 391 066	28 552 997	184	162	23.77	7.13	16.64	18.93
云　南	36 972 610	32 553 817	94	83	23.59	7.71	15.88	14.72
西　藏	2 196 010	1 892 393	1.8	1.6	27.60	9.20	18.40	12.59
陕　西	32 882 403	28 904 423	160	141	23.49	6.49	17.00	21.49
甘　肃	22 371 141	19 569 261	49	43	22.85	5.92	16.93	22.04
青　海	4 456 946	3 895 706	6	5	22.65	6.84	15.81	27.35
宁　夏	4 655 451	3 895 578	90	59	24.56	5.07	19.49	25.72
新　疆	15 155 778	13 081 681	9	8	24.67	6.39	18.28	31.91

注：①1990年人口自然变动情况为普查前12个月数据；②市、鎮人口：市人口指设区的市所辖的区人口和不设区的市所辖的街道人口；鎮人口指不设区的市所辖鎮和县辖鎮的居民委员会人口。

资料来源：摘自第三、四次人口普查资料。

构，使之适应农村医疗和预防保健工作的需要。“九五”期间，要创造条件，进一步提高培养能力，形成比较稳定的以中等卫生学校和中等中医药学校为骨干的医学职业技术教育体系，基本满足农村卫生事业发展的需要。

医学成人教育要继续贯彻国发1987（59）号文即《国务院批转‹国家教育委员会关于改革和发展成人教育的决定›的通知》充分利用现有的教育资源，在保证质量的前提下，努力提高现有农村卫生技术人员的业务素质。重点加强县级卫生机构中师级卫生技术人员的继续教育，加强中心卫生院、乡卫生院技术骨干的补课教育，使其能担负起相应的工作。“九五“期间，要使50%以上的基层技术骨干得到相应的培训。

乡村医生是农村卫生工作的基础力量，巩固发展这支队伍是实现“2000年人人享有卫生保健”战略目标的关键。要创造条件，使乡村医生教育向系统化、正规化迈进。要注重发挥现有全日制中等卫生学校和中等中医药学校在乡村医生培养中的骨干和指导作用，有计划地分批加强县卫生技术学校的建设，使其成为培养乡村医生的基地。“九五”期间，要争取使80%的乡村医生接受相当中等水平的卫生专业教育。

1990年诺贝尔医学奖获得者

1990年10月9日，瑞典卡罗林医学院诺贝尔医学评奖委员会宣布，将1990年诺贝尔医学奖授予美国两位临床医生—约瑟夫·E·默里和E·唐奈·托马斯，以表彰他们在器官和骨髓移植方面所做的创造性工作。

默里现年71岁，在波士顿布里格姆医院工作。他开创了移植死者肾的工作，发现了在器官移入人体之后排异问题的解决办法，并于1954年做了世界上首例器官移植手术，成功地将双胞孪生子之一的一个肾移植给双生子的另一人。之后，默里医生又开辟了其他器官（如肝、胰、心脏）的移植领域。

托马斯是西雅图弗雷德·哈钦森癌症研究所的人员。60年代中期，在治疗白血病的过程中，他发现，将健康人的骨髓移植给患者后，可以恢复患者骨髓的造血机能，使之重新产生正常的血细胞。70岁的托马斯出生于医学世家，他父亲是得克萨斯州的一名开业医生。在获得这一巨大荣誉后，托马斯对美国广播公司发表讲话说：“在50年代初期我们开始做骨髓移植手术时，这种手术确实并不存在。令人激动的是，在最近15或20年中，这种移植已相当成功，一些本来患绝症的病人有了生存的希望”。由于他的工作，使50%的白血病病例和80%的儿童白血病病例得到了治愈，给人类带来了幸福。

巧合的是，两位医学奖获得者是老相识。在第二次世界大战结束之后，他们都曾在布里格姆医院工作，默里是外科住院医生，托马斯是内科住院医生。在1954年，默里做移植肾这一创造性手术时，托马斯是看护医生中的一个，两个人一起从事人体移植的研究工作，只是角度不同。默里成功地进行了器官移植，并且使人体不对移植体起排异反应；托马斯的工作则是减轻了骨髓移植入人体后，移植体在移植受体内所引起的严重反应。

把一个人的器官移植到另一个人身上，使病人重获一颗健康的心脏、一双明亮的眼睛（角膜移植），重新拥有健康的肝、胰和血液，这在30年以前还只是科学幻想。默里和托马斯工作的意义就在于，他们的研究成果为广泛使用挽救生命的器官和骨髓移植扫清了道路。

目前，人体移植手术在欧美等国已相当普遍，仅美国每年就有数万人接受心脏、肝、肾等器官移植，白血病人则通过骨髓移植重新恢复了骨髓的造血机能。在其他疗法不能奏效的情况下，人体移植使千千万万患者重新获得了健康幸福的生活。

人体移植疗法目前仍在发展之中。骨髓移植除了用于医治各种癌症和遗传性疾病外，其治疗艾滋病和其他疾病的潜在可能性也在研究。在器官移植方面，人们正在探讨移植其他一些器官的可能性。

（郝巨为摘自《健康报》，作删改）

索　引

R

S

T

W

X

Y

Z